天一閣博物館藏古籍善本書目 上

本書爲國家社科基金重大項目『天一閣所藏文獻分類整理與研究』成果之一

天一閣博物館 編

國家圖書館出版社

圖書在版編目（CIP）數據

天一閣博物館藏古籍善本書目：全二册／天一閣博物館編. -- 北京：國家圖書館出版社，2016.12
ISBN 978-7-5013-5983-7

Ⅰ.①天… Ⅱ.①天… Ⅲ.①天一閣—古籍—善本—圖書目録 Ⅳ.①Z838

中國版本圖書館 CIP 數據核字（2016）第 264578 號

書　　名	天一閣博物館藏古籍善本書目（全二册）
著　　者	天一閣博物館　編
責任編輯	趙　嫄
封面設計	程言工作室
出　　版	國家圖書館出版社（100034　北京市西城區文津街 7 號） （原書目文獻出版社　北京圖書館出版社）
發　　行	010-66114536　66126153　66151313　66175620 66121706（傳真）　66126156（門市部）
E-mail	nlcpress@nlc.cn（郵購）
Website	www.nlcpress.com→投稿中心
經　　銷	新華書店
印　　裝	河北三河弘翰印務有限公司
版　　次	2016 年 12 月第 1 版　2016 年 12 月第 1 次印刷
開　　本	787 毫米×1092 毫米　1/16
印　　張	51.75
字　　數	1100 千字
書　　號	ISBN 978-7-5013-5983-7
定　　價	560.00 圓

編纂委員會

主　編：莊立臻

編　委：袁　慧　饒國慶　劉　雲　周慧惠　李開升
　　　　屠建達　盧向陽　李　齊　肖莎莎

序　言

　　天一閣是亞洲現存最古老的私家藏書樓。自明代范欽創始至今，歷經450年的朝代更迭、兵火燹災、歲月侵蝕，仍巋然屹立，被譽爲藏書文化史上的奇迹。天一閣的珍籍亦隨着書樓迭宕起伏的命運而離散聚合。從范欽時的7萬餘卷，歷經劫難，至1949年天一閣所藏文獻僅存1.3萬餘卷（不包括《古今圖書集成》），散失頗多。新中國成立後，天一閣重獲新生，衆多的寧波藏書家，如馮貞群、朱贊卿、孫家溎、楊容林、張季言等，紛紛親自或由後人向天一閣捐獻其所藏，天一閣藏書數量大增。特別是在"文化大革命"十年動亂期間，天一閣不僅幸運地躲過了劫難，而且工作人員還從廢品站、造紙廠搶救回了不少珍貴古籍，甚至包括原先從天一閣散出的珍籍。時至今日，天一閣博物館的古籍藏量已達30萬卷16萬册，其中善本古籍約3萬餘册，而其所藏明代地方志、科舉録、政書以及明人文集多爲孤本，彌足珍貴。

　　歷史上對天一閣藏書的整理自建閣起就從未停歇。首先是歷代范氏編目。最早是范欽編寫的《范氏東明書目》，可惜此書目已佚失。范欽長子范大冲對保存天一閣文獻作出了重大貢獻。他曾編過《天一閣書目》，至今僅存數頁摘抄本。清乾隆年間，范氏後人編《四明天一閣藏書目録》。清康熙十二年，著名思想家、學者黃宗羲以第一位外姓人身份登閣觀書，并編寫了一份藏書簡目，由此開創了著名學者或地方官員參與甚至主持天一閣書目整理的歷史。較具代表性的有清錢大昕的《天一閣碑目》、清浙江學政阮元主持的《天一閣書目》、清寧紹臺道薛福成主持的《天一閣見存書目》、民國學者馮貞群主編的《鄞范氏天一閣書目内編》等。這些書目是天一閣藏書發展史的最好見證。1995年，駱兆平先生的《新編天一閣書目》出版，這是新中國成立以後第一部公開出版的天一閣書目。惜收録範圍未包含天一閣大量新增藏書。進入新世紀以來，天一閣又陸續整理出版了《伏跗室藏書目録》《別宥齋藏書目録》《清防閣·蝸寄廬·樵齋藏書目録》，但尚未有一部全面反映天一閣所藏善本古籍的書目。

　　2013年，天一閣古籍普查全面展開，先後有近二十名專業人員投入到了天一閣歷史上規模最大的古籍整理工作之中。普查人員終日埋首于故紙飛塵之中，逐部逐册過手、過眼、過心，力求反映閣書真貌。同年，"天一閣所藏文獻分類整理與研究"獲批國家社科基金重大項目,而"善本古籍整理與研究"被列爲其中的一項子課題。至2015年底,歷時整整三年,普查終得全面完成。天一閣編一部全面完整的藏書目錄已是水到渠成,這也成爲閣内同仁的共識和願望。我們決定先編輯出版《天一閣博物館藏古籍善本書目》,即將天一閣所藏古籍最精華部分編輯成書,以饗讀者。2016年春開始,典藏研究部項目參與人員對善本古籍普查數據重新分類編排,逐條討論,確定編例,歷經多輪審閲校對,終成本書。

　　縱覽《天一閣博物館藏古籍善本書目》一書,主要有以下幾個特點:一是完整性。這是首部全面反映天一閣博物館當前所藏善本古籍全貌的圖書,爲學界瞭解、研究天一閣藏書精華概要提供了最便捷的途徑。二是準確性。此前外界對天一閣所藏善本的瞭解主要是通過查閲《中國古籍善本書目》。但由於歷史的原因,該書中存在着一些天一閣善本有目無書、有書無目、書目不符、版本不察的情況,通過本次逐部逐條的普查、著録及校對,天一閣博物館藏古籍善本書目數據信息的準確性有了進一步的提升。三是原真性,即儘可能反映每部善本的原始真實信息,儘量避免因編者主觀判斷有誤而導致的信息缺失。如行款和裝幀、佚名批校、稿抄本校對者的著録等,都真實全面地予以保留,爲進一步、多角度的文獻研究提供儘可能多的原真信息。

　　編輯出版《天一閣博物館藏善本書目》,是天一閣全面完成古籍普查的工作收穫,也是國家社科基金重大項目"天一閣所藏文獻分類整理與研究"深入開展的階段性成果。同時,也是值此天一閣建閣450年之際,對自明代以來天一閣的創始者、守護者、捐贈者的紀念和致敬,正因爲有了他們嘔心瀝血的積纍、不遺餘力的救護和化私爲公的慷慨,纔造就了今天獨一無二的天一閣。更重要的是,通過書目的編製,讓天一閣的珍藏公之於世,促進利用,傳承文化,服務社會,這也是愛書、藏書、護書者的終極願望吧。

　　由於編者學識有限、編書時間緊張,本書可能還存在某些欠缺,敬請各位方家批評指正。

　　本書的出版得到了國家圖書館出版社的大力支持,在此誠致謝意!

　　是爲序。

莊立臻
2016 年 11 月

編 例

一、本書目所錄，爲天一閣博物館1978—1980年提善工作之後所定的館藏古籍善本總目，共收錄4746種善本古籍。

二、本書目的編排，基本參照《中國古籍善本書目》，分爲經、史、子、集、叢書五部。類目設置以及每部類內書目數據的編排順序，也基本依據《中國古籍善本書目》。

三、天一閣館藏來源複雜，故一種書或有多部，實爲一書而離散者合之；雖題名相同，在流傳過程中實爲不同之部者，則各自單獨著錄；有個別天一閣原藏之書題名相同，實爲一書之多本者，作複本處理。

四、各書之著錄，首爲索書號，其後依次爲書名卷數、著者、版本、批校題跋、行款、裝幀、册數，末爲存缺卷或子目等。缺項則不錄。

五、各書書名及其子目書名，基本依原書卷端客觀著錄；其他如著者、版本等一般使用規範繁體字。

六、本書目分上、下兩册，上册爲經、史、子、集四部，下册爲叢書部與索引。索引分爲書名筆畫索引和人名筆畫索引。書名索引係本書目所著錄各書名（包括子目書名）的綜合索引；人名索引係本書目所著錄各著者（包括子目著者）及批校題跋者的綜合索引。兩種索引前皆編有拼音和筆畫兩種字頭檢字，以便讀者。

目 録

上册

編纂委員會 ················· 1
序言 ············· 莊立臻 1
編例 ····················· 1

經部 ····················· 1
 叢編類 ················· 1
 易類 ··················· 5
 書類 ··················· 9
 詩類 ·················· 12
 禮類 ·················· 14
  周禮 ················ 15
  儀禮 ················ 16
  禮記 ················ 16
  三禮總義 ············ 18
  通禮 ················ 19
  雜禮書 ·············· 19
 樂類 ·················· 20
 春秋類 ················ 20
  左傳 ················ 20
  春秋總義類 ·········· 23
  附 ·················· 26
 四書類 ················ 26
  論語 ················ 26
  孟子 ················ 27
  大學 ················ 27
  四書總義類 ·········· 27

 群經總義類 ············ 29
 小學類 ················ 30
  彙編 ················ 30
  訓詁 ················ 30
  字書 ················ 31
  韻書 ················ 36

史部 ····················· 40
 紀傳類 ················ 40
  叢編 ················ 40
  通代 ················ 44
  斷代 ················ 50
 編年類 ················ 58
  通代 ················ 58
  斷代 ················ 64
 紀事本末類 ············ 67
  通代 ················ 67
  斷代 ················ 68
 雜史類 ················ 68
 詔令奏議類 ············ 76
  詔令 ················ 76
  奏議 ················ 77
 傳記類 ················ 82
  總傳 ················ 82
  別傳 ················ 87
  年譜 ················ 92
  日記 ················ 93
  家傳 ················ 93
  宗譜 ················ 94
  貢舉 ················ 95

總錄 …… 95	邦計 …… 186
登科錄 …… 96	軍政 …… 186
會試錄 …… 102	法令 …… 187
鄉試錄 …… 106	考工 …… 188
順天府 …… 106	公牘檔册 …… 189
應天府 …… 108	**目錄類** …… 189
山西 …… 111	**金石類** …… 191
山東 …… 112	總類 …… 191
河南 …… 114	璽印 …… 193
陝西 …… 116	**史評類** …… 194
浙江 …… 118	
江西 …… 120	子部 …… 196
湖廣 …… 122	**總類** …… 196
四川 …… 123	**儒家類** …… 199
福建 …… 124	**兵家類** …… 208
廣東 …… 126	**法家類** …… 210
廣西 …… 128	**農家類** …… 212
雲貴 …… 129	**醫家類** …… 212
雲南 …… 130	叢編 …… 212
貴州 …… 130	醫經 …… 215
武舉錄 …… 131	本草 …… 217
職官錄 …… 133	診法 …… 219
史抄類 …… 133	方論 …… 220
時令類 …… 136	傷寒金匱 …… 220
地理類 …… 137	諸方 …… 220
總志 …… 137	外科 …… 226
方志 …… 138	婦科 …… 227
雜志 …… 172	兒科 …… 227
山水志 …… 173	針灸 …… 228
專志 …… 177	養生 …… 229
職官類 …… 179	**天文算法類** …… 230
官制 …… 179	天文 …… 230
官箴 …… 181	曆法 …… 230
政書類 …… 182	算書 …… 231
通制 …… 182	**術數類** …… 231
典禮 …… 185	數學 …… 231

占候 …… 231	史傳 …… 289
相宅相墓 …… 233	雜撰 …… 290
占卜 …… 236	**道家類** …… 290
命書相書 …… 237	
陰陽五行 …… 238	**集部** …… 299
藝術類 …… 239	楚辭類 …… 299
書畫 …… 239	漢魏六朝別集類 …… 301
畫譜 …… 242	唐五代別集類 …… 303
篆刻 …… 244	宋別集類 …… 313
樂譜 …… 244	金別集類 …… 334
棋譜 …… 245	元別集類 …… 334
譜錄類 …… 245	明別集類 …… 337
叢編 …… 245	清別集類 …… 378
器物 …… 245	民國別集類 …… 405
花草樹木 …… 246	總集類 …… 405
鳥獸蟲魚 …… 247	叢編 …… 405
雜家類 …… 248	通代 …… 422
雜學雜說 …… 248	斷代 …… 440
雜考 …… 255	地方藝文 …… 455
雜記 …… 257	家集 …… 460
雜品 …… 260	詩文評類 …… 463
雜纂 …… 261	詞類 …… 467
小說類 …… 264	叢編 …… 467
筆記 …… 264	別集 …… 469
雜事 …… 264	總集 …… 471
異聞 …… 265	詞話 …… 472
諧謔 …… 266	詞譜 …… 472
瑣語 …… 266	曲類 …… 472
短篇 …… 266	雜劇 …… 472
長篇 …… 267	傳奇 …… 476
類書類 …… 267	彈詞 …… 480
釋家類 …… 286	散曲 …… 480
譯經 …… 287	寶卷 …… 481
撰疏 …… 288	曲選 …… 481
注疏 …… 288	曲韻曲譜曲律 …… 481
語錄 …… 289	

下册

叢書部 …………………… 483
  彙編類 …………………… 483
  家集類 …………………… 550
  自著類 …………………… 551

書名索引字頭拼音檢字 …… 559
書名索引字頭筆畫檢字 …… 591
書名筆畫索引 …………………… 615
人名索引字頭拼音檢字 …… 729
人名索引字頭筆畫檢字 …… 743
人名筆畫索引 …………………… 751

後記 …………………… 813

經 部

叢編類

馮善 3350
五經五卷
　明廣陽陳儒刻本
　九行十七字白口四周雙邊　綫裝　一冊
　存一種一卷：
　　春秋一卷

善 0312
九經五十一卷附四卷　（明）秦鏌訂正
　明崇禎十三年錫山秦氏求古齋刻本
　十三行二十四字白口四周雙邊　綫裝　九冊
　存八種四十六卷：
　　禮記六卷
　　周禮六卷
　　論語二卷
　　孟子七卷
　　書經四卷
　　春秋十七卷列國東坡圖說一卷興廢說一卷
　　大學一卷
　　中庸一卷

善 0268、善 0269
來子談經十八卷　（明）來集之撰
　清順治九年蕭山來氏倘湖小築刻本
　九行十八字白口四周單邊　綫裝　六冊
　存二種十三卷：
　　春秋志在十二卷
　　四傳權衡一卷

馮善 0179
四書六經讀本一百十一卷　（明）毛晉編
　明崇禎十四年毛氏汲古閣刻本
　八或九行十七字小字雙行同白口左右雙邊　綫裝　八冊
　存一種三十卷：
　　春秋左傳三十卷　（晋）杜預注

馮善 0225
四書六經讀本一百十一卷　（明）毛晋編
　明崇禎十四年毛氏汲古閣刻本
　八或九行十七字小字雙行同白口左右雙邊　綫裝　六冊
　存一種三十四卷：
　　春秋胡傳三十卷　（宋）胡安國撰　（宋）林堯叟音注　綱領一卷提要一卷諸國興廢說一卷列國東坡圖說一卷

善 0228
十三經註疏三百三十五卷
　元刻明修本
　十行十七字小字雙行二十三字白口

左右雙邊　綫裝　一册
　　存一種六卷：
　　　監本附音春秋穀梁傳註疏二十卷
　　　（晋）范甯集解　（唐）楊士勛疏
　　　（唐）陸德明音義(存六卷：一至六)

善0216
十三經註疏三百三十五卷
　　元刻明修本
　　十行十七字小字雙行二十三字白口
　　左右雙邊　毛裝　五册
　　存一種二十八卷：
　　　監本附音春秋公羊註疏二十八卷
　　　（漢）何休注　（唐）徐彥疏　（唐）
　　　陸德明音義

馮善0178
十三經註疏三百三十五卷
　　元刻明修本
　　十行十七字小字雙行二十三字白口
　　左右雙邊　綫裝　五册
　　存一種二十五卷：
　　　附釋音春秋左傳註疏六十卷　（晋）
　　　杜預注　（唐）孔穎達疏　（唐）陸
　　　德明音義(存二十五卷：三十六至
　　　六十)

善0090、善0217
十三經註疏三百三十五卷
　　明嘉靖李元陽刻本
　　九行二十一字小字雙行同白口四周
　　單邊　毛裝　九册
　　存二種十九卷：
　　　毛詩註疏二十卷　（漢）毛亨傳　（漢）
　　　鄭玄箋　（唐）孔穎達疏　（唐）陸
　　　德明音義(存七卷：三至五、七至八、
　　　十八、二十)
　　　春秋公羊註疏二十八卷　（漢）何休學
　　　（唐）徐彥疏　（唐）陸德明音義(存
　　　十二卷：一至九、十七至十九)

馮善0185
十三經註疏三百三十五卷
　　明嘉靖李元陽刻本
　　九行二十一字小字雙行同白口四周
　　單邊　綫裝　十六册
　　存一種六十卷：
　　　春秋左傳註疏六十卷　（晋）杜預注
　　　（唐）孔穎達疏　（唐）陸德明釋文

馮善0299
十三經註疏三百三十五卷
　　明嘉靖李元陽刻本
　　九行二十一字小字雙行同白口四周
　　單邊　綫裝　四册
　　存一種八卷：
　　　爾雅註疏十一卷　（晋）郭璞注　（宋）
　　　邢昺疏(存八卷：四至十一)

馮善0113
十三經註疏三百三十五卷
　　明嘉靖李元陽刻本
　　九行二十一字小字雙行同白口四周
　　單邊　綫裝　十三册
　　存一種三十九卷：
　　　周禮註疏四十二卷　（漢）鄭玄注
　　　（唐）賈公彥疏　（唐）陸德明釋文
　　　(存三十九卷：一至二十一、二十
　　　五至四十二)

善0273、善0279
十三經註疏三百三十五卷
　　明嘉靖李元陽刻本
　　九行二十一字小字雙行同白口四周

經　部

　　單邊　綫裝　十一册
　存二種三十四卷：
　　論語註疏解經二十卷　（三國魏）何
　　晏集解　（宋）邢昺疏
　　孟子註疏解經十四卷　（漢）趙岐注
　　（宋）孫奭疏

善0118、善0197、善0271、善0324
十三經註疏三百三十五卷
　明嘉靖李元陽刻本
　九行二十一字小字雙行同白口四周
　單邊　綫裝　二十二册
　存四種一百二十二卷：
　　周禮註疏四十二卷　（漢）鄭玄注
　　（唐）賈公彦疏　（唐）陸德明釋文
　　春秋左傳註疏六十卷　（晉）杜預注
　　（唐）陸德明釋文　（唐）孔穎達疏
　　孝經註疏九卷　（宋）邢昺注疏
　　爾雅註疏十一卷　（晉）郭璞注
　　（宋）邢昺疏

善0119、善0280、善0325
十三經註疏三百三十五卷
　明嘉靖李元陽刻本
　九行二十一字小字雙行同白口四周
　單邊　綫裝　二十六册
　存三種六十五卷：
　　周禮註疏四十二卷　（漢）鄭玄注
　　（唐）賈公彦疏　（唐）陸德明釋文
　　（存四十卷：一至四十）
　　孟子註疏解經十四卷　（漢）趙岐注
　　（宋）孫奭疏
　　爾雅註疏十一卷　（晉）郭璞注　（宋）
　　邢昺疏

善0121、善0218、善0229
十三經註疏三百三十五卷

　明嘉靖李元陽刻本
　九行二十一字小字雙行同白口四周
　單邊　綫裝　十九册
　存三種五十四卷：
　　周禮註疏四十二卷　（漢）鄭玄注
　　（唐）賈公彦疏　（唐）陸德明釋文
　　（存四十卷：一至四十）
　　春秋公羊註疏二十八卷　（漢）何休
　　學（存四卷：二十一至二十四）
　　春秋穀梁傳註疏二十卷　（晉）范甯
　　集解　（唐）楊士勛疏　（唐）陸德
　　明釋文（存十卷：一至十）

善0122
十三經註疏三百三十五卷
　明嘉靖李元陽刻本
　九行二十一字小字雙行同白口四周
　單邊　綫裝　十四册
　存一種四十二卷：
　　周禮註疏四十二卷　（漢）鄭玄注
　　（唐）賈公彦疏　（唐）陸德明釋文

善0147
十三經註疏三百三十五卷
　明嘉靖李元陽刻本
　九行二十一字小字雙行同白口四周
　單邊　毛裝　十九册
　存一種六十一卷：
　　禮記註疏六十三卷　（漢）鄭玄注
　　（唐）孔穎達疏　（唐）陸德明音義
　　（存六十一卷：三至六十三）

善0002、善0055、善0138、善0148、善
0199、善0220、善0230、善0272、善0274、
善0282、善0327
十三經註疏三百三十五卷
　明萬曆十四至二十一年北京國子監

刻本
　　九行二十一字小字雙行同白口左右
　　　雙邊　綫裝　八十八册
　　存十一種二百六十七卷：
　　　周易兼義九卷　（三國魏）王弼注
　　　　（晋）韓康伯注　（唐）孔穎達正義
　　　周易音義一卷　（唐）陸德明撰
　　　周易略例一卷　（三國魏）王弼撰
　　　尚書註疏二十卷　（漢）孔安國傳
　　　　（唐）陸德明音義　（唐）孔穎達疏
　　　春秋左傳註疏六十卷　（晋）杜氏
　　　　（杜預）注　（唐）孔穎達疏
　　　　（唐）陸德明釋文(存五十四卷：一
　　　　至三、七至五十七)
　　　儀禮註疏十七卷　（漢）鄭玄注　（唐）
　　　　賈公彦疏
　　　禮記註疏六十三卷　（漢）鄭玄注
　　　　（唐）孔穎達疏
　　　春秋公羊註疏二十八卷　（漢）何休
　　　　學　（唐）徐彦疏　（唐）陸德明釋
　　　　文
　　　春秋穀梁傳註疏二十卷　（晋）范甯
　　　　集解　（唐）楊士勛疏
　　　孝經註疏九卷　（唐）玄宗李隆基注
　　　　（宋）邢昺疏
　　　論語註疏解經二十卷　（三國魏）何
　　　　晏集解　（宋）邢昺疏
　　　孟子註疏解經十四卷　（漢）趙岐注
　　　　（宋）孫奭疏
　　　爾雅註疏十一卷　（晋）郭璞注　（宋）
　　　　邢昺疏

馮善3361、馮善0038、馮善0211、馮善
0269
十三經註疏三百三十五卷
　　明萬曆十四至二十一年北京國子監
　　　刻本
　　九行二十一字小字雙行同白口左右

　　　雙邊　綫裝　二十三册
　　存四種六十三卷：
　　　爾雅註疏十一卷　（晋）郭璞注　（宋）
　　　　邢昺疏(存一卷：一)
　　　尚書註疏二十卷　（漢）孔安國傳
　　　　（唐）陸德明音義　（唐）孔穎達疏
　　　春秋公羊註疏二十八卷　（漢）何休注
　　　　（唐）陸德明音義　（唐）徐彦疏
　　　孟子註疏解經十四卷　（漢）趙岐注
　　　　（宋）孫奭疏

善0053
十三經註疏三百三十五卷
　　明萬曆十四至二十一年北京國子監
　　　刻本
　　九行二十一字小字雙行同白口左右雙
　　　邊　綫裝　十册
　　存一種二十卷：
　　　尚書註疏二十卷　（漢）孔安國傳
　　　　（唐）陸德明音義　（唐）孔穎達疏

善0013、善0093
兩蘇經解六十四卷　（明）焦竑編
　　明萬曆二十五年畢氏刻本
　　十行二十一字白口左右雙邊　綫裝
　　　六册
　　存二種二十八卷：
　　　東坡先生易傳九卷　（宋）蘇軾撰
　　　穎濱先生詩集傳十九卷　（宋）蘇轍
　　　　撰

善0092、善0234
兩蘇經解六十四卷　（明）焦竑編
　　明萬曆三十九年顧氏刻本
　　十行二十一字白口左右雙邊　綫裝
　　　四册
　　存二種三十一卷：

經　部

穎濱先生詩集傳十九卷　（宋）蘇轍撰

穎濱先生春秋集解十二卷　（宋）蘇轍撰

善 0152
五經□□卷　（明）佚名編
　明嘉靖八至九年張祿、朱廷聲等刻本
　九行十七字小字雙行同白口左右雙邊　綫裝　七册
　存一種七卷：
　　禮記集傳十卷　（元）陳澔撰（存七卷：一至五、七至八）

馮善 0342
涇野先生五經說二十一卷　（明）吕柟撰
　明嘉靖三十二年謝少南刻本
　十行二十字白口四周雙邊　綫裝　八册
　　涇野先生周易說翼三卷
　　涇野先生尚書說要五卷
　　涇野先生毛詩說序六卷
　　涇野先生禮問二卷
　　涇野先生春秋說志五卷

善 0033
經繹十五卷　（明）鄧元錫撰
　明萬曆刻本
　十行二十一字白口四周單邊　綫裝　三册
　存一種四卷：
　　易經繹五卷（存四卷：一至四）

善 0038、善 0108、善 0169、善 0266
五經疑問六十卷　（明）姚舜牧撰
　明萬曆六經堂刻本　清徐時棟跋
　十行二十字白口四周單邊　綫裝　一册
　存四種四十八卷：
　　重訂易經疑問十二卷
　　重訂詩經疑問十二卷
　　重訂禮記疑問十二卷
　　春秋疑問十二卷

善 0156
三經評註五卷
　明萬曆吴興閔齊伋刻三色套印本
　八行十八字白口左右雙邊　綫裝　一册
　存一種一卷：
　　檀弓一卷　（宋）謝枋得　（明）楊慎批點

善 0319
易大傳管窺一卷孝經訂誤一卷大學釋疑錄一卷中庸闡微說一卷　（清）殷西園撰
　稿本　清徐時棟跋
　七行行字不等小字雙行行字不等無版框　毛裝　一册

易　類

善 0001
易經不分卷
　清抄本
　十行三十六至三十九字不等無版框　綫裝　三册

善 0003
周易兼義九卷　（三國魏）王弼注　（唐）

孔穎達正義
明嘉靖李元陽刻十三經注疏本　清何士祁跋
九行二十一字小字雙行同白口四周單邊　綫裝　一册
存二卷：一至二

善 0010
橫渠先生易說三卷　（宋）張載撰
明嘉靖十七年呂柟刻本
十行二十字白口左右雙邊　毛裝　一册
存一卷：下

善 0014、善 0022
周易傳義十卷易說綱領一卷　（宋）程頤　朱熹撰　**上下篇義一卷**　（宋）程頤撰　**易圖集錄一卷易五贊一卷筮儀一卷**　（宋）朱熹撰
明正統十二年司禮監刻本
八行十四字小字雙行十八字上下黑口四周雙邊　綫裝　七册
存七卷：傳義一、四至八，易說綱領

善 0016
周易傳義十卷易說綱領一卷　（宋）程頤　朱熹撰　**上下篇義一卷**　（宋）程頤撰　**易圖集錄一卷易五贊一卷筮儀一卷**　（宋）朱熹撰
明刻本
八行十四字小字雙行十八字上下黑口四周雙邊　綫裝　五册
存十二卷：傳義一至八、易說綱領、上下篇義、易圖、筮儀

善 0023
周易程朱先生傳義十九卷　（宋）程頤

朱熹撰　**程子上下篇義一卷**　（宋）程頤撰　**朱子周易五贊一卷筮儀一卷**　（宋）朱熹撰
明刻本
十行二十二字上下黑口左右雙邊　綫裝　四册
存十八卷：周易程朱先生傳義一至三、八至十五、繫辭一至二、說卦、序卦，程子上下篇義，朱子周易五贊，筮儀

善 0021
周易經傳傳義二十四卷　（宋）程頤　朱熹撰　**程子上下篇義一卷**　（宋）程頤撰　**朱子周易五贊一卷筮儀一卷**　（宋）朱熹撰
明嘉靖建寧府書坊刻本
九行十七字小字雙行同上下黑口四周雙邊　綫裝　三册
存九卷：周易經傳傳義十三至十八、二十二至二十四

善 0017
周易義海撮要十二卷　（宋）李衡撰
明抄本
九行二十字白口四周單邊　綫裝　二册
存二卷：一至二

善 0018
童溪王先生易傳三十卷　（宋）王宗傳撰
明抄本
十一行二十一字白口四周單邊　綫裝　五册

善 0019

經部

周易要義十卷 （宋）魏了翁撰
  明抄本
  十一行行字不等小字雙行行字不等白口四周單邊　包背裝　二冊
  存七卷：一至三、七至十

善0025
周易本義啓蒙翼傳四卷 （元）胡一桂撰
  明正德刻本
  十一行二十一字小字雙行同白口左右雙邊　綫裝　三冊
  存三卷：上篇、下篇、外篇

善0026
周易傳義大全二十四卷綱領一卷朱子圖說一卷 （明）胡廣等輯
  明永樂十三年内府刻本
  十行二十二字小字雙行同上下黑口四周雙邊　毛裝　四冊
  存七卷：十四至十七、二十二至二十四

善0028
周易傳義大全二十四卷綱領一卷朱子圖說一卷 （明）胡廣等輯
  明永樂十三年内府刻本
  十行二十二字小字雙行同上下黑口四周雙邊　毛裝　十二冊

善0030
周易傳義大全二十四卷上下篇義一卷朱子易本義圖一卷五贊一卷筮儀一卷程朱易說綱領一卷 （明）胡廣等輯
  明嘉靖十五年劉氏安正堂刻本
  十一行二十一字小字雙行同上下黑口四周雙邊　綫裝　一冊
  存五卷：上下篇義、朱子易本義圖、五贊、筮儀、程朱易說綱領

善0020
胡子易演十八卷 （明）胡經撰
  明抄本
  十行二十字白口四周單邊　包背裝　二冊
  存八卷：九至十六

善0031
大象義述三卷 （明）王畿撰
  明萬曆五年吳同春刻本
  十行二十二字白口四周雙邊　綫裝　一冊

善0032
易象鈎解四卷 （明）陳士元撰
  明嘉靖刻本
  十行十九字白口左右雙邊　綫裝　一冊
  存三卷：一至三

善0036
梁山來知德先生易經集註十六卷 （明）來知德撰　（清）崔華重訂
  清抄本　清胡啓龍批注
  九行二十三字小字雙行行字不等白口無版框　綫裝　二冊
  存六卷：一至六

善0034
讀易紀聞六卷 （明）張獻翼撰
  明萬曆張一鯤刻本
  十行二十字白口左右雙邊　綫裝　四冊

善 0035
文所易說五卷 （明）馮時可撰
　　明萬曆十五年周天叙、李華陽刻本
　　九行十八字白口左右雙邊　綫裝　一册
　　存一卷：一

善 0037
易窺不分卷 （明）程玉潤撰
　　明抄本
　　八行二十字白口四周單邊　綫裝　十册

馮善 0036
新刊易經衍義六卷 （明）郭文焕撰
　　明刻本
　　十二行二十四字白口四周單邊　綫裝　二册
　　存二卷：三、六

善 0040
易八篇八卷前一卷後一卷附一卷 （明）蕭甲登撰
　　明六章館刻本
　　九行二十字白口四周單邊　綫裝　一册
　　存三卷：一至二、前

善 0041
新鐫繆當時先生周易九鼎十六卷首一卷 （明）繆昌期撰
　　明末仙源堂刻本
　　九行十七字小字雙行同白口四周單邊　綫裝　八册

善 0042
易經疏義統宗三卷 （明）陳仁錫撰
　　明末奇賞齋刻五經疏義統宗五種本　師虞校點并跋
　　九行二十字小字雙行同白口四周單邊　綫裝　一册

善 0043
讀易隅通二卷 （明）來集之撰
　　明崇禎十七年黃正色刻本
　　九行十八字白口四周單邊　綫裝　二册

善 0044
御纂周易折中二十二卷首一卷 （清）李光地等撰
　　清康熙五十四年武英殿刻本
　　八行十八字小字雙行二十二字白口四周雙邊　綫裝　十册

善 0045
御纂周易折中二十二卷首一卷 （清）李光地等撰
　　清康熙五十四年武英殿刻本
　　八行十八字小字雙行二十二字白口四周雙邊　綫裝　十二册

善 0046
易義摘要不分卷
　　清隸猗閣抄本
　　十一行二十四字小字雙行同白口左右雙邊　綫裝　一册

善 0047
易卦大義合鈔不分卷 （清）陳祖望撰
　　清思退堂抄本　清雲帆跋
　　十行二十一字白口四周單邊　綫裝　二册

經部

善 0050
易釋不分卷 （清）黃式三撰
　稿本
　二十八行三十五字無版框　綫裝
　　二冊

善 0048
易筮要義一卷 （清）鄭湛撰
　稿本
　十行二十六字白口左右雙邊　毛裝
　　一冊

書　類

善 0051
尚書一卷
　明刻本
　九行十七字白口四周雙邊　綫裝
　　二冊

馮善 0040
尚書註疏二十卷 （漢）孔安國傳　（唐）
　孔穎達疏　（唐）陸德明釋義
　明嘉靖李元陽刻十三經注疏本　馮
　　貞群跋
　九行二十一字小字雙行同白口四周
　　單邊　綫裝　六冊

善 0061
書集傳六卷圖一卷 （宋）蔡沈撰　（元）
　鄒季友音釋　**朱子說書綱領一卷**
　（宋）朱熹撰
　明正統十二年內府刻本
　八行十四字小字雙行十八字上下黑
　　口四周雙邊　毛裝　六冊

善 0062
書集傳六卷序一卷圖一卷 （宋）蔡沈
　撰　（元）鄒季友音釋　**朱子說書綱
　領一卷** （宋）朱熹撰
　明正統十二年內府刻本
　八行十四字小字雙行十八字上下黑
　　口四周雙邊　綫裝　四冊
　存七卷：書集傳一至五、序、圖

善 0052
書經集傳六卷 （宋）蔡沈撰
　明抄本
　八行二十四字白口四周單邊　綫裝
　　一冊
　存一卷：二

善 0059
書經集傳六卷 （宋）蔡沈撰
　明嘉靖刻本
　九行十七字小字雙行同白口左右雙
　　邊　綫裝　三冊
　存三卷：二至四

馮善 0043
書經集註六卷 （宋）蔡沈撰
　明嘉靖三十五年廣東崇正堂刻本
　八行十四字小字雙行十八字上下黑
　　口四周雙邊　綫裝　四冊
　存四卷：二至三、五至六

善 0058
書經集註十卷 （宋）蔡沈撰　（元）鄒
　季友音釋
　明刻本
　九行十七字小字雙行同上下黑口四
　　周雙邊　綫裝　二冊
　存四卷：七至十

善 0060

尚書義粹三卷 （金）王若虛撰
　明嘉靖七年刻本
　　十行二十字白口左右雙邊　毛裝　一冊
　　存一卷：三

善 0065

書經大全十卷書序一卷 （明）胡廣等輯
　明嘉靖十五年書户葉氏刻本
　　十一行行字不等小字雙行二十字白口四周雙邊　綫裝　二冊
　　存三卷：九至十、書序

善 0066

書經大全十卷 （明）胡廣等輯
　明書林余氏興文書堂刻本
　　十一行十四字小字雙行二十一字白口四周單邊　綫裝　三冊
　　存四卷：三至五、十

善 0067

書傳大全十卷書說綱領一卷圖一卷
　（明）胡廣等輯
　明司禮監刻本
　　十行二十二字小字雙行同上下黑口四周雙邊　包背裝　八冊
　　缺二卷：九至十

善 0070

書經直解十三卷 （明）張居正撰
　明萬曆元年刻本　清全祖望批校
　　九行十八字上下黑口四周雙邊　綫裝　十二冊
　　存十二卷：一、三至十三

善 0072

新鍥書經講義會編十二卷 （明）申時行撰
　明萬曆二十五年徐銓刻本
　　十行二十六字白口四周雙邊　毛裝　三冊
　　存六卷：一至六

善 0074

鐫彙附百名公帷中綮論書經講義會編十二卷 （明）申時行撰
　明刻本
　　十二行二十四字小字雙行同白口四周單邊　毛裝　一冊
　　存二卷：六至七

善 0075

海川重刻狀元申先生書經主意七卷
　（明）申時行撰
　明萬曆五年董氏刻本
　　十一行二十六字白口四周單邊　綫裝　一冊
　　存四卷：一至四

善 0073

新鍥書經講義會編十二卷 （明）申時行撰
　明萬曆二十六年刻本
　　十行二十六字白口四周雙邊　毛裝　一冊
　　存二卷：一至二

善 0069

少坡先生佳製講解字訓註釋書經新説十卷 （明）沈鏊撰　（明）黃繼周集
　明嘉靖二十三年刻本
　　十二行二十字白口四周雙邊　毛裝

經部

二册
存六卷：一至六

善 0071
沈方伯刪定尚書集註六卷　（明）沈一
中刪訂
清順治十八年沈延儁抄本　清沈德
壽跋
九行十九字小字雙行同白口四周單
邊　綫裝　六册

善 0068
書經摘註六卷
明抄本
九行二十字白口四周雙邊　綫裝　三
册

善 0078
書經論次一卷
清抄本
十行二十四字白口無版框　綫裝　一
册

善 0079
書經輯解十三卷首一卷　（清）周道遵
撰
稿本
十一行二十二字小字雙行同白口左
右雙邊　綫裝　六册
存三卷：一至三

善 0076
夏書禹貢廣覽三卷蓋載圖憲一卷　（明）
許胥臣輯
明崇禎刻本　章木題
九行二十字小字雙行同白口四周單
邊　綫裝　一册

善 0077
胡氏禹貢錐指勘補十二卷　（清）姚瑩
撰
稿本
十一行行字不等上下黑口左右雙邊
毛裝　一册

善 0080
尚書逸湯誓考二卷　（清）徐時棟撰
清烟嶼樓初稿本
十行二十一字小字雙行同上下黑口
左右雙邊　毛裝　一册

善 0081
尚書逸湯誓考四卷附錄一卷　（清）徐
時棟撰
清烟嶼樓二次稿本　清劉鳳章　廉
鍔跋
十行二十一字小字雙行同上下黑口
左右雙邊　毛裝　一册

善 0082
尚書逸湯誓考六卷　（清）徐時棟撰
清烟嶼樓三次稿本
十二行二十一字小字雙行同上下黑
口左右雙邊　毛裝　一册

善 0083
尚書逸湯誓考六卷　（清）徐時棟撰
清烟嶼樓修訂稿本
十行二十一字小字雙行同上下黑口
左右雙邊　毛裝　一册

善 0064
定正洪範集說一卷　（元）胡一中纂述
明抄本　陳月峰題簽
九行十八字小字雙行同白口四周單

邊　綫裝　一册

詩　類

善 0094
詩集傳二十卷詩序辯說一卷詩傳綱領一卷詩圖一卷　（宋）朱熹撰
明正統十二年司禮監刻本
八行十四字小字雙行十八字上下黑口四周雙邊　綫裝　八册
存十五卷：詩集傳一至十、十三至十四，詩序辯說，詩傳綱領，詩圖

善 0095
詩經集傳八卷　（宋）朱熹撰
清康熙十一年朱氏崇道堂刻本　朱鼎煦跋　清朱錫旂批校
九行十七字小字雙行同白口左右雙邊　綫裝　二册

善 0096
詩經集註八卷　（宋）朱熹撰
明刻本
九行十七字小字雙行同白口四周單邊　毛裝　二册
存五卷：一至五

善 0097
呂氏家塾讀詩記三十二卷　（宋）呂祖謙撰
明嘉靖十年傅鳳翔南昌刻本
十四行十九字上下黑口左右雙邊　毛裝　八册
存二十三卷：五至二十七

善 0098
呂氏家塾讀詩記三十二卷　（宋）呂祖謙撰
明嘉靖十年傅鳳翔南昌刻本
十四行十九字上下黑口左右雙邊　綫裝　五册

善 0099
呂氏家塾讀詩記三十二卷　（宋）呂祖謙撰
明嘉靖十年傅鳳翔南昌刻本
十四行十九字上下黑口左右雙邊　綫裝　十册

善 0100
詩緝三十六卷　（宋）嚴粲撰
明趙府味經堂刻本
九行十八字小字雙行同白口四周雙邊　綫裝　十二册

善 0101
詩緝三十六卷　（宋）嚴粲撰
明趙府味經堂刻本
九行十八字小字雙行同白口四周雙邊　綫裝　八册
存二十五卷：六至二十一、二十八至三十六

馮善 0077
詩緝三十六卷　（宋）嚴粲撰
清抄本
九行十八字小字雙行同無版框　綫裝　十二册

善 0104
詩傳大全二十卷綱領一卷圖一卷　（明）胡廣等輯　**詩序辯說一卷**　（宋）朱熹

經　部

撰　詩經考異一卷　(宋)王應麟撰
明詩瘦閣刻本
八行二十一字小字雙行同白口左右雙邊　綫裝　八册

馮善0081
詩經大全二十卷綱領一卷圖一卷　(明)胡廣等撰　詩序辯説一卷　(宋)朱熹撰
明刻本
十一行二十一字小字雙行同上下黑口四周單邊雙邊兼有　毛裝　四册
存十二卷：詩經大全五至十三、綱領、圖、詩序辯説

善0106
詩經億四卷　(明)王道撰
明徐中立刻本
九行二十字上下黑口左右雙邊　綫裝　二册
存三卷：一、三至四

善0084
魯詩世學十五卷　(宋)豐稷正音　(明)豐熙正説　(明)豐坊考補
明抄本
十五行二十字小字雙行同白口四周單邊　綫裝　二册

善0109
毛詩日箋六卷　(清)秦松齡撰
清康熙刻本
十行二十一字上下黑口左右雙邊　綫裝　二册

善0110

風雅遺音不分卷　(清)史榮輯
清抄本
八行二十二字無版框　綫裝　一册

善0113
沈氏詩醒八牋二十五卷　(清)沈冰壺撰
清乾隆十六年稿本
十一行二十四字小字雙行同白口四周雙邊　綫裝　三十六册
存二十卷：一至十、十五至二十三、二十五

馮善0093
讀詩私説一卷　(清)董秉純撰
清抄本
十四行二十八字無版框　綫裝　一册

善0112
讀嚴氏詩緝一卷　(清)葉燕撰
稿本
十二行行字不等白口四周單邊　綫裝　一册

善0115
詩經輯解二十卷綱領一卷　(清)周道遵撰
稿本
九行二十二字無版框　毛裝　十册

善0114
詩學自怡録八卷　(清)王約撰
清抄本
十行三十字無版框　毛裝　一册

善0117

詩經纂一卷 （清）佚名撰
　清抄本
　十行二十六字小字雙行行字不等無版框　綫裝　二册

馮善0108
詩外傳十卷 （漢）韓嬰撰
　明嘉靖十四年蘇獻可通津草堂刻本　佚名批
　九行十七字白口左右雙邊　綫裝　一册
　存五卷：一至五

馮善3345
詩外傳十卷 （漢）韓嬰撰
　明嘉靖沈辨之野竹齋刻本
　九行十七字白口左右雙邊　綫裝　一册
　存二卷：一至二

善0086
韓詩外傳十卷 （漢）韓嬰撰
　明嘉靖十八年薛來芙蓉泉書屋刻本
　九行十八字白口左右雙邊　毛裝　一册
　存六卷：五至十

善0088
韓詩外傳十卷 （漢）韓嬰撰
　明銅活字印本
　十行二十一字白口左右雙邊　綫裝　一册
　存二卷：三至四

善0111
韓詩遺說二卷 （清）臧庸撰
　清光緒董沛六一山房抄本　清趙之謙　董沛校并跋
　十行二十字小字雙行同白口四周雙邊　毛裝　一册

禮　類

善0177
檀弓二卷考工記二卷 （宋）謝枋得批點
　明萬曆四十年閔齊伋刻朱墨套印本
　八行十八字白口左右雙邊　綫裝　一册

善0171
檀弓輯註二卷考工記輯註二卷 （明）陳與郊輯
　明萬曆三十二年刻本　朱鼎煦跋
　十行二十字小字雙行同白口左右雙邊　綫裝　一册
　存二卷：檀弓輯注

善0154
檀弓批點二卷 （宋）謝枋得批點 （明）楊慎注
　明程拱宸刻檀孟批點本
　八行二十字小字雙行同白口四周單邊　綫裝　二册

善0155
檀弓記二卷 （宋）謝枋得評點 （明）楊慎注
　明末錢塘盧之頤刻本
　九行二十字小字雙行同白口四周單邊　綫裝　一册

經部

周禮

善 0126
禮經會元四卷 （宋）葉時撰
　明刻本　清徐鯤批校并跋
　十一行二十四字白口左右雙邊　綫
　　裝　二冊

善 0123
周禮句解十二卷 （宋）朱申撰
　明刻本
　八行十八字小字雙行同白口四周雙
　　邊　毛裝　三冊
　存九卷：四至十二

善 0127
周禮句解十二卷 （宋）朱申撰
　明刻本
　八行十八字小字雙行同白口四周雙
　　邊　綫裝　六冊

善 0124
周禮集說十一卷綱領一卷 （元）陳友
　仁輯　**復古編一卷** （宋）俞庭椿撰
　明刻本
　十一行二十二字白口四周單邊　毛
　　裝　十一冊
　存十一卷：集說一、三至十一，綱領

善 0125
周禮集說十一卷綱領一卷 （元）陳友
　仁輯　**復古編一卷** （宋）俞庭椿撰
　明刻本
　十一行二十二字白口四周單邊　毛
　　裝　二冊
　存二卷：三至四

善 0128
周禮集註七卷 （明）何喬新撰
　明刻本
　十行二十字上下黑口四周雙邊　綫
　　裝　一冊
　存二卷：一至二

善 0129
周禮傳五卷翼傳二卷圖說二卷 （明）
　王應電撰
　明嘉靖四十二年吳鳳瑞刻本
　七行二十二字小字雙行同白口四周
　　單邊　綫裝　十三冊
　存八卷：周禮傳、翼傳上、圖說

善 0133
周禮注疏刪翼三十卷 （明）王志長撰
　明崇禎十二年葉培恕刻本
　八行十九字小字雙行同白口左右雙
　　邊　綫裝　十二冊

善 0134
周禮摘要二卷 （清）儲欣撰
　清乾隆四十九年竹嶼氏抄本　清王
　　昶批
　六行二十字無版框　綫裝　二冊

馮善 0119
批點考工記二卷 （明）周夢暘輯注并
　評
　明萬曆刻本
　八行十八字小字雙行同白口四周雙
　　邊　綫裝　一冊

善 0130
考工記二卷 （明）郭正域批點
　明萬曆閔齊伋刻三經評注朱墨套印

本
八行十八字小字雙行同白口左右雙邊 綫裝 一册

善 0131
考工記二卷 （漢）鄭玄注
明末刻本
九行二十字小字雙行同白口四周單邊 綫裝 一册

儀禮

善 0136
儀禮十七卷
元刻明遞修本
十行二十字白口四周單邊 綫裝 二册

善 0135
儀禮十七卷
明刻本
十行二十字白口左右雙邊 綫裝 二册

善 0137
儀禮十七卷 （漢）鄭玄注
明正德十六年陳鳳梧刻本
十行二十字小字雙行同上下黑口四周單邊 綫裝 八册

善 0139
儀禮註疏十七卷 （漢）鄭玄注 （唐）賈公彦疏
明萬曆二十一年北京國子監刻崇禎重修本 清顧廣圻批校并跋 朱鼎煦跋

九行二十一字小字雙行同白口左右雙邊 綫裝 六册

善 0143
儀禮圖十七卷旁通圖一卷 （宋）楊復撰 **儀禮十七卷**
元刻明正德補修本
十行二十字小字雙行同白口左右雙邊 毛裝 三册
存十三卷：儀禮圖一至十三

善 0144
儀禮圖十七卷旁通圖一卷 （宋）楊復撰
明嘉靖十五年呂柟刻本
十行二十字小字雙行同白口四周單邊 綫裝 八册

善 0145
儀禮集說十七卷 （元）敖繼公撰
元大德刻本
十二行十八字小字雙行同上下細黑口左右雙邊 綫裝 七册
存十六卷：一至七、九至十七

禮記

善 0146
禮記三十卷
明弘治九年莊檡刻本
九行十八字上下黑口四周雙邊 毛裝 二册
存十五卷：十六至三十

善 0157
禮記集說一百六十卷 （宋）衛湜撰

經　部

善0151
禮記纂言三十六卷　（元）吳澄撰
　　明抄本
　　十三行二十五字白口四周單邊　綫裝　七冊
　　存二十四卷：一百十三至一百三十六

善0151
禮記纂言三十六卷　（元）吳澄撰
　　明正德十五年胡東皋刻本
　　十行二十三字小字雙行二十四字上下黑口四周雙邊　綫裝　七冊
　　存三十二卷：一至二、七至三十六

善0163
新刊京本禮記纂言三十六卷　（元）吳澄撰
　　明崇禎二年晉陽張養刻本
　　十三行二十五字小字雙行同白口四周單邊　綫裝　七冊
　　存二十卷：一、十一至十四、二十二至三十六

善0158
禮記集說十六卷　（元）陳澔撰
　　明正統十二年司禮監刻本
　　八行十四字小字雙行十八字上下黑口四周雙邊　綫裝　十六冊

善0159
禮記集說三十卷　（元）陳澔撰
　　明嘉靖十一年建寧府刻本
　　九行十七字小字雙行同上下黑口四周雙邊　綫裝　七冊
　　存二十六卷：一至十、十五至三十

善0160
禮記集說三十卷　（元）陳澔撰
　　明嘉靖吉澄刻楊一鶚重修本　佚名跋
　　九行十七字小字雙行同白口左右雙邊　綫裝　八冊

善0161
禮記集說三十卷　（元）陳澔撰
　　明刻本
　　九行十七字小字雙行同白口四周單邊　綫裝　九冊
　　存十三卷：四至十六

善0165
禮記集說大全三十卷　（明）胡廣等輯
　　明刻本
　　十行二十二字小字雙行同上下黑口四周雙邊　綫裝　三冊
　　存三卷：三、五至六

善0164
禮記集說大全三十卷　（明）胡廣等輯
　　明刻本　清徐時棟跋
　　十行二十二字小字雙行同上下黑口四周雙邊　綫裝　十六冊

馮善0152
禮記明音二卷　（明）王覺輯
　　明刻本
　　八行十七字小字雙行同白口左右雙邊　綫裝　一冊

善0167
禮記集注三十卷　（明）徐師曾撰
　　明萬曆三年宋儀望刻本
　　九行十七字小字雙行同白口左右雙邊　綫裝　十九冊
　　存二十九卷：一至二十、二十二至三十

善 0168
禮記新義三十卷禮記纂註三十卷 （明）
湯道衡纂
明萬曆刻本
九行十八字小字雙行同白口四周雙邊　綫裝　一冊
存四卷：禮記纂注一至四

善 0173
禮記纂類三十六卷 （清）王鐘毅撰
（清）王師楷訂
清抄本
九行二十字小字雙行同白口左右雙邊　綫裝　四冊

善 0172
禮記省度四卷 （清）彭頤撰
清刻三色套印本
八行十六字白口四周單邊　綫裝　四冊

馮善 0149
禮記集說八十卷 （清）鄭元慶撰
清抄本　清陳魚門批注
十六行三十二字無版框　綫裝　十六冊

善 0150
大戴禮記十三卷 （漢）戴德撰 （宋）劉辰翁 （明）朱養純評
明天啓朱養純花齋刻本
九行二十一字小字雙行同白口四周單邊　綫裝　二冊

善 0175
大戴禮記補注二卷 （清）孔廣森撰
清抄本　清丁授經校注批并跋
八行二十四字白口四周單邊　綫裝　二冊

善 0153
夏小正戴氏傳四卷 （宋）傅崧卿注
明嘉靖二十五年袁褧刻本
八行十七字小字雙行同白口四周單邊雙邊兼有　毛裝　一冊

善 0176
夏小正求是四卷 （清）姚燮撰
稿本
十一行二十四字上下黑口左右雙邊　毛裝　一冊

三禮總義

善 5044
三禮考註六十四卷序錄一卷綱領一卷 （元）吳澄撰
明成化九年謝士元刻本
十一行二十四字小字雙行同上下黑口四周雙邊　綫裝　一冊
存四卷：三禮考注一至二、序錄、綱領

善 0178
讀禮疑圖六卷 （明）季本撰
明嘉靖刻本
十行二十一字白口左右雙邊　毛裝　一冊
存一卷：六

善 0180
三禮編繹二十六卷 （明）鄧元錫撰
明萬曆三十三年史繼辰、饒景曜等刻本

經部

十行二十一字小字雙行同白口四周雙邊　綫裝　十二冊

善0181
三禮編繹二十六卷　（明）鄧元錫撰
明萬曆三十三年史繼辰、饒景曜等刻本
十行二十一字小字雙行同白口四周雙邊　綫裝　一冊
存一卷：五

善0179
三禮纂註四十九卷　（明）貢汝成撰
明萬曆三年陳俊刻本
八行十八字小字雙行同白口左右雙邊　綫裝　十五冊
存二十八卷：一至五、八至十、二十二至二十四、二十六至二十九、三十三至三十六、三十八至四十六

通禮

善0162
禮書一百五十卷　（宋）陳祥道撰
元至正七年福州路儒學刻明修本
十三行二十一字小字雙行同白口左右雙邊　毛裝　六冊
存八十四卷：一至二十五、三十八至五十一、六十七至一百十一

善0140
儀禮經傳通解三十七卷　（宋）朱熹撰
續二十九卷　（宋）黃榦　楊復撰
明正德十六年劉瑞、曹山杭州刻本
十一行二十字白口左右雙邊　綫裝　四冊

存二十八卷：通解一至十四、十六至二十一、三十至三十七

善0141
儀禮經傳通解三十七卷　（宋）朱熹撰
續二十九卷　（宋）黃榦　楊復撰
明正德十六年劉瑞、曹山杭州刻本
十一行二十字白口左右雙邊　綫裝　二冊
存十二卷：通解一至十二

善0142
儀禮經傳通解三十七卷　（宋）朱熹撰
續二十九卷　（宋）黃榦　楊復撰
明抄本
七行十五字小字雙行同白口左右雙邊　毛裝　二冊
存五卷：通解一至二、續六至八

善0182
五禮異義不分卷　（清）黃以周撰
稿本
十行三十六至四十字不等無版框　毛裝　一冊

雜禮書

善0183
司馬氏書儀十卷　（宋）司馬光撰
清雍正元年汪亮采刻本
十一行十九字小字雙行二十四字上下黑口左右雙邊　綫裝　一冊

善0184
文公家禮會通十卷　（明）湯鐸撰
明景泰元年湯氏執中堂刻本

十一行二十二字上下黑口四周雙邊
　　毛裝　一册
　　存一卷：一

善0185
文公家禮儀節八卷　（明）丘濬撰
　　明萬曆三十六年錢時刻本
　　八行十六字小字雙行同上下黑口四
　　周雙邊　綫裝　二册

樂　類

善0320
集易禮註樂二卷
　　清抄本　虹橋居士跋
　　十行三十字無版框　綫裝　一册

善0306
苑洛志樂十三卷　（明）韓邦奇撰
　　清康熙二十二年吳元萊刻本
　　十行二十字白口四周單邊　綫裝
　　八册

善0307
律呂別書一卷　（明）季本撰
　　清沈氏鳴野山房抄本
　　九行二十一字白口四周單邊　綫裝
　　一册

善0309
古樂書二卷　（清）應撝謙撰
　　稿本　清朱劍芝批并題簽
　　十行二十六字無版框　綫裝　一册
　　存一卷：上

善0310
樂書內編二十卷　（清）張宣猷　鄭先
　慶撰
　　清康熙十九年刻本
　　八行二十字小字雙行同白口四周雙
　　邊　綫裝　四册

善0311
古樂經傳五卷　（清）李光地注
　　清雍正五年王蘭生、繆沅刻本
　　九行二十字白口左右雙邊　綫裝　二
　　册

春秋類

左傳

善0192
春秋經傳集解三十卷　（晉）杜預撰
　（唐）陸德明釋文
　　明刻本
　　八行十七字小字雙行同白口四周雙
　　邊　綫裝　十五册

善0193
春秋經傳集解三十卷　（晉）杜預撰
　（唐）陸德明釋文
　　明刻本
　　八行十七字小字雙行同白口四周雙
　　邊　綫裝　二册
　　存五卷：十七至十九、二十九至三十

善0195
春秋經傳集解三十卷　（晉）杜預撰

經　部

（唐）陸德明釋文
明刻本
八行十七字小字雙行同白口四周雙邊　綫裝　十一冊
存十四卷：一至八、十七至十八、二十一至二十二、二十五、二十八

馮善0186
春秋經傳集解三十卷　（晋）杜預撰
（唐）陸德明釋文
明刻本
八行十七字小字雙行同白口四周雙邊　綫裝　十冊

善0187
春秋左傳三十卷　（晋）杜預注　（宋）林堯叟音注
明刻本（卷二十至二十一配抄本）
十行二十一字小字雙行同上下黑口四周雙邊　包背裝　六冊
存二十三卷：一至二十三

善0191
春秋左傳杜林合註五十卷　（晋）杜預（宋）林堯叟撰　（唐）陸德明音義（明）王道焜　趙如源輯
明刻本
九行二十字小字雙行同白口四周單邊　綫裝　五冊
存二十六卷：五至十、十六至二十、三十一至四十、四十六至五十

善0247
精選東萊先生博議句解□□卷　（宋）呂祖謙撰　（宋）張成招注
明刻本
十行二十字小字雙行同上下黑口四周雙邊　毛裝　一冊
存八卷：九至十六

善0214
春秋左傳類解二十卷地譜世系一卷
（明）劉績撰
明弘治十年淮陰公舍刻本
十二行二十四字小字雙行同上下黑口四周雙邊　綫裝　二冊
存五卷：一、十六至十九

善0204
春秋左傳屬事二十卷古字奇字音釋一卷春秋左傳注解辨誤二卷辨誤補遺一卷古器圖一卷　（明）傅遜撰
明萬曆十三年日殖齋刻十七年重修本
十行二十字小字雙行同白口左右雙邊　綫裝　一冊
存二卷：左傳屬事一至二

善0215
春秋左史捷徑二卷　（明）劉守泰輯
明萬曆刻本
十一行二十三字小字雙行同白口左右雙邊　毛裝　一冊
存一卷：下

善0208
左紀十一卷　（明）錢應奎輯
明萬曆三年華叔陽刻本
十二行二十字小字雙行同白口左右雙邊　綫裝　六冊

善0202
春秋左傳十五卷　（明）孫鑛批點
明萬曆四十四年閔齊伋刻朱墨套印

本
九行十九字白口四周單邊 綫裝 六冊

善0203
春秋左傳十五卷 （明）孫鑛批點
明萬曆四十四年閔齊伋刻朱墨套印本 朱鼎煦跋
九行十九字白口四周單邊 綫裝 十冊

馮善0187
春秋左傳十五卷 （明）孫鑛批點
明萬曆四十四年閔齊伋刻朱墨套印本
九行十九字白口四周單邊 綫裝 四冊

善0205
春秋左傳註評測義七十卷世系譜一卷名號異稱便覽一卷地名配古籍一卷總評一卷春秋列國東坡圖說一卷測言凡例一卷 （明）凌稚隆撰
明萬曆十六年刻本
十行二十字小字雙行同白口左右雙邊 綫裝 二十冊

善0206
春秋左傳註評測義七十卷世系譜一卷名號異稱便覽一卷地名配古籍一卷總評一卷春秋列國東坡圖說一卷測言凡例一卷 （明）凌稚隆撰
明萬曆十六年刻本
十行二十字小字雙行同白口左右雙邊 綫裝 十冊

善0207
左傳文苑八卷 （明）張鼐輯 （明）陳繼儒注
明刻朱墨套印本
九行二十二字小字雙行同白口四周單邊 綫裝 六冊

馮善0207
左記十二卷 （明）章大吉撰
明崇禎刻本
十行二十字小字雙行同白口四周單邊 綫裝 六冊

善0210
春秋大事表五十卷附錄一卷 （清）顧棟高輯 （清）華文緯等參 （清）顧重光等校字
清乾隆十三年萬卷樓刻本
十一行二十五字白口四周單邊 綫裝 二十二冊
存五十卷：春秋大事表

善0211
春秋左傳音訓不分卷 （清）楊國楨撰
清道光十年大梁書院刻十一經音訓本 朱鼎煦跋 錢罕批校
七行二十二字小字雙行同白口四周單邊 綫裝 八冊

馮善0200
左傳童觿二卷 （清）邵董撰
稿本
八行二十一字無版框 毛裝 二冊

馮善0201
左傳童觿二卷 （清）邵董撰
稿本（二稿）
十行二十一字無版框 綫裝 二冊

經部

春秋總義類

善0235
春秋尊王發微十二卷 （宋）孫復撰
　明抄本
　　九行二十二字白口四周雙邊　毛裝
　　二册
　　存八卷：一至四、九至十二

善0236
西疇居士春秋本例二十卷 （宋）崔子
　方撰
　清初抄本
　　十三行二十二字小字雙行同白口左
　　右雙邊　綫裝　二册

善0240
春秋傳三十卷 （宋）胡安國撰　（宋）
　林堯叟音注　**春秋總例一卷諸國興
　廢說一卷**
　明嘉靖三十五年廣東崇正堂刻本
　佚名批
　　八行十四字小字雙行十八字上下黑
　　口四周雙邊　綫裝　四册

善0241
春秋胡傳三十卷 （宋）胡安國撰
　明嘉靖刻本
　　九行十七字小字雙行同白口四周單
　　邊　綫裝　二册
　　存四卷：十五至十八

善0238
春秋胡傳三十卷 （宋）胡安國撰　（宋）
　林堯叟音注　**綱領一卷提要一卷諸國
　興廢說一卷列國東坡圖說一卷正經音
　訓一卷**
　明刻本
　　九行十八字小字雙行同上下黑口四
　　周雙邊　綫裝　一册
　　存九卷：二十二至三十

馮善0226
春秋胡傳三十卷 （宋）胡安國撰　（宋）
　林堯叟音注　**綱領一卷提要一卷諸國
　興廢說一卷列國東坡圖說一卷正經音
　訓一卷**
　明慎獨齋刻本
　　九行十八字小字雙行同上下黑口四
　　周雙邊　綫裝　六册

善0237
春秋胡傳三十卷 （宋）胡安國撰　（宋）
　林堯叟音注　**綱領一卷提要一卷諸國
　興廢說一卷列國東坡圖說一卷正經音
　訓一卷**
　明崇仁書堂刻本
　　九行十八字小字雙行同上下黑口四
　　周雙邊　綫裝　四册
　　存二十七卷：一至七、十一至三十

善0243
春秋胡傳三十卷 （宋）胡安國撰　**綱
　領一卷春秋提要一卷列國東坡圖說
　一卷諸國興廢說一卷**
　明萬曆吳興閔遠慶刻本
　　九行十八字小字雙行同白口左右雙
　　邊　綫裝　六册

善0245
春秋胡傳三十卷 （宋）胡安國撰　（宋）
　林堯叟音注　**春秋傳綱領一卷諸國興
　廢說一卷提要一卷列國圖說一卷**

清明善堂刻本
九行十七字小字雙行同白口四周雙邊　綫裝　八冊

馮善 0247
則堂先生春秋集傳詳說三十卷綱領一卷　(宋)家鉉翁撰
明抄本
九行二十字小字雙行同下細黑口四周雙邊　綫裝　三冊
存十卷：十三至十八、二十三至二十六

善 0254
春秋本義三十卷　(元)程端學撰
元刻本
十行二十二字小字雙行同上下黑口左右雙邊　毛裝　二冊
存十二卷：十三至十八、二十五至三十

馮善 0248
春秋本義三十卷　(元)程端學撰
明甬東書屋抄本
十行二十二字白口四周單邊　綫裝　一冊
存六卷：二十五至三十

善 0256
春秋三傳辨疑二十卷　(元)程端學撰
清抄本
八行二十一字上下黑口四周雙邊　綫裝　六冊
存九卷：一至二、五至六、十至十一、十六至十八

馮善 0229
春秋屬辭十五卷　(元)趙汸撰
元至正二十二至二十四年休寧商山義塾刻明弘治六年高忠重修本
十三行二十七字小字雙行同上下黑口左右雙邊　綫裝　八冊

馮善 0232
春秋四傳三十八卷綱領一卷提要一卷列國東坡圖說一卷春秋二十國年表一卷諸國興廢說一卷
明嘉靖吉澄刻樊獻科重修本
九行十七字小字雙行同白口左右雙邊　綫裝　十冊

善 0250、善 0251
春秋四傳三十八卷綱領一卷提要一卷列國東坡圖說一卷春秋二十國年表一卷諸國興廢說一卷
明嘉靖吉澄刻樊獻科重修本
九行十七字小字雙行同白口左右雙邊　綫裝　九冊
存三十七卷：春秋四傳七至三十八、綱領、提要、列國東坡圖說、春秋二十國年表、諸國興廢說

善 0252
春秋四傳三十八卷綱領一卷提要一卷列國東坡圖說一卷春秋二十國年表一卷諸國興廢說一卷
明嘉靖建寧府書坊刻本　清佚名跋
九行十七字小字雙行同上下黑口四周雙邊　綫裝　十一冊

善 0253
春秋四傳三十八卷綱領一卷提要一卷列國東坡圖說一卷春秋二十國年表一卷諸國興廢說一卷

經部

　　明刻本
　　九行十七字小字雙行同上下黑口四周雙邊　綫裝　二册
　　存三卷:春秋四傳二十七至二十九

善0259
春秋集傳大全三十七卷序論一卷春秋二十四國年表一卷諸國興廢說一卷
（明）胡廣等輯
　　明嘉靖九年安正堂刻十一年劉仕中安正堂印本
　　十一行二十一字小字雙行同上下黑口四周雙邊　綫裝　六册
　　存十七卷:大全十八至三十、三十四至三十七

馮善0251
春秋集傳大全三十七卷首一卷　（明）胡廣等撰
　　明末刻本
　　七行十五字小字雙行二十字白口四周雙邊　綫裝　十册
　　存三十三卷:一至十、十五至三十七

善0246
春秋胡氏傳集解三十卷　（明）陳喆撰
　　明嘉靖九年安正堂刻本
　　十二行二十三字小字雙行同白口四周雙邊　綫裝　八册

善0260
春秋私考三十六卷首一卷　（明）季本撰
　　明嘉靖刻本
　　十行二十一字白口左右雙邊　綫裝　四册
　　存十三卷:一至三、十三至二十一，首

善0262
春秋世學三十二卷　（明）豐坊撰
　　明抄本
　　九行二十二字小字雙行同白口四周雙邊　綫裝　十三册
　　存二十七卷:一至二十七

善0263
春秋孔義十二卷　（明）高攀龍撰
　　明崇禎十三年秦堈刻本
　　九行十九字白口四周單邊　綫裝　二册
　　存七卷:一至七

馮善0233
公羊穀梁春秋合編附註疏纂十二卷
（明）朱泰禎撰
　　明末刻本
　　九行十八字小字雙行同白口四周單邊無格　綫裝　四册

善0267
春秋衡庫三十卷附錄三卷備錄一卷
（明）馮夢龍撰
　　明天啓五年刻本　清應紀奉批注
　　十行二十字小字雙行同白口四周單邊　綫裝　八册

善0264
春秋旁訓四卷
　　明嘉靖三十八年雲南刻本
　　十行二十字小字雙行同白口四周雙邊　毛裝　一册
　　存二卷:三至四

善0270
春秋輯解十二卷首一卷　（清）周道遵

撰
　稿本
　九行二十二字無版框　綫裝　六册

附

善0222
春秋繁露十七卷　（漢）董仲舒撰
　明刻本
　九行十七字白口四周雙邊　毛裝　四册

善0225
春秋繁露十七卷　（漢）董仲舒撰
　明萬曆二十年程榮刻廣漢魏叢書本　清徐時棟校并跋
　九行二十字白口左右雙邊　綫裝　一册

善0221
春秋繁露十七卷　（漢）董仲舒撰
　明有嘉堂抄本
　十二行二十字小字雙行同白口左右雙邊　包背裝　一册
　存六卷：十二至十七

馮善0218
春秋繁露十七卷　（漢）董仲舒撰　（明）孫鑛等評　附錄一卷
　明天啓五年西湖朱養和花齋刻本
　九行二十字小字雙行同白口四周單邊　綫裝　二册

善0223
春秋繁露十七卷　（漢）董仲舒撰　（明）孫鑛等評　附錄一卷
　明天啓五年西湖朱養和花齋刻本　清徐時棟跋
　九行二十字小字雙行同白口四周單邊　綫裝　二册

善0227
春秋繁露十七卷　（漢）董仲舒撰　總評一卷
　清抄本
　九行二十字小字雙行同白口無版框　毛裝　六册

四書類

論語

善0277
論語或問二十卷　（宋）朱熹撰
　明莆田洪珠刻本
　十行二十二字小字雙行同白口左右雙邊　綫裝　一册
　存六卷：十五至二十

馮善0265
彙鐫論語密解大全十卷　（清）姚循德輯
　稿本
　十行二十九字小字雙行三十字無版框　綫裝　四册

經部

孟子

善0284
孟子集註十四卷序說一卷 （宋）朱熹撰
　明成化十六年吉府刻四書集注本　佚名批校
　七行十四字小字雙行十八字上下黑口四周雙邊　綫裝　四冊

善0283
孟子張宣公解七卷 （宋）張栻撰
　明抄本
　十一行十九字小字雙行同白口四周單邊　綫裝　一冊
　存一卷：一

善0287
孟子四考四卷 （清）周廣業撰
　稿本
　十行二十一字小字雙行同無版框　毛裝　四冊

善0286
孟子章指一卷 （漢）趙岐撰　（清）周廣業校
　稿本
　九行二十一字小字雙行同無版框　金鑲玉　二冊

大學

善0289
大學億二卷釋疑一卷 （明）王道撰
　明嘉靖二十三年山陰錢梗刻本
　九行二十字白口四周單邊　綫裝　一冊

四書總義類

善0285
四書集註二十一卷 （宋）朱熹撰
　明刻本
　九行十七字小字雙行同白口左右雙邊　綫裝　二冊
　存一種六卷：
　　孟子七卷序說一卷（存六卷：孟子一至五、序說）

善0290
四書集註二十一卷 （宋）朱熹撰
　清怡府明善堂刻本
　九行十七字小字雙行同白口四周雙邊　綫裝　五冊

善0291
四書或問三十六卷 （宋）朱熹撰
　明弘治十七年刻本
　十行十八字小字雙行同上下黑口四周雙邊　毛裝　四冊
　存二種十七卷：
　　大學章句或問一卷
　　論語或問二十卷（存十六卷：五至二十）

善0288
大學或問一卷 （宋）朱熹撰
　明刻本
　十行二十二字小字雙行同上下黑口四周雙邊　綫裝　一冊

善0292
重訂四書輯釋四十五卷 （元）倪士毅撰　（元）程復心章圖　（元）王元善

通考 （明）王逢通義
明正統五年詹氏進德堂刻本
十二行二十三字小字雙行同上下黑口四周雙邊　綫裝　一冊
存二種三卷：
　新刊重訂輯釋通義源流本末一卷 （元）劉用章輯
　四書章圖纂括總要發義二卷 （元）程復心撰

善0293
四書集註大全四十三卷 （明）胡廣等輯
明刻本
十行二十二字小字雙行同上下黑口四周雙邊　綫裝　十二冊
存二種三十四卷：
　論語集註大全二十卷
　孟子集註大全十四卷

善0294
虛齋蔡先生四書蒙引初稿十五卷 （明）蔡清撰
明正德十五年李墀刻本
十二行二十四字上下黑口四周雙邊　綫裝　十三冊
存十三卷：一至六、八至十四

善0295
新刊武進荊川唐先生日錄四書拙講十卷 （明）唐順之撰
明隆慶二年歸仁齋刻本
十一行二十六字白口四周單邊　毛裝　三冊
存五卷：五、七至十

善0296

四書人物考四十卷 （明）薛應旂撰
明嘉靖刻本
十行二十字白口四周單邊　綫裝　四冊

善5045
皇明百家四書理解集六卷首一卷 （明）焦竑撰
明萬曆刻本
十行二十五字小字雙行同白口四周單邊　綫裝　六冊

善0299
四書名物考二十四卷 （明）陳禹謨撰 （明）錢受益　牛斗星補
明末牛斗星刻本
九行二十字小字雙行同白口四周單邊　綫裝　三冊
存十三卷：四至六、十五至二十四

善0297
四書備考二十八卷考異一卷 （明）陳仁錫撰
明末刻本
九行十九字小字雙行同白口四周單邊　綫裝　四冊
存八卷：六至七、十五至十八、二十五至二十六

善0298
四書備考二十八卷考異一卷 （明）陳仁錫撰
明刻本
九行二十五字小字雙行同白口四周單邊無格　綫裝　十六冊

馮善0288

經部

諸太史評三先生家藏四書講意明珠庫
  十卷首一卷　（明）黃文煥　項煜
  宋玫輯
  明天啟刻本
  九行二十五字白口四周單邊　綫裝
    六册

馮善 0290
天蓋樓四書語錄四十六卷　（清）呂留
  良評選　（清）周在延編次
  清康熙二十三年刻本　佚名批
  九行二十三字小字雙行同白口左右
    雙邊無格　綫裝　八册

馮善 0282
呂晚邨先生四書講義四十三卷　（清）
  呂留良撰　（清）陳鏦編次
  清康熙呂氏天蓋樓刻本
  十一行二十一字小字雙行同上下黑
    口左右雙邊　綫裝　八册
    大學三卷
    論語二十卷
    中庸六卷
    孟子十四卷

善 0300
四書針四卷　（明）黃尊素撰
  明末刻本
  十一行二十二字白口四周單邊　綫
    裝　一册
  存二卷：大學、中庸

善 0305
御製經說一卷　論語註疏解經摘錄一
  卷　（三國魏）何晏集解　（宋）邢昺
  疏　大學註疏摘錄一卷　（漢）鄭玄
  注　（唐）孔穎達疏　中庸註疏摘錄
  一卷　（漢）鄭玄注　（唐）孔穎達疏
  孟子註疏解經摘錄一卷　（漢）趙岐
  注　（宋）孫奭疏　論語筆解一卷
  （唐）韓愈撰　論語拾遺一卷　（宋）
  蘇軾撰　鄉黨圖考摘錄一卷　（清）
  江永撰　論語古訓摘錄一卷　（清）
  陳鱣述　四書典故辨正一卷　（清）
  周秉中撰
  清抄本
  十行行字不等小字雙行行字不等白
    口無版框　毛裝　一册

群經總義類

善 0314
六經正誤六卷　（宋）毛居正撰
  清漱玉抄本　清漱玉跋
  十行二十字無版框　毛裝　二册
  存四卷：一至三、六

善 0313
新刊宋學士夾漈先生六經奧論六卷總
  文一卷　（宋）鄭樵撰　（明）黎溫校
  正
  清抄本
  十二行二十四字小字雙行行字不等
    無版框　毛裝　二册

善 0316
羣書疑辨不分卷　（清）萬斯同撰
  清抄本
  十行二十一至二十四字小字雙行行
    字不等白口左右雙邊　毛裝　一
    册

善 0317
十三經異同條辨十卷 （清）魯學孟撰
（清）魯瀛南等同校 （清）齊召南
雷鋐鑒定
清抄本
十三行二十八字無版框 綫裝 四冊

善 0318
讀經偶鈔四卷 （清）蔣學鏞撰 （清）
董隨齋録
清抄本
十五行二十三字無版框 綫裝 一冊

小學類

彙編

善 0353、善 0367、善 0399
澤存堂五種 （清）張士俊編
清康熙中吴郡張氏刻本
各書行款不一白口左右雙邊 綫裝
七冊
存三種四十卷：
大廣益會玉篇三十卷 （宋）陳彭年
等重修
字鑑五卷 （元）李文仲編
大宋重修廣韻五卷 （宋）陳彭年修

善 0398
澤存堂五種 （清）張士俊編
清康熙中吴郡張氏刻本
各書行款不一白口左右雙邊 綫裝
五冊
存一種五卷：

大宋重修廣韻五卷 （宋）陳彭年撰

善 0351
五雅全書三十七卷 （明）郎奎金編
明天啓六年郎氏堂策檻刊本
九行二十字小字雙行四十字白口四
周單邊 綫裝 一冊
存一種八卷：
逸雅八卷 （漢）劉熙撰

訓詁

善 0322
爾雅三卷 （晋）郭璞注
清嘉慶十一年吴門顧廣圻思適齋刻
本 佚名批
八行十七字小字雙行同白口四周雙
邊 綫裝 一冊

善 0323
爾雅三卷 （晋）郭璞注
清嘉慶六年影宋刻本
十二行二十字小字雙行同上下黑口
四周雙邊 綫裝 三冊

馮善 0307
爾雅輯解十一卷 （清）周道遵撰
稿本
九行二十二字小字雙行同無版框 綫
裝 三冊
存七卷：四至十

善 0341
釋名八卷 （漢）劉熙撰
明刻藍印本
八行十九字白口四周單邊 毛裝

經　部

二册

善0330
羣經音辨七卷　（宋）賈昌朝撰
　清抄本　清周廣業校并跋
　十行行字不等小字雙行行字不等無版框　綫裝　三册

善0331
埤雅二十卷　（宋）陸佃撰
　明嘉靖元年贛州府清獻堂刻本
　十行十九字小字雙行同白口四周單邊無格　毛裝　三册
　存十五卷：六至二十

善0333
埤雅二十卷　（宋）陸佃撰
　清康熙顧梽刻本
　十行二十一字白口四周雙邊　綫裝　四册

馮善0540
埤雅二十卷　（宋）陸佃撰
　明刻本
　十行二十字小字雙行行字不等上下黑口四周雙邊　綫裝　六册

善0338
增修埤雅廣要四十二卷　（明）牛衷撰
　明刻本
　九行十八字白口四周雙邊　毛裝　一册
　存三卷：一至三

馮善0542
爾雅翼三十二卷　（宋）羅願撰
　明正德十四年羅文殊刻本
　十行十九字上下黑口左右雙邊　綫裝　六册

善0336
爾雅翼三十二卷　（宋）羅願撰
　明正德十四年羅文殊刻本
　十行十九字上下黑口左右雙邊　綫裝　一册
　存八卷：十七至二十四

善0334
新刻爾雅翼三十二卷　（宋）羅願撰
　明刻本
　十一行二十二字小字雙行同白口左右雙邊　毛裝　一册
　存四卷：十六至十八、二十一

善0337
爾雅翼三十二卷　（宋）羅願撰　（元）洪焱祖音釋
　明天啓刻崇禎六年重修本
　九行十八字小字雙行同白口四周雙邊　綫裝　六册

善0339
經籍籑詁不分卷　（清）阮元撰
　稿本
　八行行字不等小字雙行行字不等白口四周單邊　綫裝　十册

字書

馮善0373
說文解字十五卷標目一卷　（漢）許慎撰
　清初毛氏汲古閣刻本

七行行字不等小字雙行行字不等白口左右雙邊　綫裝　八冊

馮善 0374
說文解字十五卷標目一卷　（漢）許慎撰
清初毛氏汲古閣刻本　佚名批
七行行字不等小字雙行行字不等白口左右雙邊　綫裝　六冊

善 0343
說文解字十二卷　（漢）許慎撰　（宋）李燾重編
明萬曆二十六年陳大科刻本
七行行字不等小字雙行行字不等上下黑口四周雙邊　綫裝　十五冊

善 0344
說文解字十二卷　（漢）許慎撰　（宋）李燾重編
明萬曆二十六年陳大科刻本
七行行字不等小字雙行行字不等上下黑口四周雙邊　綫裝　四冊
存八卷：一至四、七至八、十一至十二

善 0347
重刊許氏說文解字五音韻譜十二卷　（宋）李燾撰
明刻本
七行十四字小字雙行同上下黑口四周雙邊　綫裝　五冊
存十卷：三至十二

善 0348
重刊許氏說文解字五音韻譜十二卷　（宋）李燾撰
明刻本　清鄺松題簽并記

七行十四字小字雙行同白口左右雙邊　綫裝　十二冊

善 0349
重刊許氏說文解字五音韻譜十二卷　（宋）李燾撰
明刻本
七行十四字小字雙行同白口左右雙邊　綫裝　六冊

善 0350
重刊許氏說文解字五音韻譜十二卷　（宋）李燾撰
明刻本
七行十四字小字雙行同白口四周雙邊　綫裝　五冊
存十卷：三至十二

善 0382
說文長箋一百卷首二卷解題一卷六書長箋七卷　（明）趙宧光撰
明崇禎四年趙均小宛堂刻本　朱鼎煦跋
十行二十字小字雙行同白口左右雙邊　綫裝　二十冊

馮善 0468
大廣益會玉篇三十卷　（南朝梁）顧野王撰　（唐）孫強增字　（宋）陳彭年等重修　**玉篇廣韻指南一卷**
明刻本
九行十七字小字雙行行字不等上下黑口四周雙邊　綫裝　八冊

善 0357
汗簡七卷　（宋）郭忠恕撰
清康熙四十二年錢塘汪立名一隅草

經部

堂刻本　佚名跋
八行五字小字雙行行字不等白口左右雙邊　綫裝　一冊

善 0355
佩觿三卷　（宋）郭忠恕撰
清康熙四十九年張士俊刻澤存堂五種本　清羅以智校并錄清吳騫翁方綱　桂馥　羅有高校跋
八行十七字小字雙行二十六字白口左右雙邊　綫裝　一冊

善 0358
增修復古編二卷　（宋）張有撰　（元）吳均增補
清抄本
十四行行字不等小字雙行行字不等無版框　綫裝　一冊

善 0363
隸韻十卷碑目一卷考證一卷　（宋）劉球撰
清嘉慶刻本
五行行字不等小字雙行行字不等白口四周單邊　綫裝　十二冊

善 0391
隸韻十卷　（宋）劉球撰　**攷證二卷**　（清）翁方綱撰
清嘉慶十五年刻本
八行二十字白口四周單邊　綫裝　一冊
存二卷：考證

善 0361
漢隸字源五卷碑目一卷附字一卷　（宋）婁機撰

明末毛氏汲古閣刻本
五行五至六字不等小字雙行十六至十八字不等白口左右雙邊　綫裝　六冊

馮善 0456
漢隸字源五卷碑目一卷附字一卷　（宋）婁機撰
明末毛氏汲古閣刻本
五行五至六字不等小字雙行十六至十八字不等白口左右雙邊　綫裝　六冊

善 0362
班馬字類二卷　（宋）婁機撰
清馬氏叢書樓刻本
九行十七字小字雙行同上下黑口左右雙邊　綫裝　二冊

馮善 0418
說文字原一卷　（元）周伯琦撰
明嘉靖元年于鏊刻本
五行二十字上下黑口左右雙邊　綫裝　一冊

善 0389
說文字原考略六卷附篆文筆迹小異一卷　（清）吳照輯
清刻本
七行行字不等小字雙行二十六至二十七字下黑口左右雙邊　綫裝　一冊
存四卷：說文偏旁、玉篇偏旁、夢英偏旁，附篆文筆迹小異

善 0369
六書精蘊六卷　（明）魏校撰　**音釋舉**

33

要一卷　（明）徐官撰
　　明嘉靖十九年魏希明刻本　朱鼎煦
　　　跋
　　五行行字不等小字雙行二十字上下
　　　黑口左右雙邊　綫裝　二册
　　存二卷：四至五

善 0375
金石韻府五卷　（明）朱雲撰　（明）俞
　　顯謨校正
　　明刻朱印本
　　六行行字不等小字雙行行字不等白
　　　口四周單邊　綫裝　五册

善 2073
金石韻府五卷　（明）朱雲撰　（明）俞
　　顯謨校正
　　明刻朱印本　清朱棟跋
　　六行行字不等小字雙行行字不等白
　　　口四周單邊　綫裝　五册

善 0377
六書賦音義二十卷　（明）張士佩撰
　　明天啓三年馮嘉會刻本
　　八行行字不等小字雙行二十四字白
　　　口四周雙邊　綫裝　七册
　　存十六卷：一至十一、十六至二十

善 0414
同文備攷八卷首三卷聲韻會通一卷韻
　　要粗釋四卷　（明）王應電撰
　　明嘉靖三十六年王宗沐刻本
　　七行行字不等小字雙行二十八字白
　　　口四周單邊　綫裝　一册
　　存一卷：聲韻會通

善 0380

同文備攷八卷首三卷聲韻會通一卷韻
　　要粗釋四卷　（明）王應電撰
　　明嘉靖三十六年王宗沐刻本
　　七行行字不等小字雙行二十八字白
　　　口四周單邊　綫裝　六册
　　存六卷：同文備考一至五、八

馮善 0473
重刊訂正篇海十卷　（明）李登撰
　　明崇禎七年刻本
　　九至十三字小字雙行二十六字白口
　　　四周單邊　綫裝　十册

善 0373
重校經史海篇直音十卷
　　明刻本
　　十行行字不等小字雙行行字不等白
　　　口左右雙邊　綫裝　二册
　　存四卷：五至八

善 0370
新校經史海篇直音五卷
　　明萬曆三年司禮監刻本
　　十一行行字不等小字雙行行字不等
　　　上下黑口四周雙邊　綫裝　五册

善 0371
新校經史海篇直音五卷
　　明刻本
　　十一行行字不等小字雙行行字不等
　　　上下黑口四周雙邊　綫裝　一册
　　存一卷：五

善 0372
新校經史海篇直音五卷
　　明刻本
　　十一行行字不等小字雙行行字不等

經部

　　黑口四周雙邊　綫裝　三冊
　存三卷：一至二、四

馮善 0474
字彙十二卷首一卷末一卷附韻法直圖一卷韻法橫圖一卷　（明）梅膺祚撰
　清康熙十四年刻本
　八至十二字小字雙行二十四字白口四周雙邊左右單邊四周單邊兼有綫裝　十四冊

善 0387
康熙字典十二集三十六卷總目一卷檢字一卷辨似一卷補遺一卷備考一卷等韻一卷　（清）張玉書　凌紹雯等纂修
　清康熙五十五年內府刻本
　八至十二字小字雙行二十四字白口四周雙邊　綫裝　四十冊

善 0385
鐘鼎字源五卷附錄一卷　（清）汪立名撰
　清康熙五十五年錢塘汪氏一隅草堂刻本
　六行十字小字雙行二十字白口左右雙邊　綫裝　二冊

善 0386
鐘鼎字源五卷附錄一卷　（清）汪立名撰
　清康熙五十五年錢塘汪氏一隅草堂刻本
　六行十字小字雙行二十字白口左右雙邊　綫裝　三冊
　存五卷：鐘鼎字源

善 0390
隸楷七卷碑目一卷古今隸字書目一卷雜說一卷隸分筆法一卷附字一卷隸分書名家一卷　（清）董元宿輯
　稿本
　七行行字不等小字雙行行字不等無版框　綫裝　四冊

善 0394
書契原恉十四卷　（清）陳致燨撰
　稿本
　十行十九字小字雙行同無版框　綫裝　十冊

善 0381
同文千字文二卷　（明）汪以成輯
　明萬曆十年婺源汪氏經義齋刻本
　五行十字小字雙行二十字白口四周單邊　綫裝　二冊

善 0376
華夷譯語□□卷　（明）火源潔撰
　明刻本
　上下黑口四周雙邊　綫裝　九冊
　存九卷：暹羅館中，高昌館中、下，西番館中、下，百夷館中、下，女真館中、下

善 0384
六書通十卷　（明）閔齊伋撰　（清）畢弘述篆訂
　清康熙五十九年基聞堂刻乾隆後印本
　八行十二字小字雙行二十四字白口四周雙邊　綫裝　九冊

善 0388

皇朝六書略三卷
　清抄本
　九行二十一字小字雙行行字不等白口四周單邊　綫裝　二冊

善0392
倉頡篇校證三卷補遺一卷　（清）孫星衍輯　（清）梁章鉅重編
　稿本
　七行十八字小字雙行同白口四周雙邊　毛裝　一冊

善0393
倉頡篇校證三卷補遺一卷　（清）孫星衍輯　（清）梁章鉅重編
　稿本
　六行二十字小字雙行同白口四周雙邊　毛裝　二冊

善0395
字體正訛一卷　單丕撰
　稿本
　六行二字小字雙行十九字白口四周雙邊　毛裝　一冊

善0396
蕭山單丕庵所著字書一卷　單丕撰
　稿本
　五行行字不等小字雙行二十三字無版框　毛裝　一冊

善0397
備遺錄不分卷　吳澤撰
　稿本
　十一行行字不等小字雙行行字不等無版框　毛裝　四冊

韻書

善0400
集韻十卷　（宋）丁度等撰
　清初毛氏汲古閣影宋抄本　清段玉裁　阮元跋
　十一行二十二至二十四字小字雙行二十六至二十七字白口左右雙邊　綫裝　十冊

善0401
韻補五卷　（宋）吳棫撰
　明嘉靖元年何天衢刻本　佚名批
　八行行字不等小字雙行二十字白口左右雙邊　綫裝　二冊

善0402
增修互註禮部韻略五卷　（宋）毛晃增注　（宋）毛居正重增
　明刻本
　十一行行字不等小字雙行二十八字上下黑口左右雙邊　綫裝　一冊
　存一卷：五

善0404
古今韻會舉要三十卷禮部韻署七音三十六母通攷一卷　（元）熊忠撰
　元刻本
　八行行字不等小字雙行二十三字上下黑口左右雙邊　毛裝　三冊
　存三卷：古今韻會舉要二十二至二十四

善0405
古今韻會舉要三十卷禮部韻署七音三十六母通攷一卷　（元）熊忠撰

經部

元刻明修本
八行行字不等小字雙行二十三字上下黑口左右雙邊　綫裝　十冊

善 0364
書學正韻三十六卷　（元）楊桓撰
元刻本（卷一至三、二十二至二十五配明抄本）
八行行字不等小字雙行行字不等上下黑口左右雙邊　綫裝　六冊
存二十卷：一至三、九至二十一、二十二至二十五

善 0365
書學正韻三十六卷　（元）楊桓撰
元刻明修本
八行行字不等小字雙行行字不等上下黑口左右雙邊　綫裝　十四冊
存三十一卷：三至四、六至八、十一至三十六

善 0410
洪武正韻十六卷　（明）樂韶鳳　宋濂等撰
明劉以節刻本
八行行字不等小字雙行二十四字上下黑口四周雙邊　綫裝　十六冊

善 0411
洪武正韻十六卷　（明）樂韶鳳　宋濂等撰
明劉以節刻本
八行行字不等小字雙行二十四字上下黑口四周雙邊　綫裝　四冊
存十四卷：三至十六

善 0406

洪武正韻十六卷　（明）樂韶鳳　宋濂等撰
明萬曆三年司禮監刻本
八行行字不等小字雙行二十四字上下黑口四周雙邊　綫裝　一冊
存三卷：七至九

馮善 0491
洪武正韻十六卷　（明）樂韶鳳　宋濂等撰
明萬曆三年司禮監刻本
八行行字不等小字雙行二十四字上下黑口四周雙邊　綫裝　五冊

善 0409
洪武正韻十六卷　（明）樂韶鳳　宋濂等撰
明刻本
八行行字不等小字雙行二十四字白口四周雙邊　綫裝　五冊

善 0413
重刊併音連聲韻學集成十三卷　（明）章黼撰
明萬曆六年維揚資政左室刻本
八行行字不等小字雙行二十四字白口四周雙邊　綫裝　七冊
存七卷：四至六、十至十三

善 0412
重訂併音連聲韻學集成十三卷重訂直音篇七卷　（明）章黼撰
明萬曆三十四年練川明德書院刻本
八行行字不等小字雙行二十四字白口左右雙邊　綫裝　十三冊
存十三卷：韻學集成

善 0415
會通館集九經韻覽□□卷 （明）華燧輯
　明弘治十一年華氏會通館銅活字印本
　九行十七字小字雙行同白口四周單邊　毛裝　二冊
　存七卷：八至十四

善 0416
詩韻輯略五卷 （明）潘恩撰
　明隆慶刻本
　八至十二字小字雙行二十四字上下黑口左右雙邊　綫裝　二冊
　存二卷：一至二

善 0403
詩韻輯略五卷 （明）潘恩撰
　清順治九年刻本
　九行行字不等小字雙行三十字白口四周單邊　綫裝　五冊

善 0379
併音連聲字學集要四卷 （明）陶承學撰
　明萬曆二年周恪刻本
　八行行字不等小字雙行二十四字白口左右雙邊　綫裝　二冊
　存二卷：一、三

善 0378
問奇集二卷 （明）張位撰
　明萬曆刻本　佚名校
　八行十八字小字雙行同白口四周單邊　綫裝　一冊

善 0419
讀易韻考七卷 （明）張獻翼撰
　明萬曆刻本
　十行二十字白口左右雙邊　綫裝　四冊

善 0417
古今韻五卷 （明）張穎輯
　明刻本
　十一行行字不等小字雙行行字不等上下黑口四周雙邊　毛裝　一冊
　存二卷：四至五

善 0418
吟囊一覽五卷
　明萬曆刻本
　九行十七字小字雙行行字不等上下黑口四周雙邊　毛裝　一冊
　存四卷：二至五

善 0420
音韻日月燈六十四卷 （明）呂維祺撰
　明崇禎五至六年刻七年重修本
　八行十六字小字雙行二十四字白口四周單邊　綫裝　十二冊
　存二種三十九卷：
　　韻母五卷
　　同文鐸三十卷首四卷

善 0421
音學五書三十八卷 （清）顧炎武撰
　清康熙六年張弨符山堂刻本　清徐時棟跋
　八行十二字小字雙行二十四字白口左右雙邊　綫裝　一冊
　存一種三卷：
　　音論三卷

經部

馮善 0496
康熙甲子史館新刊古今通韻十二卷
（清）毛奇齡撰
清康熙二十四年刻本
十行二十字小字雙行同白口四周單
邊　綫裝　六冊

馮善 0507
古今韻略五卷　（清）邵長蘅撰
清康熙三十五年宋犖刻本
十行二十一字小字雙行同上下黑口
四周單邊　綫裝　五冊

馮善 0509
音韻討論六卷　（清）吳穎芳撰
清抄本
十一行二十四字小字雙行同白口左
右雙邊　綫裝　二冊

善 0425
馬氏等音分韻五卷　（明）馬槃什　（清）
梅建撰　（清）馬駟重訂
清抄本
十行行字不等小字雙行二十四字無
版框　綫裝　一冊

善 0426
詩經叶音辨譌八卷　（清）劉維謙撰
清乾隆三年壽峰書屋刻本

八行十九字小字雙行同白口四周單
邊　綫裝　四冊

善 0428
詩聲類八卷　（清）孔廣森撰
清抄本
十一行二十四字小字雙行同無版框
綫裝　一冊

善 0429
韻學考原二卷　（清）范家相撰
稿本
十行二十二字白口左右雙邊　毛裝
一冊

善 0430
音韻部略不分卷詩音譜略不分卷　（清）
王式三撰
稿本　清楊文瑩跋
行不等行字不等小字雙行行字不等
無版框　綫裝　四冊

善 0431
連珠均考一卷　（清）張成渠撰　（清）
郭傳璞參訂
稿本　清王蜺跋
十行二十一字白口四周雙邊　毛裝
一冊

史　部

紀傳類

叢編

善0527、善0547、馮善0586、馮善0587、馮善0561、善0470

十七史一千五百七十四卷　（明）毛晋編

明崇禎元年至十七年毛氏汲古閣刻本

十二行二十五字小字雙行三十七字白口左右雙邊　綫裝　八十六册

存六種五百二十六卷：

　　史記一百三十卷　（漢）司馬遷撰　明崇禎十四年毛氏汲古閣刻本

　　晉書一百三十卷　（唐）房玄齡等撰　明崇禎元年毛氏汲古閣刻本

　　宋書一百卷　（南朝梁）沈約撰　明崇禎七年毛氏汲古閣刻本

　　陳書三十六卷　（唐）姚思廉撰　明崇禎四年毛氏汲古閣刻本

　　周書五十卷　（唐）令狐德棻撰　明崇禎五年毛氏汲古閣刻本

　　南史八十卷　（唐）李延壽撰　明崇禎十三年毛氏汲古閣刻本

善0432

二十一史二千五百六十七卷　明刻明清遞修本（晋書卷一至六、陳書卷一至三十六配清抄本）　清邵希曾校并跋

十行行字不等小字雙行二十七字書口版框不一　綫裝　四百九十三册

存二十一種二千五百六十二卷：

　　史記一百三十卷　（漢）司馬遷撰　（南朝宋）裴駰集解　（唐）司馬貞索隱　（唐）張守節正義　補一卷（唐）司馬貞撰　明萬曆二十四年南京國子監刻明清遞修本

　　前漢書一百卷　（漢）班固撰　（唐）顔師古注　明嘉靖八至九年南京國子監刻明清遞修本

　　後漢書九十卷　（南朝宋）范曄撰　（唐）李賢注　志三十卷　（晋）司馬彪撰　（南朝梁）劉昭注　明嘉靖七年南京國子監刻明清遞修本

　　三國志六十五卷　（晋）陳壽撰　（南朝宋）裴松之注　明萬曆二十四年南京國子監刻清順治重修本

　　晉書一百三十卷　（唐）房玄齡等撰　音義三卷　（唐）何超撰　明正德十年、嘉靖十年、三十七年南京國子監刻明清遞修本

　　宋書一百卷　（南朝梁）沈約撰　明萬曆二十二年南京國子監刻清順治重修本（存九十五卷：一至七十一、七十七至一百）

　　南齊書五十九卷　（南朝梁）蕭子顯

史　部

撰　明萬曆十六至十七年南京國子監刻明清遞修本

梁書五十六卷　（唐）姚思廉撰　明萬曆三年南京國子監刻清順治遞修本

陳書三十六卷　（唐）姚思廉撰　清抄本

魏書一百十四卷　（北齊）魏收撰　明萬曆二十四年南京國子監刻清順治重修本

北齊書五十卷　（唐）李百藥撰　明萬曆十六至十七年南京國子監刻清順治重修本

周書五十卷　（唐）令狐德棻撰　明萬曆十六年南京國子監刻明清遞修本

隋書八十五卷　（唐）魏徵撰　明萬曆二十二至二十三年南京國子監刻明清遞修本

南史八十卷　（唐）李延壽撰　明萬曆十六至十九年南京國子監刻明清遞修本

北史一百卷　（唐）李延壽撰　明萬曆十九至二十一年南京國子監刻清順治重修本

唐書二百二十五卷　（宋）歐陽修宋祁等撰　釋音二十五卷　（宋）董衝撰　明成化十八年、嘉靖八至十年、三十七年南京國子監刻明清遞修本

五代史記七十四卷　（宋）歐陽修撰　（宋）徐無黨注　明萬曆四至五年南京國子監刻清順治遞修本

宋史四百九十六卷目錄三卷　（元）脱脱等撰　明成化十六年朱英刻南京國子監遞修本

遼史一百十六卷　（元）脱脱等撰　明嘉靖八年南京國子監刻明清遞修本

金史一百三十五卷目錄二卷　（元）脱脱等撰　明嘉靖八年南京國子監刻清順治遞修本

元史二百十卷目錄二卷　（明）宋濂等撰　明洪武三年內府刻南京國子監遞修本

善0454、善0468、善0473、善0479、善0537、善0541、善0543

二十一史二千五百六十七卷

明刻明清遞修本

十行行字不等小字雙行二十七字書口版框不一　綫裝　五十六册

存七種五百四十二卷：

史記一百三十卷　（漢）司馬遷撰　（南朝宋）裴駰集解　（唐）司馬貞索隱　（唐）張守節正義　補一卷（唐）司馬貞撰　明萬曆二十四年南京國子監刻明清遞修本（存六十六卷：三十一至四十二、六十一至一百六、一百二十三至一百三十）

陳書三十六卷　（唐）姚思廉撰　明萬曆十五至十六年南京國子監刻清順治重修本

魏書一百十四卷　（北齊）魏收撰　明萬曆二十四年南京國子監刻清順治重修本

北齊書五十卷　（唐）李百藥撰　明萬曆十六至十七年南京國子監刻清順治重修本

南史八十卷　（唐）李延壽撰　明萬曆十六至十九年南京國子監刻明清遞修本

北史一百卷　（唐）李延壽撰　明萬曆十九至二十一年南京國子監刻清順治重修本（存九十七卷：一至

四十七、五十二至一百）
五代史記七十四卷　（宋）歐陽修撰　（宋）徐無黨注　明萬曆四至五年南京國子監刻清順治遞修本

善0455、善0529、善0532、善0536、善0544、善0546、善0572、善0472、善0509、善0568、善0575

二十一史二千五百六十七卷

明刻明清遞修本

十行行字不等小字雙行二十七字書口版框不一　綫裝　一百二十四冊

存十一種七百六十六卷：

史記一百三十卷　（漢）司馬遷撰　（南朝宋）裴駰集解　（唐）司馬貞索隱　（唐）張守節正義　補一卷　（唐）司馬貞撰　明萬曆二十四年南京國子監刻明清遞修本（存三卷：一至二、補）

後漢書九十卷　（南朝宋）范曄撰　（唐）李賢注　志三十卷　（晋）司馬彪撰　（南朝梁）劉昭注　明嘉靖七年南京國子監刻明清遞修本（存三十三卷：五至十六、二十至三十，志一至九）

南齊書五十九卷　（南朝梁）蕭子顯撰　明萬曆十六至十七年南京國子監刻明清遞修本

梁書五十六卷　（唐）姚思廉撰　明萬曆三年南京國子監刻清順治遞修本

陳書三十六卷　（唐）姚思廉撰　明萬曆十六年南京國子監刻本

北齊書五十卷　（唐）李百藥撰　明萬曆十六至十七年南京國子監刻清順治重修本

周書五十卷　（唐）令狐德棻撰　明萬曆十六年南京國子監刻清順治遞修本

北史一百卷　（唐）李延壽撰　明萬曆十九至二十一年南京國子監刻明清遞修本（存十四卷：一至二、十六至十九、二十三至二十五、三十至三十四）

遼史一百十六卷　（元）脫脫等撰　明嘉靖八年南京國子監刻明清遞修本

金史一百三十五卷目錄二卷　（元）脫脫等撰　明嘉靖八年南京國子監刻清順治遞修本

元史二百十卷目錄二卷　（明）宋濂等撰　明洪武三年內府刻南京國子監遞修本

馮善0567、善0571

二十一史二千五百六十七卷

明刻明清遞修本

十行行字不等小字雙行二十七字書口版框不一　綫裝　四十七冊

存二種一百三十九卷：

前漢書一百卷　（漢）班固撰　（唐）顏師古注　明嘉靖八至九年南京國子監刻明清遞修本（存九十九卷：一至二十八、三十至一百）

金史一百三十五卷目錄二卷　（元）脫脫等撰　明嘉靖八年南京國子監刻清遞修本（存四十卷：一至四、九至二十四、三十七至四十二、七十五至八十一、一百四至一百八，目錄）

馮善0568

二十一史二千五百六十七卷

明刻明清遞修本

史　部

　　十行行字不等小字雙行二十七字書
　　口版框不一　綫裝　二十四冊
　存一種六十四卷：
　　前漢書一百卷　（漢）班固撰　（唐）
　　　顏師古注　明嘉靖八至九年南京
　　　國子監刻本（卷二十八、三十補明
　　　抄本）（存六十四卷：二十七至二
　　　十八、三十至七十六、八十六至一
　　　百）

善0480、善0553
二十一史二千五百六十七卷
　明刻明清遞修本
　　十行行字不等小字雙行二十七字書
　　口版框不一　綫裝　八冊
　存二種三百二十四卷：
　　五代史記七十四卷　（宋）歐陽修撰
　　　明萬曆四至五年南京國子監刻清
　　　順治遞修本
　　唐書二百二十五卷　（宋）歐陽修
　　　宋祁等撰　釋音二十五卷　（宋）
　　　董衝撰　明成化十八年、嘉靖八
　　　至十年、三十七年南京國子監刻
　　　明清遞修本

善0570
二十一史二千五百六十七卷
　明刻明清遞修本
　　十行行字不等小字雙行二十七字書
　　口版框不一　綫裝　二十六冊
　存一種一百二十五卷：
　　金史一百三十五卷目錄二卷　（元）
　　　脫脫等撰　明嘉靖八年南京國子
　　　監刻本（存一百二十五卷：一至六
　　　十二、七十至九十八、一百四至一
　　　百三十五，目錄）

馮善0585
二十一史二千五百六十七卷
　明刻明清遞修本
　　十行行字不等小字雙行二十七字書
　　口版框不一　綫裝　三十八冊
　存一種一百三十三卷：
　　晉書一百三十卷　（唐）房玄齡等撰
　　　音義三卷　（唐）何超撰　明正德
　　　十年、嘉靖十年、三十七年南京國
　　　子監刻明清遞修本

馮善0589
二十一史二千五百六十七卷
　明刻明清遞修本
　　十行行字不等小字雙行二十七字書
　　口版框不一　綫裝　十六冊
　存一種一百十六卷：
　　遼史一百十六卷　（元）脫脫修　明
　　　嘉靖八年南京國子監刻明清遞修
　　　本

善0453
二十一史二千五百六十七卷
　明刻明清遞修本
　　十行行字不等小字雙行二十七字書
　　口版框不一　綫裝　十冊
　存一種五十四卷：
　　史記一百三十卷　（漢）司馬遷撰
　　　（南朝宋）裴駰集解　（唐）司馬貞
　　　索隱　（唐）張守節正義　明萬曆
　　　二十四年南京國子監刻本（存五
　　　十四卷：三十四至八十七）

馮善0576
二十一史二千五百六十七卷
　明萬曆二十三至三十四年北京國子
　監刻本

十行二十一字小字雙行同白口左右雙邊　綫裝　二十四冊
存一種一百二十卷：
　後漢書九十卷　（南朝宋）范曄撰　（唐）李賢注　志三十卷　（晉）司馬彪撰　（南朝梁）劉昭注　明萬曆二十四年北京國子監刻本

善 0467
二十一史二千五百六十七卷
　明萬曆二十三至三十四年北京國子監刻本
　十行二十一字小字雙行同白口左右雙邊　綫裝　三十二冊
存一種八十卷：
　南史八十卷　（唐）李延壽撰　明萬曆三十一年北京國子監刻本

善 0521、善 0558
二十一史二千五百六十七卷
　明萬曆二十三至三十四年北京國子監刻本
　十行二十一字小字雙行同白口左右雙邊　綫裝　七冊
存二種二十五卷：
　晉書一百三十卷　（唐）房玄齡等撰　明萬曆二十四年北京國子監刻本（存十六卷：三十八至四十、五十五至六十七）
　宋史四百九十六卷目錄三卷　（元）脫脫等撰　明萬曆二十七年北京國子監刻本（存九卷：一百四十三至一百四十八、二百二至二百四）

善 0552
二十一史二千五百六十七卷
　明萬曆二十三至三十四年北京國子監刻本
　十行二十一字小字雙行同白口左右雙邊　綫裝　六十一冊
存一種一百九十八卷：
　唐書二百二十五卷　（宋）歐陽修宋祁等撰　釋音二十五卷　（宋）董衝撰　明萬曆二十三年北京國子監刻本（存一百九十八卷：一至一百八十八、二百十六至二百二十五）

馮善 0588
二十一史二千五百六十七卷
　明萬曆二十三至三十四年北京國子監刻本
　十行二十一字小字雙行同白口左右雙邊　綫裝　十冊
存一種七十四卷：
　五代史七十四卷　（宋）歐陽修撰　明萬曆二十八年北京國子監刻本

通代

善 0436
史記一百三十卷　（漢）司馬遷撰　（漢）褚少孫　（唐）司馬貞補
　明吳勉學刻本　佚名批
　十行二十字白口左右雙邊　綫裝　十六冊

善 0433
史記一百三十卷　（漢）司馬遷撰　（南朝宋）裴駰集解
　宋刻宋元明遞修本
　十行十九字小字雙行二十八字白口左右雙邊　綫裝　一冊

史部

存七卷：四十六至五十二

善0434
史記一百三十卷 （漢）司馬遷撰 （南朝宋）裴駰集解 （唐）司馬貞索隱
蒙古中統二年段子成刻明修本
十四行二十五字小字雙行同白口四周雙邊 綫裝 五冊
存十七卷：十五至十六、九十二至九十六、一百十八至一百二十一、一百二十五至一百三十

善0435
史記一百三十卷 （漢）司馬遷撰 （南朝宋）裴駰集解 （唐）司馬貞索隱
蒙古中統二年段子成刻本
十四行二十四字小字雙行行字不等白口四周雙邊 綫裝 一冊
存三卷：二十至二十二

善0438
史記一百三十卷 （漢）司馬遷撰 （南朝宋）裴駰集解 （唐）司馬貞索隱
明天順游明刻本
十四行二十五字小字雙行同上下黑口四周雙邊 毛裝 五冊
存十七卷：一至六、十五至二十五

善0439
史記一百三十卷 （漢）司馬遷撰 （唐）司馬貞注
明正德十三年邵𬭳刻十六年重修本 佚名批校圈點
十行二十字小字雙行同下黑口四周雙邊 綫裝 二十二冊
存一百三卷：一、六至三十二、四十一至四十三、四十八至八十七、九十五至一百七、一百十二至一百三十

善0457
史記一百三十卷 （漢）司馬遷撰 （唐）司馬貞注
明正德劉弘毅慎獨齋刻本 佚名批校
十行二十字小字雙行同下黑口四周雙邊 綫裝 十八冊
存二十七卷：一至二十七

善0448
史記一百三十卷 （漢）司馬遷撰 （南朝宋）裴駰集解 （唐）司馬貞索隱 （唐）張守節正義
明刻本
十行十八字小字雙行二十三字白口左右雙邊 綫裝 九冊
存二十一卷：十五、十八至二十、二十三至二十四、二十八、七十至七十二、八十四至八十九、一百十二至一百十六

善0441
史記一百三十卷 （漢）司馬遷撰 （南朝宋）裴駰集解 （唐）司馬貞索隱 （唐）張守節正義
明嘉靖四至六年王延喆刻本 佚名批
十行十八字小字雙行二十三字白口左右雙邊 綫裝 九冊
存三十三卷：十六至十八、二十六至二十七、三十六至四十二、九十二至一百十、一百十七至一百十八

善0443
史記一百三十卷 （漢）司馬遷撰 （南

朝宋)裴駰集解 (唐)司馬貞索隱
(唐)張守節正義
明嘉靖四至六年王延喆刻本 佚名
校
十行十八字小字雙行二十三字白口
左右雙邊 綫裝 十冊
存二十卷:九至十三、十五、十八、二
十七至二十八、一百十八至一百二
十、一百二十三至一百三十

馮善 0558

史記一百三十卷 (漢)司馬遷撰 (南
朝宋)裴駰集解 (唐)司馬貞索隱
(唐)張守節正義
明嘉靖四至六年王延喆刻本
十行十八字小字雙行二十三字白口
左右雙邊 綫裝 十九冊
存一百二十七卷:一至十二、十六至
一百三十

馮善 0559

史記一百三十卷 (漢)司馬遷撰 (南
朝宋)裴駰集解 (唐)司馬貞索隱
(唐)張守節正義
明嘉靖四至六年王延喆刻本 佚名
批
十行十八字小字雙行二十三字白口
左右雙邊 綫裝 四冊
存三十六卷:二十六至三十、四十至
四十六、七十四至九十七

善 0444

史記一百三十卷 (漢)司馬遷撰 (南
朝宋)裴駰集解 (唐)司馬貞索隱
(唐)張守節正義
明嘉靖四至六年王延喆刻本
十行十八字小字雙行二十三字白口

左右雙邊 綫裝 七冊
存十八卷:二十六至四十三

善 0445

史記一百三十卷 (漢)司馬遷撰 (南
朝宋)裴駰集解 (唐)司馬貞索隱
(唐)張守節正義
明嘉靖四至六年王延喆刻本 朱鼎
煦跋
十行十八字小字雙行二十三字白口
左右雙邊 綫裝 三冊
存七卷:八十三至八十四、九十二至
九十六

善 0449

史記一百三十卷 (漢)司馬遷撰 (南
朝宋)裴駰集解 (唐)司馬貞索隱
(唐)張守節正義
明嘉靖八至九年南京國子監刻本
十行二十一字小字雙行同上下黑口
四周雙邊 綫裝 二冊
存二十二卷:四十八至六十九

善 0446

史記一百三十卷 (漢)司馬遷撰 (南
朝宋)裴駰集解 (唐)司馬貞索隱
(唐)張守節正義
明嘉靖八至九年南京國子監刻本
十行二十一字小字雙行同上下黑口
四周雙邊 綫裝 三冊
存十二卷:六至七、四十三至五十二

善 0447

史記一百三十卷 (漢)司馬遷撰 (南
朝宋)裴駰集解 (唐)司馬貞索隱
(唐)張守節正義
明嘉靖十三年秦藩朱惟焯刻二十九

史部

年朱懷埏重修本　孫家澍跋
十行十八字小字雙行二十三字白口
左右雙邊　綫裝　十八册
存一百十六卷：一至四十二、四十八
至九十九、一百九至一百三十

馮善 0560
史記一百三十卷　（漢）司馬遷撰　（南朝宋）裴駰集解　（唐）司馬貞索隱　（唐）張守節正義　**補一卷**　（唐）司馬貞撰并注
明萬曆二十四年南京國子監刻明清遞修二十一史叢書本　佚名批
十行二十字小字雙行二十七字上下細黑口左右雙邊　綫裝　二十册

善 0450
史記一百三十卷　（漢）司馬遷撰　（南朝宋）裴駰集解　（唐）司馬貞索隱　（唐）張守節正義
明萬曆二至三年南京國子監刻本
十行二十一字小字雙行同上下黑口四周雙邊　綫裝　二十四册

善 0451
史記一百三十卷　（漢）司馬遷撰　（南朝宋）裴駰集解　（唐）司馬貞索隱　（唐）張守節正義
明萬曆二至三年南京國子監刻十年重修本
十行二十一字小字雙行同上下黑口四周雙邊　綫裝　二十一册
存三十三卷：一至三十、七十八至八十

善 0456
史記一百三十卷　（漢）司馬遷撰　（南

朝宋）裴駰集解　（唐）司馬貞索隱　（唐）張守節正義　**補三皇本紀一卷**　（唐）司馬貞補撰并注
明萬曆張守約刻本
九行二十一字小字雙行同白口四周雙邊　綫裝　四十册

馮善 0463
孫月峰先生批評史記一百三十卷褚先生附餘一卷　（漢）司馬遷撰　（明）孫鑛評
明崇禎九年刻本　清顧櫚批　馮貞群跋
九行二十字白口四周單邊　綫裝　十册

善 0464
史記一百三十卷　（漢）司馬遷撰　（明）鍾惺批評
明天啓五年沈國元大來堂刻本
九行十八字小字雙行同白口四周單邊　綫裝　十六册
存一百二十五卷：一至二十一、二十四至九十七、九十九至一百二十六、一百二十九至一百三十

馮善 0593
史記一百三十卷　（漢）司馬遷撰　（明）葛鼎　金蟠輯評
明崇禎十年葛氏刻本
九行二十五字小字雙行同白口四周單邊　綫裝　十八册

善 0458
史記題評一百三十卷　（明）楊慎　李元陽輯
明嘉靖十六年胡有恒、胡瑞敦刻本

九行二十字小字雙行同白口左右雙
　邊　綫裝　二册
　存五卷：五至六、二十三至二十五

善0461
史記評林一百三十卷　（明）凌稚隆輯
　明萬曆二至四年吳興凌稚隆刻本
　十行十九字小字雙行同白口左右雙
　邊　綫裝　三十册

馮善0590
史記評林一百三十卷　（明）凌稚隆輯
　明萬曆二至四年凌稚隆刻本（卷七至
　十二配清抄本）
　十行十九字小字雙行同白口左右雙
　邊　綫裝　四十册

善0462
史記評林一百三十卷　（明）凌稚隆輯
　明萬曆二至四年凌稚隆刻本
　十行十九字小字雙行同白口左右雙
　邊　綫裝　十一册
　存二十六卷：一至八、十八至二十、三
　十四至四十、四十四至四十九、一
　百二十九至一百三十

善0459
史記評林一百三十卷　（明）凌稚隆輯
　明萬曆二至四年吳興凌稚隆刻本
　十行十九字小字雙行同白口左右雙
　邊　綫裝　一册
　存四卷：七十至七十三

馮善0732
古史六十卷　（宋）蘇轍撰
　明萬曆三十九年南京國子監刻本
　十行二十字小字雙行同白口左右雙

邊　綫裝　六册

善1432
通志二百卷　（宋）鄭樵撰
　元大德三山郡庠刻元明遞修本
　九行二十一字白口左右雙邊　綫裝
　三册
　存三卷：一百二十一、一百二十四、一
　百八十七

善1434
通志略五十二卷　（宋）鄭樵撰
　明嘉靖二十九年陳宗夔等刻本
　十行二十字小字雙行同白口四周單
　邊　綫裝　三册
　存六卷：民族略一至二、金石略一、灾
　祥略一、昆蟲草木略一至二

馮善1109
通志略五十二卷　（宋）鄭樵撰
　明嘉靖二十九年陳宗夔等刻本
　十行二十字小字雙行同白口四周單
　邊　綫裝　二十册

善0469
南史八十卷　（唐）李延壽撰
　明崇禎十三年毛氏汲古閣刻十七史
　叢書本　清季龍老人批點并過録
　何焯批
　十二行二十五字白口左右雙邊　綫
　裝　八册

善0471
北史一百卷　（唐）李延壽撰
　元大德信州路儒學刻明嘉靖遞修本
　十行二十二字小字雙行同白口間黑
　口四周雙邊　綫裝　六册

史　部

存十九卷：二十三至三十一、三十五至三十八、六十四至六十七、九十三至九十四

善 0474
北史一百卷　（唐）李延壽撰
　　明崇禎十三年毛氏汲古閣刻十七史叢書本　佚名批校
　　十二行二十五字白口左右雙邊　綫裝　十六册

善 0476
五代史記七十四卷　（宋）歐陽修撰
　　（宋）徐無黨注
　　宋慶元刻元明遞修本
　　十行十八字小字雙行同白口間黑口左右雙邊四周雙邊兼有　綫裝　八册

善 0477
五代史記七十四卷　（宋）歐陽修撰
　　（宋）徐無黨注
　　元刻明嘉靖修本　佚名批校
　　十行二十二字小字雙行同白口左右雙邊　綫裝　九册
　　存六十卷：一至十七、二十七至六十七、六十九、七十四

善 0478
五代史記七十四卷　（宋）歐陽修撰
　　（宋）徐無黨注
　　明嘉靖汪文盛等刻本
　　十二行二十二字小字雙行二十六字白口四周單邊　綫裝　六册
　　存五十七卷：十至二十一、三十至七十四

善 0739
函史上編八十二卷下編二十一卷　（明）
　　鄧元錫撰
　　明萬曆刻本
　　十行二十一字小字雙行同白口左右雙邊　綫裝　六册
　　存十一卷：上編三十三至三十八、四十一至四十四，下編六

善 0738
函史上編八十二卷下編二十一卷　（明）
　　鄧元錫撰
　　明刻本
　　十行二十一字小字雙行同白口左右雙邊　綫裝　一册
　　存一卷：下編十六

善 0737
函史上編八十一卷下編二十二卷　（明）
　　鄧元錫撰
　　明活字印本
　　十行二十一字白口四周單邊　綫裝　三十二册
　　存五十二卷：上編一至二、九、二十九至三十六、三十九至五十九、六十二至六十三、七十一至七十二、七十八至八十，下編三至八、十、十三、十七、十九至二十二

善 0481
藏書六十八卷　（明）李贄撰
　　明萬曆二十七年焦竑金陵刻本
　　九行二十字白口四周單邊　綫裝　四册
　　存十二卷：一至二、四十八至五十、五十四至六十

善 0482
續藏書二十七卷　（明）李贄撰
　明萬曆刻本
　　九行二十字白口四周單邊　綫裝　八冊

善 0483
續藏書二十七卷　（明）李贄撰　（明）陳仁錫評
　明天啓刻本
　　十行二十二字白口四周單邊　綫裝　一冊
　　存三卷：一至三

斷代

善 0485
前漢書一百卷　（漢）班固撰
　明德藩最樂軒刻本
　　十行二十一字白口左右雙邊　綫裝　三冊
　　存十八卷：十三至十五、四十六至五十二、五十七至六十四

善 0484
漢書一百卷　（漢）班固撰　（唐）顏師古注
　元大德九年太平路儒學刻明成化、正德遞修本
　　十行二十二字小字雙行同上下黑口四周雙邊　毛裝　二十六冊
　　存八十卷：一至十五、二十至二十八、三十二至四十七、五十三至六十五、七十一至九十四、九十八至一百

善 0486

前漢書一百卷　（漢）班固撰　（唐）顏師古注
　明嘉靖汪文盛等刻本
　　十二行二十二字小字雙行二十八字白口左右雙邊　綫裝　二十冊

善 0487
漢書一百卷　（漢）班固撰　（唐）顏師古注
　明嘉靖汪文盛等刻本　佚名批
　　十二行二十二字小字雙行二十八字白口左右雙邊　綫裝　五冊
　　存三十一卷：四十六至七十六

善 0488
漢書一百卷　（漢）班固撰　（唐）顏師古注
　明刻本　佚名批
　　十二行二十二字小字雙行二十八字白口左右雙邊　綫裝　一冊
　　存八卷：四十至四十七

馮善 0595
孫月峰先生批評漢書一百卷　（漢）班固撰　（明）孫鑛評
　明末馮元仲天益山刻本　馮貞群跋
　　九行二十字白口四周單邊　綫裝　十冊

善 0492
漢書一百卷　（漢）班固撰　（明）鍾人傑輯評
　明萬曆四十七年鍾人傑刻本　佚名批校
　　九行二十字小字雙行同白口四周單邊　綫裝　二十五冊

史　部

馮善 0597
漢書評林一百卷　（明）凌稚隆輯
　明萬曆九年凌稚隆刻本
　十行二十字小字雙行同白口左右雙邊　綫裝　二十四冊

善 0494
漢書評林一百卷　（明）凌稚隆輯
　明萬曆九年凌稚隆刻本
　十行二十字小字雙行同白口左右雙邊　綫裝　五冊
　存十三卷：一、四至十二、三十五至三十七

善 0495
漢書評林一百卷　（明）凌稚隆輯
　明萬曆九年凌稚隆刻本　佚名批點
　十行二十字小字雙行同白口左右雙邊　綫裝　五冊
　存十卷：一至六、二十六至二十七、九十九至一百

善 0496、善 0497
漢書評林一百卷　（明）凌稚隆輯
　明萬曆九年凌稚隆刻本
　十行二十字小字雙行同白口左右雙邊　綫裝　二冊
　存四卷：一、七至九

馮善 0612
漢書地理志稽疑六卷　（清）全祖望撰
　清抄本
　十四行行字不等小字雙行行字不等　無版框　綫裝　一冊

善 0499
班馬異同三十五卷　（宋）倪思撰　（宋）劉辰翁評
　明嘉靖十六年李元陽刻本
　九行十九字白口左右雙邊　綫裝　三冊
　存八卷：一至三、二十四至二十八

善 0500
班馬異同三十五卷　（宋）倪思撰　（宋）劉辰翁評
　明嘉靖十六年李元陽刻本
　九行十九字白口左右雙邊　綫裝　一冊
　存五卷：二十四至二十八

善 1406
班馬異同三十五卷　（宋）倪思撰　（宋）劉辰翁評
　明嘉靖十六年李元陽刻本
　九行十九字白口左右雙邊　綫裝　四冊
　存二十八卷：三至二十三、二十九至三十五

善 0508
後漢書九十卷　（南朝宋）范曄撰　（唐）李賢注　**志三十卷**　（晋）司馬彪撰　（南朝梁）劉昭注
　明刻嘉靖十六年廣東崇正書院重修本
　十行二十二字小字雙行同白口四周單邊　毛裝　一冊
　存二卷：帝紀一至二

善 0502
後漢書九十卷　（南朝宋）范曄撰　（唐）李賢注　**志三十卷**　（晋）司馬彪撰　（南朝梁）劉昭注

明嘉靖汪文盛等刻本
十二行二十二字小字雙行二十八字
白口左右雙邊 綫裝 三册
存十六卷：列傳十一至十四、五十一
至五十八、六十二至六十五

善0504
後漢書九十卷 （南朝宋）范曄撰 （唐）
李賢注 （明）鍾人傑輯評 **志三十卷**
（晋）司馬彪撰 （南朝梁）劉昭注
（明）鍾人傑輯評
明鍾人傑刻本 佚名批
九行二十字小字雙行同白口四周單
邊 綫裝 十六册
存八十六卷：列傳一至三十六、四十
至八十，帝紀二至十

善0505
後漢書九十卷 （南朝宋）范曄撰 （唐）
李賢注 （明）鍾人傑輯評 **志三十卷**
（晋）司馬彪撰 （南朝梁）劉昭注
（明）鍾人傑輯評
明鍾人傑刻本 佚名批
九行二十字小字雙行同白口四周單
邊 綫裝 四册
存二十五卷：列傳三十至三十三、四
十三至五十三、六十一至七十

馮善0580
後漢書九十卷 （南朝宋）范曄撰 （唐）
李賢注 （明）鍾人傑輯評 **志三十卷**
（晋）司馬彪撰 （南朝梁）劉昭注
（明）鍾人傑輯評
明鍾人傑刻本
九行二十字小字雙行同白口四周單
邊 綫裝 二十四册

馮善0600
後漢書九十卷 （南朝宋）范曄撰 （唐）
李賢注 （明）陳仁錫評 **志三十卷**
（晋）司馬彪撰 （南朝梁）劉昭注
（明）陳仁錫評
明天啓七年雲林積秀堂刻本
九行二十字小字雙行同白口四周單
邊 綫裝 二十四册

馮善0581
三國志六十五卷 （晋）陳壽撰 （南朝
宋）裴松之注
宋衢州州學刻元明遞修本
十行十九字小字雙行二十三字白口
左右雙邊 綫裝 一册
存四卷：二十一至二十四

馮善0582
三國志六十五卷 （晋）陳壽撰 （南朝
宋）裴松之注
宋衢州州學刻元明遞修本（卷十四配
抄本）
十行十九字小字雙行二十三字白口
左右雙邊 綫裝 一册
存七卷：三十一至三十七

善0511
三國志六十五卷 （晋）陳壽撰 （南朝
宋）裴松之注
元刻明嘉靖、萬曆南京國子監遞修本
錢罕 朱鼎煦跋
十行十九字小字雙行二十三字白口
左右雙邊 綫裝 二册
存二十卷：四十六至六十五

馮善0601
三國志六十五卷 （晋）陳壽撰 （南朝

史部

宋)裴松之注　（明)陳仁錫評
明天啓六年刻本
十行二十字白口四周單邊　綫裝　十九册
存六十二卷：一至二十二、二十六至六十五

善 0514
季漢書六十卷正論一卷答問一卷　（明)謝陛撰
明末鍾人傑刻本　佚名批校
九行二十字小字雙行同白口四周單邊　綫裝　八册

善 0515
晉書一百三十卷　（唐)房玄齡等撰　**音義三卷**　（唐)何超撰
宋刻明修本
十行十九字白口間上下黑口左右雙邊四周單邊兼有　綫裝　二十二册
存一百八卷：一至二十七、三十一至三十六、四十四至一百十四、一百二十七至一百三十

善 0516
晉書一百三十卷　（唐)房玄齡等撰　**音義三卷**　（唐)何超撰
宋刻明修本
十行十九字白口間上下黑口左右雙邊四周單邊兼有　綫裝　七册
存三十二卷：六至十三、二十五至二十七、四十一至五十五、一百二十八至一百三十，音義

善 0517
晉書一百三十卷　（唐)房玄齡等撰　音義三卷　（唐)何超撰
元刻明正德十年司禮監、嘉靖南京國子監遞修本
十行二十字小字雙行行字不等上下黑口左右雙邊　綫裝　六册
存二十三卷：一至十、十四至十九、二十四至三十

善 0519
晉書一百三十卷　（唐)房玄齡等撰
明刻本
九行十六字白口左右雙邊　綫裝　五册
存八卷：一百二十三至一百三十

善 0520
晉書一百三十卷　（唐)房玄齡等撰　（唐)何超音義　（明)鍾人傑輯評
明鍾人傑刻本
十行二十字小字雙行同白口四周單邊　綫裝　二十七册
存八十八卷：一至四十七、五十一至六十一、一百一至一百三十

善 0524、善 0525
宋書一百卷　（南朝梁)沈約撰
宋刻宋元明遞修本
九行十八字小字雙行同上下黑口四周單邊　綫裝　六册
存十五卷：十一至十四、十七至二十一、二十四至二十九

善 0526
宋書一百卷　（南朝梁)沈約撰
宋刻宋元明遞修本
九行十八字小字雙行同上下黑口四周單邊　毛裝　十六册

存五十卷：一至十、十五至十六、十九至二十三、二十八至三十二、三十六至六十三

善 0528
南齊書五十九卷 （南朝梁）蕭子顯撰
宋刻宋元明遞修本
九行十八字小字雙行同白口左右雙邊　毛裝　九册
存四十五卷：一至十、二十五至五十九

善 0530
梁書五十六卷 （唐）姚思廉撰
宋刻宋元明遞修本
九行十八字白口左右雙邊　綫裝　八册
存四十四卷：一至十三、二十二至四十九、五十四至五十六

善 0531
梁書五十六卷 （唐）姚思廉撰
明萬曆三年南京國子監刻本
十行二十一字白口四周雙邊　綫裝　十册

善 0534
陳書三十六卷 （唐）姚思廉撰
宋刻宋元明遞修本
九行十八字白口左右雙邊　毛裝　四册
存二十四卷：八至二十七、三十三至三十六

善 0535
陳書三十六卷 （唐）姚思廉撰
宋刻宋元明遞修本
九行十八字白口左右雙邊　綫裝　三册
存六卷：四至五、七至十

善 0539
魏書一百十四卷 （北齊）魏收撰
宋刻宋元明遞修本
九行十八字小字雙行二十四字白口左右雙邊　綫裝　二十九册
存七十八卷：十三至十九上中、二十一下至二十六、二十九至三十、四十五至五十四、五十八至七十二、七十七至一百十四

善 0540
魏書一百十四卷 （北齊）魏收撰
宋刻宋元明遞修本
九行十八字小字雙行二十四字白口左右雙邊　綫裝　十八册
存六十一卷：一至四十三、九十七至一百十四

善 0542
北齊書五十卷 （唐）李百藥撰
宋刻宋元明遞修本
九行十八字小字雙行同白口左右雙邊　綫裝　七册
存四十六卷：一至四十、四十五至五十

善 0545
周書五十卷 （唐）令狐德棻等撰
宋刻宋元明遞修本
九行十八字白口左右雙邊　毛裝　四册
存二十三卷：九至十四、二十一至三十二、三十七至四十一

史　部

善 0548
隋書八十五卷　（唐）魏徵等撰
　元大德饒州路儒學刻明正德、嘉靖遞修本
　十行二十二字小字雙行同上下細黑口四周雙邊　毛裝　十六册
　存六十七卷：一至十八、二十二至七十

善 0549
隋書八十五卷　（唐）魏徵等撰
　元刻明景泰元年修本
　九行二十字小字雙行同上下細黑口左右雙邊　綫裝　十六册

善 0550
唐書二百二十五卷　（宋）歐陽修　宋祁等撰
　宋刻明修本
　十行十九字小字雙行同上下黑口左右雙邊　毛裝　七册
　存三十九卷：二十八至六十六

善 0551
唐書二百二十五卷目錄二卷　（宋）歐陽修　宋祁等撰
　元刻明修本
　十行十九字上下黑口左右雙邊　毛裝　三册
　存十二卷：一至十、目錄

善 5063
唐書二百二十五卷　（宋）歐陽修　宋祁等撰　釋音二十五卷　（宋）董衝撰
　元大德九年建康路儒學刻明成化、弘治、嘉靖南京國子監遞修本
　十行二十二字小字雙行同白口間黑口四周雙邊左右雙邊兼有　綫裝　十九册
　存一百卷：一至四十四、一百三十七至一百九十二

善 0723
南唐書十八卷　（宋）陸游撰　音釋一卷　（元）戚光撰
　明崇禎毛氏汲古閣刻陸放翁全集本
　佚名批校
　八行十八字小字雙行同白口左右雙邊　綫裝　二册

善 0554
宋史四百九十六卷目錄三卷　（元）脫脫等撰
　明成化七至十六年朱英刻本
　十行二十字小字雙行同上下黑口四周雙邊　包背裝　一百册
　存三百四十四卷：一至五十一、六十一至一百十七、一百二十五至一百五十五、二百至二百三、二百十至二百五十九、二百六十四至三百、三百二至三百三十七、三百四十一至三百五十、四百七至四百三十三、四百五十六至四百九十六

善 0555
宋史四百九十六卷目錄三卷　（元）脫脫等撰
　明成化七至十六年朱英刻嘉靖國子監重修本
　十行二十字小字雙行同上下黑口四周雙邊　毛裝　一百二十三册
　存四百三十四卷：一至五十五、六十至二百二十六、二百三十三至二百

五十二、二百六十至二百六十三、二百六十七至二百八十六、二百九十至二百九十八、三百二至三百八、三百十六至三百二十、三百三十三至四百、四百二至四百三十二、四百四十二至四百四十八、四百五十六至四百九十六

善 0556
宋史四百九十六卷目錄三卷 （元）脫脫等撰
明成化七至十六年朱英刻嘉靖國子監重修本
十行二十字小字雙行同上下黑口四周雙邊 毛裝 七十一冊
存三百二十八卷：一至十二、十八至三十七、四十四至八十五、一百六十五至二百七十八、二百九十一至二百九十二、二百九十七至三百九十九、四百七至四百四十一

善 0557
宋史四百九十六卷目錄三卷 （元）脫脫等撰
明成化七至十六年朱英刻嘉靖、萬曆南京國子監遞修本
十行二十字黑口間白口四周雙邊 綫裝 十冊
存五十卷：一至四十七、目錄

善 0559
宋史四百九十六卷目錄三卷 （元）脫脫等撰
明抄本
九行二十字小字雙行行字不等白口四周雙邊 綫裝 一冊
存二卷：四百五十六至四百五十七

馮善 0742
東都事略諸跋二卷補一卷 （清）汪琬撰
民國十六年馮貞群抄本 馮貞群批并跋
十行十九字無版框 綫裝 一冊

善 0560
宋史新編二百卷 （明）柯維騏撰
明嘉靖刻本（卷一至四配清抄本）
十行二十一字小字雙行行字不等白口四周單邊 綫裝 六十冊

善 0561
宋史新編二百卷 （明）柯維騏撰
明嘉靖刻本
十行二十一字小字雙行行字不等白口四周單邊 綫裝 二十九冊
存一百二十五卷：一至二十五、四十四至四十六、五十五至六十九、七十四至一百四十七、一百六十一至一百六十四、一百九十七至二百

善 0562、善 0563
宋史新編二百卷 （明）柯維騏撰
明嘉靖刻本
十行二十一字小字雙行行字不等白口四周單邊 綫裝 七冊
存三十二卷：二十四至三十一、三十六至三十九、四十四至四十六、六十五至七十一、九十三至九十七、一百四十九至一百五十三

善 0564
宋史新編二百卷 （明）柯維騏撰
明嘉靖刻本
十行二十一字小字雙行行字不等白

史　部

　　口四周單邊　綫裝　六冊
　　存二十卷：六至十、十一至十四、四十
　　　七至五十、五十一至五十四、一百
　　　九十八至二百

善 0565
宋史新編二百卷　（明）柯維騏撰
　　明嘉靖刻本
　　十行二十一字小字雙行行字不等白
　　　口四周單邊　綫裝　九冊
　　存三十卷：十五至二十三、二十七至
　　　二十八、三十八至四十、五十五至
　　　五十六、六十五至七十八

善 0567
遼史一百十六卷　（元）脫脫等撰
　　明嘉靖八年南京國子監刻本
　　十行二十二字上下黑口四周單邊　綫
　　　裝　一冊
　　存八卷：三十一至三十八

善 0569
金史一百三十五卷目録二卷　（元）脫
　　脫等撰
　　明初刻本
　　十行二十二字上下黑口左右雙邊四
　　　周雙邊兼有　綫裝　十九冊

善 0573
元史二百十卷目録二卷　（明）宋濂等
　　撰
　　明洪武三年内府刻嘉靖九至十年南
　　　京國子監遞修本
　　十行二十字上下黑口四周雙邊　綫
　　　裝　一冊
　　存五卷：一百二十六至一百三十

善 0574
元史二百十卷目録二卷　（明）宋濂等
　　撰
　　明洪武三年内府刻嘉靖九至十年南
　　　京國子監遞修本
　　十行二十字上下黑口四周雙邊　綫
　　　裝　五冊
　　存十九卷：五至十、三十三至三十七、
　　　六十六至七十三

善 0576
皇明書四十五卷　（明）鄧元錫撰
　　明萬曆三十四年刻本
　　十行二十字白口左右雙邊　綫裝　二
　　　冊
　　存七卷：一至二、八至十二

善 0767
皇明史竊一百五卷　（明）尹守衡撰
　　明崇禎刻本（卷八至十原未刻）
　　九行二十一字白口四周單邊　綫裝
　　　十五冊
　　存一百一卷：一至七、十一至十三、十
　　　五至一百五

善 5040
明史不分卷　（清）張廷玉等撰
　　清抄本
　　十行二十一字無版框　毛裝　二十冊
　　存一百六卷：列傳一至九十二、文苑
　　　一至六、儒林一至二、循吏上中下、
　　　隱逸傳一、佞倖上下

善 0577
明史稿不分卷　（清）萬斯同撰
　　稿本　吴澤　葛暘　陳寥士　李晋
　　　華　張宗祥　朱鼎煦等跋

行不等行字不等無版框　綫裝　十二冊

馮善0927
儒林傳擬稿不分卷　（清）阮元撰
清抄本
十行二十字小字雙行同白口四周雙邊　綫裝　三册

編年類

通代

善0592
資治通鑑二百九十四卷　（宋）司馬光撰
明嘉靖二十三至二十四年孔天胤刻本
十行二十字小字雙行同白口左右雙邊　綫裝　四册
存十六卷：一百三十八至一百四十一、一百四十六至一百五十七

善0590
資治通鑑二百九十四卷　（宋）司馬光撰　（元）胡三省音注
元刻本
十行二十字小字雙行三十一字上下黑口四周雙邊　綫裝　三册
存八卷：五十四至六十一

善0591
資治通鑑二百九十四卷　（宋）司馬光撰　（元）胡三省音注
元刻明正德九年補版本
十行二十字小字雙行同上下黑口四周雙邊　毛裝　一册
存四卷：一至四

善0597
資治通鑑二百九十四卷　（宋）司馬光撰　（元）胡三省音注　**通鑑釋文辯誤十二卷**　（元）胡三省撰
清嘉慶二十一年胡克家影元刻本
十行二十字小字雙行同上下黑口四周雙邊　綫裝　一百册

善0601
資治通鑑二百九十四卷　（宋）司馬光撰　（元）胡三省音注　**通鑑釋文辯誤十二卷**　（元）胡三省撰
明萬曆二十年吳勉學刻本
十行二十字小字雙行同白口左右雙邊　綫裝　六册
存十二卷：通鑑釋文辯誤

善0593、善0602
資治通鑑二百九十四卷　（宋）司馬光撰　（元）胡三省音注　**通鑑釋文辯誤十二卷**　（元）胡三省撰
明天啓五年陳仁錫刻本
十行二十字小字雙行同白口四周單邊　綫裝　九十六册

善0595
資治通鑑二百九十四卷　（宋）司馬光撰　（元）胡三省音注　（明）陳仁錫評
明天啓五年陳仁錫刻本
十行二十字小字雙行同白口四周單邊　綫裝　一册

史部

存二卷:五十一至五十二

馮善0683、馮善0685
資治通鑑二百九十四卷 （宋）司馬光撰 （元）胡三省音注 （明）陳仁錫評 **通鑑釋文辯誤十二卷** （元）胡三省撰 （明）陳仁錫訂
　明天啓五年陳仁錫刻本
　十行二十字小字雙行同白口四周單邊　綫裝　一百四册

馮善0682
資治通鑑大全 （明）陳仁錫輯
　明崇禎金閶大歡堂刻本
　八行十二字白口四周單邊　綫裝　十册
　存一種三十卷：
　　資治通鑑目録三十卷　（宋）司馬光撰

善0585
增定資治通鑑前編五卷 （明）陳桱輯
　明新安吳勉學刻本
　十行二十字小字雙行同白口左右雙邊　綫裝　一册

善0599
通鑑地理通釋十四卷 （宋）王應麟撰
　明崇禎虞山毛氏汲古閣刻津逮秘書本　佚名批點
　八行十九字小字雙行同白口左右雙邊　綫裝　六册

善0586
司馬溫公經進稽古録二十卷 （宋）司馬光撰
　明弘治十四年楊璋刻本
　十行二十一字小字雙行同上下黑口四周雙邊　毛裝　一册
　存十三卷:一至十三

善0587
司馬溫公稽古録二十卷 （宋）司馬光撰
　明范氏天一閣刻本
　九行十九字小字雙行同白口四周單邊　綫裝　二册

善0588
司馬溫公稽古録二十卷 （宋）司馬光撰
　明范氏天一閣刻本
　九行十九字小字雙行同白口四周單邊　綫裝　六册

善0589
司馬溫公稽古録二十卷 （宋）司馬光撰
　明刻本
　九行十九字小字雙行同白口四周單邊　綫裝　二册

善0584
資治通鑑外紀十卷目録五卷 （宋）劉恕撰
　元延祐刻明修本
　十一行二十一字小字雙行同下細黑口左右雙邊　包背裝　五册
　存十三卷:外紀、目録一至三

善0609
通鑑前編十八卷舉要二卷 （宋）金履祥撰 （明）路進輯 **首一卷** （明）陳桱撰

明末刻本
十行二十字小字雙行同白口左右雙邊　綫裝　五册
存十八卷：前編

善0604
少微通鑑節要五十六卷外紀四卷　（宋）江贄撰
明刻本
十二行二十六字小字雙行同白口四周雙邊　毛裝　一册
存三卷：五至七

馮善0699
新刊翰林攷正綱目批點音釋少微節要通鑑大全二十卷外紀二卷　（宋）江贄輯　（明）唐順之删定　**續編二十卷**　（明）黄汝良删定　（明）楊道賓注釋
明萬曆書林張大業刻本
十二行二十六字小字雙行同白口四周單邊　綫裝　二十册

善0606
新刊憲臺攷正少微通鑑全編二十卷外紀二卷　（宋）江贄輯　**新刊憲臺攷正宋元通鑑全編二十一卷**
明嘉靖三十八年吉澄刻樊獻科重修本　佚名批點
十二行二十四字小字雙行同白口四周單邊　綫裝　七册
存二十卷：少微通鑑全編

善0612
資治通鑑綱目五十九卷　（宋）朱熹撰
元周氏留耕書堂刻本
十行十六字小字雙行二十二字上下黑口左右雙邊　毛裝　五册
存十四卷：一至二、十二至十四、十八至二十、三十六至三十八、四十八至五十

馮善0702
資治通鑑綱目五十九卷　（宋）朱熹撰
明成化九年内府刻本
八行十八字小字雙行二十一字上下黑口四周雙邊　綫裝　六十册

善0614
資治通鑑綱目五十九卷　（宋）朱熹撰
明成化九年内府刻本
八行十八字小字雙行二十一字上下黑口四周雙邊　綫裝　二十九册
存五十七卷：一至三十五、三十八至五十九

善0616
資治通鑑綱目五十九卷　（宋）朱熹撰
明嘉靖三十五年趙府居敬堂刻本
十行二十字小字雙行同白口四周雙邊　綫裝　三十九册
存四十卷：一至五、七至四十一

善0617
資治通鑑綱目五十九卷　（宋）朱熹撰
明嘉靖刻本
十一行二十字小字雙行同白口四周雙邊　包背裝　五册
存三卷：五十四至五十五、五十八

善0618
資治通鑑綱目五十九卷　（宋）朱熹撰
明刻本
十一行二十三字小字雙行同上下黑

史 部

　　口四周雙邊　毛裝　二冊
　　存四卷：十八至十九、四十八至四十
　　九

善 0619
資治通鑑綱目五十九卷　（宋）朱熹撰
　　明刻本
　　十二行十八字小字雙行二十一字上
　　下黑口四周雙邊　毛裝　十三冊
　　存三十九卷：六至八、十五至十七、二
　　十七至五十九

善 0624
資治通鑑綱目發明五十九卷　（宋）尹
　　起莘撰
　　明內府刻本
　　八行十八字小字雙行二十一字上下
　　黑口四周雙邊　綫裝　四冊

善 0625
資治通鑑綱目集覽五十九卷　（元）王
　　幼學撰　（明）陳濟正誤
　　明內府刻本
　　八行十八字小字雙行二十一字上下
　　黑口四周雙邊　包背裝　四冊
　　存二十七卷：一至二十七

善 0626
資治通鑑綱目集覽五十九卷　（元）王
　　幼學撰　（明）陳濟正誤
　　明內府刻本
　　八行十八字小字雙行二十一字上下
　　黑口四周雙邊　毛裝　一冊
　　存五卷：四至八

善 0627
資治通鑑綱目集覽五十九卷　（元）王
　　幼學撰　（明）陳濟正誤
　　明初內府刻本
　　八行十八字小字雙行二十一字上下
　　黑口四周雙邊　綫裝　三冊
　　存二十六卷：一至八、四十二至五十
　　九

善 0620
資治通鑑綱目五十九卷　（宋）朱熹撰
　　（宋）尹起莘發明　（元）劉友益書法
　　（元）汪克寬考異　（元）徐昭文考證
　　（元）王幼學集覽　（明）陳濟正誤
　　明弘治九年黃仲昭刻本　佚名批
　　九行二十字小字雙行同上下黑口四
　　周雙邊　毛裝　一冊
　　存二卷：四十八至四十九

善 0615
資治通鑑綱目五十九卷首一卷　（宋）朱
　　熹撰　（宋）尹起莘發明　（元）劉友益
　　書法　（元）汪克寬考異　（元）徐昭文
　　考證　（元）王幼學集覽　（明）陳濟正
　　誤　（明）馮智舒質實
　　明嘉靖十三年江西按察司刻十四年
　　張鯤重修本
　　九行二十字小字雙行同白口四周雙
　　邊　綫裝　四十四冊
　　存四十四卷：一至三、五至六、八、十
　　一、十四至十五、十七至三十一、三
　　十三至四十一、四十三至四十四、
　　四十七、四十九至五十、五十二至
　　五十三、五十五至五十七、五十九

善 0621
資治通鑑綱目五十九卷　（宋）朱熹撰
　　（宋）尹起莘發明　（元）劉友益書法
　　（元）汪克寬考異　（元）徐昭文考證

(元)王幼學集覽　(明)陳濟正誤
(明)馮智舒質實
明刻本
九行二十字小字雙行同下黑口四周雙邊　綫裝　六冊
存二卷：十四至十五

馮善0701、馮善0703
資治通鑑綱目五十九卷　(宋)朱熹撰
續資治通鑑綱目二十七卷　(明)商輅等撰
明崇禎三年陳仁錫刻本
七行十八字小字雙行同白口四周單邊　綫裝　九十二冊

善0628
資治通鑑綱目集說五十九卷前編二卷
(明)扶安輯　(明)晏宏校補
明嘉靖晏宏刻本
十行二十一字小字雙行同白口四周雙邊　綫裝　七十一冊

善5064
資治通鑑綱目集說五十九卷前編二卷
(明)扶安輯　(明)晏宏校補
明嘉靖晏宏刻本
十行二十一字小字雙行同白口四周雙邊　綫裝　一冊
存二卷：三十至三十一

善0611
通鑑綱目前編三卷　(明)許誥撰
明嘉靖五年刻本
八行十七字白口四周單邊　毛裝　二冊

馮善0688
宋元通鑑一百五十七卷　(明)薛應旂撰　(明)陳仁錫評
明天啓六年陳仁錫刻本
十行二十字小字雙行同白口四周單邊　綫裝　二十四冊

善0610
訂正通鑑綱目前編二十五卷　(明)南軒撰
明萬曆刻本
七行十八字小字雙行同白口左右雙邊　毛裝　一冊
存五卷：一至五

善0637
續編資治宋元綱目大全二十七卷　(明)商輅等撰
明嘉靖十年書林楊氏清江堂刻本
十一行二十三字小字雙行同上下黑口四周雙邊　毛裝　十冊

善0607
資治通鑑節要續編三十卷　(明)張光啓撰
明正德九年司禮監刻本　馮貞群跋
九行二十字小字雙行同上下黑口四周雙邊　毛裝　十冊
存十四卷：一至八、十一至十三、二十三、二十九至三十

善0634
宋元通鑑一百五十七卷　(明)薛應旂撰
明嘉靖四十五年自刻本
十行二十字小字雙行同白口四周單邊　綫裝　三冊
存十卷：十一至十四、十八至二十、六

史部

十三至六十五

善 0635

宋元通鑑一百五十七卷 （明）薛應旂撰

　明嘉靖四十五年自刻本

　十行二十字小字雙行同白口四周單邊　綫裝　十六册

　存七十一卷：八十七至一百五十七

善 0630

續資治通鑑六十四卷 （明）王宗沐撰

　明隆慶刻本

　十行二十字小字雙行同白口左右雙邊　綫裝　二十册

善 0631

續資治通鑑六十四卷 （明）王宗沐撰

　明隆慶刻本

　十行二十字小字雙行同白口左右雙邊　綫裝　十六册

　存五十三卷：一至三十八、四十一至四十九、五十六至六十一

善 0632

續資治通鑑六十四卷 （明）王宗沐撰

　明隆慶刻本

　十行二十字小字雙行同白口左右雙邊　毛裝　二册

　存七卷：四至七、六十二至六十四

善 0633

宋元資治通鑑六十四卷 （明）王宗沐撰

　明末刻本　佚名批校

　十行二十字小字雙行同白口四周單邊　綫裝　二册

　存十卷：一至六、四十七至五十

善 0645

世史正綱三十二卷 （明）丘濬撰

　明弘治三年刻本

　十行十八字上下黑口四周雙邊　綫裝　五册

善 0647

諸史會編大全一百十二卷 （明）金爈撰

　明嘉靖四年金壇縣刻本

　九行二十二字小字雙行同下黑口四周單邊　毛裝　二册

　存四卷：五十三至五十四、六十五至六十六

善 0640

鐫王鳳洲先生會纂綱鑑歷朝正史全編四十六卷 （明）王世貞撰

　明萬曆十八年萃慶堂余泗泉刻本

　十二行二十五字小字雙行同白口四周雙邊　綫裝　三册

　存十八卷：八至十四、三十至三十五、四十二至四十六

善 0641

重訂王鳳洲先生綱鑑會纂四十六卷續宋元紀二十三卷 （明）王世貞撰（明）陳仁錫訂

　明末刻本

　十行二十字小字雙行同白口四周單邊　綫裝　四册

　存七卷：十五至十七、三十三至三十四，宋紀十四至十五

善 0642

綱鑑標題要選十二卷總斷一卷 （明）
　王世貞輯　（明）郭子章訂
　明末刻本
　九行十八字白口四周單邊　綫裝　八冊

馮善 3390
綱鑑要選十卷　（明）郭子章參訂
　明刻本
　九行十八字白口四周單邊　綫裝　五冊

善 0643
古今歷代大統易見二卷　（明）楊士奇撰
　明嘉靖三十三年刻本
　十二行二十二字小字雙行同上下黑口四周雙邊　毛裝　一冊

善 0644
古今歷代大統易見二卷　（明）楊士奇撰
　明嘉靖三十三年刻本
　十二行二十二字小字雙行同上下黑口四周雙邊　毛裝　一冊

善 0646
人代紀要三十卷　（明）顧應祥撰
　明嘉靖三十七年黃㦷刻本
　十行二十二字白口四周單邊　綫裝　八冊
　存二十六卷：三至二十一、二十四至三十

馮善 0657
甲子會紀五卷　（明）薛應旂撰　（明）陳仁錫評

明末陳仁錫刻本
　八行十八字小字雙行同白口四周單邊　綫裝　二冊

斷代

善 0650
兩漢紀六十卷　（宋）王銍輯校
　明嘉靖二十七年黃姬水刻本　孫家淮跋
　十一行二十字白口左右雙邊　綫裝　二十冊
　　前漢紀三十卷　（漢）荀悅撰
　　後漢紀三十卷　（晉）袁宏撰

善 0651
兩漢紀六十卷　（宋）王銍輯校
　明嘉靖二十七年黃姬水刻本
　十一行二十字白口左右雙邊　綫裝　十冊
　　前漢紀三十卷　（漢）荀悅撰
　　後漢紀三十卷　（晉）袁宏撰

善 0652
兩漢紀六十卷　（宋）王銍輯校
　明嘉靖二十七年黃姬水刻本
　十一行二十字白口左右雙邊　綫裝　十冊
　存二十六卷：
　　前漢紀三十卷　（漢）荀悅撰（存八卷：一至五、二十七至二十九）
　　後漢紀三十卷　（晉）袁宏撰（存十八卷：一至三、六至七、十至十二、十四至十六、二十一至二十四、二十八至三十）

史　部

善 0653
兩漢紀六十卷　（宋）王銍輯校
　明嘉靖二十七年黃姬水刻本
　　十一行二十字白口左右雙邊　綫裝
　　三冊
　　存九卷：
　　　前漢紀三十卷　（漢）荀悅撰（存四
　　　卷：五至八）
　　　後漢紀三十卷　（晉）袁宏撰（存五
　　　卷：十七至二十一）

馮善 0676
兩漢紀六十卷　（宋）王銍輯校
　明嘉靖二十七年黃姬水刻本
　　十一行二十字白口左右雙邊　綫裝
　　四冊
　　存十二卷：
　　　後漢紀三十卷　（晉）袁宏撰（存十二
　　　卷：四至六、十三至十五、十九至二
　　　十一、二十八至三十）

善 0656
三朝北盟會編二百五十卷　（宋）徐夢
　莘撰
　明抄本
　　十行二十字小字雙行同白口左右雙
　　邊　綫裝　一冊
　　存五卷：一百七十六至一百八十

善 0657
三朝北盟會編二百五十卷　（宋）徐夢
　莘撰
　清抄本　佚名批校
　　十行二十字無版框　綫裝　八十冊

善 0658
三朝北盟會編二百五十卷　（宋）徐夢
　莘撰
　清抄本
　　十行二十四字無版框　綫裝　七十
　　五冊
　　存二百三十四卷：一至二十五、二十
　　九至五十三、五十七至一百八、一
　　百十三至一百十八、一百二十二至
　　一百八十、一百八十四至二百五十

善 0659
元史續編十六卷　（明）胡粹中撰
　明永樂元年刻本
　　八行十八字小字雙行同上下黑口四
　　周雙邊　毛裝　三冊
　　存十二卷：一至四、九至十六

善 0660
龍飛紀畧八卷　（明）吳樸撰
　明嘉靖刻本
　　十一行二十一字小字雙行同白口四
　　周雙邊　綫裝　三冊
　　存三卷：二至三、七

善 0661
龍飛紀畧八卷　（明）吳樸撰
　明嘉靖刻本
　　十一行二十一字小字雙行同白口四
　　周雙邊　綫裝　三冊
　　存三卷：二至四

善 0662
成憲錄十一卷
　明抄本
　　十行二十一字上下黑口四周單邊　綫
　　裝　二冊
　　存二卷：一至二

善 0669
昭代典則二十八卷 （明）黃光昇撰
　　明萬曆二十八年周曰校萬卷樓刻本
　　十一行二十二字白口四周單邊　綫裝　五冊
　　存九卷：四至五、十至十四、二十一至二十二

善 1454
昭代典則二十八卷 （明）黃光昇撰
　　明萬曆二十八年周曰校萬卷樓刻本
　　十一行二十二字白口四周單邊　綫裝　十三冊
　　存二十三卷：一至二、六至十一、十四至二十八

善 0663
憲章錄四十六卷 （明）薛應旂撰
　　明萬曆二年陸光宅刻本
　　十行二十字小字雙行同白口四周單邊　綫裝　三冊
　　存六卷：一至二、八至九、四十五至四十六

善 0664
皇明資治通紀前編八卷後編三十四卷 （明）陳建撰
　　明嘉靖刻本
　　十二行二十五字小字雙行同白口四周單邊　綫裝　十冊
　　存三十一卷：前編，後編一至十六、二十至二十六

善 0666
新鍥鈔評校正標題皇明資治通紀十二卷 （明）陳建撰 （明）袁黃補撰
皇明續紀三卷 （明）卜大有撰
　　明刻本
　　十二行二十八字小字雙行同白口四周單邊　綫裝　十五冊

善 0665
皇明資治通紀十四卷 （明）陳建撰
皇明續紀三卷 （明）卜世昌撰
皇明通紀述遺十二卷 （明）卜大有撰
　　明萬曆刻本
　　十行二十一字白口四周單邊　綫裝　六冊
　　存十五卷：通紀、續紀二

善 0667
皇明通紀集要六十卷 （明）陳建撰 （明）江旭奇補訂
　　明崇禎刻本
　　十行二十字白口左右雙邊　綫裝　五冊
　　存二十七卷：十一至三十七

善 0668
皇明從信錄四十卷 （明）陳建撰 （明）沈國元補
　　明末刻本
　　十行二十二字小字雙行同白口四周單邊　綫裝　十一冊
　　存二十六卷：一至二、五至二十一、二十三至二十九

善 1456
兩朝憲章錄二十卷 （明）吳瑞登撰
　　明萬曆二十二年光州儒學刻本
　　十行二十二字白口四周雙邊　綫裝　三冊
　　存十五卷：一至十五

史部

善 0671
皇明實錄不分卷
　明抄本
　　十行三十一字白口四周單邊　綫裝
　　七冊
　　存：明洪武九年三月至十三年正月、
　　十七年十月至二十三年十二月

善 0672
大明太祖高皇帝實錄不分卷　（明）胡
廣等纂修
　明抄本
　　十四行十九字白口四周單邊　綫裝
　　一冊
　　存：明洪武二年十月至三年四月

善 0673
大明太祖高皇帝實錄二百五十七卷
（明）胡廣等纂修
　清抄本
　　十行二十一字白口四周雙邊　毛裝
　　一冊
　　存二十卷：一至二十

善 0674
大明太宗文皇帝實錄一百三十卷　（明）
張輔　楊士奇等纂修
　清抄本　趙式跋
　　九行二十一字白口四周單邊　綫裝
　　一冊
　　存三卷：一百二十八至一百三十

善 0675
大明武宗毅皇帝實錄一百九十七卷
（明）徐光祚　費宏等纂修
　明抄本
　　十行二十字白口四周單邊　綫裝

　　十五冊
　　存一百七十九卷：一至三十三、四十
　　六至九十五、一百二至一百九十七

善 0772
流寇編年始終錄十八卷　（清）戴笠撰
　清抄本　清周大輔跋
　　九行十七至十八字無版框　綫裝　二
　　冊
　　存四卷：一至四

紀事本末類

通代

善 0676
通鑑紀事本末四十二卷　（宋）袁樞撰
　宋寶祐五年湖州趙與籌刻元明遞修
　本
　　十一行十九字小字雙行同白口左右
　　雙邊　綫裝　二十二冊
　　存二十二卷：一、三、十一至十三、十
　　七至十八、二十至二十三、二十五、
　　二十七、二十九、三十二至三十九

善 0677
通鑑紀事本末四十二卷　（宋）袁樞撰
　宋寶祐五年湖州趙與籌刻元明遞修
　本
　　十一行十九字小字雙行同白口左右
　　雙邊　綫裝　三十一冊
　　存三十一卷：九至二十六、二十八、三
　　十、三十二至四十二

善 0678
通鑑紀事本末四十二卷 （宋）袁樞撰
宋寶祐五年湖州趙與𥱲刻元明遞修本
十一行十九字小字雙行同白口左右雙邊　綫裝　二冊
存三卷：二十三、四十一至四十二

馮善 0716
通鑑紀事本末二百三十九卷 （宋）袁樞撰　（明）張溥論正
明末正雅堂刻本
九行二十字小字雙行同白口左右雙邊　綫裝　四十八冊

善 0680
蜀鑑十卷 （宋）郭允蹈撰
明嘉靖三十四年刻本（卷一至三、九至十配清抄本）
八行十六字白口四周單邊　綫裝　四冊

斷代

善 0681
宋史紀事本末二十八卷 （明）馮琦撰　（明）陳邦瞻補
明萬曆刻本
十行二十字白口左右雙邊　綫裝　一冊
存三卷：十七至十九

善 0682
宋史紀事本末一百九卷 （明）馮琦撰　（明）陳邦瞻補　（明）張溥論正
明末張溥刻本
九行二十字白口左右雙邊　綫裝　十二冊

善 0683
元史紀事本末二十七卷 （明）陳邦瞻撰　（明）臧懋循補　（明）張溥論正
明末張溥刻本
九行二十字白口左右雙邊　綫裝　二冊

善 0759
炎徼紀聞四卷 （明）田汝成撰
明嘉靖三十七年刻本
九行十八字白口左右雙邊　綫裝　二冊

雜史類

善 0706
路史四十七卷 （宋）羅泌撰
明嘉靖洪梗刻本
十行二十字小字雙行同白口四周單邊　綫裝　十五冊
存四十三卷：前紀一至九，後紀一至十四，國名紀一至六、八至九，發揮一至六，餘論一至六

善 0707
路史四十七卷 （宋）羅泌撰
明嘉靖洪梗刻本
十行二十字小字雙行同白口四周單邊　綫裝　二冊
存六卷：餘論一至六

善 0708

史　部　　　　　　　　　　　　　　　　　　　　　　　　　　69

路史四十七卷　（宋）羅泌撰
　明嘉靖洪梗刻本　佚名批點
　十行二十字小字雙行同白口四周單邊　綫裝　五冊
　存六卷：發揮一至六

善0710
路史四十七卷　（宋）羅泌撰
　明嘉靖洪梗刻本
　十行二十字小字雙行同白口四周單邊　綫裝　二十三冊
　存二十九卷：後紀三至四、七至十三，國名紀一至二、四至六、九，發揮一至六，餘論一至八

善5065
路史四十七卷　（宋）羅泌撰
　明嘉靖洪梗刻本
　十行二十字小字雙行同白口四周單邊　綫裝　一冊
　存二卷：餘論九至十

馮善0731
路史四十七卷　（宋）羅泌撰
　明萬曆刻本
　九行二十字小字雙行同白口四周雙邊　綫裝　六冊
　存二十二卷：前紀一至九、後紀一至十三

馮善0961
漢語十卷首一卷附錄一卷　（清）李鄰嗣纂　（清）李厚建校
　清衣德樓抄本
　九行二十五字小字雙行同白口四周雙邊　綫裝　三冊
　存五卷：三至六、首

善0754
楚紀六十卷　（明）廖道南撰
　明刻本　朱鼎煦批
　十行二十字白口左右雙邊　綫裝　二十四冊
　存二十四卷：二十至二十五、二十七至二十九、四十至五十四

善0755
楚紀六十卷　（明）廖道南撰
　明刻本
　十行二十字白口左右雙邊　毛裝　二冊
　存二卷：一至二

善0684
滇考二卷　（清）馮甦撰
　清乾隆内府抄四庫全書本
　八行二十一字白口四周雙邊　包背裝　一冊
　存一卷：下

善0687
國語二十一卷　（三國吳）韋昭注
　明天啓六年鍾人傑刻本
　九行二十字小字雙行同白口四周單邊　綫裝　一冊
　存八卷：一至八

善0686
國語二十一卷　（三國吳）韋昭注　古文音釋一卷　（明）王鎣撰
　明嘉靖四年許宗魯宜静書堂刻本
　十行二十字小字雙行同白口左右雙邊　毛裝　二冊
　存七卷：國語三至五、十至十三

善 0688
國語九卷 （明）閔齊伋裁注
明萬曆四十七年閔齊伋刻三色套印本
九行十九字小字雙行同白口四周單邊　綫裝　三冊

馮善 0758
國語九卷 （明）閔齊伋裁注
明萬曆四十七年閔齊伋刻本
九行十九字小字雙行同白口四周單邊無格　綫裝　二冊

馮善 0766
戰國策十卷 （宋）鮑彪校注
明吴勉學刻本
九行十八字白口左右雙邊　綫裝　四冊

善 0695
鮑氏國策十卷 （宋）鮑彪校注
明嘉靖七年龔雷影宋刻本
十一行二十字小字雙行同白口左右雙邊　綫裝　四冊

善 0696
鮑氏國策十卷 （宋）鮑彪校注
明嘉靖七年龔雷影宋刻本
十一行二十字小字雙行同白口左右雙邊　綫裝　一冊
存三卷：八至十

善 0693
戰國策十卷 （宋）鮑彪校注　（元）吴師道補正
明嘉靖元年俞國昌刻本
十行二十字小字雙行同白口左右雙邊　綫裝　五冊

善 0694
戰國策十卷 （宋）鮑彪校注　（元）吴師道補正
明嘉靖元年俞國昌刻本　佚名批校
十行二十字小字雙行同白口左右雙邊　綫裝　四冊

馮善 0765
戰國策十卷 （宋）鮑彪校注　（元）吴師道補正
元至正二十五年平江路儒學刻明修本
十一行二十字小字雙行同上下黑口左右雙邊　綫裝　六冊
存七卷：三至五、七至十

善 0692
戰國策十卷 （宋）鮑彪校注　（元）吴師道補正
明正德元年刻本
十一行二十字小字雙行同上下黑口左右雙邊　毛裝　一冊
存二卷：九至十

善 0698
戰國策十卷 （宋）鮑彪校注　（元）吴師道補正
明萬曆九年張一鯤刻本
九行二十字小字雙行同白口左右雙邊　綫裝　八冊

善 0701
戰國策十卷 （宋）鮑彪校注　（元）吴師道補正
明刻本

史部

九行二十字小字雙行同白口左右雙邊　綫裝　六册

善0702
戰國策十二卷　（明）陳仁錫　鍾惺評
　明末刻本　佚名批
　九行十八字小字雙行同白口左右雙邊　綫裝　四册

馮善0767
戰國策十二卷　（明）閔齊伋裁注　元本目録一卷
　明萬曆四十八年閔齊伋刻三色套印本
　九行十九字小字雙行同白口四周單邊　綫裝　四册

馮善0768
戰國策十二卷　（明）閔齊伋裁注
　明萬曆四十七年閔齊伋刻朱墨套印本
　九行十九字小字雙行同白口四周單邊　綫裝　四册

善0704
采菽堂評選戰國策十二卷　（清）陳祚
　明評選　（清）翁嵩年　沈文菁注
　清康熙四十八年采菽堂刻本　佚名批
　十行二十字小字雙行同白口四周單邊　綫裝　四册

馮善0784
戰國策全編十卷國策異同四卷　（明）宋存標輯
　明崇禎刻本　佚名批
　九行二十字小字雙行同白口四周單邊　綫裝　四册
　存十卷：全編

馮善0786
刻弇州山人左逸短長二卷　（明）王世貞撰
　明刻本　佚名跋
　八行十八字白口四周單邊　綫裝　一册

善0715
晉文春秋一卷
　清徐釚抄本
　九行十六字無版框　綫裝　一册

善0711
吳越春秋十卷　（漢）趙曄撰　（元）徐天祐音注
　明刻本
　九行十七字小字雙行同白口左右雙邊　毛裝　三册
　存六卷：五至十

善0713
越絕書十五卷　（漢）袁康撰
　明嘉靖二十四年孔天胤刻本
　九行十六字白口左右雙邊　毛裝　二册

善0712
越絕書十五卷　（漢）袁康撰
　明刻本
　十行十六字小字雙行同白口左右雙邊　綫裝　一册
　存八卷：八至十五

馮善0969

越絕書十五卷 （漢）袁康撰 （宋）劉辰翁評
明刻本
九行二十字白口四周單邊　綫裝　一冊

善 0716
華陽國志十二卷 （晉）常璩撰
明天啟六年李一公等刻本
十行十九字白口四周單邊　綫裝　一冊
存三卷：一至三

善 0717
十六國春秋一百卷 題（北魏）崔鴻撰
明萬曆三十七年屠氏蘭暉堂刻本
九行十八字小字雙行同白口左右雙邊　綫裝　七冊
存四十六卷：十六至二十、二十二至二十六、二十九至四十二、七十五至九十六

善 0718
貞觀政要十卷 （唐）吳兢撰 （元）戈直集論
明成化元年內府刻本
十行二十字小字雙行同上下黑口四周雙邊　綫裝　八冊

善 0719
貞觀政要十卷 （唐）吳兢撰 （元）戈直集論
清康熙大易閣刻本
十行二十字小字雙行同上下黑口四周雙邊　綫裝　四冊

善 0721

五代史補五卷 （宋）陶岳撰 **五代史闕文一卷** （宋）王禹偁撰
明末毛氏汲古閣刻本　孫家湉跋
十二行二十五字小字雙行同白口左右雙邊　綫裝　一冊

馮善 0643
五代史補五卷 （宋）陶岳撰 **五代史闕文一卷** （宋）王禹偁撰
明末毛氏汲古閣刻本　佚名批
十二行二十五字小字雙行同白口左右雙邊　綫裝　一冊

善 0722
五國故事二卷
清徐釚抄本　朱鼎煦跋
九行十九字無版框　綫裝　一冊

善 0725
契丹國志二十七卷 （宋）葉隆禮撰
明抄本
十二行二十三至二十五字小字雙行行字不等無版框　綫裝　二冊

善 0726
契丹國志二十七卷 （宋）葉隆禮撰
清抄本
十二行十九至二十二字無版框　綫裝　四冊

善 0728
遼小史一卷金小史八卷 （明）楊循吉撰
民國朱鼎煦抄本
十一行行字不等白口四周單邊　毛裝　一冊

史部

馮善 0965
遼小史一卷　（明）楊循吉撰
　　明楊可刻本　馮貞群跋
　　十行十八字上下黑口左右雙邊　綫裝　一冊

善 0730
弔伐錄二卷
　　清抄本
　　九至十行二十字小字雙行同無版框　綫裝　四冊

善 0729
金小史八卷　（明）楊循吉撰
　　明嘉靖楊可刻本
　　十行十八字上下黑口左右雙邊　綫裝　一冊
　　存四卷：五至八

善 0733
黑韃事略一卷　（宋）彭大雅撰　（宋）徐霆疏證
　　民國朱鼎煦抄本　朱鼎煦批校并跋
　　十三行二十字白口四周單邊　綫裝　一冊

善 0734
黑韃事略一卷　（宋）彭大雅撰　（宋）徐霆疏證　**校勘記一卷**　朱鼎煦撰
　　民國朱鼎煦抄本
　　十三行二十字無版框　綫裝　一冊

善 0735
黑韃事略一卷　（宋）彭大雅撰　（宋）徐霆疏證
　　清繆荃孫雲自在龕抄本　繆荃孫批校

　　十一行二十字小字雙行同白口四周單邊　綫裝　一冊

馮善 0976
黑韃事略一卷　（宋）彭大雅撰　（宋）徐霆疏證
　　民國二十年馮貞群抄本　馮貞群批并跋
　　十一行二十字小字雙行同白口左右雙邊　綫裝　一冊

馮善 0736
皇元聖武親征錄一卷　（清）何秋濤校正
　　清抄本　清李文田批　馮貞群跋
　　十行二十五字上下黑口左右雙邊　綫裝　一冊

善 5033
吾學編六十九卷　（明）鄭曉撰
　　明隆慶元年鄭履淳刻本
　　十行十九字小字雙行同白口左右雙邊　綫裝　十冊
　　存三十四卷：一至十一、十五至十六、二十二至二十七、二十九至三十七、四十二至四十五、六十五至六十六

善 0753
吾學編六十九卷　（明）鄭曉撰
　　明隆慶元年鄭履淳刻本　佚名校
　　十行十九字小字雙行同白口左右雙邊　綫裝　二十一冊
　　存六十二卷：四至十、十二至五十九、六十三至六十九

善 0744

吾學編六十九卷 （明）鄭曉撰
　明萬曆二十七年鄭心材刻本
　十行十九字小字雙行同白口左右雙
　　邊　綫裝　一册
　存一卷：十一

善0757
弇州史料前集三十卷後集七十卷 （明）
　王世貞撰　（明）董復表輯
　明萬曆四十二年楊鶴等刻本
　九行十八字白口四周單邊　綫裝　七
　　册
　存二十一卷：後集一至二、十二至二
　　十二、二十五至三十一、三十四

善0758
弇州史料前集三十卷後集七十卷 （明）
　王世貞撰　（明）董復表輯
　明刻本
　九行十八字小字雙行同白口四周單
　　邊　綫裝　二十三册
　存六十八卷：後集一至二十四、二十
　　七至七十

善0752
諸邊考議五卷 （明）馬汝驥撰
　明抄本
　十一行行字不等小字雙行行字不等
　　白口四周單邊　綫裝　三册
　存三卷：西夷事迹、北虜事迹、制府經
　　略三疏

善0763
國史唯疑十二卷 （明）黃景昉撰
　清初雙雲堂抄本（配清同治抄本）
　　清徐時棟校并跋　范禾安跋
　九行二十字白口四周雙邊　綫裝

　　四册

善0761
國朝謨烈輯遺二十三卷 （明）朱當㴲
　編
　明嘉靖三十二年刻本
　十行二十字白口四周單邊　綫裝　二
　　册
　存三種三卷：
　　翦勝野聞一卷
　　天潢玉牒一卷
　　皇明本紀一卷

善0764、善0799、善0800、善1550
皇明史概一百二十一卷 （明）朱國禎
　輯
　明崇禎刻本
　十行二十一字白口左右雙邊　綫裝
　　十二册
　存四種七十七卷：
　　皇明大事記五十卷
　　皇明開國臣傳十三卷
　　皇明遜國臣傳五卷首一卷
　　皇明大訓記十六卷（存八卷：九至十
　　　六）

善0740
國初事蹟一卷 （明）劉辰撰
　明嘉靖二年抄本
　十行二十字白口四周單邊　綫裝　一
　　册

善0741
皇朝平吳錄三卷 （明）吳寬撰
　明刻本
　九行十八字白口左右雙邊　綫裝　一
　　册

史　部

善 0742
皇朝平吳錄三卷　（明）吳寬撰　**陳友諒傳一卷南夷書一卷**　（明）張洪撰　**明玉珍事跡一卷渤泥入貢記一卷**（明）宋濂撰
　清抄本
　七行十七字無版框　毛裝　四冊

善 0743
明氏實錄一卷　（明）楊可學撰
　清虞山周氏鴿峰草堂抄本　佚名校
　十行二十字下黑口左右雙邊　綫裝　一冊

善 0745
革朝志十卷　（明）許相卿撰
　明刻本　清楊泰亨跋
　九行十九字小字雙行同白口左右雙邊　綫裝　二冊

善 0746
永樂聖政記三卷　（明）張輔撰
　明抄本
　十至十一行二十四至二十五字白口四周單邊　綫裝　二冊
　存二卷：二至三

善 0749
平蠻錄七卷　（明）韓雍撰
　明成化刻本
　十一行二十字上下黑口四周雙邊　毛裝　一冊

善 0750
平蠻錄七卷　（明）韓雍撰
　明成化刻本
　十一行二十字上下黑口四周雙邊　毛裝　一冊
　存二卷：一至二

善 0756
安楚錄十卷　（明）秦金撰
　明萬曆刻本
　十二行二十字白口四周單邊　毛裝　一冊
　存一卷：二

善 0762
萬代公論不分卷
　明隆慶刻本
　九行十八字白口四周雙邊　毛裝　一冊

善 0766
維新志六卷附集二卷　（明）伍袁萃撰
　明天啓元年刻本
　八行二十字小字雙行同白口四周單邊　綫裝　二冊

善 0768
酌中志略四卷　（明）劉若愚撰
　清抄本
　九行二十字無版框　毛裝　三冊
　存三卷：一至三

善 0769
崇禎長編□□卷　（清）汪楫撰
　清抄本
　十行二十一字無版框　綫裝　一冊
　存六卷：七至十二

善 0773
海角遺編一卷　題（清）漫游野史撰　**江陰殉難實跡一卷**

清虞山周氏鳹峰草堂抄本　朱鼎煦跋
九行二十字上下黑口左右雙邊　綫裝　一冊

善0771
金陵野鈔十四卷　（清）顧苓輯
清抄本
七行十六字無版框　綫裝　二冊

善0670
嶺表記年四卷　（明）魯可藻撰
清抄本
十行二十一字無版框　綫裝　一冊

善0774
行朝錄六卷　（清）黄宗羲撰
清抄本
九行十九字小字雙行同無版框　綫裝　二冊

善0776
明季遺聞四卷　（清）鄒漪輯
清大興傅氏長恩閣抄本
十一行二十三字小字雙行同上下黑口左右雙邊　綫裝　二冊

善0777
野史無文二十卷　（清）鄭達撰
清抄本　清傅節子　李慈銘　周飴跋
八行二十六字小字雙行行字不等無版框　綫裝　一冊
存六卷：十一至十六

善0778
辛壬瑣記一卷碧血記一卷　（清）柯超撰
稿本
十二行行字不等上黑口四周雙邊　綫裝　一冊

善0779
溪上遭難志略一卷　（清）應文炳撰
稿本
八行二十字白口四周雙邊　綫裝　一冊

詔令奏議類

詔令

善1530
兩漢詔令二十三卷　（宋）林虙　樓昉輯
元至正九年蘇天爵刻明修本
十行十八字小字雙行同上下黑口四周雙邊　綫裝　二冊
存十六卷：西漢七至十二、東漢二至十一

善1531
兩漢詔令二十三卷　（宋）林虙　樓昉輯
元至正九年蘇天爵刻明修本
十行十八字小字雙行同上下黑口四周雙邊　毛裝　一冊
存一卷：西漢六

善1532
上諭解義二卷　（清）聖祖玄燁撰

史部

清康熙二十六年范正輅刻本
九行二十字白口四周雙邊　綫裝　一冊
又善1533、善1534、善1535複本三部

善2212
聖諭廣訓一卷　（清）世宗胤禛撰
清雍正二年內府刻本
行不等行字不等白口四周雙邊　綫裝　一冊

奏議

善1539
歷代名臣奏議三百五十卷　（明）黃淮楊士奇等輯
明永樂內府刻本
十二行二十六字上下黑口四周雙邊　綫裝　二冊
存五卷：一百三十六至一百三十八、一百八十七至一百八十八

善1540
歷代名臣奏議三百五十卷　（明）黃淮楊士奇等輯
明永樂內府刻本
十二行二十六字上下黑口四周雙邊　綫裝　一百十冊
存二百六十三卷：六十六至一百六十二、一百六十五至一百七十九、一百八十二至二百七、二百十至二百十二、二百二十三至二百二十五、二百二十九至二百九十八、三百一至三百四十九

善1541
歷代名臣奏議三百五十卷　（明）黃淮楊士奇等輯　（明）張溥刪正
明崇禎刻本
九行十八字小字雙行同白口左右雙邊　綫裝　五十冊

善1543
荊川先生右編四十卷　（明）唐順之輯（明）劉曰寧補
明萬曆三十三年南京國子監刻崇禎十一年補刻本
十行二十字白口左右雙邊　綫裝　三十冊

善1536
秦漢書疏十八卷
明嘉靖三十七年吳國倫刻本
十至二十字小字雙行同白口四周單邊　綫裝　二冊
存二種五卷：
　西漢書疏三卷（存二卷：一至二）
　東漢書疏九卷（存三卷：三至五）

善1537、善1538
秦漢書疏十八卷
明嘉靖三十七年吳國倫刻本
十至二十字小字雙行同白口四周單邊　綫裝　三冊
存二種七卷：
　東漢書疏九卷（存三卷：三至五）
　西漢書疏六卷（存四卷：一至四）

善1542
國朝諸臣奏議一百五十卷目錄四卷　（宋）趙汝愚輯
宋淳祐十年史季溫福州刻元明遞修

公文紙印本
十一行二十三字小字雙行同白口左右雙邊　綫裝　八冊
存四十七卷：五十四至六十、六十七至七十四、一百十一至一百十六、一百二十三至一百四十四，目錄

善1555
赤城論諫十九卷　（明）黃孔昭　謝鐸輯
明刻本
十行二十二字上下黑口四周雙邊　毛裝　一冊
存二卷：二至三

善1544
皇明名臣經濟錄十八卷目錄一卷　（明）陳九德輯
明嘉靖二十八年羅鴻刻本
十行二十字白口左右雙邊　綫裝　一冊
存一卷：目錄

善1545
皇明名臣經濟錄十八卷目錄一卷　（明）陳九德輯
明嘉靖二十八年羅鴻刻本
十行二十字白口左右雙邊　綫裝　一冊
存一卷：目錄

善1546
皇明名臣經濟錄十八卷　（明）陳九德輯
明嘉靖二十八年羅鴻刻本　朱鼎煦跋
十行二十字白口左右雙邊　綫裝

七冊
存十二卷：一、四至八、十一至十二、十五至十八

善1547
皇明疏議輯畧三十七卷　（明）張瀚輯
明嘉靖三十年大名府刻本
十行二十二字白口四周單邊　毛裝　十二冊
存二十九卷：一至二十九

善1551
皇明疏鈔七十卷　（明）孫旬輯
明萬曆十二年自刻本
十一行二十字白口四周單邊　綫裝　二十八冊
存五十八卷：一至四十八、六十一至七十

善1552
本朝奏疏不分卷
明抄本
十行二十三字白口四周雙邊　毛裝　二冊

善1553
本朝奏疏不分卷
明抄本
十行二十三字白口四周單邊　散葉　一冊

善1554
國朝奏疏不分卷
明抄本
十一行行字不等白口四周單邊　毛裝　一冊

史　部

善 1585
武定侯郭勛招供二卷
　明嘉靖刻本
　　八行二十二字小字雙行同白口四周單邊　毛裝　一册

善 1586
劉東山招由一卷
　明嘉靖刻本
　　十行二十字白口左右雙邊　綫裝　一册

善 1576
浙江海防兵糧疏一卷
　明嘉靖刻本
　　九行二十字白口四周雙邊　毛裝　一册

馮善 2035
註陸宣公奏議十五卷（唐）陸贄撰（宋）郎曄注　**制誥十卷**（唐）陸贄撰
　明嘉靖三十四年汪氏刻本
　　十行二十字小字雙行同白口四周雙邊　綫裝　一册
　存四卷：十二至十五

善 1558
范文正公政府奏議二卷續集二卷書牘一卷（宋）范仲淹撰
　明嘉靖四十年韓叔陽刻本
　　十一行二十字白口四周單邊　毛裝　一册
　存二卷：奏議一、續集二

善 1559
范文正公政府奏議二卷續集二卷書牘一卷（宋）范仲淹撰
　明嘉靖四十年韓叔陽刻本
　　十一行二十字白口四周單邊　毛裝　三册
　存四卷：奏議、續集

善 1560
范文正公政府奏議二卷續集二卷書牘一卷（宋）范仲淹撰
　明嘉靖四十年韓叔陽刻本
　　十一行二十字白口四周單邊　綫裝　一册
　存一卷：奏議一

善 1562
秦子文諫二卷（宋）秦觀撰（明）孟紱輯
　明嘉靖二十二年刻本
　　十行二十字上下細黑口四周雙邊　毛裝　二册

善 3492
宋丞相李忠定公奏議六十九卷附錄九卷（宋）李綱撰
　明正德十一年胡文静、蕭泮刻天啓重修本
　　十行二十二字小字雙行同上下細黑口四周雙邊　綫裝　十二册

善 1569
少保于公奏議十卷（明）于謙撰　附錄一卷
　明嘉靖二十年杭州府刻本
　　十行二十三字上下黑口四周單邊　綫裝　十四册

善 1564

余肅敏公奏議三卷 （明）余子俊撰
　明刻本
　　十行二十二字白口四周單邊　毛裝
　　二冊
　　存二卷：中、下

善1565
張簡肅公奏議三卷 （明）張敷華撰
　明抄本
　　十行二十四字白口四周單邊　毛裝
　　三冊

善1568
關中奏議全集十八卷 （明）楊一清撰
　明嘉靖二十九年刻本
　　十一行二十二字白口四周雙邊　綫
　　裝　九冊
　　存十六卷：一至五、八至十八

善1563
恤刑錄二卷 （明）孫燧撰
　明刻本
　　八行二十字上下黑口四周雙邊　毛
　　裝　一冊
　　存一卷：二

善1567
少保胡端敏公奏議十卷 （明）胡世寧撰
　明嘉靖十九年余鍠刻本
　　十行二十二字小字雙行同白口四周
　　雙邊　毛裝　一冊
　　存二卷：三至四

善1572
撫臺奏議四卷 （明）潘塤撰
　明嘉靖刻本
　　九行十八字白口左右雙邊　毛裝　一
　　冊
　　存一卷：一

善1580
渭厓疏要二卷 （明）霍韜撰
　明隆慶刻本
　　十行十九字白口左右雙邊　毛裝　一
　　冊
　　存一卷：下

善1573
戴兵部奏疏一卷 （明）戴金撰
　明嘉靖龍山書院刻本
　　九行十八字白口四周雙邊　毛裝　一
　　冊

善1566
青瑣疏罼二卷 （明）張逵撰
　明張翊元刻本
　　十行二十字白口四周單邊　毛裝　一
　　冊

善1570
侍御公奏疏不分卷 （明）李循義撰
　清抄本
　　九行二十五字白口四周雙邊　綫裝
　　一冊

善1571
羅山奏疏七卷 （明）張孚敬撰
　明刻本
　　十行二十字小字雙行同白口四周單
　　邊　綫裝　一冊
　　存三卷：一、三至四

善1577

史　部

總督採辦疏草三卷　（明）劉伯躍撰
　　明嘉靖刻本
　　九行二十字白口四周雙邊　毛裝　三冊

善 1574
奏議四卷　（明）范欽撰
　　明刻本　馮貞群跋
　　十行二十字白口左右雙邊　綫裝　一冊

善 1575
奏議四卷　（明）范欽撰
　　明刻本
　　十行二十字白口左右雙邊　綫裝　一冊
　　存二卷：三至四

善 1584
撫虔奏稿三卷　（明）陸穩撰
　　明刻本
　　十行二十字白口左右單邊　毛裝　一冊
　　存一卷：中

善 1578
南贛督撫奏議七卷　（明）吳伯朋撰
　　明隆慶元年刻本
　　十行二十字白口左右雙邊　毛裝　七冊
　　存六卷：一、三至七

善 1579
南贛督撫奏議七卷　（明）吳伯朋撰
　　明隆慶元年刻本
　　十行二十字白口左右雙邊　毛裝　一冊
　　存一卷：四

善 1587
督撫江西奏議四卷　（明）徐栻撰
　　明萬曆元年刻本
　　十行二十字白口四周單邊　綫裝　三冊
　　存三卷：一、三至四

善 1591
允釐堂本奏議不分卷　（明）曾省吾撰
　　明刻本
　　十行二十二字白口四周雙邊　毛裝　一冊

善 1589
焚餘集一卷　（明）管大勳撰
　　明萬曆五年刻本
　　九行二十字白口四周單邊　毛裝　一冊

善 1590
奏疏□□卷
　　明抄本
　　九行二十字白口四周單邊　毛裝　一冊

善 1588
恤刑題稿八卷　（明）盧漸撰
　　明萬曆五年刻本
　　十行二十字白口四周雙邊　毛裝　一冊
　　存四卷：五至八

傳記類

總傳

善0781
標註蜀本王學士當春秋臣傳三十卷
（宋）王當撰　（明）曾基之　丘聞之校正
明抄本
十行十八字無版框　毛裝　二册
存十卷：十至十九

善0782
春秋列傳五卷　（明）劉節撰
明刻本
十行二十至二十一字白口四周單邊　毛裝　一册
存一卷：一

善0261
春秋列傳五卷　（明）劉節撰
明刻本
十行二十至二十一字白口四周單邊　綫裝　四册

善2199
孔孟聖蹟圖一卷　（明）謝秉秀輯
明嘉靖四年戴充刻本
行字不等上下黑口四周雙邊　毛裝　一册

善0822
女範編四卷　（明）黃尚文撰
明萬曆刻本
九行二十字白口四周單邊　毛裝　一册
存一卷：一

善2204
帝鑑圖說不分卷　（明）張居正等撰
明刻本
九行十九字白口四周雙邊　毛裝　一册

善2203
帝鑑圖說不分卷　（明）張居正等撰
明刻本
九行十九字白口四周雙邊　散葉　二册

善0834
西漢以來廟諱陵名玫一卷宋景祐以來名賢生卒譜一卷　（清）謝學崇輯
清何夢華抄本　清傅以禮題簽并跋
十一行二十二字上下黑口左右雙邊　綫裝　一册

馮善0653
歷代史表二十八卷　（清）萬斯同撰
民國馮貞群抄本
行字不等小字雙行行字不等白口四周單邊　綫裝　七册

善1395
經世要畧二十卷　（明）萬廷言輯
明萬曆三十八年萬廷謙刻本
十行二十字小字雙行同白口四周雙邊　綫裝　三册
存六卷：五至六、九至十、十三至十四

善0795

史　部

名世編八卷　（明）吳亮撰
　明天啓四年刻本
　九行二十字小字雙行同白口四周單邊　綫裝　八册

善0833
古懽錄八卷　（清）王士禎撰
　清康熙朱從延快宜堂刻本
　十行十九字小字雙行二十五字白口左右雙邊　綫裝　二册

善0792
憨士列傳不分卷　（明）屠本畯撰
　明萬曆四十年人倫堂刻本
　八行十六字白口四周單邊　毛裝　一册

善0832
學統五十六卷　（清）熊賜履撰
　清康熙二十四年刻本
　九行二十字白口左右雙邊　綫裝　十五册
　存五十四卷：一至四十七、五十至五十六

善0796
歷代忠義錄十四卷　（明）王冀撰
　明刻本
　十行二十字白口四周單邊　綫裝　三册
　存十二卷：三至十四

善0797
逸民史二十二卷　（明）陳繼儒撰
　明萬曆刻本
　九行十八字白口左右雙邊　綫裝　十册

善0794
曹棟亭先生彙集二卷　（清）曹寅撰　（清）曹廷棟輯
　清抄本
　十行二十字無版框　綫裝　一册

善1426
西漢節義傳論一卷　（清）李鄴嗣撰
　清抄本
　九行二十字白口四周雙邊　綫裝　一册

善0790
五朝名臣言行錄前集十卷後集十四卷　（宋）朱熹輯
　明建昌郡齋刻本
　十一行二十三字白口四周單邊　綫裝　二册
　存十卷：前集

善0789
五朝宋名臣言行錄前集十卷後集十四卷　（宋）朱熹輯　**續集八卷別集二十六卷外集十七卷**　（宋）李幼武輯
　明萬曆三十五年黃吉士等刻本
　十一行二十二字白口四周單邊　綫裝　九册
　存十三卷：前集八、十，後集六、十一至十二，續集三至四，別集二下、三下，外集一至二、九至十

善0791
宋朱晦菴先生名臣言行錄前集十卷後集十四卷　（宋）朱熹輯　**續集八卷別集十三卷外集十七卷**　（宋）李幼武輯
　明崇禎十一年張采、宋學顯等刻本

十行二十字白口左右雙邊　綫裝　十冊

善 0788
新刊名臣碑傳琬琰之集上集二十七卷中集五十五卷下集二十五卷　（宋）杜大珪輯
宋刻元明遞修本　姚鏡西　朱鼎煦跋
十五行二十五字白口左右雙欄　綫裝　一冊
存九卷：十四至二十二

馮善 0907
新刊名臣碑傳琬琰之集上集二十七卷中集五十五卷下集二十五卷　（宋）杜大珪輯
宋刻本（上集卷十一配清抄本）　清練廷璜　毛嶽生跋
十五行二十五字白口左右雙欄　綫裝　十六冊

馮善 2166
新校廣平學案二卷　（宋）舒璘撰　（清）黃宗羲輯　（清）全祖望修補　（清）徐時棟校正　**舒文靖公類稿附錄一卷**（清）徐時棟輯校
稿本
十行二十一字小字雙行同上下黑口左右雙邊　綫裝　二冊

馮善 0846
考亭淵源錄二十四卷　（明）宋端儀撰（明）薛應旂重輯
明隆慶三年刻本
十行二十字白口四周單邊　綫裝　二冊

存九卷：十六至二十四

善 0802
皇明名臣言行通錄十二卷　（明）尹直撰
明弘治十三年刻本
十行二十一字小字雙行同上下黑口四周雙邊　包背裝　二冊

善 0808
皇明理學名臣言行錄二卷　（明）楊廉輯
明嘉靖刻本
十行十九字小字雙行同白口四周單邊　毛裝　一冊
存一卷：一

善 0809
皇明理學名臣言行錄二卷　（明）楊廉輯
明嘉靖刻本
十行十八字小字雙行同上下黑口四周雙邊　毛裝　一冊
存一卷：二

善 0810
皇明理學名臣言行錄二卷　（明）楊廉輯
明刻本
十行二十字小字雙行同白口四周雙邊　毛裝　一冊
存一卷：二

善 0806
皇明名臣言行錄前集十二卷後集十二卷　（明）徐咸輯
明嘉靖二十八年施漸刻本

史 部

十二行二十三字白口四周單邊　綫裝　一册
　存六卷：前集一至六

善 0812
皇明名臣言行錄前集十二卷後集十二卷　（明）徐咸輯
　明嘉靖二十八年施漸刻本
　十二行二十三字白口四周單邊　綫裝　二册
　存十二卷：後集

善 0807
皇明名臣言行錄新編三十四卷　（明）沈應魁輯
　明嘉靖三十二年自刻本
　十行二十四字白口四周單邊　綫裝　六册
　存二十五卷：一至六、十一至二十九

善 3081
國朝名世類苑四十六卷　（明）凌迪知輯
　明萬曆四年刻本
　十行二十字小字雙行同白口左右雙邊　綫裝　十七册
　存二十四卷：十一至十八、二十一至二十六、三十一至四十

善 0803
今獻備遺四十二卷　（明）項篤壽撰
　清抄本
　九行二十字無版框　綫裝　四册

善 0811
皇明名臣言行錄四卷　（明）李廷機輯
　明徐縉芳刻本

九行十八字白口左右雙邊　綫裝　四册

善 0804
焦太史編輯國朝獻徵錄一百二十卷　（明）焦竑輯
　明萬曆四十四年徐象橒曼山館刻本
　十行二十字小字雙行同白口左右雙邊　綫裝　十三册
　存十六卷：一、三至四、四十七、五十一、五十三、六十六至六十七、七十六至七十七、九十、九十七、一百三、一百六、一百十四至一百十五

善 0805
焦太史編輯國朝獻徵錄一百二十卷　（明）焦竑輯
　明萬曆四十四年徐象橒曼山館刻本
　十行二十字小字雙行同白口左右雙邊　綫裝　四十二册
　存四十六卷：十四、十六、十八至二十一、二十三至二十四、三十六至四十四、五十三至五十六、六十一至六十二、七十、七十三至七十六、七十八、八十至八十二、九十一、九十五至九十七、一百至一百一、一百七、一百九至一百十一、一百十四至一百十七

善 0816
勳臣世系不分卷
　明抄本
　九行行字不等無版框　毛裝　一册

善 0801
皇明忠義存襃什二卷　（明）許有穀撰
　明崇禎刻本

八行二十二字白口四周單邊　綫裝
　　三册

善0213
皇明三異人錄三卷　（明）俞允諧輯
　　明刻本
　　九行二十字白口四周單邊　綫裝　一
　　册

善0817
雙忠錄二卷
　　明嘉靖十九年刻本
　　十行十九字白口左右雙邊　綫裝　一
　　册

善2213
道南書院錄五卷　（明）金賁亨撰
　　明嘉靖三十八年劉佃刻本
　　九行二十字小字雙行同白口四周單
　　邊　綫裝　一册
　　存三卷：三至五

善0825
天問閣明季雜稿三卷附錄一卷　（明）
　　李長祥撰
　　清抄本
　　十行二十字無版框　毛裝　一册
　　存二卷：雜稿上、中

善0827
青州府樂安縣崇獎孝誼册一卷
　　明崇禎刻本
　　九行二十字小字雙行同上黑口四周
　　單邊　毛裝　一册

善0826
蠠菴碎築集四卷　（清）林時對撰

　　稿本　朱鼎煦跋
　　七行二十字小字雙行二十二字無版
　　框　綫裝　一册

善0818
吳中往哲記一卷　（明）楊循吉撰　**續**
　　吳中往哲記一卷補遺一卷　（明）黃
　　魯曾撰
　　明嘉靖刻本
　　九行十八字小字雙行同白口左右雙
　　邊　毛裝　一册

善0820
續吳先賢讚十五卷　（明）劉鳳撰
　　明萬曆刻本
　　九行二十字白口左右雙邊　綫裝　六
　　册

善0819
續吳先賢讚十五卷　（明）劉鳳撰
　　明萬曆刻本
　　九行二十字白口左右雙邊　毛裝　三
　　册
　　存十二卷：四至十五

善0821
國朝祥符文獻志十七卷　（明）李濂輯
　　明嘉靖二十四年刻本
　　九行十八字小字雙行同白口四周單
　　邊　綫裝　五册
　　存十五卷：一至十二、十五至十七

善0828
皇朝中州人物志十六卷　（明）朱睦㮮
　　撰
　　明刻本
　　十行十八字白口左右雙邊　毛裝

史部

　　一册
　　存一卷:論贊一

善 0829
兩浙名賢錄五十四卷外錄八卷　（明）
　徐象梅撰
　明天啓元年徐氏光碧堂刻本
　九行二十一字小字雙行同白口四周
　　單邊　綫裝　二十六册
　存四十三卷:一至三十四、四十五至
　　四十九、五十一至五十四

善 0830
紹興名賢贊□□卷　（明）王廷撰
　明刻本
　十行十六字白口左右雙邊　毛裝　一
　　册
　存一卷:一

善 0786
襄陽耆舊傳一卷
　明嘉靖刻本
　十行十八字白口左右雙邊　綫裝　一
　　册

善 0814
莆陽文獻十三卷列傳七十五卷　（明）
　鄭岳輯
　明萬曆四十四年黃起龍刻本
　十行二十字小字雙行二十二字白口
　　四周雙邊　綫裝　十册

善 0815
開州正祀錄四卷　（明）潘塤撰
　明正德十四年刻本
　十行十九字小字雙行同白口左右雙
　　邊　綫裝　一册

　存三卷:二至四

善 0831
建寧人物傳四卷　（明）李默撰
　明刻本
　九行二十二字小字雙行行字不等白
　　口四周雙邊　毛裝　一册
　存二卷:三至四

別傳

善 0836
殷太師比干錄三卷微子附錄一卷箕子
附錄一卷旁證一卷　（明）曹安輯
　明弘治刻本
　十一行二十字上下黑口四周雙邊　毛
　　裝　一册

善 2785
聰聖志四卷　（明）范弘嗣輯
　明萬曆四十三年刻本
　九行十九字小字雙行同白口四周單
　　邊　綫裝　一册

善 0840
晏子春秋八卷
　明刻本
　九行十八字白口左右雙邊　綫裝　一
　　册
　存四卷:内篇諫上、下,問上、下

馮善 0839
晏子春秋集註八卷　馮貞群撰
　稿本
　九行二十一字小字雙行同白口左右
　　雙邊　綫裝　一册

善 0839
晏子春秋四卷
　明萬曆十六年吳懷保刻本
　九行二十字白口四周單邊　綫裝　一冊
　存一卷：二

善 0837
述聖圖不分卷
　清康熙十七年孔毓埏刻本
　十行十九字小字雙行同白口左右雙邊　綫裝　一冊

善 0843
關天帝紀四卷　（明）孫際可等撰
　明天啓元年刻本
　九行二十字小字雙行同白口四周單邊　毛裝　一冊

善 0853
韓忠獻公別錄三卷　（宋）王岩叟撰
　明抄本
　十一行二十字白口四周單邊　毛裝　一冊

善 0855
蔡端明別紀十二卷　（明）徐𤊹輯
　明萬曆刻本
　十行二十字白口左右雙邊　毛裝　一冊

馮善 0856
米襄陽志林十三卷　（明）范明泰輯
米襄陽遺集一卷海嶽名言一卷寶章待訪錄一卷研史一卷　（宋）米芾撰　（明）范明泰輯
　明萬曆三十二年范氏清宛堂刻本
　九行十八字白口左右雙邊　綫裝　三冊

善 0859
鄂國金佗稡編二十八卷續編三十卷　（宋）岳珂輯
　明嘉靖二十一年洪富刻三十七年黃日敬重修本
　九行十七字上下黑口左右雙邊　綫裝　十二冊
　存三十八卷：稡編一至十三，續編一至十四、二十至三十

馮善 0887
鄂國金佗稡編二十八卷續編三十卷　（宋）岳珂輯
　明嘉靖二十一年洪富刻三十七年黃日敬重修本
　九行十七字上下黑口左右雙邊　綫裝　一冊
　存三卷：稡編十至十二

善 0857
朱子實紀十二卷　（明）戴銑輯
　明正德八年鮑雄刻本
　十行二十字小字雙行同白口四周單邊　毛裝　一冊
　存三卷：八至十

善 0864
夏忠靖公遺事一卷　（明）夏崇文撰
　明弘治十四年馬炳然刻本
　九行十七字上下黑口四周雙邊　毛裝　一冊

善 0865
薛文清公行實不分卷

史部

　　明刻本
　　十一行二十字白口四周單邊　毛裝
　　　一冊

善 0866
商文毅公遺行集一卷　（明）商汝頤撰
　　明正德十六年刻本
　　十行十九字上下黑口四周雙邊　包背
　　　裝　一冊

善 0903
**福建按察司楚亭楊君暨妻舒氏行述一
　卷**　（明）楊恂撰
　　明刻本
　　八行十八字白口左右雙邊　綫裝　一
　　　冊

善 0902
**儀制司郎中松溪戚府君墓誌行實不分
　卷**　（明）雷禮　戚元佐撰
　　明隆慶刻本
　　八行十七字白口左右雙邊　毛裝　一
　　　冊

善 0896
**福建按察司副使陸公暨妻楊氏行實一
　卷**　（明）唐龍撰
　　明嘉靖三十年刻本
　　九行二十字白口四周單邊　毛裝　一
　　　冊

善 0868
忠烈編一卷　（明）孫堪等撰
　　明嘉靖三十年刻本
　　八行十八字小字雙行同白口四周雙
　　　邊　毛裝　一冊

善 0869
忠烈編一卷　（明）孫堪等撰
　　明嘉靖三十年刻本
　　八行十八字小字雙行同白口四周雙
　　　邊　毛裝　一冊

善 4798
**羅文莊公完名集壽祺錄二卷壽榮錄二
　卷哀榮錄八卷**　（明）羅欽德等編
　　明嘉靖二十五年刻本
　　十行二十字小字雙行同白口左右雙
　　　邊　毛裝　一冊
　　存二卷：壽榮錄

善 0875
邵端峯先生遺範錄三卷　（明）邵子存
　　撰
　　明嘉靖十九年刻本
　　十行二十一字白口四周單邊　毛裝
　　　一冊

善 0876
**明故通議大夫都察院右副都御史陸公
　銅狀一卷**　（明）葉應驄撰
　　明刻本
　　九行二十字白口四周單邊　毛裝　一
　　　冊

善 0870
許忠節錄六卷　（明）楊旦撰
　　明嘉靖十一年刻本
　　十行二十字白口四周單邊　毛裝　一
　　　冊
　　存二卷：五至六

善 0867
忠義實記不分卷　（明）楊二和撰

明嘉靖十年刻本
八行二十字白口四周單邊　毛裝　一册

善 0871
榮忠錄十卷　（明）何世守撰
明嘉靖二十六年刻本
十行二十二字小字雙行同白口四周雙邊　毛裝　一册
存三卷：八至十

善 0897
幽光錄不分卷
明嘉靖刻本
九行十八字小字雙行同白口左右雙邊　毛裝　一册

善 0878
恩命錄不分卷
明嘉靖刻本
八行十五字白口四周單邊　毛裝　一册

善 0877
褒忠錄一卷
明刻本
九行十八字白口左右雙邊　毛裝　一册

善 0879
先公少司馬傳一卷　（明）胡大慎撰
明刻本
九行十八字白口四周單邊　毛裝　一册

善 0880
長洲杜隱君遵事略不分卷

明刻本
九行十七字白口左右雙邊　綫裝　一册

善 0881
長洲杜隱君遵事略不分卷
明刻本
九行十七字白口左右雙邊　綫裝　一册

善 4060
俍東餓夫傳一卷　（明）章正宸撰
清抄本
九行二十一字無版框　毛裝　一册

善 0882
寧波府知府九春楊公行狀一卷　（清）史大成撰
清順治刻本
八行十八字白口四周單邊　毛裝　一册

善 0882-1
寧波府知府九春楊公行狀一卷　（清）史大成撰
清順治刻本
八行十八字白口四周單邊　毛裝　一册

善 0887
孝義殳公傳一卷　（清）潘可選等撰
清康熙刻本
九行二十字白口四周單邊　毛裝　一册

善 4802
總督兩浙李憲臺澄清集二卷

史　部

清康熙十七年刻本
九行二十二字小字雙行同白口四周單邊　綫裝　一册

善 0883
陳王愉府君行畧一卷　（清）陳祖鎔　陳祖錫　陳祖銘撰
清康熙刻本
八行二十字小字雙行同白口左右雙邊　綫裝　一册

善 0884
顯考高蔚臣府君行實一卷　（清）高攀桂　高攀鱗述
清康熙刻本
八行二十字白口四周雙邊　散葉　一册

善 0885
先考張萍止府君行述一卷　（清）張德堪　張甄　張德筠撰
清康熙刻本
八行二十字小字雙行同白口四周雙邊　毛裝　一册

善 0904
鴻臚寺少卿采石何公暨妻徐氏墓誌銘一卷　（清）梁清標撰
清康熙刻本
九行二十一字白口四周單邊　毛裝　一册

善 0888
驍騎將軍銘公王府君行實一卷　（清）王鳳翔撰
清康熙刻本
九行二十二字白口四周雙邊　綫裝　一册

善 0905
慈淑戴太宜人行狀一卷誄草一卷　（清）虞二球等撰
清康熙刻本
九行二十字白口四周雙邊　毛裝　一册

善 0906
貴陽軍民府知府朱葵石暨妻戴氏行實一卷　（清）朱彝叙　朱彝爵撰
清康熙刻本
九行二十一字小字雙行同白口四周雙邊　毛裝　一册

善 0889
提督雲南學政按察司僉事候補參議顯考謝存我府君行述一卷　（清）謝爲贊　謝爲質撰
清刻藍印本
八行二十字小字雙行同白口四周雙邊　毛裝　一册

善 0907
先繼室潘孺人行畧一卷　（清）杜允陞撰
清刻本
八行二十字小字雙行同白口左右雙邊　毛裝　一册

善 0890
希聖先生范公小傳一卷
清康熙刻本
九行二十字小字雙行同白口四周雙邊　毛裝　一册

年譜

善 0846
陶靖節先生年譜一卷　（宋）吳仁傑撰
　明抄本　清佚名跋
　九行十八字無版框　綫裝　一册

善 0785
宋本韓柳二先生年譜八卷　（清）馬曰璐輯
　清雍正七年馬氏小玲瓏山館刻本
　十行十八字小字雙行同白口左右雙邊　綫裝　二册
　　韓文類譜七卷　（宋）呂大防等撰
　　柳先生年譜一卷　（宋）文安禮撰

馮善 0856－1
范文正公年譜一卷　（宋）樓鑰撰　**補遺一卷**　（明）毛一鷺撰
　明刻本
　九行二十字小字雙行同白口四周單邊　綫裝　一册

善 0847
范文正公年譜一卷　（宋）樓鑰撰
　明嘉靖二十二年文正書院刻本
　十行十八字白口左右雙邊　綫裝　一册

善 0858
紫陽文公先生年譜五卷　（明）李默　朱河重訂
　明嘉靖刻本
　九行十九字小字雙行同白口四周單邊　毛裝　二册
　存四卷：一至二、四至五

善 0861
象山陸先生年譜二卷　（宋）李子願撰
　明嘉靖二十三年刻本
　八行十九字小字雙行同白口四周單邊　毛裝　一册
　存一卷：下

馮善 0852
謝皋羽年譜一卷　（清）徐沁撰
　清抄本　佚名批校
　十行二十一字無版框　綫裝　一册

善 0863
蹇忠定年譜一卷　（明）蹇英撰
　明正統十四年刻本
　十行二十三字上下黑口四周雙邊　毛裝　一册

善 0872
陽明先生年譜三卷　（明）錢德洪撰
　明嘉靖四十三年周相、毛汝麒刻本
　九行十八字小字雙行同白口左右雙邊　綫裝　三册

善 0873
陽明先生年譜三卷　（明）錢德洪撰
　明嘉靖四十三年周相、毛汝麒刻本
　九行十八字小字雙行同白口左右雙邊　毛裝　一册
　存一卷：中

善 0874
陽明先生年譜二卷　（明）李贄撰
　明刻本
　九行十八字白口四周單邊　綫裝　一册

史　部

善 0886
張忠烈公年譜一卷　（清）趙之謙輯
　　稿本
　　九行十八字小字雙行同無版框　綫裝　一冊

日記

善 4023
味水軒日記八卷　（明）李日華撰
　　清抄本
　　行不等行字不等無版框　毛裝　一冊
　　記事自明萬曆三十七年正月至四十四年十二月

善 4362
越縵堂日記鈔不分卷　（清）李慈銘撰
　　清宣統二年紹興公報社鉛印本　朱鼎煦批校
　　十三行三十四字小字雙行三十九字白口四周雙邊無格　毛裝　五冊

家傳

善 0909
蘇氏譜一卷　（宋）蘇洵撰
　　明刻本
　　九行十九字上下黑口四周單邊　綫裝　一冊

善 0892
皇明恩命錄四卷
　　明嘉靖九年刻本
　　十行二十字小字雙行同下黑口四周雙邊　毛裝　三冊

　　存三卷：一至二、四

善 0895
崇孝錄一卷　（明）錢鳳來輯
　　明隆慶三年刻本
　　十一行二十二字白口四周雙邊　毛裝　一冊

善 0898
四朝恩典錄不分卷　（明）高祉輯
　　明嘉靖六年刻本
　　九行十八字白口左右雙邊　毛裝　一冊

善 0899
武陵世紀不分卷
　　明刻本
　　十行二十字白口四周單邊　散葉　一冊

善 0900
恩光世紀八卷　（明）傅德輝輯
　　明嘉靖刻本
　　九行二十二字小字雙行同白口四周雙邊　綫裝　三冊

善 0901
恩卹錄不分卷
　　明嘉靖刻本
　　十行十八字小字雙行同白口左右雙邊　綫裝　一冊

善 0908
平湖陸氏家傳不分卷　（清）陸攀撰
　　清初刻本
　　九行二十字白口左右雙邊　毛裝　一冊

善 5050
希聖老人分析三子產業一卷 （清）范光燮撰
清康熙三十三年抄本　清范友仲跋
行不等行字不等無版框　毛裝　一冊

善 5051
分析和樂兩房產業一卷 （清）范從岱妻撰
清乾隆元年抄本
行不等行字不等無版框　毛裝　一冊

宗譜

善 0914
武口王氏統宗世譜不分卷 （明）王銑等纂修
明隆慶四年刻本　明王純夫跋
十二行二十八字白口四周單邊　綫裝　一冊

善 0915
虎林江氏族譜不分卷 （明）江鎣纂修
明萬曆刻清順治修本
十行十九字白口四周單邊　綫裝　一冊

善 0912
鄞范氏族譜不分卷 （清）范上林纂修
稿本
十行十九字無版框　綫裝　二冊

善 0913
鄞西范氏宗譜不分卷 （清）范邦璦纂修
稿本　朱鼎煦跋
行字不等無版框　毛裝　二冊

善 0910
廬陵曾氏家乘□□卷 （明）曾孔化輯
明嘉靖刻本
十行二十字小字雙行同上下細黑口四周雙邊　毛裝　十一冊
存六種二十九卷：
　昭先錄十卷（存八卷：一至七、十）
　存賢錄十一卷（存一卷：下）
　終孝錄□卷
　表忠錄三卷
　悼後錄二卷附錄二卷（存二卷：悼後錄）
　旌節錄二卷

善 0917
濠梁萬氏宗譜內集十四卷 （明）萬表纂修　（清）萬斯大增修
稿本
十行二十六字白口左右雙邊　綫裝　一冊
存二卷：四至五

善 0893
浦江鄭氏旌義編二卷 （明）鄭濤纂修　（明）鄭楷重修
明書種堂刻本
九行二十字白口四周單邊　金鑲玉　二冊

善 0894
世恩錄□□卷
明刻本
八行十五字小字雙行同白口四周雙

史部

邊　綫裝　一册
存二卷：一至二

善 0911

[浙江山陰]水澄劉氏家譜不分卷　（明）
劉宗周纂修
明崇禎刻本
九行二十字白口四周單邊　綫裝　二册
存二志：典禮志、土田志

貢舉

總錄

善 1371

科名盛事錄七卷　（明）張弘道　張凝道輯
明何敬塘刻本
八行十九字小字雙行同白口四周單邊　綫裝　二册

善 0975

皇明進士登科考十二卷　（明）俞憲輯
明嘉靖鴟鳴館刻本
十行二十四字白口四周單邊　包背裝　一册
存一卷：八（葉六十一至六十五、六十七至七十）

善 0992

康熙十八年己未博學鴻儒科題名錄一卷
清抄本
八行二十二字無版框　包背裝　一册

馮善 0942

公車徵士小錄八卷附錄一卷　（清）全祖望撰
清抄本
十行二十四字小字雙行同無版框　綫裝　一册

善 1374

嘉興生員履歷册一卷
清書辦高瞻承抄本
十行行字不等無版框　散葉　一册

善 1375

國朝蕭山文學生員錄一卷國朝歷科蕭山甲第錄一卷
清抄本　馬廉校
十行行字不等小字雙行行字不等無版框　綫裝　一册

善 0972

國朝河南進士名錄一卷　（明）李濂撰
明嘉靖刻本
十行二十字小字雙行同白口四周單邊　包背裝　一册

善 0973

國朝河南進士名錄一卷　（明）李濂撰
明嘉靖刻本
十行二十字小字雙行同白口四周單邊　包背裝　一册

善 0974

皇明吉安進士錄一卷
明正德刻本
十行二十字小字雙行同白口四周雙

邊　包背裝　一册

善 0976
皇明進士登科考十二卷　（明）俞憲輯
　明嘉靖鴉鳴館刻本
　十行二十四字白口四周單邊　包背裝　一册
　存三卷：一至三

登科録

善 0920
洪武四年進士登科録一卷
　明洪武刻本
　十行行字不等小字雙行行字不等上下黑口四周雙邊　包背裝　一册

善 0921
宣德五年進士登科録一卷
　明宣德刻本
　十行行字不等小字雙行行字不等上下黑口四周雙邊　包背裝　一册

善 0922
宣德八年進士登科録一卷
　明宣德刻本
　十行行字不等小字雙行行字不等上下黑口四周雙邊　包背裝　一册

善 0923
正統四年進士登科録一卷
　明正統刻本
　十行行字不等小字雙行行字不等上下黑口四周雙邊　包背裝　一册

善 0924

善 0000（正統七年）
正統七年進士登科録一卷
　明正統刻本
　十行行字不等小字雙行行字不等上下黑口四周雙邊　包背裝　一册

善 0925
正統十年進士登科録一卷
　明正統刻本
　十行行字不等小字雙行行字不等上下黑口四周雙邊　綫裝　一册

善 0926
正統十三年進士登科録一卷
　明正統刻本
　十行行字不等小字雙行行字不等上下黑口四周雙邊　包背裝　一册

善 0927
景泰二年進士登科録一卷
　明景泰刻本
　十行行字不等小字雙行行字不等上下黑口四周雙邊　包背裝　一册

善 0928
景泰五年進士登科録一卷
　明景泰刻本
　十行行字不等小字雙行行字不等上下黑口四周雙邊　包背裝　一册

善 0929
天順四年進士登科録一卷
　明天順刻本
　十行行字不等小字雙行行字不等上下黑口四周雙邊　包背裝　一册

善 0930
天順八年進士登科録一卷

史　部

明天順刻本
　十行行字不等小字雙行行字不等上下黑口四周雙邊　包背裝　一册

善0931
成化二年進士登科録一卷
　明成化刻本
　十行行字不等小字雙行行字不等上下黑口四周雙邊　包背裝　一册

善0932
成化五年進士登科録一卷
　明成化刻本
　十行行字不等小字雙行行字不等上下黑口四周雙邊　包背裝　一册

善0933
成化十一年進士登科録一卷
　明成化刻本
　十行行字不等小字雙行行字不等上下黑口四周雙邊　包背裝　一册

善0934
成化十四年進士登科録一卷
　明成化刻本
　十行行字不等小字雙行行字不等上下黑口四周雙邊　包背裝　一册

善0935
成化十七年進士登科録一卷
　明成化刻本
　十行行字不等小字雙行行字不等上下黑口四周雙邊　包背裝　一册

善0936
成化二十三年進士登科録一卷
　明成化刻本
　十行行字不等小字雙行行字不等上下黑口四周雙邊　毛裝　一册

善0937
弘治三年進士登科録一卷
　明弘治刻本
　十行行字不等小字雙行行字不等上下黑口四周雙邊　包背裝　一册

善0938
弘治六年進士登科録一卷
　明弘治刻本
　十行行字不等小字雙行行字不等上下黑口四周雙邊　包背裝　一册

善0939
弘治十五年進士登科録一卷
　明弘治刻本
　十行行字不等小字雙行行字不等上下黑口四周雙邊　包背裝　一册

善0940
弘治十八年進士登科録一卷
　明弘治刻本
　十行行字不等小字雙行行字不等上下黑口四周雙邊　包背裝　一册

善0941
正德六年進士登科録一卷
　明正德刻本
　十行行字不等小字雙行行字不等上下黑口四周雙邊　包背裝　一册

善0942
正德十二年進士登科録一卷
　明正德刻本
　十行行字不等小字雙行行字不等上

下黑口四周雙邊　包背裝　一册

善 0943
嘉靖二年進士登科錄一卷
　明嘉靖刻本
　十行行字不等小字雙行行字不等上
　　下黑口四周雙邊　包背裝　一册

善 0944
嘉靖八年進士登科錄一卷
　明嘉靖刻本
　十行行字不等小字雙行行字不等上
　　下黑口四周雙邊　包背裝　一册

善 0945
嘉靖十一年進士登科錄一卷
　明嘉靖刻本　范玉森跋
　十行行字不等小字雙行行字不等上
　　下黑口四周雙邊　綫裝　四册

善 0946
嘉靖十一年壬辰科進士同年序齒錄一卷
　明萬曆刻本
　十行行字不等小字雙行行字不等上
　　下黑口四周雙邊　包背裝　一册

善 0947
嘉靖十四年進士登科錄一卷
　明嘉靖刻本
　十行行字不等小字雙行行字不等上
　　下黑口四周雙邊　包背裝　一册

善 0948
嘉靖十七年進士登科錄一卷
　明嘉靖刻本
　十行行字不等小字雙行行字不等上

　　下黑口四周雙邊　毛裝　一册

善 0949
嘉靖二十年進士登科錄一卷
　明嘉靖刻本
　十行行字不等小字雙行行字不等上
　　下黑口四周雙邊　包背裝　一册

善 0950
嘉靖二十三年進士登科錄一卷
　明嘉靖刻本
　十行行字不等小字雙行行字不等上
　　下黑口四周雙邊　包背裝　一册

善 0951
嘉靖二十六年進士登科錄一卷
　明嘉靖刻本
　十行行字不等小字雙行行字不等上
　　下黑口四周雙邊　包背裝　一册

善 0952
嘉靖二十九年進士登科錄一卷
　明嘉靖刻本
　十行行字不等小字雙行行字不等上
　　下黑口四周雙邊　包背裝　一册

善 0953
嘉靖三十二年進士登科錄一卷
　明嘉靖刻本
　十行行字不等小字雙行行字不等上
　　下黑口四周雙邊　包背裝　一册

善 0954
嘉靖三十五年進士登科錄一卷
　明嘉靖刻本
　十行行字不等小字雙行行字不等上
　　下黑口四周雙邊　毛裝　一册

善 0955
嘉靖三十五年進士登科録一卷
　明嘉靖刻本
　十行行字不等小字雙行行字不等上
　下黑口四周雙邊　包背裝　一册

善 0956
嘉靖三十八年進士登科録一卷
　明嘉靖刻本
　十行行字不等小字雙行行字不等上
　下黑口四周雙邊　包背裝　一册

善 0957
嘉靖四十一年進士登科録一卷
　明嘉靖刻本
　十行行字不等小字雙行行字不等上
　下黑口四周雙邊　毛裝　一册

善 0958
嘉靖四十一年進士登科録一卷
　明嘉靖刻本
　十行行字不等小字雙行行字不等上
　下黑口四周雙邊　包背裝　一册

善 0959
嘉靖四十四年進士登科録一卷
　明嘉靖刻本
　十行行字不等小字雙行行字不等上
　卜黑口四周雙邊　包背裝　一册

善 0960
隆慶五年進士登科録一卷
　明隆慶刻本
　十行行字不等小字雙行行字不等上
　下黑口四周雙邊　包背裝　一册

善 0961

善 0961
隆慶五年進士登科録一卷
　明隆慶刻本
　十行行字不等小字雙行行字不等上
　下黑口四周雙邊　毛裝　一册

善 0962
萬曆二年進士登科録一卷
　明萬曆刻本
　十行行字不等小字雙行行字不等上
　下黑口四周雙邊　毛裝　一册

善 0963
萬曆二年進士登科録一卷
　明萬曆刻本
　十行行字不等小字雙行行字不等上
　下黑口四周雙邊　包背裝　一册

善 0964
萬曆五年進士登科録一卷
　明萬曆刻本
　十行行字不等小字雙行行字不等上
　下黑口四周雙邊　包背裝　一册

善 0965
萬曆十一年進士登科録一卷
　明萬曆刻本
　十行行字不等小字雙行行字不等上
　下黑口四周雙邊　包背裝　一册

善 0966
萬曆十四年丙戌科進士履歷便覽一卷
　明萬曆刻本
　十行行字不等小字雙行行字不等白
　口四周單邊　包背裝　一册

善 0967
萬曆十七年己丑科進士履歷便覽一卷

明萬曆刻本
十行行字不等小字雙行行字不等白口四周單邊　包背裝　一冊

善 1039
萬曆二十三年乙未科進士履歷便覽一卷
明萬曆刻本
十行行字不等小字雙行行字不等白口左右單邊　包背裝　一冊

善 1040
萬曆二十六年戊戌科進士履歷便覽一卷
明萬曆刻本
十行行字不等小字雙行行字不等白口左右單邊　包背裝　一冊

善 1041
萬曆二十九年辛丑科進士履歷便覽一卷
明萬曆刻本
十行行字不等小字雙行行字不等白口左右單邊　綫裝　一冊

善 1042
萬曆二十九年辛丑科進士履歷便覽一卷
明萬曆刻本
十行行字不等小字雙行行字不等白口四周單邊　包背裝　一冊

善 1043
萬曆三十二年甲辰科進士履歷便覽一卷
明萬曆刻本
十行行字不等小字雙行行字不等白

口左右單邊　包背裝　一冊

善 0968
崇禎四年辛未科進士履歷便覽一卷
明崇禎刻本
十行行字不等小字雙行行字不等白口左右單邊　包背裝　一冊

善 0969
崇禎七年甲戌科進士履歷便覽一卷
明崇禎刻本
十行行字不等小字雙行行字不等白口四周單邊　包背裝　一冊

善 0970
崇禎十年丁丑科進士三代履歷一卷
明崇禎刻本
十行行字不等小字雙行行字不等白口左右單邊　包背裝　一冊

善 0971
崇禎十三年庚辰科進士履歷便覽一卷
明崇禎刻本
十行行字不等小字雙行行字不等白口左右單邊　包背裝　一冊

善 0978
順治三年丙戌科進士三代履歷一卷
清順治刻本
十一行行字不等小字雙行行字不等白口四周單邊　包背裝　一冊

善 0979
順治四年丁亥科進士三代履歷一卷
清順治刻本
十一行行字不等小字雙行行字不等白口四周單邊　包背裝　一冊

史　部

善 0980
順治六年己丑科三代進士履歷一卷
　清順治刻本
　　十一行行字不等小字雙行行字不等
　　白口四周單邊　包背裝　一册

善 0981
順治九年壬辰科進士三代履歷一卷
　清順治刻本
　　十一行行字不等小字雙行行字不等
　　白口四周單邊　包背裝　一册

善 0982
順治十二年乙未科進士履歷便覽一卷
　清順治刻本
　　十一行行字不等小字雙行行字不等
　　白口四周單邊　包背裝　一册

善 0983
順治十五年戊戌科進士三代履歷一卷
　清順治刻本
　　十一行行字不等小字雙行行字不等
　　白口四周單邊　包背裝　一册

善 0984
順治十六年己亥科進士三代履歷一卷
　清順治刻本
　　十一行行字不等小字雙行行字不等
　　白口四周單邊　包背裝　一册

善 0985
順治十八年辛丑科進士三代履歷一卷
　清順治刻本
　　十一行行字不等小字雙行行字不等
　　白口四周單邊　包背裝　一册

善 0986

善 0986
康熙三年甲辰科三代進士履歷一卷
　清康熙刻本
　　十一行行字不等小字雙行行字不等
　　白口四周單邊　包背裝　一册

善 0987
康熙六年丁未科進士三代履歷一卷
　清康熙刻本
　　十一行行字不等小字雙行行字不等
　　白口四周單邊　包背裝　一册

善 0988
康熙九年庚戌科進士履歷便覽一卷
　清康熙刻本
　　十一行行字不等小字雙行行字不等
　　白口四周單邊　包背裝　一册

善 0989
康熙十二年癸丑科進士三代履歷一卷
　清康熙刻本
　　十一行行字不等小字雙行行字不等
　　白口四周單邊　包背裝　一册

善 0990
康熙十五年丙辰科進士三代履歷一卷
　清康熙刻本
　　十一行行字不等小字雙行行字不等
　　白口四周單邊　包背裝　一册

善 0991
康熙十八年己未科進士三代履歷一卷
　清康熙刻本
　　十一行行字不等小字雙行行字不等
　　白口四周單邊　包背裝　一册

善 0993
康熙二十一年壬戌科殿試題名全錄

一卷
　清康熙刻本
　　十行行字不等小字雙行行字不等白
　　口四周單邊　包背裝　一冊

善 0994
康熙二十四年乙丑科三代進士履歷一卷
　清康熙刻本
　　十一行行字不等小字雙行行字不等
　　白口四周單邊　包背裝　一冊

善 0995
康熙三十三年甲戌科進士三代履歷一卷
　清康熙刻本
　　十一行行字不等小字雙行行字不等
　　白口四周單邊　包背裝　一冊

會試錄

善 0824
明狀元圖考四卷　（明）顧鼎臣撰　（明）吳承恩　程一楨補　（清）陳枚增訂
　明萬曆三十五年吳承恩、黃文德刻清初陳氏文治堂修版本
　　九行二十字白口四周單邊　綫裝二冊

善 0977
明貢舉錄一卷　（明）范欽輯
　稿本　馮貞群跋
　　十行行字不等無版框　包背裝　一冊

善 0996
洪武四年會試錄一卷
　明洪武刻本
　　九行行字不等小字雙行行字不等上下黑口四周雙邊　毛裝　一冊

善 0997
宣德五年會試錄一卷
　明宣德刻本
　　十行行字不等小字雙行行字不等上下黑口四周雙邊　包背裝　一冊

善 0998
宣德八年會試錄一卷
　明抄本
　　八行行字不等小字雙行行字不等白口四周單邊　毛裝　一冊

善 0999
正統元年會試錄一卷
　明正統刻本
　　九行行字不等小字雙行行字不等上下黑口四周雙邊　綫裝　一冊

善 1000
正統四年會試錄一卷
　明正統刻本
　　九行行字不等小字雙行行字不等上下黑口四周雙邊　包背裝　一冊

善 1001
正統七年會試錄一卷
　明正統刻本
　　九行行字不等小字雙行行字不等上下黑口四周雙邊　綫裝　一冊

善 1002
正統十年會試錄一卷

史部

　　明正統刻本
　　九行行字不等小字雙行行字不等上
　　下黑口四周雙邊　包背裝　一册

善 1003
正統十三年會試録一卷
　　明正統刻本
　　九行行字不等小字雙行行字不等上
　　下黑口四周雙邊　包背裝　一册

善 1004
景泰二年會試録一卷
　　明景泰刻本
　　九行行字不等小字雙行行字不等上
　　下黑口四周雙邊　毛裝　一册

善 1005
景泰五年會試録一卷
　　明景泰刻本
　　九行行字不等小字雙行行字不等上
　　下黑口四周雙邊　毛裝　一册

善 1006
天順元年會試録一卷
　　明天順刻本
　　九行行字不等小字雙行行字不等上
　　下黑口四周雙邊　包背裝　一册

善 1007
天順四年會試録一卷
　　明天順刻本
　　九行行字不等小字雙行行字不等上
　　下黑口四周雙邊　包背裝　一册

善 1008
天順七年會試録一卷
　　明天順刻本
　　九行行字不等小字雙行行字不等上
　　下黑口四周雙邊　包背裝　一册

善 1009
成化二年會試録一卷
　　明成化刻本
　　九行行字不等小字雙行行字不等上
　　下黑口四周雙邊　包背裝　一册

善 1010
成化八年會試録一卷
　　明成化刻本
　　九行行字不等小字雙行行字不等上
　　下黑口四周雙邊　包背裝　一册

善 1011
成化十七年會試録一卷
　　明成化刻本
　　九行行字不等小字雙行行字不等上
　　下黑口四周雙邊　毛裝　一册

善 1012
成化二十年會試録一卷
　　明成化刻本
　　九行行字不等小字雙行行字不等上
　　下黑口四周雙邊　包背裝　一册

善 1013
成化二十三年會試録一卷
　　明成化刻本
　　九行行字不等小字雙行行字不等上
　　下黑口四周雙邊　包背裝　一册

善 1014
弘治十二年會試録一卷
　　明弘治刻本
　　九行行字不等小字雙行行字不等上

下黑口四周雙邊　包背裝　一册

善 1015
弘治十八年會試錄一卷
　明弘治刻本
　九行行字不等小字雙行行字不等上
　下黑口四周雙邊　包背裝　一册

善 1016
正德六年會試錄一卷
　明正德刻本
　九行行字不等小字雙行行字不等上
　下黑口四周雙邊　包背裝　一册

善 1017
正德九年會試錄一卷
　明正德刻本
　九行行字不等小字雙行行字不等上
　下黑口四周雙邊　包背裝　一册

善 1018
正德十二年會試錄一卷
　明正德刻本
　九行行字不等小字雙行行字不等上
　下黑口四周雙邊　包背裝　一册

善 1019
嘉靖二年會試錄一卷
　明嘉靖刻本
　九行行字不等小字雙行行字不等上
　下黑口四周雙邊　毛裝　一册

善 1020
嘉靖八年會試錄一卷
　明嘉靖刻本
　九行行字不等小字雙行行字不等上
　下黑口四周雙邊　包背裝　一册

善 1021
嘉靖十一年會試錄一卷
　明嘉靖刻本
　九行行字不等小字雙行行字不等上
　下黑口四周雙邊　包背裝　一册

善 1022
嘉靖二十三年會試錄一卷
　明嘉靖刻本
　九行行字不等小字雙行行字不等上
　下黑口四周雙邊　包背裝　一册

善 1023
嘉靖二十三年會試錄一卷
　明嘉靖刻本
　九行行字不等小字雙行行字不等上
　下黑口四周雙邊　包背裝　一册

善 1024
嘉靖二十六年會試錄一卷
　明嘉靖刻本
　九行行字不等小字雙行行字不等上
　下黑口四周雙邊　包背裝　一册

善 1025
嘉靖二十九年會試錄一卷
　明嘉靖刻本
　九行行字不等小字雙行行字不等上
　下黑口四周雙邊　包背裝　一册

善 1026
嘉靖二十九年會試錄一卷
　明嘉靖刻本
　九行行字不等小字雙行行字不等上
　下黑口四周雙邊　包背裝　一册

善 1027

史部

嘉靖三十二年會試錄一卷
　明嘉靖刻本
　九行行字不等小字雙行行字不等上下黑口四周雙邊　包背裝　一册

善 1028
嘉靖三十五年會試錄一卷
　明嘉靖刻本
　九行行字不等小字雙行行字不等上下黑口四周雙邊　包背裝　一册

善 1029
嘉靖三十八年會試錄一卷
　明嘉靖刻本
　九行行字不等小字雙行行字不等上下黑口四周雙邊　包背裝　一册

善 1030
嘉靖四十一年會試錄一卷
　明嘉靖刻本
　九行行字不等小字雙行行字不等上下黑口四周雙邊　包背裝　一册

善 1031
嘉靖四十四年會試錄一卷
　明嘉靖刻本
　九行行字不等小字雙行行字不等上下黑口四周雙邊　包背裝　一册

善 1032
嘉靖四十四年會試錄一卷
　明嘉靖刻本
　九行行字不等小字雙行行字不等上下黑口四周雙邊　包背裝　一册

善 1033
隆慶五年會試錄一卷
　明隆慶刻本
　九行行字不等小字雙行行字不等上下黑口四周雙邊　包背裝　一册

善 1034
隆慶五年會試錄一卷
　明隆慶刻本
　九行行字不等小字雙行行字不等上下黑口四周雙邊　包背裝　一册

善 1035
萬曆二年會試錄一卷
　明萬曆刻本
　九行行字不等小字雙行行字不等上下黑口四周雙邊　包背裝　一册

善 1036
萬曆二年會試錄一卷
　明萬曆刻本
　九行行字不等小字雙行行字不等上下黑口四周雙邊　散葉　一册

善 1037
萬曆五年會試錄一卷
　明萬曆刻本
　九行行字不等小字雙行行字不等上下黑口四周雙邊　散葉　一册

善 1038
萬曆八年會試錄一卷
　明萬曆刻本
　九行行字不等小字雙行行字不等上下黑口四周雙邊　散葉　一册

善 1126－1
順治三年丙戌科會試春秋房同門錄一卷

清初刻本
　六行行字不等小字雙行行字不等白口四周單邊　包背裝　一冊

鄉試錄

順天府

善 1044
成化十年順天府鄉試錄一卷
　明成化刻本
　九行二十字小字雙行行字不等上下黑口四周雙邊　包背裝　一冊

善 1045
成化十三年順天府鄉試錄一卷
　明成化刻本
　八行行字不等小字雙行行字不等上下黑口四周雙邊　包背裝　一冊

善 1046
成化十六年順天府鄉試錄一卷
　明成化刻本
　九行行字不等小字雙行行字不等上下黑口四周雙邊　包背裝　一冊

善 1047
弘治五年順天府鄉試錄一卷
　明弘治刻本
　九行行字不等小字雙行行字不等上下黑口四周雙邊　毛裝　一冊

善 1048
弘治十一年順天府鄉試錄一卷
　明弘治刻本
　九行行字不等小字雙行行字不等上下黑口四周雙邊　包背裝　一冊

善 1049
弘治十四年順天府鄉試錄一卷
　明弘治刻本
　九行行字不等小字雙行行字不等上下黑口四周雙邊　包背裝　一冊

善 1050
弘治十七年順天府鄉試錄一卷
　明弘治刻本
　九行行字不等小字雙行行字不等上下黑口四周雙邊　毛裝　一冊

善 1051
正德二年順天府鄉試錄一卷
　明正德刻本
　九行十八字小字雙行行字不等上下黑口四周雙邊　包背裝　一冊

善 1052
正德五年順天府鄉試錄一卷
　明正德刻本
　九行十八字小字雙行行字不等上下黑口四周雙邊　包背裝　一冊

善 1053
正德八年順天府鄉試錄一卷
　明正德刻本
　九行十八字小字雙行行字不等上下黑口四周雙邊　包背裝　一冊

善 1054
正德十一年順天府鄉試錄一卷
　明正德刻本
　九行十八字小字雙行行字不等上下黑口四周雙邊　包背裝　一冊

史部

善 1055
嘉靖四年順天府鄉試錄一卷
　明嘉靖刻本
　　九行十八字小字雙行行字不等上下黑口四周雙邊　包背裝　一册

善 1056
嘉靖七年順天府鄉試錄一卷
　明嘉靖刻本
　　九行十八字小字雙行行字不等上下黑口四周雙邊　包背裝　一册

善 1057
嘉靖十三年順天府鄉試錄一卷
　明嘉靖刻本
　　九行十八字小字雙行行字不等上下黑口四周雙邊　包背裝　一册

善 1058
嘉靖十九年順天府鄉試錄一卷
　明嘉靖刻本
　　九行十八字小字雙行行字不等上下黑口四周雙邊　包背裝　一册

善 1059
嘉靖二十二年順天府鄉試錄一卷
　明嘉靖刻本
　　九行十八字小字雙行行字不等上下黑口四周雙邊　包背裝　一册

善 1060
嘉靖二十五年順天府鄉試錄一卷
　明嘉靖刻本
　　九行行字不等小字雙行行字不等上下黑口四周雙邊　包背裝　一册

善 1061

善 1061
嘉靖二十五年順天府鄉試錄一卷
　明嘉靖刻本
　　九行行字不等小字雙行行字不等上下黑口四周雙邊　包背裝　一册

善 1062
嘉靖二十八年順天府鄉試錄一卷
　明嘉靖刻本
　　九行行字不等小字雙行行字不等上下黑口四周雙邊　包背裝　一册

善 1063
嘉靖三十一年順天府鄉試錄一卷
　明嘉靖刻本
　　九行行字不等小字雙行行字不等上下黑口四周雙邊　包背裝　一册

善 1064
嘉靖三十一年順天府鄉試錄一卷
　明嘉靖刻本
　　九行行字不等小字雙行行字不等上下黑口四周雙邊　包背裝　一册

善 1065
嘉靖三十四年順天府鄉試錄一卷
　明嘉靖刻本
　　九行行字不等小字雙行行字不等上下黑口四周雙邊　包背裝　一册

善 1066
嘉靖三十七年順天府鄉試錄一卷
　明嘉靖刻本
　　九行行字不等小字雙行行字不等上下黑口四周雙邊　包背裝　一册

善 1067
隆慶元年順天府鄉試錄一卷

明隆慶刻本
　　　九行行字不等小字雙行行字不等上
　　　下黑口四周雙邊　包背裝　一冊

善 1068
隆慶四年順天府鄉試録一卷
　　　明隆慶刻本
　　　九行行字不等小字雙行行字不等上
　　　下黑口四周雙邊　包背裝　一冊

善 1069
隆慶四年順天府鄉試録一卷
　　　明隆慶刻本
　　　九行行字不等小字雙行行字不等上
　　　下黑口四周雙邊　散葉　一冊

善 1070
萬曆元年順天府鄉試録一卷
　　　明萬曆刻本
　　　九行行字不等小字雙行行字不等上
　　　下黑口四周雙邊　包背裝　一冊

善 1071
萬曆四年順天府鄉試録一卷
　　　明萬曆刻本
　　　九行行字不等小字雙行行字不等上
　　　下黑口四周雙邊　散葉　一冊

善 1072
萬曆七年順天府鄉試録一卷
　　　明萬曆刻本
　　　九行行字不等小字雙行行字不等上
　　　下黑口四周雙邊　包背裝　一冊

善 1073
萬曆十年順天府鄉試録一卷
　　　明萬曆刻本

　　　九行行字不等小字雙行行字不等上
　　　下黑口四周雙邊　包背裝　一冊

應天府

善 1074
景泰元年應天府鄉試小録一卷
　　　明景泰刻本
　　　八行行字不等小字雙行行字不等上
　　　下黑口四周雙邊　包背裝　一冊

善 1075
天順六年應天府鄉試録一卷
　　　明天順刻本
　　　八行行字不等小字雙行行字不等上
　　　下黑口四周雙邊　包背裝　一冊

善 1076
成化四年應天府鄉試録一卷
　　　明成化刻本
　　　八行行字不等小字雙行行字不等上
　　　下黑口四周雙邊　包背裝　一冊

善 1077
成化七年應天府鄉試録一卷
　　　明成化刻本
　　　九行行字不等小字雙行行字不等上
　　　下黑口四周雙邊　包背裝　一冊

善 1078
成化十年應天府鄉試録一卷
　　　明成化刻本
　　　八行行字不等小字雙行行字不等上
　　　下黑口四周雙邊　包背裝　一冊

善 1079
成化十三年應天府鄉試録一卷

史部

明成化刻本
九行行字不等小字雙行行字不等上下黑口四周雙邊　包背裝　一冊

善 1080
成化十六年應天府鄉試錄一卷
明成化刻本
九行行字不等小字雙行行字不等上下黑口四周雙邊　包背裝　一冊

善 1081
正德二年應天府鄉試錄一卷
明正德刻本
九行行字不等小字雙行行字不等上下黑口四周雙邊　包背裝　一冊

善 1082
正德五年應天府鄉試錄一卷
明正德刻本
九行行字不等小字雙行行字不等上下黑口四周雙邊　包背裝　一冊

善 1083
正德八年應天府鄉試錄一卷
明正德刻本
九行行字不等小字雙行行字不等上下黑口四周雙邊　包背裝　一冊

善 1084
正德十一年應天府鄉試錄一卷
明正德刻本
九行行字不等小字雙行行字不等上下黑口四周雙邊　包背裝　一冊

善 1085
正德十四年應天府鄉試錄一卷
明正德刻本
九行行字不等小字雙行行字不等上下黑口四周雙邊　包背裝　一冊

善 1086
正德十四年應天府鄉試錄一卷
明正德刻本
九行行字不等小字雙行行字不等上下黑口四周雙邊　包背裝　一冊

善 1087
嘉靖七年應天府鄉試錄一卷
明嘉靖刻藍印本
九行行字不等小字雙行行字不等上下黑口四周雙邊　包背裝　一冊

善 1088
嘉靖十三年應天府鄉試錄一卷
明嘉靖刻本
九行行字不等小字雙行行字不等上下黑口四周雙邊　包背裝　一冊

善 1089
嘉靖十六年應天府鄉試錄一卷
明嘉靖刻本
九行行字不等小字雙行行字不等上下黑口四周雙邊　包背裝　一冊

善 1090
嘉靖十六年應天府鄉試錄一卷
明嘉靖刻本
九行行字不等小字雙行行字不等上下黑口四周雙邊　包背裝　一冊

善 1091
嘉靖二十二年應天府鄉試錄一卷
明嘉靖刻本
九行行字不等小字雙行行字不等上

下黑口四周雙邊　包背裝　一冊

善 1092

嘉靖二十二年應天府鄉試錄一卷
　　明嘉靖刻本
　　九行行字不等小字雙行行字不等上
　　下黑口四周雙邊　包背裝　一冊

善 1093

嘉靖二十五年應天府鄉試錄一卷
　　明嘉靖刻本
　　九行行字不等小字雙行行字不等上
　　下黑口左右雙邊　包背裝　一冊

善 1094

嘉靖二十五年應天府鄉試錄一卷
　　明嘉靖刻本
　　九行行字不等小字雙行行字不等上
　　下黑口左右雙邊　包背裝　一冊

善 1095

嘉靖二十八年應天府鄉試錄一卷
　　明嘉靖刻本
　　九行行字不等小字雙行行字不等上
　　下黑口四周雙邊　毛裝　一冊

善 1096

嘉靖三十一年應天府鄉試錄一卷
　　明嘉靖刻本
　　九行行字不等小字雙行行字不等上
　　下黑口四周雙邊　毛裝　一冊

善 1097

嘉靖三十七年應天府鄉試錄一卷
　　明嘉靖刻本
　　九行行字不等小字雙行行字不等上
　　下黑口四周雙邊　包背裝　一冊

善 1098

嘉靖四十三年應天府鄉試錄一卷
　　明嘉靖刻本
　　九行行字不等小字雙行行字不等上
　　下黑口四周雙邊　毛裝　一冊

善 1099

嘉靖四十三年應天府鄉試錄一卷
　　明嘉靖刻本
　　九行行字不等小字雙行行字不等上
　　下黑口四周雙邊　毛裝　一冊

善 1100

隆慶元年應天府鄉試錄一卷
　　明隆慶刻本
　　九行行字不等小字雙行行字不等上
　　下黑口四周雙邊　毛裝　一冊

善 1101

隆慶四年應天府鄉試錄一卷
　　明隆慶刻本
　　九行行字不等小字雙行行字不等上
　　下黑口四周雙邊　包背裝　一冊

善 1102

萬曆元年應天府鄉試錄一卷
　　明萬曆刻本
　　九行行字不等小字雙行行字不等上
　　下黑口四周雙邊　散葉　一冊

善 1103

萬曆四年應天府鄉試錄一卷
　　明萬曆刻本
　　九行行字不等小字雙行行字不等上
　　下黑口四周雙邊　毛裝　一冊

善 1104

史　部

萬曆七年應天府鄉試錄一卷
　明萬曆刻本
　九行行字不等小字雙行行字不等上
　　下黑口四周雙邊　綫裝　一册

善 1105
萬曆十年應天府鄉試錄一卷
　明萬曆刻本
　九行行字不等小字雙行行字不等上
　　下黑口四周雙邊　毛裝　一册

善 1106
萬曆十年應天府鄉試錄一卷
　明萬曆刻本
　九行行字不等小字雙行行字不等上
　　下黑口四周雙邊　散葉　一包

山西

善 1127
天順六年山西鄉試錄一卷
　明天順刻本
　九行行字不等小字雙行行字不等上
　　下黑口四周雙邊　包背裝　一册

善 1128
成化二十二年山西鄉試錄一卷
　明成化刻本
　八行行字不等小字雙行行字不等上
　　下黑口四周雙邊　包背裝　一册

善 1129
弘治五年山西鄉試錄一卷
　明弘治刻本
　九行行字不等小字雙行行字不等上
　　下黑口四周雙邊　散葉　一包

善 1130
正德二年山西鄉試錄一卷
　明正德刻本
　九行十八字小字雙行行字不等上下
　　黑口四周雙邊　包背裝　一册

善 1131
正德八年山西鄉試錄一卷
　明正德刻本
　九行行字不等小字雙行行字不等上
　　下黑口四周雙邊　包背裝　一册

善 1132
正德十一年山西鄉試錄一卷
　明正德刻本
　九行行字不等小字雙行行字不等上
　　下黑口四周雙邊　毛裝　一册

善 1133
正德十四年山西鄉試錄一卷
　明正德刻本
　九行行字不等小字雙行行字不等上
　　下黑口四周雙邊　毛裝　一册

善 1134
嘉靖元年山西鄉試錄一卷
　明嘉靖刻本
　九行行字不等小字雙行行字不等上
　　下白口四周雙邊　毛裝　一册

善 1135
嘉靖十六年山西鄉試錄一卷
　明嘉靖刻本
　九行行字不等小字雙行行字不等上
　　下黑口四周雙邊　毛裝　一册

善 1136

嘉靖二十五年山西鄉試錄一卷
　明嘉靖刻本
　九行行字不等小字雙行行字不等上
　　下黑口四周雙邊　毛裝　一册

善 1137
嘉靖二十五年山西鄉試錄一卷
　明嘉靖刻本
　九行行字不等小字雙行行字不等上
　　下黑口四周雙邊　毛裝　一册

善 1138
嘉靖二十八年山西鄉試錄一卷
　明嘉靖刻本
　九行行字不等小字雙行行字不等上
　　下黑口四周雙邊　包背裝　一册

善 1139
嘉靖三十一年山西鄉試錄一卷
　明嘉靖刻本
　九行行字不等小字雙行行字不等上
　　下黑口四周雙邊　毛裝　一册

善 1140
嘉靖三十四年山西鄉試錄一卷
　明嘉靖刻本
　九行行字不等小字雙行行字不等上
　　下黑口四周雙邊　包背裝　一册

善 1141
嘉靖四十三年山西鄉試錄一卷
　明嘉靖刻本
　九行行字不等小字雙行行字不等上
　　下黑口四周雙邊　毛裝　一册

善 1142
隆慶元年山西鄉試錄一卷
　明隆慶刻本
　九行行字不等小字雙行行字不等上
　　下黑口四周雙邊　包背裝　一册

善 1143
隆慶四年山西鄉試錄一卷
　明隆慶刻本
　九行行字不等小字雙行行字不等上
　　下黑口四周雙邊　散葉　一册

善 1144
萬曆元年山西鄉試錄一卷
　明萬曆刻本
　九行行字不等小字雙行行字不等上
　　下黑口四周雙邊　散葉　一包

善 1145
萬曆四年山西鄉試錄一卷
　明萬曆刻本
　九行行字不等小字雙行行字不等上
　　下黑口四周雙邊　包背裝　一册

善 1146
萬曆七年山西鄉試錄一卷
　明萬曆刻本
　九行行字不等小字雙行行字不等上
　　下黑口四周雙邊　散葉　一包

善 1147
萬曆十年山西鄉試錄一卷
　明萬曆刻本
　九行行字不等小字雙行行字不等上
　　下黑口四周雙邊　包背裝　一册

　　　　　　山東
善 1107

史　部

天順六年山東鄉試錄一卷
　明天順刻本
　九行行字不等小字雙行行字不等上下黑口四周雙邊　包背裝　一冊

善 1108
成化元年山東鄉試錄一卷
　明成化刻本
　八行行字不等小字雙行行字不等上下黑口四周雙邊　毛裝　一冊

善 1109
成化十年山東鄉試錄一卷
　明成化刻本
　八行行字不等小字雙行行字不等上下黑口四周雙邊　散葉　一冊

善 1110
成化十六年山東鄉試錄一卷
　明成化刻本
　九行行字不等小字雙行行字不等上下黑口四周雙邊　包背裝　一冊

善 1111
成化十九年山東鄉試錄一卷
　明成化刻本
　九行行字不等小字雙行行字不等上下黑口四周雙邊　包背裝　一冊

善 1112
弘治八年山東鄉試錄一卷
　明弘治刻本
　九行行字不等小字雙行行字不等上下黑口四周雙邊　散葉　一包

善 1113
正德八年山東鄉試錄一卷
　明正德刻本
　九行行字不等小字雙行行字不等上下黑口四周雙邊　毛裝　一冊

善 1114
正德十一年山東鄉試錄一卷
　明正德刻本
　九行行字不等小字雙行行字不等上下黑口四周雙邊　包背裝　一冊

善 1115
嘉靖四年山東鄉試錄一卷
　明嘉靖刻本
　九行行字不等小字雙行行字不等上下白口四周雙邊　毛裝　一冊

善 1116
嘉靖七年山東鄉試錄一卷
　明嘉靖刻本
　九行行字不等小字雙行行字不等上下黑口四周雙邊　毛裝　一冊

善 1117
嘉靖十九年山東鄉試錄一卷
　明嘉靖刻本
　九行行字不等小字雙行行字不等上下黑口四周雙邊　散葉　一包

善 1118
嘉靖二十八年山東鄉試錄一卷
　明嘉靖刻本
　九行行字不等小字雙行行字不等上下黑口四周雙邊　毛裝　一冊

善 1119
嘉靖三十四年山東鄉試錄一卷
　明嘉靖刻本

九行行字不等小字雙行行字不等上下黑口四周雙邊　散葉　一包

善 1120
嘉靖三十七年山東鄉試錄一卷
明嘉靖刻本
九行行字不等小字雙行行字不等上下黑口四周雙邊　包背裝　一冊

善 1121
嘉靖四十三年山東鄉試錄一卷
明嘉靖刻本
九行行字不等小字雙行行字不等上下黑口四周雙邊　毛裝　一冊

善 1122
隆慶四年山東鄉試錄一卷
明隆慶刻本
九行行字不等小字雙行行字不等上下黑口四周雙邊　毛裝　一冊

善 1123
萬曆四年山東鄉試錄一卷
明萬曆刻本
九行行字不等小字雙行行字不等上下黑口四周雙邊　毛裝　一冊

善 1124
萬曆七年山東鄉試錄一卷
明萬曆刻本
九行行字不等小字雙行行字不等上下黑口四周雙邊　包背裝　一冊

善 1125
萬曆十年山東鄉試錄一卷
明萬曆刻本
九行行字不等小字雙行行字不等上

下黑口四周雙邊　包背裝　一冊

善 1126
崇禎六年山東春秋房同門錄一卷
清初刻本
六行行字不等小字雙行行字不等白口四周單邊　包背裝　一冊

河南

善 1148
成化二十二年河南鄉試錄一卷
明成化刻本
九行行字不等小字雙行行字不等上下黑口四周雙邊　散葉　一冊

善 1149
弘治八年河南鄉試錄一卷
明弘治刻本
九行行字不等小字雙行行字不等上下黑口四周雙邊　毛裝　一冊

善 1150
弘治十一年河南鄉試錄一卷
明弘治刻本
九行行字不等小字雙行行字不等上下黑口四周雙邊　毛裝　一冊

善 1151
弘治十四年河南鄉試錄一卷
明弘治刻本
九行行字不等小字雙行行字不等上下黑口四周雙邊　包背裝　一冊

善 1152
正德二年河南鄉試錄一卷
明正德刻本

史部

九行行字不等小字雙行行字不等上下黑口四周雙邊　包背裝　一冊

善1153
正德八年河南鄉試錄一卷
　明正德刻本
　九行行字不等小字雙行行字不等上下黑口四周雙邊　散葉　一包

善1154
正德十四年河南鄉試錄一卷
　明正德刻本
　九行行字不等小字雙行行字不等上下黑口四周雙邊　散葉　一包

善1155
嘉靖元年河南鄉試錄一卷
　明嘉靖刻本
　九行行字不等小字雙行行字不等白口四周雙邊　包背裝　一冊

善1156
嘉靖七年河南鄉試錄一卷
　明嘉靖刻本
　九行行字不等小字雙行行字不等上下黑口四周雙邊　散葉　一包

善1157
嘉靖十三年河南鄉試錄一卷
　明嘉靖刻本
　九行行字不等小字雙行行字不等上下黑口四周雙邊　散葉　一冊

善1158
嘉靖十六年河南鄉試錄一卷
　明嘉靖刻本
　九行行字不等小字雙行行字不等上下黑口四周雙邊　散葉　一包

善1159
嘉靖十九年河南鄉試錄一卷
　明嘉靖刻本
　九行行字不等小字雙行行字不等上下黑口四周雙邊　包背裝　一冊

善1160
嘉靖二十二年河南鄉試錄一卷
　明嘉靖刻本
　九行行字不等小字雙行行字不等上下黑口四周雙邊　散葉　一包

善1161
嘉靖二十二年河南鄉試錄一卷
　明嘉靖刻本
　九行行字不等小字雙行行字不等上下黑口四周雙邊　包背裝　一冊

善1162
嘉靖二十五年河南鄉試錄一卷
　明嘉靖刻本
　九行行字不等小字雙行行字不等上下黑口四周雙邊　包背裝　一冊

善1163
嘉靖二十八年河南鄉試錄一卷
　明嘉靖刻本
　九行行字不等小字雙行行字不等上下黑口四周雙邊　包背裝　一冊

善1164
嘉靖三十一年河南鄉試錄一卷
　明嘉靖刻本
　九行行字不等小字雙行行字不等上下黑口四周雙邊　包背裝　一冊

善 1165
嘉靖三十四年河南鄉試錄一卷
　明嘉靖刻本
　九行行字不等小字雙行行字不等上下黑口四周雙邊　包背裝　一冊

善 1166
嘉靖三十七年河南鄉試錄一卷
　明嘉靖刻本
　九行行字不等小字雙行行字不等上下黑口四周雙邊　包背裝　一冊

善 1167
嘉靖四十三年河南鄉試一卷
　明嘉靖刻本
　九行行字不等小字雙行行字不等上下黑口四周雙邊　包背裝　一冊

善 1168
嘉靖四十三年河南鄉試一卷
　明嘉靖刻本
　九行行字不等小字雙行行字不等上下黑口四周雙邊　散葉　一包

善 1169
隆慶元年河南鄉試錄一卷
　明隆慶刻本
　九行行字不等小字雙行行字不等上下黑口四周雙邊　毛裝　一冊

善 1170
隆慶四年河南鄉試錄一卷
　明隆慶刻本
　九行行字不等小字雙行行字不等上下黑口四周雙邊　毛裝　一冊

善 1171

善 1171
萬曆元年河南鄉試錄一卷
　明萬曆刻本
　九行行字不等小字雙行行字不等上下黑口四周雙邊　散葉　一包

善 1172
萬曆四年河南鄉試錄一卷
　明萬曆刻本
　九行行字不等小字雙行行字不等上下黑口四周雙邊　毛裝　一冊

善 1173
國朝河南舉人名錄不分卷　（明）李濂輯
　明嘉靖刻本
　十二行二十二字小字雙行同白口四周單邊　散葉　四冊

善 1174
國朝河南舉人名錄不分卷　（明）李濂輯
　明嘉靖刻本
　十二行二十二字小字雙行同白口四周單邊　散葉　四包

陝西

善 1175
成化七年陝西鄉試錄一卷
　明成化刻本
　八行行字不等小字雙行行字不等上下黑口四周雙邊　包背裝　一冊

善 1176
成化十年陝西鄉試錄一卷
　明成化刻本
　九行行字不等小字雙行行字不等上

史部

　　下黑口四周雙邊　包背裝　一冊

善 1177

弘治八年陝西鄉試錄一卷
　明弘治刻本
　九行行字不等小字雙行行字不等上
　　下黑口四周雙邊　毛裝　一冊

善 1178

弘治十一年陝西鄉試錄一卷
　明弘治刻本
　九行行字不等小字雙行行字不等上
　　下黑口四周雙邊　包背裝　一冊

善 1179

弘治十七年陝西鄉試錄一卷
　明弘治刻本
　九行行字不等小字雙行行字不等上
　　下黑口四周雙邊　包背裝　一冊

善 1180

正德十一年陝西鄉試錄一卷
　明正德刻本
　九行行字不等小字雙行行字不等上
　　下黑口四周雙邊　包背裝　一冊

善 1181

嘉靖四年陝西鄉試錄一卷
　明嘉靖刻本
　九行行字不等小字雙行行字不等上
　　下黑口四周雙邊　包背裝　一冊

善 1182

嘉靖十六年陝西鄉試錄一卷
　明嘉靖刻本
　九行行字不等小字雙行行字不等上
　　下黑口四周雙邊　毛裝　一冊

善 1183

嘉靖二十八年陝西鄉試錄一卷
　明嘉靖刻本
　九行行字不等小字雙行行字不等上
　　下黑口四周雙邊　毛裝　一冊

善 1184

嘉靖三十一年陝西鄉試錄一卷
　明嘉靖刻本
　九行行字不等小字雙行行字不等上
　　下黑口四周雙邊　包背裝　一冊

善 1185

嘉靖三十七年陝西鄉試錄一卷
　明嘉靖刻本
　九行行字不等小字雙行行字不等上
　　下黑口四周雙邊　毛裝　一冊

善 1186

隆慶四年陝西鄉試錄一卷
　明隆慶刻本
　九行行字不等小字雙行行字不等上
　　下黑口四周雙邊　毛裝　一冊

善 1187

萬曆元年陝西鄉試錄一卷
　明萬曆刻本
　九行行字不等小字雙行行字不等上
　　下黑口四周雙邊　包背裝　一冊

善 1188

萬曆七年陝西鄉試錄一卷
　明萬曆刻本
　九行行字不等小字雙行行字不等上
　　下黑口四周雙邊　毛裝　一冊

善 1189

萬曆十年陝西鄉試錄一卷
　明萬曆刻本
　　九行行字不等小字雙行行字不等上下黑口四周雙邊　毛裝　一册

善1190
順治八年陝西鄉試序齒錄一卷
　清順治刻本
　　九行行字不等小字雙行行字不等白口四周單邊　散葉　一包

浙江

善1243
永樂十八年浙江鄉闈小錄一卷
　明抄本
　　八行行字不等小字雙行行字不等白口四周單邊無行格　毛裝　一册

善1244
天順六年浙江鄉試錄一卷
　明天順刻本
　　八行行字不等小字雙行行字不等白口四周單邊　毛裝　一册

善1245
成化七年浙江鄉試錄一卷
　明成化刻本
　　九行行字不等小字雙行行字不等白口四周單邊　散葉　一包

善1246
成化十年浙江鄉試錄一卷
　明成化刻本
　　八行行字不等小字雙行行字不等上下黑口四周雙邊　包背裝　一册

善1247
成化十三年浙江鄉試錄一卷
　明成化刻本
　　八行行字不等小字雙行行字不等上下黑口四周雙邊　包背裝　一册

善1248
成化十六年浙江鄉試錄一卷
　明成化刻本
　　九行行字不等小字雙行行字不等上下黑口四周單邊　包背裝　一册

善1249
成化十九年浙江鄉試錄一卷
　明抄本
　　九行行字不等小字雙行行字不等白口四周單邊　毛裝　一册

善1250
成化二十二年浙江鄉試錄一卷
　明成化刻本
　　九行行字不等小字雙行行字不等上下黑口四周雙邊　散葉　一册

善1251
正德五年浙江鄉試錄一卷
　明正德刻本
　　九行行字不等小字雙行行字不等上下黑口四周雙邊　包背裝　一册

善1252
正德八年浙江鄉試錄一卷
　明抄本
　　九行行字不等小字雙行行字不等白口左右雙邊　包背裝　一册

善1253

史部

嘉靖七年浙江鄉試錄一卷
　明嘉靖刻本
　九行行字不等小字雙行行字不等上下黑口四周雙邊　綫裝　二册

善1254
嘉靖七年浙江同年錄一卷
　明嘉靖刻本
　八行行字不等小字雙行行字不等白口左右單邊　包背裝　一册

善1255
嘉靖十三年浙江鄉試錄一卷
　明嘉靖刻本
　九行行字不等小字雙行行字不等上下黑口四周雙邊　包背裝　一册

善1256
嘉靖二十二年浙江鄉試錄一卷
　明嘉靖刻本
　九行行字不等小字雙行行字不等上下黑口四周雙邊　毛裝　一册

善1257
嘉靖二十八年浙江鄉試錄一卷
　明嘉靖刻本
　九行行字不等小字雙行行字不等上下黑口四周雙邊　毛裝　一册

善1258
嘉靖四十年浙江鄉試錄一卷
　明嘉靖刻本
　九行行字不等小字雙行行字不等上下黑口四周雙邊　毛裝　一册

善1259
隆慶四年浙江鄉試錄一卷
　明隆慶刻本
　九行行字不等小字雙行行字不等上下黑口四周雙邊　散葉　一册

善1260
萬曆元年浙江鄉試錄一卷
　明萬曆刻本
　九行行字不等小字雙行行字不等上下黑口四周雙邊　包背裝　一册

善1261
萬曆四年浙江鄉試錄一卷
　明萬曆刻本
　九行行字不等小字雙行行字不等上下黑口四周雙邊　毛裝　一册

善1262
萬曆七年浙江鄉試錄一卷
　明萬曆刻本
　九行行字不等小字雙行行字不等上下黑口四周雙邊　毛裝　一册

善1263
萬曆十年浙江鄉試錄一卷
　明萬曆刻本
　九行行字不等小字雙行行字不等上下黑口四周雙邊　毛裝　一册

善1264
康熙四十七年浙江鄉試錄一卷
　清康熙刻本
　九行十八字小字雙行行字不等上下黑口四周雙邊　綫裝　一册

善1126－2
順治三年丙戌科浙江鄉試書一房同門錄一卷

清初刻本
六行行字不等小字雙行行字不等白口四周單邊　包背裝　一册

江西

善 1202
天順三年江西鄉試錄一卷
　明天順刻本
　九行行字不等小字雙行行字不等上下黑口四周雙邊　毛裝　一册

善 1203
成化十年江西鄉試錄一卷
　明成化刻本
　九行行字不等小字雙行行字不等上下黑口四周雙邊　包背裝　一册

善 1204
成化十年江西鄉試錄一卷
　明成化刻本
　九行行字不等小字雙行行字不等上下黑口四周雙邊　散葉　一包

善 1205
成化十三年江西鄉試錄一卷
　明成化刻本
　九行行字不等小字雙行行字不等上下黑口四周雙邊　毛裝　一册

善 1206
弘治二年江西鄉試錄一卷
　明弘治刻本
　九行行字不等小字雙行行字不等上下黑口四周雙邊　散葉　一包

善 1207

善 1208
弘治五年江西鄉試錄一卷
　明弘治刻本
　九行行字不等小字雙行行字不等上下黑口四周雙邊　毛裝　一册

善 1208
弘治十四年江西鄉試錄一卷
　明弘治刻本
　九行行字不等小字雙行行字不等上下黑口四周雙邊　毛裝　一册

善 1209
正德二年江西鄉試錄一卷
　明正德刻本
　九行行字不等小字雙行行字不等上下黑口四周雙邊　散葉　一包

善 1210
正德十一年江西鄉試錄一卷
　明正德刻本
　九行行字不等小字雙行行字不等上下黑口四周雙邊　毛裝　一册

善 1211
嘉靖元年江西鄉試錄一卷
　明嘉靖刻本
　九行行字不等小字雙行行字不等上下黑口四周雙邊　散葉　一册

善 1212
嘉靖四年江西鄉試錄一卷
　明嘉靖刻本
　九行行字不等小字雙行行字不等上下黑口四周雙邊　毛裝　一册

善 1213
嘉靖七年江西鄉試錄一卷

史部

明嘉靖刻本
九行行字不等小字雙行行字不等上下黑口四周雙邊　包背裝　一冊

善 1214
嘉靖十三年江西鄉試録一卷
明嘉靖刻本
九行行字不等小字雙行行字不等上下黑口四周雙邊　毛裝　一冊

善 1215
嘉靖十六年江西鄉試録一卷
明嘉靖刻本
九行十八字小字雙行行字不等上下黑口四周雙邊　散葉　一包

善 1216
嘉靖十九年江西鄉試録一卷
明嘉靖刻本
九行行字不等小字雙行行字不等上下黑口四周雙邊　包背裝　一冊

善 1217
嘉靖二十二年江西鄉試録一卷
明嘉靖刻本
九行行字不等小字雙行行字不等上下黑口四周雙邊　包背裝　一冊

善 1218
嘉靖二十二年江西鄉試録一卷
明嘉靖刻本
九行行字不等小字雙行行字不等上下黑口四周雙邊　毛裝　一冊

善 1219
嘉靖二十五年江西鄉試録一卷
明嘉靖刻本
九行行字不等小字雙行行字不等上下黑口四周雙邊　包背裝　一冊

善 1220
嘉靖三十一年江西鄉試録一卷
明嘉靖刻本
九行行字不等小字雙行行字不等上下黑口四周雙邊　毛裝　一冊

善 1221
嘉靖四十年江西鄉試録一卷
明嘉靖刻本
九行行字不等小字雙行行字不等上下黑口四周雙邊　毛裝　一冊

善 1222
嘉靖四十三年江西鄉試録一卷
明嘉靖刻本
九行行字不等小字雙行行字不等上下黑口四周雙邊　毛裝　一冊

善 1223
嘉靖四十三年江西鄉試録一卷
明嘉靖刻本
九行行字不等小字雙行行字不等上下黑口四周雙邊　包背裝　一冊

善 1223－1
嘉靖四十三年江西鄉試録一卷
明嘉靖刻本
九行行字不等小字雙行行字不等上下黑口四周雙邊　包背裝　一冊

善 1224
隆慶四年江西鄉試録一卷
明隆慶刻本
九行行字不等小字雙行行字不等上

下黑口四周雙邊　毛裝　一冊

善 1225
萬曆四年江西鄉試錄一卷
　　明萬曆刻本
　　九行行字不等小字雙行行字不等上
　　下黑口四周雙邊　包背裝　一冊

善 1226
萬曆七年江西鄉試錄一卷
　　明萬曆刻本
　　九行行字不等小字雙行行字不等上
　　下黑口四周雙邊　毛裝　一冊

湖廣

善 1227
成化七年湖廣鄉試錄一卷
　　明成化刻本
　　八行行字不等小字雙行行字不等上
　　下黑口四周雙邊　散葉　一包

善 1228
成化十六年湖廣鄉試錄一卷
　　明成化刻本
　　九行行字不等小字雙行行字不等上
　　下黑口四周雙邊　包背裝　一包

善 1229
弘治五年湖廣鄉試錄一卷
　　明弘治刻本
　　九行行字不等小字雙行行字不等上
　　下黑口四周雙邊　散葉　一冊

善 1230
弘治十一年湖廣鄉試錄一卷
　　明弘治刻本

　　九行行字不等小字雙行行字不等上
　　下黑口四周雙邊　散葉　一冊

善 1231
正德十一年湖廣鄉試錄一卷
　　明正德刻本
　　九行行字不等小字雙行行字不等上
　　下黑口四周雙邊　包背裝　一冊

善 1232
正德十四年湖廣鄉試錄一卷
　　明正德刻本
　　九行行字不等小字雙行行字不等上
　　下黑口四周雙邊　包背裝　一冊

善 1233
嘉靖七年湖廣鄉試錄一卷
　　明嘉靖刻本
　　九行行字不等小字雙行行字不等上
　　下黑口四周雙邊　毛裝　一冊

善 1234
嘉靖十年湖廣鄉試錄一卷
　　明嘉靖刻本
　　九行行字不等小字雙行行字不等上
　　下黑口四周雙邊　毛裝　一冊

善 1235
嘉靖十九年湖廣鄉試錄一卷
　　明嘉靖刻本
　　九行行字不等小字雙行行字不等上
　　下黑口四周雙邊　散葉　一冊

善 1236
嘉靖二十二年湖廣鄉試錄一卷
　　明嘉靖刻本
　　九行行字不等小字雙行行字不等上

史部

　　下黑口四周雙邊　包背裝　一冊

善 1237
嘉靖二十二年湖廣鄉試録一卷
　明嘉靖刻本
　九行行字不等小字雙行行字不等上下黑口四周雙邊　包背裝　一冊

善 1238
嘉靖二十五年湖廣鄉試録一卷
　明嘉靖刻本
　九行行字不等小字雙行行字不等上下黑口四周雙邊　毛裝　一冊

善 1239
嘉靖三十一年湖廣鄉試録一卷
　明嘉靖刻本
　九行行字不等小字雙行行字不等上下黑口四周雙邊　毛裝　一冊

善 1240
嘉靖三十七年湖廣鄉試録一卷
　明嘉靖刻本
　九行行字不等小字雙行行字不等上下黑口四周雙邊　毛裝　一冊

善 1241
萬曆元年湖廣鄉試録一卷
　明萬曆刻本
　九行行字不等小字雙行行字不等上下黑口四周雙邊　毛裝　一冊

善 1242
萬曆十年湖廣鄉試録一卷
　明萬曆刻本
　九行行字不等小字雙行行字不等上下黑口四周雙邊　毛裝　一冊

四川

善 1191
成化元年四川鄉試録一卷
　明成化刻本
　八行行字不等小字雙行行字不等上下黑口四周雙邊　包背裝　一冊

善 1192
正德八年四川鄉試録一卷
　明正德刻本
　九行行字不等小字雙行行字不等上下黑口四周雙邊　毛裝　一冊

善 1193
嘉靖十六年四川鄉試録一卷
　明嘉靖刻本
　九行行字不等小字雙行行字不等上下黑口四周雙邊　毛裝　一冊

善 1194
嘉靖十九年四川鄉試録一卷
　明嘉靖刻本
　九行行字不等小字雙行行字不等上下黑口四周雙邊　毛裝　一冊

善 1195
嘉靖二十二年四川鄉試録一卷
　明嘉靖刻本
　九行行字不等小字雙行行字不等上下黑口四周雙邊　毛裝　一冊

善 1196
嘉靖二十五年四川鄉試録一卷
　明嘉靖刻本
　九行行字不等小字雙行行字不等上下黑口四周雙邊　毛裝　一冊

善 1197
隆慶四年四川鄉試錄一卷
　明隆慶刻本
　九行行字不等小字雙行行字不等上
　　下黑口四周雙邊　毛裝　一冊

善 1198
萬曆元年四川鄉試錄一卷
　明萬曆刻本
　九行行字不等小字雙行行字不等上
　　下黑口四周雙邊　散葉　一冊

善 1199
萬曆十年四川鄉試錄一卷
　明萬曆刻本
　九行行字不等小字雙行行字不等上
　　下黑口四周雙邊　毛裝　一冊

善 1200
康熙二十三年四川鄉試錄一卷
　清康熙刻本
　九行行字不等小字雙行行字不等白
　　口四周單邊　毛裝　一冊

善 1201
乾隆三十六年辛卯科四川鄉試題名錄一卷
　清乾隆刻本
　九行十八字小字雙行行字不等白口
　　四周雙邊　綫裝　一冊

福建

善 1265
永樂十二年福建鄉試錄一卷
　明抄本
　九行行字不等小字雙行行字不等上
　　下黑口四周雙邊　散葉　一包

善 1266
宣德元年福建鄉試錄一卷
　明抄本
　九行行字不等小字雙行行字不等上
　　下黑口四周雙邊　包背裝　一冊

善 1267
景泰四年福建鄉試錄一卷
　明抄本
　九行行字不等小字雙行行字不等上
　　下黑口四周雙邊　包背裝　一冊

善 1268
弘治八年福建鄉試錄一卷
　明弘治刻本
　九行行字不等小字雙行行字不等上
　　下黑口四周雙邊　散葉　一包

善 1269
弘治十一年福建鄉試錄一卷
　明弘治刻本
　九行行字不等小字雙行行字不等上
　　下黑口四周雙邊　散葉　一包

善 1270
弘治十四年福建鄉試錄一卷
　明弘治刻本
　九行行字不等小字雙行行字不等上
　　下黑口四周雙邊　包背裝　一冊

善 1271
正德五年福建鄉試錄一卷
　明正德刻本
　九行行字不等小字雙行行字不等上
　　下黑口四周雙邊　散葉　一包

史　部

善 1272
正德八年福建鄉試錄一卷
　明正德刻本
　九行行字不等小字雙行行字不等上
　　下黑口四周雙邊　包背裝　一冊

善 1273
正德十一年福建鄉試錄一卷
　明正德刻本
　九行行字不等小字雙行行字不等上
　　下黑口四周雙邊　散葉　一包

善 1274
嘉靖七年福建鄉試錄一卷
　明嘉靖刻本
　九行行字不等小字雙行行字不等上
　　下黑口四周雙邊　散葉　一包

善 1275
嘉靖七年福建鄉試錄一卷
　明嘉靖刻本
　九行行字不等小字雙行行字不等上
　　下黑口四周雙邊　包背裝　一冊

善 1275－1
嘉靖七年福建鄉試錄一卷
　明嘉靖刻本
　九行行字不等小字雙行行字不等上
　　下黑口四周雙邊　包背裝　一冊

善 1276
嘉靖十三年福建鄉試錄一卷
　明嘉靖刻本
　九行行字不等小字雙行行字不等上
　　下黑口四周雙邊　毛裝　一冊

善 1277
嘉靖十六年福建鄉試錄一卷
　明嘉靖刻本
　九行行字不等小字雙行行字不等上
　　下黑口四周雙邊　散葉　一包

善 1278
嘉靖二十五年福建鄉試錄一卷
　明嘉靖刻本
　九行行字不等小字雙行行字不等上
　　下黑口四周雙邊　毛裝　一冊

善 1279
嘉靖二十八年福建鄉試錄一卷
　明嘉靖刻本
　九行行字不等小字雙行行字不等上
　　下黑口四周雙邊　散葉　一包

善 1280
嘉靖三十一年福建鄉試錄一卷
　明嘉靖刻本
　九行行字不等小字雙行行字不等上
　　下黑口四周雙邊　包背裝　一冊

善 1281
嘉靖四十三年福建鄉試錄一卷
　明嘉靖刻本
　九行行字不等小字雙行行字不等上
　　下黑口四周雙邊　毛裝　一冊

善 1282
隆慶元年福建鄉試錄一卷
　明隆慶刻本
　九行行字不等小字雙行行字不等上
　　下黑口四周雙邊　包背裝　一冊

善 1283
隆慶四年福建鄉試錄一卷

明隆慶刻本
九行行字不等小字雙行行字不等上下黑口四周雙邊　包背裝　一冊

善 1284
萬曆元年福建鄉試錄一卷
明萬曆刻本
九行行字不等小字雙行行字不等上下黑口四周雙邊　包背裝　一冊

善 1285
萬曆四年福建鄉試錄一卷
明萬曆刻本
九行行字不等小字雙行行字不等上下黑口四周雙邊　包背裝　一冊

善 1286
萬曆七年福建鄉試錄一卷
明萬曆刻本
九行行字不等小字雙行行字不等上下黑口四周雙邊　毛裝　一冊

善 1287
萬曆七年福建鄉試錄一卷
明萬曆刻本
九行行字不等小字雙行行字不等上下黑口四周雙邊　毛裝　一冊

善 1288
萬曆十年福建鄉試錄一卷
明萬曆刻本
九行行字不等小字雙行行字不等上下黑口四周雙邊　毛裝　一冊

廣東

善 1289
成化四年廣東鄉試錄一卷
明成化刻本
八行行字不等小字雙行行字不等上下黑口四周雙邊　毛裝　一冊

善 1290
成化七年廣東鄉試錄一卷
明成化刻本
八行行字不等小字雙行行字不等上下黑口四周雙邊　包背裝　一冊

善 1291
成化十年廣東鄉試錄一卷
明成化刻本
八行行字不等小字雙行行字不等上下黑口四周雙邊　包背裝　一冊

善 1292
成化二十二年廣東鄉試錄一卷
明成化刻本
九行行字不等小字雙行行字不等上下黑口四周雙邊　包背裝　一冊

善 1293
弘治二年廣東鄉試錄一卷
明弘治刻本
九行行字不等小字雙行行字不等上下黑口四周雙邊　包背裝　一冊

善 1294
弘治八年廣東鄉試錄一卷
明弘治刻本
九行行字不等小字雙行行字不等上下黑口四周雙邊　散葉　一包

善 1295
正德二年廣東鄉試錄一卷

史　部

　　明正德刻本
　　　九行行字不等小字雙行行字不等上
　　　下黑口四周雙邊　包背裝　一册

善 1296
正德五年廣東鄉試録一卷
　　明正德刻本
　　　九行行字不等小字雙行行字不等上
　　　下黑口四周雙邊　毛裝　一册

善 1297
正德十四年廣東鄉試録一卷
　　明正德刻本
　　　九行行字不等小字雙行行字不等上
　　　下黑口四周雙邊　散葉　一包

善 1298
嘉靖十三年廣東鄉試録一卷
　　明嘉靖刻藍印本
　　　九行行字不等小字雙行行字不等上
　　　下黑口四周雙邊　毛裝　一册

善 1299
嘉靖十六年廣東鄉試録一卷
　　明嘉靖刻藍印本
　　　九行行字不等小字雙行行字不等上
　　　下黑口四周雙邊　毛裝　一册

善 1300
嘉靖十九年廣東鄉試録一卷
　　明嘉靖刻本
　　　九行行字不等小字雙行行字不等上
　　　下黑口四周雙邊　包背裝　一册

善 1301
嘉靖二十二年廣東鄉試録一卷
　　明嘉靖刻藍印本
　　　九行行字不等小字雙行行字不等上
　　　下黑口四周雙邊　毛裝　一册

善 1302
嘉靖二十五年廣東鄉試録一卷
　　明嘉靖刻本
　　　九行行字不等小字雙行行字不等上
　　　下黑口四周雙邊　包背裝　一册

善 1303
嘉靖二十八年廣東鄉試録一卷
　　明嘉靖刻本
　　　九行行字不等小字雙行行字不等上
　　　下黑口四周雙邊　包背裝　一册

善 1304
嘉靖三十一年廣東鄉試録一卷
　　明嘉靖刻本
　　　九行行字不等小字雙行行字不等上
　　　下黑口四周雙邊　包背裝　一册

善 1305
嘉靖四十年廣東鄉試録一卷
　　明嘉靖刻本
　　　九行行字不等小字雙行行字不等上
　　　下黑口四周雙邊　散葉　一包

善 1306
嘉靖四十三年廣東鄉試録一卷
　　明嘉靖刻藍印本
　　　九行行字不等小字雙行行字不等上
　　　下黑口四周雙邊　包背裝　一册

善 1307
隆慶四年廣東鄉試録一卷
　　明隆慶刻藍印本
　　　九行行字不等小字雙行行字不等上

下黑口四周雙邊　包背裝　一冊

善 1308

隆慶四年廣東鄉試錄一卷
　明隆慶刻藍印本
　九行行字不等小字雙行行字不等上
　下黑口四周雙邊　毛裝　一冊

善 1309

萬曆元年廣東鄉試錄一卷
　明萬曆刻藍印本
　九行行字不等小字雙行行字不等上
　下黑口四周雙邊　包背裝　一冊

善 1310

萬曆四年廣東鄉試錄一卷
　明萬曆刻本
　九行行字不等小字雙行行字不等上
　下黑口四周雙邊　毛裝　一冊

善 1311

萬曆七年廣東鄉試錄一卷
　明萬曆刻本
　九行行字不等小字雙行行字不等上
　下黑口四周雙邊　毛裝　一冊

善 1312

萬曆十年廣東鄉試錄一卷
　明萬曆刻本
　九行行字不等小字雙行行字不等上
　下黑口四周雙邊　毛裝　一冊

廣西

善 1313

弘治五年廣西鄉試錄一卷
　明弘治刻本
　九行行字不等小字雙行行字不等上
　下黑口四周雙邊　散葉　一包

善 1314

正德二年廣西鄉試錄一卷
　明正德刻本
　九行行字不等小字雙行行字不等上
　下黑口四周雙邊　包背裝　一冊

善 1315

正德八年廣西鄉試錄一卷
　明正德刻本
　九行行字不等小字雙行行字不等上
　下黑口四周雙邊　散葉　一包

善 1316

正德十四年廣西鄉試錄一卷
　明正德刻本
　九行行字不等小字雙行行字不等上
　下黑口四周雙邊　毛裝　一冊

善 1317

嘉靖十六年廣西鄉試錄一卷
　明嘉靖刻本
　九行行字不等小字雙行行字不等上
　下黑口四周雙邊　毛裝　一冊

善 1318

嘉靖二十八年廣西鄉試錄一卷
　明嘉靖刻本
　九行行字不等小字雙行行字不等上
　下黑口四周雙邊　毛裝　一冊

善 1319

嘉靖四十年廣西鄉試錄一卷
　明嘉靖刻本
　九行行字不等小字雙行行字不等上

史　部

下黑口四周雙邊　綫裝　一册

善 1320
嘉靖四十三年廣西鄉試錄一卷
　明嘉靖刻本
　九行行字不等小字雙行行字不等上下黑口四周雙邊　毛裝　一册

善 1321
隆慶四年廣西鄉試錄一卷
　明隆慶刻本
　九行行字不等小字雙行行字不等上下黑口四周雙邊　毛裝　一册

善 1322
萬曆元年廣西鄉試錄一卷
　明萬曆刻本
　九行行字不等小字雙行行字不等上下黑口四周雙邊　毛裝　一册

善 1323
萬曆元年廣西鄉試錄一卷
　明萬曆刻本
　九行行字不等小字雙行行字不等上下黑口四周雙邊　毛裝　一册

善 1324
萬曆四年廣西鄉試錄一卷
　明萬曆刻本
　九行行字不等小字雙行行字不等上下黑口四周雙邊　毛裝　一册

善 1325
萬曆七年廣西鄉試錄一卷
　明萬曆刻本
　九行行字不等小字雙行行字不等上下黑口四周雙邊　包背裝　一册

善 1326
萬曆十年廣西鄉試錄一卷
　明萬曆刻本
　九行行字不等小字雙行行字不等上下黑口四周雙邊　包背裝　一册

雲貴

善 1327
弘治十四年雲貴鄉試錄一卷
　明弘治刻本
　九行行字不等小字雙行行字不等上下黑口四周雙邊　散葉　一包

善 1328
正德二年雲貴鄉試錄一卷
　明正德刻本
　九行行字不等小字雙行行字不等上下黑口四周雙邊　包背裝　一册

善 1329
嘉靖元年雲貴鄉試錄一卷
　明嘉靖刻本
　九行行字不等小字雙行行字不等上下黑口四周雙邊　包背裝　一册

善 1330
嘉靖四年雲貴鄉試錄一卷
　明嘉靖刻本
　九行行字不等小字雙行行字不等上下黑口四周雙邊　毛裝　一册

善 1331
嘉靖十三年雲貴鄉試錄一卷
　明嘉靖刻本
　九行行字不等小字雙行行字不等上下黑口四周雙邊　包背裝　一册

雲南

善 1332
嘉靖十六年雲南鄉試錄一卷
　明嘉靖刻本
　九行行字不等小字雙行行字不等上
　　下黑口四周雙邊　散葉　一包

善 1333
嘉靖二十五年雲南鄉試錄一卷
　明嘉靖刻本
　九行行字不等小字雙行行字不等上
　　下黑口四周雙邊　散葉　一包

善 1334
嘉靖四十三年雲南鄉試錄一卷
　明嘉靖刻本
　九行行字不等小字雙行行字不等上
　　下黑口四周雙邊　散葉　一包

善 1335
嘉靖四十三年雲南鄉試錄一卷
　明嘉靖刻本
　九行行字不等小字雙行行字不等上
　　下黑口四周雙邊　散葉　一包

善 1336
萬曆四年雲南鄉試錄一卷
　明萬曆刻本
　九行行字不等小字雙行行字不等上
　　下黑口四周雙邊　散葉　一包

善 1337
萬曆十年雲南鄉試錄一卷
　明萬曆刻本
　九行行字不等小字雙行行字不等上
　　下黑口四周雙邊　散葉　一包

貴州

善 1338
嘉靖二十五年貴州鄉試錄一卷
　明嘉靖刻本
　九行行字不等小字雙行行字不等上
　　下黑口四周雙邊　毛裝　一冊

善 1339
嘉靖三十一年貴州鄉試錄一卷
　明嘉靖刻本
　九行行字不等小字雙行行字不等上
　　下黑口四周雙邊　毛裝　一冊

善 1340
嘉靖三十四年貴州鄉試錄一卷
　明嘉靖刻本
　九行行字不等小字雙行行字不等上
　　下黑口四周雙邊　毛裝　一冊

善 1341
嘉靖四十年貴州鄉試錄一卷
　明嘉靖刻本
　九行行字不等小字雙行行字不等上
　　下黑口四周雙邊　包背裝　一冊

善 1342
隆慶四年貴州鄉試錄一卷
　明隆慶刻本
　九行行字不等小字雙行行字不等上
　　下黑口四周雙邊　包背裝　一冊

善 1343
隆慶四年貴州鄉試錄一卷
　明隆慶刻本
　九行行字不等小字雙行行字不等上
　　下黑口四周雙邊　包背裝　一冊

史　部

善 1344
萬曆四年貴州鄉試錄一卷
　明隆慶刻本
　九行行字不等小字雙行行字不等上下黑口四周雙邊　毛裝　一冊

善 1345
萬曆十年貴州鄉試錄一卷
　明萬曆刻本
　九行行字不等小字雙行行字不等上下黑口四周雙邊　毛裝　一冊

武舉錄

善 1346
嘉靖二十三年武舉錄一卷
　明嘉靖刻本
　九行行字不等小字雙行行字不等上下黑口四周雙邊　毛裝　一冊

善 1347
嘉靖二十六年武舉錄一卷
　明嘉靖刻本
　九行行字不等小字雙行行字不等上下黑口四周雙邊　包背裝　一冊

善 1348
嘉靖二十九年武舉錄一卷
　明嘉靖刻本
　九行行字不等小字雙行行字不等上下黑口四周雙邊　散葉　一冊

善 1349
嘉靖三十二年武舉錄一卷
　明嘉靖刻本
　九行行字不等小字雙行行字不等上下黑口四周雙邊　包背裝　一冊

善 1350
嘉靖三十二年武舉錄一卷
　明嘉靖刻本
　九行行字不等小字雙行行字不等上下黑口四周雙邊　毛裝　一冊

善 1351
嘉靖三十五年武舉錄一卷
　明嘉靖刻本
　九行行字不等小字雙行行字不等上下黑口四周雙邊　散葉　一包

善 1352
嘉靖三十五年武舉錄一卷
　明嘉靖刻本
　九行行字不等小字雙行行字不等上下黑口四周雙邊　包背裝　一冊

善 1353
嘉靖三十八年武舉錄一卷
　明嘉靖刻本
　九行行字不等小字雙行行字不等上下黑口四周雙邊　毛裝　一冊

善 1354
嘉靖三十八年武舉錄一卷
　明嘉靖刻本
　九行行字不等小字雙行行字不等上下黑口四周雙邊　包背裝　一冊

善 1355
嘉靖四十一年武舉錄一卷
　明嘉靖刻本
　九行行字不等小字雙行行字不等上下黑口四周雙邊　毛裝　一冊

善 1356
嘉靖四十一年武舉錄一卷
　明嘉靖刻本
　九行行字不等小字雙行行字不等上
　　下黑口四周雙邊　散葉　一包

善 1357
隆慶五年武舉錄一卷
　明隆慶刻本
　九行行字不等小字雙行行字不等上
　　下黑口四周雙邊　散葉　一包

善 1358
萬曆二年武舉錄一卷
　明萬曆刻本
　九行行字不等小字雙行行字不等上
　　下黑口四周雙邊　散葉　一包

善 1359
萬曆八年武舉錄一卷
　明萬曆刻本
　九行行字不等小字雙行行字不等上
　　下黑口四周雙邊　散葉　一包

善 1360
萬曆十一年武舉錄一卷
　明萬曆刻本
　九行行字不等小字雙行行字不等上
　　下黑口四周雙邊　散葉　一包

善 1362
嘉靖二十八年江南武舉鄉試錄一卷
　明嘉靖刻本
　九行行字不等小字雙行行字不等上
　　下黑口四周雙邊　包背裝　一冊

善 1361

萬曆十年應天武舉鄉試錄一卷
　明萬曆刻藍印本
　九行行字不等小字雙行行字不等上
　　下黑口四周雙邊　毛裝　一冊

善 1363
萬曆十年江北武舉鄉試錄一卷
　明萬曆刻藍印本
　九行行字不等小字雙行行字不等白
　　口四周雙邊　散葉　一包

善 1364
嘉靖四十年浙江武舉鄉試錄一卷
　明嘉靖刻本
　八行行字不等小字雙行行字不等上
　　下黑口四周雙邊　包背裝　一冊

善 1365
萬曆元年浙江武舉鄉試錄一卷
　明萬曆刻本
　九行行字不等小字雙行行字不等上
　　下黑口四周雙邊　包背裝　一冊

善 1366
嘉靖三十四年福建武舉鄉試錄一卷
　明嘉靖刻本
　九行行字不等小字雙行行字不等上
　　下黑口四周雙邊　包背裝　一冊

善 1367
隆慶四年廣東武舉鄉試錄一卷
　明隆慶刻本
　九行行字不等小字雙行行字不等上
　　下黑口四周雙邊　包背裝　一冊

善 1368
隆慶四年貴州武舉鄉試錄一卷

史　部

職官錄

明隆慶刻本
九行行字不等小字雙行行字不等上下黑口四周雙邊　包背裝　一册

善 1369
明六部尚書侍郎題名錄一卷
　明嘉靖十四年刻本
　　十行行字不等白口四周雙邊　包背裝　一册

善 1370
國朝列卿年表一百三十九卷　（明）雷禮撰
　明查志隆刻本　朱鼎煦跋
　　九行二十字小字雙行同白口左右雙邊　綫裝　一册
　　存十三卷：十四至二十六

善 1373
清康熙三十□年縉紳錄不分卷
　清康熙刻本
　　十三行行字不等小字雙行行字行字不等上下黑口左右單邊　散葉　一册

善 5053
浙江一省儒學衙門教官名錄不分卷
　清抄本
　　六行行字不等小字雙行行字不等無版框　毛裝　一册

史抄類

善 1376
十七史詳節二百七十四卷　（宋）吕祖謙輯
　明正德十一年劉弘毅慎獨齋刻本
　　十三行二十六字小字雙行同上下黑口四周雙邊　綫裝　五册
　　存二種二十一卷：
　　　東萊先生西漢詳節三十卷（存十一卷：一至二、二十二至三十）
　　　東萊先生五代史詳節十卷

善 1400
十七史詳節二百七十三卷　（宋）吕祖謙輯
　明嘉靖四十五年至隆慶四年陝西布政司刻本
　　十行二十二字小字雙行同白口四周單邊　綫裝　一册
　　存一種四卷：
　　　東萊先生西漢詳節三十卷（存四卷：三至六）

善 1378
標題事義明解十九史略大全十卷　（元）曾先之撰　（明）梁寅輯
　明弘治六年廣德書堂刻本
　　十三行二十六字小字雙行同上下黑口四周雙邊　毛裝　二册
　　存六卷：二至四、八至十

善 1379
標題事義明解十九史略大全十卷首一卷
　（元）曾先之撰　（明）梁寅輯　（明）陳

殷音釋　（明）王逢標題　（明）李紀增校

明嘉靖二十二年懷德書堂刻本

十二行二十五字小字雙行同白口四周雙邊　毛裝　二冊

存六卷：二至五、九至十

善1377

標題詳注十九史音義明解十卷　（元）曾先之撰　（明）梁寅輯　（明）陳殷音釋　（明）吳忠音義

明成化七年書林熊氏中和書堂刻本　朱鼎煦跋

十一行二十字小字雙行同上下黑口四周雙邊　毛裝　二冊

存四卷：二至三、九至十

善1380

標題事義十九史畧明解十卷　（元）曾先之撰　（明）梁寅輯　（明）陳殷音釋　（明）王逢點校　（明）吳忠音義

明建陽刻本

十一行二十字小字雙行同上下黑口四周雙邊　毛裝　一冊

存一卷：一

善1394

讀史備忘八卷　（明）范理撰

明刻本

九行二十三字小字雙行同上下黑口四周雙邊　毛裝　二冊

存四卷：五至八

善1388

諸史品節四十卷　（明）陳深輯

明刻本

九行二十字小字雙行同白口四周單邊　綫裝　一冊

存四卷：三十七至四十

善1389

歷代史纂左編一百四十二卷　（明）唐順之輯

明嘉靖四十年胡宗憲刻本

十行二十字小字雙行同白口四周單邊　綫裝　四十八冊

存六十六卷：一至六十三、六十六至六十八

善1390

歷代史纂左編一百四十二卷　（明）唐順之輯

明嘉靖四十年胡宗憲刻本

十行二十字小字雙行同白口四周單邊　綫裝　一冊

存二卷：九十五至九十六

善1391

歷代史纂左編一百四十二卷　（明）唐順之輯

明嘉靖四十年胡宗憲刻本

十行二十字小字雙行同白口四周單邊　綫裝　二十六冊

存七十七卷：十八至二十、三十二至五十二、五十七至六十一、六十五至六十七、七十一至一百七、一百十一至一百十二、一百十九至一百二十四

善1392

歷代史纂左編一百四十二卷　（明）唐順之輯

明嘉靖四十年胡宗憲刻本

十行二十字小字雙行同白口四周單

史部

　　邊　綫裝　十八冊
　　存二十一卷：十六、二十至二十二、三十、三十九、四十五、四十九至五十、五十四至五十五、五十九至六十、六十二、七十一、九十五、一百二至一百三、一百二十一、一百二十五、一百三十三

善 1393
歷代史纂左編一百四十二卷　（明）唐順之輯
　　明嘉靖四十年胡宗憲刻本
　　十行二十字小字雙行同白口四周單邊　綫裝　二冊
　　存二卷：四十九至五十

善 3084
竹香齋類書三十七卷　（明）張墉輯
　　明崇禎刻本
　　九行二十字小字雙行同白口四周單邊　綫裝　八冊

馮善 1386
南朝語三卷　（清）李文胤撰　（清）張超宗錄
　　清張超宗涵碧樓抄本
　　十行二十六字小字雙行同白口四周雙邊　綫裝　二冊
　　存二卷：一、三

善 1381
通鑑總類二十卷　（宋）沈樞輯
　　明成化十六年司禮監錢氏刻本
　　十一行二十三字上下黑口四周雙邊　綫裝　十九冊
　　存十九卷：一至八、十至二十

善 1396
見山錄二卷　題（清）葑湖對齋輯
　　稿本
　　九行三十字小字雙行行字不等無版框　毛裝　二冊

馮善 0955
史記纂不分卷　（明）凌稚隆輯
　　明萬曆刻本
　　九行二十字小字雙行同白口左右雙邊　綫裝　十冊

善 1399
東萊呂氏西漢精華十四卷　（宋）呂祖謙輯
　　明抄本　清沈德壽跋
　　十行行字不等小字雙行行字不等無版框　綫裝　二冊

善 1398
兩漢博聞十二卷　（宋）楊侃撰
　　明嘉靖三十七年黃魯曾刻本
　　八行十六字小字雙行同白口左右雙邊　綫裝　二冊
　　存二卷：十一至十二

善 1397
兩漢博聞十二卷　（宋）楊侃撰
　　明嘉靖三十七年黃魯曾刻本
　　八行十六字小字雙行同白口左右雙邊　綫裝　十冊

馮善 0959
荊川先生批點精選漢書六卷　（明）唐順之輯
　　明刻本
　　十行二十二字下黑口四周單邊　綫

裝　四冊

善 1402
漢書雋不分卷　（明）陳許廷輯并評
　明刻本
　　九行二十字小字雙行同白口四周單邊無格　綫裝　一冊

善 1384
三史文類五卷　（明）趙文華輯
　明嘉靖十六年刻本
　　九行十八字白口四周雙邊　綫裝　四冊
　　存四卷：一至三、五

善 3963
新鍥名家纂定註解兩漢評林三卷　（明）吳默輯　（明）湯賓尹選　（明）郭偉補注
　明刻本
　　十一行二十四字小字雙行同白口四周雙邊　毛裝　一冊
　　存二卷：二至三

善 0523
晉書鈎玄二卷　（明）錢普撰
　明萬曆六年刻本
　　九行二十一字白口左右雙邊　綫裝　二冊

善 1385
南史識小錄八卷北史識小錄八卷　（清）沈名蓀　朱昆田撰
　稿本　清吳焯跋
　　九行二十六字小字雙行同無格　綫裝　二冊

馮善 1387
歐陽文忠公新唐書抄二卷五代史抄二十卷　（明）茅坤輯并評
　明萬曆七年茅一桂刻本
　　九行十九字小字雙行同白口左右雙邊　綫裝　五冊

善 1405
元史節要二卷　（明）張美和輯
　明初刻本
　　十四行二十四字上下黑口四周雙邊　綫裝　二冊

馮善 0737
兩晉南北合纂四十卷　（明）錢岱輯
　明萬曆刻本
　　十行二十字小字雙行行字不等白口四周單邊　綫裝　六冊
　　存十六卷：晉書纂一至十六

時令類

善 3018
歲華紀麗四卷　（唐）韓鄂撰
　明刻本
　　九行十八字小字雙行同白口左右雙邊　綫裝　一冊

善 1597
歲時廣記四十卷首一卷末一卷　（宋）陳元靚撰
　清抄本
　　十二行二十二字小字雙行同白口四周單邊　綫裝　四冊
　　存四十一卷：一至四、六至四十,首,末

史　部

善 3134
日涉編十二卷　（明）陳堦輯
　　明萬曆三十九年徐養量刻本
　　九行十九字小字雙行同白口四周單邊　綫裝　三冊
　　存三卷：三、五、七

善 1598
日涉編十二卷　（明）陳堦輯
　　明萬曆三十九年徐養量刻本
　　九行十九字小字雙行同白口四周單邊　綫裝　五冊
　　存四卷：一、四至五、七

地理類

總志

善 1599
元和郡縣圖志四十卷　（唐）李吉甫纂修
　　明抄本
　　十行二十字小字雙行同白口四周單邊　綫裝　四冊
　　存八卷：一至二、二十一至二十二、二十五至二十六、二十九至三十

善 1600
太平寰宇記二百卷目録二卷　（宋）樂史撰
　　清抄本（卷四、一百十三至一百十九配清陳蘭森抄本）
　　十三行十九字無版框　綫裝　三十二冊

善 1604
輿地畧一卷　（明）蔡汝楠撰
　　明嘉靖白石精舍刻本
　　十行二十字小字雙行同白口四周單邊　綫裝　一冊

善 1603
皇輿考十二卷　（明）張天復撰
　　明嘉靖三十六年刻本
　　十行二十四字小字雙行同白口四周單邊　綫裝　一冊
　　存十卷：一至十

善 1605
廣輿記二十四卷　（明）陸應陽撰
　　明刻本
　　九行二十字小字雙行同白口四周單邊　綫裝　九冊
　　存十八卷：一、四至五、八至九、十二至二十四

善 1606
廣輿記二十四卷　（明）陸應陽撰
　　明萬曆刻本
　　十行十九字小字雙行同白口左右雙邊　綫裝　四冊

善 1607
廣輿記二十四卷　（明）陸應陽撰（清）蔡方炳增輯
　　清康熙二十五年刻本
　　十行十九字小字雙行同白口四周單邊　綫裝　十冊

善 1608
皇輿表十六卷　（清）喇沙里等纂修（清）揆叙等增修

清康熙内府刻本
九行十八字小字雙行同白口四周單邊　綫裝　二十四册

方志

善 1609

[隆慶]昌平州志八卷　（明）崔學履纂修
明隆慶刻本
十行二十一字小字雙行同白口左右雙邊　毛裝　三册
存六卷：三至八

善 1623

[正德]涿州志十二卷　（明）劉坦　鄭恢纂修
明正德刻嘉靖增修本
八行二十字小字雙行同白口左右雙邊　毛裝　三册
存八卷：五至十二

善 1621

[嘉靖]霸州志九卷　（明）唐交　高濬等纂修
明嘉靖刻本
九行二十字小字雙行同白口四周單邊　包背裝　三册

善 1614

[嘉靖]薊州志十八卷　（明）熊相纂修
明嘉靖刻本
九行二十一字小字雙行同白口四周單邊　毛裝　一册
存四卷：一至四

善 1622

[成化]重修保定志二十五卷　（明）章律　張才纂修　（明）徐珪重編
明弘治刻本
九行二十字小字雙行同上下黑口四周雙邊　包背裝　四册

善 1628

[嘉靖]清苑縣志六卷　（明）李廷寶纂修
明嘉靖刻本
九行二十字小字雙行同下黑口四周雙邊　綫裝　二册

善 1624

[嘉靖]蠡縣志五卷　（明）李復初纂修
明嘉靖刻本
九行二十字小字雙行同白口四周單邊　綫裝　二册

善 1627

[嘉靖]雄乘二卷　（明）王齊纂修
明嘉靖刻本
十一行二十三字小字雙行同白口四周單邊　綫裝　二册

善 1619

[弘治]永平府志十卷　（明）吳傑　張廷綱纂修
明弘治刻本
九行二十字小字雙行同上下黑口四周雙邊　包背裝　二册

善 1620

[嘉靖]灤志□□卷　（明）陳士元纂修
明嘉靖二十七年刻本
九行二十四字小字雙行同白口四周

史　部

雙邊　毛裝　三册
存四卷:二至五

善 1629
[嘉靖]河間府志二十八卷　（明）郜相
樊深纂修
明嘉靖刻本
九行二十一字小字雙行同上下黑口
四周單邊　包背裝　六册

善 1617
[嘉靖]獲鹿縣志十二卷　（明）趙惟勤
纂修
明嘉靖刻本
八行二十字小字雙行同白口四周單
邊　毛裝　三册
存十一卷:二至十二

善 1618
[嘉靖]平山縣續録志□□卷　（明）仇
天民纂修
明嘉靖刻本
九行二十二字白口四周單邊　毛裝
一册
存二卷:四至五

善 1637
[嘉靖]順德志三十五卷　（明）孫錦
高澤纂修
明嘉靖刻本
九行二十字小字雙行同白口四周單
邊　毛裝　六册
存二十六卷:十至三十五

善 1630
[嘉靖]廣平府志十六卷　（明）翁相　陳
棐纂修

明嘉靖刻藍印本
十行二十五字小字雙行同白口四周
單邊　包背裝　四册

善 1638
[嘉靖]威縣志八卷　（明）胡容　王組
纂修
明嘉靖王組刻本
九行二十四字小字雙行同白口四周
雙邊　毛裝　二册

善 1634
[嘉靖]磁州誌四卷　（明）周文龍　孫
紹等纂修
明嘉靖刻本
九行二十一字小字雙行同上下黑口
四周雙邊　包背裝　三册

善 1631
[正德]大名府志十卷　（明）唐錦纂修
明正德刻本
九行十八字小字雙行同上下黑口四
周雙邊　包背裝　四册

善 1873
[嘉靖]開州志十卷　（明）孫巨鯨　王
崇慶纂修
明嘉靖刻本
十行十九字小字雙行同白口四周雙
邊　包背裝　二册

善 1874
[嘉靖]開州志十卷　（明）孫巨鯨　王
崇慶纂修
明嘉靖刻本
十行十九字小字雙行同白口四周雙
邊　包背裝　二册

善 1875

[正德]長垣縣志九卷　（明）劉芳等纂修

明嘉靖刻本

九行二十字小字雙行同白口四周雙邊　包背裝　二冊

善 1610

[嘉靖]隆慶志十卷附錄一卷　（明）謝庭桂纂修　（明）蘇乾續修

明嘉靖二十七年刻本

九行二十一字小字雙行同上下黑口四周雙邊　包背裝　三冊

善 1626

[弘治]易州志二十卷　（明）戴銑纂修

明弘治刻本

十行二十字小字雙行二十二字白口左右雙邊　包背裝　四冊

善 1615

[弘治]趙州志八卷　（明）程遵　陳紀纂修

明正德刻本

九行十九字上下黑口四周雙邊　毛裝　三冊

善 1616

[隆慶]趙州志十卷　（明）蔡懋昭纂修

明隆慶刻本

十一行二十四字小字雙行同白口四周單邊　包背裝　四冊

善 1625

[嘉靖]定州志四卷　（明）倪璣　劉堪纂修

明嘉靖刻本

九行二十字小字雙行同白口左右雙邊　包背裝　三冊

存三卷：二至四

善 1675

[嘉靖]南畿志六十四卷　（明）聞人詮　陳沂纂修

明嘉靖刻本

九行十九字小字雙行同白口左右雙邊　包背裝　五冊

存十六卷：十二至二十七

善 1676

[康熙]江寧府志三十四卷　（清）陳開虞纂修

清康熙七年刻本　朱鼎煦跋

十行二十一字小字雙行同下黑口左右雙邊　綫裝　六冊

存十四卷：一至十四

善 1711

[弘治]句容縣志十二卷　（明）王僖　程文纂修

明弘治刻本

十行二十三字上下黑口四周雙邊　包背裝　四冊

善 1677

[萬曆]江浦縣志十二卷　（明）沈孟化　張夢柏等纂修

明萬曆刻本

九行二十字小字雙行同白口四周雙邊　包背裝　三冊

存九卷：一至五、九至十二

善 1678

[嘉靖]六合縣志八卷　（明）黃紹文

史部

纂修
明嘉靖刻本
九行二十字小字雙行同白口四周雙邊　綫裝　三册

善 1710
[嘉靖]高淳縣志四卷　（明）劉啓東
　　賈宗魯　俞概纂修
明嘉靖刻本
九行十七字小字雙行同白口四周單邊　綫裝　二册

善 1679
[元豐]吳郡圖經續記三卷　（宋）朱長文纂修
明萬曆二年龍宗武刻本
九行十八字小字雙行同白口左右雙邊　包背裝　二册

善 1680
[正德]姑蘇志六十卷　（明）林世遠　王鏊等纂修
明正德刻嘉靖增修本
十行二十字小字雙行同白口左右雙邊　綫裝　二十册

善 1681
[正德]姑蘇志六十卷　（明）林世遠　王鏊等纂修
明正德刻嘉靖增修本
十行二十字小字雙行同白口左右雙邊　綫裝　七册
存十八卷：十至十二、二十六至三十二、三十五至四十、五十至五十一

善 1682
[嘉靖]吳邑志十六卷　（明）蘇祐　楊循吉纂修　圖說一卷　（明）曹自守撰
明嘉靖刻本
十行十八字小字雙行同白口左右雙邊　散葉　二百十七葉

善 1683
[崇禎]吳縣志五十四卷　（明）牛若麟　王煥如纂修
明崇禎刻本
九行二十三字白口左右雙邊　毛裝　二十册

善 1684
[隆慶]長洲縣志十四卷　（明）張德夫　皇甫汸纂修
明隆慶刻本
十行十八字小字雙行同白口左右雙邊　毛裝　六册

善 1685
[嘉靖]崑山縣志十六卷　（明）楊逢春　方鵬纂修
明嘉靖刻本
八行十七字小字雙行同白口左右雙邊　綫裝　四册

善 1611
[正德]松江府志三十二卷　（明）陳威　顧清修纂
明正德刻本
九行二十二字小字雙行同白口左右雙邊　毛裝　八册

善 1612
[弘治]上海志八卷　（明）郭經　唐錦纂修

明弘治刻本
九行十七至十九字小字雙行十八字
白口左右雙邊　包背裝　二冊

善1712
[成化]重修毗陵志四十卷　（明）孫仁
朱昱纂修
明成化刻本
九行二十字小字雙行同上下黑口四
周雙邊　綫裝　十一冊

善1713
[正德]常州府志續集八卷　（明）張愷
纂修
明正德刻本
九行二十字上下黑口四周雙邊　綫
裝　十一冊

善1714
[康熙]武進縣志四十四卷　（清）陳玉
璂纂修
清康熙刻本
十行二十二字小字雙行同白口左右
雙邊　綫裝　九冊
存二十五卷：四至七、九至十、十三至
二十、三十一至三十三、三十七至
四十四

善1687
[萬曆]無錫縣志二十四卷　（明）周邦
傑　秦梁纂修
明萬曆刻本
九行二十字小字雙行同白口四周雙
邊　包背裝　二冊
存十二卷：十三至二十四

善1688

[嘉靖]江陰縣志二十一卷　（明）趙錦
張袞纂修
明嘉靖刻本
九行十九字小字雙行同白口左右雙
邊　毛裝　六冊

善1689
[嘉靖]江陰縣志二十一卷　（明）趙錦
張袞纂修
明嘉靖刻本
九行十九字小字雙行同白口左右雙
邊　包背裝　六冊

善1707
[萬曆]丹徒縣志四卷　（明）何世學纂
修
明萬曆刻本
十行二十字小字雙行同白口四周雙
邊　綫裝　二冊

善1708
[萬曆]丹徒縣志四卷　（明）何世學纂
修
明萬曆刻本
十行二十字小字雙行同白口四周雙
邊　包背裝　二冊

善1709
[康熙]金壇縣志十六卷　（清）郭毓秀
纂修
清康熙刻本
十行二十一字小字雙行同白口四周
雙邊　綫裝　三冊
存十一卷：一至三、九至十六

善1700
[萬曆]淮安府志二十卷　（明）陳文燭

史　部

郭大綸纂修
明萬曆刻本
十行二十字小字雙行同白口左右雙邊　綫裝　四册

善1690
[嘉靖]惟揚志三十八卷　（明）朱懷幹
盛儀等纂修
明嘉靖刻本
十行二十字小字雙行同白口左右雙邊　包背裝　七册
存十八卷：一至三、七至十二、十八至二十二、三十二至三十三、三十七至三十八

善1691
[隆慶]儀真縣志十四卷　（明）申嘉瑞
李文等纂修
明隆慶刻本
九行十九字小字雙行同白口左右雙邊　包背裝　四册

善1692
[隆慶]儀真縣志十四卷　（明）申嘉瑞
李文等纂修
明隆慶刻本
九行十九字小字雙行同白口左右雙邊　包背裝　三册
存十一卷：四至十四

善1693
[嘉靖]寶應縣志略四卷　（明）宋佐
聞人詮纂修
明嘉靖刻本
九行二十二字小字雙行同白口左右雙邊　包背裝　二册

善1694
[隆慶]寶應縣志十卷　（明）湯一賢纂修
明隆慶刻本
十行二十一字小字雙行同白口左右雙邊　綫裝　四册

善1702
[嘉靖]沛縣志十卷　（明）王治　馬偉等纂修
明嘉靖刻本
九行二十字小字雙行同上下黑口四周雙邊　包背裝　三册

善1703
[嘉靖]重修邳州志十卷　（明）楊輔纂修
明嘉靖刻本
十行十八字小字雙行行字不等上下黑口四周雙邊　綫裝　三册
存八卷：一至八

善1704
[嘉慶]邳州志十八卷首一卷　（清）丁觀堂　陳燮纂修
清嘉慶十八年刻本
九行二十二字小字雙行同白口四周雙邊　綫裝　四册

善1701
[萬曆]宿遷縣志八卷　（明）喻文偉　何儀等纂修
明萬曆刻本
十行二十二字小字雙行同白口四周雙邊　毛裝　二册

善1686

[嘉靖]太倉州志十卷 （明）周士佐 張寅纂修
明崇禎二年劉彥心刻本
十行二十字小字雙行同上下黑口左右雙邊 包背裝 六冊

善1613
[萬曆]嘉定縣志二十二卷 （明）韓浚 張應武等纂修
明萬曆刻本 朱鼎煦跋
九行十八字小字雙行同白口左右雙邊 綫裝 三冊
存二卷：五至六

善1705
[隆慶]海州志十卷 （明）張峰 鄭復亨纂修
明隆慶刻本
十行二十字小字雙行同白口左右雙邊 包背裝 四冊

善1706
[萬曆]贛榆縣志□□卷 （明）樊兆程 唐時熙等纂修
明萬曆刻本 朱鼎煦跋
九行二十字白口四周雙邊 綫裝 三冊
存一卷：五

善1695
[嘉靖]通州志六卷 （明）鍾汪 顧磐 林穎等纂修
明嘉靖刻本
九行二十字小字雙行同白口四周單邊 綫裝 二冊

善1696

[萬曆]通州志八卷 （明）林雲程 沈明臣纂修
明萬曆刻本
九行十九字小字雙行同白口左右雙邊 包背裝 四冊

善1697
[萬曆]通州志八卷 （明）林雲程 沈明臣纂修
明萬曆刻本 朱鼎煦跋
九行十九字小字雙行同白口左右雙邊 綫裝 三冊
存二卷：五至六

善1699
[嘉靖]重修如皋縣志十卷 （明）謝紹祖纂修
明嘉靖刻本
十行二十字小字雙行同白口四周雙邊 毛裝 三冊

善1698
[嘉靖]海門縣志集六卷 （明）吳宗元 崔桐纂修
明嘉靖刻萬曆增補本
八行二十字白口四周單邊 包背裝 二冊

善1788
[正德]安慶府志三十一卷 （明）胡纘宗纂修
明嘉靖刻本
八行十八字小字雙行同白口四周單邊 包背裝 七冊
存二十五卷：七至三十一

善1789

史　部

[嘉靖]安慶府志三十一卷　（明）李遜
　　纂修
　　明嘉靖刻本
　　八行二十字小字雙行同白口左右雙
　　　邊　綫裝　六册
　　存十九卷：一至十九

善1778
[弘治]徽州府志十二卷　（明）彭澤
　　汪舜民纂修
　　明弘治刻本
　　九行二十二字小字雙行同上下黑口
　　　四周雙邊　包背裝　六册

善1779
[弘治]徽州府志十二卷　（明）彭澤
　　汪舜民纂修
　　明弘治刻本
　　九行二十三字小字雙行同上下黑口
　　　四周雙邊　綫裝　一册
　　存二卷：一至二

善1780
[嘉靖]寧國府志十卷　（明）黎晨　李
　　默等纂修
　　明嘉靖刻本
　　九行十九字小字雙行同白口左右雙
　　　邊　包背裝　四册

善1781
[嘉靖]寧國府志十卷　（明）黎晨　李
　　默等纂修
　　明嘉靖刻本
　　九行十九字小字雙行同白口左右雙
　　　邊　毛裝　一册
　　存四卷：一至四

善1776
[嘉靖]涇縣志十一卷　（明）王廷幹纂
　　修
　　明嘉靖刻本
　　九行二十字小字雙行同白口四周單
　　　邊　毛裝　二册

善1777
[嘉靖]涇縣志十二卷　（明）王廷幹纂
　　修　（明）劉諫　楊介續修
　　明嘉靖刻本
　　九行二十字小字雙行同白口四周單
　　　邊　毛裝　四册

善1782
[嘉靖]寧國縣志四卷　（明）范鎬纂修
　　明嘉靖刻本
　　九行二十二字小字雙行同白口四周
　　　單邊　毛裝　四册

善1785
[萬曆]太平縣志十卷　（明）張廷榜
　　甕秉忠纂修
　　明萬曆刻本
　　十行二十字小字雙行同白口左右雙
　　　邊　毛裝　一册
　　存四卷：七至十

善1783
[嘉靖]池州府志九卷　（明）王崇纂修
　　明嘉靖刻本
　　十行十九字小字雙行同白口四周雙
　　　邊　綫裝　四册

善1784
[康熙]杏花邨志十二卷　（清）郎遂纂
　　修

清康熙二十四年聚星樓刻本
九行二十二字白口四周雙邊　綫裝四册

善 1768
[嘉靖]銅陵縣志八卷　（明）李士元沈梅纂修
明嘉靖刻本
九行十八字小字雙行同白口四周雙邊　包背裝　一册
存七卷：一至七

善 1786
[萬曆]東流縣志十二卷　（明）汪文陳春纂修
明萬曆刻本
十行二十字小字雙行同白口四周單邊　綫裝　二册
存七卷：一至三、九至十二

善 1787
[萬曆]東流縣志十二卷　（明）汪文陳春纂修
明萬曆刻本
十行二十字小字雙行同白口四周單邊　綫裝　三册
存十卷：一至三、六至十二

善 1772
[弘治]中都縣志十卷　（明）柳英纂修
明天順二年至成化二十三年修弘治元年刻隆慶、萬曆遞修本
十行二十四字白口四周雙邊　綫裝八册

善 1771
[嘉靖]懷遠縣志二卷　（明）楊鈞纂修

明嘉靖刻本
八行二十字小字雙行同上下黑口四周雙邊　毛裝　二册

善 1790
[嘉靖]壽州志八卷　（明）栗永禄纂修
明嘉靖刻本
八行二十字小字雙行同白口四周單邊　包背裝　三册

善 1791
[嘉靖]壽州志八卷　（明）栗永禄纂修
明嘉靖刻本
八行二十字小字雙行同白口四周單邊　包背裝　三册

善 1769
[弘治]直隸鳳陽府宿州志二卷　（明）曾顯纂修
明弘治刻本
九行二十二字小字雙行同下黑口四周單邊　包背裝　二册

善 1770
[嘉靖]宿州志八卷　（明）余鈞纂修
明嘉靖刻本
九行二十四字小字雙行同白口四周雙邊　包背裝　二册

善 1792
[成化]潁州志六卷　（明）劉節纂修
明正德儲珊刻本
九行二十字小字雙行同上下黑口四周雙邊　包背裝　二册

善 1793
[嘉靖]潁州志二十卷　（明）吕景蒙

史部

胡衮纂修
明嘉靖刻本
九行十九字小字雙行同白口四周單
　邊　毛裝　四册

善 1794
[順治]蒙城縣志十二卷首一卷　（清）
　田本沛纂修
　清順治刻本
　九行二十字小字雙行同白口四周單
　　邊　毛裝　二册

善 1774
[嘉靖]和州志十七卷　（明）易鸞纂修
　明嘉靖刻本
　九行十六字小字雙行同白口四周雙
　　邊　綫裝　一册
　存八卷：八至十五

善 1775
[嘉靖]建平縣志九卷　（明）連鑛　姚
　文燁纂修
　明嘉靖刻本
　十行二十二字上下黑口四周雙邊
　　包背裝　一册
　存四卷：六至九

善 1773
[嘉靖]皇明天長志七卷　（明）邵時敏
　王心纂修
　明嘉靖二十九年刻本
　九行二十二字小字雙行同白口四周
　　單邊　包背裝　四册

善 1639
[嘉靖]太原縣志六卷　（明）高汝行纂
　修

明嘉靖刻本
八行十八字小字雙行同白口四周單
　邊　包背裝　二册

善 1643
[嘉靖]曲沃縣誌五卷　（明）劉魯生
　李廷寶纂修
　明嘉靖刻本
　九行十八字小字雙行同白口四周雙
　　邊　毛裝　二册

善 1642
[嘉靖]翼城縣志六卷　（明）鄢桂枝
　楊汝江纂修
　明嘉靖刻本
　十行二十四字小字雙行同白口四周
　　雙邊　毛裝　一册

善 1640
[正德]大同府志十八卷　（明）張欽纂
　修
　明正德刻本
　十行十八字小字雙行同上下黑口四
　　周雙邊　包背裝　三册
　存十四卷：五至十八

善 1641
[弘治]渾源州誌五卷　（明）楊大雍
　董錫纂修
　明弘治刻本
　十行二十二字小字雙行同上下黑口
　　四周雙邊　包背裝　一册
　存一卷：五

善 1654
[嘉靖]山東通志四十卷　（明）陸鈁等
　纂修

明嘉靖十二年刻本　朱鼎煦跋
十行二十字小字雙行同白口左右雙
　邊　綫裝　十六册

善 1655
[嘉靖]山東通志四十卷　（明）陸釴等
　纂修
　明嘉靖刻本
　十至二十字小字雙行同白口四周雙
　　邊　綫裝　一册
　存四卷：八至十一

善 1661
[弘治]章丘縣志四卷　（明）陸里　楊
　循吉纂修　（明）戴儒　宋秉中補修
　明弘治刻嘉靖增修藍印本
　七行十五字小字雙行十八字上下黑
　　口四周單邊　綫裝　二册

善 1669
[嘉靖]淄川縣志六卷　（明）王琮纂修
　明嘉靖刻本
　九行二十一字小字雙行同上下黑口
　　四周雙邊　包背裝　二册

善 1656
[嘉靖]德州志三卷　（明）鄭瀛　何洪
　纂修
　明嘉靖七年刻本
　九行二十一字小字雙行同白口四周
　　單邊　綫裝　三册

善 1662
[萬曆]兗州府志五十一卷　（明）朱泰
　游　季勛　包大爟纂修
　明萬曆刻本
　十行二十字小字雙行同白口四周雙

　邊　綫裝　十九册
　存五十卷：一至二、四至五十一

善 1663
[康熙]鄒縣志三卷　（清）婁一均纂修
　清康熙五十五年刻本
　十行二十字小字雙行同白口四周雙
　　邊　綫裝　四册

善 1664
[康熙]滕縣志十卷　（清）黄浚等纂修
　清康熙五十六年刻本
　十行二十一字小字雙行同白口四周
　　雙邊　綫裝　六册

善 1665
[康熙]鉅野縣志十五卷首一卷　（清）
　章弘纂修
　清康熙四十七年刻本
　十行二十一字小字雙行同白口左右
　　雙邊　綫裝　六册

善 1667
[正德]莘縣志十卷　（明）王琛　吴宗
　器纂修　（明）楊鵠重修
　明正德十年刻嘉靖增刻本
　十行二十四字小字雙行同上下黑口
　　四周雙邊　包背裝　二册

善 1670
[嘉靖]青州府志十八卷　（明）杜思
　馮惟訥纂修
　明嘉靖刻本
　九行十九字小字雙行同白口左右雙
　　邊　包背裝　十二册

善 1671

史部

[嘉靖]昌樂縣志四卷　（明）朱木　高凌雲纂修
　明嘉靖刻本
　九行二十字小字雙行同白口左右單邊　毛裝　一冊
　存三卷：一至三

善1672
[嘉靖]臨朐縣志四卷　（明）王家士　祝文等纂修
　明嘉靖刻本
　九行二十字小字雙行同白口四周雙邊　包背裝　二冊

善1673
[嘉靖]寧海州志二卷　（明）李光先　焦希程纂修
　明嘉靖刻本
　八行十八字小字雙行同白口四周雙邊　毛裝　二冊

善1674
[嘉靖]寧海州志二卷　（明）李光先　焦希程纂修
　明嘉靖刻本
　八行十八字小字雙行同白口四周雙邊　毛裝　一冊
　存一卷：二

善1668
[嘉靖]武定州志二卷　（明）劉佃　劉繼先等纂修
　明嘉靖刻本
　九行二十二字小字雙行同上下黑口四周雙邊　包背裝　二冊

善1659
[萬曆]泰安州志四卷　（明）任弘烈等纂修　（清）鄒文郁　朱衣點增修
　明萬曆三十年刻清康熙九年補刻本
　八行十八字白口四周雙邊　綫裝　四冊

善1660
[嘉靖]萊蕪縣志八卷　（明）陳甘雨纂修
　明嘉靖刻藍印本
　九行二十一字小字雙行同上下黑口四周單邊　包背裝　二冊

善1666
[嘉靖]鄆城誌二卷　（明）馬奇纂修
　明嘉靖刻本
　九行二十四字白口四周單邊　包背裝　一冊
　存一卷：二

善1882
[嘉靖]濮州志十卷　（明）鄧韨纂修
　明嘉靖六年刻本
　十一行二十一字上下黑口左右雙邊　毛裝　四冊

善1883
[嘉靖]濮州志十卷　（明）鄧韨纂修
　明嘉靖六年刻本
　十一行二十一字上下黑口左右雙邊　綫裝　三冊
　存八卷：一至八

善1884
[嘉靖]濮州志十卷　（明）鄧韨纂修
　明嘉靖六年刻本
　十一行二十一字上下黑口左右雙邊

綫裝　一冊
存三卷：一至三

善 1881
[嘉靖]范縣志八卷　（明）束時泰　王繹纂修
明嘉靖刻本
九行二十一字白口四周雙邊　毛裝　二冊

善 1657
[嘉靖]武城縣志十卷　（明）尤麒　陳露纂修
明嘉靖刻本
十行二十字小字雙行同白口四周單邊　包背裝　二冊

善 1658
[嘉靖]夏津縣志二卷　（明）易時中　王琳纂修
明嘉靖十九年刻本
八行二十字小字雙行二十一字上下黑口左右雙邊　包背裝　二冊

善 1859
[嘉靖]河南通志四十五卷　（明）鄒守愚　李濂等纂修
明嘉靖刻本
十行二十字小字雙行同白口左右雙邊　毛裝　九冊
存三十七卷：四至十六、二十二至四十五

善 1863
[嘉靖]通許縣志二卷　（明）陳正　韓玉等纂修
明嘉靖刻本

八行二十字小字雙行同白口四周單邊　毛裝　二冊

善 1860
[嘉靖]尉氏縣志五卷　（明）曾嘉誥　汪心纂修
明嘉靖刻本
九行二十一字小字雙行同白口四周單邊　包背裝　五冊

善 1888
[嘉靖]鄢陵志八卷　（明）劉訒纂修
明嘉靖刻本
八行二十字小字雙行同白口左右雙邊　包背裝　二冊

善 1861
[嘉靖]蘭陽縣志十卷　（明）褚宧　李希程纂修
明嘉靖刻本
九行二十一字小字雙行同上下黑口四周單邊　包背裝　四冊

善 1862
[嘉靖]儀封縣志不分卷
明抄本
十行行字不等上下黑口四周雙邊　包背裝　四冊

善 1894
[嘉靖]鈞州志八卷　（明）謝瀗纂修
明抄本
十行二十四字小字雙行同白口四周雙邊　毛裝　一冊
存二卷：一至二

善 1880

史　部

[嘉靖]沈丘縣志五卷　（明）李宗元纂修
明嘉靖刻本
九行二十二字小字雙行同白口四周雙邊　毛裝　一册
存四卷：一至四

善1885
[嘉靖]太康縣誌增定十卷文集十卷　（明）安都纂修
明嘉靖刻本
七行十九字小字雙行同上下黑口四周雙邊　毛裝　四册

善1877
[嘉靖]歸德志八卷　（明）黄鈞　李嵩纂修
明嘉靖刻本
九行二十字小字雙行同上下黑口左右單邊　包背裝　二册

善1878
[嘉靖]夏邑縣志八卷　（明）鄭相　黄虎臣等纂修
明嘉靖三十年刻本
九行十九字小字雙行同白口四周單邊　包背裝　二册

善1879
[嘉靖]永城縣志六卷　（明）鄭禮纂修
明嘉靖刻本
八行十九字小字雙行同上下黑口四周單邊　毛裝　二册

善1870
[嘉靖]彰德府志八卷　（明）崔銑纂修
明嘉靖刻本
八行十八字小字雙行同白口左右雙邊　包背裝　四册

善1871
[嘉靖]彰德府志八卷　（明）崔銑纂修
明嘉靖刻本
八行十八字小字雙行同白口左右雙邊　毛裝及包背裝　三册
存六卷：三至八

善1633
[正德]臨漳縣誌十卷　（明）景芳纂修
明正德刻本
十行十九字小字雙行同上下黑口四周雙邊　毛裝　一册

善1876
[康熙]林縣志十三卷　（清）王玉麟　徐岱　熊遠寄　萬兆龍纂修
清康熙三十三年邇復軒刻本
九行二十一字白口左右雙邊　綫裝　五册
存十一卷：一至六、九至十三

善1635
[嘉靖]武安縣志四卷　（明）唐交　陳瑋纂修
明嘉靖刻本
十行二十四字小字雙行同白口四周雙邊　毛裝　一册

善1636
[嘉靖]武安縣志四卷　（明）唐交　陳瑋纂修
明嘉靖刻本
十行二十四字小字雙行同白口四周雙邊　毛裝　一册

善 1632
[嘉靖]彰德府磁州涉縣志一卷
　明抄本
　　九行二十一字小字雙行同上下黑口
　　四周雙邊　毛裝　一冊

善 1872
[嘉靖]內黃志九卷　（明）董弦等纂修
　明嘉靖刻本
　　八行十六字小字雙行同白口四周單
　　邊　包背裝　二冊

善 1865
[正德]新鄉縣志六卷　（明）儲珊　李
錦纂修
　明抄本
　　九行二十至二十六字上下黑口四周
　　雙邊　包背裝　二冊

善 1866
[嘉靖]輝縣志十卷　（明）張天真等纂
修
　明嘉靖刻本
　　九行二十一字小字雙行同白口四周
　　單邊　包背裝　二冊

善 1867
[嘉靖]輝縣志十卷　（明）張天真等纂
修
　明嘉靖刻本
　　九行二十一字小字雙行同白口四周
　　單邊　毛裝　二冊

善 1868
[嘉靖]陽武縣誌三卷　（明）呂柟纂修
　明嘉靖刻本
　　十行二十四字小字雙行同上下黑口
　　四周雙邊　包背裝　一冊

善 1869
[康熙]孟縣志十二卷　（清）張之紀
毛鵾等纂修
　清康熙三十四年刻本
　　九行二十字小字雙行同白口左右雙
　　邊　毛裝　六冊

善 1905
[弘治]偃師縣志四卷　（明）魏津纂修
　明抄本
　　十行二十一至二十三字白口四周雙
　　邊　包背裝　二冊

善 1864
[嘉靖]鞏縣志八卷　（明）周泗　康紹
第纂修
　明嘉靖刻本
　　九行二十二字白口四周單邊　綫裝
　　二冊

善 1903
[嘉靖]鄧州志十六卷　（明）潘庭楠纂
修
　明嘉靖刻本
　　十行二十字小字雙行同白口四周單
　　邊　包背裝　四冊

善 1893
[嘉靖]舞陽志要十二卷　（明）張穎纂
修
　明嘉靖刻本
　　九行十九字小字雙行同白口四周單
　　邊　毛裝　一冊
　　存八卷：五至十二

善 1896
[康熙]汝寧府志十六卷　（清）金鎮纂修
清康熙元年刻本
九行二十字小字雙行同白口四周單邊　綫裝　九册
存十一卷：一至五、八至九、十一至十四

善 1897
[康熙]汝寧府志十六卷　（清）金鎮纂修
清康熙元年刻本
九行二十字小字雙行同白口四周單邊　毛裝　一册
存一卷：九

善 1898
[嘉靖]真陽縣志十卷補遺一卷　（明）徐霓　何麟纂修
明嘉靖刻本
八行十八字小字雙行同上下黑口四周雙邊　包背裝　二册

善 1895
[嘉靖]確山縣志二卷　（明）陳耀文纂修
明嘉靖刻本
九行二十二字小字雙行同白口四周雙邊　毛裝　一册
存一卷：一

善 1886
[弘治]許州志二十卷　（明）邵寶纂修
明弘治刻本
十行二十字小字雙行同上下黑口四周單邊　毛裝　一册

存五卷：一至五

善 1887
[嘉靖]許州志八卷　（明）張良知　楊鑾等纂修
明嘉靖刻本
九行十八字小字雙行同白口四周單邊　包背裝　二册

善 1890
[嘉靖]襄城縣志八卷　（明）林鸞纂修
明嘉靖刻本
九行十六字白口四周雙邊　包背裝　二册

善 1889
[嘉靖]鄢城縣志十二卷　（明）楊邦梁　趙應式纂修
明嘉靖刻本
八行二十字小字雙行同上下黑口四周雙邊　包背裝　四册

善 1904
[嘉靖]靈寶縣志二卷　（明）苟汝安　萬㦸纂修
明嘉靖刻本
十行二十四字小字雙行同白口四周單邊　毛裝　一册
存一卷：下

善 1902
[嘉靖]光山縣志九卷　（明）沈紹慶　王家士纂修
明嘉靖刻本
八行二十字小字雙行同白口四周雙邊　毛裝　三册

善 1900

[嘉靖]固始縣志十卷　（明）張梯　葛臣纂修

　明嘉靖二十一年南坰草堂刻三十一年補刻本

　八行二十字小字雙行同白口四周單邊　包背裝　二冊

善 1899

[嘉靖]息縣志八卷　（明）邵鳴岐纂修

　明嘉靖刻本

　九行十六字小字雙行同白口四周雙邊　毛裝　一冊

　存四卷：五至八

善 1901

[嘉靖]新刻商城縣志八卷　（明）萬焵　張應辰等纂修

　明嘉靖刻本

　八行二十二字小字雙行同上下黑口四周雙邊　包背裝　二冊

善 1891

[正德]汝州志八卷　（明）王雄　承天貴纂修

　明正德元年刻本

　八行十九字小字雙行同上下黑口四周雙邊　包背裝　二冊

善 1892

[嘉靖]魯山縣誌十卷　（明）姚卿　孫鐸等纂修

　明嘉靖三十一年刻本

　八行十八字小字雙行同上下黑口左右雙邊　包背裝　二冊

善 2029

[熙寧]長安志二十卷　（宋）宋敏求纂修　圖三卷　（元）李好文撰

　明嘉靖十一年李經刻本

　十行二十字小字雙行同白口四周單邊　毛裝　四冊

善 2030

[熙寧]長安志二十卷　（宋）宋敏求纂修　圖三卷　（元）李好文撰

　明嘉靖十一年李經刻本

　十行二十字小字雙行同白口四周單邊　毛裝　三冊

　存二十卷：長安志

善 1648

[嘉靖]耀州志二卷　（明）張璉纂修

　明嘉靖刻本

　八行二十字小字雙行同下黑口四周單邊　毛裝　一冊

善 1649

[正德]陝西鳳翔府志八卷　（明）王江　王麒纂修

　明正德刻本

　九行二十字小字雙行同上下黑口四周雙邊　包背裝　二冊

　存二卷：一、三

善 1650

[嘉靖]畧陽縣誌六卷　（明）李遇春纂修　（明）李東甲　賈言校補

　明嘉靖三十一年刻本

　九行二十一字小字雙行同上下黑口四周雙邊　包背裝　一冊

　存四卷：一至四

善 1645

史　部

善1646
[正德]朝邑縣志二卷　（明）王道　韓邦靖纂修
　　清康熙五十一年王兆鰲刻本
　　九行二十二字白口四周單邊　綫裝
　　一册

善1646
[萬曆]續朝邑縣志八卷　（明）郭實　王學謨纂修
　　清康熙五十一年王兆鰲刻本
　　九行二十二字白口四周單邊　綫裝
　　二册

善1647
[萬曆]華陰縣志九卷　（明）王九疇　張毓翰纂修
　　明萬曆刻本
　　九行二十字小字雙行同白口四周單
　　邊　綫裝　二册

善1653
[萬曆]固原州志二卷　（明）劉敏寬纂修
　　明萬曆刻本
　　十行二十字白口四周雙邊　金鑲玉
　　四册

善1651
[弘治]寧夏新志八卷　（明）胡汝礪纂修
　　明弘治刻本
　　八行十三字小字雙行同上下黑口四
　　周雙邊　毛裝　四册
　　存七卷：一至六、八

善1652
[嘉靖]寧夏新志八卷　（明）管律纂修
　　明嘉靖刻本
　　八行十九字小字雙行二十字白口四
　　周單邊　包背裝　五册

善1715
[嘉靖]浙江通志七十二卷　（明）胡宗憲　薛應旂纂修
　　明嘉靖刻本
　　十行二十字小字雙行同白口四周單
　　邊　包背裝　三册
　　存八卷：二至九

善1716
[嘉靖]浙江通志七十二卷　（明）胡宗憲　薛應旂纂修
　　明嘉靖刻本
　　十行二十字小字雙行同白口四周單
　　邊　綫裝　十册
　　存六十九卷：一至四、八至七十二

善1717
[嘉靖]浙江通志七十二卷　（明）胡宗憲　薛應旂纂修
　　明嘉靖刻本
　　十行二十字小字雙行同白口四周單
　　邊　綫裝　五册
　　存二十二卷：十九至二十四、五十二至六十三、六十九至七十二

善1723
[康熙]嘉興府志十八卷首一卷末一卷　（清）袁國梓纂修
　　清康熙二十一年刻本
　　十行二十二字小字雙行同白口左右
　　雙邊　綫裝　二十册
　　存十九卷：嘉興府志、首

善 1725

[康熙]秀水志十卷 （清）任之鼎　范正輅纂修
　　清康熙二十四年刻本
　　十行二十二字小字雙行同白口左右雙邊　綫裝　八册

善 1726

[天啓]平湖縣志十九卷 （明）程楷　楊儁卿纂修
　　明天啓七年刻本
　　十行二十字小字雙行同白口四周單邊　包背裝　五册

善 1724

[康熙]烏青文獻十卷首一卷末一卷 （清）張園真輯
　　清康熙二十七年春草堂刻本
　　十行二十二字小字雙行同白口左右雙邊　綫裝　六册

馮善 1013

敬止録四十卷目次一卷 （明）高宇泰撰
　　民國馮貞群抄本　馮貞群跋
　　十二行二十六字小字雙行同無版框　毛裝　一册
　　存四卷：一至三、目次

善 1736

敬止録四十卷 （明）高宇泰纂
　　清抄本
　　九行二十一字雙行小字二十一至二十二字不等無版框　綫裝　十五册
　　存六卷：山川考五至六、學校考、武衛考、壇廟考、歷志考

善 1737

敬止録四十卷 （明）高宇泰纂
　　清小隱山莊抄本
　　九行二十四字雙行小字同白口四周單邊　毛裝　五册
　　存十八卷：山川考三至六、歲時記、穀土考、學校考、寺觀考、壇廟考、方言考、薈叢考上下、常平倉考、灾異考、海防考上下、武衛考、歷志考

善 1744

[嘉泰]會稽志二十卷 （宋）沈作賓　施宿纂修
　　明正德五年刻本
　　十行二十字小字雙行同白口左右雙邊　綫裝　二册
　　存二卷：十六至十七

善 1743

[嘉泰]會稽志二十卷 （宋）沈作賓　施宿纂修
　　明抄本
　　十行二十一字上下黑口四周雙邊　毛裝　一册
　　存二卷：十四至十五

善 1745

[萬曆]紹興府志五十卷 （明）蕭良幹　張元忭　孫鑛纂
　　明萬曆十五年紹興府刻本
　　十行二十字小字雙行同白口左右雙邊　綫裝　十五册
　　存四十七卷：一至十七、二十一至五十

善 1746

[萬曆]紹興府志五十卷 （明）蕭良幹

史　部

張元汴　孫鑛纂
明萬曆十五年紹興府刻本
十行二十字小字雙行同白口左右雙
　邊　綫裝　五冊
存二十卷：二十四至三十二、四十至
　五十

善 1747
[萬曆]紹興府志五十卷　（明）蕭良幹
　張元汴　孫鑛纂
明萬曆十五年紹興府刻本
十行二十字小字雙行同白口左右雙
　邊　綫裝　三冊
存七卷：三至四、七至八、十二至十四

善 1748
[萬曆]紹興府志五十卷　（明）蕭良幹
　張元汴　孫鑛纂
明萬曆十五年紹興府刻本
十行二十字小字雙行同白口左右雙
　邊　綫裝　四冊
存九卷：四十二至五十

善 1749
[康熙]山陰縣志三十八卷　（清）高登
　先　沈麟趾　單國驥纂修　（清）范
　其鑄重修　（清）景融等增補
清康熙十年刻二十二年增刻康熙四
　十年、雍正二年遞修本
九行二十字小字雙行同白口左右雙
　邊　綫裝　十冊
存三十七卷：二至三十八

善 1750
[萬曆]會稽縣志十六卷　（明）楊維新
　張元汴等纂修
明萬曆刻本

十行二十字小字雙行同白口左右雙
　邊　包背裝　四冊

善 1720
[嘉靖]蕭山縣志六卷　（明）林策　張
　燭纂修　（明）魏堂續增
明嘉靖刻萬曆增修本　朱鼎煦跋
十行二十字小字雙行同白口左右雙
　邊　毛裝　四冊

善 1721
[嘉靖]蕭山縣志六卷　（明）林策　張
　燭纂修　（明）魏堂續增
明嘉靖刻萬曆增修本
十行二十字小字雙行同白口左右雙
　邊　毛裝　二冊
存四卷：三至六

善 1722
[萬曆]蕭山縣志六卷　（明）劉會　戴
　文明等纂修
明萬曆十七年刻本　清姚瑩俊跋
十行二十字小字雙行同白口四周雙
　邊　毛裝　一冊
存四卷：三至六

善 1751
[成化]嵊志十卷
明抄本
十二行二十二字小字雙行同無版框
　包背裝　一冊
存五卷：一至五

善 1752
[萬曆]新昌縣志十三卷首一卷　（明）
　田琯　呂光洵纂修
明萬曆七年刻本

十行十九字小字雙行同白口左右雙
　　邊　包背裝　四冊

善 1753

[康熙]新昌縣志十八卷　（清）劉作樑
　等纂修
　清康熙十年刻本
　九行二十字小字雙行同白口四周雙
　　邊　綫裝　四冊

善 1754

[康熙]新昌縣志十八卷　（清）劉作樑
　等纂修
　清康熙十年刻本
　九行二十字小字雙行同白口四周雙
　　邊　綫裝　四冊

善 1755

[康熙]台州府志十八卷首一卷　（清）
　張聯元　方景濂等纂修
　清康熙六十一年刻本
　九行二十字小字雙行同白口四周單
　　邊　綫裝　十八冊

善 1756

[萬曆]黃巖縣志七卷　（明）袁應祺
　牟汝忠等纂修
　明萬曆刻本
　十行二十一字小字雙行同白口四周
　　單邊　包背裝　三冊

善 1757

[康熙]黃巖縣志八卷　（清）平遇纂修
　清康熙三十八年刻本
　九行二十字小字雙行同白口四周雙
　　邊　綫裝　八冊

善 1758

[嘉靖]太平縣志八卷　（明）曾才漢
　葉良佩纂修
　明嘉靖刻本
　九行二十字小字雙行同白口四周單
　　邊　包背裝　二冊

善 1759

[嘉靖]太平縣志八卷　（明）曾才漢
　葉良佩纂修
　明嘉靖刻本
　九行二十字小字雙行同白口四周單
　　邊　包背裝　二冊

善 1760

[正德]永康縣志八卷　（明）吳宜濟
　胡楷　陳泗等纂修
　明正德九年修嘉靖三年胡楷刻本
　九行十九字小字雙行同白口四周單
　　邊　包背裝　二冊

善 1761

[嘉靖]浦江志略八卷　（明）毛鳳韶纂
　修
　明嘉靖刻本
　十行二十字小字雙行同白口四周單
　　邊　包背裝　二冊

善 1762

[弘治]衢州府志十五卷　（明）沈杰
　吾冔　吳夔纂修
　明弘治刻本
　九行二十二字小字雙行同上下黑口
　　四周雙邊　毛裝　四冊

善 1763

[康熙]衢州府志四十卷首一卷　（清）

史　部

楊廷望纂修
清康熙五十年刻本
九行二十二字小字雙行同上下黑口四周單邊　綫裝　十二册
存三十七卷：一至四、八至四十

善 1718
[萬曆]嚴州府志二十五卷　（明）楊守仁　徐楚纂修
明萬曆刻本
十行二十字小字雙行同白口左右雙邊　綫裝　四册
存八卷：五至六、九至十一、十七至十九

善 1719
[嘉靖]淳安縣志十七卷　（明）姚鳴鸞等纂修
明嘉靖三年刻本
十行二十一字小字雙行同上下黑口四周雙邊　包背裝　四册

善 1764
[弘治]溫州府志二十二卷　（明）鄧淮　王瓚　蔡芳纂修
明弘治十六年刻本
十行二十五字小字雙行同白口四周單邊　包背裝　六册

善 1765
[嘉靖]溫州府志八卷　（明）張孚敬纂修
明嘉靖刻本
九行二十一字小字雙行同白口四周雙邊　包背裝　四册

善 1766

[永樂]溫州府樂清縣志八卷
明刻本
十一行十九字上下黑口四周雙邊　綫裝　二册

善 1767
[成化]處州府志十八卷　（明）郭忠　劉宣纂修
明成化刻本
十行二十一字上下黑口四周雙邊　毛裝　五册
存十一卷：一至二、五至六、九至十二、十六至十八

善 1795
[嘉靖]江西省大志七卷　（明）王宗沐纂修
明嘉靖刻本
十行二十一字小字雙行行字不等白口四周雙邊　包背裝　二册
存三卷：一至三

善 1812
[嘉靖]豐乘十卷　（明）李貴纂修
明嘉靖刻本
九行二十字小字雙行同白口四周雙邊　散葉　二册
存八卷：一至八

善 1799
[嘉靖]武寧縣志六卷　（明）徐麟　潘槐纂修
明嘉靖刻本
十行二十字小字雙行同上下黑口左右雙邊　毛裝　二册

善 1798

[嘉靖]寧州志十八卷　（明）陸統　龔
暹等纂修
　　明嘉靖刻本
　　八行二十一字小字雙行同白口四周
　　　雙邊　毛裝　四冊

善1803
[正德]饒州府志四卷　（明）陳策纂修
　　明正德刻本
　　九行二十一字小字雙行同白口四周
　　　雙邊　毛裝　四冊

善1804
[正德]饒州府志四卷　（明）陳策纂修
　　明正德刻本
　　九行二十一字小字雙行同白口四周
　　　雙邊　毛裝　三冊

善1805
[康熙]饒州府志四十卷　（清）黃家遴
　　總裁
　　清康熙二十二年黃家遴刻本後印本
　　九行二十二字小字雙行同白口四周
　　　雙邊　綫裝　二十冊

善1801
[嘉靖]廣信府志二十卷　（明）張士鎬
　　江汝璧等纂修
　　明嘉靖刻本
　　八行二十一字小字雙行同白口四周
　　　單邊　包背裝　六冊

善1802
[嘉靖]鉛山縣志十二卷　（明）費宷纂
　　修
　　明嘉靖刻本
　　八行二十字小字雙行同白口四周單

邊　毛裝　二冊

善1800
[正德]南康府志十卷　（明）陳霖纂修
　　明正德刻本
　　十一行二十字小字雙行同上下黑口
　　　左右雙邊　包背裝　四冊

善1796
[嘉靖]九江府志十六卷　（明）馮曾
　　李汛纂修
　　明嘉靖刻本
　　八行二十一字小字雙行同白口左右
　　　雙邊　包背裝　八冊

善1797
[隆慶]瑞昌縣志八卷　（明）劉儲　謝
　　顧纂修
　　明隆慶刻本
　　九行行字不等小字雙行行字不等白
　　　口四周雙邊　包背裝　二冊

善1817
[正德]建昌府志十九卷　（明）夏良勝
　　纂修
　　明正德刻藍印本
　　九行二十二字小字雙行同白口左右
　　　雙邊　包背裝　六冊

善1818
[正德]新城縣志十三卷　（明）黃文鷟
　　纂修
　　明正德刻本
　　十行十九字小字雙行同白口四周雙
　　　邊　毛裝　六冊

善1813

史　部

[弘治]撫州府志二十八卷　（明）呂傑
　楊淵等纂修
　明弘治刻本
　九行二十字小字雙行同上下黑口四
　　周單邊　包背裝　八冊

善1814
[嘉靖]金谿縣志九卷　（明）馮元　王
　蕡纂修
　明嘉靖六年修二十四年重刻本
　十行十八字小字雙行同白口四周單
　　邊　包背裝　二冊
　存四卷：一至二、五至六

善1815
[嘉靖]宜黃縣志考訂十四卷　（明）黃
　漳纂修
　明嘉靖刻本
　八行十九字小字雙行同上下黑口四
　　周單邊　毛裝　二冊
　存八卷：四至十一

善1816
[嘉靖]東鄉縣志二卷　（明）秦鎰　饒
　文璧纂修
　明嘉靖三年刻十五年補刻本
　九行十九字上下黑口四周雙邊　包
　　背裝　二冊

善1810
[嘉靖]臨江府志九卷　（明）徐顥　楊
　鈞　陳德文纂修
　明嘉靖刻本
　九行十七字小字雙行同白口四周雙
　　邊　毛裝　四冊

善1811

[隆慶]臨江府志十四卷　（明）管大勛
　劉松纂修
　明隆慶刻本
　九行二十字小字雙行同白口左右雙
　　邊　包背裝　五冊

善1809
[正德]瑞州府志十四卷　（明）鄺璠
　熊相纂修
　明正德刻本
　九行二十三字小字雙行同白口四周
　　單邊　散葉　四冊

善1954
[乾隆]潯州府志五十卷首一卷　（清）
　胡南藩　張文薰等纂修
　清乾隆二十一年刻本
　九行二十一字小字雙行同白口四周
　　雙邊　綫裝　十六冊

善1806
[正德]袁州府志十四卷　（明）嚴嵩纂
　修
　明正德刻本
　九行二十二字小字雙行同白口四周
　　雙邊　包背裝　四冊

善1807
[嘉靖]袁州府志十卷　（明）陳德文纂
　修
　明嘉靖刻本
　九行二十字小字雙行同白口四周單
　　邊　包背裝　四冊

善1808
[嘉靖]袁州府志二十卷　（明）嚴嵩纂
　修

明嘉靖刻本
十行二十字小字雙行同白口左右雙邊　包背裝　五冊
存八卷：一至四、十三至十六

善1819
[嘉靖]永豐縣志四卷　（明）管景纂修
明嘉靖刻本
九行十九字小字雙行同白口四周單邊　包背裝　二冊

善1820
[嘉靖]贛州府志十二卷　（明）康河董天錫纂修
明嘉靖十五年刻本
十行二十一字小字雙行同白口四周單邊　包背裝　四冊

善1821
[康熙]瀲水志林二十六卷　（清）張尚瑗纂修
清同治木活字印本
十行二十二字白口四周單邊　綫裝　八冊

善1822
[康熙]瀲水志林二十六卷　（清）張尚瑗纂修
清同治木活字印本
十行二十二字白口四周單邊　綫裝　八冊

善1824
[嘉靖]南安府志三十五卷　（明）劉節纂修
明嘉靖刻本
八行二十字小字雙行同白口四周單邊　毛裝　六冊

善1825
[嘉靖]南康縣志十三卷　（明）劉昭文纂修
明嘉靖刻本
九行二十一字小字雙行同白口四周單邊　包背裝　三冊

善1826
[嘉靖]南康縣志十三卷　（明）劉昭文纂修
明嘉靖三十四年刻本
九行二十一字小字雙行同白口四周單邊　包背裝　三冊

善1823
[嘉靖]瑞金縣志八卷　（明）趙勛　林有年纂修
明嘉靖刻本
十行二十一字小字雙行同白口四周單邊　包背裝　二冊

善1906
[正德]湖廣圖經志書二十卷　（明）薛綱纂修　（明）吳廷舉續修
明嘉靖刻本
十二行二十四字上下黑口四周雙邊　包背裝　一冊
存一卷：一

善1907
[嘉靖]漢陽府志十卷　（明）朱衣纂修
明嘉靖刻本
九行十八字小字雙行同白口左右雙邊　包背裝　三冊

史　部

善 1914
[嘉靖]沔陽志十八卷　（明）曾儲　童
　承叙纂修
　明嘉靖刻本
　九行十八字小字雙行同白口左右雙
　　邊　包背裝　四册

善 1915
[嘉靖]沔陽志十八卷　（明）曾儲　童
　承叙纂修
　明嘉靖十年刻本
　九行十八字小字雙行同白口左右雙
　　邊　包背裝　四册

善 1910
[弘治]黃州府志十卷　（明）盧希哲纂
　修
　明弘治刻本
　九行行字不等小字雙行二十字上下
　　黑口四周雙邊　包背裝　二册
　存五卷：一至五

善 1911
[嘉靖]羅田縣志八卷　（明）祝珝　楊
　鸞纂修
　明嘉靖刻本
　九行二十字小字雙行同白口四周雙
　　邊　包背裝　二册

善 1912
[嘉靖]蘄州誌九卷　（明）甘澤纂修
　明嘉靖九年刻十五年補刻本
　十行二十字小字雙行同白口四周雙
　　邊　綫裝　三册

善 1909
[正德]德安府志十二卷　（明）馬龠

　纂修
　明正德刻本
　十行二十字小字雙行同白口左右雙
　　邊　毛裝　四册
　存八卷：一至三、八至十二

善 1908
[嘉靖]應山縣志三卷　（明）顏木纂修
　明嘉靖刻本
　十行二十二字小字雙行同白口四周
　　雙邊　包背裝　二册

善 1913
[嘉靖]荊州府志十二卷　（明）孫存
　王寵懷纂修
　明嘉靖刻本
　八行二十一字小字雙行同白口四周
　　雙邊　毛裝　四册
　存十卷：二至十、十二

善 1920
[正德]光化縣志六卷　（明）黃世重
　曹璘纂修
　明正德刻本
　八行十八字小字雙行同上下黑口四
　　周雙邊　包背裝　二册

善 1916
[弘治]夷陵州志十卷拾遺一卷　（明）
　劉允　沈寬纂修
　明弘治刻本
　八行二十字小字雙行同上下黑口四
　　周雙邊　毛裝　二册

善 1917
[嘉靖]歸州全志二卷　（明）王錫　張
　時纂修

明嘉靖刻藍印本
　九行二十四字小字雙行同上下黑口
　四周雙邊　毛裝　一册

善 1918
[嘉靖]歸州誌五卷　(明)鄭喬纂修
　明嘉靖刻本
　九行二十字小字雙行三十二字不等
　白口四周雙邊　毛裝　四册

善 1919
[嘉靖]巴東縣志三卷　(明)許周　楊
　培之纂修
　明嘉靖刻本
　九行二十字小字雙行同上下黑口四
　周單邊　毛裝　二册

善 1923
[嘉靖]茶陵州志二卷　(明)夏良勝
　張治纂修
　明嘉靖刻本　朱鼎煦跋
　九行二十一字小字雙行同白口左右
　雙邊　毛裝　二册

善 1921
[弘治]湖廣岳州府志十卷　(明)李文
　明　劉璣纂修
　明弘治刻本
　八行十九字小字雙行同上下黑口四
　周雙邊　毛裝　四册

善 1922
[隆慶]岳州府誌十八卷　(明)鍾崇文
　纂修
　明隆慶刻本
　九行二十二字小字雙行同白口四周
　雙邊　包背裝　六册

善 1927
[隆慶]寶慶府志五卷　(明)陸柬纂修
　明隆慶刻本
　九行二十字小字雙行同白口四周單
　邊　綫裝　一册
　存二卷:四至五

善 1925
[嘉靖]衡州府志九卷　(明)楊珮纂修
　明嘉靖刻藍印本
　八行二十字小字雙行同白口四周雙
　邊　包背裝　三册

善 1928
[嘉靖]常德府志二十卷　(明)陳洪謨
　纂修
　明嘉靖刻本
　八行二十一字小字雙行同白口四周
　單邊　包背裝　六册

善 1926
[弘治]永州府志十卷　(明)姚昻　沈
　鍾纂修
　明弘治刻本
　八行十九字小字雙行同上下黑口四
　周雙邊　毛裝　四册

善 1929
[嘉靖]澧州志六卷　(明)水之文　李
　獻陽纂修
　明嘉靖刻本
　九行二十一字小字雙行同白口四周
　雙邊　毛裝　五册
　存五卷:二至六

善 1727
[康熙]石門縣志十二卷　(清)杜森

史　部

祝文彥等纂修
清康熙十二年修十六年續修刻本
九行十九字小字雙行同白口四周雙邊　綫裝　五冊

善1930
[萬曆]慈利縣志十八卷　（明）陳光前纂修
明萬曆刻本
九行二十字白口四周單邊　包背裝　二冊

善1924
[萬曆]郴州志二十卷　（明）胡漢纂修
明萬曆刻本　馮貞群跋
八行十九字小字雙行同白口四周單邊　包背裝　四冊

善1962
[正德]蓬州志十卷　（明）吳德器　徐泰纂修
明正德刻本
八行十八字小字雙行同白口四周雙邊　毛裝　二冊

善1961
[萬曆]重修營山縣志八卷　（明）王廷稷　李彭年纂修
明萬曆刻本
九行二十四字小字雙行同白口四周雙邊　毛裝　二冊

善1956
[嘉靖]馬湖府志七卷　（明）余承勳纂修
明嘉靖刻本
九行二十一字小字雙行同白口左右雙邊　包背裝　二冊

善1959
[正德]夔州府志十二卷　（明）吳潛　傅汝舟纂修
明正德刻本
八行十七字小字雙行同上下黑口四周雙邊　包背裝　五冊

善1960
[嘉靖]雲陽縣志二卷　（明）楊鸞　秦覺纂修
明嘉靖刻本
八行二十二字小字雙行同白口四周雙邊　包背裝　二冊

善1957
[嘉靖]洪雅縣志五卷　（明）束戴　張可述纂修
明嘉靖四十一年刻本
九行二十四字小字雙行同上下黑口四周雙邊　包背裝　二冊

善1958
[嘉靖]青神縣志七卷　（明）余承勳纂修
明嘉靖刻本
九行二十一字小字雙行同白口左右雙邊　毛裝　一冊
存三卷：一至三

善1827
[弘治]八閩通誌八十七卷　（明）陳道　黃仲昭纂修
明弘治刻本
九行二十一字小字雙行同上下黑口四周雙邊　綫裝　十七冊

存六十二卷：四至十五、二十至二十三、三十一至四十、四十五至四十七、五十五至八十七

善1828
[弘治]八閩通誌八十七卷　（明）陳道
　黃仲昭纂修
　明弘治刻本
　九行二十一字小字雙行同上下黑口四周雙邊　綫裝　三冊
　存十一卷：七十七至八十七

善1831
[弘治]大明興化府志五十四卷　（明）
　周瑛　黃仲昭　陳效纂修
　明弘治刻本
　十行二十一字小字雙行同上下黑口四周雙邊　綫裝　十一冊
　存四十九卷：一至九、十五至五十四

善1832
[嘉靖]惠安縣志十三卷　（明）莫尚簡
　張岳纂修
　明嘉靖刻本藍印本
　十行二十字白口左右雙邊　毛裝　二冊

善1833
[嘉靖]惠安縣志十三卷　（明）莫尚簡
　張岳纂修
　明嘉靖刻本
　十行二十字白口左右雙邊　綫裝　二冊

善1834
[嘉靖]安溪縣志八卷　（明）汪瑀　林有年纂修

明嘉靖刻本
九行二十一字小字雙行同白口四周單邊　包背裝　三冊

善1837
[嘉靖]龍溪縣志八卷　（明）劉天授
　林魁等纂修
　明嘉靖刻本
　八行十九字小字雙行同白口四周雙邊　包背裝　二冊

善1838
[嘉靖]長泰縣志六卷
　明抄本
　十行二十七至二十八字上下黑口四周雙邊　毛裝　二冊

善1839
[嘉靖]長泰縣志二卷　（明）張傑夫
　蕭廷宣纂修
　明嘉靖刻本
　九行二十一字小字雙行同白口四周單邊　散葉　一冊
　存一卷：下

善1844
[嘉靖]延平府志二十三卷　（明）陳能
　鄭慶雲等纂修
　明嘉靖刻本
　八行二十字小字雙行同白口左右雙邊　包背裝　八冊

善1845
[萬曆]重修延平府志三十四卷　（明）
　易可久　吳必學纂修
　明萬曆刻本
　九行二十字小字雙行同白口四周雙

史 部

　　邊　綫裝　四冊
　存十六卷：一至五、十二至二十二

善1855
[嘉靖]南平縣志十七卷　（明）劉繼善纂修
　明嘉靖刻本
　九行十八字小字雙行同上下黑口四周雙邊　毛裝　二冊
　存九卷：九至十七

善1856
[正德]順昌邑志十卷　（明）馬性魯纂修
　明正德刻藍印本
　九行十八字小字雙行同上下黑口四周雙邊　毛裝　三冊
　存八卷：一至八

善1847
[嘉靖]沙縣志十卷　（明）葉聯芬纂修
　明嘉靖刻本
　九行二十字小字雙行同白口四周單邊　包背裝　一冊
　存六卷：一至六

善1848
[弘治]將樂縣志十四卷　（明）李敏纂修
　明弘治刻本
　十行二十字小字雙行同上下黑口四周雙邊　毛裝　四冊

善1849
[嘉靖]尤溪縣志七卷　（明）李文兗　田項纂修
　明嘉靖刻本

　八行十八字小字雙行同白口左右雙邊　包背裝　一冊
　存三卷：一至三

善1851
[嘉靖]建寧府志二十一卷　（明）謝邦信　汪佃纂修
　明嘉靖刻本
　八行二十字小字雙行同白口四周單邊　綫裝　十冊

善1852
[景泰]建陽縣誌四卷雜誌三卷續集一卷　（明）趙文　黃璿纂修
　明弘治刻本
　十一行二十二字上下黑口四周雙邊　包背裝　三冊
　存六卷：三至四、雜志、續集

善1853
[嘉靖]建陽縣志十六卷首一卷　（明）馮繼科　朱凌纂修
　明嘉靖刻本
　八行二十字小字雙行行字不等白口四周單邊　綫裝　四冊

善1854
[嘉靖]松溪縣志十四卷　（明）黃金　廖芝纂修
　明嘉靖刻本
　九行二十字小字雙行同白口左右雙邊　綫裝　一冊
　存九卷：一至九

善1857
[嘉靖]邵武府志十五卷　（明）邢址　陳讓纂修

明嘉靖刻本
九行二十三字小字雙行同白口四周雙邊　包背裝　六册

善1858

[嘉靖]邵武志敍論一卷　（明）陳讓撰
明嘉靖刻本
十行二十五字上下黑口四周雙邊　包背裝　一册

善1850

[嘉靖]建寧縣志七卷附錄一卷　（明）何孟倫纂修
明嘉靖刻本
九行二十一字小字雙行同上下黑口四周雙邊　包背裝　二册

善1840

[嘉靖]汀州府誌十九卷　（明）邵有道何雲等纂修
明嘉靖刻本
八行二十一字小字雙行同上下黑口四周雙邊　毛裝　六册

善1846

[嘉靖]清流縣志五卷　（明）陳桂芳纂修
明嘉靖刻本
九行二十字小字雙行同白口四周單邊　毛裝　二册

善1842

[嘉靖]武平志六卷　（明）徐甫宰纂修
明嘉靖刻本
九行二十字小字雙行同白口四周雙邊　毛裝　一册
存三卷：四至六

善1843

[嘉靖]武平志六卷　（明）徐甫宰纂修
明嘉靖刻本
九行二十字小字雙行同白口四周雙邊　毛裝　一册
存三卷：四至六

善1829

[嘉靖]福寧州志十二卷　（明）陳應賓閔文振纂修
明嘉靖刻本
九行二十一字小字雙行同白口四周單邊　毛裝　三册
存九卷：一至三、七至十二

善1830

[嘉靖]寧德縣志四卷　（明）閔文振纂修
明嘉靖刻本
九行二十一字小字雙行同白口四周單邊　毛裝　二册

善1835

[康熙]德化縣志十六卷　（清）范正輅纂修
清康熙刻本
九行二十字小字雙行同白口四周雙邊　綫裝　四册
又複本八部各四册善1836、善1836-3、善1836-4、善1836-5、善1836-6、善1836-7、善1836-8、善1836-9（存十二卷：一至十二）

善1841

[嘉靖]漳平縣志十卷　（明）朱召　曾汝檀纂修
明嘉靖刻本

史　部

八行十九字小字雙行同白口四周雙邊　毛裝　二冊

善1931

[嘉靖]廣東通志七十卷　（明）黃佐纂修

明嘉靖刻本　馮貞群跋

十行二十字小字雙行同白口四周單邊　綫裝　六冊

存十三卷：九至十二、二十至二十一、二十五至三十一

善1932

[嘉靖]廣東通志七十卷　（明）黃佐纂修

明嘉靖刻本

十行二十字小字雙行同白口四周單邊　綫裝　七冊

存十五卷：五十四至六十二、六十五至七十

善1933

[嘉靖]廣州志七十卷　（明）黃佐纂修

明嘉靖刻本

十行二十字小字雙行同白口四周單邊　綫裝　六冊

存三十七卷：四至七、十二至十七、二十二至四十八

善1934

[嘉靖]增城縣志十九卷　（明）文章　張文海纂修

明嘉靖十七年刻本

十一行二十字小字雙行同白口左右雙邊　毛裝　三冊

存十五卷：一至十一、十六至十九

善1935

[嘉靖]仁化縣志五卷　（明）胡居安纂修

明抄本

十行二十四至二十五字小字雙行行字不等白口四周雙邊　包背裝　一冊

善1940

[嘉靖]廣東韶州府翁源縣誌不分卷　（明）李孔明　吳美等纂修

明抄本

十行二十五字上下黑口四周雙邊　包背裝　一冊

善1943

[嘉靖]惠大記六卷　（明）鄭維新纂修

明嘉靖刻本

十行二十字白口四周雙邊　綫裝　四冊

善1941

[嘉靖]惠州府志十六卷　（明）姚良弼　楊載鳴纂修

明嘉靖刻藍印本

九行二十三字小字雙行同白口四周單邊　包背裝　六冊

善1942

[嘉靖]惠志略一卷　（明）楊載鳴纂修

明嘉靖刻本

九行十八字白口左右雙邊　包背裝　一冊

善1947

[嘉靖]海豐縣志二卷　（明）張炎道　李日巽纂修

明嘉靖刻本
九行二十字小字雙行同白口左右雙邊　毛裝　一冊
存一卷：上

善1945
[隆慶]潮陽縣志十五卷附錄一卷　（明）黃一龍　林大春纂修
明隆慶刻本
十行二十字小字雙行同白口四周單邊　包背裝　四冊

善1946
[隆慶]潮陽縣志十五卷附錄一卷　（明）黃一龍　林大春纂修
明隆慶刻本
十行二十字小字雙行同白口四周單邊　包背裝　四冊

善1952
[嘉靖]德慶志十六卷　（明）陸舜臣纂修
明嘉靖刻本
九行十八字小字雙行同白口左右雙邊　包背裝　四冊

善1951
[順治康熙]電白縣志八卷　（清）相斗南纂修　（清）強兆統　黎日昇續修
清順治刻康熙二十五年強兆統增刻本
九行二十一字小字雙行同白口四周雙邊　綫裝　四冊

善1950
[康熙]化州志十二卷　（清）楊于宸纂修

清康熙刻本
九行二十字小字雙行同白口四周單邊　綫裝　四冊

善1949
[康熙]石城縣志十一卷　（清）周宗臣　韓鏐纂修
清康熙刻本
九行二十字小字雙行同白口四周單邊　綫裝　四冊

善1955
[嘉靖]欽州志九卷拾遺一卷　（明）林希元纂修
明嘉靖刻本
九行二十字小字雙行同白口四周單邊　包背裝　二冊

善1948
[正德]瓊臺志四十四卷　（明）唐冑纂修
明正德刻本
九行十九字小字雙行同上下黑口四周雙邊　包背裝　十冊
存四十卷：一至二十一、二十四至四十二

善1936
[嘉靖]南雄府志二卷　（明）胡永成　譚大初纂修
明嘉靖二十一年虛明堂刻本
九行二十字小字雙行同白口四周單邊　包背裝　二冊

善1937
[嘉靖]南雄府志二卷　（明）胡永成　譚大初纂修

史　部

明嘉靖二十一年刻藍印本
九行二十字小字雙行同白口四周單邊　包背裝　二冊

善1938
[嘉靖]始興縣志二卷　（明）汪慶舟纂修
明嘉靖刻本
九行十九字小字雙行同上下黑口四周單邊　毛裝　一冊

善1939
[嘉靖]始興縣志二卷　（明）汪慶舟纂修
明嘉靖刻本
九行十九字小字雙行同上下黑口四周單邊　毛裝　一冊

善1944
[嘉靖]興寧縣志四卷　（明）黃國奎　盛繼纂修
明嘉靖刻藍印本
十行二十二字小字雙行同白口四周單邊　毛裝　二冊

善1953
[嘉靖]南寧府志十卷　（明）郭楠纂修
明嘉靖刻本
八行十八字小字雙行同白口四周雙邊　毛裝　三冊
存九卷：一至九

善1966
[正德]雲南志四十四卷　（明）周季鳳纂修
明正德刻本
九行二十字小字雙行同白口四周雙邊　包背裝　十二冊

善1969
[康熙]大理府志三十卷首一卷　（清）李斯佺　黃元治等纂修
清康熙三十三年刻本
九行二十字小字雙行同白口四周雙邊　綫裝　八冊

善1968
[嘉靖]尋甸府志二卷　（明）王尚用　張騰纂修
明嘉靖刻本
九行二十字小字雙行同白口四周雙邊　包背裝　二冊

善1967
[康熙]平彝縣志十卷　（清）任中宜纂修
清抄本
九行十九至二十字小字雙行十九字　無版框　綫裝　六冊

善1963
[嘉靖]貴州通志十二卷　（明）謝東山　張道纂修
明嘉靖刻本
八行二十三字小字雙行同上下黑口四周雙邊　包背裝　十二冊

善1964
[嘉靖]思南府志八卷　（明）鍾添　田秋纂修
明嘉靖刻本
九行二十字小字雙行同下黑口四周雙邊　包背裝　二冊

善1965
[嘉靖]普安州志十卷 （明）高廷愉纂修
　明嘉靖刻本
　八行十八字小字雙行同上下黑口四周雙邊　包背裝　二册

雜志

善2035
帝京景物略八卷 （明）劉侗　于奕正撰
　明崇禎刻本
　八行十九字小字雙行同白口四周單邊　包背裝　六册
　存六卷：一至三、六至八

善2036
帝京景物略八卷 （明）劉侗　于奕正撰
　明崇禎刻本
　八行十九字小字雙行同白口四周單邊　綫裝　一册
　存二卷：五至六

善2037
帝京景物略八卷 （明）劉侗　于奕正撰
　明崇禎刻本
　八行十九字小字雙行同白口四周單邊　綫裝　二册
　存一卷：一

善1986
日下舊聞四十二卷補遺四十二卷 （清）朱彝尊撰　（清）朱昆田補遺

清康熙二十七年刻本
十二行二十一字白口四周單邊　綫裝　十二册

善1973
高寄齋訂正武林舊事六卷 （宋）周密輯
　清抄本
　八行十八字無版框　綫裝　一册
　存三卷：一至三

善1979
吳興掌故集十七卷 （明）徐獻忠撰
　明嘉靖三十九年范唯一、張邦彥刻本
　八行十六字小字雙行同白口左右雙邊　綫裝　四册
　存十一卷：七至十七

善1983
蜀中廣記一百八卷 （明）曹學佺撰
　明刻本
　十行二十字白口四周雙邊　綫裝　四十册
　存五十四卷：詩話一至四、畫苑一至四、著作記一至十、方物記一至十二、神仙記一至十、高僧記一至十、風俗一至四

善1984
蜀道驛程記二卷秦蜀驛程後記二卷 （清）王士禎撰
　清康熙刻後印本
　十行十九字小字雙行同上下黑口左右雙邊　綫裝　二册

善1985
蜀道驛程記二卷 （清）王士禎撰

史部

清康熙刻後印本　吳澤跋
十行十九字小字雙行同上下黑口左右雙邊　綫裝　一冊

善 1970
桂林風土記一卷　（唐）莫休符撰
清抄本
十二行行字不等小字雙行行字不等白口左右雙邊　綫裝　一冊

善 1978
紀古滇說原集一卷　題（宋）張道宗撰
明嘉靖二十八年刻本
十行二十字上下黑口左右雙邊　綫裝　一冊

善 1988
西域記畧八卷　題（清）七十一撰
清抄本
八行二十五字無版框　綫裝　二冊

善 1990
兩鎮三關通志□□卷　（明）尹耕纂修
明刻本
十行二十一字小字雙行同白口四周單邊　包背裝　十二冊
存十三卷：一至十三

善 1990-1
邊政考十二卷　（明）張雨撰
明嘉靖二十六年李世芳刻本
十行二十四字小字雙行同白口四周雙邊　毛裝　四冊
存十卷：三至十二

善 1989
籌海圖編十三卷　（明）胡宗憲撰

明天啓四年胡維極刻本
十二行二十二字小字雙行同白口四周單邊　綫裝　四冊

山水志

善 2048
古今游名山記十七卷總錄三卷　（明）何鏜輯
明嘉靖四十四年何鏜刻本
十四行二十七字小字雙行同白口左右雙邊　綫裝　十一冊

善 2049
古今游名山記十七卷總錄三卷　（明）何鏜輯
明嘉靖四十四年何鏜刻本　清鏡西居士批并跋
十四行二十七字小字雙行同白口左右雙邊　綫裝　七冊
存十二卷：三至四、七至十、十二至十七

善 2050
名山勝槩記四十六卷圖一卷　（明）何鏜輯　（明）慎蒙續輯
明崇禎刻本
九行二十字小字雙行無白口左右雙邊　綫裝　三十八冊
存四十五卷：二至二十六、二十八至四十六，圖

善 1991
新鐫海內奇觀十卷　（明）楊爾曾撰
明萬曆刻本　朱鼎煦跋
十行二十四字白口四周單邊　綫裝

十冊

善 2051
名山記選二十卷　（明）王微輯
　明末刻本
　　九行二十字白口左右雙邊　綫裝　九
　　冊
　　存十八卷：一至六、九至二十

善 1996
茅山志十五卷後編二卷　（元）劉大彬撰
　明江永年續嘉靖二十九年張全恩刻本
　　十一行二十三至二十六字白口四周單邊　毛裝　四冊

善 1997
茅山志十五卷後編二卷　（元）劉大彬撰
　明江永年續嘉靖二十九年張全恩刻本
　　十一行二十三至二十六字白口四周單邊　毛裝　一冊
　　存二卷：茅山志一至二

善 1998
虎丘志總集一卷　（明）王賓輯　（明）茹昂補輯
　明刻本
　　九行十八字上下黑口四周雙邊　毛裝　一冊

善 1994
京口三山志十卷　（明）張萊　高一福撰
　明萬曆二十八年刻本　佚名批

　　九行十七字小字雙行同白口左右雙邊　綫裝　五冊

善 1995
京口三山續志四卷　（明）徐邦佐撰
　明隆慶元年刻本
　　九行十七字小字雙行行字不等白口左右雙邊　毛裝　二冊

善 2000
齊雲山志七卷
　明嘉靖三十七年刻本
　　九行十九字小字雙行同白口左右雙邊　包背裝　二冊

善 2001
雲巖史二卷　（明）江山撰
　明嘉靖九年刻本
　　十行二十二字白口四周單邊　毛裝　一冊
　　存一卷：二

善 1992
岱史十八卷　（明）查志隆撰
　明萬曆十五年戴相堯刻清順治、康熙增修本
　　九行二十字小字雙行同白口四周單邊　綫裝　六冊

善 1993
吳山志四卷　（明）司靈鳳撰
　明嘉靖八年刻本
　　九行二十字小字雙行同白口四周單邊　毛裝　二冊

善 2002
天台山方外志三十卷　（明）釋傳燈撰

史部

明萬曆幽溪講堂刻本
九行十八字小字雙行同白口左右雙邊　綫裝　六冊

善 2003
龍虎山誌三卷　（明）李仁撰
明嘉靖二十三年刻本
十行二十一字上下黑口四周雙邊　毛裝　一冊
存二卷：上、中

善 2004
廬山紀事十二卷　（明）桑喬撰
明嘉靖刻本
十行二十二字白口四周單邊　綫裝　四冊

善 2007
大嶽太和山誌十五卷　（明）任自垣撰
明嘉靖十二年刻本
十二行二十三字上下黑口四周單邊　毛裝　一冊
存二卷：十四至十五

善 2009
纂集通覽湘山志一卷　（清）張澹烟撰
清康熙四十七年刻本
十行二十字白口四周雙邊　綫裝　一冊

善 2008
衡嶽志九卷　（明）彭簪撰
明嘉靖二十四年刻藍印本
十行二十字小字雙行同上下黑口四周雙邊　毛裝　二冊
存七卷：一至五、八至九

善 2011
譯峨籟彙録一卷續刻一卷　（清）胡世安撰
清抄本
九行十九字無版框　綫裝　一冊

善 2005
武夷山志四卷　（明）勞堪撰
明萬曆十年刻本
九行十八字白口四周單邊　綫裝　四冊

善 2006
武夷山志十六卷　（清）王復禮撰
清康熙五十七年刻本
十行二十一字白口左右雙邊　綫裝　五冊

善 2010
羅浮山誌十四卷　（明）王希文撰
明嘉靖三十七年刻本
十行二十一字小字雙行同白口四周單邊　毛裝　二冊

善 2013
水經四十卷　（北魏）酈道元撰
明刻本
十二行二十字白口左右雙邊　毛裝　八冊
存二十八卷：六至十五、二十至二十二、二十六至四十

馮善 1051
全校水經注四十卷　（北魏）酈道元注　（清）全祖望校
清王奎抄本　馮貞群跋
十二行二十二字小字雙行同白口無

版框　綫裝　十冊

善 2012
水經注四十卷　（北魏）酈道元撰
　　明刻本
　　　九行二十字小字雙行同白口四周單邊　綫裝　十冊

善 2014
水經注四十卷　（北魏）酈道元撰
　　清康熙五十三至五十四年歙縣項絪群玉書堂刻本
　　　十一行二十一字小字雙行同白口四周單邊　綫裝　九冊

善 2015
水經注四十卷　（北魏）酈道元撰
　　清康熙五十三至五十四年歙縣項絪群玉書堂刻本
　　　十一行二十一字小字雙行同白口四周單邊　綫裝　十冊

善 2016
水經注箋四十卷　（明）朱謀㙔撰
　　明萬曆四十三年李長庚刻本　佚名批
　　　十行十九字小字雙行同白口左右雙邊　綫裝　十二冊
　　　存三十五卷：一至三、六至三十七

善 2017
全氏七校水經四十卷補遺一卷附錄二卷　（北魏）酈道元注　（清）全祖望校
　　清抄本
　　　十一行二十一字小字雙行同白口左右雙邊　毛裝　十二冊

善 2019
全校水經酈注水道表四十卷　（清）王梓材輯　（清）王龍光校
　　稿本
　　　十一行二十一字小字雙行同白口左右雙邊　毛裝　七冊

善 2023
香泉志一卷　（明）胡永成撰
　　明嘉靖十七年刻本
　　　九行十九字小字雙行同白口四周單邊　包背裝　一冊

善 2020
治河總考四卷　（明）車璽撰　（明）陳銘續
　　明正德十一年刻本
　　　十行二十三字小字雙行同上下黑口四周雙邊　包背裝　一冊

善 2025
河防一覽十四卷　（明）潘季馴撰
　　明萬曆十八年自刻本
　　　七行十四字小字雙行同上黑口四周單邊　綫裝　五冊
　　　存六卷：一、三至四、七、九、十四

善 2026
河防一覽榷十二卷　（明）潘季馴　潘大復撰
　　清康熙刻本
　　　八行二十字小字雙行同白口四周單邊　綫裝　六冊

善 1494
漕河圖志八卷　（明）王瓊撰
　　明弘治刻本

史部

十二行二十二字上下黑口四周雙邊　綫裝　一册

存二卷：二至三

善 2021

西湖遊覽志二十四卷志餘二十六卷
（明）田汝成撰
明刻本
十行二十字小字雙行同上下黑口四周雙邊　包背裝　十册
存二十四卷：志餘三至二十六

善 2022

西湖遊覽志二十四卷志餘二十六卷
（明）田汝成撰
明刻本　孫家漵跋
十行二十字小字雙行同上下黑口四周雙邊　綫裝　八册
存二十六卷：志餘

善 2027

潞水客談一卷　（明）徐貞明撰
明萬曆刻本
十行二十字小字雙行同白口四周雙邊　毛裝　一册

善 2024

東吳水利考十卷　（明）王圻撰
明刻本
九行二十字小字雙行同白口四周雙邊　綫裝　二册
存三卷：六、八至九

專志

善 2039

石柱記五卷　（唐）顏真卿撰　（清）朱彝尊補　（清）鄭元慶箋釋
清康熙四十一年鄭元慶魚計亭刻本（卷四至五抄配）
十一行二十一字小字雙行二十七字白口左右雙邊　綫裝　一册

善 2040

董子故里志六卷　（明）李廷寶撰
明嘉靖二十一年刻本
九行二十字小字雙行同白口四周雙邊　毛裝　一册
存二卷：五至六

善 2038

陋巷志八卷　（明）陳鎬撰
明萬曆刻本
九行二十字小字雙行同白口四周單邊　綫裝　一册
存二卷：七至八

善 2041

蓬萊閣記一卷　（明）游璉輯
明嘉靖刻本
十行二十字白口左右雙邊　綫裝　一册

善 2034

汴京遺蹟志二十四卷　（明）李濂撰
明嘉靖二十五年自刻本
十行二十字白口四周單邊　綫裝　十二册
存十六卷：五至二十

善 2033

雍錄十卷　（宋）程大昌撰
明錫山安國刻本

十行二十一字小字雙行同白口四周單邊　綫裝　一冊
存二卷:四至五

善2043
浙中古蹟考四卷　（清）吳穎芳輯
清抄本
十三行行字不等小字雙行行字不等無版框　綫裝　四冊

善2042
天關精舍誌十四卷　（明）吳純撰
明嘉靖二十九年刻本
十行二十一字小字雙行同白口四周單邊　綫裝　四冊
存十一卷:一至十一

善2028
三輔黃圖六卷
明嘉靖四十三年薛晨刻本
九行十八字小字雙行同白口四周單邊　綫裝　一冊

善1987
金鰲退食筆記二卷　（清）高士奇撰
清康熙刻本
十行二十字小字雙行同白口四周單邊　綫裝　一冊

善2045
攝山棲霞寺誌三卷　（明）金鑾撰
明嘉靖刻本
九行二十字白口左右雙邊　綫裝　二冊

善2047
雲棲紀事一卷孝義無礙庵錄一卷

明萬曆刻本
九行十八字白口左右雙邊　綫裝　一冊

善2031
六陵劫餘誌不分卷　（清）丁業輯
稿本
九行二十字小字雙行同無版框　綫裝　四冊

善2032
帝陵圖說三卷　（清）梁份撰
清抄本
九行二十字白口四周單邊無格　綫裝　二冊

善2055
客越志二卷　（明）王穉登撰
明隆慶元年吳氏蕭疏齋刻本
十行二十字小字雙行同白口四周單邊　綫裝　一冊
存一卷:一

善2053
東遊記不分卷　（明）于慎行撰
明萬曆十一年刻本
九行十八字白口左右雙邊　毛裝　一冊

善2054
王太初先生五岳遊草十二卷　（明）王士性撰
清康熙三十年馮甦刻本
九行十八字小字雙行同白口四周單邊　綫裝　四冊

善2056

史　部

竺國紀游四卷　（清）周藹聯撰
　　清薌槎書室抄本
　　九行二十三字小字雙行同白口左右雙邊　綫裝　二冊

善0747
三寶征夷集一卷　（明）馬歡撰
　　明抄本　朱鼎煦跋
　　八行二十八字上下黑口四周單邊　綫裝　一冊

善2058
殊域周咨錄二十四卷　（明）嚴從簡撰
　　明刻本
　　九行二十字小字雙行同白口四周單邊　毛裝　三冊
　　存三卷：三至四、十九

善2060
諸蕃類考不分卷
　　清抄本
　　十行二十四字小字雙行同白口無版框　綫裝　四冊

善0751
使東日錄一卷　（明）董越撰
　　明正德九年刻本
　　十行十五字上下黑口四周雙邊　毛裝　一冊

善2059
海國雜記一卷　（清）胡學峰撰
　　清抄本　朱鼎煦跋
　　九行二十二字小字雙行同無版框　綫裝　一冊

職官類

官制

善1471
季漢官爵考二卷　（清）周廣業撰
　　稿本
　　十行二十二字小字雙行同無版框　金鑲玉　二冊

善1472
宋宰輔編年錄二十卷　（宋）徐自明撰
續宋宰輔編年錄二十六卷　（明）呂邦耀編
　　明萬曆四十六年呂邦耀刻本
　　十行二十字小字雙行同白口四周單邊　綫裝　四冊
　　存八卷：一至二、十三，續二十至二十一、二十四至二十六

善1513
天聖令三十卷　（宋）呂夷簡　龐籍等修
　　明抄本
　　十行二十字白口四周單欄　包背裝　一冊
　　存十卷：二十一至三十

善1473
吏部職掌不分卷　（明）李默　黃養蒙等刪定
　　明萬曆刻本
　　九行二十二字小字雙行同白口四周單邊　綫裝　二冊

善 1518
吏部四司條例三卷考功驗封條例三卷
　（明）蹇義輯
　明抄本
　十三行二十四字上下黑口四周雙邊　毛裝　六冊

善 1484、善 1485
福建運司誌三卷續志一卷　（明）林大有撰
　明嘉靖刻本
　九行二十一字小字雙行同白口四周雙邊　毛裝　四冊

善 1519
禮部奏議宗藩事宜不分卷　（明）戚元佐撰
　明刻本
　十行二十字白口四周雙邊　毛裝　一冊

善 1479
翰林記二十卷　（明）黃佐撰
　明抄本　馮貞群跋
　十行二十字小字雙行行字不等白口四周單邊　綫裝　一冊
　存五卷：十一至十五

善 1525
都察院奏明職掌肅風紀冊不分卷　（明）王應鵬輯
　明嘉靖十一年刻本
　九行十七字小字雙行同白口四周雙邊　毛裝　一冊

善 1475
留臺雜記八卷　（明）符驗撰
　明萬曆三十一年刻本
　十行二十三字小字雙行同白口四周雙邊　綫裝　三冊
　存六卷：一至六

善 1477
南京大理寺志七卷　（明）林希元撰
　明嘉靖刻本
　十行二十一字白口四周單邊　毛裝　一冊
　存二卷：六至七

善 1476
南京太常寺志十三卷　（明）汪宗元撰
　明嘉靖二十九年刻本
　十行二十四字白口四周單邊　毛裝　一冊
　存二卷：一至二

善 1483
南京太僕寺志十六卷　（明）雷禮撰
　明嘉靖刻本
　九行二十一字小字雙行同白口四周雙邊　毛裝　二冊
　存十一卷：一至十一

善 1467
學政錄一卷　（明）朱衡撰
　明嘉靖三十年興化府刻本
　八行二十字白口四周單邊　綫裝　一冊

善 1480
國子監通志十卷　（明）邢讓撰
　明成化三年刻本
　九行二十字小字雙行同上下黑口四周雙邊　包背裝　二冊

史部

存九卷：一至五、七至十

善 1481
國子監續志十一卷　（明）謝鐸撰
　明弘治十六年刻本
　九行二十字小字雙行行字不等上下黑口四周雙邊　綫裝　二冊
　存十卷：一至十

善 1522
國子監監規一卷
　明萬曆刻本
　八行十八字白口四周雙邊　毛裝　一冊

善 1482
皇明太學志十二卷　（明）王材　郭鎜等纂修
　明嘉靖三十六年國子監刻隆慶、萬曆遞修本
　十行二十一字小字雙行同白口四周雙邊　毛裝　一冊
　存四卷：六（葉一）、八（葉三十六）、十一（葉三至四）、十二（葉二十六至二十七）

善 1478
南廱志二十四卷　（明）黄佐撰
　明嘉靖二十三年刻本
　十行二十字小字雙行同白口四周雙邊　毛裝　七冊
　存二十一卷：一至十二、十五至二十三

善 1455
皇明功臣封爵考八卷　（明）鄭汝璧撰
　明萬曆刻本
　十行二十字白口四周單邊　包背裝　一冊
　存三卷：一至二、五

官箴

善 1524
憲綱事類一卷申明憲綱一卷　（明）王廷相等撰　**風憲忠告一卷**　（明）張養浩撰　**御史箴一卷**　（明）薛瑄集解
　明嘉靖三十一年曾佩刻本
　九行二十字白口四周單邊　綫裝　一冊

善 1523
憲綱事類三卷
　明刻本
　九行二十字白口四周雙邊　毛裝　一冊
　存二卷：中、下

善 1487
國子先生璞山蔣公政訓一卷　（明）蔣廷璧撰
　明刻本
　九行二十字上下黑口四周雙邊　毛裝　一冊

善 1486
牧鑑十卷　（明）楊昱撰
　明嘉靖三十四年李仲僎刻本
　十行二十字白口四周單邊　毛裝　一冊
　存三卷：一至三

政書類

通制

善1427
杜氏通典二百卷 （唐）杜佑撰
　明嘉靖十八年王德溢、吳鵬刻本
　十一行二十字小字雙行同白口四周
　　單邊　綫裝　三十六册
　存一百八十卷：六至二十、二十五至
　　九十八、一百五至一百七十、一百
　　七十六至二百

善1428
杜氏通典二百卷 （唐）杜佑撰
　明嘉靖十八年王德溢、吳鵬刻本
　十一行二十字小字雙行同白口四周
　　單邊　綫裝　八册
　存三十九卷：一至三十九

善1429
杜氏通典二百卷 （唐）杜佑撰
　明嘉靖李元陽刻本
　十行十八字小字雙行同白口四周單
　　邊　綫裝　二十三册
　存一百一卷：十九至三十、三十九至
　　四十九、五十四至一百十、一百十
　　六至一百二十三、一百七十二至一
　　百八十四

善1430
杜氏通典二百卷 （唐）杜佑撰
　明嘉靖李元陽刻本
　十行十八字小字雙行同白口四周單
　　邊　綫裝　六册
　存十九卷：一至十九

善1431
新入諸儒議論杜氏通典詳節四十二卷
　元刻明修本
　十四行二十三字小字雙行同上下黑
　　口四周單邊　綫裝　四册
　存二十一卷：十至二十、三十三至四
　　十二

善1435
文獻通考三百四十八卷　（元）馬端臨
　撰
　明正德十一至十四年劉洪慎獨齋刻
　　十六年重修本
　十二行二十五字小字雙行同上下黑
　　口四周雙邊　毛裝　七十四册
　存三百二十一卷：一至二十、二十五
　　至六十四、八十三至三百三十一、
　　三百三十七至三百四十八

善1436
文獻通考三百四十八卷　（元）馬端臨
　撰
　明嘉靖三年司禮監刻本
　十行二十字小字雙行同上下黑口四
　　周雙邊　綫裝　一百十九册

善1438
文獻通考三百四十八卷　（元）馬端臨
　撰
　明嘉靖馮天馭刻本
　十三行二十四字小字雙行同白口左
　　右雙邊　綫裝　十五册
　存五十卷：一至三十、二百七十八至
　　二百八十、二百九十五至三百十一

史　部

善 1437
文獻通考三百四十八卷　（元）馬端臨撰
　明末刻本
　十行二十字小字雙行同白口四周單邊　綫裝　一百六十册

善 2092
經籍考七十六卷　（元）馬端臨撰
　明弘治九年黄仲昭、張汝舟刻嘉靖補修本
　十行十九字小字雙行同白口四周雙邊　綫裝　十册
　存三十一卷：一至八、十二至二十、二十四至二十七、三十二至四十一

善 2093
經籍考十二卷　（元）馬端臨撰
　明抄本
　八行二十四字小字雙行同白口四周單邊　綫裝　二册

馮善 1118
文獻通考纂二十四卷　（元）馬端臨撰（明）胡震亨輯
　明天啓六年劉氏刻本
　十行二十一字白口左右雙邊　綫裝　六册

善 1440
文獻通考詳節二十四卷　（清）嚴虞惇輯
　清抄本
　十行二十四字無版框　綫裝　六册

善 1441
續文獻通考二百五十四卷　（明）王圻撰
　明萬曆三十一年曹時聘、許維新等刻本
　十一行二十二字小字雙行同白口左右雙邊　綫裝　五十册
　存一百五十三卷：三至十四、二十二至二十七、三十七至三十九、四十六至五十一、五十九至六十、六十五至七十一、七十九至九十六、一百一至一百一十九、一百二十七至一百三十三、一百四十二至一百五十六、一百八十四至一百九十三、一百九十八至二百、二百一至二百八、二百十至二百二十四、二百二十八至二百四十三、二百四十六至二百五十一

善 1442
正續文獻通考識大編二十四卷　（清）方若珽輯
　清康熙十一年刻二十四年潘方吉補刻本
　九行二十六字白口四周單邊　綫裝　十二册

善 1443
歷代封建考二十卷
　明刻本
　十二行二十五字小字雙行同白口四周單邊　毛裝　一册
　存一卷：二十

善 1448
西漢會要七十卷　（宋）徐天麟撰
　明抄本
　十一行二十字小字雙行同白口四周單邊　綫裝　四册

存二十八卷：一至二十八

善 1452

皇明制書十四卷
明鎮江府丹徒縣刻本
十行二十一字小字雙行同上下黑口四周雙邊　毛裝　四冊
存六卷：一至四、十三至十四

善 1451

大明會典一百八十卷　（明）徐溥等纂修
明正德六年司禮監刻本
十行二十二字上下黑口四周雙邊　毛裝　一冊
存二卷：吏部、户部

善 1449

大明會典二百二十八卷　（明）申時行　趙用賢等纂修
明萬曆十五年内府刻本
十行二十字小字雙行同上下黑口四周雙邊　綫裝　二冊
存三卷：二十八、一百三十二至一百三十三

善 1450

大明會典二百二十八卷　（明）申時行　趙用賢等纂修
明萬曆十五年内府刻本
十行二十字小字雙行同上下黑口四周雙邊　綫裝　一冊
存五卷：五十二至五十六

善 1453

憲章類編四十二卷　（明）勞堪撰
明萬曆六年自刻本
九行二十二字白口四周雙邊　綫裝　八冊
存十七卷：九至二十五

善 1517

六部事例不分卷
明抄本
十行二十二字白口四周單邊　綫裝　三冊

善 1444

古今治平畧三十三卷　（明）朱健撰
明崇禎十一年鍾鉉刻本
九行二十字白口四周單邊　綫裝　十三冊
存二十二卷：三、七至九、十四至三十一

善 1445

古今治平畧三十三卷　（明）朱健撰
明崇禎十一年鍾鉉刻本
九行二十字白口四周單邊　綫裝　二十八冊

善 1446

古今治平畧三十三卷　（明）朱健撰
明崇禎十一年鍾鉉刻本
九行二十字白口四周單邊　綫裝　二十四冊

善 3144

古今治平略三十三卷　（明）朱健撰
明刻本
九行二十字白口四周單邊　綫裝　一冊
存六葉：序言、凡例

史部

善 1474
南京戶部通志四卷分志二十卷 （明）謝彬撰
　明刻本
　十行二十六字白口四周單邊　毛裝　一冊
　存一卷：一

馮善 1128
戶部則例二卷
　清抄本
　十行二十六至三十字不等無版框　綫裝　二冊

典禮

馮善 1119
大唐開元禮一百五十卷 （唐）蕭嵩等撰
　清抄本
　十行二十一字小字雙行同無版框　綫裝　十八冊
　存一百四十二卷：一至六、十五至一百五十

善 1457
大唐開元禮一百五十卷 （唐）蕭嵩等撰
　清抄本
　九行二十字小字雙行同白口四周雙邊　毛裝　十六冊
　存一百二十九卷：二十二至一百五十

善 1459
太常因革禮一百卷 （宋）歐陽修等撰
　清山陰杜氏知聖教齋抄本
　十一行二十二字小字雙行同上下黑口左右雙邊　毛裝　一冊
　存十四卷：二十九至四十二

善 1460
政和五禮新儀二百四十卷目錄六卷 （宋）鄭居中等撰　政和御製冠禮十卷
　清抄本
　十行二十四字無版框　毛裝　九冊
　存二百六卷：一至一百四十、一百七十一至二百二十，目錄，御製冠禮

善 1463
大明集禮五十三卷 （明）徐一夔　梁寅等撰
　明嘉靖九年内府刻本
　九行十八字白口四周雙邊　毛裝　八冊
　存十三卷：九至二十一

善 1464
大明集禮五十三卷 （明）徐一夔　梁寅等撰
　明嘉靖九年内府刻本
　九行十八字白口四周雙邊　綫裝　十五冊
　存十九卷：二、四、三十四至三十七、三十九至四十八、五十一至五十三

善 1461
洪武禮制一卷
　明刻本
　九行二十三字白口四周雙邊　毛裝　一冊

善 1462

禮儀定式一卷　（明）李原名等撰
　明嘉靖二十四年徽藩刻本
　九行十六字小字雙行行字不等上下黑口四周雙邊　包背裝　一冊

善 1466
廟制考義一卷圖一卷　（明）季本撰
　明嘉靖二十五年刻本
　十行二十字白口左右雙邊　綫裝　一冊

善 1465
類宮禮樂疏十卷　（清）李之藻撰
　明萬曆四十六年馮時來刻本
　十行二十二字小字雙行同白口四周雙邊　綫裝　五冊
　存五卷：二、六至九

善 1468
欽頒服色條例一卷
　清康熙十八年刻本
　九行十九字白口四周雙邊　毛裝　一冊

邦計

善 1492
江西賦役紀十五卷
　明刻本
　九行二十字白口四周單邊　毛裝　七冊
　存十卷：二至六、十一至十五

善 1496
催徵錢糧降罰事例不分卷
　明萬曆五年福建布政司刻藍印本
　九行十八字白口四周單邊　毛裝　一冊

善 1497
應天府為丈田畝清浮糧章程不分卷
　明刻本
　九行二十字小字雙行同白口四周雙邊　毛裝　一冊

善 1491
漕運議單不分卷
　明抄本
　十一行二十五字白口四周單邊　毛裝　一冊

善 1493
長蘆鹽法誌七卷　（明）方啓撰
　明隆慶三年刻本
　十行二十一字小字雙行同白口左右雙邊　毛裝　一冊
　存三卷：一至三

軍政

善 1502
大閱錄二卷　（明）張居正　霍冀等撰
　明隆慶二年兵部刻本
　九行十八字小字雙行同白口四周雙邊　毛裝　一冊
　存一卷：上

善 1498
軍政條例續集五卷　（明）孫聯泉撰
　明嘉靖三十一年江西臬司刻本
　九行十八字白口四周雙邊　毛裝　三冊

史　部

存三卷：三至五

善 1499
軍政一卷
　明嘉靖二十六年刻藍印本
　十行二十字白口四周單邊　毛裝　一冊

善 1500
軍令一卷
　明嘉靖二十六年刻藍印本
　十行十六字白口四周單邊　毛裝　一冊

善 1520
兵部武選司條例不分卷
　明抄本
　十二行十九至三十字白口四周單邊　毛裝　一冊

善 1506
寧波府通判諭保甲條約不分卷　（明）吳允裕撰
　明嘉靖三十四年刻本
　七行十六字白口四周雙邊　毛裝　一冊

善 1507
寧波府通判諭保甲條約不分卷　（明）吳允裕撰
　明嘉靖三十四年刻本
　七行十六字白口四周雙邊　毛裝　一冊

善 1503
營規一卷
　明嘉靖四十年刻本
　九行十九字白口四周雙邊　綫裝　一冊

善 1501
守城事宜一卷　（明）龐尚鵬撰
　明刻本
　九行十八字小字雙行行字不等白口四周單邊　毛裝　一冊

善 1505
浙江總兵肅紀維風冊不分卷
　明萬曆十一年刻本
　八行二十字白口四周雙邊　毛裝　一冊

善 1508
哨守條約二卷
　明刻本
　八行十七字白口四周雙邊　毛裝　一冊
　存一卷：下

善 1504
馬政志四卷　（明）陳講撰
　明嘉靖刻本
　十行二十三字小字雙行二十六字白口四周單邊　毛裝　一冊
　存二卷：一至二

法令

善 1511
大明律二卷
　明嘉靖刻本
　十行二十二字小字雙行同下黑口四周雙邊　包背裝　一冊

存一卷:二

善 1512
重增釋義大明律七卷
　明鰲峰堂刻本
　十二行二十五字小字雙行同上下黑口左右雙邊　綫裝　一冊

善 1510
御製大誥一卷　（明）太祖朱元璋撰
　明萬曆刻本
　十行二十一字白口四周雙邊　毛裝　一冊

善 1514
條例全文不分卷
　明抄本
　十行二十四字無版框　綫裝　八冊
　存八卷:十一、十三至十五、十九、三十五、三十九至四十

善 1516
嘉靖新例不分卷
　明抄本
　八行二十四至三十字白口四周雙邊　綫裝　一冊

善 1515
西都雜例一卷
　明抄本
　八行二十四字白口四周雙邊　毛裝　一冊

善 1521
重修問刑條例六卷
　明刻本
　十行二十一字下黑口四周雙邊　毛裝　一冊
　存二卷:五至六

善 1526
明驛遞條例一卷
　明刻本
　八行十六字白口四周雙邊　毛裝　一冊

善 1527
督捕則例二卷　（清）徐本等修輯
　清乾隆刻本
　九行十八字白口四周雙邊　綫裝　二冊

善 1469
現行常例一卷
　清刻本
　九行二十一字小字雙行同白口雙邊　綫裝　一冊

善 1470
科場條約一卷
　清康熙刻本
　九行二十字上下黑口四周雙邊　綫裝　一冊

考工

善 1592
船政不分卷
　明嘉靖刻本
　九行二十字白口左右雙邊　毛裝　三冊

善 1593

史　部

船政不分卷
　明嘉靖刻本
　九行二十字白口左右雙邊　毛裝　一冊

善 1594
工部為建殿堂修都城勸民捐款章程一卷
　明嘉靖刻本
　十行二十二字白口四周雙邊　毛裝　一冊

善 2878
新編魯般營造正式六卷
　明刻本
　八行十五字小字雙行同上下黑口四周雙邊　包背裝　一冊

善 1596
工程算法四卷　（清）岑傅撰
　清稿本
　十行二十五字無版框　毛裝　三冊
　存三卷：一至三

善 1595
七檁硬山大式做法不分卷
　清康熙抄本　清岑應麐　朱鼎煦跋
　十行二十五字小字雙行行字不等無版框　毛裝　一冊

公牘檔册

善 1509
余肅敏公經署公牘不分卷　（明）余子俊撰
　明嘉靖五年張縉刻本
　十行二十二字白口四周單邊　毛裝
　一冊

善 1490
戶部集議揭帖一卷
　明抄本
　十行二十字無版框　毛裝　一冊

善 1581、善 1581-1
審錄廣東案稿二卷　（明）夏□□輯
　明隆慶刻本
　九行二十字白口四周雙邊　毛裝　一冊

馮善 1129
江蘇省例不分卷
　清抄本
　十行二十六至二十八字不等無版框　綫裝　二冊

馮善 1130
蘇藩政要一卷錢漕欸目一卷　（清）華鵝洲輯
　清抄本
　十行行字不等小字雙行行字不等無版框　綫裝　二冊

善 4814
明道堂公抄不分卷
　清抄本
　行字不等小字雙行行字不等無版框　毛裝　一冊

目錄類

善 2084

宋崇文總目六十六卷　（宋）王堯臣等撰
　　明抄本
　　九行行字不等小字雙行行字不等白
　　　口四周單邊　包背裝　一冊
　　存六十五卷：一至二、四至六十六

善2086
欽定四庫全書簡明目錄二十卷　（清）
　　紀昀等撰
　　清刻本　清邵懿辰批　朱鼎煦跋
　　九行二十一字白口左右雙邊　綫裝
　　　九冊
　　存十一卷：九至十九

善2097
浙江採集遺書總錄十二卷　（清）沈初
　　等撰
　　清乾隆三十九年浙江布政使王亶望
　　　刻本
　　十行二十字小字雙行同上下黑口四
　　　周單邊　綫裝　十二冊

善2085
欽定天祿琳瑯書目十卷　（清）于敏中
　　等撰
　　清抄本　清周星詒跋
　　九行行字不等小字雙行行字不等無
　　　版框　綫裝　四冊

善5055
康熙中傳鈔天一閣書目不分卷　（明）
　　范欽藏
　　清抄本
　　行字不等小字雙行行字不等無版框
　　　綫裝　一冊

善5056

康熙中傳鈔天一閣書目不分卷　（明）
　　范欽藏
　　民國抄本
　　行字不等小字雙行行字不等無版框
　　　毛裝　一冊

善2087
澹生堂書目不分卷　（明）祁承爜藏并撰
　　清沈氏鳴野山房抄本　清王宗炎
　　　屠用錫跋
　　十一行十九字小字雙行行字不等上
　　　下黑口四周雙邊　綫裝　八冊

善2095
讀書敏求記四卷　（清）錢曾撰
　　清雍正四年趙孟升松雪齋刻本
　　九行二十字上下黑口四周單邊　綫
　　　裝　四冊

善2090
大梖山館藏書目不分卷　（清）姚燮藏
　　并撰
　　稿本
　　十一行行字不等白口四周雙邊　綫
　　　裝　二冊

馮善1199
煙嶼樓書目不分卷　（清）徐時棟藏并撰
　　稿本
　　十行二十一字小字雙行行字不等上
　　　下黑口左右雙邊　綫裝　四冊

善2091
八千卷樓書目不分卷　（清）丁丙藏并撰
　　清抄本
　　十一行三十字小字雙行同白口四周
　　　單邊　毛裝　六冊

史部

善 2088
鐵琴銅劍樓藏書目錄　（清）瞿鏞藏并撰
　清抄本
　十行二十二字小字雙行同白口左右雙邊　綫裝　五册
　存二十卷：一至二十

善 2094
國史經籍志六卷　（明）焦竑輯
　清盧文弨抄本
　十一行二十一字小字雙行同白口四周雙邊　綫裝　五册

善 5054
學院訪求書目一卷
　清抄本
　九行行字不等小字雙行行字不等白口四周雙邊　綫裝　一册

善 2096
違礙書目編韻便覽正續編二卷附禁書姓名編均便覽
　清傅以禮長恩閣抄本　清傅以禮校并跋
　十二行行字不等小字雙行行字不等無版框　綫裝　一册

善 2098
海東載書識三十五卷　（清）楊希閔撰
　稿本　朱鼎煦跋
　十一行二十三字白口四周雙邊　綫裝　三十二册

金石類

總類

善 2061
籀史二卷　（宋）翟耆年撰　周秦刻石釋音一卷　（元）吾丘衍撰
　清抄本
　九行十七字小字雙行同白口無版框　綫裝　一册
　存二卷：籀史上、周秦刻石釋音

善 2069
隸釋二十七卷隸續二十一卷　（宋）洪适撰
　清乾隆四十二至四十三年汪日秀樓松書屋刻本
　九行二十字小字雙行同白口四周單邊　綫裝　六册
　存四十六卷：隸釋，隸續一至八、十一至二十一

善 2070
隸續二十一卷　（宋）洪适撰
　清影元抄本
　十行二十字小字雙行同白口左右雙邊　綫裝　四册
　存七卷：一至七

善 4473
金石古文十四卷　（明）楊慎輯
　明刻本
　八行十六字小字雙行同白口四周雙邊　毛裝　二册

存十二卷：三至十四

善 2081
蘇齋題跋二卷　（清）翁方綱撰
　　清抄本
　　十行十九字小字雙行同白口無版框
　　　綫裝　二冊

善 2077
粵東金石略九卷首一卷附二卷　（清）
　　翁方綱撰
　　清乾隆刻蘇齋叢書本　孫家湜跋
　　十行二十二字小字雙行三十三字白
　　　口左右雙邊　綫裝　一冊

善 2078
重定金石契不分卷首一卷　（清）張燕
　　昌撰
　　清乾隆四十三年刻本
　　十行十六字小字雙行同白口四周單
　　　邊　綫裝　四冊

善 2079
求古精舍金石圖四卷　（清）陳經撰
　　清嘉慶十八至二十二年陳經説劍樓
　　　刻本
　　九行二十字上下黑口左右雙邊　綫
　　　裝　四冊

善 2080
求古精舍金石圖四卷　（清）陳經撰
　　清嘉慶十八至二十二年陳經説劍樓
　　　刻本
　　九行二十字上下黑口左右雙邊　綫
　　　裝　四冊

善 2064

重修宣和博古圖錄三十卷　（宋）王黼
　　等撰
　　明刻本
　　八行十七字小字雙行行字不等白口
　　　四周單邊　綫裝　三十冊
　　存二十七卷：一至二十、二十三至二
　　　十九

善 2068
嘯堂集古錄二卷　（宋）王俅撰
　　明影宋刻本
　　行字不等口左右雙邊　綫裝　二冊

善 2063
至大重修宣和博古圖錄三十卷　（宋）
　　王黼等撰
　　明刻本
　　八行十七字小字雙行行字不等白口
　　　左右雙邊　綫裝　十五冊

馮善 2062
泊如齋重修考古圖十卷　（宋）呂大臨撰
　　（元）羅更翁考訂
　　明刻本
　　八行十七字小字雙行三十四字白口
　　　四周單邊　綫裝　六冊

善 2065
泊如齋重修宣和博古圖錄三十卷　（宋）
　　王黼等撰
　　明萬曆十六年泊如齋刻本
　　八行十七字白口四周單邊　綫裝
　　　十二冊
　　存十八卷：四至十一、十三至十五、十
　　　八至二十二、二十六至二十七

善 2066

史部

泊如齋重修宣和博古圖錄三十卷 （宋）王黼等撰
　明萬曆十六年泊如齋刻本
　八行十七字白口四周單邊　綫裝　十六冊

善2067
歷代鐘鼎彝器欵識二十卷 （宋）薛尚功撰
　清二老閣抄本　清徐時棟校并跋
　行字不等無版框　綫裝　四冊

善2071
寶刻叢編二十卷 （宋）陳思輯
　清鳴野山房抄本　清王宗炎　沈復燦跋
　十行二十字小字雙行同白口左右雙邊　綫裝　八冊
　存十七卷：一至十、十二至十五、十八至二十

善2546
寶刻類編八卷
　清抄本
　十二行二十四字小字雙行同上下黑口左右雙邊　綫裝　二冊

善2072
名蹟錄七卷 （明）朱珪撰
　清鳴野山房抄本
　九行二十字上下黑口左右雙邊　綫裝　四冊

善2074
石墨鐫華八卷 （明）趙崡撰
　明萬曆四十六年自刻本
　八行十八字小字雙行同白口四周單邊　綫裝　二冊

善2075
石墨鐫華八卷 （明）趙崡撰
　明萬曆四十六年自刻本
　八行十八字小字雙行同白口四周單邊　綫裝　一冊
　存二卷：一至二

璽印

善2547
集古印譜六卷 （明）王常輯
　明萬曆三年顧氏芸閣刻朱印本　守堂跋
　行字不等上下黑口四周單邊　綫裝　六冊

善2548
集古印譜六卷 （明）王常輯
　明萬曆三年顧氏芸閣刻朱印本
　行字不等上下黑口四周單邊　綫裝　五冊
　存五卷：一、三至六

善2549
集古印譜六卷 （明）王常輯
　明萬曆三年顧氏芸閣刻朱印本
　行字不等上下黑口四周單邊　綫裝　三冊
　存三卷：一至二、四

善2550
古今印則二卷 （明）程遠輯
　明萬曆項夢原刻鈐印本
　行不等行字不等白口四周單邊　綫

裝　一册

善 2551
五合曲印譜五卷　（明）陸儀篆　（明）
　　周士德選
　　明萬曆四十五年刻鈐印本
　　二行行字不等白口四周單邊　綫裝
　　　一册
　　存二卷：一至二

善 2555
二百蘭亭齋古印攷藏六卷　（清）吳雲
　　鑒藏
　　清同治三年刻鈐印本
　　十一行二十二字白口左右雙邊　綫
　　　裝　二册

善 2082
古印集存不分卷　（清）宗曉峰輯
　　清鈐印本　大鱸跋
　　白口無版框　綫裝　一册

史　評　類

善 1407
東萊先生音註唐鑑二十四卷　（宋）范
　　祖禹撰　（宋）吕祖謙注
　　明刻本
　　十一行十九字小字雙行二十四字上
　　　下黑口左右雙邊　毛裝　三册

善 1408
讀史管見三十卷目錄二卷　（宋）胡寅撰
　　明崇禎八年張溥刻本
　　九行二十字白口左右雙邊　綫裝

　　　十六册

善 1409
涉史隨筆一卷　（宋）葛洪撰
　　明弘治十七年刻本
　　九行十八字上下黑口四周雙邊　毛
　　　裝　一册

善 1410
涉史隨筆一卷　（宋）葛洪撰
　　清徐釚抄本
　　九行十九字無版框　綫裝　一册

善 1411
小學史斷二卷　（宋）南宮靖一撰　（明）
　　晏彦文續
　　明嘉靖十七年張木刻本
　　九行二十字小字雙行同白口四周單
　　　邊　綫裝　二册

善 1412
小學史斷四卷　（宋）南宮靖一撰　（明）
　　晏彦文續　資治通鑑總要通論一卷
　　（元）潘榮撰
　　明隆慶二年金陵龔碧川刻本
　　九行二十字白口四周雙邊　綫裝　四
　　　册

善 1414
通鑑博論三卷　（明）朱權撰
　　明萬曆十四年内府刻本
　　十行行字不等小字雙行行字不等上
　　　下黑口四周雙邊　毛裝　一册
　　存一卷：下

善 1415
政鑒三十二卷　（明）夏寅撰

史 部

明正德十六年刻本
十行十九字白口四周單邊　毛裝　三冊
存二十三卷：十至三十二

善 1413
唐宋名賢歷代確論一百卷
明刻本
十一行二十四字上下黑口四周雙邊　綫裝　一冊
存一卷：四

善 1420
史學綱領五卷　（明）王紳撰
明嘉靖二十六年刻本
十一行二十四字白口四周單邊　毛裝　一冊

善 1422
霞漪閣校訂史綱評要三十六卷　（明）李贄撰
明萬曆四十一年吳從先刻本　清適安跋
九行十八字白口左右雙邊　綫裝　十二冊

善 1416
重刻全補標題音註歷朝捷錄四卷　（明）顧充撰　（明）顧憲成音釋
明萬曆六年浙人舒少軒刻本
十行二十二字小字雙行同白口四周雙邊　毛裝　四冊

善 1417
五訂歷朝捷錄百家評林四卷　（明）顧充撰
明萬曆二十一年三建書林喬山堂劉龍田刻本
九行二十字小字雙行同白口四周單邊　綫裝　二冊

馮善 1295
三史統類臆斷一卷　（明）范大冲撰
明萬曆范氏天一閣刻後印本　馮貞群跋
八行十六字白口四周單邊　綫裝　一冊

善 1424
三史統類臆斷一卷　（明）范大冲撰
明萬曆范氏天一閣刻後印本
八行十六字白口四周單邊　綫裝　一冊

善 1419
史懷十七卷　（明）鍾惺撰　（明）陶珽評
明崇禎刻本
九行二十字白口四周單邊　綫裝　一冊
存三卷：一至三

善 1421
千百年眼十二卷　（明）張燧撰
明萬曆刻本
八行十九字白口四周單邊　綫裝　四冊

子 部

總 類

善 2146
纂圖互註五子五十卷
　明刻本
　十二行二十六字小字雙行同上下黑口四周雙邊　綫裝　三冊
　存一種十卷：
　　纂圖互注揚子法言十卷　（晋）李軌（唐）柳宗元　（宋）宋咸　吳秘　司馬光注

善 2148
六子書六十卷
　明嘉靖刻本
　八行十七字小字雙行同白口四周雙邊　綫裝　三冊
　存一種十卷：
　　新纂門目五臣音註揚子法言十卷　（漢）揚雄撰　（晋）李軌（唐）柳宗元　（宋）宋咸　吳秘　司馬光注

善 2153、善 2149、善 2271
六子書六十卷　（明）顧春編
　明嘉靖十二年顧春世德堂刻本
　八行十七字小字雙行同白口四周雙邊　綫裝　六冊
　存三種二十二卷：

　　中說十卷　（宋）阮逸注
　　新纂門目五臣音註揚子法言十卷（晋）李軌　（唐）柳宗元　（宋）宋咸　吳秘　司馬光注（存六卷：一至六）
　　沖虛至德真經八卷　（晋）張湛注（存六卷：一至二、五至八）

馮善 1340、馮善 1317
六子書六十卷　（明）顧春編
　明嘉靖十二年顧春世德堂刻本
　八行十七字小字雙行同白口四周雙邊　綫裝　十一冊
　存二種三十卷：
　　新纂門目五臣音註揚子法言十卷（漢）揚雄撰　（晋）李軌（唐）柳宗元　（宋）宋咸　吳秘　司馬光注
　　荀子二十卷　（唐）楊倞注

馮善 1343
六子書六十卷　（明）顧春編
　明嘉靖十二年顧春世德堂刻本
　八行十七字小字雙行同白口四周雙邊　綫裝　二冊
　存一種十卷：
　　中說十卷　（宋）阮逸注

馮善 1916
六子書六十卷　（明）顧春編
　明嘉靖十二年顧春世德堂刻本

子　部

八行十七字小字雙行同白口四周雙邊　綫裝　一册

存一種二卷：

老子道德經二卷　題（漢）河上公章句

善2125

六子書六十卷　（明）顧春編

明嘉靖十二年顧春世德堂刻本

八行十七字小字雙行同白口四周雙邊　綫裝　五册

存一種十七卷：

荀子二十卷　（唐）楊倞注（存十七卷：一至三、七至二十）

善2150

六子書六十卷

明桐陰書屋刻本

八行十七字小字雙行同白口四周雙邊　綫裝　一册

存一種二卷：

監本五臣音注揚子法言十卷　（晋）李軌　（唐）柳宗元　（宋）宋咸　吴秘　司馬光注（存二卷：六至七）

善2154

六子書六十卷

明桐陰書屋刻本

八行十七字小字雙行同白口四周雙邊　綫裝　四册

存一種十卷：

中說十卷　（宋）阮逸注

善2155

六子書六十卷

明桐陰書屋刻本

八行十七字小字雙行同白口四周雙邊　毛裝　二册

存一種十卷：

中說十卷　（宋）阮逸注

馮善1428

二十子全書一百六十九卷　（明）吴勉學編

明萬曆吴勉學刻本

九行十八字小字雙行同白口左右雙邊　綫裝　四册

存一種二十四卷：

管子二十四卷

善2103、善2280

子彙二十四種三十四卷　（明）周子義編

明萬曆四至五年南京國子監刻本

十行二十一字上下細黑口四周雙邊　綫裝　九册

存十二種十八卷：

鬻子一卷　（西周）鬻熊撰

晏子春秋内篇二卷　（春秋）晏嬰撰

孔叢子三卷　（漢）孔鮒撰

陸子一卷　（漢）陸賈撰

賈子新書二卷　（漢）賈誼撰

小荀子一卷　（漢）荀悦撰

鹿門子一卷　（唐）皮日休撰

文子二卷　（西周）辛鈃撰（存一卷：二）

鶡冠子一卷　（宋）陸佃解

墨子一卷　（戰國）墨翟撰

子華子二卷　（春秋）程本撰

劉子二卷　（北齊）劉晝撰

善2251

中立四子集六十四卷　（明）朱東光編

（明）張登雲參補

明萬曆七年刻本

十行二十一字小字雙行同白口四周雙邊　綫裝　四冊

存一種十卷：

　莊子南華真經十卷　（晋）郭象注（唐）陸德明音義

善 2104

中立四子集六十四卷　（明）朱東光編

（明）張登雲參補

明萬曆七年刻本

十行二十一字小字雙行同白口四周雙邊　綫裝　十二冊

　老子道德經二卷　題（漢）河上公注

　莊子南華真經十卷　（晋）郭象注（唐）陸德明音義

　管子二十四卷　（唐）房玄齡注（明）劉績增注

　淮南鴻烈解二十八卷　（漢）劉安撰（漢）高誘注

善 2105

中立四子集六十四卷　（明）朱東光編

（明）張登雲參補

明萬曆七年刻本

十行二十一字小字雙行同白口四周雙邊　綫裝　七冊

存三種二十五卷：

　老子道德經二卷　題（漢）河上公注

　莊子南華真經十卷　（晋）郭象注（唐）陸德明音義（存七卷：一至七）

　管子二十四卷　（唐）房玄齡注（明）劉績增注（存十六卷：一至十六）

善 2106

中立四子集六十四卷　（明）朱東光編

（明）張登雲參補

明萬曆七年刻本

十行二十一字小字雙行同白口四周雙邊　綫裝　九冊

存三種十二卷：

　老子道德經二卷　題（漢）河上公注（存一卷：一）

　莊子南華真經十卷　（晋）郭象注（唐）陸德明音義（存五卷：一、四至五、九至十）

　淮南鴻烈解二十八卷　（漢）劉安撰（漢）高誘注釋（存六卷：一至六）

善 2107

中立四子集六十四卷　（明）朱東光編

（明）張登雲參補

明萬曆七年刻本

十行二十一字小字雙行同白口四周雙邊　綫裝　三冊

存二種十卷：

　莊子南華真經十卷　（晋）郭象注（唐）陸德明音義（存二卷：四至五）

　淮南鴻烈解二十八卷　（漢）劉安撰（漢）高誘注（存八卷：十三至十六、二十一至二十四）

善 2108

先秦諸子合編十六種三十五卷　（明）馮夢禎編

明萬曆三十年絲眇閣刻本

十行二十字白口左右雙邊　綫裝　一冊

存三種七卷：

　商子五卷

子 部

慎子一卷
鄧析子一卷

善 2130
先秦諸子合編十六種三十五卷　（明）
馮夢禎編
明萬曆三十年緜眇閣刻本
十行二十字白口左右雙邊　綫裝　二冊
存一種三卷：
孔叢子三卷　（漢）孔鮒撰

善 2668
括蒼二子　（明）楊瑞輯
明萬曆楊瑞刻本
十行二十一字小字雙行同白口四周雙邊　綫裝　一冊
存一種二卷：
重刊草木子四卷　（明）葉子奇撰（存二卷：三至四）

善 0838
合諸名家批點諸子全書□□種□□卷
明天啓武林坊刻本
九行二十字白口四周單邊　綫裝　二冊
存一種二卷：
晏子春秋六卷　（明）楊慎評點（存二卷：一、六）

善 0841
合諸名家批點諸子全書□□種□□卷
明天啓武林坊刻本
九行二十字白口四周單邊　綫裝　一冊
存一種六卷：
晏子春秋六卷　（明）楊慎評點

馮善 3309
諸子彙函二十六卷　（明）歸有光輯
明天啓刻本
九行十八字小字雙行同白口四周單邊　綫裝　二十六冊

善 2110
諸子彙函二十六卷　（明）歸有光輯
明天啓刻清印本
九行十八字小字雙行同白口四周單邊無格　綫裝　二十七冊

儒家類

善 2114
家語十卷　（明）徐仁毓閱
明末刻本
九行二十字小字雙行同白口左右雙邊　綫裝　四冊

善 2115
孔子家語八卷　（明）何孟春注
明永明書院刻本
九行二十字小字雙行同白口四周雙邊　綫裝　四冊

馮善 1314
孔子家語八卷　（明）何孟春注
明永明書院刻本
九行二十字小字雙行同白口四周雙邊　綫裝　二冊

善 2117
孔聖家語圖十一卷　（明）吳嘉謨輯
明萬曆十七年自刻本

199

善2131
孔叢子三卷　題（漢）孔鮒撰
　明崇禎六年孔胤植刻本
　十行十九字小字雙行同白口四周單
　　邊　毛裝　一冊
　存一卷：上

善2120
纂圖互註荀子二十卷　（唐）楊倞注
　明刻本（卷一至二配另一明刻本）
　　孫家溎跋
　十一行二十一字小字雙行行字不等
　　上下黑口左右雙邊（卷一至二半葉
　　十二行二十六字小字雙行同）　綫
　　裝　八冊

善2122
荀子二十卷　（唐）楊倞注
　明刻本
　八行十七字小字雙行同白口四周單
　　邊雙邊兼有　綫裝　六冊

善2123
荀子二十卷　（唐）楊倞注
　明刻本
　八行十七字小字雙行同白口四周雙
　　邊　綫裝　六冊

善2124
荀子二十卷　（唐）楊倞注
　明刻本
　八行十七字小字雙行同白口四周雙
　　邊　毛裝　六冊

善2126
荀子二十卷　（唐）楊倞注
　明刻本
　八行十七字小字雙行同白口四周雙
　　邊　綫裝　二冊
　存三卷：三、六至七

善2127
荀子二十卷　（唐）楊倞注
　明刻本
　八行十七字小字雙行同白口四周雙
　　邊　綫裝　一冊
　存三卷：十八至二十

善2128
荀子二十卷　（唐）楊倞注
　明刻本
　十行二十字白口四周單邊　毛裝　一
　　冊
　存三卷：三至五

善2129
荀子二十卷　（唐）楊倞注
　明末刻本
　九行二十字小字雙行同白口四周單
　　邊　綫裝　四冊

善2134
鹽鐵論十卷　（漢）桓寬撰
　明嘉靖刻本
　九行十八字白口四周單邊　綫裝　一
　　冊

善2136
鹽鐵論十二卷　（漢）桓寬撰　（明）張
　之象注
　明嘉靖三十三年張氏猗蘭堂刻本

十行二十字小字雙行同白口四周單
　邊　綫裝　六冊

子　部

九行十七字小字雙行同上下黑口左右雙邊　綫裝　二册

存八卷：一至六、十一至十二

善 2138

劉向新序十卷　（漢）劉向撰

明刻本

八行十八字白口四周單邊　綫裝　二册

存九卷：一至五、七至十

馮善 1332

劉向新序十卷　（漢）劉向撰

明刻本

十行十八字白口左右雙邊　綫裝　二册

馮善 1333

劉向新序十卷　（漢）劉向撰

明吳勉學刻本

九行十八字白口左右雙邊　綫裝　四册

馮善 1336

劉向新序十卷　（漢）劉向撰

明吳勉學刻本

九行十八字白口左右雙邊　綫裝　八册

善 2137

劉向新序十卷　（漢）劉向撰

明天一閣刻本

十行十八字白口左右雙邊　毛裝　一册

存五卷：六至十

善 2141

劉向說苑二十卷　（漢）劉向撰

明初刻本　清王端履跋

十三行二十四字上下黑口四周雙邊　綫裝　一册

存五卷：一至五

善 2142

劉向說苑二十卷　（漢）劉向撰

明天一閣刻本

十行十八字白口左右雙邊　散葉　一包

又複本五部五包

善 2143

劉向說苑二十卷　（漢）劉向撰

明刻本

八行十八字白口四周單邊無格　綫裝　一册

存十二卷：一至五、十一、十五至二十

善 2144

劉向說苑二十卷　（漢）劉向撰

明刻本　朱鼎煦跋

十一行十八字上下黑口四周雙邊　綫裝　四册

善 2151 甲

申鑒五卷　（漢）荀悦撰

明正德十三年李濂刻本

十行二十字白口四周單邊　綫裝　一册

善 2151 乙

徐幹子中論二卷　（漢）徐幹撰　（明）張華批點

明刻本

九行十八字白口四周單邊雙邊兼有

綫裝　二冊
存一卷：二

善 2156
中說十卷　題（隋）王通撰　（宋）阮逸注
明刻本
十二行二十六字小字雙行同上下黑口四周雙邊　金鑲玉　一冊
存五卷：一至五

善 2157
中說十卷　題（隋）王通撰　（宋）阮逸注
明刻本
十一行二十三字小字雙行同上黑口四周雙邊　綫裝　一冊
存五卷：六至十

善 2158
宋司馬溫國文正公家範十卷　（宋）司馬光撰
明萬曆三年陳世寶刻本
九行二十二字白口四周雙邊　綫裝　二冊

馮善 1346
家範十卷　（宋）司馬光撰
明天啟六年司馬露等刻本
九行二十字小字雙行同白口四周雙邊　綫裝　二冊

馮善 1349
張子全書十五卷　（宋）張載撰　（宋）朱熹注
明刻清順治十年喻三畏重修康熙後印本

十行二十字小字雙行同白口四周雙邊　綫裝　六冊

善 2161
二程子全書五十一卷　（宋）程顥　程頤撰
明嘉靖三年李中、余祐刻本
十行二十字小字雙行同上下黑口四周雙邊　綫裝　七冊
存二種三十四卷：
河南程氏遺書二十五卷附錄一卷（宋）朱熹輯（存二十五卷：一至十七、十九至二十五，附錄）
河南程氏文集十二卷遺文一卷（宋）程顥　程頤撰（存九卷：文集一至九）

馮善 1350
二程全書六十七卷　（宋）程顥　程頤撰　（宋）朱熹輯
清康熙呂氏寶誥堂刻本
十二行二十二字上下黑口左右雙邊　綫裝　十冊
河南程氏遺書二十五卷附錄一卷
河南程氏外書十二卷
明道文集五卷　（宋）程顥撰
伊川文集八卷附錄二卷　（宋）程頤撰
伊川易傳四卷　（宋）程頤撰
伊川經說八卷　（宋）程頤撰
二程粹言二卷　（宋）楊時訂定　（宋）張栻編次

善 2162
二程全書六十八卷　（宋）程顥　程頤撰
明萬曆三十四年徐必達刻本

子　部

十行二十字小字雙行同白口四周雙邊　綫裝　八册
　遺書二十八卷附錄一卷　（宋）朱熹輯
　外書十卷　（宋）朱熹輯
　粹言二卷　（宋）楊時輯
　易傳四卷　（宋）程頤撰
　經說八卷　（宋）程頤撰
　明道文集五卷　（宋）程顥撰
　伊川文集八卷　（宋）程頤撰
　遺文一卷　（宋）程顥　程頤撰
　續附錄一卷

善 2164
二程先生粹言九卷　（明）徐養正輯
　明嘉靖刻本
　十行二十字小字雙行同白口四周單邊　綫裝　一册
　存三卷：七至九

善 2165
程伯子□□卷　（宋）程頤撰
　明刻本
　十行二十一字白口四周單邊　散葉　一册

善 2166
致堂先生崇正辨三卷　（宋）胡寅撰
　明刻本
　十行十八字白口四周單邊　綫裝　三册

善 0321
小學集註大全十卷　（明）吳訥集解　（明）陳祚正誤　（明）陳選增注
　明刻本
　十行十六字小字雙行同白口左右雙邊　綫裝　二册
　存五卷：四至八

善 2167
類編標註文公朱先生經濟文衡前集二十五卷後集二十五卷續集二十二卷　（宋）滕珙輯
　明萬曆三十四年朱崇沐刻本
　九行二十字小字雙行同白口四周單邊　綫裝　十册

善 2168
朱子語畧二十卷　（宋）楊與立輯
　明弘治四年南京國子監刻本
　九行十五字上下黑口四周雙邊　毛裝　三册
　存九卷：六至八、十五至二十

善 2211
重輯朱子錄要十五卷　（明）馮應京輯
　明萬曆三十三年朱崇沐刻本（序跋、目錄抄配）
　九行十九字白口左右雙邊　綫裝　八册

善 2169
宋四子抄釋二十一卷　（明）呂柟撰
　明嘉靖十六年汪克儉等刻本
　十行二十一字小字雙行同白口四周單邊　毛裝　四册
　存三種十四卷：
　　二程子抄釋十卷（存六卷：五至十）
　　横渠張子抄釋六卷
　　朱子抄釋二卷

善 2170
胡子知言六卷　（明）胡宏撰　附錄一

卷疑義一卷　（明）程敏政輯
　　清抄本
　　十一行二十一字白口無版框　綫裝
　　　二冊

馮善 1366
先聖大訓六卷　（宋）楊簡撰
　　明萬曆四十三年張翼軫等刻本
　　八行十六字小字雙行同白口四周單
　　　邊　綫裝　六冊

馮善 1361
大學衍義四十三卷　（宋）真德秀撰
　　（明）陳仁錫評
　　明崇禎陳仁錫刻本
　　十行二十字小字雙行同白口四周單
　　　邊　綫裝　八冊

善 2190
大學衍義補一百六十卷首一卷　（明）
　　丘濬撰
　　明刻本
　　十行二十字小字雙行同白口左右雙
　　　邊　綫裝　四冊
　　存十二卷：一至八、十五至十七，首

善 2191
大學衍義補一百六十卷首一卷　（明）
　　丘濬撰
　　明刻本
　　十行二十字小字雙行同上下黑口四
　　　周雙邊　毛裝　一冊
　　存八卷：一百三十五至一百四十二

善 2192
大學衍義補一百六十卷首一卷　（明）
　　丘濬撰　（明）陳仁錫評

明崇禎陳仁錫刻本
十行二十字小字雙行同白口四周單
　邊　綫裝　二十四冊

馮善 1362
大學衍義補一百六十卷首一卷　（明）
　　丘濬撰　（明）陳仁錫評
　　明崇禎陳仁錫刻本
　　十行二十字小字雙行同白口四周單
　　　邊　綫裝　二十四冊

善 2174
新編音點性理群書句解前集二十三卷
　　（宋）熊節輯　（宋）熊剛大集解
　　宋刻本
　　十三行二十四字小字雙行同上下黑
　　　口四周雙邊　綫裝　一冊
　　存八卷：一至八

善 2173
慈溪黃氏日抄分類九十七卷古今紀要
　十九卷　（宋）黃震撰
　　清乾隆三十二年新安汪佩鍔刻本
　　十四行二十六字小字雙行同白口四
　　　周雙邊　綫裝　十六冊
　　存一百十三卷：日抄分類一至八十、
　　　八十二至八十八、九十至九十一、
　　　九十三至九十七，古今紀要

善 2176
新刊標題明解聖賢語論四卷首一卷
　　（元）王廣謀撰
　　明嘉靖十二年書林余氏自新齋刻本
　　九行十八字小字雙行同上下黑口四
　　　周雙邊　毛裝　一冊

善 2179

子　部

性理大全書七十卷　（明）胡廣等撰
　明永樂十三年內府刻本
　十行二十二字小字雙行同上下黑口四周雙邊　綫裝　十六冊
　存三十九卷：二十九至三十一、三十五至七十

馮善 1369

性理大全書七十卷　（明）胡廣等撰
　明嘉靖二十二年應天府學刻本
　十行二十字小字雙行同白口四周雙邊　綫裝　二十三冊
　存六十七卷：一至二十一、二十五至七十

善 2182

性理大全書七十卷　（明）胡廣等撰
　明萬曆二十五年吳勉學師古齋刻本
　十行二十字小字雙行同白口四周雙邊　綫裝　十一冊
　存五十七卷：一至四、十四至二十三、二十八至七十

善 2181

性理大全書七十卷　（明）胡廣等撰
　明刻本
　十二行二十四字小字雙行同上下黑口四周雙邊　毛裝　一冊
　存三卷：二至四

善 2180

新刊性理大全七十卷　（明）胡廣等撰
　明刻本
　十一行行字不等小字雙行行字不等白口四周雙邊　綫裝　十六冊
　存五十七卷：三至五、十一至十四、二十一至七十

善 2178

新刊性理大全七十卷　（明）胡廣等撰
　明刻本　佚名跋
　十一行行字不等小字雙行行字不等白口四周雙邊　綫裝　三冊
　存十三卷：五至十三、二十四至二十七

善 2187

薛文清公讀書全錄類編二十卷　（明）薛瑄撰　（明）侯鶴齡輯
　明萬曆二十四年刻本
　十行二十字白口四周單邊　綫裝　八冊

善 2188

薛文清公讀書全錄類編二十卷　（明）薛瑄撰　（明）侯鶴齡輯
　明萬曆二十四年刻本
　十行二十字白口四周單邊　綫裝　七冊
　存十九卷：一至二、四至二十

馮善 1370

薛文清公讀書全錄類編二十卷　（明）薛瑄撰　（明）侯鶴齡輯
　明萬曆二十四年刻本
　十行二十字白口四周單邊　綫裝　六冊

善 3132

五倫書六十二卷　（明）宣宗朱瞻基撰
　明正統十二年內府刻本
　九行十八字小字雙行行字不等上下黑口四周雙邊　綫裝　十二冊
　存二十六卷：十五至二十二、二十五至四十、四十四至四十五

善 3133
五倫書六十二卷 （明）宣宗朱瞻基撰
　明刻本
　　十一行二十三字上下黑口四周雙邊　綫裝　四冊
　　存二十八卷：二十二至四十九

善 2200
居業錄四卷 （明）胡居仁撰
　明萬曆二十年李楨刻本
　　十行二十字白口左右雙邊　毛裝　四冊

善 2201
居業錄要語四卷 （明）胡居仁撰（明）張吉輯
　明正德二年刻本
　　十行十八字上下黑口四周雙邊　毛裝　一冊

善 2202
居業錄要語四卷 （明）胡居仁撰（明）張吉輯
　明正德二年刻本
　　十行十八字上下黑口四周雙邊　毛裝　一冊

善 2194
諸儒講義二卷 （明）章懋　董遵輯
　明嘉靖三十七年漢東書院刻本
　　九行十八字白口左右雙邊　毛裝　一冊
　　存一卷：下

善 2195
困知記二卷續二卷續補一卷外編一卷附錄一卷 （明）羅欽順撰
　明嘉靖刻本
　　九行十七字白口左右雙邊　毛裝　二冊
　　存三卷：續、附錄

善 2207
陽明先生則言二卷 （明）王守仁撰
　明嘉靖十六年薛侃刻本
　　九行十九字白口左右雙邊　毛裝　一冊
　　存一卷：一

善 2196
士翼四卷 （明）崔銑撰
　明嘉靖刻本
　　十行二十字白口四周單邊　綫裝　二冊

善 2197
涇野子外篇二卷 （明）呂柟撰
　明嘉靖二十七年刻本
　　九行二十字白口四周單邊　綫裝　二冊

善 2198
涇野子外篇二卷 （明）呂柟撰
　明嘉靖二十七年刻本　清錢維喬跋
　　九行二十字白口四周單邊　綫裝　二冊

善 2184
性理要刪□□卷 （明）黄漢憲纂
　明周日校刻本
　　十一行二十四字白口四周單邊　綫裝　一冊
　　存三卷：一至三

子 部

善 2185
群書歸正集十卷 （明）林㒶撰
　明萬曆十八年林祖述刻本
　十行二十字小字雙行同白口四周雙
　　邊　綫裝　一册
　存六卷：五至十

善 2206
聖訓演三卷 （明）許讚撰
　明嘉靖刻本
　十行二十二字白口左右雙邊　毛裝
　　二册
　存二卷：一至二

善 2210
證人社會儀一卷約言一卷 （明）劉宗
周撰
　明崇禎刻本　佚名跋
　六行十六字白口四周單邊　綫裝　一
　　册

馮善 1373
呻吟語六卷 （明）吕坤撰
　明萬曆二十一年刻本（卷一之四配清
　　抄本）
　九行十九字小字雙行同白口左右雙
　　邊　綫裝　八册

善 2119
尊孔錄十六卷 （明）安世鳳撰
　明天啟元年刻本
　九行十八字白口四周雙邊　綫裝　八
　　册

善 2209
完訣一卷 （明）丁從堯撰
　明萬曆四十二年刻本
　九行二十字白口四周單邊　毛裝　一
　　册

馮善 1375
家訓類編五卷 （明）王演疇撰
　明萬曆四十四年自刻本
　九行十八字白口四周單邊　綫裝　四
　　册

善 2217
儒宗理要二十九卷 （清）張能鱗輯
　清順治十四至十五年刻本
　十行二十四字小字雙行同白口四周
　　單邊　綫裝　十册
　　周子二卷
　　張子六卷
　　二程子六卷
　　朱子十五卷

善 2218
理學辨一卷 （清）王庭撰
　清刻本
　九行二十字白口四周雙邊　散葉　五
　　十一葉

善 2214
性理大中二十八卷首一卷 （清）應撝
謙輯
　清康熙二十五年刻本
　九行二十字小字雙行同白口四周單
　　邊　綫裝　二十册

馮善 1357
四書朱子語類三十八卷 （清）張履祥
吕留良摘抄
　清康熙四十年南陽講習堂刻本
　十二行二十四字小字雙行同上下黑

口左右雙邊　綫裝　六册

兵家類

善2311
武經節要二卷
　明隆慶三年刻本
　九行十七字白口左右雙邊　綫裝　二册

善2306
孫子集註十三卷　（漢）曹操　（唐）杜牧等撰
　明嘉靖三十四年談愷刻本
　十行二十字小字雙行同白口四周雙邊　綫裝　二册
　存五卷：七至八、十一至十三

善2307
孫子注一卷　（宋）梅堯臣撰
　明梅士生刻本
　九行二十字小字雙行同白口四周單邊　綫裝　一册

善2308
黃石公素書一卷　（宋）張商英注
　明抄本
　十行十七字白口四周單邊　綫裝　一册

善2310
武經總要前集二十二卷後集二十一卷行軍須知二卷百戰奇法二卷　（宋）曾公亮　丁度等撰
　明弘治十七年李贊刻本
　十一行二十一字上下黑口四周雙邊　綫裝　九册
　存二十五卷：後集、行軍須知、百戰奇法

善2313
虎鈐經二十卷　（宋）許洞撰
　明刻本
　十行二十字白口四周單邊　綫裝　一册
　存十卷：十一至二十

馮善1426
虎鈐經二十卷　（宋）許洞撰
　明刻本
　十行二十字白口四周單邊　綫裝　四册

善2318、善2320
唐荆川先生纂輯武編前六卷後六卷　（明）唐順之輯
　明萬曆四十六年徐象橒曼山館刻重修本
　十行二十字小字雙行同白口左右雙邊　綫裝　二十三册

善2319
唐荆川先生纂輯武編前六卷後六卷　（明）唐順之輯
　明萬曆四十六年徐象橒曼山館刻重修本
　十行二十字小字雙行同白口左右雙邊　綫裝　五册
　存四卷：前一、四至五，後六

善2326
枕戈雜言一卷　（明）皇甫冲撰

子　部

明刻華陽別集本
　八行十六字白口左右雙邊　包背裝　一册

善 2322
補釋戚少保南北兵法要畧五卷補輯兵法要略一卷　（明）郭應響輯
　明抄本
　　八行二十字白口四周單邊　綫裝　六册

善 2321
救命書一卷　（明）吕坤撰
　明萬曆四十二年喬胤刻本
　　八行二十字白口四周單邊　綫裝　二册

善 2323
登壇必究四十卷　（明）王鳴鶴撰
　明萬曆刻本
　　十行二十字小字雙行同白口左右雙邊四周雙邊兼有　綫裝　十八册
　　存十四卷：二至四、八至十五、十七至十九

善 2324
登壇必究四十卷　（明）王鳴鶴撰
　明萬曆刻本
　　十行二十字小字雙行同白口左右雙邊四周雙邊兼有　綫裝　三十七册
　　存三十七卷：二、三至五、七、九至四十

善 2325
武備志二百四十卷　（明）茅元儀輯
　明天啓刻本
　　九行十九字小字雙行同白口左右雙邊　綫裝　六十四册

善 2327
武經全題彙解□□卷　（清）陳裕輯
　清近光樓刻本
　　十二行二十五字白口四周單邊　綫裝　一册
　　存四卷：一至四

善 2314
十七史百將傳十卷　（宋）張預撰
　元刻本
　　十六行三十二字上下黑口四周雙邊　綫裝　一册
　　存二卷：九至十

善 2315
十七史百將傳十卷　（宋）張預撰
　明刻本
　　十四行二十五字白口四周單邊　包背裝　一册
　　存三卷：三至五

善 2316
十七史百將傳十卷　（宋）張預撰
　明刻本
　　十行二十二字小字雙行同白口左右雙邊　毛裝　四册
　　存八卷：一至八

善 2317
十七史百將傳十卷　（宋）張預撰
　明嘉靖刻本
　　十二行二十二字小字雙行同白口四周雙邊　綫裝　一册
　　存五卷：六至十

善 0798
新刊官板批評正百將傳十卷 （宋）張
　預撰　（明）趙光裕評　**續百將傳四
　卷**　（明）何喬新撰　（明）趙光裕評
　明萬曆十七年金陵周曰校刻本
　九行二十字白口四周單邊　散葉　二
　　冊
　存四卷：正百將傳一至四

善 2567
少林棍法闡宗一卷　（明）程冲斗撰
　清抄彩繪本
　十二行二十二字白口四周雙邊無格
　　綫裝　一冊

法家類

善 2281、善 2295
管韓合刻四十四卷　（明）趙用賢編
　明萬曆十年自刻本
　九行十九字小字雙行同白口四周單
　　邊　綫裝　九冊
　存二種三十七卷：
　　管子二十四卷　（唐）房玄齡注（存
　　　十七卷：二至六、十三至二十四）
　　韓非子二十卷

善 2294
管韓合刻四十四卷　（明）趙用賢編
　明萬曆十年自刻本
　九行十九字小字雙行同白口四周單
　　邊　綫裝　四冊
　存一種二十卷：
　　韓非子二十卷　（戰國）韓非撰

善 2299
管韓合刻四十四卷　（明）趙用賢編
　明萬曆十年自刻本
　九行十九字小字雙行同白口四周單
　　邊　綫裝　二冊
　存一種九卷：
　　韓非子二十卷（存九卷：一至九）

善 2298
管韓合刻四十四卷　（明）趙用賢編
　明萬曆十年自刻本
　九行十九字小字雙行同白口四周單
　　邊　綫裝　二冊
　存一種六卷：
　　韓非子二十卷（存六卷：十至十五）

馮善 1438
管韓合刻四十四卷　（明）趙用賢編
　明萬曆十年自刻本
　九行十九字小字雙行同白口四周單
　　邊　綫裝　六冊
　存一種二十卷：
　　韓非子二十卷

善 2282
合刻管韓二子四十四卷　（明）趙用賢
　編
　明崇禎十一年葛鼎刻本
　九行二十四字小字雙行同白口四周
　　單邊無格　綫裝　八冊
　　管子二十四卷
　　韓子二十卷

善 2289
管韓合纂四卷　（明）張榜纂
　明末刻本
　十行二十一字小字雙行同白口四周

子　部

　　　單邊無格　綫裝　二册
　　存一種二卷：
　　　　管子纂二卷

善2286
管子二十四卷　(唐)房玄齡注　(明)
　劉績補注　(明)張榜等評
　明天啓五年朱養純花齋刻本
　九行二十字小字雙行同白口四周單
　　邊　綫裝　六册

馮善1429
管子二十四卷　(唐)房玄齡注　(明)
　劉績補注　(明)張榜等評
　明天啓五年朱養純花齋刻本
　九行二十字小字雙行同白口四周單
　　邊　綫裝　四册

善2284
管子二十四卷　(明)趙用賢　朱長春
　等評
　明萬曆四十八年凌汝亨刻朱墨套印
　　本
　九行十九字白口四周單邊無格　綫
　　裝　八册

馮善1433
管子治畧窾言八卷　(明)凌登嘉輯評
　明末刻本
　九行二十字小字雙行同白口左右雙
　　邊　綫裝　四册

善2287
詮敘管子成書十五卷首一卷　(唐)房
　玄齡注　(明)梅士享撰
　明天啓五年賈毓祥刻本
　九行十九字小字雙行同白口四周單

　　邊　綫裝　六册
　　存十二卷：一、四至九、十二至十五，首

善2300
韓非子二十卷
　明刻本　朱鼎煦批并跋
　十行二十字小字雙行同白口左右雙
　　邊　綫裝　四册

善2292
韓非子二十卷
　明刻本
　十行二十一字小字雙行同白口左右
　　雙邊　綫裝　四册

善2293
韓非子二十卷
　明正德十二年刻本
　十行十六字小字雙行同上下黑口四
　　周雙邊　包背裝　一册
　存三卷：一至三

善2297
韓非子二十卷
　明刻本
　九行十九字小字雙行同白口四周單
　　邊　綫裝　三册

善2304
韓非子二卷　(明)張榜輯　(明)吳貢
　校訂
　明刻本
　八行二十字小字雙行同白口四周單
　　邊　綫裝　二册

善2301
韓子二十卷附錄一卷

明天啓五年趙如源刻本
九行十八字小字雙行同白口四周單邊　綫裝　二册
存九卷：四至七、十七至二十，附錄

善 2303
韓子二十卷附錄一卷
明天啓五年趙如源刻本
九行十八字小字雙行同白口四周單邊　綫裝　二册
存十卷：一至十

善 2302
韓子二十卷
明萬曆六年刻朱墨套印本
九行二十字白口四周單邊無格　綫裝　七册

善 2305
韓子迂評二十卷　題（明）門無子撰
附錄一卷
明萬曆六年自刻十一年重修本
八行十八字小字雙行同白口四周雙邊　綫裝　四册

農家類

善 2329
農桑通訣集六卷　（元）王禎撰
明嘉靖九年邵錫刻本
十一行二十二字小字雙行同白口四周單邊　綫裝　一册

醫家類

叢編

馮善 1478、馮善 1486、馮善 1487
東垣十書十九卷
明嘉靖八年遼藩朱寵瀼梅南書屋刻本
十一行二十字白口左右雙邊　綫裝　五册
存三種五卷：
　蘭室秘藏三卷　（金）李杲撰
　醫經溯洄集一卷　（元）王履撰
　格致餘論一卷　（元）朱震亨撰

善 2330
家居醫錄□□種□□卷
明嘉靖刻本
十行十八字小字雙行同白口左右雙邊　綫裝　四册
存七種十四卷：
　正體類要二卷　（明）薛己撰
　癘瘍機要三卷　（明）薛己撰
　女科撮要二卷　（明）薛己撰
　保嬰粹要一卷　（明）薛己撰
　外科精要三卷　（宋）陳自明編　（明）薛己校注
　內科摘要二卷　（明）薛己撰
　口齒類要一卷　（明）薛己撰

善 2350
汪石山醫書七種二十六卷　（明）汪機撰
明嘉靖刻本

子　部

九行十八字小字雙行同白口四周單
　邊　綫裝　四册
存一種四卷：
　讀素問鈔三卷補遺一卷　（元）滑壽
　　輯　（明）汪機續注

善2460
石山醫案八種三十二卷　（明）汪機輯
明嘉靖刻崇禎祁門樸墅增刻本
十二行二十三字小字雙行同上下黑
　口四周單邊　綫裝　二册
存一種七卷：
　外科理例七卷補遺一卷附方一卷
　　（存七卷：外科理例）

善2461
石山醫案八種三十二卷　（明）汪機輯
明嘉靖刻崇禎祁門樸墅增刻本
十二行二十三字小字雙行同上下黑
　口四周單邊　綫裝　六册
存一種六卷：
　外科理例七卷補遺一卷附方一卷
　　（存六卷：一至六）

善2488、善2452
石山醫案八種三十二卷　（明）汪機輯
明嘉靖刻崇禎祁門樸墅增刻本
十二行二十二字小字雙行同上下黑
　口四周單邊　綫裝　二册
存二種六卷：
　針灸問答三卷
　運氣易覽三卷

善2331
薛氏醫按二十四種一百七卷　（明）吳
　琯輯
明萬曆刻本

十行二十字小字雙行同白口左右雙
　邊　綫裝　二十六册
存十七種五十三卷：
　十四經發揮三卷　（元）滑壽撰（存
　　一卷：上）
　難經本義二卷　（元）滑壽注
　平治會萃三卷　（元）朱震亨撰
　內科摘要二卷　（明）薛己撰
　明醫雜著六卷　（明）王綸撰
　原機啓微二卷附錄一卷　（元）倪維
　　德撰
　保嬰撮要二十卷　（明）薛鎧集（存
　　十四卷：一至二、七至十八）
　陳氏小兒痘疹方論一卷　（宋）陳文
　　中撰
　女科撮要二卷　（明）薛己撰（存一
　　卷：下）
　立齋外科發揮八卷　（明）薛己撰
　　（存六卷：一至六）
　外科心法七卷　（明）薛己撰（存五
　　卷：一至五）
　外科樞要四卷　（明）薛己撰（存二
　　卷：一至二）
　外科精要三卷　（宋）陳自明編
　　（明）薛己注
　癧疽神秘驗方一卷　（明）陶華編
　外科經驗方一卷　（明）薛己撰
　正體類要二卷　（明）薛己撰（存一
　　卷：下）
　口齒類要一卷　（明）薛己撰

善2346、善2353
古今醫統正脈全書四十四種二百六卷
（明）王肯堂編
明萬曆二十九年吳勉學刻本
十行二十字小字雙行同白口四周雙
　邊　綫裝　五册
存二種十四卷：

黃帝素問靈樞經十二卷
　　難經本義二卷　（元）滑壽撰

善 2347
古今醫統正脈全書四十四種二百六卷
　（明）王肯堂編
　明萬曆二十九年吳勉學刻本
　十行二十字小字雙行同白口四周雙
　　邊　毛裝　一冊
　存一種十二卷：
　　黃帝素問靈樞經十二卷

善 2384
古今醫統正脈全書四十四種二百六卷
　（明）王肯堂編
　明萬曆二十九年吳勉學刻本
　十行二十字小字雙行同白口四周雙
　　邊　綫裝　四冊
　存一種十二卷：
　　祕傳證治要訣十二卷　（明）戴元禮
　　撰

善 2437、善 2438、善 2444、善 2443
古今醫統正脈全書四十四種二百六卷
　（明）王肯堂編
　明萬曆二十九年吳勉學刻本
　十行二十字小字雙行同白口四周雙
　　邊　綫裝　十冊
　存四種三十一卷：
　　東垣先生此事難知集二卷　（元）王
　　好古撰
　　增注類證活人書二十二卷辨誤一卷
　　（宋）朱肱撰
　　脾胃論三卷　（金）李杲撰
　　蘭室秘藏三卷　（金）李杲撰

善 2440

古今醫統正脈全書四十四種二百六卷
　（明）王肯堂編
　明萬曆二十九年吳勉學刻清初映旭
　　齋重修本
　十行二十字小字雙行同白口四周雙
　　邊　綫裝　六冊
　存一種十四卷：
　　儒門事親十五卷　（金）張從正撰
　　（存十四卷：二至十五）

善 2385
醫學六要十九卷　（明）張三錫撰
　明萬曆刻崇禎十七年張維藩等重修
　　本　清楊泰亨跋
　九行十八字小字雙行同白口四周單
　　邊　綫裝　七冊
　存一種八卷：
　　治法彙八卷

馮善 1495
景岳全書六十四卷　（明）張介賓撰
　清康熙五十年賈堂刻本
　九行二十四字小字雙行同白口左右
　　雙邊　綫裝　十二冊

善 2333
景岳全書六十四卷　（明）張介賓撰
　清康熙林日蔚刻本
　九行二十四字小字雙行同白口左右
　　雙邊　綫裝　二十四冊

善 2334
馮氏錦囊秘錄　（清）馮兆張輯
　清康熙四十一年刻本
　九行二十二字小字雙行同白口左右
　　雙邊無格　綫裝　十冊
　存一種十七卷：

子部

雜症大小合參二十卷首二卷 （清）
　馮兆張撰（存十七卷：一至十五、
　首）

善2335

御纂醫宗金鑑九十卷首一卷 （清）吳
　謙等纂
　清乾隆刻本
　九行十九字白口四周雙邊　綫裝
　二十四册
　存六種四十三卷：
　　訂正傷寒論注十七卷
　　訂正金匱要畧注八卷
　　痘疹心法要訣五卷
　　種痘心法要旨一卷
　　刺灸心法要訣八卷
　　正骨心法要旨四卷

善2336

己任編八卷 （清）楊乘六評
　清衛三堂刻本　佚名跋
　九行十八字小字雙行同白口四周單
　邊　綫裝　二册
　　四明心法三卷　（清）高斗魁撰
　　四明醫案一卷　（清）高斗魁撰
　　東莊醫案一卷　（清）呂用晦撰
　　西塘感症三卷　（清）董廢翁撰

善2464

盤珠集十八卷 （清）嚴潔　施雯　洪
　煒輯
　清小眉山館木活字印本
　九行二十二字小字雙行同白口四周
　　單邊無格　綫裝　八册
　存五種十七卷：
　　盤珠集氣運摘要一卷　（清）嚴潔輯
　　盤珠集脈法大成二卷　（清）施雯
　　　嚴潔　洪煒撰（存一卷：下）
　　盤珠集胎產癥治三卷　（清）施雯
　　　嚴潔　洪煒撰
　　盤珠集虛損啓微二卷　（清）洪煒撰
　　盤珠集得配本草十卷　（清）施雯
　　　嚴潔　洪煒撰

醫經

馮善1479

黃帝內經太素三十卷　（隋）楊上善注
　清馮夢香抄本　馮貞群跋
　六行二十字小字雙行同白口無版框
　　毛裝　二册
　存四卷：八至九、二十五至二十六

馮善1454

**京本校正註釋音文黃帝內經素問十二
卷** （隋）全元起訓解　（唐）王冰注
　（宋）林億等校正　（宋）孫兆改誤
京本黃帝內經素問遺篇一卷 （宋）
　劉溫舒撰
　明詹氏進賢堂刻本　佚名批
　十二行二十五字小字雙行同白口四
　　周單邊　綫裝　六册

善2339

重廣補註黃帝內經素問二十四卷 （唐）
　王冰注　（宋）林億等校正　（宋）孫兆
　改誤
　明嘉靖二十九年顧從德影宋刻本
　十行二十字小字雙行三十字白口左
　　右雙邊　綫裝　十册

善2340

重廣補註黃帝內經素問二十四卷 （唐）

王冰注　(宋)林億等校正　(宋)孫兆
　　改誤
　　明嘉靖二十九年顧從德影宋刻本
　　十行二十字小字雙行三十字白口左
　　　右雙邊　綫裝　三冊

善2341
重廣補註黃帝內經素問二十四卷　(唐)
　　王冰注　(宋)林億等校正　(宋)孫兆
　　改誤
　　明嘉靖二十九年顧從德影宋刻本
　　十行二十字小字雙行三十字白口左
　　　右雙邊　綫裝　一冊
　　存二卷：十八至十九

善2342
重廣補註黃帝內經素問二十四卷　(唐)
　　王冰注　(宋)林億等校正　(宋)孫兆
　　改誤
　　明嘉靖二十九年顧從德影宋刻本
　　十行二十字小字雙行三十字白口左
　　　右雙邊　綫裝　五冊
　　存十卷：十五至二十四

善2343
重廣補註黃帝內經素問二十四卷　(唐)
　　王冰注　(宋)林億等校正　(宋)孫兆
　　改誤
　　明刻本　清陳歐勛跋
　　十行二十字小字雙行三十字白口四
　　　周單邊　綫裝　四冊

善2344
重廣補註黃帝內經素問二十四卷　(唐)
　　王冰注　(宋)林億等校正　(宋)孫兆
　　改誤
　　明萬曆刻本

　　十行二十字小字雙行三十字白口四
　　　周單邊　綫裝　一冊
　　存八卷：一至八

善2338
黃帝內經素問二十四卷
　　明刻本
　　十一行二十一字白口左右雙邊　毛
　　　裝　二冊
　　存八卷：五至十二

善2352
素問玄機原病式二卷　(金)劉完素撰
　　明嘉靖元年刻本　佚名批校圈點
　　九行二十字白口左右雙邊　綫裝　一
　　　冊

善2349
讀素問鈔十二卷　(元)滑壽撰
　　明萬曆三十年潘府刻本　清楊偉鴻
　　　跋
　　十一行十字小字雙行同白口左右雙
　　　邊　綫裝　三冊

善2351
**素問鈔補正十二卷附滑氏診家樞要一
卷**　(唐)王冰注　(元)滑壽鈔并注
(明)丁瓚撰　(明)王宮輯錄
　　明嘉靖八年丁瓚刻本
　　十行二十二字小字雙行同上下黑口
　　　四周雙邊　綫裝　四冊

善2345
黃帝素問靈樞經十二卷
　　明刻本
　　十一行二十一字小字雙行同白口左
　　　右雙邊　毛裝　一冊

子部

存六卷：七至十二

善2358
内經類抄一卷 （明）孫應奎編集
明嘉靖十八年刻本
十二行二十字白口四周單邊無格 毛裝 一册

善2355
類經三十二卷圖翼十一卷附翼四卷
（明）張介賓撰
明天啓四年張介賓刻天德堂印本
八行十八字小字雙行同白口四周單邊 綫裝 十九册
存四十一卷：類經一至四、七至三十二，圖翼

善2356
類經三十二卷圖翼十一卷附翼四卷
（明）張介賓撰
明天啓四年張介賓刻天德堂印本
八行十八字小字雙行同白口四周單邊 綫裝 二十四册
存三十二卷：類經

善2357
類經三十二卷圖翼十一卷附翼四卷
（明）張介賓撰
明天啓四年張介賓刻天德堂印本
八行十八字小字雙行同白口四周單邊 綫裝 二十八册
存三十卷：類經三至三十二

善2354
圖註八十一難經八卷 （明）張世賢撰
明刻本
十一行二十字白口四周單邊 綫裝

一册
存四卷：五至八

本草

善2359
重修政和經史證類備用本草三十卷
（宋）唐慎微撰 （宋）寇宗奭衍義
明成化四年刻本
十二行二十三字小字雙行同上下黑口四周雙邊 綫裝 八册
存十八卷：十三至三十

善2360
重修政和經史證類備用本草三十卷
（宋）唐慎微撰 （宋）寇宗奭衍義
明刻本
十二行二十三字小字雙行同白口四周單邊 毛裝 一册
存四卷：二十七至三十

善2361
重修政和經史證類備用本草三十卷
（宋）唐慎微撰 （宋）寇宗奭衍義
明刻本（卷十九至二十二配清抄本）
十二行二十三字小字雙行同上下黑口四周雙邊 綫裝 六册
存十三卷：三至五、十至十一、十九至二十二、二十七至三十

善2362
重修政和經史證類備用本草三十卷
（宋）唐慎微撰 （宋）寇宗奭衍義
明嘉靖三十一年周珫、李遷刻本
十二行二十三字小字雙行同白口四周單邊 綫裝 十二册

善 2363
重修政和經史證類備用本草三十卷
(宋)唐慎微撰 (宋)寇宗奭衍義
明嘉靖三十一年周珌、李遷刻本
十二行二十三字小字雙行同白口四周單邊 綫裝 八冊
存九卷：四至五、七、九至十二、二十九至三十

善 2364
重修政和經史證類備用本草三十卷
(宋)唐慎微撰 (宋)寇宗奭衍義
明刻本
十二行二十三字小字雙行同白口四周單邊 綫裝 一冊
存一卷：七

善 2365
重刊經史證類大全本草三十一卷 (宋)唐慎微撰 (宋)寇宗奭衍義
明萬曆五年尚義堂刻本
十二行二十三字小字雙行同白口四周雙邊 綫裝 二十冊

善 2366
重刊經史證類大全本草三十一卷 (宋)唐慎微撰 (宋)寇宗奭衍義
明刻本
十二行二十三字小字雙行同白口四周雙邊 綫裝 八冊
存十七卷：十至二十、二十四至二十九

善 2367
本草集要八卷 (明)王綸撰
明抄本
九行二十字小字雙行同無版框 綫裝 一冊
存四卷：五至八

善 2369
本草發揮四卷 (元)徐用誠撰
明刻本
十二行二十六字白口四周單邊 毛裝 一冊
存一卷：四

善 2370
本草綱目五十二卷圖二卷 (明)李時珍撰
明萬曆刻本
九行二十字小字雙行同白口四周單邊 綫裝 十冊
存十六卷：三下、十八上、二十七至二十八、三十六至四十二、四十五至四十七、五十至五十一

善 2371
本草綱目五十二卷附圖二卷 (明)李時珍撰
明刻本
九行二十字小字雙行同白口四周單邊 綫裝 八冊
存九卷：一至九

善 2372
本草綱目五十二卷附圖二卷瀕湖脉學一卷脉訣攷證一卷奇經八脉攷一卷
(明)李時珍撰
明萬曆三十一年張鼎思刻本 清孫傳遠批并跋
九行二十字小字雙行同白口四周單邊 綫裝 四十三冊
存五十三卷：綱目三至五十二、瀕湖

子部

脉學、脉訣考證、奇經八脉考

善 2373
本草綱目五十二卷附圖三卷 （明）李時珍撰
清順治十二年書業堂刻本
九行二十字小字雙行同白口四周單邊　綫裝　二十九册

善 2375
本草綱目五十二卷附圖三卷瀕湖脉學一卷脉訣攷證一卷奇經八脉攷一卷（明）李時珍撰
清順治十五年張朝璘刻本
九行二十字小字雙行同白口四周單邊　綫裝　三十四册
存四十八卷：綱目一至七、九至十二、十五至三十、三十三至四十、四十六至五十二，圖，瀕湖脉學，脉訣考證，奇經八脉考

善 2374
本草綱目五十二卷 （明）李時珍撰
清順治十五年刻本
九行二十字小字雙行同白口四周單邊　綫裝　三十五册

善 2376
分部本草妙用十卷 （明）顧逢伯撰
明崇禎三年刻本
九行二十字白口四周單邊　綫裝　二册
存五卷：一至五

善 2377
本艸乘雅半偈十一卷 （明）盧之頤撰
清順治四年盧氏月樞閣刻本
八行十八字小字雙行同白口四周雙邊　綫裝　五册
存四卷：一至四

診法

善 2379
脈經十卷 （晋）王叔和撰 （宋）林億等校定
明萬曆三年福建布政司督糧道刻本
九行十八字小字雙行同白口左右雙邊　綫裝　五册

善 2380
圖註王叔和脉訣四卷脉訣附方一卷 （明）張世賢撰
明刻本
十一行二十字小字雙行同白口四周單邊　綫裝　一册
存三卷：三至四、脉訣附方

善 2383
端本堂攷正脈鏡不分卷 （明）王肯堂輯
清抄本
十行二十四至二十五字小字雙行同白口無版框　綫裝　一册

善 2434
石室秘籙六卷 （清）陳士鐸撰
清康熙綠蔭堂刻本
十行二十五字小字雙行同白口左右雙邊　綫裝　五册
存三卷：一、三至四

善 2386

證治彙補八卷 （清）李用粹撰
　清康熙三十年舊德堂刻本
　十行二十字小字雙行同白口左右雙
　　邊　綫裝　六册

方論

傷寒金匱

善 2439
類編傷寒活人書括指掌圖論九卷 （宋）
　李知先撰　**續方一卷**　（明）熊宗立續
　編　**提綱一卷**　（元）吳恕撰
　明萬曆十七年金陵唐少橋刻本
　十二行二十三字小字雙行同白口四
　　周雙邊　綫裝　四册

善 2445
**傷寒活人指掌圖一卷藥方一卷傷寒賦
　一卷**　（元）吳恕撰
　元刻明修本
　行不等行字不等小字雙行行字不等
　　上下黑口左右雙邊　綫裝　一册

善 2448
傷寒蘊要全書四卷　（明）吳綬撰
　明弘治十七年刻本
　十行二十字小字雙行同上下黑口四
　　周雙邊　綫裝　四册

善 2449
傷寒蘊要全書八卷　（明）吳綬撰
　明刻本
　十行二十字小字雙行同白口四周單
　　邊　毛裝　三册

　存三卷：二至四

善 2450
傷寒治例一卷　（明）劉純撰
　明刻本
　十一行行字不等上下黑口四周雙邊
　　毛裝　一册

諸方

善 2387
重刊巢氏諸病源侯總論五十卷　（隋）
　巢元方撰
　明刻本
　十行十九字白口左右雙邊　綫裝　一
　　册
　存八卷：十四至二十一

善 2388
**重刊巢氏諸病源侯總論五十卷綱目一
　卷**　（隋）巢元方撰
　明歙岩汪氏主一齋刻本
　十行十九字白口左右雙邊　毛裝　一
　　册
　存一卷：綱目

善 2399
**孫真人備急千金要方九十三卷目錄二
　卷**　（唐）孫思邈撰
　明嘉靖二十二年喬世定小丘山房刻
　　萬曆二十五、三十五年補修本
　十一行二十四字小字雙行同上下黑
　　口左右雙邊　綫裝　二十册
　存九十卷：一至八十八、目錄

馮善 1485

子　部

孫真人備急千金要方九十三卷目錄二卷　（唐）孫思邈撰
　明萬曆三十一年刻本
　十行二十四字小字雙行同下黑口四周雙邊　綫裝　十冊

善2400
孫真人備急千金要方九十三卷目錄二卷　（唐）孫思邈撰
　明萬曆三十一年刻本
　十行二十四字小字雙行同下黑口四周雙邊　綫裝　十六冊

善2402
三因極一病源論粹十八卷　（宋）陳言編
　清抄本
　九行二十字小字雙行行字不等上下黑口四周雙邊　綫裝　一冊
　存二卷：十三至十四

善2381
醫說十卷　（宋）張杲撰
　明嘉靖二十二年湖廣布政使司刻本佚名批點
　十一行二十字白口四周單邊　綫裝　十冊

善2382
醫說十卷　（宋）張景撰
　明嘉靖二十九年傅鳳翱刻本
　十行二十字白口左右雙邊　綫裝　六冊

善2403
新刊仁齋直指附遺方論二十六卷小兒附遺方論五卷醫脈真經二卷傷寒類書活人總括七卷　（宋）楊士瀛撰　（明）朱崇正補遺
　明嘉靖刻本
　十四行二十四字上下黑口四周單邊　綫裝　一冊
　存九卷：直指附遺方論十至十八

善2378
伊尹湯液仲景廣爲大法四卷　（元）王好古撰
　明刻本
　九行十九字白口四周單邊　毛裝　二冊

善2421
重訂丹溪心法五卷心法論一卷附錄一卷　（元）朱震亨撰
　明嘉靖十八年鄭臨等刻本
　十行二十字小字雙行行字不等白口四周單邊　綫裝　四冊
　存五卷：心法一、三至五，附錄

善2391
丹溪先生醫書纂要八卷丹溪先生治法心要八卷　（元）朱震亨撰　（明）盧和注
　明刻本
　十行二十字小字雙行行字不等白口四周單邊　綫裝　一冊
　存一卷：纂要三

善2390
易庵先生編註丹溪纂要四卷　（元）朱震亨撰　（明）盧和注
　明嘉靖二十六年盧堯亮刻本
　十行二十二字小字雙行同白口四周單邊　毛裝　一冊

存二卷：三至四

善 2422
丹溪心法附餘二十四卷首一卷 （明）方廣輯
明刻本
十二行二十七字小字雙行同白口四周單邊　綫裝　二冊
存七卷：六至八、十三至十六

善 2423
丹溪心法附餘二十四卷首一卷 （明）方廣輯
明刻本
十行二十二字小字雙行同白口四周單邊　綫裝　一冊
存三卷：十一、二十一至二十二

善 2424
丹溪摘玄二十卷
明抄本
十一行行字不等小字雙行行字不等白口四周單邊　綫裝　十六冊

善 2493
保生餘録不分卷
明刻本
十行二十字小字雙行同上下黑口四周雙邊　綫裝　一冊

善 2425
玉機微義五十卷 （明）徐彥純輯 （明）劉純續
明正統四年陳有戒刻五年重修本
十行二十四字小字雙行同白口四周雙邊　綫裝　四冊
存十卷：十五至十八、二十九至三十

三、五十

善 2426
玉機微義五十卷 （明）徐彥純輯 （明）劉純續
明黃焯刻本
十行二十一字小字雙行同白口四周單邊　毛裝　七冊
存三十五卷：十至二十、二十七至五十

馮善 1482
玉機微義五十卷 （明）徐彥純輯 （明）劉純續
明書林靜齋葉秀刻本
十二行二十二字小字雙行同白口四周單邊　綫裝　六冊
存三十五卷：一至二十九、四十五至五十

善 2428
玉機微義五十卷 （明）徐彥純輯 （明）劉純續
明刻本
十行二十四字小字雙行同上下黑口四周雙邊　綫裝　二冊
存八卷：十七至二十四

善 2397
醫經小學六卷 （明）劉純撰
明刻本
十一行二十四字小字雙行同上下黑口四周雙邊　綫裝　一冊
存三卷：四至六

善 2404
衛生易簡方十二卷附録一卷 （明）胡

子　部

濚撰
明宣德二年刻本
十行二十字上下黑口四周雙邊　綫
　裝　三冊
存四卷：三、十、十二，附錄

善 2405
衛生易簡方十二卷附錄一卷　（明）胡
濚撰
明嘉靖四十一年刻本
十行二十字上下黑口四周雙邊　綫
　裝　八冊

善 2429
醫學綱目四十一卷　（明）樓英撰
明刻本
十二行二十六字小字雙行同白口四
　周單邊　毛裝　十九冊
存二十五卷：一至四、七至十二、十四
　至十五、十七、二十一、二十三至二
　十五、二十八至三十一、三十四至
　三十五、四十至四十一

善 2368
本草權度三卷圖一卷　（明）黃濟之撰
　附錄一卷
明嘉靖十四年董漢儒刻本
十行二十字小字雙行同白口左右雙
　邊　毛裝　二冊
存三卷：二至三、附錄

善 2406
奇效良方六十九卷　（明）方賢撰
明刻本
十一行二十四字小字雙行同上下黑
　口四周雙邊　毛裝　六冊
存二十七卷：四至十七、二十二至三

十四

善 2393
明醫雜著六卷　（明）王綸撰　（明）薛
己注
明刻本　清王芝田跋
九行十九字白口四周單邊　綫裝　二
　冊
存四卷：一至四

善 2392、善 2473
明醫雜著二卷　（明）王綸撰　（明）薛
己注　（明）王朝補遺
明嘉靖三十一年王朝刻本
十行二十字小字雙行同白口四周單
　邊　毛裝　二冊

善 2446
醫林類證集要十卷　（明）王璽撰
明刻本
十二行二十三字小字雙行行字不等
　上下黑口四周雙邊　綫裝　五冊
存五卷：五至六、八至十

善 2430
醫學統旨六卷　（明）葉文齡撰
明嘉靖十四年刻本
十行二十字小字雙行同白口四周單
　邊　綫裝　十二冊

善 2431
醫學統旨六卷　（明）葉文齡撰
明嘉靖十四年刻本
十行二十字小字雙行同白口四周單
　邊　毛裝　六冊

善 2414

新刊扶壽精方二卷 （明）吳旻輯
　明刻本
　十一行二十三字小字雙行同白口左右雙邊　綫裝　一冊
　存一卷：上

善2407
體仁彙編六卷 （明）彭用光撰
　明嘉靖刻本
　九行二十字上下黑口四周雙邊　綫裝　一冊
　存一卷：六

善2408
萬氏家抄濟世良方六卷 （明）萬表輯
　（明）萬邦孚增補
　明萬曆四十四年金陵文樞堂刻本
　十行二十三字小字雙行同白口四周單邊　毛裝　二冊
　存二卷：一、六

善2410
攝生眾妙方十一卷 （明）張時徹輯
　明萬曆三十八年張一棟刻本
　九行二十字小字雙行同白口左右雙邊　綫裝　六冊

善2411
攝生眾妙方十一卷急救良方二卷 （明）張時徹輯
　明萬曆三十八年張一棟刻本
　九行二十字小字雙行同白口左右雙邊　綫裝　六冊

馮善1488
攝生眾妙方十一卷 （明）張時徹輯
　明隆慶三年衡府刻本
　十行二十字小字雙行同白口四周雙邊　綫裝　四冊

善2413
吳梅坡醫經會元保命奇方十卷 （明）吳嘉言撰　（明）何一舜等編次
　明萬曆八年書林葉貴刻本
　十行二十字小字雙行同白口四周雙邊　毛裝　一冊
　存二卷：六至七

善2415
經驗集方一卷
　明刻本
　八行二十字上下黑口四周雙邊　毛裝　一冊

善2416
續附經驗奇方一卷 （明）李日普輯
　明刻本
　八行十七字小字雙行同白口四周單邊　毛裝　一冊

善2417
藥方類二卷 （明）吳近山輯
　明嘉靖二十八年刻本
　九行二十一字小字雙行同白口四周單邊　綫裝　二冊

善2420
藥方類二卷 （明）吳近山輯
　明嘉靖二十八年刻本
　九行二十一字小字雙行同白口四周單邊　毛裝　一冊
　存一卷：下

善2432

醫學指南四卷 （明）高銘撰
  明刻本
  九行二十字白口四周單邊　毛裝　三冊
  存三卷：一至三

善2453
王宇泰先生訂補古今醫鑑十六卷 （明）龔信輯　（明）龔廷賢續　（明）王肯堂訂補
  明刻本
  十三行二十六字小字雙行同白口左右雙邊　綫裝　一冊
  存一卷：四

善2412
親驗簡便諸方一卷 （明）徐陟撰
  明嘉靖四十四年刻本
  十行二十字白口四周雙邊　毛裝　一冊

善2418
醫方考六卷脉語二卷 （明）吳崐撰　（明）黃基閱
  明萬曆崇善堂刻本
  十行二十字小字雙行同白口四周單邊　綫裝　十一冊
  存六卷：醫方考

善2395
赤水玄珠三十卷醫案五卷醫旨緒餘二卷 （明）孫一奎撰
  明萬曆二十四年孫泰來、孫朋來刻本
  九行十九字小字雙行同白口四周單邊　綫裝　十六冊
  存十八卷：赤水玄珠一至二、七至十五、十九、二十三至二十四、二十六至二十七、二十九至三十

善2394
赤水玄珠三十卷醫案五卷醫旨緒餘二卷 （明）孫一奎撰
  明萬曆二十四年孫泰來、孫朋來刻清康熙吳氏重修本
  九行十九字小字雙行同白口四周單邊　綫裝　三十冊

善2419
廣筆記十四卷炮炙大法一卷用藥凡例一卷 （明）繆希雍撰　（明）丁元薦輯　（明）莊綬光增次
  明天啓二年莊綬光刻本　朱鼎煦跋
  十行二十字小字雙行同白口四周雙邊　綫裝　二冊

善2398
醫貫六卷 （明）趙獻可撰
  清刻本
  九行十八字小字雙行同白口左右雙邊　綫裝　六冊

善2396
刪補頤生微論四卷 （明）李中梓撰
  明末刻本
  十行二十字小字雙行同白口四周單邊　金鑲玉　八冊

善2433
醫書□□卷
  明刻本
  九行二十字小字雙行同白口四周單邊　毛裝　一冊
  存三卷：二至四

善 2436
古今名醫彙粹八卷 （明）張景岳撰
（清）羅美選評
清抄本
十二行二十六字無版框　綫裝　四
册

善 2447
發明証治十卷 （明）何經才撰
明嘉靖十年刻本
十行二十一字小字雙行同白口四周
雙邊　綫裝　三册
存四卷：一至四

善 2451
推求師意二卷附錄一卷 （明）戴元禮
撰　（明）汪機編
明嘉靖至崇禎祁門樸墅增刻石山醫
案八種印本　君詒批校并過錄四
庫全書簡明目錄
十一行二十二字白口四周單邊　綫
裝　一册

善 2435
醫林一致五卷 （清）駱登高輯 （清）
丁有曾　丁有光編定
清康熙四十二年刻本　朱鼎煦跋
十行二十四字白口左右雙邊　綫裝
十册

善 2454
瘟疫論二卷補遺一卷 （清）吳有性編
清嘉慶四年浙西何玉林刻本　清楊
泰亨跋
十一行二十字小字雙行同白口四周
單邊　綫裝　一册

善 2455
溫熱暑疫全書四卷 （清）周揚俊輯
清抄本　清姚瑩俊跋
十行二十字小字雙行同白口無版框
綫裝　二册

善 2457
傷寒論三註十六卷 （清）周揚俊輯
清乾隆四十五年刻本
九行二十一字白口四周單邊　綫裝
八册

善 2456
傷寒論註來蘇集六卷 （清）柯琴撰
清乾隆二十年崑山馬中驊綏福堂刻
本　佚名批
十行二十一字小字雙行同白口左右
雙邊　綫裝　六册

外科

善 2458
外科精要三卷 （宋）陳自明撰 （明）
薛己注
明刻本
十行二十字小字雙行同白口左右雙
邊　毛裝　一册
存二卷：中、下

善 2459
外科心法七卷 （明）薛己撰
明刻本
九行二十字小字雙行同白口左右雙
邊　毛裝　一册
存二卷：三至四

子　部

善 2462
瘍科選粹八卷　（明）陳文治輯
　清康熙四十六年潯溪達尊堂刻本
　十行二十字小字雙行同白口左右雙邊　綫裝　七册
　存七卷：一至六、八

婦科

善 2463
廣嗣全訣十二卷　（明）陳文治輯
　明刻本　朱鼎煦跋
　十一行二十二字小字雙行同下黑口四周單邊　毛裝　一册
　存一卷：三

兒科

善 2465
錢氏小兒藥證直訣三卷附方一卷　（宋）錢乙撰　（宋）閻孝忠輯　**錢仲陽傳一卷**　（宋）劉跂撰
　清康熙五十八年起秀堂刻本
　八行十六字白口左右雙邊　綫裝　二册

善 2468
小兒衛生總微論方二十卷
　明刻本
　十行十八字小字雙行行字不等上下黑口四周雙邊　毛裝　一册
　存五卷：六至十

善 2477
全幼心鑑八卷　（明）寇平撰
　明嘉靖二十六年刻本
　十一行二十二字下黑口四周單邊　毛裝　三册
　存三卷：一、三、八

善 2475
活幼便覽二卷　（明）劉錫撰
　明正德五年刻本
　十行二十一字小字雙行同白口四周雙邊　綫裝　一册

善 2476
活幼便覽二卷　（明）劉錫撰
　明正德五年刻本
　十行二十一字小字雙行同白口四周雙邊　綫裝　一册
　存一卷：二

善 2469
嬰童百問十卷　（明）魯伯嗣撰
　明嘉靖刻本
　十行二十字小字雙行同白口左右雙邊　綫裝　一册
　存二卷：六至七

善 2470
嬰童百問十卷　（明）魯伯嗣撰
　明刻本
　十行二十四字小字雙行同上下黑口左右雙邊　毛裝　一册
　存一卷：八

善 2466
聞人氏痘疹論三卷　（宋）聞人規撰
　明嘉靖二十一年劉尚義刻本
　十一行二十四字白口左右雙邊　毛裝　二册

善 2467
聞人氏痘疹論三卷附錄一卷　（宋）聞
　人規撰
　明嘉靖三十三年張鶚刻本
　九行十八字白口四周單邊　毛裝　三
　　册

善 2472
仁端雜症四卷痘疹五卷　（明）徐謙撰
　清抄本
　十一行十九字小字雙行同白口四周
　　單邊無格　綫裝　七册
　存七卷：雜症三至四，痘疹一至三、又
　　三、五

善 2471
痘疹世醫心法十二卷　（明）萬全撰
　清康熙二十六年崔華刻本
　九行二十字小字雙行同白口左右雙
　　邊　綫裝　一册
　存三卷：一至三

善 2474
萬氏家抄痘疹諸家方論三卷續集一卷
　（明）萬邦孚輯
　明刻本
　十行二十字小字雙行同白口四周單
　　邊　綫裝　一册
　存二卷：方論下、續集

善 2478
痘疹正宗四卷　（明）高武輯
　明刻本
　十行二十一字下黑口四周雙邊　毛
　　裝　一册
　存一卷：四

馮善 1494
痘疹神應心書一卷　（明）柳樊丘撰
　明崇禎王象晋刻本
　八行二十字小字雙行同白口四周單
　　邊　綫裝　一册

針灸

善 2481
銅人徐氏鍼灸合刻九卷
　明金陵三多齋刻本
　十行二十字小字雙行同白口四周單
　　邊　毛裝　二册
　銅人腧穴鍼灸圖經三卷　（宋）王惟
　　一撰
　新鋟太醫院參訂徐氏鍼灸大全六卷
　　（明）徐鳳撰

善 2482
鍼灸四書九卷
　元至大四年燕山活濟堂刻本　明佚
　　名跋
　十二行二十二字黑口左右雙邊　綫
　　裝　三册
　新刊黄帝明堂灸經三卷
　新刊子午流注鍼經三卷　（南唐）何
　　若愚撰
　新刊竇漢卿編集鍼經指南一卷鍼灸
　　雜說一卷　（金）竇杰　（元）竇桂
　　芳撰
　新刊莊季裕編灸膏肓腧穴法一卷
　　（宋）莊綽撰

善 2482 -1
鍼灸四書九卷
　明抄本　張輔臣校

子　部

十二行二十二字白口四周單邊　綫裝　三冊
　新刊黃帝明堂灸經三卷
　新刊子午流注鍼經三卷　（南唐）何若愚撰　（金）閻明廣注
　新刊竇漢卿編集鍼經指南一卷鍼灸雜說一卷　（金）竇杰　（元）竇桂芳撰
　新刊莊季裕編灸膏肓腧穴法一卷　（宋）莊綽撰

善2483、善2485
新刊銅人鍼灸經七卷新編西方子明堂灸經八卷
　明山西平陽府刻本
　十行二十一字白口四周單邊　綫裝　四冊

善2484
銅人鍼灸經七卷
　明嘉靖刻本
　十行二十一字上下黑口四周單邊　綫裝　二冊

善2489
大本瓊瑤發明神書三卷　題（宋）劉真人撰
　明刻本
　八行十六字小字雙行同白口左右雙邊　綫裝　二冊

善2486
鍼灸聚英五卷　（明）高武輯
　明刻本
　十二行二十二字上下黑口四周雙邊　綫裝　二冊
　存三卷：二至四

善2487
鍼灸節要三卷　（明）高武輯
　明刻本
　十二行二十二字上下黑口四周雙邊　綫裝　一冊
　存一卷：一

養生

善2490
安老懷幼書四卷　（明）劉宇編
　明弘治十一年自刻藍印本
　九行十六字小字雙行同上下黑口四周雙邊　綫裝　四冊
　安老書三卷　（宋）陳直撰
　懷幼書一卷　（宋）鄒鉉撰

善2491
泰定養生主論十六卷　（元）王珪撰
　明刻本
　十行二十字小字雙行同白口左右雙邊　綫裝　三冊
　存十三卷：一至十三

善2492
濟生要格□□卷　（明）杜栓輯
　明龔奇刻本
　十行二十二字小字雙行同白口四周單邊　毛裝　一冊
　存二卷：三至四

天文算法類

天文

善 2494
天心復要不分卷 （明）鮑泰撰
　明抄本
　十行十六字白口左右雙邊　綫裝　三冊

善 2502
窺天史纂三卷 （清）馮烶纂輯
　清抄本
　十行二十字小字雙行同白口四周單邊　綫裝　二冊
　存二卷：一、三

善 2503
彩繪天象圖不分卷 （宋）孫奭撰 （清）佚名摹繪
　清嘉慶二十三年彩繪本
　行不等行字不等白口四周單邊　綫裝　二冊

善 2871
管窺輯要八十卷 （清）黃鼎輯
　清順治十二年刻本
　九行十九字小字雙行同白口四周單邊　綫裝　二十冊

善 2501
御製律曆淵源一百卷 （清）允祿 允祉纂修
　清雍正刻本
　九行二十字小字雙行同白口四周雙邊　綫裝　八冊
　存一種八卷：
　　御製數理精蘊上編五卷下編四十卷表八卷（存八卷：表）

善 2837
天元曆理□□卷 （清）徐發撰
　清抄本　佚名批
　十行二十三字小字雙行同無版框　毛裝　三冊
　存五卷：二十一至二十五

曆法

善 2495
授時曆法撮要不分卷 （明）顧應祥撰
　明嘉靖刻本
　十行二十四字小字雙行同白口左右單邊　毛裝　一冊

善 2496
萬年曆□卷
　明嘉靖刻本
　十行二十九字白口四周雙邊　散葉　一冊
　存一卷：上

善 5046
大清乾隆四十三年歲次戊戌時憲書
　清乾隆刻本
　九行行字不等小字雙行行字不等上下黑口四周雙邊　綫裝　一冊
　又複本二十一部各一冊

子部

算書

善 2500
度測二卷 （明）陳藎謨撰
　清抄本
　十行二十四字小字雙行同無版框　綫
　　裝　四冊

術數類

數學

善 2864
選擇叢書集要五種二十八卷 （明）江
　之棟輯
　明崇禎五年尚白齋刻本
　十行二十二字小字雙行同白口四周
　　單邊　毛裝　一冊
　存一種一卷：
　　尅擇璇璣經集註一卷 （晋）趙載撰
　　（明）吳公遂輯

善 2858
五種秘竅全書 （明）甘霖撰
　清抄本
　十行二十五至二十六字不等無版框
　　毛裝　一冊
　存一種一卷：
　　甘時望奇門得一一卷

善 2899
五種秘竅全書十七卷附一卷 （明）甘
　霖撰

　明崇禎十五年唐鯉耀文林閣刻本
　九行二十二字白口四周單邊　綫裝
　　八冊
　存二種十一卷：
　　羅經秘竅十卷
　　考驗通書法竅秘訣三卷（存一卷：
　　　上）

馮善 1530
揚子太玄經十卷 （漢）揚雄撰　（明）
　趙如源輯注　**說玄一卷** （宋）司馬
　光撰
　明天啓六年武林書坊趙世楷刻本
　九行十八字小字雙行同白口四周單
　　邊　綫裝　二冊

善 2826
**康節先生觀物篇解一卷斷決一卷附錄
　皇極數起例一卷** （宋）祝泌撰
　明抄本
　十一行二十四字白口四周單邊　綫
　　裝　三冊

善 2827
天原發微五卷圖一卷 （宋）鮑雲龍撰
　（明）鮑寧辨正
　明刻本
　十一行二十二字小字雙行同上下黑
　　口四周雙邊　綫裝　二冊
　存三卷：二至四

占候

善 2833
乙巳占十卷　題（唐）李淳風撰
　明抄本

善 2830
觀象玩占五十卷 題(唐)李淳風撰
　明水筠山房抄本
　　十一行二十二字上下黑口四周雙邊　綫裝　六冊
　　存三十卷：一至十五、二十一至三十、四十六至五十

善 2829
觀象玩占五十卷 題(唐)李淳風撰
　明抄本
　　十行二十字白口四周單邊　毛裝　十冊
　　存四十八卷：一至四十八

善 2831
觀象玩占五十卷 題(唐)李淳風撰
　清慈蔭堂抄本
　　十行二十字白口四周雙邊　綫裝　九冊
　　存四十五卷：一至四十五

善 2832
玉曆通政經二卷 題(唐)李淳風撰
　清寒梅館抄本　朱鼎煦跋
　　九行二十字小字雙行同白口左右雙邊　綫裝　二冊

善 2828
天文秘苑占七種七卷
　明抄本
　　十行二十六字白口四周單邊　綫裝　一冊

　　十一行二十字小字雙行同白口四周單邊　毛裝　三冊
　　存七卷：一至七

　　天文雷霆風雨日月經緯星度一卷
　　天文風雨賦注解一卷　(明)劉基編
　　天文五行吟一卷
　　天文星纂附星總兵機賦一卷
　　天文星總一卷
　　兵機賦一卷　(明)劉基撰
　　天文風雨雲雷電占賦一卷　(明)甘氏占

善 2834
天元玉曆祥異賦七卷　(明)仁宗朱高熾撰
　明洪熙元年內府刻本
　　九行十八字上下黑口四周雙邊　包背裝　一冊

善 2836
天元玉曆祥異賦七卷　(明)仁宗朱高熾撰
　明抄本
　　九行十八字無版框　包背裝　一冊

馮善 1531
天元玉曆祥異賦七卷　(明)仁宗朱高熾撰
　民國馮貞群抄本　馮貞群批并跋
　　九行十八字小字雙行行字不等上下黑口四周雙邊　綫裝　一冊

善 2839
天文祥異賦圖□□卷全分一卷占行軍一卷
　清彩繪抄本
　　九行行字不等白口四周雙邊　綫裝　十二冊
　　存十二卷：圖五至十、十二至十五，全分，占行軍

子部

善 2838
占候六壬遁法不分卷
　明抄本
　　十一行十六字白口四周單邊　綫裝
　　一册

相宅相墓

善 2912
新刻東海王先生纂輯陽宅十書四卷
　（明）王君榮撰
　明萬曆十八年刻本
　　十行二十一字白口四周單邊　綫裝
　　二册

善 2906
新刊地理天機會元三十五卷　（唐）卜
　天應撰　（明）顧乃德補注
　明萬曆書林積善堂陳氏刻本
　　十一行二十四字白口四周雙邊　毛
　　裝　五册
　　存十六卷：一至二、八至九、十一至二
　　十二

善 2886
夾竹梅花院纂三卷　（宋）吳景鸞撰
　明刻本
　　十行二十字小字雙行同白口四周雙
　　邊　散葉　一册
　　存一卷：中

善 2880
地理發微釋義二卷　（宋）蔡發撰　（明）
　余祐釋義　問辨一卷　（明）余祐撰
　明弘治五年刻本
　　十行二十字小字雙行同上下黑口四

　　周雙邊　毛裝　一册

善 2881
玉髓真經三十卷　（宋）張洞玄撰　（宋）
　劉允中注釋　（宋）蔡元定發揮　後卷
　二十一卷
　明嘉靖二十九年福州府刻本
　　十二行二十四字白口四周單邊無格
　　綫裝　十四册

善 2882
玉髓真經三十卷　（宋）張洞玄撰　（宋）
　劉允中注釋　（宋）蔡元定發揮　後卷
　二十一卷
　明嘉靖二十九年福州府刻本　清關
　　榕祚跋
　　十二行二十四字白口四周單邊無格
　　綫裝　二册

善 2883
玉髓真經三十卷　（宋）張洞玄撰　（宋）
　劉允中注釋　（宋）蔡元定發揮　後卷
　二十一卷
　明嘉靖二十九年福州府刻本（卷一配
　　清抄本）
　　十二行二十四字白口四周單邊無格
　　綫裝　十三册
　　存四十八卷：真經一至八、十二至三
　　十，後卷

善 2884
玉髓真經三十卷　（宋）張洞玄撰　（宋）
　劉允中注釋　（宋）蔡元定發揮　後卷
　二十一卷
　明嘉靖二十九年福州府刻本
　　十二行二十四字白口四周單邊無格
　　綫裝　九册

存十七卷:玉髓真經二、四至十九

善 2885
玉髓真經三十卷　（宋）張洞玄撰　（宋）
　劉允中注釋　（宋）蔡元定發揮　後卷
　二十一卷
　明嘉靖二十九年福州府刻本
　十二行二十四字白口四周單邊無格
　　綫裝　一册
　存一卷:玉髓真經十二

善 2887
新刻石函平沙玉尺經全書上集六卷後
　集四卷　題(元)劉秉忠撰　（明）劉
　基解　（明）賴從謙發揮
　明萬曆三十四年刻本
　九行二十字白口四周單邊　綫裝　四
　　册

善 2888
新刻石函平沙玉尺經全書上集六卷後
　集四卷　題(元)劉秉忠撰　（明）劉
　基解　（明）賴從謙發揮
　明刻本
　十一行二十五字白口四周單邊無格
　　綫裝　一册

善 2898
記師口訣節文一卷
　明正德七年刻藍印本
　九行十九字白口四周雙邊　綫裝　一
　　册

善 2901
地理真機十五卷
　明正德十五年刻本
　十二行二十一字下黑口四周雙邊　綫

裝　三册

善 2902
地理真機十五卷
　明正德十五年刻本
　十二行二十一字下黑口四周雙邊　綫
　　裝　三册

善 2890
地理發微註解一卷畫荚圖解一卷　（明）
　謝廷柱撰
　明嘉靖十二年刻本
　十行二十字白口四周雙邊　毛裝　一
　　册

善 2891
堪輿管見一卷　（明）謝廷柱撰　堪輿
　續論一卷　（宋）謝和卿撰
　明嘉靖五年刻本
　九行十八字小字雙行同白口四周單
　　邊　綫裝　一册

善 2879
地理樞要四卷　題(明)惺惺叟編
　明嘉靖十二年陶諧刻本
　九行十九字白口四周雙邊　綫裝　一
　　册

善 2892
地理揭要十二卷
　清孫鎬抄本
　九二十一字小字雙行同白口四周
　　雙邊　綫裝　一册
　　黑囊經一卷　題(清)葉泰集　（清）
　　　孫鎬錄
　　妥先約矩一卷　題(明)董德彰撰
　　理氣部龍訣一卷

吉砂論一卷
　　　凶砂論一卷
　　　吉水論一卷
　　　凶水論一卷
　　　陰局吉凶水論一卷
　　　凹風尅應論一卷　（宋）張子微撰
　　　星砂賦一卷　題（明）目講禪師撰
　　　奇驗經一卷　題（明）目講禪師撰
　　　撥砂訣一卷　題（宋）賴布衣撰

善 2893
地理分合總論三卷　（明）宋震撰
　　明嘉靖三十五年刻本
　　十行二十字小字雙行行字不等白口
　　　四周單邊　綫裝　一冊

善 2905
新刊地理統會大成二十七卷　（宋）賴
　　文俊撰　（明）柯珮輯
　　明隆慶二年刻本
　　十四行二十八字小字雙行同白口四
　　　周單邊　毛裝　三冊
　　存十二卷：一、四、九至十、十二至十
　　　五、二十至二十三

善 2910
重刊人子須知資孝地理心學統宗三十
　　九卷　（明）徐善繼　徐善述撰
　　明萬曆十一年曾璠刻本
　　十行二十一字小字雙行同白口四周
　　　雙邊　綫裝　七冊
　　存五卷：三至五、七至八

善 2907
賴仙心印七卷
　　明抄本
　　十行二十字無版框　毛裝　一冊

善 2904
新刊地理大全明圖穴情賦二十二卷
　　（宋）蔡成禹撰
　　明刻本
　　十四行二十一字上下黑口四周雙邊
　　　綫裝　一冊
　　存一卷：二十二

善 2908
地理參贊玄機僊婆集十三卷　（明）張
　　鳴鳳輯　（明）張希堯參補
　　明萬曆二十二年熊雲濱刻本
　　十行二十二字白口四周單邊　毛裝
　　　四冊
　　存十卷：二至三、六至十三

善 2911
風水井見四卷　（明）宋□□撰
　　明嘉靖刻本
　　十行二十字白口四周單邊　毛裝　一
　　　冊
　　存一卷：四

善 2894
新刊地理綱目榮親入眼福地先知四卷
　　（明）王崇德撰
　　明萬曆二十九年喬山堂劉玉田刻本
　　十行二十三字小字雙行同白口四周
　　　單邊　金鑲玉　四冊

善 2895
新刊儒門理氣造塋正經監曆禽奇大成
　　通書□□卷　（明）喻冕撰
　　明陳氏刻本
　　十五行三十一字小字雙行行字不等
　　　白口四周單邊　毛裝　一冊
　　存四卷：十一至十四

善 2889
新刊地理紫囊書八卷 （明）趙祐撰
（明）鄭復初評
明萬曆刻本
九行二十字白口四周單邊無格　金鑲玉　四冊
存四卷：一至四

善 2909
新刊地理紫囊書八卷 （明）趙祐撰
（明）鄭復初評
明萬曆龔堯惠刻本
九行二十字白口四周單邊無格　綫裝　一冊
存二卷：五至六

善 2896
新編秘傳堪輿類纂人天共寶十二卷
（明）黃慎輯
明崇禎六年刻本
九行二十四字白口四周單邊　綫裝　五冊

善 2897
葬經翼一卷附葬圖一卷難解二十四篇一卷　（明）繆希雍撰
明綠君亭刻本
八行十八字小字雙行同白口四周單邊無格　綫裝　四冊

善 2903
新刊名家地理大全二十二卷　題仙客編次
明余氏雙榮精舍刻本
十四行二十三字上下黑口四周單邊　毛裝　六冊
存八卷：一、五、十三至十四、十九至二十二

善 3004
星宿符呪一卷
清抄本
行不等行字不等小字雙行行字不等無版框　毛裝　一冊

占卜

善 2840
靈棋經一卷　題（晉）顏幼明　（宋）何承天　（元）陳師凱　（明）劉基注解
明抄本
十行二十一字上下黑口四周雙邊　綫裝　一冊

善 2841
靈棋經一卷　題（晉）顏幼明　（宋）何承天　（元）陳師凱　（明）劉基注解
明成化十四年刻藍印本
十行二十字小字雙行同上下黑口四周雙邊　毛裝　一冊

善 2842
靈棋經一卷　題（晉）顏幼明　（宋）何承天　（元）陳師凱　（明）劉基注解
明初刻本
十行二十字小字雙行同上下黑口四周單邊　毛裝　一冊

善 2843
焦氏易林十六卷　題（漢）焦延壽撰
清嘉慶十三年黃氏士禮居刻黃氏叢書本　清王詠霓跋
十二行二十四字小字雙行同白口左

子 部

　　右雙邊　綫裝　二册

善 2848
易林補遺十二卷　（明）張世寶撰
　明萬曆刻本　佚名批校
　九行二十字小字雙行同白口左右雙邊　綫裝　四册

善 2846
新刊圖解玉靈聚義占卜龜經四卷　（宋）
　王洙撰　（元）陸森編
　明刻本
　十行十六字上下黑口四周雙邊　毛裝　二册
　存一卷：二

善 2851
演卦詩斷□□卷
　明抄本
　十二行二十三字白口四周單邊　毛裝　二册

善 2857
甘氏奇門一得二卷　（明）甘霖撰
　清抄本
　九行十九字小字雙行同無版框　金鑲玉　二册

善 2852
大六壬大全十三卷　（明）郭載騄編
　明刻本
　十行二十四字小字雙行同白口四周單邊　綫裝　四册
　存七卷：七至十三

善 2853
大六壬不分卷
　明末懷慶楊衙郭載騄刻本
　十行二十四字白口四周單邊無格　綫裝　十一册

善 2854
六壬肘後經一卷
　清雙桂書屋抄本
　十行二十四字白口四周單邊　綫裝　一册

善 2872
六壬秘笈不分卷
　清抄本
　十六行行字不等小字雙行行字不等無版框　毛裝　四册

善 2847
易占經緯四卷附易象爻辭一卷　（明）
　韓邦奇輯
　明嘉靖二十七年金城刻本
　十行行字不等小字雙行行字不等白口四周單邊　綫裝　一册
　缺三卷：二至四

命書相書

善 2875
新刊合併官板音義評註淵海子平五卷
　（宋）徐升撰　（明）楊淙增校
　明崇禎七年福建余氏刻本　佚名批
　十三行二十五字小字雙行同白口四周單邊　綫裝　一册

善 2876
鼎刊欽天監戈先生校訂子平淵海大全六卷　（清）戈豐年撰

明末刻本
十一行二十三字小字雙行同白口四周單邊　綫裝　一册
存二卷：三至四

善 2900
三才白鹿演禽數一卷　題（西周）姜尚撰　（明）劉基解
清抄本
十行二十四字小字雙行同無版框　綫裝　一册

陰陽五行

善 2856
遁甲演義一卷　（明）程道生編輯
清抄本　佚名批
十行二十二字無版框　毛裝　一册

善 2860
太乙總論不分卷
明抄本
十五行行字不等上下黑口左右雙邊　綫裝　四册

馮善 1548
太乙淘金歌一卷　（明）丘濬參訂
清敦本堂抄本
九行二十一字小字雙行同白口四周雙邊　綫裝　一册

善 2868
陰陽備用三元節要三卷　（□）王履道撰
元刻本
十八行二十二字上下黑口四周雙邊　綫裝　一册
存二卷：二至三

善 2849
陰陽定論三卷　（明）周視撰
明刻本
十行二十二字上下黑口四周單邊　毛裝　二册
存二卷：二至三

善 2850
陰陽定論三卷　（明）周視撰
明刻本
十行二十二字上下黑口四周單邊　毛裝　一册
存一卷：三

善 2862
陰陽本源秘文不分卷
清抄本
十二行二十四字小字雙行同無版框　綫裝　一册

善 2863
五變中黃經直解二卷
清嘉慶南野草堂抄本
十行二十一字小字雙行同無版框　綫裝　一册

善 2866
新刊尅擇便覽十卷
明刻本
十五行三十字小字雙行同上下黑口四周雙邊　綫裝　二册
存六卷：一至六

善 2867

子　部

編集檢擇家傳秘訣不分卷
　　明抄本
　　九行行字不等上下黑口四周雙邊　綫
　　　裝　一冊

善2865
修方涓吉符不分卷　（明）屠本畯輯
　　明刻本
　　九行行字不等小字雙行行字不等白
　　　口四周單邊　毛裝　一冊

善2869
符經一卷
　　明刻本
　　八行十六字小字雙行行字不等上下
　　　黑口四周雙邊　散葉　十八葉

善2870
選擇通書□□卷
　　明抄本
　　十行二十三字白口四周單邊　散葉
　　　一冊
　　存九葉

善2873
劉青田奇門入式歌不分卷
　　清抄本
　　十行二十四至二十五字不等無版框
　　　毛裝　一冊

善2874
雲山秘典不分卷
　　清抄本
　　十行二十二字無版框　毛裝　一冊

善2877
望斗僊經不分卷

　　清抄本
　　十四行二十三字小字雙行同無版框
　　　金鑲玉　一冊

善2859
遁甲日用涓吉奇門五總龜二卷　（明）
　　郭子晟輯
　　明刻本
　　十四行三十字上下黑口四周雙邊　毛
　　　裝　一冊
　　存一卷：下

善2855
奇門遁甲符應經八卷　（宋）楊惟德等
　　撰
　　清抄本
　　九行二十字白口四周雙邊　綫裝　一
　　　冊
　　存四卷：一至四

藝術類

書畫

善3472、善3463
蘇黃題跋尺牘合刻
　　明末黃嘉惠刻本
　　九行二十字白口四周單邊　綫裝　二
　　　冊
　　存二種八卷：
　　　山谷題跋四卷　（宋）黃庭堅撰
　　　東坡題跋四卷　（宋）蘇軾撰

善3707

珊瑚木難八卷附錄一卷　（明）朱存理
輯
　　清抄本
　　十一行二十一字小字雙行同下黑口
　　　左右雙邊　綫裝　三册

善2516
王氏書苑十卷　（明）王世貞輯　補益
十卷　（明）詹景鳳輯撰
　　明萬曆十九年王元貞刻本
　　十行二十字小字雙行同白口左右雙
　　　邊　綫裝　一册
　　存八卷：補益一至八

馮善1553
王氏畫苑十卷　（明）王世貞輯　補益
十卷　（明）詹景鳳補
　　明萬曆十八至十九年王元貞刻本
　　十行二十字小字雙行同白口左右雙
　　　邊　綫裝　一册
　　存二卷：畫苑九至十

善2672
畫禪室隨筆四卷　（明）董其昌撰
　　清康熙刻本
　　八行十八字白口左右雙邊　綫裝　二
　　　册

善4027
容臺題跋二卷　（明）董其昌撰
　　清抄本
　　十行十八字小字雙行同無版框　綫
　　　裝　一册

善2523
江邨銷夏錄三卷　（清）高士奇輯
　　清康熙三十二年刻本
　　九行十八字小字雙行同上下黑口左
　　　右雙邊　綫裝　三册

善2524
銷夏錄六卷　（清）高士奇輯　（清）劉
堅删訂
　　清乾隆四年劉氏刻本
　　十行二十一字小字雙行同白口左右
　　　雙邊　綫裝　二册

善2525
式古堂書畫彙考六十卷目錄三卷　（清）
卞永譽輯
　　清會稽魯氏抄本
　　十行二十一字小字雙行行字不等白
　　　口四周雙邊　綫裝　二册
　　存三十卷：一至三十

善2504
墨池編二十卷　（宋）朱長文纂次　印
典八卷　（清）朱象賢輯
　　清康熙五十三年長洲朱之勷就閑堂
　　　刻乾隆重印本
　　十一行二十一字小字雙行三十二字
　　　上下黑口左右雙邊　綫裝　六册

善2539
吳越所見書畫錄六卷　（清）陸時化等
輯
　　清抄本
　　十行二十一字小字雙行同無版框　綫
　　　裝　六册

善2541
玉几山人書畫涉記手稿不分卷　（清）
陳撰撰
　　稿本　清釋六舟　汪士驥跋

子部

行不等行字不等無版框　毛裝　一冊

善 2542
庚子書畫記不分卷　（清）沈復燦撰
　稿本
　九行二十一字上下黑口左右雙邊　毛裝　二冊

善 2540
歷代畫家姓氏考四卷國朝畫徵錄一卷
　（清）張庚撰
　清有容堂抄本
　八行二十二字小字雙行同白口四周雙邊　綫裝　八冊

善 2543
鳴野山房彙刻帖目四集　（清）沈復燦輯
　清味經書屋抄本
　九行二十一字小字雙行同白口左右雙邊　綫裝　四冊

善 2507
書苑菁華二十卷　（宋）陳思輯
　清抄本
　十一行二十字無版框　綫裝　六冊

善 2508
書苑菁華二十卷　（宋）陳思輯
　清抄本
　八行二十三字無版框　綫裝　一冊
　存二卷：二至三

善 2515
筆則二卷　（元）趙鼒撰
　清沈氏鳴野山房抄本
　十行十九字小字雙行同白口四周單邊　綫裝　二冊

善 2529
書學彙編十卷　（清）萬斯同輯
　清抄本
　十行二十一字小字雙行同　綫裝　五冊

善 5039
書學彙編十卷　（清）萬斯同輯
　清抄本　清萬世標　屠可播批校
　十行二十一字小字雙行同無版框　綫裝　二冊
　存八卷：一至四、七至十

善 2532
竹雲題跋四卷　（清）王澍撰
　清乾隆三十二年錢人龍茗上畫雲閣刻本
　八行十八字白口左右雙邊無格　綫裝　二冊

善 0366
草書集韻□□卷
　明刻本
　八行七字小字雙行行字不等上下黑口四周雙邊　綫裝　一冊
　存一卷：一

善 2509
圖畫見聞誌六卷　（宋）郭若虛撰
　清抄本
　十一行二十一字小字雙行同白口四周雙邊　綫裝　一冊

善 2513

古今書繪寶鑑六卷補遺一卷 （元）夏
　文彥輯
　　明刻本
　　十行二十字小字雙行同白口四周雙
　　　邊　綫裝　一冊
　　　存二卷：一至二

善 2514

圖繪寶鑑八卷 （元）夏文彥撰
　　清康熙借綠草堂刻本　清姚瑩俊跋
　　九行二十字小字雙行同白口左右雙
　　　邊　綫裝　二冊

善 4022

續畫媵二卷 （明）李日華撰
　　明末刻本
　　八行十九字小字雙行同白口四周單
　　　邊　綫裝　二冊

善 2527

佩文齋書畫譜一百卷 （清）孫岳頒等
　輯
　　清康熙刻本
　　十一行二十一字小字雙行三十一字
　　　白口左右雙邊　綫裝　五十冊

馮善 1575

無聲詩史七卷 （清）姜紹書撰
　　清康熙五十九年李光暎觀妙齋刻本
　　八行十七字小字雙行同上下黑口左
　　　右雙邊　綫裝　四冊

善 2530

無聲詩史七卷 （清）姜紹書撰
　　清康熙五十九年李光暎觀妙齋刻本
　　八行十七字小字雙行同上下黑口左
　　　右雙邊　綫裝　二冊

善 2528

冬心先生雜著六卷 （清）金農撰
　　清陳氏種榆仙館刻本
　　十行二十字上下黑口左右雙邊　綫
　　　裝　一冊
　　　冬心齋研銘一卷
　　　冬心先生畫竹題記一卷
　　　冬心先生畫梅題記一卷
　　　冬心先生畫佛題記一卷
　　　冬心先生自寫真題記一卷
　　　冬心先生畫馬題記一卷

馮善 1560

明潘無聲書法離鈎摘錄不分卷 （明）
　潘之淙撰
　　清抄本
　　六行二十字小字雙行行字不等無版
　　　框　綫裝　二冊

善 5052

宋拓西嶽華山廟碑一卷
　　宋拓本　清宋犖跋
　　行不等行字不等無版框　經折裝　一
　　　冊

畫譜

善 2518

西廂記版畫一卷 （明）唐寅寫
　　明刻本
　　八行十七字白口四周單邊　綫裝　一
　　　冊

善 2520

劉雪湖梅譜二卷 （明）劉世儒撰　**像
贊評林贈言二卷** （明）王思任輯

子　部

明萬曆六年刻本　清焯翁跋
十一行二十字小字雙行同白口四周雙邊　綫裝　一册
存一卷:梅譜下

善 2522
隋唐演義像一卷
明四雪草堂刻本
無行款白口四周單邊　金鑲玉　一册

善 2526
凌煙閣圖一卷　（清）劉源繪
清康熙七年柱笏堂刻本
五行十二字無版框　綫裝　一册

善 2533
無雙譜一卷　（清）金古良撰并繪
清康熙刻本
行不等行字不等小字雙行行字不等白口四周單邊無行格　綫裝　一册

善 2534
晚笑堂竹莊畫傳不分卷　（明）上官周編繪
清乾隆八年刻本
行不等行字不等白口左右雙邊　綫裝　一册

善 2535
芥子園畫傳二集八卷　（清）王概　王蓍　王臬輯
清康熙四十年芥子園甥館刻彩色套印本
九行二十字小字雙行行字不等白口四周單邊　綫裝　一册

存二卷:青在堂梅譜一至二

善 2536
芥子園畫傳二集八卷　（清）王概　王蓍　王臬輯
清康熙四十年芥子園甥館刻彩色套印本
九行二十字小字雙行行字不等白口四周單邊　綫裝　一册
存二卷:青在堂梅譜一至二

善 2538
青在堂畫傳三集　（清）王蓍等撰
清康熙四十年刻彩色套印本
九行二十字小字雙行同白口四周單邊　綫裝　三册

善 2537
青在堂畫傳三集　（清）王蓍等撰
清乾隆四十三年金閶書業堂刻本
九行二十字小字雙行同四周單邊　綫裝　一册

善 2544
乾隆南巡紀游版圖不分卷
清刻本
行不等行字不等小字雙行行字不等無版框　散葉　一册

善 2545
御製耕織全圖一卷　（清）焦秉貞繪
清康熙三十五年内府刻本
行不等行字不等白口四周單邊　綫裝　一册

善 5048
歷代聖賢畫像撫本一卷六十三幅

明彩繪本　清范彭壽跋
　　無行款版框　經折裝　一冊

善 5049
范氏盛樂房三代像譜一卷二十九幅
　　清彩繪本　清范玉森跋
　　無行款版框　經折裝　一冊

篆刻

善 2552
歷朝史印十卷　（清）黃學圯篆刻并輯
　　稿本
　　二十行十八字小字雙行三十六字白
　　　口左右雙邊　毛裝　二冊
　　存五卷：六至十

善 2553
印典八卷　（清）朱象賢輯
　　清康熙六十一年吳縣朱氏就閑堂刻
　　　本
　　十一行二十一字白口左右雙邊　綫
　　　裝　二冊

善 2554
印則一卷　（清）孫光祖篆
　　清刻本
　　八行十六字小字雙行二十三至二十四
　　　字上下黑口左右雙邊　綫裝　一冊

善 2556
澄懷堂印譜四卷　（清）王玉如篆　（清）
　　葉錦輯
　　清乾隆十一年刻鈐印本
　　行不等行字不等白口左右雙邊　綫
　　　裝　三冊

　　存三卷：一至三

善 2557
抱經樓日課編四卷　（清）盧登焯篆并
　　輯
　　清嘉慶四年盧氏抱經樓刻鈐印本
　　行不等行字不等白口左右雙邊　綫
　　　裝　四冊

善 2558
銅僊室金石文不分卷
　　清拓印本
　　無行款版框　毛裝　一冊

善 2559
詠蕁樓印帙不分卷　（清）張載篆刻
　　清乾隆二十七年刻鈐印本
　　行不等行字不等白口四周雙邊　綫裝
　　　一冊

樂譜

善 2560
琴史六卷　（宋）朱長文撰
　　清康熙四十五年揚州詩局刻楝亭藏
　　　書十二種本　清王芑孫跋
　　十一行二十一字小字雙行行字不等
　　　白口左右雙邊　綫裝　一冊

善 2561
浙音釋字琴譜二卷　（明）龔經編
　　明刻本
　　十行二十字小字雙行同白口左右雙
　　　邊　綫裝　二冊
　　存一卷：一

子　部

善 2562
三教同聲三卷　（明）張德新輯
　明萬曆二十年刻本
　九行十六字小字雙行同白口四周單邊　綫裝　一冊

善 2563
琴學心聲六卷　（清）莊臻鳳撰
　清康熙刻本
　八行二十字白口四周單邊　綫裝　一冊
　存一卷：一

善 2564
琵琶譜二卷
　民國馮貞群抄本
　八行不等無版框　綫裝　一冊

善 2565
琵琶譜不分卷　盛崑亭編　盛崑亭　盛登參訂
　稿本
　十行十八字小字雙行同白口無版框　綫裝　一冊

棋譜

善 2566
適情録二十卷　（明）林應龍撰
　明刻本
　十行行字不等白口左右雙邊　綫裝　二冊
　存四卷：三至六

譜録類

叢編

善 2568、善 2586
雅歌斋雜集三種六卷
　明萬曆四十二年刻本
　十行二十二字白口四周雙邊　綫裝　二冊
　　名劍記二卷　（明）李承勛撰
　　名馬記二卷　（明）郭子章撰
　　續名馬記二卷　（明）李承勛撰

器物

善 3206
織錦囘文詩一卷　（前秦）蘇蕙撰
　明末清初刻本
　十行二十字小字雙行同白口四周雙邊　綫裝　一冊

善 2576
謝氏硯攷四卷首一卷　（清）謝慎修撰
　清乾隆刻本
　九行二十一字白口四周單邊　綫裝　二冊

善 2572
程氏墨苑□□卷　（明）程大約撰
　明萬曆程氏滋蘭堂刻本
　行不等行字不等小字雙行行字不等白口四周單邊　綫裝　五冊
　存五卷：一至四、六

善 2573
方氏墨譜六卷　（明）方于魯撰
　明萬曆方氏美蔭堂刻本
　行不等行字不等小字雙行行字不等
　　白口四周單邊　綫裝　五册
　存二卷：二、五

善 2574
方氏墨譜六卷　（明）方于魯撰
　明萬曆方氏美蔭堂刻本
　行不等行字不等小字雙行行字不等
　　白口四周單邊　綫裝　二册
　存二卷：五至六

善 2577
紙書□□卷
　清抄本　佚名批
　十二行二十四字小字雙行同白口四
　　周單邊　綫裝　一册
　存二卷：十一至十二

善 2578
鏡錄八卷　（清）鄭勛編輯
　稿本
　九行二十四字小字雙行行字不等無
　　版框　毛裝　一册

善 2579
冬心齋研銘一卷　（清）金農撰
　清乾隆十五年刻本
　十行二十字上下黑口左右雙邊　綫
　　裝　一册

善 2580
七十三壺圖不分卷　題（清）釋普荷繪
　　撰
　清康熙二年普荷稿本　佚名跋

　行不等行字不等無版框　綫裝　一
　　册

善 2581
七十三壺圖不分卷　題（清）釋普荷繪
　　撰
　稿本
　行不等行字不等無版框　綫裝　一
　　册

善 2083
曼殊沙盦三十六壺盧銘一卷　（清）葉
　　金壽撰　（清）郭傳璞釋
　稿本　清姚燮過錄清王蒔蘭跋　清
　　葉聯芬　楊炳跋
　八行行字不等小字雙行行字不等白
　　口四周雙邊　毛裝　一册

善 2582
曼殊沙盦三十六壺盧銘一卷　（清）葉
　　金壽撰
　清同治、光緒郭傳璞稿本　清葉聯芬
　　楊炳跋
　八行行字不等小字雙行行字不等白
　　口四周雙邊　毛裝　一册

花草樹木

善 2588
玉蘂辨證一卷　（宋）周必大撰
　明抄本
　十行十六字白口無版框　毛裝　一
　　册

善 2589
灌園史二卷補遺一卷　（明）陳詩教撰

子部

明萬曆刻本
七行十六字白口左右雙邊　綫裝　二冊

善 2590
二如亭群芳譜四十二卷　（明）王象晉輯
明末刻清康熙重修本
八行十八字小字雙行同白口左右雙邊　綫裝　二十冊

善 2591
二如亭群芳譜四十二卷　（明）王象晉輯
明末刻清康熙重修本
八行十八字小字雙行同白口左右雙邊　綫裝　十七冊
存三十七卷：元部天譜首、一至二，歲譜首、一至四；亨部穀譜首、一，蔬譜首、一至二，果譜三至四；利部茶譜首、一，竹譜首、一，桑麻葛譜一，棉譜一，藥譜首、一至三，木譜首、一；貞部花譜首、一至四，卉譜首、一至二，鶴魚譜首、一

善 2592
佩文齋廣羣芳譜一百卷目錄二卷　（清）汪灝等撰
清康熙四十七年內府刻本
十一行二十一字小字雙行同白口左右雙邊　綫裝　三十二冊

善 2593
藝菊志八卷　（清）陸廷燦輯
清康熙五十七年棣華書屋刻本
十行二十字小字雙行同上下黑口左右雙邊　綫裝　四冊

善 2594
采芳隨筆二十四卷　（清）查彬撰
清嘉慶刻本
十行二十二字小字雙行同白口左右雙邊　毛裝　十四冊
存二十三卷：一至二、四至二十四

善 0780
洋煙考述八卷　（清）姚燮撰
稿本
十一行二十三字上下黑口左右雙邊　綫裝　一冊

鳥獸蟲魚

善 2585
見物五卷　（明）李蘇撰
明刻本
十行二十字小字雙行同白口四周雙邊　綫裝　一冊

善 2583
重刊訂正秋蟲譜二卷　題（宋）賈似道撰
明嘉靖刻本
八行二十字小字雙行同白口四周雙邊　綫裝　一冊

善 2584
秋蟲譜不分卷　題（宋）賈似道撰
清抄本　佚名跋
十二行二十四字小字雙行同無版框　金鑲玉　一冊

善 2587
衛蟬小錄八卷　（清）孫蓀意輯

清嘉慶二十四年高榮等刻本
十一行二十二字小字雙行同白口左右雙邊 綫裝 四册

雜家類

雜學雜説

善 2597
墨子十五卷 （明）李贄輯 （明）郎兆玉評
明天啓郎氏堂策檻刻本
九行二十字白口四周單邊 綫裝 二册

善 2598
子華子十卷 （明）金之俊評閲
明末雷鳴時刻清印本
九行二十字白口左右雙邊無格 綫裝 二册

善 2599
尹文子一卷
明嘉靖刻五子書本 朱鼎煦校并跋
八行十七字小字雙行同上下黑口左右雙邊 綫裝 一册

善 2600
鶡冠子三卷 （宋）陸佃注 （明）王宇等評
明天啓五年朱氏花齋刻本
九行二十字小字雙行同白口四周單邊 綫裝 一册

善 2601
鶡冠子三卷 （宋）陸佃注 （明）王宇等評
明天啓五年朱氏花齋刻本
九行二十字小字雙行同白口四周單邊 綫裝 一册

善 2602
鬼谷子三卷 （南朝梁）陶弘景注 （清）秦恩復校正 **篇目考一卷附錄一卷** （清）秦恩復輯
清嘉慶十年江都秦氏石研齋刻本
十行二十一字小字雙行同白口左右雙邊 綫裝 三册

善 2603
鬼谷子三卷 （南朝梁）陶弘景注 （清）秦恩復校正 **篇目考一卷附錄一卷** （清）秦恩復輯
清嘉慶十年江都秦氏石研齋刻本
十行二十一字小字雙行同白口左右雙邊 綫裝 一册

善 2605
呂氏春秋二十六卷 （漢）高誘注
明萬曆七年虞德燁等刻本
十行十八字小字雙行同白口左右雙邊 綫裝 八册

善 2606
呂氏春秋二十六卷 （漢）高誘注
明刻本
十行二十字小字雙行同白口左右雙邊 毛裝 一册
存六卷：二十一至二十六

馮善 1636

子部

呂氏春秋二十六卷　題(宋)陸游評 (明)凌稚隆批
　明萬曆四十八年凌毓枏刻朱墨套印本
　九行十八字白口四周單邊　綫裝　六册

善 2611
淮南子二十八卷　(漢)劉安撰
　明嘉靖九年王鎣刻萬曆十一年甘來學、黃克纘重修本
　九行十七字白口四周單邊　綫裝　六册

善 2608
淮南鴻烈解二十一卷　(漢)劉安撰 (漢)高誘注　(明)茅坤等評
　明萬曆刻本
　九行十九字小字雙行同白口左右雙邊　綫裝　一册
　存七卷：一至七

馮善 3493
淮南鴻烈解二十一卷　(漢)劉安撰 (明)茅坤等評
　明刻朱墨套印本
　九行二十字白口四周單邊　綫裝　六册

馮善 1637
淮南鴻烈解二十一卷　(漢)劉安撰 (漢)高誘注　(明)茅坤等評
　明天啓武林張烋如刻本
　九行二十字小字雙行同白口四周單邊　綫裝　四册

善 2612

淮南鴻烈解二十八卷　(漢)劉安撰 (漢)高誘注　(明)劉績補注
　明黃焯刻本
　十行十八字小字雙行同白口四周單邊　綫裝　二册
　存十一卷：十八至二十八

善 2613
白虎通德論二卷　(漢)班固撰
　明嘉靖元年傅鑰刻本
　十行十六字白口左右雙邊　綫裝　二册

善 2614
白虎通德論二卷　(漢)班固撰
　明刻本
　十行十六字白口左右雙邊　綫裝　三册

善 2615
論衡三十卷　(漢)王充撰
　宋乾道三年紹興府刻宋元明遞修本
　十行二十字白口左右雙邊　綫裝　三册
　存十三卷：七至十、十八至二十一、二十六至三十

善 2619
論衡三十卷　(漢)王充撰
　明嘉靖十四年蘇獻可通津草堂刻本
　十行二十字白口左右雙邊　綫裝　三册
　存八卷：二至六、十至十二

善 2618
論衡三十卷　(漢)王充撰　(明)劉光斗評

明天啓六年閻光表刻本
九行二十字白口四周單邊　毛裝　一冊
存二卷：三至四

善 2620
風俗通義十卷　（漢）應劭撰
明刻本
十行十六字小字雙行同白口左右雙邊　綫裝　一冊
存五卷：一至五

善 2621
風俗通義十卷　（漢）應劭撰
明刻本　孫家淦跋
九行十七字白口四周雙邊　綫裝　二冊

善 2625
秘傳天祿閣寓言外史八卷　題（漢）黃憲撰
明刻本
九行二十字白口四周雙邊　綫裝　三冊
存六卷：一至四、七至八

善 2626
秘傳天祿閣寓言外史八卷　題（漢）黃憲撰
清抄本
十行二十字無版框　綫裝　二冊

善 2627
劉子二卷　（北齊）劉晝撰
明刻本
八行二十字白口左右雙邊　散葉　四葉

存一卷：下

善 2985
无能子三卷　（五代）譚峭撰
明刻本
十行十九字白口左右雙邊　綫裝　一冊

善 2629
夢溪筆談二十六卷補筆談三卷續筆談一卷　（宋）沈括撰
明崇禎四年馬元調刻本
九行十八字小字雙行同上下黑口左右雙邊　綫裝　四冊

馮善 1649
夢溪筆談二十六卷　（宋）沈括撰
明崇禎四年馬元調刻本
九行十八字小字雙行同上下黑口左右雙邊　綫裝　二冊

善 2632
東坡先生志林五卷　（宋）蘇軾撰　（明）焦竑評
明刻朱墨套印本
八行十八字白口四周單邊　綫裝　一冊
存一卷：一

善 2633
侯鯖錄八卷　（宋）趙令畤撰
明刻本　清夏啟芬批校
九行二十字小字雙行同白口四周單邊　綫裝　二冊

善 2631
王氏談錄一卷　（宋）王洙撰

子部

清抄本
九行二十字小字雙行行字不等無版框　綫裝　一册

善2634
張太史明道雜志一卷　（宋）張耒撰
明嘉靖抄本　明鄭六十八叟南埜跋
十行二十三字白口四周雙邊　綫裝　一册

善2635
石林燕語十卷　（宋）葉夢得撰
明正德元年楊武刻本
九行十八字上下黑口四周單邊　綫裝　二册

善2638
容齋隨筆十六卷續筆十六卷三筆十六卷四筆十六卷五筆十六卷　（宋）洪邁撰
明弘治十一年李瀚刻本　清趙連城李廷基跋
九行十八字小字雙行同上下黑口四周雙邊　金鑲玉　二十册
存六十三卷：隨筆、續筆一至十一、三筆、四筆七至十六、五筆一至十

善2639
容齋一筆十六卷二筆十六卷三筆十六卷四筆十六卷五筆十卷　（宋）洪邁撰
明刻本
九行十八字小字雙行同白口左右雙邊　綫裝　三十二册
存六十九卷：一筆、二筆一至十一、三筆、四筆、五筆

善2640
容齋隨筆十六卷續筆十六卷三筆十六卷四筆十六卷五筆十卷　（宋）洪邁撰
明刻本　清嚴元照批并跋
九行十八字小字雙行同上下黑口左右雙邊　綫裝　一册
存三卷：續筆一至三

善2175
震澤語錄一卷　（宋）周憲撰
明抄本　清嚴元照跋
八行二十一字白口四周雙邊　綫裝　一册

善2643
能改齋漫錄十八卷　（宋）吳曾撰
清錢氏述古堂抄本　朱鼎煦跋
十一行二十一字白口左右雙邊　綫裝　一册
存一卷：十

善2646
老學菴筆記十卷　（宋）陸游撰
明天啓三年周應儀、王志堅刻本　孫家溎跋
九行十八字小字雙行同白口左右雙邊　綫裝　一册

善2648
經鉏堂雜誌八卷　（宋）倪思撰
明萬曆二十八年潘大復、張輅刻本
九行二十字白口四周單邊　綫裝　四册

善2649
經鉏堂雜誌八卷　（宋）倪思撰

明萬曆二十八年潘大復、張輅刻本
朱鼎煦跋
九行二十字白口四周單邊　綫裝　二冊

善 2651
雲麓漫鈔十五卷　（宋）趙彥衛撰
清嘉慶十二年抄本　清陳鱣批校并跋　清陳鱣過錄清鮑廷博、吳騫跋　清王堉跋
十行二十字無版框　毛裝　四冊

善 2652
澗泉日記三卷　（宋）韓淲撰
清乾隆武英殿木活字印本　清味蔗居士跋
九行二十一字小字雙行同白口四周雙邊　綫裝　一冊

善 2653
張荃翁貴耳集三卷　（宋）張端義撰
明抄本
十一行二十四字白口四周單邊　綫裝　一冊

善 4846
古學鉤玄十卷　（宋）陳騤輯
明崇禎十年潘虎臣刻本
九行十八字小字雙行同白口四周單邊　綫裝　一冊
存五卷：一至五

善 2666
草木子四卷　（明）葉子奇撰
明嘉靖二十二年王宏刻本
十行二十字白口四周單邊　綫裝　二冊

善 2667
草木子四卷　（明）葉子奇撰
清嘉靖二十二年王宏刻萬曆八年林大黼重修本
九行二十一字白口左右雙邊　綫裝　四冊

善 2690
立齋先生語錄一卷　（明）楊傑口述　（明）馬森輯
明萬曆四年陳吾德刻本
十行十九字上下黑口四周雙邊　綫裝　一冊

善 2676
餘冬序錄六十五卷　（明）何孟春撰
明嘉靖七年郴州家塾自刻本　佚名批
十一行二十一字小字雙行同白口左右雙邊　綫裝　十三冊

善 2677
餘冬序錄六十五卷　（明）何孟春撰
明嘉靖七年郴州家塾自刻本
十一行二十一字小字雙行同白口左右雙邊　綫裝　十二冊
存六十卷：一至六十

善 2678
兩山墨談十八卷　（明）陳霆撰
明嘉靖十八年李檗刻本
九行十八字小字雙行同下黑口四周雙邊　綫裝　一冊
存四卷：十一至十四

善 2679
兩山墨談十八卷　（明）陳霆撰

子部

明嘉靖十八年李檗刻本
　　九行十八字小字雙行同下黑口四周雙邊　毛裝　三冊
　　存十三卷：六至十八

善 2208
約言一卷　（明）薛蕙撰
　　明嘉靖刻本
　　九行十九字白口四周單邊　毛裝　一冊

善 2783
芸莊雜錄備遺十六卷　（明）管律撰
　　清都公鐘室抄本　佚名批
　　九行二十字上黑口四周雙邊　綫裝　四冊

善 2683
古言二卷　（明）鄭曉撰
　　明嘉靖四十四年項篤壽刻本
　　八行十六字白口四周雙邊　綫裝　二冊

善 1488
呂新吾先生實政錄七卷　（明）呂坤撰
　　明萬曆二十六年趙文炳刻本
　　九行十八字白口四周雙邊　綫裝　一冊
　　存一卷：一

善 2680
孤竹賓談四卷　（明）陳德文撰
　　明嘉靖二十八年蘇繼、白以道刻本
　　九行二十字白口四周雙邊　毛裝　二冊

善 2681

孤竹賓談四卷　（明）陳德文撰
　　明嘉靖二十八年蘇繼、白以道刻本
　　九行二十字白口四周雙邊　毛裝　一冊
　　存二卷：三至四

善 2673
羣賢要語二卷　（明）李佑輯
　　明萬曆五年刻本
　　八行十七字上下黑口四周雙邊　綫裝　二冊

善 2674
浮山此藏軒物理小識十二卷首一卷　（明）方以智撰　（清）方中德等編
　　清天瑞堂刻本　佚名批
　　九行二十二字小字雙行同白口左右雙邊　綫裝　四冊

善 2675
物理小識十二卷　（明）方以智撰
　　清乾隆內府抄本（文瀾閣四庫全書）
　　八行二十一字小字雙行同白口四周雙邊　毛裝　一冊
　　存二卷：七至八

善 2684
穀山筆麈十八卷　（明）于慎行撰
　　明天啓五年于緯刻本
　　八行十八字白口四周單邊　綫裝　四冊

善 3951
鴻苞集四十八卷　（明）屠隆撰
　　明萬曆三十八年茅元儀刻本
　　八行十九字小字雙行同白口左右雙邊　綫裝　四十九冊

善 3952
鴻苞集四十八卷 （明）屠隆撰
　　明萬曆三十八年茅元儀刻本
　　九行十九字小字雙行同白口左右雙
　　　邊　綫裝　二十四册

善 2687
焦氏筆乘六卷續集八卷 （明）焦竑輯
　　明萬曆三十四年謝與棟刻本
　　九行十九字小字雙行同白口四周單
　　　邊　綫裝　二册

善 2689
小柴桑喃喃録二卷 （明）陶奭齡撰
　　明崇禎八年李爲芝刻本
　　九行二十字小字雙行同白口四周單
　　　邊　綫裝　四册

善 2762
剡溪漫筆六卷 （明）孫能傳輯
　　明萬曆四十一年孫能正鄂韡堂刻本
　　十行二十一字小字雙行同白口四周
　　　單邊　綫裝　四册

善 2704
丹浦欷言四卷 （明）李蓘撰
　　清抄本
　　九行二十字無版框　綫裝　一册

善 2815
梅花渡異林十卷 （明）支允堅纂
　　明崇禎刻本
　　八行二十字白口左右雙邊　綫裝　三
　　　册
　　存七卷：一至二、六至十

善 2692

善 3142
雅述二卷 （明）王廷相撰
　　明嘉靖刻本
　　十行十八字白口四周單邊　毛裝　一
　　　册
　　存一卷：上

善 3142
夜航船二十卷 （清）張岱撰
　　清抄本　清張魯珍跋
　　十一行二十一字白口四周單邊　毛
　　　裝　十册

善 2693
因樹屋書影十卷 （清）周亮工撰
　　清雍正三年懷德堂刻本（卷十爲抄
　　　配）
　　九行十八字小字雙行同白口四周單
　　　邊　綫裝　六册

善 2694
因樹屋書影十卷 （清）周亮工撰
　　清雍正三年懷德堂刻本
　　九行十八字小字雙行同白口四周單
　　　邊　綫裝　四册

善 2695
蓉槎蠡說十二卷 （清）程哲撰
　　清康熙五十年程氏七略書堂刻本
　　佚名批
　　十一行二十一字小字雙行三十字白
　　　口左右雙邊　綫裝　一册
　　存十卷：一至十

善 2696
蓉槎蠡說十二卷 （清）程哲撰
　　清康熙五十年程氏七略書堂刻本
　　十一行二十一字小字雙行三十字白

子部

口左右雙邊　綫裝　二册
存六卷：一至六

善2697
在園雜志四卷　（清）劉廷璣撰
　清康熙五十四年自刻本
　九行十九字小字雙行同白口左右雙
　　邊　綫裝　四册

善2699
古夫于亭雜録六卷　（清）王士禛撰
　清康熙刻本　佚名跋
　十行十九字小字雙行行字不等上下
　　黑口左右雙邊　綫裝　二册

善2700
古夫于亭雜録五卷　（清）王士禛撰
　清康熙六十年俞兆晟刻本
　十行十九字小字雙行同上下黑口左
　　右雙邊　綫裝　一册

善2794
巾箱説一卷　（清）金埴撰
　清竹書堂抄本
　十一行二十一字小字雙行三十三字
　　上下黑口四周雙邊　綫裝　一册

善2722
今白華堂筆記四卷　（清）童槐撰　（清）
　童華校録
　稿本
　十行二十二字小字雙行同白口四周
　　雙邊　毛裝　四册

善2795
景眉齋雞窗筆粹不分卷　（清）蜨荈氏
　録

清抄本　清馮登府跋
十行二十九字小字雙行同白口無版
　框　綫裝　一册

雜考

善2706
程氏演繁露十六卷續集六卷　（宋）程
　大昌撰　（明）鄧渼校
　清抄本　朱鼎煦跋
　九行二十三字小字雙行同白口四周
　　雙邊　綫裝　二册
　存十二卷：演繁露一至六、續集

善2709
履齋示兒編二十三卷　（宋）孫奕撰
　（明）潘膺祉校
　清十萬卷樓抄本
　十一行十八字小字雙行同上黑口左
　　右雙邊　綫裝　一册
　存七卷：十二至十八

善2710
古今攷三十八卷　（宋）魏了翁撰
　（元）方回續
　明抄本
　九行二十二字小字雙行行字不等白
　　口四周單邊　綫裝　三册
　存十二卷：一至四、十三至二十

善2712
丹鉛總録二十七卷　（明）楊慎撰
　明嘉靖三十三年梁佐刻本
　十一行二十四至二十五字白口四周
　　雙邊　綫裝　十册

善 2713
丹鉛總錄二十七卷 （明）楊慎撰
　　明嘉靖三十三年梁佐刻本
　　十一行二十四至二十五字白口四周雙邊　綫裝　一冊
　　存三卷：二十二至二十四

善 2714－1
丹鉛總錄二十七卷 （明）楊慎撰
　　明嘉靖三十三年梁佐刻藍印本
　　十一行二十四至二十五字白口四周雙邊　毛裝　一冊
　　存二卷：二十至二十一

善 2714－2
丹鉛總錄二十七卷 （明）楊慎撰
　　明嘉靖三十三年梁佐刻藍印本
　　十一行二十四至二十五字白口四周雙邊　毛裝　一冊
　　存二卷：二十至二十一

善 2711 甲
丹鉛餘錄十七卷 （明）楊慎撰
　　明刻本
　　九行二十字白口四周雙邊　綫裝　一冊
　　存五卷：十三至十七

善 2711 乙
丹鉛摘錄十三卷 （明）楊慎撰
　　明刻本
　　十行二十字小字雙行同白口四周單邊　毛裝　一冊
　　存五卷：五至九

善 2715
秋林伐山二十卷 （明）楊慎撰
　　明萬曆元年邵夢麟刻本
　　九行二十二小字雙行同白口四周雙邊　綫裝　四冊

善 2716
譚苑醍醐九卷 （明）楊慎撰
　　明嘉靖二十一年刻藍印本
　　十行二十字小字雙行同白口四周單邊　毛裝　二冊

善 2717
正楊四卷 （明）陳耀文撰
　　明隆慶三年刻本
　　十行二十字白口四周雙邊　毛裝　二冊

善 2718
青藤山人路史二卷 （明）徐渭撰
　　明刻本
　　九行二十字小字雙行同白口四周單邊　毛裝　一冊

善 2719
青藤山人路史二卷 （明）徐渭撰　**古註參同契分釋一卷** （漢）徐景休撰
　　明刻本
　　九行二十字小字雙行同白口四周單邊　綫裝　一冊

善 2691
徐氏筆精八卷 （明）徐𤊹撰
　　明崇禎五年邵捷春刻本　佚名批
　　九行十八字小字雙行同白口左右雙邊　綫裝　二冊
　　存四卷：一至四

善 2721

子　部

日知錄之餘四卷　（清）顧炎武撰
　清抄本　清潘志萬　莫棠跋
　十行二十二字上下黑口左右雙邊　綫裝　一册
　存一卷：一

馮善1734
信摭一卷　（清）章學誠撰
　清道光八年沈復燦抄本　清沈復燦跋
　十或十一行行字不等小字雙行行字不等無版框　綫裝　一册

善2787
過夏雜錄六卷續錄一卷　（清）周廣業撰
　民國朱氏別宥齋抄本
　十一行二十一字小字雙行同白口左右雙邊　綫裝　二册
　存二卷：一至二

善2720
彙考策林□□卷　（明）何應彪輯
　明刻本
　八行二十一字下黑口四周單邊　毛裝　二册
　存二卷：五至六

善4363
越縵堂筆記一卷　（清）李慈銘撰
　稿本　馮貞群　陳訓慈跋
　九行行字不等小字雙行行字不等白口四周雙邊　綫裝　二册

善2750
止止室雜鈔二卷　（清）周勛懋纂
　稿本
　十行二十字無版框　綫裝　一册

雜記

善2725
世說新語三卷　（南朝宋）劉義慶撰　（南朝梁）劉孝標注　（宋）劉辰翁評
　明刻本
　九行二十字小字雙行同白口四周單邊　綫裝　六册

善2726
世說新語八卷　（南朝宋）劉義慶撰　（南朝梁）劉孝標注　（宋）劉辰翁批釋　（明）王世懋批點
　明刻本
　九行二十字小字雙行同上下黑口左右雙邊　綫裝　三册
　存六卷：一至六

善2727
世說新語八卷　（南朝宋）劉義慶撰　（南朝梁）劉孝標注　（明）王世貞批點
　明萬曆十四年余碧泉刻本
　九行二十字小字雙行同上下黑口左右雙邊　綫裝　四册
　存六卷：一至六

善2728
世說新語八卷　（南朝宋）劉義慶撰　（南朝梁）劉孝標注　（明）王世貞批點
　明萬曆十四年余碧泉刻本
　九行二十字小字雙行同上下黑口左右雙邊　綫裝　二册

善 2729
世說新語八卷 （南朝宋）劉義慶撰 （南朝梁）劉孝標注 （明）張懋辰訂
明萬曆刻本
　九行十九字小字雙行同白口四周單邊　綫裝　四册

善 2730
世說新語八卷 （南朝宋）劉義慶撰 （南朝梁）劉孝標注 （明）張懋辰訂
明萬曆刻本
　九行十九字小字雙行同白口四周單邊　綫裝　四册

善 2731
世說新語八卷 （南朝宋）劉義慶撰 （南朝梁）劉孝標注 （宋）劉辰翁批釋 （明）王世懋評
明凌瀛初刻本
　九行二十字小字雙行同白口左右雙邊　綫裝　七册
　存七卷：一至四、六至八

善 2732
世說新語八卷 （南朝宋）劉義慶撰 （南朝梁）劉孝標注 （宋）劉辰翁批釋 （明）王世懋評
明凌瀛初刻四色套印本
　八行十八字小字雙行同白口四周單邊無格　金鑲玉　八册

善 2733
世說新語補二十卷附釋名一卷 （南朝宋）劉義慶撰 （南朝梁）劉孝標注 （宋）劉辰翁批 （明）何良俊增 （明）王世貞删定 （明）王世懋批釋 （明）張文柱校注

明萬曆十三年張文柱刻本
　九行十八字小字雙行同白口左右雙邊　綫裝　八册

善 2734
世說新語補二十卷附釋名一卷 （南朝宋）劉義慶撰 （南朝梁）劉孝標注 （宋）劉辰翁批 （明）何良俊增 （明）王世貞删定 （明）王世懋批釋 （明）張文柱校注
明萬曆十三年張文柱刻本
　九行十八字小字雙行同白口左右雙邊　綫裝　六册

善 2736
李卓吾批點世說新語補二十卷附釋名一卷 （南朝宋）劉義慶撰 （南朝梁）劉孝標注 （宋）劉辰翁批 （明）何良俊增 （明）王世貞删定 （明）王世懋批釋 （明）李贄批點 （明）張文柱校注
明萬曆刻本
　九行十八字小字雙行同白口四周單邊　綫裝　四册

馮善 1795
李卓吾批點世說新語補二十卷附釋名一卷 （南朝宋）劉義慶撰 （南朝梁）劉孝標注 （宋）劉辰翁批 （明）何良俊增 （明）王世貞删定 （明）王世懋批釋 （明）李贄批點 （明）張文柱校注
明萬曆刻本　清存春廬主人跋
　九行十八字小字雙行同白口四周單邊　綫裝　四册

善 2738

子部

唐世說新語十三卷　（唐）劉肅撰
　明萬曆三十七年俞安期刻本
　十行二十字白口左右雙邊　綫裝　二册

善 2808
揮麈前錄四卷後錄十一卷第三錄二卷餘話二卷　（宋）王明清撰
　明抄本
　十行二十三字白口四周單邊　綫裝　一册
　存二卷：餘話

善 2741
桯史十五卷附錄一卷　（宋）岳珂撰
　清抄本
　十行二十一字小字雙行同無版框　綫裝　四册

善 2743
桯史十五卷附錄一卷　（宋）岳珂撰
　明嘉靖四年錢如京刻本
　十行二十字小字雙行同上下黑口四周單邊　綫裝　一册
　存五卷：六至九、附錄

善 2744
桯史十五卷附錄一卷　（宋）岳珂撰
　明嘉靖四年錢如京刻本
　十行二十字小字雙行同上下黑口四周單邊　綫裝　一册
　存一卷：附錄

馮善 3498
水東日記三十八卷　（明）葉盛撰
　明刻本
　十行二十字上下黑口四周單邊　綫裝　一册
　存五卷：二十四至二十八

善 2746
都公譚纂二卷　（明）都穆撰　（明）陸采輯
　清古處閣抄本
　十行二十字白口四周單邊　綫裝　一册

善 2748、善 2749
何氏語林三十卷　（明）何良俊撰
　明嘉靖二十九年何氏清森閣刻本
　十至二十字小字雙行同白口左右雙邊　綫裝　七册
　存十八卷：一至十六、十九至三十

馮善 1805
何氏語林三十卷　（明）何良俊撰
　明嘉靖二十九年何氏清森閣刻本
　十至二十字小字雙行同白口左右雙邊　綫裝　十册

善 2686
湧幢小品三十二卷　（明）朱國禎撰
　明天啓二年清美堂刻本
　九行二十字小字雙行同白口左右雙邊　綫裝　八册
　存二十五卷：一至十、十五至二十九

善 2751
玉劍尊聞十卷　（清）梁維樞撰
　清順治十一年梁清遠、梁清傅刻本
　八行二十字小字雙行同白口四周單邊　綫裝　一册
　存二卷：一至二

善 4194
竹影樓筆叢二卷
　清道光二年管庭芬抄本
　九行二十字白口無版框　金鑲玉　二冊

善 2793
伊江筆錄二卷　（清）吳熊光撰
　清虞山周氏鵠峰草堂抄本
　十行二十字上黑口下細黑口左右雙邊　綫裝　二册

善 4094
冬夜箋記一卷　（清）王崇簡撰
　清康熙四十六年王默青箱堂金陵刻本
　九行二十字白口左右雙邊　綫裝　一册

善 0049
九山隨筆不分卷　（清）倪象占撰
　稿本
　十行十六至二十字白口左右雙邊　毛裝　一册

善 2789
循陔纂聞四卷　（清）周廣業撰　（清）沈俊堯　周勛常等録
　民國朱氏別宥齋抄本
　十一行二十二字小字雙行同白口四周雙邊　毛裝　四册

善 2790
讀詩偶鈔一卷讀書偶鈔一卷讀易偶鈔一卷讀禮偶鈔一卷　（清）蔣學鏞撰
　清抄本
　十行二十八字無版框　綫裝　一册

善 2791
炳燭觀二卷
　清抄本
　十二行二十六字無版框　綫裝　三册

善 2820
畫錦堂記十六卷
　清抄本
　八行二十一字無版框　綫裝　三十册

雜品

善 2753
居家必用事類全集十卷
　明刻本
　九行十六字小字雙行同上下黑口四周雙邊　綫裝　二册
　存二卷：五、九

善 2754
多能鄙事十二卷　題（明）劉基撰
　明嘉靖刻本
　十三行二十六字白口四周單邊　綫裝　四册
　存六卷：一至三、六、十一至十二

善 2755
新增格古要論十三卷　（明）曹昭撰（明）舒敏編校　（明）王佐增輯
　明萬曆黃正位尊生館刻清初淑躬堂重修本
　十行二十字小字雙行同白口四周單邊　綫裝　二册

子　部

善 2756
新增格古要論十三卷　（明）曹昭撰　（明）舒敏編校　（明）王佐增輯
　明萬曆黃正位尊生館刻清初淑躬堂重修本
　十行二十字小字雙行同白口四周單邊　綫裝　一册
　存四卷：十至十三

善 2519、善 2758、善 2757
雅尚齋遵生八牋十九卷　（明）高濂撰
　明萬曆刻本
　九行十八字小字雙行同上下黑口四周單邊　綫裝　六册
　存五種八卷：
　　燕閒清賞牋三卷（存二卷：一至二）
　　清脩妙論牋二卷
　　靈秘丹藥牋二卷（存一卷：一）
　　四時調攝牋五卷（存二卷：四至五）
　　飲饌服食牋三卷（存一卷：二）

善 2759
雅尚齋遵生八牋十九卷　（明）高濂撰
　明萬曆刻本　孫家淶跋
　九行十八字小字雙行同上下黑口四周單邊　毛裝　一册
　存一種二卷：
　　飲饌服食牋三卷（存二卷：二至三）

善 2763
筠軒清閟録三卷　（明）董其昌撰
　清抄本
　十行二十字小字雙行同無版框　綫裝　一册

善 2760
長物志十二卷　（明）文震亨撰
　明刻本
　八行十六字白口左右雙邊　綫裝　四册

雜纂

善 2761
清寤齋心賞編一卷　（明）王象晋輯
　明刻本
　九行二十字小字雙行同白口四周單邊　綫裝　一册

善 2764
紺珠集十三卷
　清文珍樓抄本
　十二行二十四字白口四周雙邊　綫裝　六册

善 2765
紺珠集十三卷
　清抄本
　十二行二十四字無版框　綫裝　十三册

善 2766
清異録二卷　（宋）陶穀撰
　清康熙陳世修漱六閣刻本　清顧栴批
　十一行二十一字上下黑口左右雙邊　綫裝　一册

善 2768
清異録二卷　（宋）陶穀撰
　清康熙陳世修漱六閣刻本　清陳聿昌批并跋
　十一行二十一字上下黑口左右雙邊

善 2767
清異錄二卷　（宋）陶穀撰
　　清康熙陳世修漱六閣刻本
　　十一行二十一字上下黑口左右雙邊　綫裝　一冊

善 2772
為善陰騭十卷　（明）成祖朱棣撰
　　明永樂十七年内府刻本
　　十行十九字上下黑口四周雙邊　綫裝　三冊

馮善 1672
林泉隨筆記一卷　（明）張綸撰
　　明嘉靖九年吳廷翰刻本
　　十行二十一字小字雙行同上下黑口四周雙邊　綫裝　一冊

善 2773
新刊諸子纂要大全四卷　（明）黎堯卿輯
　　明正德二年錦江堂刻本
　　十一行二十三字上下黑口四周雙邊　綫裝　一冊
　　存二卷：一至二

善 2779
灼艾集二卷續集二卷別集二卷餘集二卷　（明）萬表輯
　　明嘉靖刻本
　　十行十八字白口四周單邊　綫裝　一冊
　　存一卷：別集二

善 2781
綫裝　一冊

王太蒙先生類纂批評灼艾集十八卷
　　（明）萬表輯　（明）王佐纂評
　　明刻本
　　九行二十字白口四周單邊　綫裝　十冊

善 2782
王太蒙先生類纂批評灼艾集十八卷
　　（明）萬表輯　（明）王佐纂評
　　明刻本　玉庭跋
　　九行二十字白口四周單邊　毛裝　九冊
　　存十六卷：一至四、七至十八

善 2776
初潭集三十卷　（明）李贄撰
　　明萬曆刻本
　　九行二十字白口四周單邊　綫裝　六冊
　　存二十九卷：一至二十九

善 2777
初潭集十二卷　（明）李贄撰
　　明刻本
　　九行二十字白口四周單邊　綫裝　五冊

善 2778
初潭集三十卷　（明）李贄撰
　　明刻本
　　九行二十字白口四周單邊　毛裝　二冊
　　存十四卷：十至十六、二十三至二十九

善 2784
攷古彙編全集二十四卷　（明）傅鈇輯

子部

明嘉靖刻本
十二行二十八字小字雙行同白口左右雙邊　毛裝　一册
存十四卷：經集一至六、史集一至六、文集一至二

善 2100
百家類纂四十卷　（明）沈津輯
明隆慶元年含山縣儒學刻本
十一行二十二字小字雙行同白口四周單邊　綫裝　十一册
存十一卷：二十三、二十八至三十七

善 2101
百家類纂四十卷　（明）沈津輯
明隆慶元年含山縣儒學刻本
十一行二十二字小字雙行同白口四周單邊　毛裝　二十四册
存二十六卷：一至二十二、二十四至二十七

馮善 3306
百家類纂四十卷　（明）沈津輯
明隆慶元年含山縣儒學刻本
十一行二十二字小字雙行同白口四周單邊　綫裝　二十册

善 3927、善 4515
刻徐文長先生秘集十二卷　（明）徐渭輯
明刻本
九行十九字白口四周單邊　綫裝　五册

善 4602
山林經濟籍二十四卷　（明）屠本畯輯
明萬曆惇德堂刻本

九行二十字小字雙行同白口左右雙邊　綫裝　一册
存二卷：一至二

善 2780
省括編二十三卷　（明）姚文蔚輯
明萬曆三十四年楊廷筠刻本
十行二十字小字雙行同白口四周單邊　綫裝　五册
存十二卷：一至七、十一至十三、二十二至二十三

善 2112
諸子奇賞前集五十一卷後集六十卷　（明）陳仁錫輯評
明天啓三徑齋刻本
九行二十字小字雙行同白口四周單邊無格　綫裝　十三册
存四十四卷：前集一至四十四

善 2279
諸子奇賞前集五十一卷後集六十卷　（明）陳仁錫輯評
明天啓三徑齋刻本
九行二十字小字雙行同白口四周單邊無格　綫裝　二册
存二卷：列子一至二

善 2775
昨非菴日纂二十卷二集二十卷三集二十卷　（明）鄭瑄輯
明崇禎刻本
八行十八字白口四周單邊　綫裝　六册
存二十卷：三集

善 2215

聖諭像解二十卷　（清）梁延年輯
　　清康熙二十年梁氏承宣堂刻本
　　十行二十一字白口四周單邊　綫裝
　　　十册

善 2216
聖諭像解二十卷　（清）梁延年輯
　　清康熙二十年梁氏承宣堂刻本
　　十行二十一字白口四周單邊　綫裝
　　　五册
　　　存十一卷：一至二、六至十四

善 3159
食古錄一卷　（清）陳偉撰
　　清抄本
　　九行二十五字小字雙行同無版框　綫
　　　裝　七册

善 2792
運甓齋叢錄不分卷　（清）陳勷撰
　　清光緒六年抄本
　　六行行字不等小字雙行行字不等白
　　　口四周雙邊　毛裝　一册

善 2792（乙）
**青琅玕館叢錄一卷求放心齋讀書叢説
一卷讀史識餘五卷硯譜集錄一卷古
今法帖鑒藏一卷**　（清）陳祖望輯
　　稿本
　　九行行字不等白口左右雙邊　毛裝
　　　九册

善 2818
節霞紀逸一卷　（清）俞忠孫撰
　　稿本
　　八行二十四字無版框　毛裝　一册

馮善 1818
冷廬雜識鈔一卷　（清）陸以湉撰
　　清徐氏烟嶼樓抄本
　　十行二十一字小字雙行同上下黑口
　　　左右雙邊　綫裝　一册

善 3061
玉海私摭不分卷　（清）徐乾學撰
　　清抄本
　　十行二十五字小字雙行行字不等上
　　　下細黑口四周雙邊　綫裝　十册

善 3157
琴詠樓姝聊韻藻一卷　（清）姚景夔輯
　　稿本　清姚景夔　沈鎔經　葛暘跋
　　八行二十三至二十四字無版框　毛
　　　裝　一册

小說類

筆記

雜事

善 3143
手鏡摘覽八卷
　　明抄本
　　十一行二十四字小字雙行同白口四
　　　周單邊　綫裝　一册
　　　存三卷：二至四

善 3987
剪桐載筆一卷　（明）王象晉撰

子部

明毛晋刻本
八行十九字白口左右雙邊　綫裝　一册

異聞

善2796
山海經十八卷　（晋）郭璞傳
明刻本
九行二十字小字雙行同白口四周雙邊　綫裝　一册
存三卷：一至三

善2797
山海經十八卷　（晋）郭璞傳
清康熙五十三至五十四年歙縣項絪群玉書堂刻本　佚名批
十一行二十一字小字雙行同上下細黑口四周單邊　綫裝　一册

善2798
山海經十八卷　（晋）郭璞注
清乾隆内府抄本（文瀾閣四庫全書）
八行二十一字小字雙行同白口四周雙邊　綫裝　一册
存五卷：四至八

善2802
唐段少卿酉陽雜俎前集二十卷　（唐）段成式撰
明刻本
十行白口四周單邊　綫裝　二册
存十卷：六至十、十六至二十

善2805
酉陽雜俎二十卷　（唐）段成式撰
明刻本
九行二十字小字雙行同上下黑口左右雙邊　綫裝　六册

善2806
酉陽雜俎二十卷續集十卷　（唐）段成式撰
清抄本
九行十九字小字雙行同白口左右雙邊　綫裝　一册
存十卷：續集

善2807
宣室志十卷補遺一卷　（唐）張讀撰
明抄本　佚名跋
十一行二十四字白口四周單邊　毛裝　一册
存一卷：宣室志一

善3025
太平廣記五百卷目録十卷　（宋）李昉等輯
明許自昌刻本
十二行二十四字小字雙行同白口左右雙邊　綫裝　十一册
存一百五十三卷：一至三十三、一百三十五至一百八十九、一百九十一至二百十二、三百六十五至三百八十、四百一至四百二十四，目録一、四、九

善2810
青瑣高議前集十卷後集十卷別集七卷　（宋）劉斧撰
清虞山周氏鴿峰草堂抄本　佚名批并跋
十行二十字小字雙行同上下黑口左

右雙邊 綫裝 六冊

善 2816
綠窗新話二卷 題(明)皇都風月主人撰
明抄本 佚名批校
十行二十字白口四周單邊 綫裝 一冊

善 2812
重刊分類江湖紀聞前集一卷後集一卷
(元)郭霄鳳撰
明刻本
十五行二十三字上下黑口四周雙邊 毛裝 一冊
存一卷:前集

善 2786
咫聞錄四卷 (清)邵建章撰 (清)王欽典 王欽彝校
清抄本
十行十八字無版框 綫裝 一冊

諧謔

善 2811
開顏集二卷 (宋)周文玘輯
明刻本
十行十八字白口左右雙邊 綫裝 一冊

瑣語

善 4517
小窗自紀四卷別紀四卷清紀不分卷艷紀不分卷 (明)吳從先撰

明萬曆刻本
八行十八字白口四周單邊 綫裝 八冊
存:艷紀

善 2821
青泥蓮花記十三卷 (明)梅鼎祚撰
明萬曆三十年鹿角山房刻本
九行十八字小字雙行同白口左右雙邊 綫裝 三冊
存七卷:一至七

短篇

善 2813
虞初志七卷 (明)袁宏道評
明凌性德刻朱墨套印本
八行十九字白口四周單邊無格 綫裝 三冊
存六卷:一至三、五至七

善 4875
皇明小說八種八卷
明刻本
九行二十字白口四周單邊 綫裝 一冊
　皇朝盛事引一卷
　菽園雜記一卷
　客座新聞一卷
　枝山前聞一卷
　莘野纂聞一卷
　駒陰冗記一卷
　中洲野錄一卷
　長安客話一卷

善 4877

子部

重鐫繡像今古奇觀四十卷 （明）抱甕
老人輯　（明）笑花主人閱
清會成堂刻本
十一行二十三字白口四周單邊　綫
　裝　八冊

長篇

善4876
國朝英烈傳十二集六十卷
明抄本
九行十六字上下黑口四周雙邊　毛
　裝　五冊
存五十卷：寅至亥集十一至六十

善4878
臺灣外志五十卷一百回　（清）江日昇
撰
清初薌楂書室抄本
九行二十二字小字雙行同白口左右
　雙邊　綫裝　十冊

善4879
臺灣外志選摘稿十九回
稿本　朱鼎煦跋
七行字不等小字雙行行字不等白口
　左右雙邊　毛裝　一冊

類書類

善3008
藝文類聚一百卷　（唐）歐陽詢輯
明嘉靖六至七年胡纘宗、陸采刻本
十四行二十八字小字雙行同白口左
　右雙邊　綫裝　十九冊
存九十三卷：一至六十八、七十六至
　一百

善3009
藝文類聚一百卷　（唐）歐陽詢輯
明嘉靖六至七年胡纘宗、陸采刻本
十四行二十八字小字雙行同白口左
　右雙邊　綫裝　十八冊
存九十卷：一至四、十五至一百

善3010
藝文類聚一百卷　（唐）歐陽詢輯
明嘉靖六至七年胡纘宗、陸采刻本
十四行二十八字小字雙行同白口左
　右雙邊　綫裝　一冊
存七卷：六十九至七十五

馮善1743
藝文類聚一百卷　（唐）歐陽詢輯
明嘉靖六至七年胡纘宗、陸采刻本
十四行二十八字小字雙行同白口左
　右雙邊　綫裝　二十四冊

善3006
藝文類聚一百卷　（唐）歐陽詢輯
明嘉靖二十八年平陽府刻本
十四行二十八字小字雙行同白口左
　右雙邊　綫裝　十二冊

善3007
藝文類聚一百卷　（唐）歐陽詢輯
明嘉靖二十八年平陽府刻本
十四行二十八字小字雙行同白口左
　右雙邊　綫裝　十二冊

善3011

藝文類聚一百卷 （唐）歐陽詢輯
　明萬曆十五年秣陵王元貞刻本
　十行二十字小字雙行同白口左右雙
　　邊　綫裝　十冊
　　存八十二卷：一至二十五、四十四至
　　　一百

善3012
藝文類聚一百卷 （唐）歐陽詢輯
　清成都宏達堂刻本
　十行二十字小字雙行同白口左右雙
　　邊　綫裝　一冊
　　存二卷：三十七至三十八

善3013
龍筋鳳髓判注四卷 （唐）張鷟撰
　明萬曆十三年金陵周曰校刻本
　十一行二十字小字雙行同白口四周
　　雙邊　綫裝　四冊

善3014
初學記三十卷 （唐）徐堅等輯
　明嘉靖十年安國桂坡館刻本
　九行十八字小字雙行二十四字白口
　　左右雙邊　綫裝　五冊
　　存二十四卷：七至三十

善3015
初學記三十卷 （唐）徐堅等輯
　明萬曆十五年徐守銘寧壽堂刻本
　九行十八字小字雙行二十四字白口
　　左右雙邊　綫裝　十二冊

善3016
唐宋白孔六帖一百卷目録二卷 （唐）
　白居易　（宋）孔傳輯
　明嘉靖刻本（卷二、五、五十四至五十

　　五爲抄配）
　十行十八字小字雙行同白口左右雙
　　邊　綫裝　四十八冊

善3017
唐宋白孔六帖一百卷目録二卷 （唐）
　白居易　（宋）孔傳輯
　明嘉靖刻本
　十行十八字小字雙行同白口左右雙
　　邊　綫裝　九冊
　　存十八卷：一至十六、目録

善3019
事類賦三十卷 （宋）吳淑撰并注
　明嘉靖十三年白石岩刻本
　十一行二十字小字雙行同上下黑口
　　四周單邊　綫裝　七冊
　　存二十六卷：一至十一、十六至三十

善3158
廣事類賦四十卷 （清）華希閔撰
　清看雲草堂抄本
　十四行二十九字白口四周雙邊　綫
　　裝　二冊

善3023
太平御覽一千卷目録十卷 （宋）李昉
　等輯
　明萬曆元年倪炳刻明補修本
　十一行二十二字小字雙行同白口四
　　周單邊　綫裝　一百五十四冊
　　存七百七十八卷：一至七十九、一百
　　　十五至一百六十四、二百十一至二
　　　百五十八、三百四十一至六百、六
　　　百四十至七百七十、八百一至一
　　　千，目録

子部

善 3024

太平御覽一千卷目錄十五卷 （宋）李昉等輯

明萬曆二年周堂等銅活字印本

十一行二十二字小字雙行同白口四周單邊　綫裝　六冊

存三十卷：八十六至九十、二百三十六至二百四十、二百九十一至三百、三百六至三百十五

馮善 1752

太平御覽一千卷 （宋）李昉等輯

明抄本　馮貞群跋

十三行二十字小字雙行同白口四周雙邊　綫裝　十冊

存八十七卷：一百八十六至一百九十四、二百八至二百二十八、二百三十五至二百四十二、二百五十六至二百六十、二百八十至三百七、三百四十四至三百五十、四百九十七至五百五

善 3021

太平御覽一千卷目錄十五卷 （宋）李昉等輯

明抄本

十行二十一字小字雙行同白口四周單邊　綫裝　二冊

存二十卷：七十一至九十

善 3022

太平御覽一千卷目錄十五卷 （宋）李昉等輯

清嘉慶孫氏祠堂抄本

十三行二十二字小字雙行同無版框　綫裝　四十二冊

存三百四十九卷：一至九十二、一百九至一百二十三、一百八十三至一百九十一、二百二十八至四百二十九、四百三十九至四百五十四，目錄

善 3028

冊府元龜一千卷目錄十卷 （宋）王欽若等輯

明崇禎十五年黃國琦刻本

十行二十字小字雙行同白口四周單邊　綫裝　二百冊

善 3027

冊府元龜一千卷目錄十卷 （宋）王欽若等輯

明崇禎十五年黃國琦刻清康熙十一年南京黃九錫、乾隆十九年丁序賢重修本

十行二十字小字雙行同白口四周單邊　綫裝　一百六十冊

存四百六十七卷：一至八、三十二至五十七、六十八至九十、一百十六至一百十七、一百二十四至一百四十二、一百五十二至一百五十七、一百八十二至一百九十四、二百五至二百三十五、二百六十二至二百六十八、二百八十二至二百九十九、三百至三百八十七、三百八十九至四百三十八、四百四十六至四百六十二、四百七十二至四百八十八、五百十七至五百九十四、六百二至六百三十八、七百三十至七百三十六、七百七十八至七百八十、八百四至八百六、八百十六至八百十九、八百二十四至八百二十九、八百三十六至八百三十八、八百四十八至八百四十九、八百七十三至

八百七十五、九百十至九百十三、九百五十六至九百六十五

善 3026
新刊監本冊府元龜一千卷　（宋）王欽若等輯
明抄本
十二行二十四字小字雙行同白口四周單邊　綫裝　十八冊
存九十卷：七百九十六至八百二、八百四至八百六十、八百六十六至八百七十、八百八十一至八百九十、八百九十六至九百、九百三十四至九百三十九

善 3029
文選雙字類要三卷　題（宋）蘇易簡撰
明嘉靖十九年姚虞、季本刻本
十行二十字小字雙行同白口左右雙邊　毛裝　三冊

善 3030
文選雙字類要三卷　題（宋）蘇易簡撰
明嘉靖十九年姚虞、季本刻本　清金學海跋
十行二十字小字雙行同白口左右雙邊　綫裝　二冊
存二卷：一、三

馮善 1756
文選類林十八卷　（宋）劉攽輯
明嘉靖三十七年吳思賢刻本
九行十八字小字雙行同白口左右雙邊　綫裝　六冊

善 4451
文選類林十八卷　（宋）劉攽輯
明嘉靖三十七年吳思賢刻本
九行十八字小字雙行同白口左右雙邊　毛裝　二冊
存七卷：八至十四

善 3042
文選類林十八卷　（宋）劉攽輯
明隆慶六年傅嘉祥、高尚鈺刻本
九行十八字小字雙行同白口四周單邊　綫裝　六冊

善 3043
文選類林十八卷　（宋）劉攽輯
明隆慶六年傅嘉祥、高尚鈺刻本
九行十八字小字雙行同白口四周單邊　綫裝　三冊
存八卷：一至三、六至八、十七至十八

善 3031
事物紀原集類十卷　（宋）高承輯
明成化八年李果刻本
十二行二十四字上下黑口四周雙邊　毛裝　一冊
存三卷：八至十

善 3032
重刊書敘指南二十卷　（宋）任廣輯
明嘉靖六年刻本
九行十九字小字雙行同白口四周雙邊　綫裝　五冊
存十五卷：六至二十

善 3069、善 3070
太學增修聲律資用萬卷菁華續集三十四卷前集八十卷後集八十卷　（宋）李似輯
明抄本

子部

十六行二十五字白口四周雙邊　綫裝
十三冊
存六十三卷：前集三至九、八至二十
五、三十至四十六、六十至八十

善 3033
錦繡萬花谷前集四十卷後集四十卷續集四十卷
明嘉靖十四年徽藩崇古書院刻本
馮貞群跋
九行十七字小字雙行同白口四周單
邊　綫裝　二十冊

善 3034
錦繡萬花谷前集四十卷後集四十卷續集四十卷別集三十卷
明嘉靖十五年秦汴繡石書堂刻本
十二行二十一字小字雙行同白口左
右雙邊　綫裝　一冊
存三卷：前集八至十

善 3035
錦繡萬花谷前集四十卷後集四十卷續集四十卷
明刻本（卷五至六抄配）
十一行十九字小字雙行同白口左右
雙邊　毛裝　十冊
存三十一卷：前集一至六、九、十三至
二十九、三十四至四十

善 3036
錦繡萬花谷前集四十卷後集四十卷續集四十卷
明刻本
十二行二十一字小字雙行同白口左
右雙邊　綫裝　二冊
存九卷：前集四至七、十六至二十

善 3040
新編古今事文類聚前集六十卷後集五十卷續集二十八卷別集三十二卷
（宋）祝穆輯　**新集三十六卷外集十五卷**　（元）富大用輯
明嘉靖四十年書林楊歸仁刻本　清
張美翊跋
十四行二十八字小字雙行同下黑口
四周單邊　綫裝　二冊
存十卷：新集一至十

善 3038
新編古今事文類聚前集六十卷後集五十卷續集二十八卷別集三十二卷
（宋）祝穆輯　**新集三十六卷外集十五卷**　（元）富大用輯
明刻本
十四行二十八字小字雙行同上下黑
口四周雙邊　綫裝　十四冊

善 3039
新編古今事文類聚前集六十卷後集五十卷續集二十八卷別集三十二卷
（宋）祝穆輯　**新集三十六卷外集十五卷**　（元）富大用輯
明刻本
十四行二十八字小字雙行同上下黑
口四周雙邊　綫裝　八葉
存一卷：前集五

善 3045
記纂淵海一百卷　（宋）潘自牧輯
明抄本
十三行二十二字小字雙行同上下黑
口四周雙邊　綫裝　一冊
存八卷：九十至九十七

善 3044
記纂淵海一百卷 （宋）潘自牧輯
　明刻本
　十二行二十二字小字雙行同白口四周雙邊　綫裝　二册
　存五卷：六十一至六十二、六十五至六十七

善 4684
聖宋名賢四六叢珠一百卷 （宋）葉賁輯
　明范大澈臥雲山房抄本
　十行二十二字白口左右雙邊　綫裝　十册
　存三十五卷：一至七、十一至三十八

善 4587
四六叢珠一百卷 （宋）葉賁輯
　明抄本
　十行二十二字白口四周單邊　綫裝　三册
　存十二卷：十一至十三、十八至二十一、二十三至二十七

善 3068
璧水群英待問會元選要八十二卷 （宋）劉達可輯　（明）沈淮選
　明嘉靖十一年慎獨齋刻本
　十六行三十字上下黑口四周雙邊　綫裝　五册
　存五十卷：一至九、二十至六十

善 3067
群書考索前集六十六卷後集六十五卷續集五十六卷別集二十五卷 （宋）章俊卿輯
　明正德三至十三年劉洪慎獨齋刻十六年重修本
　十四行二十八字小字雙行同上下黑口四周雙邊　綫裝　二册
　存十三卷：後集六十至六十五、別集十九至二十五

善 3046
會通館印正緝補古今合璧事類前集六十九卷後集八十一卷續集五十六卷 （宋）謝維新輯　**別集九十四卷外集六十六卷** （宋）虞載輯
　明弘治十一年華氏會通館銅活字印本（別集卷一至十爲抄配）
　九行十七字小字雙行同白口四周單邊　包背裝　三十五册
　存二百七十二卷：前集一至二十、二十五至三十三、五十三至六十三，後集一至四十、四十二至八十一，續集，別集一至十、六十八至九十四，外集一至二十六、三十四至六十六

善 3047
古今合璧事類備要前集六十九卷後集八十一卷續集五十六卷 （宋）謝維新輯　**別集九十四卷外集六十六卷** （宋）虞載輯
　明安國安氏館銅活字印本
　八行十六字小字雙行同白口左右雙邊　毛裝　六十二册
　存二百十二卷：前集一至八、十七至十九、三十四至四十七、五十至五十五、六十二至六十四，後集一至四、七至三十一、三十三至六十五、六十七至七十五，續集，別集一至六、六十二至七十一，外集四至六、十二至二十五、四十九至六十六

子部

善 3048

古今合璧事類備要前集六十九卷後集八十一卷續集五十六卷 （宋）謝維新輯　**別集九十四卷外集六十六卷** （宋）虞載輯

明嘉靖三十一至三十五年夏相刻本

八行十六字小字雙行二十四字白口左右雙邊　綫裝　二十五册

存一百五十卷：前集、後集

善 3049

古今合璧事類備要前集六十九卷後集八十一卷續集五十六卷 （宋）謝維新輯　**別集九十四卷外集六十六卷** （宋）虞載輯

明嘉靖三十一至三十五年夏相刻本

八行十六字小字雙行二十四字白口左右雙邊　綫裝　七十册

缺八十一卷：後集

善 3050

古今合璧事類備要前集六十九卷後集八十一卷續集五十六卷 （宋）謝維新輯　**別集九十四卷外集六十六卷** （宋）虞載輯

明嘉靖三十一至三十五年夏相刻本

八行十六字小字雙行二十四字白口左右雙邊　綫裝　十册

存三十七卷：前集十至十六，續集一至六、十四至十九、四十二至四十七，別集五十一至五十六、八十四至八十八，外集一

善 3051

古今合璧事類備要前集六十九卷後集八十一卷續集五十六卷 （宋）謝維新輯　**別集九十四卷外集六十六卷** （宋）虞載輯

明嘉靖三十一至三十五年夏相刻本

八行十六字小字雙行二十四字白口左右雙邊　綫裝　六册

存十八卷：前集一至十八

善 3052

古今合璧事類備要前集六十九卷後集八十一卷續集五十六卷 （宋）謝維新輯　**別集九十四卷外集六十六卷** （宋）虞載輯

明嘉靖三十一至三十五年夏相刻本

八行十六字小字雙行二十四字白口左右雙邊　綫裝　四册

存十二卷：前集九至十二、六十七至六十九，後集七至十、四十一

善 3053

古今合璧事類備要前集六十九卷後集八十一卷續集五十六卷 （宋）謝維新輯　**別集九十四卷外集六十六卷** （宋）虞載輯

明嘉靖三十一至三十五年夏相刻本

八行十六字小字雙行二十四字白口左右雙邊　綫裝　十五册

存三十四卷：前集二至四、三十二，後集六至十、二十八至三十、三十三、四十七至四十九、五十三至五十九、六十三至七十二、七十五

善 3054

新箋決科古今源流至論前集十卷後集十卷續集十卷 （宋）林駉撰　**別集十卷** （宋）黃履翁撰

明刻本

十一行二十字小字雙行同上下黑口四周單邊　綫裝　三册

存十卷：後集七至十、別集一至六

善3055

新箋決科古今源流至論前集十卷後集十卷續集十卷　（宋）林駉撰　別集十卷　（宋）黃履翁撰

明刻本

十三行二十七字小字雙行同上下黑口四周雙邊　綫裝　一冊

存二卷：後集五至六

善3056

新箋決科古今源流至論前集十卷後集十卷續集十卷　（宋）林駉撰　別集十卷　（宋）黃履翁撰

明刻本

十二行二十一字小字雙行同上下黑口四周雙邊　綫裝　一冊

存五卷：後集六至十

善3057

新箋決科古今源流至論前集十卷後集十卷續集十卷　（宋）林駉撰　別集十卷　（宋）黃履翁撰

明刻本

十一行二十字小字雙行同上下黑口四周單邊　綫裝　一冊

存三卷：別集一至三

善3058

書言故事大全十二卷　（宋）胡繼宗輯　（明）陳玩直注

明萬曆十七年吳懷保刻本

九行二十字小字雙行同白口四周單邊　綫裝　一冊

存二卷：一至二

善0598

玉海二百卷辭學指南四卷詩考一卷詩地理考六卷漢藝文志考證十卷通鑑地理通釋十四卷漢制考四卷踐阼篇集解一卷周易鄭康成注一卷姓氏急就篇二卷急就篇補注四卷周書王會補注一卷小學紺珠十卷六經天文篇二卷通鑑答問五卷　（宋）王應麟撰

元至元六年慶元路儒學刻本　清鄭文焯跋

十行二十字小字雙行同白口左右雙邊　綫裝　二冊

存四卷：通鑑地理通釋一至四

善3059

玉海二百卷辭學指南四卷詩考一卷詩地理考六卷漢藝文志考證十卷通鑑地理通釋十四卷漢制考四卷踐阼篇集解一卷周易鄭康成注一卷姓氏急就篇二卷急就篇補注四卷周書王會補注一卷小學紺珠十卷六經天文篇二卷通鑑答問五卷　（宋）王應麟撰

元至元六年慶元路儒學刻明遞修本

十行二十字小字雙行同白口左右雙邊　綫裝　六冊

存十五卷：玉海十二至十五、六十至七十

善3060

玉海二百卷辭學指南四卷詩考一卷詩地理考六卷漢藝文志考證十卷通鑑地理通釋十四卷漢制考四卷踐阼篇集解一卷周易鄭康成注一卷姓氏急就篇二卷急就篇補注四卷周書王會補注一卷小學紺珠十卷六經天文篇二卷通鑑答問五卷　（宋）王應麟撰

元至元六年慶元路儒學刻本

子　部

十行二十字小字雙行同白口左右雙邊　毛裝　一冊
存三卷：玉海十二至十四

善3094
新編翰苑新書前集七十卷　（宋）劉子實編
明抄本　佚名跋
十四行十五字小字雙行二十二字上下黑口四周單邊　綫裝　十五冊
存五十八卷：一至五十八

善2771
皇宋事實類苑六十三卷目錄五卷　（宋）江少虞撰
明抄本
十一行二十字白口四周單邊　綫裝　一冊
存十卷：一至五、目錄

善3062
韻府羣玉二十卷　（元)陰時夫輯　（元）陰中夫注
明嘉靖三十一年荊聚刻本
十行二十九字小字雙行同上下黑口四周雙邊　綫裝　十冊
存十卷：一、三至四、六、八、十、十四、十七至十八、二十

善3064
新增說文韻府羣玉二十卷　（元）陰時夫輯　（元）陰中夫注
明萬曆十八年王元貞刻本
十一行二十二字小字雙行同白口左右雙邊　綫裝　十冊

馮善1761

新增說文韻府羣玉二十卷　（元）陰時夫輯　（元）陰中夫注
明萬曆十八年王元貞刻本
十一行二十二字小字雙行同白口左右雙邊　綫裝　十二冊

善3037
新編事文類聚翰墨全書甲集十二卷乙集十八卷丙集十四卷丁集十一卷戊集十三卷己集十二卷庚集十五卷辛集十六卷壬集十七卷癸集十七卷後甲集十五卷後乙集十三卷後丙集六卷十二卷後丁集十四卷後戊集九卷　（元）劉應李輯
明初刻本
十二行二十四字小字雙行同上下黑口左右雙邊　綫裝　十五冊
缺五卷：丙十四、丁十、戊十二、後乙十一、後戊十八

善3071
新編事文類聚翰墨大全甲集十二卷乙集九卷丙集五卷丁集五卷戊集五卷己集七卷庚集二十四卷辛集十卷壬集十二卷癸集十一卷後甲集八卷後乙集三卷後丙集六卷後丁集八卷後戊集九卷　（元）劉應李輯
明刻本
十二行二十八字小字雙行行字不等上下黑口四周雙邊　毛裝　一冊
存五卷：癸集一至五

善3072
新編事文類聚翰墨大全甲集十二卷乙集九卷丙集五卷丁集五卷戊集五卷己集七卷庚集二十四卷辛集十卷壬集十二卷癸集十一卷後甲集八卷後

乙集三卷後丙集六卷後丁集八卷後戊集九卷　（元）劉應李輯
　明初刻本
　　十二行二十六至二十八字小字雙行行字不等上下黑口四周雙邊　毛裝　一冊
　　存十一卷：癸集

善0918
新編古今姓氏遙華韻甲集十卷乙集十卷丁集十卷戊集十一卷己集八卷庚集十卷辛集十卷壬集八卷癸集十卷　（明）洪景修編
　明抄本
　　十行行字不等小字雙行行字不等白口四周雙邊　綫裝　七冊
　　存八十一卷：甲集、乙集一至四、丁集、戊集、己集、庚集、辛集、壬集、癸集

善3102
聯新事備詩學大成三十卷　（元）林楨輯
　明內府刻本
　　八行行字不等小字雙行二十五字上下黑口四周雙邊　毛裝　二冊
　　存六卷：二十五至三十

馮善1762
詩學集成押韻淵海二十卷　（元）嚴毅輯
　明初刻成化二十三年重修本
　　十二行行字不等小字雙行行字不等上下黑口四周雙邊　綫裝　十冊

善3074
群書集事淵海四十七卷
　明正德八年慎獨齋刻本
　　十二行二十四字小字雙行同上下黑口四周雙邊　綫裝　一冊
　　存一卷：一

善3075
群書集事淵海四十七卷
　明弘治十八年賈性刻本
　　十二行二十四字小字雙行同上下黑口四周雙邊　毛裝　五冊
　　存八卷：十三、十八、二十三至二十四、三十五至三十八

善3076
封類二十卷
　明正統十二年司禮監刻本
　　十二行二十四字小字雙行同上下黑口四周雙邊　綫裝　四冊
　　存十卷：一至五、十一至十五

善3095
策學輯畧十二卷
　明弘治三年刻本
　　十行二十二字上下黑口四周雙邊　毛裝　二冊
　　存九卷：四至十二

善3096
物原一卷　（明）羅頎撰
　明嘉靖二十二年文津火坤刻本
　　十行二十字白口左右雙邊　毛裝　一冊

善3097
三才廣志一千一百八十四卷　（明）吳琬輯
　明抄本

子部

十三行十九字小字雙行行字不等白口四周單邊　毛裝　七十五冊

存二百七十二卷：二百六十九至二百七十七、二百八十四至二百九十、二百九十三至二百九十四、三百三十四至三百三十九、三百四十六至三百四十八、三百五十三至三百六十三、三百七十五至三百七十六、四百四十六、四百六十三、四百六十六至四百七十二、四百七十四至四百七十五、四百七十七至四百七十九、四百八十七四百八十九、五百十三至五百三十一、五百三十三至五百三十七、五百三十九至五百四十、五百五十至五百五十五、五百六十二至五百六十五、五百七十八至五百九十、五百九十二至五百九十七、六百三十七至六百四十六、六百四十八至六百五十二、六百五十四至六百五十七、六百六十二至六百六十六、六百六十九、六百七十三至六百七十六、六百八十一至六百八十六、六百九十至六百九十一、六百九十三至六百九十四、八百三十至八百三十二、八百四十至八百四十一、八百四十三至八百四十六、八百五十二至八百五十三、八百六十四至八百七十、八百七十二至八百七十四、八百九十九、九百一至九百二、九百四至九百八、九百十至九百十一、九百十六至九百十七、九百三十一至九百三十三、九百三十七至九百三十八、九百四十七、九百四十九至九百五十三、九百八十八至九百八十九、九百九十二、一千五十一至一千五十二、一千五十四至一千五十

九、一千六十四至一千七十六、一千九十一至一千九十八、一千一百至一千一百二、一千一百十至一千一百十九、一千一百二十二至一千一百二十六、一千一百三十一至一百三十二、一千一百三十六、一千一百四十至一千一百四十二、一千一百四十四、一千一百四十六至一千一百四十九、一千一百五十七至一千一百六十五、一千一百六十七、一千一百七十三至一千一百七十七、一千一百七十九

善3123

新刊古今群書類考二十二卷　（明）凌瀚撰

　明嘉靖二十四年劉氏安正堂刻本

　十一行二十五字白口四周雙邊　綫裝　七冊

　存十九卷：一至十六、二十至二十二

善3135

新刊唐荊川先生稗編一百二十卷目錄三卷　（明）唐順之輯

　明萬曆九年茅一相文霞閣刻本

　十行二十字小字雙行同白口四周雙邊　綫裝　十三冊

　存四十五卷：一至九、十三至十六、二十至二十三、七十三至八十一、八十五至九十一、九十九至一百八，目錄二至三

善3136

新刊唐荊川先生稗編一百二十卷目錄三卷　（明）唐順之輯

　明萬曆九年茅一相文霞閣刻本

　十行二十字小字雙行同白口四周雙

邊　綫裝　四册
　　存八卷:六十至六十一、六十四至六十七、一百十三至一百十四

善 3137
新刊唐荊川先生稗編一百二十卷目錄三卷　(明)唐順之輯
　　明萬曆九年茅一相文霞閣刻本
　　十行二十字小字雙行同白口四周雙邊　綫裝　六册
　　存十八卷:七十一至八十八

善 3077
修辭指南二十卷　(明)浦南金輯
　　明嘉靖三十六年浦氏五樂堂刻本
　　九行十八字小字雙行同白口左右雙邊　綫裝　一册
　　存一卷:一

善 3125
五車霏玉三十四卷　(明)吳昭明輯 (明)汪道昆增訂
　　明萬曆刻本
　　九行十八字小字雙行同白口左右雙邊　綫裝　十册

善 3146
考古彙編經集六卷史集六卷文集六卷續集六卷　(明)傅鈇輯
　　明刻本
　　十二行二十八字白口四周單邊　毛裝　四册
　　存十卷:文集二至五、續集

善 3078
新刊增補古今名家詩學大成二十四卷　(明)李攀龍輯

明萬曆六年劉氏孝友堂刻本
　　十一行行字不等小字雙行行字不等白口四周單邊　綫裝　四册

善 3103
圓機活法五十卷
　　明徽府刻本
　　八行二十字小字雙行二十五字白口左右雙邊　綫裝　十九册
　　存四十八卷:一至三十四、三十七至五十

善 3104
圓機活法五十卷
　　明徽府刻本
　　八行二十字小字雙行二十五字白口左右雙邊　綫裝　一册
　　存三卷:三十七至三十九

善 3120
考古辭宗二十卷　(明)況叔祺輯
　　明嘉靖四十一年巫繼咸刻本
　　九行十八字小字雙行同白口左右雙邊　綫裝　十二册

善 3121
考古辭宗二十卷　(明)況叔祺輯
　　明嘉靖四十一年巫繼咸刻本
　　九行十八字小字雙行同白口左右雙邊　毛裝　九册
　　存十八卷:三至二十

善 3122
考古辭宗二十卷　(明)況叔祺輯
　　明嘉靖四十一年巫繼咸刻本
　　九行十八字小字雙行同白口左右雙邊　綫裝　三册

子部

存七卷：三至九

善 3124
啟蒙對偶續編四卷 （明）孟紱撰
　明嘉靖刻本
　九行十七字白口四周雙邊　綫裝　一冊

善 3106
天中記六十卷 （明）陳耀文撰
　明刻本
　十一行二十一字小字雙行同白口左右雙邊　綫裝　三十三冊
　存二十九卷：二至二十二、二十四至二十七、二十九至三十二

善 3107
天中記六十卷 （明）陳耀文撰
　明刻本
　十一行二十一字小字雙行同白口左右雙邊　綫裝　七冊
　存七卷：十至十六

善 3082
古今萬姓統譜一百四十卷歷代帝王姓系統譜六卷氏族博攷十四卷 （明）凌迪知輯
　明萬曆刻本
　九行二十字小字雙行同白口四周單邊　綫裝　二冊
　存十四卷：氏族博考

善 3085
三才圖會一百六卷 （明）王圻輯 （明）王思義續集
　明萬曆三十七年刻後印本
　九行二十二字小字雙行同白口四周單邊　綫裝　二冊
　存二卷：二、四

善 3086
三才圖會一百六卷 （明）王圻輯 （明）王思義續集
　明萬曆三十七年刻本
　九行二十二字白口四周單邊　綫裝　一冊
　存一卷：十

善 3101
類雋三十卷 （明）鄭若庸撰
　明萬曆六年汪珙刻本
　九行十八字白口左右雙邊　毛裝　四冊
　存四卷：三至六

善 3088
古雋考略六卷 （明）顧充輯
　明萬曆二十七年李楨、蕭大亨等刻本
　七行十二字小字雙行二十四字白口左右雙邊　綫裝　二冊

善 3098
經濟類編一百卷 （明）馮琦輯
　明抄本
　九行二十九字小字雙行同白口四周雙邊　綫裝　十四冊
　存五十二卷：一至二十四、二十九至四十八、五十四至六十一

善 3100
經濟類編一百卷 （明）馮琦撰
　明萬曆三十二年周家棟等刻本
　十行二十字小字雙行同白口四周單邊　綫裝　十冊

存十卷:一、二十一至二十六、三十一至三十二、一百

善 3099
經濟類編一百卷 （明）馮琦撰
　　明萬曆三十二年周家棟等刻本
　　十行二十字小字雙行同白口四周單邊　綫裝　十八册
　　存十九卷:二、十、十三、二十八、三十一、三十五、三十九至四十二、四十五、四十七、五十、五十三、六十二、八十三至八十四、九十、九十二

馮善 1763
同姓名録十二卷 （明）余寅撰
　　明萬曆刻本　佚名批
　　十行二十字白口左右雙邊　綫裝　一册
　　存四卷:一至四

善 3083
卓氏藻林八卷 （明）卓明卿輯
　　明萬曆八年卓氏妙香室刻本
　　十行二十字小字雙行同白口四周單邊　綫裝　八册

善 3108
新刻何氏類鎔三十五卷 （明）何三畏撰
　　明萬曆四十七年刻本
　　十行二十字小字雙行同白口四周單邊　綫裝　十二册

善 3089
新纂事詞類奇三十卷 （明）徐常吉輯
　　明萬曆周曰校刻本
　　十行二十字小字雙行同白口四周單邊　綫裝　一册
　　存二卷:五至六

善 3145
增訂二三場羣書備考四卷 （明）袁黄撰 （明）袁儼注 （明）沈昌世增
　　明崇禎刻本
　　九行二十一字小字雙行同白口四周單邊　綫裝　四册

善 0919
奇姓通十四卷 （明）夏樹芳輯
　　明天啓四年夏氏宛委堂刻本
　　七行十六字白口四周單邊　綫裝　六册

善 3090
皇明廣蒙求三十七卷 （明）姚光祚輯
　　明刻本
　　十行二十字白口四周雙邊　綫裝　八册
　　存十八卷:一至二、四至十九

善 3087
新鐫古今事物原始全書三十卷 （明）徐炬撰
　　明萬曆二十一年自刻本
　　十行二十字白口四周單邊　綫裝　六册
　　存十卷:一至十

善 3065
對制談經十五卷 （明）杜涇輯
　　明萬曆晋陵杜氏泰初堂刻本
　　十行二十字白口四周雙邊　綫裝　一册
　　存三卷:八至十

子部

善 3066
太學重新增修決科截江網三十二卷
  明弘治十一年刻本
  十二行二十六字小字雙行同上下黑口四周雙邊　毛裝　二册
  存十二卷：二十一至三十二

善 3109
山堂肆考二百四十卷　（明）彭大翼撰
  明萬曆四十七年張幼學刻本
  十一行二十二字白口四周單邊　綫裝十八册
  存一百四十三卷：宫集一至三十二、四十一至四十八，商集一至十五、三十二至三十九，角集十一至二十四、三十九至四十八，徵集一至十七、三十二至四十八，羽集二十至四十一

善 3105
說略三十二卷　（明）顧起元撰
  明雲山書院刻本
  八行十六字白口左右雙邊　綫裝　一册
  存九卷：二十一至二十七、三十一至三十二

善 3140
唐類函二百卷目錄二卷　（明）俞安期輯
  明萬曆三十一年自刻本
  十行二十字小字雙行同下黑口四周單邊　綫裝　三册
  存十五卷：一百四十六至一百六十

善 3092
詩雋類函一百五十卷　（明）俞安期輯
  明萬曆三十七年自刻本
  十行二十字小字雙行同下黑口四周單邊　綫裝　一册
  存五卷：三十一至三十五

善 3115
文苑彙雋二十四卷　（明）孫丕顯輯
  明萬曆三十六年刻本
  十一行二十一字小字雙行同白口四周單邊　金鑲玉　十二册

善 3116
文苑彙雋二十四卷　（明）孫丕顯輯
  明萬曆三十六年刻本
  十一行二十一字小字雙行同白口四周單邊　綫裝　八册

善 3117
文苑彙雋二十四卷　（明）孫丕顯輯
  明萬曆三十六年刻本　朱鼎煦跋　佚名批
  十一行二十一字小字雙行同白口四周單邊　綫裝　六册

善 3127
名句文身表異錄二十卷　（明）王志堅輯
  清康熙四十七年陳世修漱六閣刻本　清顧棡批
  十一行二十一字小字雙行行字不等上下黑口左右雙邊　綫裝　一册

善 3128
名句文身表異錄二十卷　（明）王志堅輯
  清康熙四十七年陳世修漱六閣刻本　清陳聿昌批并跋

十一行二十一字小字雙行行字不等上下黑口左右雙邊　綫裝　一冊

善3129
名句文身表異録二十卷　（明）王志堅輯
　清康熙四十七年陳世修潄六閣刻本
　十一行二十一字小字雙行行字不等上下黑口左右雙邊　綫裝　一冊

善3093
劉氏鴻書一百八卷　（明）劉仲達輯
　明萬曆刻本
　十行二十一字小字雙行同白口四周單邊　綫裝　十九冊
　缺六卷：十六至十九、九十六至九十七

馮善1773
潛確居類書一百二十卷　（明）陳仁錫輯
　明崇禎三至五年徐氏大觀堂刻本
　十行二十字小字雙行同白口四周單邊　綫裝　六十四冊

善3111
潛確居類書一百二十卷　（明）陳仁錫輯
　明崇禎刻本
　十行二十字小字雙行同白口四周單邊　綫裝　六冊
　存十二卷：六十四至六十九、七十至七十三、七十九至八十

善3138
新刻分類摘聯四六積玉二十卷　（明）章斐然輯
　明萬曆四十四年陳所學刻本
　九行十八字小字雙行同白口四周單邊　綫裝　五冊
　存五卷：一至五

善3147
尺牘法言二卷　（明）高□輯
　明刻本
　十三行二十二字上下黑口左右雙邊　綫裝　一冊
　存一卷：下

馮善1774
博物典彙二十卷　（明）黃道周撰
　明崇禎刻本　馮貞群跋
　九行十九字小字雙行同白口左右雙邊　綫裝　六冊

善3119
博物典彙二十卷　（明）黃道周撰
　明崇禎刻本　朱鼎煦跋
　九行十九字小字雙行同白口左右雙邊　綫裝　四冊
　存十四卷：四至九、十三至二十

善3118乙
博物典彙二十卷　（明）黃道周撰
　明崇禎刻本
　九行十九字小字雙行同白口左右雙邊　綫裝　五冊
　存十七卷：一至十三、十七至二十

善3114
麗句集六卷　（明）許之吉輯
　明天啓刻本
　九行十九字小字雙行同白口四周單邊　綫裝　六冊

子部

善 0823
尚友錄二十二卷 （明）廖用賢輯
　　明萬曆四十五年刻本
　　七行二十字小字雙行同白口四周單
　　　邊　綫裝　十二册

善 3113
五車韻瑞一百六十卷洪武正韻一卷
　　（明）凌稚隆輯
　　明金閶葉瑤池刻本
　　十行十八字小字雙行二十七字白口
　　　左右雙邊　綫裝　二十册

馮善 1772
五車韻瑞一百六十卷洪武正韻一卷
　　（明）凌稚隆輯
　　明致和堂刻本
　　十行十八字小字雙行二十七字白口
　　　左右雙邊　綫裝　二十四册

善 3139
新鐫雅俗通用珠璣藪八卷　題（明）西
湖散人輯
　　明崇禎刻本
　　九行二十字小字雙行同白口四周單
　　　邊　綫裝　一册
　　存二卷：五至六

善 3154
三才藻異三十三卷　（清）屠粹忠撰
　　清康熙二十八年屠氏栩園刻本
　　八行十九字小字雙行同白口四周雙
　　　邊無格　金鑲玉　二十四册

善 3153
古事比五十二卷　（清）方中德輯
　　清康熙四十五年書種齋刻本
　　九行二十一字小字雙行同白口左右
　　　雙邊　綫裝　二十一册

善 3148
欽定古今圖書集成一萬卷目錄四十卷
　　（清）蔣廷錫　陳夢雷等輯
　　清雍正四年內府銅活字印本
　　九行二十字小字雙行同白口四周雙
　　　邊　綫裝　五十二册
　　存一百卷：字學典九十一至九十二、
　　　一百三至一百六、一百九至一百
　　　八，經籍典二百二十一至二百二十
　　　二、二百二十七至二百四十、二百
　　　七十一至二百七十二、二百七十七
　　　至二百七十八、二百八十一至二百
　　　八十八、四百四十三至四百四十
　　　四、四百四十九至四百五十、四百
　　　五十五至四百五十八、四百七十一
　　　至四百八十、四百八十三至四百八
　　　十六，禮儀典一百六十三至一百六
　　　十四，食貨典二百十五至二百十
　　　六、二百二十三至二百三十、二百
　　　四十五至二百四十六、二百九十三
　　　至二百九十四、三百二十三至三百
　　　二十四，職方典七百四十五至七百
　　　四十六、一千二百二十九、一千四
　　　百七十三至一千四百七十四，藏歲
　　　功典四，人事典十三至十四、八十
　　　五至八十六、九十九至一百、一百
　　　一至一百二，官常典二百四十一至
　　　二百四十二

善 3149
欽定古今圖書集成一萬卷目錄四十卷
　　（清）蔣廷錫　陳夢雷等輯
　　清雍正四年內府銅活字印本
　　九行二十字小字雙行同白口四周雙

邊　毛裝　十五冊

存二十四卷：字學典九十九至一百、一百一至一百二、一百十七，經籍典二十九至三十、三十五至三十八、二百四十一至二百四十二、二百六十二、二百六十五至二百六十八、四百四十三至四百四十四、四百八十一至四百八十四

善3150

欽定古今圖書集成一萬卷目錄四十卷

（清）蔣廷錫　陳夢雷等輯

清雍正四年內府銅活字印本

九行二十字小字雙行同白口四周雙邊　毛裝　四千一百二十五冊

存八千二百四十三卷：乾象典一至五十六、五十九至七十、八十一至九十八，歲功典一至三、五至十六、十九至一百十六，曆法典一至一百四十，庶徵典一至四十四、四十七至一百四十四、一百四十七至一百八十八，坤輿典一至六十八、七十一至一百二十四、一百二十七至一百四十，職方典三至四、七至八十、八十五至一百八十、二百七至二百八、二百三十三至二百五十四、二百五十七至二百六十四、三百五十一至四百四十八、四百五十一至四百六十、四百六十五至四百九十八、五百一至五百六、五百十五至五百十六、五百二十九至五百五十、五百九十九至六百十四、六百十七至六百五十二、六百五十五至六百八十六、七百二十七至七百四十、七百五十七至七百六十二、八百三至八百四、八百十一至八百三十八、八百九十五至九百、九百三十一至九百八十四、九百八十九至九百九十四、九百九十七至一千一百四十九、一千二百三十一至一千二百八十八、一千三百十一至一千三百六十六、一千三百七十一至一千四百三十六、一千四百三十九至一千四百六十六、一千四百七十五至一千四百八十四、一千四百九十七至一千五百四十四，山川典一至二、五至六、八十三至九十、九十三至九十六、九十九至一百四十二、一百四十五至一百五十六、一百五十九至一百六十、一百八十七至二百十二、二百十九至二百四十六、二百六十一至二百六十二、二百六十五至二百六十六、二百七十一至二百七十八、二百九十一至二百九十二，邊裔典一至八十六、八十九至一百四十，皇極典一至一百三十、一百三十三至二百四十四、二百五十五至三百，宮闈典一至一百四十，官常典一至三十六、三十九至五十六、五十九至六十、六十三至一百六、一百九至二百、二百三至二百四十、二百四十三至三百四、三百七至四百八十、四百八十五至五百三十二、五百三十五至五百八十二、五百八十七至八百，家範典一至一百十六，交誼典二至六十八、七十三至八十、八十三至一百、一百三至一百四、一百七至一百二十，氏族典五至一百二十四、一百二十九至二百八、二百十一至二百五十二、二百五十五至二百六十、二百六十三至四百十四、四百十七至六百四十，人事典一至二、五至八、十五至五十二、六十三至

子部

七十、七十九至八十四、八十七至八十八、九十一至九十八、一百七至一百十,閨媛典一至六十、六十三至七十二、七十五至二百四十二、二百四十五至三百十、三百十三至三百七十六,藝術典一至一百、一百三至一百三十二、二百三十一至二百五十、二百五十五至二百六十六、二百七十五至三百三十、三百三十三至三百六十、三百六十三至三百七十八、三百八十一至六百二十六、六百二十九至六百三十六、六百四十七至六百八十八、六百九十三至七百十、七百十三至八百二十四,神異典三十一至六十四、一百四十七至三百二十,禽蟲典一至二、七至三十四、三十七至五十二、五十五至六十、六十三至一百三十、一百三十三至一百八十二、一百八十七至一百九十二,草木典一至六、九至七十六、八十一至九十六、一百十七至二百五十六、二百五十九至三百二、三百五至三百二十,經籍典一至六、四十一至一百四十四、一百四十七至一百四十八、一百五十一至二百十、二百二十三至二百二十六、二百三十九至二百四十、二百四十九至二百五十、二百六十一、二百九十一至二百九十二、二百九十七至三百十六、三百十九至四百十、四百十三至四百三十二,學行典一至一百五十、一百五十五至一百六十八、一百七十一至二百九十九,文學典一至二十、二十三至二十四、二十七至九十四、九十七至二百六十、字學典一至八十八,選舉典一至四十六、四十九至六十、六十三至六十六、六十九至一百二、一百五至一百三十六,銓衡典一至一百二十,食貨典一至二十八、三十一至五十四、五十七至六十四、六十七至六十八、一百二十七至一百二十八、一百三十三至一百三十八、一百四十一至一百四十六、二百一至二百八、二百四十三至二百四十四、二百五十三至二百九十二、二百九十五至三百八、三百十三至三百二十二、三百二十五至三百六十,禮儀典一至二、九至一百四十二、一百四十五至一百四十六、一百四十九至一百六十二、一百六十五至二百八十四、二百八十七至二百九十六、三百九至三百二十六、三百三十一至三百四十二、三百四十五至三百四十八,樂律典一至六、十一至二十六、二十九至一百三十六,戎政典一至二百八十二、二百八十五至三百,祥刑典一至三十四、三十九至一百八十,考工典一至十、二十一至一百二十六、一百二十九至一百三十;目錄三至四、二十一至四十

善 3150 乙

欽定古今圖書集成一萬卷目錄四十卷

(清)蔣廷錫　陳夢雷等輯

清雍正四年内府銅活字印本

九行二十字小字雙行同白口四周雙邊　綫裝　四册

存九卷:經籍典四百五十九至四百六十,字學典一百七至一百八、一百五十六至一百六十

善 3151

欽定古今圖書集成一萬卷目録四十卷
（清）蔣廷錫　陳夢雷等輯
清雍正四年内府銅活字印本
九行二十字小字雙行同白口四周雙邊　綫裝　三册
存六卷：山川典九十七至九十八、樂律典二十七至二十八、藝術典三百七十九至三百八十

馮善 0550

稱謂録三十二卷　（清）梁章鉅撰
稿本
九行二十二字白口左右雙邊　綫裝　六册
存十三卷：三至十二、二十九至三十一

馮善 1786

唐詩叩虛四卷　（清）陳僅撰
清抄本
九行二十二字無版框　綫裝　四册

釋家類

善 2913 至善 2939

南藏六千三百三十一卷
明洪武五年至永樂元年刻本
十五行十七字小字雙行同白口四周單邊　毛裝　四十五册
存二十八種一百三卷：
　大方廣圓覺修多羅了義經一卷　（唐）釋佛陀多羅譯
　賢主天子所問經一卷　（隋）釋闍那崛多等譯
　陰持入經二卷　（漢）安世高譯
　廣釋菩提心論四卷　（宋）釋施護譯（存二卷：一至二）
　大乘寶要義論十卷　（宋）釋法護等譯（存四卷：三至六）
　菩薩本生鬘論十六卷　（宋）釋紹德等譯（存二卷：九至十）
　禪法要解經二卷　（後秦）釋鳩摩羅什譯
　舊雜譬喻經二卷雜譬喻經二卷　（三國吴）康僧會　（晋）釋支婁迦讖譯
　佛母般若波羅蜜多圓集要義釋論四卷　（宋）釋施護等譯（存二卷：三至四）
　鞞婆沙論十四卷　（□）迦旃延子造（晋）釋迦跋澄等譯（存一卷：四）
　阿毗達磨俱舍論三十卷　（唐）釋玄奘譯（存一卷：十一）
　阿毗達磨順正理論八十卷　（唐）釋玄奘譯（存一卷：七十六）
　成實論十六卷　（後秦）釋鳩摩羅什譯（存一卷：四）
　百喻經四卷　（南朝齊）求那毗地譯（存一卷：一）
　大佛頂如來密因修證了義諸菩薩萬行首楞嚴經十卷　（唐）釋般刺密帝等譯
　四教義六卷　（隋）釋智凱撰（存一卷：六）
　禪宗頌古聯珠通集四十卷　（宋）釋法應輯　（元）釋普會續輯（存三卷：十六至十八）
　法顯傳一卷　（晋）釋法顯記
　續高僧傳三十一卷　（唐）釋道宣撰（存二十八卷：四至三十一）
　有宋高僧傳三十卷　（宋）釋贊寧釋智輪等撰（存二卷：二十二至二

子　部

十三)
景德傳燈錄三十卷　（宋）釋道原撰
（存十八卷：一至八、十八至二十、二十四至三十）
續傳燈錄三十六卷　（宋）李道勛撰
（存二卷：二十二至二十三）
破邪論二卷　（唐）釋法琳撰（存一卷：二）
十門辨惑論二卷　（唐）釋復禮撰
護法論一卷　（宋）張商英述
元至元辨偽錄五卷　（宋）張伯淳撰
（存三卷：一、四至五）
大唐內典錄十卷　（唐）釋道宣撰
（存五卷：一、三至四、八至九）
古今譯經圖紀四卷續一卷　（唐）釋靖邁撰

譯經

善 2940
四經合卷四卷
明刻本
六行十七字小字雙行同無版框　經折裝　一冊
　如來獨證自誓三昧經一卷　（晉）釋竺法護譯
　佛說灌佛經一卷　（晉）釋法炬譯
　佛說灌洗佛經一卷　（晉）釋聖堅譯
　佛說造立形象福報經一卷

善 2943
妙法蓮華經七卷　（後秦）釋鳩摩羅什譯
宋刻本
五行十七字白口四周雙邊　經折裝　一冊

存五卷：三至七

馮善 1866
妙法蓮華經三十卷　（後秦）釋鳩摩羅什譯　（隋）釋智顗說　（隋）釋灌頂記　（唐）釋湛然述
明萬曆四十四年刻本
九行二十字小字雙行同下黑口四周單邊　綫裝　十五冊

善 2944
妙法蓮華經七卷　（後秦）釋鳩摩羅什譯
明刻本
五行十二字白口四周雙邊　經折裝　一冊

善 2941
妙法蓮華經七卷　（後秦）釋鳩摩羅什譯
明泥金寫本
六行十九字白口四周雙邊　經折裝　七冊

善 2945
妙法蓮華經七卷　（後秦）釋鳩摩羅什譯
明刻本
五行十五字白口四周單邊　經折裝　一冊
存五卷：一至四、六

善 2948
大方廣圓覺脩多羅了義經二卷　（唐）釋佛陀多羅譯
明刻朱墨套印本
八行十八字小字雙行同白口四周單

邊　綫裝　一册

善 2949
大方廣圓覺脩多羅了義經直解二卷
（唐）釋佛陀多羅譯　（明）釋德清解
明天啓二年程夢暘刻本
九行十八字白口四周雙邊　綫裝　一册
存一卷：下

善 2969
大悲咒佛像一卷
清刻本
行不等行字不等白口四周雙邊無格　綫裝　一册

撰疏

注疏

善 2946
維摩詰所說經六卷　（後秦）釋鳩摩羅什譯　（後秦）僧肇注
明戚繼光刻本
九行十八字小字雙行同白口四周單邊　綫裝　三册

馮善 1858
維摩詰所說經無我疏十二卷　（明）釋傳燈撰　（明）王德純訂正
明天啓五年王文珪刻本
九行二十字小字雙行同白口左右雙邊　綫裝　六册

馮善 1853

大佛頂如來密因修證了義諸菩薩萬行首楞嚴經十卷　題（唐）釋般剌密帝（唐）釋彌伽釋迦譯
明天啓元年凌氏刻三色套印本　馮貞群跋
八行十八字小字雙行同白口四周單邊　綫裝　十册

善 2951
大佛頂如來密因修證了義諸菩薩萬行首楞嚴經十卷　題（唐）釋般剌密帝（唐）釋彌伽釋迦譯
明天啓元年凌氏刻三色套印本
八行十八字小字雙行同白口四周單邊　綫裝　一册
存二卷：一、十

善 2952
大佛頂如來密因修證了義諸菩薩萬行首楞嚴經十卷　題（唐）釋般剌密帝譯　（唐）釋彌伽釋迦譯
明刻朱墨套印本
八行十八字小字雙行同白口四周單邊　綫裝　一册
存五卷：一至五

善 2953
修華嚴奧旨妄盡還源觀一卷　（唐）釋法藏述
明刻本
六行二十一字白口四周雙邊　經折裝　一册

善 2954
華嚴懸談會玄記四十卷　（元）釋普瑞輯
明刻本

子部

九行二十三字白口四周單邊　經折裝　一册
存五卷：一至三、七、九

善2958
華嚴懸談會玄記四十卷　（元）釋普瑞撰
明刻本
九行二十三字白口四周單邊　經折裝　一册
存四卷：一至二、七、九

善2955
華嚴法界觀門通玄記二卷　（宋）釋本嵩輯
明刻本
六行二十一字白口四周雙邊　經折裝　一册

善2956
金師子章雲間類解一卷　（宋）釋净源撰
明宣德刻本
六行十七字白口四周雙邊　經折裝　一册

善2957
大乘起信論疏筆削記會閱十卷首一卷
（唐）釋法藏述疏　（唐）釋宗密録注　（宋）釋子璿修記　（清）釋續法會編
清光緒十五年刻本
十行二十一字小字雙行同上下細黑口四周雙邊　綫裝　九册
存十卷：一、三至十，首

語録

善2959、善2960
師子林天如和尚語録二卷別録五卷剩語集二卷　（元）釋惟則撰　（元）釋善遇輯
元至正刻本
十一行二十一字上下黑口左右雙邊　毛裝　三册
存六卷：語録、別録四至五、剩語集

善2961
黄檗山斷際禪師傳心法要一卷　（唐）裴休輯
明刻本
八行十七字白口四周單邊　綫裝　一册

史傳

善2966
佛祖歷代通載二十二卷　（元）釋念常撰
明刻本
十行二十字小字雙行同上下黑口左右雙邊　綫裝　一册
存一卷：二十二

善2965
五燈會元二十卷　（宋）釋普濟撰
明刻本
十三行二十四字上下黑口四周單邊　毛裝　一册
存一卷：六

善2968

釋迦如來應化事跡四卷 （清）釋永珊
撰并繪
清嘉慶十三年和碩豫親王裕豐刻本
十三行二十四字白口四周單邊　綫
裝　四冊

雜撰

善 2963
法藏碎金錄十卷　（宋）晁迥撰
明趙府居敬堂刻本
十行二十字小字雙行同白口四周單
邊　綫裝　一冊
存四卷：一至四

善 2964
法藏碎金錄十卷　（宋）晁迥撰
明趙府居敬堂刻本
十行二十字小字雙行同白口四周單
邊　綫裝　一冊
存一卷：二

道家類

善 2983
道藏五千三百五卷　（明）張宇初等編
明正統十年內刻本
六行十七字白口四周雙邊　散葉　一
包
存二十八卷：
　抱朴子外篇五十卷　（晉）葛洪撰
　（存二十八卷：二十至四十七）

善 2984

真誥十卷　（南朝梁）陶弘景造
明嘉靖元年王瓚刻本
十行十九字小字雙行行字不等白口
左右雙邊　綫裝　三冊
存三卷：一、三、五

善 2988
三寶心鐙九卷　題（唐）呂岩撰
清刻本
十行十九字白口左右雙邊　綫裝　一
冊
　道世指歸二卷
　天地樞機二卷附問答
　藥火真詮三卷
　捉月雲梯二卷附乾訣

善 2250
三子合刊十三卷
明閔齊伋刻朱墨套印本
九行十九字小字雙行同白口四周單
邊無格　綫裝　四冊
存一種八卷：
　莊子南華真經四卷音義四卷

善 2277
三子合刊十三卷
明閔齊伋刻朱墨套印本
九行十九字小字雙行同白口四周單
邊無格　綫裝　二冊
存一種九卷：
　列子沖虛真經八卷音義一卷

善 2254
三子口義十五卷　（宋）林希逸撰
明嘉靖四年張士鎬刻本
十行十八字小字雙行同白口左右雙
邊　毛裝　五冊

子　部

　　存一種十一卷：
　　　莊子鬳齋口義十卷釋音一卷

善2219
鬳齋三子口義十五卷　（宋）林希逸撰
　明嘉靖四年張士鎬刻本
　十行十八字小字雙行同白口左右雙
　　邊　綫裝　三冊
　存二種六卷：
　　莊子鬳齋口義十卷釋音一卷（存五
　　　卷：口義七至十、釋音一）
　　列子鬳齋口義二卷（存一卷：下）

善2234
鬳齋三子口義十五卷　（宋）林希逸撰
　明刻本
　十一行十九字小字雙行同上下黑口
　　四周單邊　綫裝　一冊
　存一種二卷：
　　老子鬳齋口義二卷

馮善1924
鬳齋三子口義十五卷　（宋）林希逸撰
　明萬曆二年施觀民刻本
　十行二十字小字雙行同白口左右雙
　　邊　綫裝　一冊
　存一種二卷：
　　老子二卷　（宋）林希逸注

馮善1928
三子通義二十卷　（明）朱得之撰
　明嘉靖四十四年浩然齋刻本
　九行十七字小字雙行同白口四周雙
　　邊　綫裝　一冊
　存一種二卷：
　　老子通義二卷

馮善1948
三子通義二十卷　（明）朱得之撰
　明嘉靖四十四年浩然齋刻本
　九行十七字小字雙行同白口四周雙
　　邊　綫裝　二冊
　存一種八卷：
　　列子通義八卷

善2224
道德南華二經評註合刻　（明）歸有光
　輯　（明）文震孟訂
　明天啓四年文震孟竺塢刻本
　九行十八字小字雙行同白口四周單
　　邊　綫裝　一冊
　存一種二卷：
　　道德經評註二卷　（漢）河上公章句

善2243
老莊通十四卷　（明）沈一貫撰
　明萬曆十五至十六年蔡貴易刻二十
　　七年重修本
　十行二十字小字雙行同白口四周雙
　　邊　綫裝　六冊
　存二種十二卷：
　　老子通二卷讀老槩辨一卷
　　莊子通十卷讀莊槩辨一卷（存九卷：
　　　莊子通一至九）

善2220
道德經二卷首一卷　（明）潘基慶撰
　明刻本　佚名跋
　八行二十字小字雙行同白口四周單
　　邊　金鑲玉　二冊

善2221
道德經二卷　（清）徐永祐撰
　清雍正十二年滋樹堂刻本

九行十九字小字雙行同白口左右雙邊　綫裝　一册

善 2246
老子翼三卷　（明）焦竑輯
明萬曆十六年秣陵王元貞刻本
十行二十字小字雙行同白口左右雙邊　綫裝　二册

馮善 1929
老子翼三卷　（明）焦竑撰
明萬曆十六年王元貞刻本
十行二十字小字雙行同白口左右雙邊　綫裝　二册

善 2225
唐玄宗御製道德真經疏十卷　（唐）玄宗李隆基撰
明抄本
十一行二十二字小字雙行同白口四周單邊　綫裝　一册

善 2226
唐玄宗御製道德真經疏四卷　（唐）玄宗李隆基撰
明抄本
十一行二十二字小字雙行同白口四周單邊　綫裝　一册

善 2228
道德真經注四卷　（唐）李榮撰
明抄本
十一行二十二字小字雙行同白口四周單邊　綫裝　一册

善 2229
道德真經新註四卷　（唐）李約撰
明抄本
十一行二十二字小字雙行同白口四周單邊　綫裝　一册

善 2230
宋徽宗御解道德真經四卷　（宋）徽宗趙佶撰
明抄本
十一行二十二字小字雙行同白口四周單邊　綫裝　一册

善 2231
道德真經直解四卷　（宋）邵若愚撰
明抄本
十一行二十二字白口四周單邊　綫裝　一册

善 2235
太上道德寶章註疏二卷　（宋）葛長庚注　（明）程以寧疏
明崇禎二年程以寧刻本
八行二十字小字雙行同白口四周單邊　綫裝　一册

善 2236
道德真經全解二卷　（金）時雍解
明抄本
十一行二十二字白口四周單邊　綫裝　一册

善 2237
道德真經藏室纂微開題科文疏五卷手鈔二卷　（元）薛致玄撰
明抄本
十一行二十二字白口四周單邊　綫裝　一册
存六卷：道德真經藏室纂微開題科文

子　部

疏、手鈔下

善 2240
道德真經解三卷
　明抄本
　十一行二十二字白口四周單邊　綫裝　一冊

善 2232
道德真經疏義六卷　（宋）趙志堅撰
　明抄本
　十一行二十二字小字雙行同白口四周單邊　綫裝　一冊
　存三卷：四至六

善 2238
道德真經集義十卷　（明）危大有撰
　明抄本
　十一行二十二字白口四周單邊　綫裝　二冊
　存六卷：一至六

善 2239
道德經附註二卷陰符經附注一卷　（明）黃潤玉撰
　明抄本
　十行二十二字白口四周單邊　綫裝　一冊

善 2241
太上老子道德真經二卷
　明刻本
　五行十五字白口左右單邊　經折裝　一冊

善 2248
老子集解二卷考異一卷　（明）薛蕙撰
　明刻本
　九行十九字白口四周單邊　綫裝　二冊

善 2242
道德經解二卷　（明）沈一貫撰
　明萬曆十五年蔡貴易刻本
　十行二十字白口四周單邊　綫裝　一冊

善 2244
道德真源
　清刻本
　九行二十字白口左右雙邊　綫裝　二冊
　存四種四卷：
　　冷註黃庭內景玉經一卷　（元）冷謙撰
　　三乘秘密口訣並註一卷　（明）冷謙著
　　靈寶源流一卷　（明）張三丰撰
　　三才大易一卷　（明）張玄光撰

善 2252
南華經十六卷　（晋）郭象注　（宋）林希逸口義　（宋）劉辰翁點校　（明）王世貞評點　（明）陳仁錫批注
　明刻四色套印本
　八行十八字小字雙行同白口四周單邊無格　綫裝　八冊

善 2253
南華經十六卷　（晋）郭象注　（宋）林希逸口義　（宋）劉辰翁點校　（明）王世貞評點　（明）陳仁錫批注
　明刻四色套印本
　八行十八字小字雙行同白口四周單

邊無格　綫裝　一册
　　存二卷：一至二

善2255、善2256
南華真經義海纂微一百六卷　（宋）褚
　　伯秀撰
　　明抄本
　　八行二十三至二十七字不等白口四
　　　周雙邊　毛裝　八册
　　存五十七卷：一至十五、二十二至三
　　　十七、六十六至九十一

善2264
莊子通義十卷　（明）朱得之撰
　　明李時漸刻本
　　九行十七字小字雙行同白口四周雙
　　　邊　綫裝　一册
　　存二卷：九至十

善2258
**南華真經副墨八卷讀南華真經雜說一
卷**　（明）陸西星撰
　　明萬曆十三年孫大綏刻本
　　八行十七字小字雙行同白口四周單
　　　邊　綫裝　二册
　　存二卷：三、六

善2257
**南華真經副墨八卷讀南華真經雜說一
卷**　（明）陸西星撰
　　明刻本
　　九行十八字小字雙行同白口四周單
　　　邊　綫裝　二册
　　存三卷：一至二、四

善2261
南華真經旁注五卷　（明）方虛名撰
　　明萬曆二十二年刻本
　　六行十七字小字雙行行字不等白口
　　　左右雙邊　綫裝　二册

馮善1954
南華真經旁注五卷　（明）方虛名撰
　　明萬曆二十二年刻本
　　六行十七字小字雙行行字不等白口
　　　左右雙邊　綫裝　四册

馮善1955
南華真經旁注五卷　（明）方虛名撰
　　明萬曆二十二年刻本
　　六行十七字小字雙行行字不等白口
　　　左右雙邊　綫裝　五册

善2262
莊子旁注五卷　（清）吳承漸輯
　　清思訓堂刻本
　　六行十七字小字雙行同白口左右雙
　　　邊　綫裝　一册
　　存一卷：四

善2263
莊子本義十六卷南華本義附錄八卷
　（明）陳治安撰
　　明崇禎刻本
　　十行二十字小字雙行同白口四周單
　　　邊　綫裝　一册
　　存八卷：附錄

善2265
莊子考異二卷　（清）錢經藩撰
　　清抄本
　　十行二十字小字雙行同上下黑口四
　　　周雙邊　毛裝　一册

子部

馮善 1939
關尹子二卷 （宋）陳顯微注
　明朱蔚然刻本　馮貞群批
　九行二十字白口四周單邊　綫裝　二册

善 2267
文始真經言外經旨三卷 （宋）陳顯微撰
　明正德劉希古刻本　孫家淶跋
　十行十八字上下黑口四周雙邊　綫裝　三册

善 2276
列子沖虛真經八卷音義一卷
　明閔齊伋刻三子合刊朱墨印本　清張燕昌校并跋
　九行十九字白口四周單邊無格　綫裝　一册

善 2269
列子八卷
　明刻本　清黃宗炎校并跋
　十行二十字白口左右雙邊　綫裝　一册

善 2275
沖虛真經八卷 （戰國）列子撰
　明刻本　朱鼎煦跋
　十一行十七字下黑口四周雙邊　綫裝　二册

善 2273
沖虛至德真經八卷 （晋）張湛注 （唐）殷敬順釋文
　明初刻本
　十二行二十六字小字雙行同上下黑口四周雙邊　金鑲玉　二册

善 2272
沖虛至德真經八卷 （晋）張湛注 （唐）殷敬順釋文
　明刻本
　八行十七字小字雙行同白口四周雙邊　綫裝　二册

馮善 1942
沖虛至德真經八卷 （晋）張湛注 （唐）殷敬順釋文
　明初刻本
　十一行二十一字小字雙行同上下黑口四周雙邊　綫裝　一册
　存四卷：一至四

善 2270
列子八卷 （晋）張湛注 （唐）殷敬順釋文 （明）虞九章　王震亨訂正
　明刻本
　十行二十字白口左右雙邊　綫裝　二册

善 2970
黃帝陰符經一卷 （明）呂坤注
　明萬曆刻呂新吾全集本　朱士楷跋
　八行十八字小字雙行同白口左右雙邊　綫裝　一册

善 2973
太上老君說了心經一卷太上老君說常清靜經一卷　題虎眼禪師注　無垢子重釋
　明刻本
　十行十七字上下黑口四周雙邊　毛裝　一册

善 2974
道書五種六卷
　明抄本
　　十一行二十字白口四周單邊　毛裝
　　一册
　　　太上除三尸九蟲保生經一卷
　　　二經同卷
　　　　太上老君玄妙枕中内德神呪經一卷
　　　　黄庭遁甲緣身經一卷
　　　紫庭内秘訣修行法一卷
　　　太上老君大存思圖注訣一卷
　　　上玄高真延壽赤書一卷

善 3002
道書六種六卷
　明抄本
　　十行十七字白口四周單邊　綫裝　一
　　册
　　　槀籥子一卷
　　　陰丹内篇一卷
　　　道書援神契一卷
　　　彭祖攝生養性論一卷
　　　孫真人攝養論一卷
　　　抱朴子養生論一卷

善 2998
金丹正理大全四十二卷
　明刻本
　　十行二十一字小字雙行同黑口四周
　　雙邊　毛裝　三册
　　存二卷：
　　　諸真玄奥集成九卷　（宋）趙友欽撰
　　　（□）涵蟾子輯（存二卷：八至九）

善 2975
周易參同契集註三卷　上陽子注
　明刻本

　　十行二十字小字雙行同上下黑口四
　　周雙邊　毛裝　一册
　　存一卷：上

善 2976
周易參同契發揮三卷釋疑一卷　（宋）
俞琰撰
　明宣德三年朱文斌刻本
　　十行二十字上下黑口四周雙邊　綫
　　裝　一册
　　存一卷：一

善 2977
周易參同契發揮三卷　（宋）俞琰撰
　明刻本
　　十行二十字上下黑口四周雙邊　毛
　　裝　一册
　　存一卷：中

善 2972
黄庭内景玉經二卷　（明）汪旦注
　明嘉靖刻本
　　九行二十字白口四周單邊　毛裝　二
　　册

善 2982
抱朴子内篇二十卷外篇五十卷　（晋）
葛洪撰
　明嘉靖四十四年魯藩承訓書院刻本
　　九行二十字白口四周雙邊　綫裝　二
　　册
　　存十五卷：外篇三十六至五十

善 2980
新鐫抱朴子内篇四卷外篇四卷　（晋）
葛洪撰
　明萬曆十二年慎懋官刻本

子部

十行二十字小字雙行同白口左右雙邊　綫裝　八冊

善 2981
新鍥抱朴子內篇四卷外篇四卷　（晋）葛洪撰
明萬曆十二年慎懋官刻本
十行二十字小字雙行同白口左右雙邊　綫裝　一冊
存一卷：內篇一

善 2991
太上感應篇經傳一卷　（宋）李昌齡注
清陳雲蛟刻本
十一行二十四字白口四周雙邊　毛裝　一冊

善 2987
天隱子一卷　（唐）司馬承禎撰　素履子三卷　（唐）張弧撰
明抄本
十行二十六字白口左右雙邊　綫裝　一冊

善 2986
玄真子外篇三卷　（唐）張志和撰
明抄本
十行二十六字白口四周雙邊　綫裝　一冊

善 2994
上清靈寶濟度大成金書四十卷　（明）周思得輯
明宣德七年刻本
十二行二十六字小字雙行行字不等上下黑口四周雙邊　毛裝　十一冊

存二十三卷：十一至十四、十七至十八、二十三至二十四、二十六至四十

善 2990
雲笈七籤一百二十二卷　（宋）張君房輯
明張萱清真館刻本
九行二十字小字雙行同白口四周單邊　綫裝　二十七冊
存六十一卷：一至四、七至八、十二至三十五、四十五至五十九、七十八至九十、一百七至一百九

善 2992
張平叔悟真篇集註五卷首一卷　（宋）張伯端撰　葉士表注
明抄本
十行二十五字白口四周單邊　綫裝　一冊

善 2993
紫陽真人悟真篇三註五卷　（宋）張伯端撰　（宋）薛道光　（元）陸墅　陳致虛注
明抄本
十一行二十字白口四周單邊　綫裝　四冊

善 2979
易外別傳一卷　（宋）俞琰撰
明刻本
十二行二十一字白口左右雙邊　毛裝　一冊

善 2995
席上輔談二卷　（宋）俞琰撰

明嘉靖二十七年袁表家抄本
九行二十字白口四周單邊　毛裝　一册

善 2996
道法宗旨圖衍義二卷　（元）鄧柟纂圖（元）章希賢衍義
明抄本
十一行二十一字白口四周單邊　綫裝　一册

善 2997
還真集二卷　（元）王玠撰　太上九要心印經一卷　（唐）張果撰　釋惑歸正金丹大道本末直說一卷　（□）劉一中撰　金丹直指一卷　題劉真仙述
明抄本
九行二十字白口四周雙邊　綫裝　一册

善 2999
食妙元服食神丹大旨一卷　（明）黃塵撰　玄歌一卷
清抄本
行不等行字不等小字雙行行字不等無版框　毛裝　一册

善 3001
曇陽大師傳一卷　（明）王世貞撰
明萬曆九年張齊刻本
八行十六字白口左右雙邊　毛裝　一册

善 3003
太上感應篇二卷　（清）惠棟箋注
清三味齋抄本
十行二十一字小字雙行同白口左右雙邊　毛裝　一册

集　部

楚辭類

善 3160
楚騷五卷　（戰國）屈原撰　**附錄一卷**（漢）司馬遷撰
　明正德十五年熊宇刻篆字本
　五行十字白口四周單邊　綫裝　四册

善 3161
楚騷五卷　（戰國）屈原撰　**附錄一卷**（漢）司馬遷撰
　明萬曆二十九年朱燮元、朱一龍刻篆字本
　五行十字白口四周單邊　綫裝　四册

善 3162
楚騷五卷　（戰國）屈原撰　**附錄一卷**（漢）司馬遷撰
　明萬曆二十九年朱燮元、朱一龍刻篆字本
　五行十字白口四周單邊　綫裝　五册
　存五卷：楚騷

善 3163
屈騷七卷　（戰國）屈原撰
　清雁地書屋抄本
　八行十八字小字雙行行字不等白口四周雙邊　綫裝　一册
　存四卷：一至四

善 3165
楚辭章句十七卷　（漢）王逸撰　**楚辭疑字直音補一卷**
　明隆慶五年豫章夫容館刻本
　八行十七字小字雙行同白口四周雙邊　綫裝　二册
　存六卷：楚辭一至二、四至六，疑字直音補

善 3167
楚辭章句十七卷　（漢）王逸撰　**附錄一卷**
　明萬曆十四年馮紹祖觀妙齋刻本
　九行十八字小字雙行同白口左右雙邊　綫裝　五册
　存十三卷：二至十二、十六至十七

善 3166
楚辭章句十七卷　（漢）王逸撰　**附錄一卷**
　明萬曆十四年馮紹祖觀妙齋刻本　清彭孫遹批校并跋
　九行十八字小字雙行同白口左右雙邊　綫裝　四册

善 3164
楚辭章句十七卷　（漢）王逸撰

明刻本
十行十八字小字雙行同白口左右雙邊　毛裝　一冊
存一卷：三

馮善1970
楚辭十七卷　（漢）劉向集　（漢）王逸章句
明刻本
九行十五字小字雙行二十字白口左右雙邊　綫裝　四冊

馮善1977
楚辭章句十七卷　（漢）王逸章句　（宋）洪興祖補注
清初毛氏汲古閣刻本
九行十五字小字雙行二十字白口左右雙邊　綫裝　四冊

善3170
楚辭十七卷　（宋）洪興祖　（明）劉鳳等注　（明）陳深批點　**附錄一卷**
明凌毓枏刻朱墨套印本
八行十八字小字雙行同白口四周單邊　綫裝　四冊

善3176
楚辭集註八卷辯證二卷後語六卷　（宋）朱熹撰
明正德十四年沈圻刻本
九行十七字小字雙行同上下黑口四周雙邊　綫裝　一冊
存四卷：辯證、後語五至六

善3177
楚辭集註八卷辯證二卷後語六卷　（宋）朱熹撰　**反離騷一卷**　（漢）揚雄撰

明嘉靖十四年袁褧刻本
十行十八字小字雙行同白口左右雙邊　綫裝　六冊
存十卷：集注、辯證

善3178
楚辭集註八卷辯證二卷後語六卷　（宋）朱熹撰
明萬曆二十五年吉府刻本
八行十七字小字雙行同白口四周雙邊　綫裝　四冊

善3179
楚辭集註八卷辯證二卷後語六卷　（宋）朱熹撰
明萬曆二十五年吉府刻本
八行十七字小字雙行同白口四周雙邊　綫裝　一冊
存六卷：後語

善3181
楚辭集註八卷辯證二卷後語六卷　（宋）朱熹撰
清光緒十年黎庶昌刻古逸叢書本
十一行二十字小字雙行二十四字上下黑口左右雙邊　綫裝　三冊

善3180
楚辭集註八卷辯證二卷後語八卷　（宋）朱熹撰　（明）蔣之翹補輯并評校　**附覽二卷總評一卷**　（明）蔣之翹輯
清抄本　佚名批校
九行二十一字小字雙行同　綫裝　一冊
存十九卷：集注、辯證、後語、總評

善3174

集　部

楚辭疏十九卷讀楚辭語一卷楚辭雜論一卷　（明）陸時雍撰　屈原傳一卷（漢）司馬遷撰
　明末緝柳齋刻本
　九行二十字小字雙行同白口四周單邊　綫裝　四册

馮善 1976
楚辭十九卷讀楚辭語一卷楚辭雜論一卷　（明）陸時雍撰　屈原傳一卷（漢）司馬遷撰
　明末緝柳齋刻本
　九行二十字小字雙行同白口四周單邊　綫裝　四册

善 3171
楚辭述註五卷　（明）來欽之撰　九歌圖一卷　（明）陳洪綬繪
　明崇禎刻本
　九行二十字小字雙行同白口四周單邊　綫裝　二册
　存五卷：一至二、四至五，九歌圖

善 3172
楚辭述註五卷　（明）來欽之撰　九歌圖一卷　（明）陳洪綬繪
　明崇禎刻本
　九行二十字小字雙行同白口四周單邊　綫裝　二册
　存五卷：一、三至五，九歌圖

善 3183
離騷圖經一卷九歌傳一卷　（清）蕭雲從繪并注
　清初刻本
　九行二十四字小字雙行同白口四周單邊　綫裝　一册

善 3185
離騷辯不分卷　（清）朱冀撰
　清康熙綠筠堂刻本　愧齋跋
　七行十八字小字雙行同白口左右雙邊　綫裝　一册

善 3184
離騷節解一卷離騷本韻一卷離騷正音一卷離騷節指一卷　（清）張德純撰
　清康熙讀書松桂林刻本　清王定祥錢保奭跋
　九行十九字小字雙行同白口左右雙邊　綫裝　一册

善 3186
離騷節解一卷離騷本韻一卷離騷正音一卷離騷節指一卷　（清）張德純撰
　清康熙刻本
　九行十九字小字雙行同白口左右雙邊　綫裝　一册

漢魏六朝別集類

善 3189
漢蔡中郎集六卷　（漢）蔡邕撰
　明嘉靖二十七年楊賢刻本
　九行二十一字白口四周單邊　綫裝　二册
　存五卷：二至六

善 3190
漢蔡中郎集六卷　（漢）蔡邕撰
　明嘉靖二十七年楊賢刻本
　九行二十一字白口四周單邊　綫裝　三册

存五卷：二至六

馮善 1983
漢蔡中郎集十一卷 （漢）蔡邕撰
明萬曆八年茅一相文霞閣刻本
九行十九字小字雙行同白口四周單邊 綫裝 六冊

善 2309
蜀丞相諸葛孔明文集六卷 （三國蜀）諸葛亮撰
明刻本 佚名批并跋
十行十七字白口四周雙邊 綫裝 一冊

馮善 0845
武侯集十六卷 （三國蜀）諸葛亮撰 （明）錢世垚輯
明萬曆四十五年錢世垚刻本
九行十九字白口左右雙邊 綫裝 四冊

馮善 1986
曹子建集十卷 （三國魏）曹植撰
明刻本
九行十八字白口左右雙邊 綫裝 四冊

馮善 3543
曹子建集十卷 （三國魏）曹植撰
明刻本
九行十八字白口四周單邊 綫裝 二冊

馮善 1987
陳思王集十卷附錄一卷 （三國魏）曹植撰

明天啟、崇禎七十二家集刻本 馮貞群跋
九行十八字小字雙行同白口左右雙邊 綫裝 二冊

善 3197
陶靖節集八卷附錄一卷 （晋）陶潛撰
明崇德堂刻本
九行十八字小字雙行同白口左右雙邊 綫裝 一冊

善 3198
陶靖節集十卷 （晋）陶潛撰 （明）何孟春注
明嘉靖三十八年公正堂重刻本 朱鼎煦跋
九行二十字白口四周雙邊 毛裝 一冊
存二卷：一至二

善 3200
陶靖節集十卷總論一卷 （晋）陶潛撰 （宋）湯漢等箋注
明嘉靖二十五年蔣孝刻本
九行十八字小字雙行同白口左右雙邊 綫裝 二冊
存六卷：五至十

馮善 1990
陶靖節集十卷 （晋）陶潛撰 （宋）湯漢等箋注 **總論一卷**
明嘉靖二十五年蔣孝刻本
九行十八字小字雙行同白口左右雙邊 綫裝 一冊
存六卷：五至十

馮善 1989

集　部

陶靖節集十卷　（晉）陶潛撰　（宋）湯漢等箋注　總論一卷
明萬曆十五年休陽程氏刻本　清木庵跋
九行十八字小字雙行同白口左右雙邊　綫裝　一冊

善3201
陶靖節集十卷總論一卷　（晉）陶潛撰（宋）湯漢等箋注
明刻本
九行十八字小字雙行同白口左右雙邊　綫裝　四冊

善3203
陶淵明集十卷附錄二卷　（晉）陶潛撰
明末汲古閣刻本　馮舒校并跋
九行十七字白口左右雙邊　綫裝　二冊

善3204
箋註陶淵明集六卷　（晉）陶潛撰　（宋）湯漢等箋注　（明）張自烈評　陶集總論一卷　（明）張自烈輯　和陶一卷（宋）蘇軾撰　律陶一卷　（明）王思任撰　敦好齋律陶纂一卷　（明）黄槐開輯
明崇禎刻本
九行十八字小字雙行同白口四周單邊　綫裝　二冊

善3207
謝康樂集四卷　（南朝宋）謝靈運撰
明萬曆十一年焦竑刻本
九行二十字小字雙行同白口左右雙邊　綫裝　二冊

善3211
謝宣城集五卷首一卷　（南朝齊）謝朓撰
明萬曆七年史元熙覽翠亭刻本
八行十七字小字雙行同白口四周雙邊　綫裝　一冊
存三卷：三至五

善3214
沈隱侯集四卷　（南朝梁）沈約撰（明）沈啓原輯
明萬曆十三年沈啓原刻本
九行十八字小字雙行同白口左右雙邊　綫裝　四冊

善3217
何水部集文一卷詩一卷　（南朝梁）何遜撰　（清）項道暉校錄
清雍正二年項道暉群玉堂刻本
十一行二十一字白口四周單邊　綫裝　一冊

唐五代別集類

善3222
唐駱先生集八卷　（唐）駱賓王撰　（明）王衡等評釋　附錄一卷
明凌毓枏刻朱墨套印本
八行十八字白口四周單邊無格　綫裝　二冊

善3223
新刊駱子集註四卷　（唐）駱賓王撰（明）陳魁士注
明萬曆七年劉大烈等刻本

十行二十二字小字雙行同白口四周
　雙邊　綫裝　一冊
　存一卷：四

善 3227
陳伯玉文集十卷　（唐）陳子昂撰　附
錄一卷　（宋）宋祁撰
　明弘治四年楊澄刻本
　九行十九字小字雙行同白口四周單
　　邊　綫裝　三冊

馮善 3553
王摩詰詩集七卷　（唐）王維撰
　明凌濛初刻朱墨套印本
　八行二十三字小字雙行同白口左右
　　雙邊　綫裝　四冊

善 3254
類箋唐王右丞詩集十卷　（唐）王維撰
　（明）顧起經注　文集四卷集外編一
　　卷　（唐）王維撰　（明）顧起經輯
　年譜一卷　（明）顧起經撰　唐諸家
　同詠集一卷贈題集一卷歷朝諸家評
　王右丞詩畫鈔一卷　（明）顧起經輯
　明嘉靖三十五年顧氏奇字齋刻本
　九行十八字小字雙行同上下黑口左
　　右雙邊　綫裝　七冊

善 3255
類箋唐王右丞詩集十卷　（唐）王維撰
　（明）顧起經注　文集四卷集外編一
　　卷　（唐）王維撰　（明）顧起經輯
　年譜一卷　（明）顧起經撰　唐諸家
　同詠集一卷贈題集一卷歷朝諸家評
　王右丞詩畫鈔一卷　（明）顧起經輯
　明嘉靖三十五年顧氏奇字齋刻本
　　孫家淮跋

九行十八字小字雙行同上下黑口左
　右雙邊　綫裝　六冊

馮善 2024
劉隨州詩集十一卷　（唐）劉長卿撰
　（明）李之楨輯
　明刻本
　九行十九字小字雙行同白口四周單
　　邊　綫裝　二冊

善 3229
孟浩然詩集三卷補遺一卷　（唐）孟浩
然撰　（宋）劉辰翁評點　（明）顧道
洪參校　襄陽外編一卷拾遺一卷
（明）顧道洪輯
　明萬曆刻本
　十行十八字小字雙行同白口四周單
　　邊　綫裝　二冊
　存三卷：詩集

善 3230
孟浩然集二卷　（唐）孟浩然撰
　明嘉靖三十一年黃埻刻十二家唐詩
　　本　明王寵跋
　九行十九字白口四周雙邊　綫裝　一
　　冊

善 3231
孟浩然集二卷　（唐）孟浩然撰
　明汪應皋刻本
　九行十九字小字雙行同白口四周雙
　　邊　綫裝　一冊

善 3232
孟浩然集二卷　（唐）孟浩然撰
　明刻本
　十行十八字小字雙行行字不等白口

集　部

左右雙邊　毛裝　一册

善 3234

寒山子詩集二卷　（唐）釋寒山撰　**豐干拾得詩一卷**　（唐）釋豐干　釋拾得撰
明萬曆七年計謙亨刻本
九行十八字白口四周單邊　綫裝　一册
存二卷：寒山子詩集

善 3233

寒山子詩集一卷　（唐）釋寒山撰　**豐干拾得詩一卷**　（唐）釋豐干　釋拾得撰
明萬曆二十七年刻本
八行十七字白口四周單邊　綫裝　一册

善 3236

李太白文集三十卷　（唐）李白撰
清康熙五十六年繆曰芑雙泉草堂刻本
十一行二十字小字雙行行字不等白口左右雙邊　綫裝　六册

善 3237

李太白文集三十卷　（唐）李白撰
清光緒十四年湖北官書處刻本
十一行二十字小字雙行同白口左右雙邊　綫裝　二册
存十三卷：一至十三

善 3238

唐翰林李白詩類編十二卷　（唐）李白撰
明刻本
九行二十一字白口左右雙邊　綫裝　四册

善 3240

分類補註李太白詩二十五卷　（唐）李白撰　（宋）楊齊賢集注　（元）蕭士贇補注　**年譜一卷**　（宋）薛仲邕撰
明嘉靖二十五年玉几山人刻本　佚名批校
八行十七字小字雙行同白口四周雙邊　綫裝　二册
存三卷：一、九至十

善 3239

分類補註李太白詩二十五卷　（唐）李白撰　（宋）楊齊賢集注　（元）蕭士贇補注　**年譜一卷**　（宋）薛仲邕撰
明嘉靖二十五年玉几山人刻重修本
八行十七字小字雙行同白口四周雙邊　綫裝　二十四册

善 3244

分類補註李太白詩二十五卷　（唐）李白撰　（宋）楊齊賢集注　（元）蕭士贇補注
明刻本
八行十七字小字雙行同白口左右雙邊　綫裝　一册
存四卷：四至五、十七至十八

善 3247

分類補註李太白詩二十五卷　（唐）李白撰　（宋）楊齊賢集注　（元）蕭士贇補注
明刻本
八行十七字小字雙行同白口左右雙邊　綫裝　四册

存十三卷：八至二十

馮善 2006

分類補註李太白詩二十五卷分類編次李太白文五卷 （唐）李白撰 （宋）楊齊賢集注 （元）蕭士贇補注
　明嘉靖二十二年郭雲鵬寶善堂刻本
　八行十七字小字雙行同白口左右雙邊　綫裝　七册
　存二十三卷：一至二、五至二十，文

馮善 3548

分類補註李太白詩二十五卷分類編次李太白文五卷 （唐）李白撰 （宋）楊齊賢集注 （元）蕭士贇補注
　明嘉靖二十二年郭雲鵬寶善堂刻本
　八行十七字小字雙行同白口左右雙邊　綫裝　一册
　存七卷：四至十

善 3241

分類補註李太白詩二十五卷 （唐）李白撰 （宋）楊齊賢集注 （元）蕭士贇補注 **分類編次李太白文五卷** （唐）李白撰
　明霏玉齋刻本
　十一行二十字小字雙行同白口左右雙邊　綫裝　四册
　存二十五卷：李太白詩

善 3248

李詩選十卷 （唐）李白撰 （明）張含輯 （明）楊慎批點
　明嘉靖刻本
　八行十八字小字雙行同白口左右雙邊　毛裝　一册
　存四卷：一至四

馮善 2025

韋蘇州集十卷拾遺一卷 （唐）韋應物撰
　明刻本　慧修跋
　十行十八字小字雙行同白口左右雙邊　綫裝　一册
　存四卷：一至四

善 3290

韋蘇州集五卷 （唐）韋應物撰 （宋）劉辰翁批點 （明）袁宏道評
　明刻韋孟全集本　朱鼎煦跋
　九行十九字小字雙行同白口四周單邊　綫裝　六册

馮善 2026

宗元先生文集三卷元綱論一卷內丹九章經一卷 （唐）吳筠撰
　清抄本
　九行二十字白口左右雙邊　綫裝　一册

善 3261

杜工部詩不分卷 （唐）杜甫撰
　清抄本　佚名批點
　九行二十五字小字雙行同無版框　綫裝　一册

善 3268

集千家註分類杜工部詩二十五卷 （唐）杜甫撰 （宋）徐居仁編次 （宋）黃鶴補注 **年譜一卷** （宋）黃鶴撰
　元皇慶元年余志安勤有堂刻本
　十二行二十字小字雙行二十六字白口四周雙邊　綫裝　一册
　存二卷：十七至十八

集　部

善 3270
集千家註批點補遺杜工部詩集二十卷
　（唐）杜甫撰　（宋）黃鶴補注　（宋）
　劉辰翁評點　**附錄一卷年譜一卷**
　明刻本
　十二行二十二字小字雙行同白口四
　　周單邊　毛裝　一冊
　存三卷：一、附錄、年譜

馮善 2011
集千家註杜工部詩集二十卷文集二卷
　附錄一卷　（唐）杜甫撰　（宋）黃鶴
　補注
　明嘉靖十五年玉几山人刻本
　八行十七字小字雙行同白口四周雙
　　邊　綫裝　十二冊

馮善 2012
集千家註杜工部詩集二十卷文集二卷
　附錄一卷　（唐）杜甫撰　（宋）黃鶴
　補注
　明嘉靖十五年玉几山人刻本
　八行十七字小字雙行同白口四周雙
　　邊　綫裝　十三冊
　存二十卷：四至二十、文集、附錄

善 3276-2
集千家註杜工部詩集二十卷文集二卷
　（唐）杜甫撰　（宋）黃鶴補注　**附錄**
　一卷
　明嘉靖十五年玉几山人刻本
　八行十七字小字雙行同白口四周雙
　　邊　綫裝　二冊
　存三卷：十八至二十

善 3272
集千家註杜工部詩集二十卷文集二卷

　附錄一卷　（唐）杜甫撰　（宋）黃鶴
　補注
　明刻本
　八行十七字小字雙行同白口左右雙
　　邊　綫裝　二冊
　存四卷：二至五

善 3276-1
集千家註杜工部詩集二十卷文集二卷
　附錄一卷　（唐）杜甫撰　（宋）黃鶴
　補注
　明刻本
　八行十七字小字雙行同白口左右雙
　　邊　綫裝　七冊
　存十一卷：一至三、六至九、十四至十
　　七

善 3269
集千家註批點補遺杜工部詩集二十卷
　（唐）杜甫撰　（宋）黃鶴補注　（宋）
　劉辰翁評點　**附錄一卷年譜一卷**
　明刻本　清王端履跋
　十行二十三字上下黑口四周雙邊　綫
　　裝　一冊
　存二卷：附錄、年譜

善 3271
杜工部詩千家註六卷　（唐）杜甫撰
　（宋）黃鶴補注　（元）范梈批點
　元刻本
　十二行二十一字小字雙行同上下黑
　　口四周雙邊　綫裝　一冊
　存三卷：三至五

善 3283
杜律五七言四卷　（明）龔雷輯
　明龔雷刻本

八行十八字小字雙行同白口四周雙邊　綫裝　二册

存二種二卷：

　　杜工部五言律詩二卷　（唐）杜甫撰（元）趙汸注(存一卷：五言上)

　　杜工部七言律詩二卷　（唐）杜甫撰（元）虞集注(存一卷：七言下)

善 3279

杜工部七言律詩二卷　（唐）杜甫撰

（元）虞集注

明刻本

九行十九字白口四周單邊　綫裝　一册

存一卷：一

善 3280

杜工部七言律詩二卷　（唐）杜甫撰

（元）虞集注

明萬曆刻本

九行二十字小字雙行同白口四周雙邊　綫裝　一册

善 3284

杜工部詩釋三卷　（唐）杜甫撰　（元）范梈批選　（明）張綖釋

明嘉靖刻本

十行二十字小字雙行同白口四周單邊　毛裝　一册

存一卷：一

善 3267

杜少陵詩十卷　（唐）杜甫撰

明刻本

十行二十一字白口四周單邊　綫裝　二册

存六卷：三至五、八至十

馮善 2014

杜工部集二十卷附錄一卷年譜一卷附諸家詩話一卷唱酬題詠附錄一卷

（唐）杜甫撰　（清）錢謙益箋注

清康熙六年季氏靜思堂刻本　佚名批校

十一行二十字小字雙行三十字上下黑口四周雙邊　綫裝　十册

善 3264

杜工部集二十卷附錄一卷年譜一卷附諸家詩話一卷唱酬題詠附錄一卷

（唐）杜甫撰　（清）錢謙益箋注

清康熙六年季氏靜思堂刻本　清楊泰亨批

十一行二十字小字雙行三十字上下黑口四周雙邊　綫裝　八册

善 3265

新刊杜工部詩集二十卷年譜一卷諸家詩話一卷附錄一卷　（唐）杜甫撰

明刻本

九行十八字白口四周單邊　綫裝　一册

存三卷：一至三

善 3285

杜詩會稡二十四卷　（唐）杜甫撰　（清）張遠箋

清康熙刻本

九行二十字小字雙行同白口四周單邊　綫裝　八册

存十六卷：一至八、十七至二十四

善 3292

晝上人集十卷　（唐）釋皎然撰

明馮舒家抄本　明馮舒校并跋

集　部

十行十八字上下黑口左右雙邊　綫
　　裝　二冊

馮善 2028
唐陸宣公集二十二卷　（唐）陸贄撰
　明弘治十七年刻本　佚名批校
　八行十七字上下黑口四周雙邊　綫
　　裝　一冊
　存五卷：十八至二十二

善 3294
唐陸宣公集二十二卷　（唐）陸贄撰
　清雍正元年年羹堯刻本
　十行二十字小字雙行同白口四周單
　　邊　綫裝　八冊

善 3295
唐陸宣公集二十二卷　（唐）陸贄撰
　清雍正元年年羹堯刻本
　十行二十字小字雙行同白口四周單
　　邊　綫裝　四冊

善 3296
唐陸宣公翰苑集二十四卷　（唐）陸贄
　撰
　明萬曆三十五年陸基忠刻本
　九行十八字白口四周雙邊　綫裝　十
　　冊

善 1556
唐陸宣公翰苑集二十四卷　（唐）陸贄
　撰
　明萬曆三十五年陸基忠刻本
　九行十八字白口四周雙邊　綫裝　二
　　冊
　存七卷：奏議一至七

善 3297
唐陸宣公翰苑集二十四卷　（唐）陸贄
　撰
　明萬曆三十五年陸基忠刻本
　九行十八字白口四周雙邊　綫裝　三
　　冊
　存九卷：奏議一至二、制誥四至十

善 3349
李長吉歌詩四卷外卷一卷　（唐）李賀
　撰　（宋）吳正子箋注　（宋）劉辰翁
　評點
　明天啓刻合刻宋劉須溪點校書本
　　清吳翼心跋并録清金俊明　何焯
　　何煌批校
　九行二十字小字雙行同白口四周單
　　邊　綫裝　二冊

善 3347
唐李長吉詩集四卷外詩集一卷　（唐）
　李賀撰　（明）徐渭　董懋策批注
　明萬曆四十一年刻本
　八行十九字小字雙行同白口四周單
　　邊　綫裝　四冊

馮善 2054
唐李長吉詩集四卷外詩集一卷　（唐）
　李賀撰　（明）徐渭　董懋策批注
　明萬曆四十一年刻本
　八行十九字小字雙行同白口四周單
　　邊　綫裝　二冊

善 3350
昌谷集四卷外集一卷　（唐）李賀撰
　（清）姚文燮注
　清順治十七年建陽同文書院刻康熙
　　五年重印本

九行二十字小字雙行同白口四周單
　邊　綫裝　二册
　　存四卷：昌谷集

馮善2058
**唐李長吉歌詩補註四卷外卷二卷復古
　堂舊本五卷年譜一卷附錄九卷首一
　卷**　（清）史榮輯
稿本
行不等字不等小字雙行行字不等白
　口無版框　綫裝　二十册

善3308
**朱文公校昌黎先生文集四十卷外集十
　卷遺文一卷**　（唐）韓愈撰　（宋）朱
熹考異　（宋）王伯大音釋　**集傳一
　卷**　（宋）宋祁撰
明正統十三年書林王宗玉刻本
十三行二十三字小字雙行同上下黑
　口四周雙邊　綫裝　一册
　　存三卷：三十八至四十

善5043
**朱文公校昌黎先生文集四十卷外集十
　卷遺文一卷**　（唐）韓愈撰　（宋）朱
熹考異　（宋）王伯大音釋　**集傳一
　卷**　（宋）宋祁撰
明正統十三年書林王宗玉刻本
十三行二十三字小字雙行同上下黑
　口四周雙邊　綫裝　一册
　　存五卷：二十七至三十一

善3310
**朱文公校昌黎先生文集四十卷外集十
　卷遺文一卷**　（唐）韓愈撰　（宋）朱
熹考異　（宋）王伯大音釋　**集傳一
　卷**　（宋）宋祁撰

明正統十三年書林王宗玉刻本
十三行二十三字小字雙行同上下黑
　口四周雙邊　毛裝　一册
　　存十卷：七至八、十五至二十，外集
　　一，集傳

善3312
**朱文公校昌黎先生文集四十卷外集十
　卷遺文一卷**　（唐）韓愈撰　（宋）朱
熹考異　（宋）王伯大音釋　**集傳一
　卷**　（宋）宋祁撰
明金陵光裕堂刻本
九行十八字小字雙行同白口四周雙
　邊　綫裝　十二册

善3311
**朱文公校昌黎先生文集四十卷外集十
　卷遺文一卷**　（唐）韓愈撰　（宋）朱
熹考異　（宋）王伯大音釋　**集傳一
　卷**　（宋）宋祁撰
明萬曆朱崇沐刻本　清史承豫批并
　跋
九行十八字小字雙行同白口四周雙
　邊　綫裝　十二册

馮善2036
昌黎先生集四十卷外集十卷遺文一卷
　（唐）韓愈撰　（宋）廖瑩中校正　**朱
子校昌黎先生集傳一卷**　（宋）朱熹
　撰
明徐氏東雅堂刻本
九行十七字小字雙行同白口四周雙
　邊　綫裝　二十四册

善3301
昌黎先生集四十卷外集十卷遺文一卷
　（唐）韓愈撰　（宋）廖瑩中校正　**朱

集　部

子校昌黎先生集傳一卷　（宋）朱熹撰
　　明徐氏東雅堂刻本
　　九行十七字小字雙行同白口四周雙邊　綫裝　八冊
　　存十九卷：一至十九

善 3317
唐韓昌黎集四十卷外集十卷遺文一卷　（唐）韓愈撰　**附錄一卷**　（明）蔣之翹校輯
　　明崇禎六年蔣氏三徑草堂刻韓柳全集本　清陳世鎔評釋
　　九行十七字小字雙行同白口左右雙邊　綫裝　二冊
　　存十四卷：一至二、外集、遺文、附錄

善 3320
韓集點勘四卷　（清）陳景雲撰
　　清乾隆刻本
　　十行二十字小字雙行同下細黑口左右雙邊　綫裝　一冊

善 3335
河東先生集四十五卷外集二卷龍城錄二卷　（唐）柳宗元撰　（唐）劉禹錫編　（宋）廖瑩中校正　**附錄二卷傳一卷**
　　明嘉靖郭雲鵬濟美堂刻本
　　九行十七字小字雙行同上下黑口四周雙邊　綫裝　二十冊

善 3336
河東先生集四十五卷外集二卷龍城錄二卷　（唐）柳宗元撰　（唐）劉禹錫編　（宋）廖瑩中校正　**附錄二卷傳一卷**
　　明嘉靖郭雲鵬濟美堂刻本
　　九行十七字小字雙行同上下黑口四周雙邊　綫裝　十冊

善 3337
河東先生集四十五卷外集二卷龍城錄二卷　（唐）柳宗元撰　（唐）劉禹錫編　（宋）廖瑩中校正　**附錄二卷傳一卷**
　　明嘉靖郭雲鵬濟美堂刻本　佚名批校
　　九行十七字小字雙行同上下黑口四周雙邊　綫裝　三冊
　　存二十卷：十至十三、二十一至二十九，外集，龍城錄，附錄，傳

善 3341
增廣註釋音辯唐柳先生集四十三卷別集二卷外集二卷附錄一卷　（唐）柳宗元撰　（宋）童宗説注釋　（宋）張敦頤音辯　（宋）潘緯音義
　　明初刻本
　　十三行二十三字小字雙行同上下黑口四周雙邊　綫裝　一冊
　　存十卷：三十九至四十三、別集、外集、附錄

馮善 2050
增廣註釋音辯唐柳先生集二十卷別集一卷外集一卷附錄一卷　（唐）柳宗元撰　（宋）童宗説注釋　（宋）張敦頤音辯　（宋）潘緯音義
　　明刻本
　　十三行二十六字小字雙行同上下黑口四周雙邊　綫裝　八冊

馮善 3328

劉賓客文集三十卷外集十卷　（唐）劉
　　禹錫撰
　　明刻本
　　十行二十字小字雙行同白口四周雙
　　　邊　綫裝　十二冊
　　存三十卷：文集

善3345
李文十八卷　（唐）李翱撰
　　明成化十一年馮孜刻本
　　十行二十字小字雙行同上下黑口四
　　　周雙邊　毛裝　三冊
　　存十四卷：一至九、十四至十八

善3325
白香山詩長慶集二十卷後集十七卷別
　　集一卷補遺二卷　（唐）白居易撰
　　年譜一卷　（清）汪立名撰　年譜舊
　　本一卷　（宋）陳振孫撰
　　清康熙四十一至四十二年汪立名一
　　　隅草堂刻本　朱鼎煦跋
　　十二行二十一字小字雙行三十五字
　　　白口左右雙邊　綫裝　十二冊

善3326
白香山詩長慶集二十卷後集十七卷別
　　集一卷補遺二卷　（唐）白居易撰
　　年譜一卷　（清）汪立名撰　年譜舊
　　本一卷　（宋）陳振孫撰
　　清康熙四十一至四十二年汪立名一
　　　隅草堂刻本
　　十二行二十一字小字雙行三十五字
　　　白口左右雙邊　綫裝　十冊

善3346
沈下賢文集十二卷　（唐）沈亞之撰
　　明抄本
　　九行二十字小字雙行同白口四周單
　　　邊　綫裝　六冊

善3353
樊川文集二十卷別集一卷外集一卷
　　（唐）杜牧撰
　　明刻本　清胡天游批校并跋　清沈
　　　復燦跋
　　十行十八字小字雙行行字不等白口
　　　左右雙邊　綫裝　八冊

善3354
杜樊川集十七卷　（唐）杜牧撰　（明）
　　朱一是　吳璵評
　　明末吳氏西爽堂刻本
　　九行十八字小字雙行同白口四周單
　　　邊　綫裝　六冊

善3357
李義山詩集三卷　（唐）李商隱撰　（清）
　　朱鶴齡箋注　李義山詩譜一卷附錄諸
　　家詩評一卷
　　清順治十六年刻本
　　十行二十一字小字雙行同白口左右
　　　雙邊　金鑲玉　一冊
　　存一卷：一

善3355
李義山文集十卷　（唐）李商隱撰　（清）
　　徐樹穀箋　（清）徐炯注
　　清康熙四十七年徐氏花溪草堂刻本
　　十行二十一字小字雙行行字不等白
　　　口左右雙邊　綫裝　四冊

善3356
李義山文集十卷　（唐）李商隱撰　（清）
　　徐樹穀箋　（清）徐炯注

集　部

善 3358
薛許昌詩集十卷　（唐）薛能撰
　明抄本
　十行十八字白口四周單邊　綫裝　一册
　存五卷：一至二、八至十

善 3361
八叉集四卷　（唐）溫庭筠撰　（明）曾益注　（清）顧予咸參
　清初刻本
　九行二十字小字雙行同白口四周單邊　綫裝　四册

善 3359
溫飛卿詩集七卷別集一卷外詩一卷　（唐）溫庭筠撰　（明）曾益注　（清）顧予咸補注　（清）顧嗣立續注
　清康熙三十六年長洲顧嗣立秀野草堂刻本
　十一行二十字小字雙行三十字白口左右雙邊　綫裝　二册

善 3360
溫飛卿詩集七卷別集一卷外詩一卷　（唐）溫庭筠撰　（明）曾益注　（清）顧予咸補注　（清）顧嗣立續注
　清翻刻康熙顧嗣立秀野草堂刻本
　十一行二十字小字雙行三十字白口左右雙邊　綫裝　二册

善 3366
可之先生文集二卷　（唐）孫樵撰

　清康熙四十七年徐氏花溪草堂刻本
　十行二十一字小字雙行行字不等白口左右雙邊　綫裝　二册

　清蝸寄廬孫氏抄本
　十行二十字小字雙行同白口四周雙邊　毛裝　一册

善 3364
重刊校正笠澤叢書四卷補遺詩一卷　（唐）陸龜蒙撰
　清雍正九年陸鍾輝水雲漁屋刻本
　九行十八字小字雙行行字不等白口四周雙邊　綫裝　二册

善 3371
張蠙詩集一卷　（唐）張蠙撰
　清虞山周氏鴿峰草堂抄本　清周大輔過錄清黃丕烈校并跋
　十行二十字上下黑口左右雙邊　綫裝　一册

宋別集類

善 3372
王黃州小畜集三十卷　（宋）王禹偁撰
　清經鉏堂抄本　清丁丙校并跋
　九行二十一字白口左右雙邊　綫裝　六册

善 3375
林和靖先生詩集四卷省心錄一卷　（宋）林逋撰　林集詩話一卷
　清康熙四十七年吳調元刻本　朱鼎煦跋
　八行十八字小字雙行同白口左右雙邊　綫裝　一册

善 3374

林和靖先生詩集四卷省心錄一卷　（宋）
　林逋撰　林集詩話一卷
　清汪安、汪定古香樓刻本
　八行十八字小字雙行同白口左右雙
　　邊　綫裝　二册

善 3376
穆參軍集三卷　（宋）穆修撰　穆伯長
　先生遺事一卷
　清抄本
　十行二十字小字雙行同無版框　綫
　　裝　一册

善 3377
文莊集三十六卷　（宋）夏竦撰
　清抄本
　九行二十字小字雙行同無版框　綫
　　裝　八册

善 3380
范文正公集二十卷別集四卷政府奏議
　二卷尺牘三卷　（宋）范仲淹撰　遺
　文一卷　（宋）范純仁　范純粹撰
　年譜一卷　（宋）樓鑰撰　年譜補遺
　一卷祭文一卷諸賢贊頌論疏一卷論
　頌一卷詩頌一卷朝廷優崇一卷言行
　拾遺事錄四卷鄱陽遺事錄一卷遺跡
　一卷褒賢祠記二卷義莊規矩一卷
　元天曆、至正褒賢世家家塾歲寒堂刻
　　本
　十二行二十至二十二字不等上下黑
　　口左右雙邊　綫裝　八册
　存十七卷：奏議、尺牘、年譜、年譜補
　　遺、祭文、諸賢贊頌論疏、論頌、詩
　　頌、朝廷優崇、鄱陽遺事錄、遺跡、
　　褒賢祠記、義莊規矩

善 0851
范文正公集二十卷別集四卷政府奏議
　二卷尺牘三卷　（宋）范仲淹撰　遺
　文一卷　（宋）范純仁　范純粹撰
　年譜一卷　（宋）樓鑰撰　年譜補遺
　一卷祭文一卷諸賢贊頌論疏一卷論
　頌一卷詩頌一卷朝廷優崇一卷言行
　拾遺事錄四卷鄱陽遺事錄一卷遺跡
　一卷褒賢集五卷褒賢祠記二卷義莊
　規矩一卷
　元天曆、至正褒賢世家家塾歲寒堂刻
　　本
　十二行二十至二十二字不等上下黑
　　口左右雙邊　毛裝　一册
　存十三卷：諸賢贊頌論疏、論頌、詩
　　頌、朝廷優崇、鄱陽遺事錄、遺跡、
　　褒賢集、褒賢祠記

善 0852
范文正公集二十卷別集四卷政府奏議
　二卷尺牘三卷　（宋）范仲淹撰　遺
　文一卷　（宋）范純仁　范純粹撰
　年譜一卷　（宋）樓鑰撰　年譜補遺
　一卷祭文一卷諸賢贊頌論疏一卷論
　頌一卷詩頌一卷朝廷優崇一卷言行
　拾遺事錄四卷鄱陽遺事錄一卷遺跡
　一卷褒賢集五卷褒賢祠記二卷義莊
　規矩一卷
　元天曆、至正褒賢世家家塾歲寒堂刻
　　本
　十二行二十至二十二字不等上下黑
　　口左右雙邊　毛裝　一册
　存七卷：諸賢贊頌論疏、論頌、詩頌、
　　鄱陽遺事錄、褒賢集一、褒賢祠記

善 0849、善 0850
范文正公集二十卷別集四卷政府奏議

集　部

二卷尺牘三卷　（宋）范仲淹撰　遺文一卷　（宋）范純仁　范純粹撰　年譜一卷　（宋）樓鑰撰　年譜補遺一卷祭文一卷諸賢贊頌論疏一卷論頌一卷詩頌一卷朝廷優崇一卷言行拾遺事錄四卷鄱陽遺事錄一卷遺跡一卷褒賢祠記二卷義莊規矩一卷（明）毛一鷺輯
明萬曆三十六年毛氏刻二范集本
九行二十字白口四周單邊　毛裝　二冊
存五卷：年譜、年譜補遺、言行拾遺事錄一、鄱陽遺事錄、義莊規矩

善 3381
范文正公集十二卷附錄七卷　（宋）范仲淹撰
明萬曆刻本
九行二十字小字雙行同白口四周單邊　綫裝　十三冊
存十四卷：一至十二、附錄一至二

善 3385
蘇學士文集十六卷　（宋）蘇舜欽撰
清康熙三十七年徐惇孝、徐惇復白華書屋刻本
十行二十一字小字雙行行字不等白口四周單邊　綫裝　四冊

馮善 2088
蘇學士文集十六卷　（宋）蘇舜欽撰
清康熙三十七年徐惇孝、徐惇復白華書屋刻本
十行二十一字小字雙行行字不等白口四周單邊　綫裝　二冊

善 3386

滄浪集十五卷　（宋）蘇舜欽撰
清乾隆盧文弨抄本　清盧文弨校并跋　朱鼎煦跋
十行二十字白口左右雙邊　綫裝　二冊

善 3387
古靈先生文集二十五卷　（宋）陳襄撰　年譜一卷　（宋）陳曄撰　附一卷
清抄本　清沈復燦批校
十行十八字小字雙行同無版框　綫裝　十六冊

善 3389
司馬溫公文集八十二卷　（宋）司馬光撰
明崇禎元年吳時亮等刻清康熙四十七年蔣起龍等重修本
九行二十字小字雙行同白口四周雙邊　綫裝　二十四冊

善 3388
司馬文正公集略三十一卷詩集七卷　（宋）司馬光撰
明嘉靖十八年俞文峰刻本
十一行二十二字小字雙行同白口四周單邊　綫裝　十二冊

馮善 2110
趙清獻公集十卷目錄二卷　（宋）趙抃撰
明萬曆十六年詹思謙刻趙用棟後印本
九行二十字小字雙行同白口四周單邊　綫裝　六冊

善 3391

趙清獻公文集十卷 （宋）趙抃撰
明末刻本
九行二十字小字雙行同白口四周單邊　綫裝　四冊

善 3393
陳眉公先生訂正丹淵集四十卷拾遺二卷　（宋）文同撰　**石室先生年譜一卷**　（宋）家誠之編　**墓志銘一卷**
明萬曆三十八年吴一標刻崇禎四年毛晋重修本
九行十八字小字雙行同白口四周雙邊　綫裝　六冊

馮善 2096
南豐先生元豐類藁五十卷首一卷　（宋）曾鞏撰　**續附南豐先生行狀碑誌哀挽一卷**
明萬曆二十五年曾敏才等刻本
十行二十字小字雙行行字不等白口四周單邊　綫裝　十二冊

善 3397
南豐先生元豐類藁五十一卷　（宋）曾鞏撰
明萬曆二十五年查溪曾敏才等刻康熙五十七年曾通重修本
十行二十字小字雙行同白口四周單邊　綫裝　六冊

馮善 2126
南豐曾文昭公曲阜集二卷首一卷遺録一卷附録一卷　（宋）曾肇撰
清抄本
十行十八字白口四周單邊　綫裝　二冊

善 3399
宛陵先生集六十卷拾遺一卷　（宋）梅堯臣撰　**附録三卷**
清康熙二十六年梅枝鳳重修本
九行十八字小字雙行同白口左右雙邊　綫裝　七冊
存四十二卷：一至十五、二十至二十四、二十九至三十八、五十三至六十,拾遺,附録

馮善 2120
太史范文公集五十五卷　（宋）范祖禹撰
清山陰孫氏抄本
十二行二十字小字雙行行字不等上黑口左右雙邊　綫裝　十六冊

善 3401
伊川擊壤集二十卷　（宋）邵雍撰
明刻本
十行二十一字小字雙行二十字上下黑口左右雙邊　綫裝　一冊
存五卷：一至五

善 3402
伊川擊壤集八卷　（宋）邵雍撰
明隆慶元年刻本　孫家淮跋
十行二十一字小字雙行同白口左右雙邊　綫裝　二冊
存六卷：一至六

善 3411
歐陽文集五十卷　（宋）歐陽修撰　**年譜一卷**　（宋）胡柯撰
明嘉靖二十二年李冕刻本
十行二十字小字雙行同白口四周雙邊　綫裝　九冊

集　部

存三十六卷：一至十二、二十八至五十，年譜

馮善 2086
歐陽文忠公集一百五十三卷　（宋）歐陽修撰　**年譜一卷**　（宋）胡柯撰　**附錄五卷**
明天順六年程宗刻弘治、正德、嘉靖補修本（卷二至三、九十三至九十六補配明嘉靖三十九年何遷刻本）
十行二十字小字雙行同上下黑口四周雙邊　綫裝　十六册
存八十一卷：一至八、十一至十八、三十九至四十四、五十一至五十八、六十至六十九、七十二至七十八、八十三至八十八、九十至一百八、一百十五至一百十六、一百三十一至一百三十六，年譜

善 3408
歐陽文忠公集一百五十三卷　（宋）歐陽修撰　**廬陵歐陽文忠公年譜一卷**　（宋）胡柯撰　**附錄五卷**
明弘治刻本　佚名跋
十行二十字小字雙行同上下黑口四周雙邊　綫裝　五册
存三十九卷：十五至三十三、六十三至七十六、八十六至九十一

善 3406
歐陽文忠公集一百五十三卷　（宋）歐陽修撰　**廬陵歐陽文忠公年譜一卷**　（宋）胡柯撰　**附錄五卷**
明正德七年劉喬刻本
十行二十字小字雙行同上下黑口四周雙邊　綫裝　三十六册
存一百四十四卷：一至三、九至八十一、九十至一百五十三，附錄一至二、四至五

善 3407
歐陽文忠公集一百五十三卷　（宋）歐陽修撰　**廬陵歐陽文忠公年譜一卷**　（宋）胡柯撰　**附錄五卷**
明正德七年劉喬刻本
十行二十字小字雙行同上下黑口四周雙邊　綫裝　七册
存五十一卷：十六至二十三、三十四至四十四、六十三至六十九、七十九、八十九、九十五至一百十二、一百四十二至一百四十六

善 3416
歐陽文忠公集一百五十三卷　（宋）歐陽修撰　**廬陵歐陽文忠公年譜一卷**　（宋）胡柯撰　**附錄五卷**
明正德七年劉喬刻本
十行二十字小字雙行同上下黑口四周雙邊　綫裝　七册
存四十八卷：八至二十五、五十五至八十三，年譜

善 3414
歐陽文忠公集一百五十三卷　（宋）歐陽修撰　**年譜一卷**　（宋）胡柯撰　**附錄五卷**
明刻本
十行二十字小字雙行同白口四周雙邊　綫裝　七册
存二十三卷：四十至六十二

善 3417
歐陽文忠公集一百五十三卷　（宋）歐陽修撰　**年譜一卷**　（宋）胡柯撰

附録五卷
　　明刻本
　　十行二十字小字雙行同上下黑口四周雙邊　綫裝　三册
　　存二十卷：六十二至六十九、一百十九至一百二十六、一百三十四至一百三十七

馮善2084
歐陽文忠公集一百五十三卷　（宋）歐陽修撰　廬陵歐陽文忠公年譜一卷（宋）胡柯撰　附録六卷
　　明正德七年劉喬刻嘉靖季本、詹治、三十九年何遷遞修本
　　十行二十字小字雙行同白口四周雙邊　綫裝　四十册

善3405
歐陽文忠公集一百五十三卷　（宋）歐陽修撰　廬陵歐陽文忠公年譜一卷（宋）胡柯撰　附録六卷
　　明正德七年劉喬刻嘉靖十六年季本、詹治、三十九年何遷遞修本
　　十行二十字小字雙行同白口四周雙邊　綫裝　二十四册
　　存一百五十八卷：二至一百五十三、附録

善3410
歐陽文忠公集一百五十三卷　（宋）歐陽修撰　廬陵歐陽文忠公年譜一卷（宋）胡柯撰　附録六卷
　　明正德七年劉喬刻嘉靖十六年季本、詹治、三十九年何遷遞修本
　　十行二十字小字雙行同白口四周雙邊　綫裝　十一册
　　存六十四卷：三十四至六十二、八十六至九十二、九十五至九十九、一百十至一百二十六、一百二十八至一百三十三

善3404
歐陽文忠公集一百五十三卷　（宋）歐陽修撰　年譜一卷　（宋）胡柯撰　附録四卷
　　明刻本
　　十行二十字小字雙行同白口四周單邊　綫裝　十九册
　　存六十九卷：一至十六、二十六至二十八、三十六至三十九、四十四至四十七、五十二至五十五、六十八至八十一、八十八至九十一、九十六至一百二、一百十四至一百二十六

善3412
歐陽文忠公集一百三十卷目録十二卷（宋）歐陽修撰　附録四卷
　　明萬曆刻本
　　十行二十字小字雙行同白口四周單邊　綫裝　十四册
　　存六十五卷：二十六至三十、八十一至一百三十，目録七至十二，附録

馮善2087
歐陽先生文粹二十卷　（宋）歐陽修撰（宋）陳亮輯　遺粹十卷　（宋）歐陽修撰　（明）郭雲鵬輯
　　明嘉靖二十六年郭雲鵬寶善堂刻本
　　十一行二十一字白口左右雙邊　綫裝　一册
　　存四卷：文粹一至四

善3421

集　部

歐陽先生文粹二十卷　（宋）歐陽修撰（宋）陳亮輯　**遺粹十卷**　（宋）歐陽修撰　（明）郭雲鵬輯
　　明嘉靖二十六年郭雲鵬寶善堂刻本
　　十一行二十一字白口左右雙邊　綫裝　十册

善 3418
歐陽文忠公文抄十卷　（宋）歐陽修撰（明）茅坤評
　　明刻朱墨套印本
　　八行十八字白口四周單邊　綫裝　五册

善 3425
重刊嘉祐集十五卷　（宋）蘇洵撰
　　明刻本
　　十行二十一字上下黑口四周雙邊　綫裝　四册

善 3426
重刊嘉祐集十五卷　（宋）蘇洵撰
　　明嘉靖十一年太原府刻本
　　十行二十一字白口四周單邊　綫裝　一册
　　存三卷：十三至十五

馮善 2098
臨川先生文集一百卷目錄二卷　（宋）王安石撰
　　明嘉靖三十九年何遷刻本
　　十二行二十字小字雙行同上黑口左右雙邊　綫裝　十六册

善 3430
臨川先生文集一百卷目錄二卷　（宋）王安石撰
　　明嘉靖三十九年何遷撫州刻本
　　十二行二十字小字雙行同白口左右雙邊　綫裝　十三册
　　存六十六卷：十五至二十一、二十八至四十九、五十四至七十九、八十六至九十、九十六至一百，目錄上

善 3431
臨川先生文集一百卷目錄二卷　（宋）王安石撰
　　明嘉靖三十九年何遷撫州刻本
　　十二行二十字小字雙行同白口左右雙邊　綫裝　四册
　　存十三卷：七十九至九十、目錄上

善 3428
臨川王先生荊公文集一百卷　（宋）王安石撰
　　明嘉靖二十五年應雲鷟刻本
　　十一行二十二字下黑口四周雙邊　綫裝　二十四册

善 3432
王荊文公詩五十卷　（宋）王安石撰（宋）李壁箋注
　　清乾隆五至六年張宗松清綺齋刻本
　　十一行二十一字小字雙行三十一字上下黑口左右雙邊　綫裝　六册

善 1975
揚州賦一卷　（宋）王觀撰　**續揚州賦一卷**　（宋）陳洪範撰
　　明嘉靖二十四年刻本
　　八行十七字小字雙行同白口左右雙邊　毛裝　一册

善 3440

東坡集四十卷後集二十卷奏議十五卷內制集十卷樂語一卷外制集三卷應詔集十卷續集十二卷 （宋）蘇軾撰　年譜一卷 （宋）王宗稷撰
明刻本
十行二十字上下黑口四周雙邊　綫裝　四冊
存四卷：續集八至十一

善 1561
蘇文忠公全集一百十一卷 （宋）蘇軾撰　年譜一卷 （宋）王宗稷撰
明嘉靖十三年江西布政司刻本
十行二十字小字雙行同白口四周雙邊　綫裝　一冊
存一種四卷：
　東坡奏議十五卷（存四卷：十二至十五）

善 3435
蘇文忠公全集一百十一卷 （宋）蘇軾撰　年譜一卷 （宋）王宗稷撰
明嘉靖十三年江西布政司刻本
十行二十字小字雙行同白口四周雙邊　綫裝　十冊
存五種三十八卷：
　東坡集四十卷（存四卷：三十七至四十）
　東坡後集二十卷（存八卷：四至六、十六至二十）
　東坡奏議十五卷（存七卷：一至七）
　東坡應詔集十卷
　東坡續集十二卷（存九卷：一至九）

善 3436
蘇文忠公全集一百十一卷 （宋）蘇軾撰　年譜一卷 （宋）王宗稷撰
明嘉靖十三年江西布政司刻本　明潛王齋跋
十行二十字小字雙行同白口四周雙邊　綫裝　五十冊
存八種一百七卷：
　東坡集四十卷
　東坡後集二十卷
　東坡奏議十五卷（存十三卷：一至十三）
　東坡內制集十卷
　樂語一卷
　東坡外制集三卷（存一卷：上）
　東坡應詔集十卷
　東坡續集十二卷

善 3437
蘇文忠公全集一百十一卷 （宋）蘇軾撰　年譜一卷 （宋）王宗稷撰
明嘉靖十三年江西布政司刻本
十行二十字小字雙行同白口四周雙邊　毛裝　三冊
存一種七卷：
　東坡續集十二卷（存七卷：一至二、五至九）

馮善 2109
東坡全集一百十五卷目錄七卷 （宋）蘇軾撰　年譜一卷 （宋）王宗稷撰
明刻本
十行十九字小字雙行同白口四周單邊　綫裝　二十四冊

馮善 2107
東坡先生全集七十五卷 （宋）蘇軾撰
東坡詩選十二卷 （明）譚元春輯
年譜一卷 （宋）王宗稷撰
明末文盛堂刻本

集　部

十行十九字小字雙行同白口左右雙邊　綫裝　四十册
存七十五卷：全集

善 3454
東坡先生詩集註三十二卷　（宋）蘇軾撰　題（宋）王十朋纂
明鯨碧山房刻本
十行二十一字雙行小字同白口左右雙邊　綫裝　十一册
存二十九卷：一至十五、十九至三十二

善 3455
蘇東坡詩集注三十二卷　（宋）蘇軾撰　題（宋）呂祖謙分編　題（宋）王十朋纂輯　**年譜一卷**　（宋）王宗稷撰　**失編一卷**　（清）朱從延補注
清康熙三十七年朱從延文蔚堂刻本
十一行十九字小字雙行二十八字白口左右雙邊　綫裝　十册

善 3456
蘇東坡詩集注三十二卷　（宋）蘇軾撰　題（宋）呂祖謙分編　題（宋）王十朋纂輯　**年譜一卷**　（宋）王宗稷撰　**失編一卷**　（清）朱從延補注
清康熙三十七年朱從延文蔚堂刻本
十一行十九字小字雙行二十八字白口左右雙邊　綫裝　十五册
存三十卷：一至三十

善 3457
蘇東坡詩集注三十二卷　（宋）蘇軾撰　題（宋）呂祖謙分編　題（宋）王十朋纂輯　**年譜一卷**　（宋）王宗稷撰　**失編一卷**　（清）朱從延補注

清康熙三十七年朱從延文蔚堂刻本　佚名批校
十一行十九字小字雙行二十八字白口左右雙邊　綫裝　一册
存三卷：二十七至二十九

善 3458
蘇東坡詩集二十五卷　（宋）蘇軾撰　（宋）劉辰翁批點
明天啓刻合刻宋劉須溪點校書本　明權奇批并跋
九行二十字小字雙行同白口四周單邊　綫裝　十二册
存二十四卷：一至二十四

善 3462
施註蘇詩四十二卷總目二卷　（宋）蘇軾撰　（宋）施元之　顧禧注　（清）顧嗣立　邵長蘅　宋至刪補　**蘇詩續補遺二卷**　（宋）蘇軾撰　（清）馮景補注　**王註正譌一卷**　（清）邵長蘅撰　**東坡先生年譜一卷**　（宋）王宗稷撰
清康熙三十八年宋犖刻本
十行二十一字小字雙行三十一字上下黑口四周單邊　綫裝　十二册

善 3460
東坡先生編年詩五十卷　（宋）蘇軾撰　（清）查慎行補注　**年表一卷**
清乾隆二十六年查開香雨齋刻本
十行二十一字小字雙行三十一字白口左右雙邊　綫裝　三十二册

善 3461
東坡先生編年詩五十卷　（宋）蘇軾撰　（清）查慎行補注　**年表一卷**

清乾隆二十六年查開香雨齋刻本
十行二十一字小字雙行三十一字白口左右雙邊　毛裝　十四冊
存四十六卷：一至十三、十七至三十三、三十六至五十，年表

善 3443
坡仙集十六卷　（宋）蘇軾撰　（明）李贄評輯
明萬曆二十八年陳氏繼志齋刻本
九行二十字小字雙行同白口四周單邊　綫裝　六冊
存十一卷：一至四、七至十三

善 3444
坡仙集十六卷　（宋）蘇軾撰　（明）李贄評輯
明萬曆二十八年陳氏繼志齋刻本
九行二十字小字雙行同白口四周單邊　綫裝　三冊
存十卷：一至十

馮善 2108
坡仙集十六卷　（宋）蘇軾撰　（明）李贄評輯
明萬曆二十八年陳氏繼志齋刻本
馮貞群跋
九行二十字小字雙行同白口四周單邊　綫裝　十六冊

善 3441
訂補坡仙集鈔三十八卷　（宋）蘇軾撰　（明）李贄輯　（明）陳繼儒訂補
明刻本
十行二十字小字雙行同白口四周單邊　綫裝　十二冊

善 3452
新刻蘇長公詩文選勝六卷首一卷　（宋）蘇軾撰　（明）朱之蕃輯
明萬曆王世茂刻本
九行二十字白口四周單邊　綫裝　四冊

善 3465
宋大家蘇文定公文抄二十卷　（宋）蘇轍撰　（明）茅坤批評
明萬曆七年茅一桂刻唐宋八大家文鈔本　佚名批校
九行十九字小字雙行同白口左右雙邊　綫裝　四冊

善 3427
宋大家蘇文公文鈔十卷　（宋）蘇洵撰　（明）茅坤批點
明萬曆茅一桂刻唐宋八大家文鈔本
九行十九字小字雙行同白口左右雙邊　綫裝　二冊

善 3449
蘇文六卷　（宋）蘇軾撰　（明）茅坤等評
明閔爾容刻三色套印本　清藹如批并跋
九行十九字小字雙行同白口四周單邊　綫裝　六冊

善 3450
蘇文忠公策選十二卷　（宋）蘇軾撰　（明）茅坤　鍾惺評
明天啓元年刻三色套印本
九行十九字白口四周單邊　綫裝　六冊

集　部

善 3445

東坡文選二十卷　（宋）蘇軾撰　（明）
　鍾惺輯并評
　明萬曆四十八年鍾惺刻本
　八行十七字小字雙行同白口四周單
　　邊無格　綫裝　四册
　存十九卷：一至十九

善 3446

東坡文選二十卷　（宋）蘇軾撰　（明）
　鍾惺輯并評
　明閔氏刻朱墨套印本
　九行二十字小字雙行同白口四周單
　　邊　綫裝　四册
　存十七卷：四至二十

善 3451

蘇長公小品四卷　（宋）蘇軾撰　（明）
　王納諫輯并評
　明凌啓康刻朱墨套印本　佚名批
　八行十九字白口四周單邊　綫裝　三
　　册
　存三卷：一、三至四

馮善 2119

欒城集五十卷後集二十四卷三集十卷
　應詔集十二卷　（宋）蘇轍撰
　明萬曆王執禮、顧天叙刻清夢軒印本
　十行二十字小字雙行同白口左右雙
　　邊　綫裝　十二册

善 3474

豫章黄先生文集三十卷外集十四卷別
　集二十卷簡尺二卷詞一卷　（宋）黄
　庭堅撰　伐檀集二卷　（宋）黄庶撰
　山谷先生年譜三十卷　（宋）黄䍐撰
　明弘治葉天爵刻嘉靖六年喬遷、余載

　　仕重修本
　十二行二十一字白口四周雙邊　綫
　　裝　二册
　存二卷：簡尺

善 3470

重刻黄文節山谷先生文集三十卷　（宋）
　黄庭堅撰
　明王鳳翔光啓堂刻本
　十行二十字小字雙行同白口四周單
　　邊　綫裝　四册

善 3471

重刻黄文節山谷先生文集三十卷　（宋）
　黄庭堅撰
　明王鳳翔光啓堂刻積秀堂印本
　十行二十字小字雙行同白口四周單
　　邊　綫裝　六册

善 3469

黄詩内篇十四卷　（宋）黄庭堅撰
　明嘉靖十二年蔣芝刻本
　八行十八字白口四周單邊　毛裝　一
　　册
　存一卷：一

善 3467

山谷内集詩註二十卷　（宋）黄庭堅撰
　（宋）史容注　外集詩註十七卷
　（宋）黄庭堅撰　（宋）史容注　別集
　詩註二卷　（宋）黄庭堅撰　（宋）史
　季温注
　明刻本　朱鼎煦題簽
　九行十九字小字雙行同上下黑口四
　　周雙邊　綫裝　二册
　存六卷：内集詩注四至六、十八至二
　　十

馮善 2124
山谷老人刀筆二十卷　（宋）黃庭堅撰
　明刻本
　　十二行十九字白口左右雙邊　綫裝
　　八册

馮善 2131
後山先生集三十卷　（宋）陳師道撰
　明弘治十二年馬暾刻本
　　十行二十字小字雙行同上下黑口四
　　周雙邊　綫裝　二册
　　存八卷：一至四、十七至二十

善 3476
後山詩註十二卷　（宋）陳師道撰　（宋）
任淵注
　清康熙三十六年高兆栟櫚館抄本
　清高兆跋并過録明徐𤊹跋
　　十行十七字小字雙行同無版框　綫
　　裝　八册

善 3477
後山詩注十二卷　（宋）陳師道撰　（宋）
任淵注
　清福建翻刻武英殿聚珍版本　吴澤
　校并跋
　　九行二十一字小字雙行同白口四周
　　雙邊　綫裝　四册

善 3479
淮海集四十卷後集六卷　（宋）秦觀撰
　明嘉靖四十四年張光孝刻萬曆補刻
　本
　　十行二十一字白口左右單邊　綫裝
　　三册
　　存二十卷：一至二十

善 3481
畫墁集八卷　（宋）張舜民撰
　清抄本
　　八行二十一字無版框　綫裝　二册

善 3480
寶晉英光集八卷補遺一卷　（宋）米芾
撰
　清瑯環仙館抄本
　　十一行二十一字無版框　綫裝　二
　　册
　　存六卷：一至四、七至八

善 3482
濟北晁先生雞肋集七十卷　（宋）晁補
之撰
　明崇禎八年顧凝遠詩瘦閣刻本　孫
　家湜題簽
　　九行十九字下黑口左右雙邊　綫裝
　　八册

善 3484
演山先生詩十二卷　（宋）黃裳撰
　清抄本
　　十行二十字小字雙行同無版框　綫
　　裝　二册

善 3486
溪堂集十卷　（宋）謝逸撰
　清抄本
　　八行二十一字無版框　綫裝　三册

善 3487
謝幼槃文集十卷　（宋）謝邁撰
　清抄本　清沈復燦跋
　　十行二十二字無版框　綫裝　一册

集 部

善 3488
竹友集十卷 （宋）謝邁撰
　清抄本
　九行二十一字無版框　綫裝　二冊

善 3489
唐眉山詩集十卷唐先生文集十四卷
　（宋）唐庚撰
　清雍正三年汪亮采南陔草堂木活字
　　印本
　十行二十字小字雙行同白口左右雙
　　邊　綫裝　四冊

善 3490
宋宗忠簡公集八卷 （宋）宗澤撰
　清康熙三十年刻本
　十行二十字小字雙行同白口四周雙
　　邊　綫裝　二冊

馮善 2133
龜山先生集四十二卷 （宋）楊時撰
　明萬曆十九年林熙春刻本
　十行二十字小字雙行同白口四周雙
　　邊　綫裝　八冊

善 3493
宋李忠定公奏議選十五卷文集選二十
九卷首四卷 （宋）李綱撰 （明）左
光先　李春熙等輯
　明崇禎十二年刻本
　十行二十字小字雙行同白口四周單
　　邊　綫裝　八冊
　存三十三卷：文集選、首

善 3496
簡齋詩集十五卷 （宋）陳與義撰
　明初刻本
　九行十八字白口左右雙邊　毛裝　一
　　冊
　存七卷：九至十五

善 3497
苕溪集五十五卷 （宋）劉一止撰
　清抄本　朱鼎煦跋
　十行二十字小字雙行同白口左右雙
　　邊　綫裝　四冊

善 3498
苕溪集五十五卷目錄三卷 （宋）劉一
止撰
　清抄本
　十行二十字小字雙行同無版框　綫裝
　　二十冊

善 3499
栟櫚先生全集二十五卷 （宋）鄧肅撰
　清抄本
　九行二十字小字雙行同無版框　綫
　　裝　四冊

善 3500
藏海居士集二卷 （宋）吳可撰
　清道光十七年抄本　清瞿瑛跋
　九行二十五字小字雙行同白口四周
　　單邊　金鑲玉　一冊

善 3501
豫章羅先生文集十七卷 （宋）羅從彥
撰　豫章羅先生年譜一卷 （元）曹
道振撰
　明嘉靖三十三年謝鸞刻本　清周大
　　輔跋
　十三行二十三字上下黑口四周雙邊
　　綫裝　四冊

善 3502
岳武穆集六卷　（宋）岳飛撰
　明萬曆刻本
　　十行二十字小字雙行同白口四周雙邊　綫裝　五册

馮善 2149
岳武穆集六卷　（宋）岳飛撰
　明萬曆二十年李楨刻本
　　十行二十字小字雙行同白口四周雙邊　綫裝　一册
　　存二卷：五至六

善 3504
大隱居士集二卷　（宋）鄧深撰
　清抄本　清丁丙跋
　　九行二十一字小字雙行同無版框　綫裝　一册

善 3505
重刊橫浦先生文集二十卷　（宋）張九成撰　橫浦先生家傳一卷　（宋）張榕撰
　明萬曆四十三年方士騏刻本
　　十行二十字小字雙行同白口左右雙邊　綫裝　四册

善 3506
莆陽知稼翁集二卷　（宋）黄公度撰
　明天啓五年黄崇翰刻本
　　十行二十字小字雙行同白口四周單邊　綫裝　二册

善 3507
香溪先生范賢良文集二十二卷　（宋）范浚撰
　明成化十五年唐韶刻遞修本

　　十二行二十二字小字雙行同上下黑口四周單邊　綫裝　二册
　　存十四卷：一至五、十四至二十二

善 3508
范香溪先生文集二十二卷　（宋）范浚撰　范蒙齋先生遺文一卷　（宋）范端臣撰　范楊溪先生遺文一卷　（宋）范端杲撰
　清乾隆八年范文焕刻本
　　十行二十字白口四周雙邊　綫裝　四册

善 3509
鄮峰真隱漫録五十卷　（宋）史浩撰
　明抄本
　　十二行十八字白口四周單邊　綫裝　一册
　　存六卷：三十三至三十八

馮善 2163
羅鄂州小集五卷　（宋）羅願撰　附羅鄂州遺文一卷　（宋）羅頌撰
　明天啓六年羅朗刻本
　　十行二十字小字雙行同白口四周單邊　綫裝　二册

善 3512
羅鄂州小集五卷　（宋）羅願撰　附録一卷　（宋）羅頌撰
　清抄本
　　十一行二十一字小字雙行同無版框　毛裝　二册

善 3511
羅鄂州小集六卷　（宋）羅願撰　羅鄂州遺文一卷　（宋）羅頌撰

集部

清康熙五十二年程哲七略書堂刻本
十一行二十一字小字雙行行字不等
白口左右雙邊　綫裝　四冊

善3513
艾軒先生文集十卷　（宋）林光朝撰
清抄本
十行二十一字小字雙行同無版框　綫裝　二冊

善3514
晦庵先生朱文公文集一百卷目錄二卷續集十一卷別集十卷　（宋）朱熹撰
宋咸淳元年建安書院刻宋元明遞修本
八行十八字小字雙行同上下黑口間白口左右雙邊　綫裝　十七冊
存五十三卷：一至十二、十六至三十六、六十一至六十三、六十七至八十一，目錄

善3516
晦庵先生朱文公文集一百卷目錄二卷續集十一卷別集十卷　（宋）朱熹撰
明嘉靖十一年張大輪、胡岳等刻本
十二行二十二字小字雙行同白口四周單邊　綫裝　一冊
存四卷：別集一至四

善3515
朱子大全一百卷目錄二卷續集十卷別集十卷　（宋）朱熹撰
明天順四年賀沈、胡緝刻本
十一行二十二字小字雙行同上下黑口四周雙邊　金鑲玉　六冊
存十卷：續集

善3517
晦庵文抄七卷詩抄一卷　（宋）朱熹撰
（明）吳訥輯
明成化十八年周鳳等刻本
九行二十二字小字雙行同上下黑口四周雙邊　綫裝　一冊
存一卷：詩抄

善3518
周益文忠公集二百卷　（宋）周必大撰
明抄本　朱鼎煦跋
十一行二十二至二十八字白口四周單邊　綫裝　七冊
存五十一卷：五至二十三、五十七至六十三、七十至八十、一百七至一百二十

馮善2160
周益公文集二百卷　（宋）周必大撰
年譜一卷附錄五卷　（宋）周綸撰
清抄本
九行二十一字小字雙行同白口四周單邊　綫裝　四十冊

善3520
止齋先生文集二十八卷　（宋）陳傅良撰
明嘉靖建陽刻本
十三行二十五字小字雙行同上下黑口四周雙邊　綫裝　十一冊
存二十六卷：一至五、八至二十八

善3524
廷試策一卷奏議四卷梅溪先生文集二十卷後集二十九卷　（宋）王十朋撰
附錄一卷
明刻本

十一行二十一字上下黑口四周雙邊　線裝　六冊
存三十一卷：文集一至十六，後集一至七、十六至二十三

善 1974
會稽三賦四卷　（宋）王十朋撰　（明）南逢吉注　（明）尹壇補注
明萬曆刻本
八行十八字小字雙行同白口四周單邊　線裝　一冊

善 3525
蒙隱集二卷　（宋）陳棣撰
清抄本
九行十八字無版框　線裝　一冊

善 3528
雙溪文集十七卷　（宋）王炎撰　**附錄一卷**
明嘉靖十二年刻本
十行二十一字小字雙行同白口四周單邊　線裝　五冊
存十六卷：一至九、十二至十七，附錄

善 3529
雙溪文集十七卷附錄一卷　（宋）王炎撰
明嘉靖十二年刻本
十行二十一字小字雙行同白口四周單邊　線裝　一冊
存三卷：十二至十四

善 3530
象山先生全集三十六卷　（宋）陸九淵撰
明嘉靖刻本

十行二十二字小字雙行同白口四周雙邊　線裝　一冊
存三卷：一至三

善 3531
陸象山先生集要四卷　（宋）陸九淵撰　（明）聶良杞輯
明萬曆二十五年書林徐可久刻本
九行十九字小字雙行同白口四周單邊　線裝　二冊
存二卷：一、三

善 3532
陸象山先生集要八卷　（宋）陸九淵撰　（明）聶良杞編
明刻本
十行二十字白口四周單邊無格　線裝　四冊

善 3533
慈湖先生遺書抄六卷　（宋）楊簡撰　（宋）楊世思抄　（宋）鄭光弼訂
明萬曆潘汝楨刻本　清徐時棟跋
八行二十字小字雙行行字不等白口左右雙邊　線裝　一冊

善 3534
絜齋集二十四卷　（宋）袁燮撰
清乾隆武英殿活字印聚珍版書本　清徐時棟批校并跋
九行二十一字小字雙行同白口四周雙邊　線裝　八冊

馮善 2152
盤洲文集八十卷附錄一卷　（宋）洪适撰
清文珍樓抄本

集部

十行二十字小字雙行同白口四周雙邊　綫裝　二十册

善 3537
艮齋先生薛常州浪語集三十五卷　（宋）
　薛季宣撰
　清抄本
　十行二十字無版框　綫裝　二十四册
　存三十三卷：一至二十九、三十二至三十五

善 3538
艮齋先生薛常州浪語集三十五卷　（宋）
　薛季宣撰
　清抄本
　十行二十字無版框　綫裝　一册
　存五卷：十一至十五

善 3541
石湖居士詩集三十五卷　（宋）范成大撰
　清康熙二十七年顧氏依園刻本
　十一行二十一字小字雙行同白口左右雙邊　綫裝　四册
　存三十三卷：一至三十三

善 3540
范石湖詩集二十卷　（宋）范成大撰
　清康熙二十七年黃昌衢藜照樓刻本　佚名批校
　十行十九字上下黑口四周單邊　綫裝　十册

善 3542
誠齋集一百三十五卷目錄三卷　（宋）
　楊萬里撰

　清鳴野山房抄本
　九行行字不等上下黑口左右雙邊　綫裝　一册
　存一卷：目錄一

善 3545
劍南詩鈔六卷　（宋）陸游撰
　清初刻本　佚名批校
　十行十八字小字雙行同白口左右雙邊　綫裝　四册
　存二卷：三至四

善 3546
水心先生別集十六卷　（宋）葉適撰
　清山陰杜氏抄本
　十行二十一字上下黑口左右雙邊　毛裝　二册
　存七卷：四至七、十四至十六

善 3547
石屏詩集十卷　（宋）戴復古撰
　清抄本
　九行十九字無版框　綫裝　四册

善 3548
橘山四六二十卷　（宋）李廷忠撰
　明抄本
　十行二十字白口左右雙邊　綫裝　一册
　存五卷：十六至二十

善 3550
校注橘山四六二十卷　（宋）李廷忠撰
　（明）孫雲翼注
　明萬曆三十五年刻本
　十行二十一字小字雙行同白口左右雙邊　綫裝　五册

存十七卷：一至五、九至二十

馮善 2191
校注橘山四六二十卷 （宋）李廷忠撰
（明）孫雲翼注
明萬曆三十五年刻本　馮貞群跋
十行二十一字小字雙行同白口左右雙邊　綫裝　八冊

善 3551
梅山續藁十七卷雜文一卷長短句一卷
（宋）姜特立撰
清抄本
十行二十字小字雙行同無版框　綫裝　一冊
存十四卷：六至十七、雜文、長短句

馮善 2187
程端明公洺水集二十六卷首一卷　（宋）程珌撰
明嘉靖三十五年程元呩刻本
十一行二十一字白口左右雙邊　綫裝　一冊
存六卷：十五至二十

善 3553
龍川先生文集三十卷　（宋）陳亮撰
明嘉靖史朝富刻本
十行二十二字白口左右雙邊　綫裝　一冊
存六卷：二十五至三十

善 3554
重校鶴山先生大全一百十卷　（宋）魏了翁撰
明嘉靖安國銅活字印本
十三行十六字白口四周單邊　綫裝　八冊
存三十五卷：一至十、二十七至三十、三十九至四十二、五十三至五十八、九十五至一百五

善 3555
重校鶴山先生大全一百十卷　（宋）魏了翁撰
明嘉靖安國銅活字印本
十三行十六字白口四周單邊　綫裝　一冊
存一卷：一百五

善 3556
重刻西山先生真文忠公文集五十五卷目錄二卷　（宋）真德秀撰
明萬曆二十六年景賢堂刻本
十行二十字小字雙行同白口四周雙邊　綫裝　十七冊
存四十九卷：一至三、七至三十四、三十八至五十五

善 3557
海瓊玉蟾先生文集六卷續集二卷　（宋）葛長庚撰
明萬曆桂芳堂刻本　孫家溁跋
九行二十字小字雙行同白口左右雙邊　綫裝　四冊

馮善 3574
海瓊玉蟾先生文集六卷續集二卷　（宋）葛長庚撰
明刻本
九行二十字小字雙行同白口左右雙邊　綫裝　八冊

善 3559

集部

白玉蟾海瓊摘藁十卷 （宋）葛長庚撰
　明刻本
　　十行二十字上下黑口四周雙邊　綫裝　一冊
　　存五卷：六至十

善 3560
白石詩集一卷詞集一卷諸家評論一卷
　（宋）姜夔撰
　清康熙五十七年曾時燦刻本
　　十行十九字小字雙行同上下黑口左右雙邊　綫裝　一冊

善 3561
白石詩集一卷詞集一卷諸家評論一卷
　（宋）姜夔撰
　清康熙五十七年曾時燦刻本　佚名過錄明毛晉跋　朱鼎煦跋
　　十行十九字小字雙行同上下黑口左右雙邊　綫裝　一冊

善 3562
白石道人詩集二卷集外詩一卷附錄一卷附錄補遺一卷詩說一卷歌曲四卷附詩詞評論一卷評論補遺一卷集事一卷集事補遺一卷　（宋）姜夔撰
　清乾隆三十六年隨月讀書樓刻本
　　十一行十九字小字雙行同白口左右雙邊　綫裝　一冊
　　存十卷：詩集、集外詩、附錄、附錄補遺、詩說、詩詞評論、補遺、集事、集事補遺

善 3521
永嘉止齋陳先生八面鋒八卷　（宋）陳傅良撰　（明）程弘賓選
　明萬曆元年朱氏刻本
　　十行二十三字小字雙行同白口四周單邊　綫裝　一冊

善 3522
梅亭先生四六標準四十卷　（宋）李劉撰　（明）孫雲翼箋
　明抄本
　　十行十九字白口四周單邊　綫裝　八冊

善 3523
梅亭先生四六標準四十卷目錄二卷
　（宋）李劉撰
　明屠應坅刻本
　　九行二十四字白口四周單邊　綫裝　一冊
　　存七卷：一至五、目錄

善 3563
冷然齋詩集不分卷　（宋）蘇泂撰
　清抄本　佚名批校
　　十行二十一字小字雙行同無版框　綫裝　一冊

善 3564
篔窗集十卷　（宋）陳耆卿撰
　清抄本　清王棻　王霓批并跋
　　八行二十一字無版框　綫裝　一冊

馮善 2190
玉楮集八卷　（宋）岳珂撰
　清嘉慶元年王端履抄本
　　十一行二十四字小字雙行同白口左右雙邊　綫裝　二冊

善 3566
秋崖先生小藁四十五卷又三十八卷

（宋）方嶽撰
明嘉靖五年方謙刻本
十二行二十字下黑口四周單邊　綫裝　四册
存二十九卷：三至三十一

善 3567
秋崖先生小藳三十八卷　（宋）方嶽撰
清活字印本
十一行二十二字上下黑口左右雙邊　金鑲玉　八册
存三十四卷：一至三十四

善 3568
北磵文集十卷　（宋）釋居簡撰
清抄本
十行二十字小字雙行同白口左右雙邊　綫裝　四册

善 3569
文山先生文集十七卷別集六卷　（宋）文天祥撰　附錄三卷
明景泰六年韓雍、陳價刻本
十一行二十四字小字雙行行字不等上下黑口四周雙邊　綫裝　七册
存二十卷：文集一至二、六至十七，別集四至六，附錄

善 3571
文山先生全集二十八卷　（宋）文天祥撰
明嘉靖三十一年鄢懋卿、寧寵刻本
十行二十一字小字雙行同白口四周雙邊　綫裝　八册

善 3570
文山先生全集二十八卷　（宋）文天祥撰
明嘉靖三十一年鄢懋卿、寧寵刻本
十行二十一字小字雙行同白口四周雙邊　毛裝　十五册
存二十三卷：一至二十三

善 3572
文山先生全集二十八卷　（宋）文天祥撰
明嘉靖三十一年鄢懋卿、寧寵刻本
十行二十一字小字雙行同白口四周雙邊　綫裝　二册
存四卷：一至四

善 3573
文山先生全集二十卷　（宋）文天祥撰
明刻本
十行二十二字小字雙行行字不等白口四周雙邊　毛裝　一册
存三卷：四、八、十

善 3574
文山先生全集二十卷　（宋）文天祥撰
明嘉靖三十九年浦江張元諭刻本
十行二十二字小字雙行同白口單邊　綫裝　十册

善 3575
文山先生全集二十卷　（宋）文天祥撰
明嘉靖三十九年張元諭刻本
十行二十二字小字雙行同白口單邊　綫裝　八册
存十六卷：一至六、九至十八

善 3577
廬陵宋丞相信國公文忠烈先生全集十六卷　（宋）文天祥撰　文忠烈公從

集　部

祀原案錄一卷
　清雍正三年文氏刻本
　十行二十字小字雙行同白口四周雙邊　綫裝　十冊
　存十六卷：全集

善 3576
宋丞相文山先生別集六卷　（宋）文天祥撰　（明）鄭鄤評點
　明崇禎刻本
　九行十八字小字雙行同白口四周單邊　綫裝　二冊
　存四卷：一至四

善 3578
疊山集十六卷　（宋）謝枋得撰
　明成化二十一年王杲刻本
　十一行二十一字上下黑口四周單邊雙邊兼有　綫裝　二冊

馮善 2204
謝疊山先生文集六卷　（宋）謝枋得撰
　明萬曆三十二年方萬山刻本
　十行二十字小字雙行同白口四周單邊　綫裝　四冊

馮善 2195
本堂集九十四卷　（宋）陳著撰
　清徐時棟烟嶼樓抄本　清徐時棟批并跋
　十行二十一字小字雙行同上下黑口左右雙邊　綫裝　一冊
　存十六卷：一至九、四十八至五十二、九十至九十一

善 3581
劉須溪先生記鈔八卷　（宋）劉辰翁撰

　明天啓刻本
　九行二十字白口四周單邊　毛裝　一冊
　存四卷：五至八

善 3584
陵陽先生集二十四卷　（宋）牟巘撰
　清抄本
　九行十八字無版框　綫裝　四冊
　存十六卷：一至十二、十七至二十

馮善 2205
陵陽先生集二十四卷　（宋）牟巘撰
　清抄本
　十行十八字無版框　綫裝　一冊
　存二卷：十一至十二

善 3585
汪水雲詩一卷附錄一卷　（宋）汪元量撰
　清初抄本
　九行二十四字小字雙行同無版框　綫裝　一冊

善 3586
晞髮集十卷　（宋）謝翶撰
　明萬曆四十六年郭鳴琳刻本
　九行十八字小字雙行同白口四周單邊　綫裝　二冊

善 3587
晞髮集十卷遺集二卷遺集補一卷天地間集一卷　（宋）謝翶撰　**登西臺慟哭記註一卷冬青樹引註一卷**　（宋）謝翶撰　（明）張丁注
　清康熙四十一年陸大業刻本
　九行十八字小字雙行同上下黑口左

右雙邊　綫裝　六冊

善 3588
晞髮集十卷遺集二卷遺集補一卷天地間集一卷　（宋）謝翶撰　**登西臺慟哭記註一卷冬青樹引重註一卷**
（宋）謝翶撰　（明）張丁注
清抄本
九行十八字小字雙行行字不等上下黑口左右雙邊　綫裝　六冊

善 3590
寧極齋稿一卷　（宋）陳深撰　**慎獨齋稿一卷**　（元）陳植撰
清虞山周氏文房學佛盦抄本　清周大輔過録清鮑廷博　勞權校并跋
九行十六字小字雙行同下黑口左右雙邊　綫裝　一冊

金別集類

馮善 2209
閑閑老人滏水文集二十卷附録一卷
（金）趙秉文撰
清文珍樓抄本
十行二十一字小字雙行同白口四周雙邊　綫裝　三冊
存十二卷：一至三、七至九、十六至二十，附録

善 3592
滹南遺老集四十五卷續編一卷　（金）王若虛撰
清抄本
七行二十至二十一字無版框　綫裝

二冊
存十二卷：五至九、二十九至三十五

元別集類

善 3596
郝文忠公陵川文集三十九卷　（元）郝經撰　**附録一卷**
清乾隆三年王鐩刻本
十行二十二字小字雙行同白口左右雙邊　綫裝　十二冊

馮善 2215
剡源戴先生文集三十卷　（元）戴表元撰
清抄本　馮貞群跋
十一行二十三字小字雙行同白口四周雙邊　綫裝　四冊
存二十八卷：一至二十四、二十七至三十

善 3597
戴剡源文集三十卷　（元）戴表元撰
明抄本
十一行二十五字四周單邊　毛裝　一冊
存二卷：一至二

善 3599
巴西鄧先生文集一卷補遺一卷素履齋稿二卷　（元）鄧文原撰
清抄本
十行十九字小字雙行同　綫裝　一冊

集　部

善 3600
谷響集三卷　（元）釋善住撰
　清抄本　朱鼎煦跋
　十行十八字小字雙行同　綫裝　三冊

善 3601
趙文敏公松雪齋全集十卷外集一卷續集一卷　（元）趙孟頫撰　附錄一卷
　清康熙五十二年曹培廉城書室刻本
　十行十九字白口左右雙邊　綫裝　四冊
　存十二卷：全集、外集、續集

善 3602
趙文敏公松雪齋全集十卷外集一卷續集一卷　（元）趙孟頫撰
　清康熙五十二年曹培廉城書室刻光緒八年楊氏重修本
　十行十九字白口左右雙邊　綫裝　四冊

馮善 2219
靜修先生丁亥集五卷樵庵詞一卷遺文六卷遺詩六卷詩文拾遺七卷續輯三卷附錄二卷　（元）劉因撰
　明成化十五年蜀藩刻本
　九行二十字小字雙行同上下黑口四周雙邊　綫裝　一冊
　存六卷：丁亥集、樵庵詞

善 3620
方叔淵遺稿一卷附錄一卷　（元）方瀾撰
　清抄本
　九行二十一字白口無版框　綫裝　一冊

善 3604
楚國文憲公雪樓程先生文集三十卷　（元）程鉅夫撰　年譜一卷　（元）程世京編　附錄一卷
　明洪武刻本（卷二十六至三十配清抄本）
　十三行二十二至二十三字上下黑口四周雙邊　綫裝　四冊
　存十一卷：五至八、二十二至二十三、二十六至三十

善 3605
漢泉曹文貞公詩集十卷後錄一卷　（元）曹伯啓撰
　清抄本
　十一行二十字小字雙行同白口左右雙邊　綫裝　二冊

馮善 2222
清容居士集五十卷目錄二卷　（元）袁桷撰
　清抄本
　十行二十一字小字雙行同無版框　綫裝　二十冊

善 3607
續軒渠詩集十卷附錄一卷　（元）洪希文撰
　清抄本
　十行二十字小字雙行同無版框　綫裝　三冊

善 3608
道園遺稿六卷　（元）虞集撰
　清抄本
　九行二十字無版框　綫裝　二冊

善 3612
存心堂遺集十二卷附録一卷 （元）吳萊撰 （明）宋濂編
明萬曆三十九年吳邦彥刻本 朱鼎煦跋
十行二十二字小字雙行同白口四周單邊 綫裝 四冊

馮善 2223
柳待制文集二十卷附録一卷 （元）柳貫撰
清順治十一年范養民、張以邁刻本
十行二十字白口四周單邊 綫裝 十二冊

善 3614
圭塘小藁十三卷別集二卷 （元）許有壬撰 **續集一卷** （元）許顥編 **附録一卷列傳一卷**
清抄本 佚名批校
十一行二十字小字雙行同上下黑口左右雙邊 毛裝 三冊

善 3615
雁門集六卷 （元）薩都剌撰
清康熙十九年半野軒刻本
九行十九字小字雙行同白口左右雙邊 綫裝 二冊

善 3617
傅與礪文集十一卷附録一卷 （元）傅若金撰
清抄本
十一行二十一字白口無版框 綫裝 二冊

善 3618
傅與礪文集八卷 （元）傅若金撰
清金氏文瑞樓抄本（卷一至四配清抄本）
十一行二十一字白口左右雙邊 綫裝 二冊

善 3619
傅與礪詩八卷 （元）傅若金撰
明弘治刻本
十行二十一字小字雙行同白口四周單邊 毛裝 二冊

善 3621
金臺集二卷補遺一卷 （元）迺賢撰
清抄本 佚名跋
十行二十六字小字雙行同白口無版框 綫裝 一冊

善 3622
栲栳山人詩集三卷 （元）岑安卿撰
清嘉慶十六年岑振祖延綠齋刻本
八行二十字白口左右雙邊 綫裝 二冊

善 3624
師山先生文集八卷遺文五卷 （元）鄭玉撰 **附録一卷濟美録四卷**
明嘉靖十四年刻遞修本
十行二十字白口四周單邊 綫裝 一冊
存六卷：遺文、附録

善 3626
楊鐵崖先生文集十一卷鐵笛清江引一卷 （元）楊維楨撰
明萬曆四十三年陳善學刻本
九行二十字小字雙行同白口四周單

集　部

邊　綫裝　四冊

存九卷：樂府一至八、鐵笛清江引

明別集類

善 3629

宋學士文集七十五卷　（明）宋濂撰

明正德九年張縉刻本

十四行二十三字白口左右雙邊　毛裝　八冊

存六十卷：一至五、十一至三十、三十二至四十、四十五至七十

善 3630

宋學士文集七十五卷　（明）宋濂撰

明正德九年張縉刻本

十四行二十三字白口左右雙邊　綫裝　九冊

存四十五卷：一至四十、四十六至五十

善 3628

宋學士文集七十五卷　（明）宋濂撰

明正德九年張縉刻嘉靖重修本

十四行二十三字白口左右雙邊　綫裝　十二冊

善 3632

新刊宋學士全集三十三卷　（明）宋濂撰

明嘉靖三十年韓叔陽刻本

十一行二十四字小字雙行同白口左右雙邊　綫裝　四冊

存四卷：十九至二十、三十一至三十二

善 3633

宋學士全集二十六卷附錄一卷　（明）宋濂撰

清康熙四十八年彭始摶刻本

十一行二十二字小字雙行同白口左右雙邊　綫裝　十三冊

善 3643

劉仲脩先生詩集六卷文集二卷　（明）劉永之撰

清抄本

九行二十字無版框　綫裝　一冊

馮善 2246

誠意伯劉先生文集二十卷　（明）劉基撰

明正德十四年林富刻本

十一行二十一字小字雙行同上下黑口四周雙邊　綫裝　七冊

存十六卷：一至六、九至十八

善 3635

誠意伯劉先生文集二十卷　（明）劉基撰

明刻本

十一行二十一字小字雙行同上下黑口四周雙邊　毛裝　一冊

存一卷：二

善 3637

誠意伯劉先生文集二十卷　（明）劉基撰

明刻本

十一行二十一字小字雙行同上下黑口四周雙邊　金鑲玉　三冊

存二卷：十九至二十

善 3634
太師誠意伯劉文成公集十八卷 （明）
　劉基撰
　明嘉靖三十五年樊獻科、于德昌刻本
　十行二十三字白口四周雙邊　綫裝
　　七冊
　存十六卷：一至十六

善 3638
太師誠意伯劉文成公集二十卷 （明）
　劉基撰
　明隆慶六年謝廷傑、陳烈刻本
　十行二十三字白口四周雙邊　綫裝
　　十七冊
　存十八卷：一、四至二十

善 2665
太師誠意伯劉文成公集二十卷 （明）
　劉基撰
　明隆慶六年謝廷傑、陳烈刻本
　十行二十三字白口四周雙邊　綫裝
　　二冊
　存二卷：二至三

善 3639
劉文成公全集十二卷 （明）劉基撰
　（明）鍾惺評輯
　明末刻本
　九行十八字白口四周單邊　綫裝　三
　　冊

善 3640
劉文成公全集十二卷 （明）劉基撰
　（明）鍾惺評輯
　明末刻本
　九行十八字白口四周單邊　綫裝　四
　　冊

　存十卷：一至十

善 3647
汪右丞詩集五卷 （明）汪廣洋撰
　清抄本
　十行二十字無版框　綫裝　四冊
　存四卷：二至五

善 3646
淮南汪廣洋朝宗先生鳳池吟藁八卷
　（明）汪廣洋撰
　明刻本
　九行二十字小字雙行同上下黑口四
　　周雙邊　毛裝　一冊
　存七卷：一至二、四至八

善 3649
陶學士先生文集二十卷 （明）陶安撰
事蹟一卷
　明弘治十三年項經刻遞修本
　十行十八字小字雙行同上下黑口四
　　周雙邊　綫裝　四冊
　存十三卷：一至八、十二至十五，事迹

善 3651
陶學士先生文集二十卷 （明）陶安撰
　明弘治十三年項經刻遞修本
　十行十八字小字雙行同上下黑口四
　　周雙邊　綫裝　六冊

善 3650
陶學士先生文集二十卷 （明）陶安撰
　明弘治十三年項經刻遞修本
　十行十八字小字雙行同上下黑口四
　　周雙邊　綫裝　六冊

善 3654

集　部

王忠文公集二十五卷　（明）王禕撰
　　清康熙三十年王廷曾刻本
　　十行二十字小字雙行同白口四周雙邊　毛裝　八冊

善 3655
翠屏詩集二卷翠屏張先生文集二卷
（明）張以寧撰
　　明成化十六年張淮刻清乾隆三十九年補刻本
　　十一行二十二字上下黑口四周雙邊　綫裝　四冊

善 3656
翠屏張先生全集四卷　（明）張以寧撰
　　明成化十六年張淮刻清乾隆三十九年補刻本
　　十一行二十二字上下黑口四周雙邊　綫裝　二冊
　　存二卷：一、三

善 3652
坦齋詩集□□卷　（明）劉三吾撰
　　明刻本
　　十行二十一字上下黑口四周雙邊　綫裝　一冊
　　存一卷：八下

善 3657
說學齋藁十三卷　（明）危素撰
　　清抄本
　　十行十九字無版框　綫裝　六冊

善 3648
劉職方詩八卷　（明）劉崧撰
　　明刻本
　　十一行二十字上下黑口四周雙邊　綫裝　一冊

善 3658
清江貝先生集三卷續集一卷　（明）貝瓊撰
　　明萬曆三年李詩刻本
　　十行二十字白口左右雙邊　綫裝　三冊
　　存三卷：二至三、續集

善 3666
王半軒先生文集六卷　（明）王行撰
　　清初抄本　孫家溎批并跋
　　八行十六字小字雙行同無版框　綫裝　一冊

善 3667
王半軒先生文集六卷　（明）王行撰
　　清抄本
　　八行十六字小字雙行同無版框　綫裝　三冊

善 3668
半軒集十二卷補遺一卷方外補遺一卷校字二卷　（明）王行撰
　　清抄本
　　十一行二十一字白口左右雙邊　綫裝　九冊
　　存十三卷：四至十二、補遺、方外補遺、校字一

善 3641
白石山房逸藁二卷附錄一卷　（明）張丁撰
　　清抄本
　　十行十九字無版框　綫裝　一冊

善 3659

滄螺集六卷 （明）孫作撰
　清抄本
　　九行十七字白口左右雙邊　綫裝　一冊

善 3653

蚓竅集十卷 （明）管時敏撰　（明）丁鶴年評　**全菴記一卷**　（明）周子冶撰
　明永樂元年楚藩刻本
　　十行二十字小字雙行同上下黑口四周雙邊　綫裝　一冊
　存一卷：五

善 3642

滄浪子退軒集七卷 （明）陳鈞撰
　清抄本
　　九行十八字無版框　綫裝　一冊

善 3645

怡齋詩集三卷 （明）朱讓栩撰
　明嘉靖刻本
　　八行十八字上下黑口四周單邊　毛裝　一冊
　存一卷：三

善 3661

青邱高季迪先生詩集十八卷遺詩一卷扣舷集一卷鳧藻集五卷附錄一卷年譜一卷　（明）高啓撰　（清）金檀輯注
　清雍正六至七年金氏文瑞樓刻本
　　十一行二十二字小字雙行三十三字白口左右雙邊　綫裝　八冊

善 3660

青邱高季迪先生詩集十八卷遺詩一卷扣舷集一卷鳧藻集五卷附錄一卷年譜一卷　（明）高啓撰　（清）金檀輯注
　清雍正六至七年金氏文瑞樓刻乾隆印本
　　十一行二十二字小字雙行三十三字白口左右雙邊　綫裝　八冊

善 3662

春草齋文集十卷 （明）烏斯道撰
　明抄本
　　十行二十字白口四周單邊　綫裝　二冊
　存四卷：一至二、六至七

馮善 2258

春草齋詩集五卷文集六卷 （明）烏斯道撰　**附名公讚春草堂集歌詠一卷**（明）馬獻明輯
　明崇禎二年蕭基刻本
　　九行二十字小字雙行行字不等白口左右雙邊　綫裝　二冊
　存七卷：文集、附名公讚春草集歌詠

善 3665

春草齋文集選六卷詩集選一卷附錄一卷 （明）烏斯道撰　（清）熊伯龍輯　（清）黃敬修評　**附錄一卷**
　清康熙烏震刻本
　　九行二十字小字雙行同白口四周雙邊　綫裝　一冊

善 3671

峴泉集六卷 （明）張宇初撰
　清乾隆十九年張昭麟刻本
　　十行二十字白口左右雙邊　綫裝

集　部

　　五册
　　　存五卷：一至五

善 3672
泊菴集十六卷　（明）梁潛撰
　　明正統九年刻本
　　十行二十字小字雙行同上下黑口四
　　　周雙邊　毛裝　五册
　　存十四卷：一至二、五至十六

善 3677
海叟集四卷　（明）袁凱撰
　　明刻本
　　九行十八字小字雙行同白口四周雙
　　　邊　綫裝　一册

善 4289
雲間清嘯集一卷　（明）陶振撰
　　清金星軺文瑞樓抄本
　　十一行二十一字白口左右雙邊　綫
　　　裝　一册

善 3931
圓菴集十卷附錄一卷　（明）釋居頂撰
　　明刻本
　　十二行二十一字上下黑口四周雙邊
　　　綫裝　一册
　　存五卷：七至十、附錄

善 3676
解學士文集十卷　（明）解縉撰
　　明嘉靖四十一年刻本
　　十二行二十三字白口四周雙邊　綫
　　　裝　十册

善 3678
遜志齋集二十四卷　（明）方孝孺撰

　　附錄一卷
　　明嘉靖四十年王可大刻本
　　十行二十字小字雙行同白口左右雙
　　　邊　綫裝　二册
　　存五卷：十八至二十二

馮善 2261
方正學先生遜志齋集二十四卷　（明）
　　方孝孺撰　外紀二卷　（明）姚履旋
　　輯
　　明萬曆四十年丁賓等刻本（卷二十一
　　　至二十四配明崇禎十六年張紹謙
　　　刻本）
　　十行二十字小字雙行同白口四周單
　　　邊　綫裝　十六册

善 3674
芻蕘集六卷　（明）周是修撰
　　明萬曆十八年周應鰲刻本
　　十行二十二字白口四周單邊　綫裝
　　　一册
　　存三卷：一至三

善 3675
芻蕘集六卷　（明）周是修撰
　　明萬曆十八年周應鰲刻清康熙三十
　　　七年周君鎔重修本
　　十行二十二字白口四周單邊　綫裝
　　　二册
　　存五卷：一至五

善 3680
巽隱程先生詩集二卷文集二卷　（明）
　　程本立撰
　　清康熙五十八年金檀燕翼堂刻本
　　十一行二十一字小字雙行行字不等
　　　白口左右雙邊　綫裝　一册

存二卷：詩集

善 3687
東里文集二十五卷詩集三卷續編六十二卷別集五卷　（明）楊士奇撰
　明嘉靖二十八年黃如桂刻本
　十一行二十字白口四周單邊　綫裝七冊
　存二十六卷：文集七至十九、詩集一、續編四十五至五十六

善 3688
東里文集二十五卷　（明）楊士奇撰
　明萬曆四十六年刻清康熙十七年重修本
　九行十八字小字雙行同白口左右雙邊　綫裝　八冊

善 3689
盤谷集五卷　（明）劉鷹撰
　清道光四年沈復燦抄本　清沈復燦跋
　十二行二十四字無版框　綫裝　二冊

馮善 2256
柳莊先生詩集一卷　（明）袁珙撰
　清同治十一年徐氏烟嶼樓抄本　清徐時棟校并跋
　十行二十一字上下黑口左右雙邊　綫裝　一冊

善 3690
思菴先生文粹十一卷　（明）吳訥撰
　清抄本　清袁培俊跋
　十二行二十三字小字雙行同無版框　綫裝　六冊

馮善 2266
文清公薛先生文集二十四卷目錄一卷　（明）薛瑄撰
　明萬曆四十二年薛士弘刻本
　十行二十字白口四周雙邊　綫裝十二冊

善 3682
文清公薛先生文集二十四卷目錄一卷　（明）薛瑄撰
　明萬曆四十二年薛士弘刻本
　十行二十字白口四周雙邊　綫裝十二冊

善 3683
文清公薛先生文集二十四卷目錄一卷　（明）薛瑄撰
　明萬曆四十二年薛士弘刻本
　十行二十字白口四周雙邊　綫裝　一冊
　存一卷：目錄

善 3685
于忠肅公集五卷　（明）于謙撰　附錄一卷
　明于懋勳刻清修本
　九行二十字小字雙行同白口左右雙邊　綫裝　一冊

善 3717
祁閶雜詠一卷　（明）汪敬撰　續一卷　（明）汪璪撰
　明正德元年汪衍刻本
　十一行二十字白口四周雙邊　綫裝　一冊

善 1981

集部

祁閶雜詠一卷 （明）汪敬撰 續一卷
（明）汪璪撰
明正德元年汪衍刻本
　　十一行二十字白口四周雙邊　綫裝
　　一册

善 3718
祁閶雜詠一卷 （明）汪敬撰 續一卷
（明）汪璪撰
明正德元年汪衍刻本
　　十一行二十字白口四周雙邊　綫裝
　　一册

馮善 2264
符臺外集二卷 （明）袁忠徹撰
　　清明霞樓抄本　馮貞群跋
　　十行二十一字白口左右雙邊　綫裝
　　二册

善 3673
充然子詩文集六卷 （明）顧愨撰
　　清抄本
　　九行二十四字小字雙行同無版框　綫
　　裝　一册

善 3691
呆齋存稿二十四卷續稿四卷 （明）劉
　　定之撰
　　明成化刻本
　　十六行二十八字上下黑口四周雙邊
　　毛裝　一册
　　存六卷：十一至十六

善 3704
白沙子全集十卷古詩教解二卷首一卷
　　末一卷 （明）陳獻章撰 （明）湛若
　　水輯解

清乾隆三十六年陳氏碧玉樓刻本
　　十行二十一字小字雙行同白口四周
　　雙邊　綫裝　八册
　　存十卷：一至五、八至十，首，末

善 3831
白沙先生詩教解十卷 （明）陳獻章撰
（明）湛若水輯解
　　明隆慶元年李荷刻本
　　九行二十六字小字雙行同白口左右
　　雙邊　綫裝　一册

善 3692
土苴集一卷 （明）周鼎撰
　　清抄本
　　九行十九字小字雙行同無版框　綫
　　裝　一册

善 3714
畏齋存藁二卷 （明）林鶚撰
　　明萬曆五年林元棟刻本
　　十行二十一字小字雙行同白口四周
　　雙邊　綫裝　一册

善 3694
瓊臺會稿十二卷 （明）丘濬撰
　　明萬曆八年劉倬、馬千乘刻本
　　十一行二十四字小字雙行同白口四
　　周雙邊　綫裝　四册
　　存十卷：一至十

善 4076
暘谷空音三卷 （明）李寅撰
　　明刻本
　　九行十九字白口左右雙邊　綫裝　三
　　册
　　存二卷：上、中

善 3696
椒丘文集三十四卷外集一卷 （明）何
喬新撰
明嘉靖元年余嫈刻本　朱鼎煦跋
十一行二十二字上下黑口四周單邊
　綫裝　一册
存五卷：十六至二十

善 3695
**懷麓堂詩藁二十卷文藁三十卷詩後藁
十卷文後藁三十卷南行藁一卷北上
錄一卷講讀錄一卷東祀錄三卷集句
錄一卷集句後錄一卷哭子錄一卷求
退錄三卷** （明）李東陽撰
明正德十一年熊桂刻本
十行二十字白口四周單邊　綫裝　二
　册
存六卷：文藁二十二至二十五、南行
　藁、北上錄

善 3706
桃溪淨稿八十四卷 （明）謝鐸撰
明刻本
十行二十字小字雙行同白口四周單
　邊　綫裝　三册
存三十九卷：一至三十九

善 3998
繼軒集十二卷 （明）沐璘撰
明刻本
十行二十字小字雙行同上下黑口四
　周雙邊　毛裝　一册
存五卷：一至五

善 3703
石谷達意稿三十四卷 （明）吳伯通撰
明刻本

十一行二十一字小字雙行同白口左
　右雙邊　綫裝　三册
存十七卷：七至十二、十九至二十九

善 3697
康齋先生集十二卷附錄一卷 （明）吳
與弼撰
明嘉靖五年林維德刻本
十行二十一字小字雙行同上下黑口
　四周單邊　綫裝　一册
存四卷：二至五

善 3698
一峰先生文集十四卷 （明）羅倫撰
明嘉靖二十八年張言刻本
十行十九字白口四周單邊　綫裝　四
　册

善 3715
篁墩程先生文集九十三卷拾遺一卷
（明）程敏政撰
明正德二年何歆刻本
十三行二十七字白口左右雙邊　綫
　裝　一册
存六卷：六至十一

善 3716
篁墩程先生文粹二十五卷 （明）程敏
政撰　（明）程會　戴銑輯
明正德元年張九逵刻本
十一行二十一字白口四周單邊　綫
　裝　一册
存三卷：一至三

善 3705
醫閭先生集九卷附錄一卷 （明）賀欽
撰

集　部

　　明刻本
　　　十行二十字上下黑口四周雙邊　綫
　　　　裝　二册
　　　存四卷：四至七

善 3702
白石野稿六卷　（明）林魁撰
　　明刻本
　　　十行二十字白口四周單邊　毛裝　一
　　　　册
　　　存三卷：二至四

善 3700
從倚軒詩集二卷　（明）金鑾撰
　　明刻本
　　　九行十八字白口四周雙邊　毛裝　一
　　　　册
　　　存一卷：下

善 3709
山藏集□□卷　（明）李士允撰
　　明刻本
　　　十行十八字白口左右雙邊　綫裝　一
　　　　册
　　　存二卷：一至二

善 1976
大明一統賦三卷　（明）莫旦撰
　　明嘉靖十六年司馬泰刻本
　　　九行十九字小字雙行同白口四周單
　　　　邊　毛裝　三册

善 1977
大明一統賦補四卷　（明）莫旦撰
　　明刻本
　　　十行十九字小字雙行同白口左右雙
　　　　邊　毛裝　二册

善 3684
張文僖公和唐詩十卷　（明）張昇撰
　　明正德十六年刻本
　　　九行十六字白口四周雙邊　毛裝　一
　　　　册
　　　存五卷：一至五

善 3760
石淙詩稿十九卷　（明）楊一清撰
　　明嘉靖刻本
　　　十一行二十二字小字雙行同白口四
　　　　周雙邊　綫裝　二册
　　　存四卷：十三至十六

善 3996
和唐詩正音四卷　（明）楊榮撰
　　明成化刻本
　　　十行二十字上下黑口四周雙邊　毛
　　　　裝　一册
　　　存一卷：四

善 3997
北屏詩稿二卷　（明）惠隆撰
　　明刻本
　　　十行二十字下黑口四周雙邊　毛裝
　　　　一册
　　　存一卷：上

善 3719
震澤先生集三十六卷　（明）王鏊撰
　　明嘉靖刻本
　　　十一行二十字白口左右雙邊　綫裝
　　　　四册
　　　存十八卷：十四至十九、二十五至三
　　　　十六

善 3720

王文恪公集三十六卷 （明）王鏊撰
鵰音一卷白社詩草一卷 （明）王禹聲撰　名公筆記一卷
　明萬曆王氏三槐堂刻本
　　九行二十字白口四周單邊　綫裝　一册
　　存五卷：三至七

善 3721
王文恪公集三十六卷 （明）王鏊撰
鵰音一卷白社詩草一卷 （明）王禹聲撰　名公筆記一卷
　明萬曆王氏三槐堂刻本
　　九行二十字白口四周單邊　綫裝　十册
　　存三十七卷：王文恪公集、名公筆記

善 3722
王文恪公集三十六卷 （明）王鏊撰
鵰音一卷白社詩草一卷 （明）王禹聲撰　名公筆記一卷
　明萬曆王氏三槐堂刻本
　　九行二十字白口四周單邊　綫裝　十册
　　存三十八卷：王文恪公集、鵰音、白社詩草

馮善 2269
碧川文選八卷詩選八卷別録一卷補遺一卷 （明）楊守阯撰
　明崇禎楊德周刻本
　　九行二十字白口左右雙邊　綫裝　五册

善 3723
半江趙先生文集十五卷附録一卷 （明）趙寬撰

明嘉靖四十年趙檜家刻本
　　九行十七字白口左右雙邊　綫裝　三册
　　存十二卷：五至十五、附録

善 3732
古城文集六卷 （明）張吉撰
　清康熙楊榆刻本
　　十行二十二字小字雙行同白口四周雙邊　綫裝　一册
　　存二卷：三至四

善 3733
容春堂前集二十卷後集十四卷續集十八卷別集九卷 （明）邵寶撰
　明正德嘉靖刻本
　　十行二十字小字雙行同白口左右雙邊　綫裝　四册

善 3742
泉齋勿藥集十四卷 （明）邵寶撰
　明刻本
　　十行二十字白口左右雙邊　綫裝　三册
　　存十卷：一至十

善 3797
太保費文憲公摘稿二十卷 （明）費宏撰
　明嘉靖三十四年吳遵之刻本
　　十行二十字小字雙行同白口四周單邊　綫裝　十册
　　存十卷：一至十

善 3724
翰林羅圭峯先生文集十八卷續集十五卷 （明）羅玘撰

集　部

明嘉靖五年陳洪謨、余載仕刻本
十一行二十字白口四周單邊　綫裝
　八册
存三十二卷：文集、續集一至十四

善 3725
羅圭峯先生文選不分卷　（明）羅玘撰
清抄本　朱鼎煦跋
十行二十五字無版框　毛裝　一册

善 3726
石田先生集十一卷　（明）沈周撰
明萬曆四十三年陳仁錫刻本
九行十九字小字雙行同白口四周雙
　邊　綫裝　四册
存十卷：一至十

善 3762
空同集六十三卷　（明）李夢陽撰
明嘉靖十一年曹嘉刻本（卷六十一至
　六十三爲明隆慶二年克勤齋刻本）
十一行二十字小字雙行同白口左右
　雙邊　綫裝　二十册

善 3761
空同先生集六十三卷　（明）李夢陽撰
明嘉靖刻本
十一行二十字小字雙行同白口左右
　雙邊　綫裝　十册
存五十三卷：六至十八、二十四至六
　十三

善 3764
空同先生集六十三卷　（明）李夢陽撰
明萬曆七年思山堂徐應瑞刻本
十一行二十字小字雙行同白口四周
　雙邊　綫裝　九册

存三十四卷：二十七至二十九、三十
　三至六十三

善 3763
空同集六十四卷　（明）李夢陽撰
明萬曆二十九年東明李思孝京兆刻
　本
十行二十字小字雙行同白口四周雙
　邊　綫裝　十七册

善 3765
空同精華集三卷　（明）李夢陽撰
（元）豐坊輯
明嘉靖四十四年屠本畯刻本
九行二十二字白口四周單邊　綫裝
　二册

善 3783
渼陂集十六卷續集三卷　（明）王九思
撰
明嘉靖刻本
十行二十一字白口四周單邊　綫裝
　六册
存十八卷：渼陂集、續集一至二

善 3784
渼陂集十六卷續集三卷　（明）王九思
撰
明嘉靖刻本
十行二十一字白口四周單邊　毛裝
　一册
存二卷：十三至十四

善 3701
熊士選集一卷　（明）熊卓撰　附錄一
卷
明嘉靖二十二年范欽刻本

八行二十字白口四周單邊　金鑲玉
一册

善 3779
息園存藁十四卷　（明）顧璘撰
明刻本
九行十六字白口四周單邊　包背裝
三册
存十卷：三至十、十三至十四

善 5036
浮湘藁四卷　（明）顧璘撰
明刻本
九行十六字白口四周單邊　包背裝
一册
存一卷：一

善 3766
華泉詩集八卷　（明）邊貢撰
明嘉靖十七年蘇祐刻本
九行二十字白口四周單邊　毛裝　一册
存五卷：四至八

善 5041
邊華泉集八卷　（明）邊貢撰　（明）劉天民輯
明嘉靖刻本
十一行十九字白口左右雙邊　綫裝
一册
存三卷：三至五

善 3767
邊華泉集八卷集稿六卷　（明）邊貢撰
明刻本
十行二十二字小字雙行同白口四周單邊　毛裝　三册

存七卷：邊華泉集一至二、五至六，集稿四至六

善 3753
陽明先生文錄五卷外集九卷別錄十卷
（明）王守仁撰
明嘉靖十四年聞人詮刻本
十行二十字小字雙行同白口左右雙邊　綫裝　十九册

善 3749
陽明先生文錄五卷外集九卷別錄十卷
（明）王守仁撰
明嘉靖十四年聞人詮刻本
十行二十字小字雙行同白口左右雙邊　毛裝　九册
存十四卷：文錄、外集

善 3750
陽明先生文錄五卷外集九卷別錄十卷
（明）王守仁撰
明刻本
九行十七字白口四周雙邊　毛裝　一册
存一卷：文錄二

善 3754
陽明先生文錄五卷外集九卷別錄十卷
（明）王守仁撰
明嘉靖十四年聞人詮刻本
十行二十字小字雙行同白口左右雙邊　綫裝　九册
存十一卷：外集七至九，別錄二至三、五至十

善 3755
陽明先生文錄五卷外集九卷別錄十卷

集　部

（明）王守仁撰
明嘉靖十四年聞人詮刻本
十行二十字小字雙行同白口左右雙邊　綫裝　一册
存一卷：別錄一

善3751
陽明先生文錄五卷外集九卷別錄十卷
（明）王守仁撰
明嘉靖胡宗憲刻本
九行十九字小字雙行同白口四周雙邊　綫裝　一册
存二卷：外集一至二

馮善2273
河東重刻陽明先生文錄五卷外集九卷別錄十卷　（明）王守仁撰
明嘉靖三十二年宋儀望刻本　清顧榈跋
十行二十字小字雙行同白口左右雙邊　綫裝　二十册

善3746
王文成公全書三十八卷　（明）王守仁撰
明隆慶六年謝廷傑刻本
九行十九字小字雙行同白口四周雙邊　包背裝　二十六册
存三十二卷：一至十四、二十一至三十八

善3747
王文成公全書三十八卷　（明）王守仁撰
明隆慶六年謝廷傑刻本
九行十九字小字雙行同白口四周雙邊　綫裝　二册

存五卷：二十二至二十四、二十六至二十七

善3748
王文成公全書三十八卷目錄一卷　（明）王守仁撰
明隆慶六年謝廷傑刻本
九行十九字小字雙行同白口四周雙邊　綫裝　一册
存一卷：目錄

善3757
新刊精選陽明先生文粹六卷　（明）王守仁撰　（明）查鐸輯
明嘉靖四十五年涇川查氏里仁堂刻唐龍泉印本
十行二十二字白口四周雙邊　綫裝　六册

善3756
陽明先生文集十六卷目錄二卷　（明）王守仁撰　（清）王貽樂輯　年譜二卷　（明）李贄撰
清康熙二十四年刻本
八行二十二字白口四周單邊　綫裝　一册
存四卷：目錄、年譜

善3758
陽明先生宗印錄一卷　（明）王守仁撰
清抄本
十行二十七字白口無版框　綫裝　一册

善3930
碧谿賦二卷　（明）歐陽雲撰
明嘉靖二十六年陳德文刻本

十行二十字小字雙行同白口左右雙
　邊　毛裝　二冊

善 3791
括庵先生詩集一卷　（明）錢瓚撰
　明隆慶三年錢龍溟刻本　朱鼎煦跋
　九行二十字小字雙行同白口四周雙
　　邊　綫裝　一冊

善 3739
袁中郎先生批評唐伯虎彙集四卷　（明）
唐寅撰　（明）袁宏道評　**唐六如先生
畫譜三卷**　（明）唐寅輯　**外集一卷**
（明）祝允明撰　**傳贊一卷紀事一卷**
　明萬曆刻本
　九行二十字小字雙行同白口四周單
　　邊　綫裝　三冊
　存五卷：彙集、外集

善 3759
魯文恪公文集十卷　（明）魯鐸撰
　明隆慶元年方梁刻本
　九行二十字小字雙行同白口左右雙
　　邊　綫裝　四冊

善 3713
水南集詩詞八卷　（明）陳霆撰
　清得古齋抄本
　九行二十一字小字雙行行字不等白
　　口四周雙邊　綫裝　三冊
　存六卷：三至八

善 3730
大復集三十七卷附錄一卷　（明）何景明撰
　明嘉靖三十四年袁璨刻本
　十行十八字白口四周雙邊　綫裝
　　十一冊
　存三十三卷：一至三十三

善 3728
何大復先生集三十八卷附錄一卷　（明）
何景明撰
　明刻本
　十行二十字小字雙行同白口四周單
　　邊　綫裝　八冊

善 3729
何大復先生集三十八卷附錄一卷　（明）
何景明撰　**附錄一卷**
　明萬曆五年陳堂、胡秉性刻本（卷四
　　至十補明抄本）
　十行二十字小字雙行同白口四周單
　　邊　綫裝　十六冊

善 3769
洹詞十二卷　（明）崔銑撰
　明趙府味經堂刻本
　十行二十字白口四周雙邊　綫裝　三
　　冊
　存六卷：三至四、九至十二

善 3885
鈐山堂集四十卷　（明）嚴嵩撰　**附錄
一卷**
　明嘉靖刻本
　十行二十字小字雙行同白口左右雙
　　邊　綫裝　十二冊

善 3886
鈐山堂集四十卷　（明）嚴嵩撰　**附錄
一卷**
　明嘉靖刻本
　十行二十字小字雙行同白口左右雙

集　　部

　　　邊　綫裝　二十册

善 3887

鈐山堂集四十卷　（明）嚴嵩撰　**附錄一卷**
　明刻本（卷六至十補清抄本）
　十行二十一字小字雙行同白口四周單邊　綫裝　六册
　存三十六卷：一至三十、三十五至四十

善 3827

玩芳堂摘稿四卷　（明）王慎中撰
　明嘉靖二十九年蔡克廉刻本
　十行二十字白口四周雙邊　毛裝　一册
　存一卷：三

善 3828

甘泉先生文集内編二十八卷外編十二卷　（明）湛若水撰
　明嘉靖十五年火增刻本
　十行二十一字小字雙行同白口左右雙邊　綫裝　二十册

善 3829

泉翁大全集十七種　（明）湛若水撰　（明）洪垣編
　明嘉靖十九年朱明書院刻本
　十行二十一字白口左右雙邊　綫裝　一册
　存三種三卷：
　　樵語一卷
　　新論一卷
　　知新後語一卷

善 3830

甘泉先生文錄類選二十一卷　（明）湛若水撰　（明）周孚先輯
　明嘉靖刻本
　十行二十字白口左右雙邊　綫裝　一册
　存三卷：八至十

善 2682

儼山文集一百卷目錄二卷外集四十卷續集十卷　（明）陸深撰
　明嘉靖二十四年陸楫刻本
　十行二十字白口左右雙邊　綫裝　八册
　存外集四十卷：
　　傳疑錄二卷
　　河汾燕閒錄二卷
　　春風堂隨筆一卷
　　聖駕南巡日錄一卷
　　大駕北還錄一卷
　　淮封日記一卷
　　南遷日記一卷
　　知命錄一卷
　　金臺紀聞二卷
　　願豐堂漫書一卷
　　谿山餘話一卷
　　玉堂漫筆三卷
　　停驂錄一卷
　　續停驂錄三卷
　　科場條貫一卷
　　豫章漫抄四卷
　　中和堂隨筆二卷
　　史通會要三卷
　　平胡錄一卷
　　春雨堂雜抄一卷
　　同異錄二卷
　　蜀都雜抄一卷
　　古奇器錄一卷附藏書目錄小序
　　書輯三卷

善 3778
儼山文集一百卷目錄二卷外集四十卷續集十卷 （明）陸深撰
　　明嘉靖二十五、三十年陸楫刻本（目錄補清抄本）
　　十行二十字小字雙行同白口左右雙邊　綫裝　十冊
　　存六十九卷：七至三十、三十七至六十一、六十七至八十一、八十六至九十

善 3770
莊渠先生遺書十二卷 （明）魏校撰
　　明嘉靖四十年王道行、張焯刻本
　　十行二十一字白口左右雙邊　綫裝　三冊
　　存四卷：三至六

善 3727
徐昌穀全集十六卷 （明）徐禎卿撰
　　明萬曆四十七年松濤閣刻本
　　九行二十字小字雙行同白口四周單邊　綫裝　二冊

善 3738
鄭少谷先生全集二十四卷首一卷 （明）鄭善夫撰
　　清乾隆四十二年刻本
　　九行十八字白口左右雙邊　綫裝　十六冊

善 3740
振衣亭稿□□卷 （明）王孜撰
　　明嘉靖刻本
　　十行二十字白口左右雙邊　毛裝　一冊
　　存四卷：五言近體一、五言排律一、五言絕句一、七言絕句一

善 3776
張文定公觀光樓集十卷紆玉樓集十卷靡悔軒集十二卷環碧堂集十八卷養心亭集八卷四友亭集二十卷 （明）張邦奇撰
　　明刻本
　　十行二十一字小字雙行同白口左右雙邊　綫裝　五冊
　　存十六卷：紆玉樓集三至八、靡悔軒集三至四、四友亭集八至十五

善 3777
張文定公觀光樓集十卷紆玉樓集十卷靡悔軒集十二卷環碧堂集十八卷養心亭集八卷四友亭集二十卷 （明）張邦奇撰
　　明刻本
　　十行二十一字小字雙行同白口左右雙邊　包背裝　一冊
　　存二卷：養心亭集一至二

善 3775
張文定公文選三十九卷 （明）張邦奇撰
　　明嘉靖二十九年張時徹刻本
　　十行二十一字小字雙行同白口四周雙邊　綫裝　九冊
　　存三十五卷：一至三十二、三十七至三十九

善 3731
端溪先生集八卷 （明）王崇慶撰
　　明嘉靖三十一年張蘊刻本
　　十行二十四字白口四周單邊　綫裝　五冊

集　部

善 3736
拘齋詩選不分卷　（明）王淮撰　（明）羅廩選
　明刻本　朱鼎煦跋
　九行十八字白口左右雙邊　綫裝　一冊

善 3737
汪伯機詩不分卷　（明）汪伯機撰
　明刻本　朱鼎煦跋
　九行十八字白口左右雙邊　綫裝　一冊

善 3741
韓五泉詩集四卷附錄二卷　（明）韓邦靖撰
　明嘉靖十九年樊得仁刻本
　九行十八字白口四周單邊　綫裝　一冊
　存一卷：附錄一

善 3790
東洲初稿十四卷　（明）夏良勝撰
　明正德、嘉靖刻本
　十一行二十字白口左右雙邊　綫裝　二冊
　存四卷：一至四

馮善 2282
定齋先生詩集二卷　（明）王應鵬撰
　清徐氏烟嶼樓抄本
　十行二十一字白口左右雙邊　綫裝　一冊

善 3860
艱征集一卷　（明）張含撰
　明抄本　朱鼎煦跋
　十行十八字白口四周單邊　綫裝　一冊

善 3861
余文敏公文集十五卷　（明）余有丁撰
　明萬曆刻本
　九行十八字白口四周單邊　綫裝　四冊

善 3809
升菴詩集九卷文集十二卷　（明）楊慎撰
　明嘉靖刻本
　九行二十字白口四周雙邊　毛裝　一冊
　存五卷：詩集一至五

善 3810
升菴詩集九卷文集十二卷　（明）楊慎撰
　明嘉靖三十六年刻本
　九行十八字小字雙行同白口四周雙邊　綫裝　六冊
　存十六卷：詩集、文集一至七

善 3811-1
太史升菴文集八十一卷目錄二卷　（明）楊慎撰
　明萬曆二十四年莊誠刻本
　九行十九字白口四周雙邊　綫裝　二十八冊

善 3812、善 3811-2
太史升菴文集八十一卷　（明）楊慎撰
　明刻本
　十行二十字小字雙行同白口四周單邊　綫裝　二十冊

存六十七卷：一至十七、二十三至四十六、四十九至五十九、六十四至六十七、七十一至八十一

善3813
太史升菴文集八十一卷目錄四卷 （明）楊慎撰
明萬曆十年張士佩等刻本
十行二十字小字雙行同白口四周單邊　綫裝　二十三冊

善3814
升菴先生文集八十一卷目錄四卷 （明）楊慎撰
明萬曆二十九年王藩臣、蕭如松刻本
十行二十字小字雙行同白口左右雙邊　綫裝　十二冊

善3815
升菴外集一百卷 （明）楊慎撰　（明）焦竑編
明萬曆四十五年刻本
十行二十字小字雙行同白口左右雙邊　綫裝　八冊
存六十二卷：一至九、四十八至一百

馮善2280
李卓吾先生讀升菴集二十卷 （明）楊慎撰　（明）李贄輯并評
明刻本
九行二十字小字雙行同白口四周單邊　綫裝　二冊

善3817
李卓吾先生讀升菴集二十卷 （明）楊慎撰　（明）李贄輯并評
明刻本　清管廷芬跋

九行二十字小字雙行同白口四周單邊　綫裝　六冊

善3819
李卓吾先生讀升菴集二十卷 （明）楊慎撰　（明）李贄輯并評
明刻本
九行二十字小字雙行同白口四周單邊　綫裝　三冊
存十四卷：一至十四

善3816
升菴楊太史合編七種二十四卷 （明）楊慎撰　（明）卜世昌輯
明刻本
十行二十字小字雙行同白口四周單邊　綫裝　四冊
存六種二十卷：
　賦集一卷
　文集十卷
　南中集二卷
　行戍稿一卷
　詩餘集一卷
　楊升菴先生詩集補七卷（存五卷：一至五）

善3788
八厓集七卷 （明）周廷用撰
清乾隆十三年周慶增刻本
八行十九字小字雙行同白口四周雙邊　毛裝　一冊
存二卷：一至二

善3745
舒梓溪先生集二十卷 （明）舒芬撰
明萬曆四年漆彬刻本
十行二十字白口四周雙邊　綫裝

集 部

善 3743
梓溪文鈔内集八卷外集十卷 （明）舒芬撰
　明萬曆四十八年舒璵刻本　清徐時棟跋
　九行十八字小字雙行同白口四周雙邊　綫裝　八册

善 3744
梓溪文鈔内集八卷外集十卷 （明）舒芬撰
　明萬曆四十八年舒璵刻本
　九行十八字小字雙行同白口四周雙邊　綫裝　十二册

善 3710
亶爰集二卷亶爰子詩集二卷外集一卷附錄一卷 （明）江暉撰
　明萬曆刻本
　十行十八字白口四周單邊　散葉　一册
　存二卷：詩集

善 3711
夢澤集十七卷 （明）王廷陳撰
　明嘉靖刻藍印本
　九行十六字白口四周單邊　綫裝　二册
　存六卷：一至三、八至十

馮善 2281
戴中丞遺集八卷 （明）戴鱀撰　**附錄一卷** （明）張時徹撰
　明嘉靖三十九年戴士充刻本（卷三至

四册
　存九卷：一至二、五至九、十三、十五

八、附錄配民國馮貞群抄本）馮貞群跋
　八行十八字白口四周雙邊　綫裝　三册

善 5042
桂洲詩集二十四卷 （明）夏言撰
　明嘉靖二十五年曹忭、楊九澤刻本
　八行十七字上下黑口四周雙邊　綫裝　三册
　存八卷：十七至二十四

善 3781
夏桂洲先生文集十八卷 （明）夏言撰 **年譜一卷**
　明崇禎十一年吴一璘刻本
　十行十九字小字雙行同白口四周單邊　綫裝　十二册

善 3780
夏桂洲先生文集十八卷 （明）夏言撰 **年譜一卷**
　明崇禎十一年吴一璘刻清康熙印本
　十行十九字小字雙行同白口四周單邊　綫裝　十四册

善 3787
少華山人續集十五卷 （明）許宗魯撰
　明嘉靖刻本
　十行十八字白口左右雙邊　綫裝　二册
　存六卷：一至六

善 3693
少石集十三卷 （明）陸鈇撰
　明刻本
　十一行十九字白口四周單邊　綫裝

二册
存七卷:四至七、十一至十三

善 3712
内方文集不分卷 （明）童承叙撰
明抄本
十行二十四字白口四周單邊　綫裝
二册

善 3839
泰泉集六十卷 （明）黃佐撰
明萬曆元年黃在中、黃在素等刻本
十行二十字小字雙行同白口四周雙
邊　綫裝　十六册

善 4745
科場漫筆三卷 （明）李濂撰
明嘉靖五年刻本
十行二十字白口四周單邊　散葉　一
册

善 3807
羣玉樓稿七卷困亨別稿一卷 （明）李
默撰　附錄一卷
明萬曆刻本
九行十八字小字雙行同白口四周雙
邊　綫裝　四册
存四卷:一、三至五

善 3821
甫田集三十六卷 （明）文徵明撰　附
錄一卷
明嘉靖刻清修本
十一行二十一字小字雙行同白口左
右雙邊　綫裝　六册

善 3820
甫田集四卷 （明）文徵明撰
明刻本
十二行二十字小字雙行同白口左右
雙邊　綫裝　四册

善 3806
歐陽南野先生文選四卷 （明）歐陽德
撰 （明）王畿　李春芳輯
明嘉靖刻本
十行二十字白口左右雙邊　綫裝　一
册
存一卷:四

善 3802
芝園集□□卷別集□□卷 （明）張時
徹撰
明嘉靖刻本
十行十九字白口四周雙邊　毛裝　十
四册
存四十八卷:四至十八、二十三至五
十五

善 3803
芝園定集五十一卷 （明）張時徹撰
諸家評一卷 （明）楊慎等撰
明嘉靖刻本
十一行二十二字白口左右雙邊　綫
裝　三册
存十一卷:一至十、諸家評

善 3804
芝園定集五十一卷 （明）張時徹撰
諸家評一卷 （明）楊慎等撰
明嘉靖刻本
十一行二十二字白口左右雙邊　綫裝
十六册

集 部

善 3902
珠玉遺稿二卷附錄一卷 （明）李循義撰　（明）田汝成注
　明萬曆九年刻本
　十一行二十字白口四周雙邊　綫裝　一冊
　存二卷：遺稿

善 3904
東白草堂集四卷 （明）顧存仁撰
　明隆慶元年刻本
　八行十七字小字雙行同白口左右雙邊　綫裝　一冊
　存一卷：三

善 3823
遵巖先生文集四十一卷 （明）王慎中撰
　明隆慶五年邵廉刻本
　十行二十一字白口四周單邊　綫裝　六冊
　存八卷：一至八

善 3824
遵巖先生文集四十一卷 （明）王慎中撰
　明刻本
　九行十九字白口左右雙邊　綫裝　一冊
　存二卷：一至二

馮善 2293
遵巖先生文集四十一卷 （明）王慎中撰
　明刻本　佚名批校
　九行十九字白口左右雙邊　綫裝　十一冊
　存三十五卷：一至十五、二十至二十六、二十九至四十一

善 3822
王遵巖家居集七卷 （明）王慎中撰
　明嘉靖三十一年句吳書院刻本　清楊泰亨跋
　十一行二十一字白口左右雙邊　綫裝　四冊

善 3854
屠漸山蘭暉堂十二卷 （明）屠應埈撰
　明嘉靖三十一年屠仲律刻本
　九行十七字白口左右雙邊　綫裝　四冊

善 3855
屠漸山蘭暉堂十二卷 （明）屠應埈撰
　明嘉靖三十一年屠仲律刻本
　九行十七字白口左右雙邊　綫裝　一冊
　存四卷：五至八

善 3856
合刻屠氏家藏二集十二卷
　明刻本
　九行二十二字白口四周單邊　毛裝　三冊
　存一種三卷：
　　太史屠漸山文集四卷附錄一卷（存三卷：文集一至三）

善 3805
陸子餘集八卷附錄一卷 （明）陸粲撰
　明嘉靖四十三年陸延枝刻本（卷三補清抄本）
　十行十八字白口左右雙邊　綫裝

五冊

馮善 2286
念菴羅先生集十三卷　（明）羅洪先撰
　　明嘉靖四十二年劉玠刻本　佚名批校
　　十一行二十字白口四周單邊　綫裝　八冊

善 3836
念菴羅先生集十三卷　（明）羅洪先撰
　　明嘉靖四十二年甄津刻本
　　十一行二十字白口四周單邊　綫裝　二冊
　　存七卷：一至三、八至十一

善 3837
念菴羅先生集十三卷　（明）羅洪先撰
　　明刻本
　　十一行二十三字小字雙行同白口四周雙邊　綫裝　一冊
　　存一卷：九

善 3881
程松谿先生文集十卷　（明）程文德撰
　　明隆慶刻本　朱鼎煦跋
　　十行二十二字白口四周雙邊　綫裝　一冊
　　存三卷：三至五

馮善 2292
重刊校正唐荆川先生文集十二卷　（明）唐順之撰
　　明嘉靖三十二年葉氏寶山堂刻本
　　十行二十字小字雙行同白口四周單邊　綫裝　八冊

善 3833
重刊校正唐荆川先生文集十二卷　（明）唐順之撰
　　明嘉靖三十四年金陵薛氏刻本
　　十行二十字小字雙行同白口四周單邊　綫裝　九冊
　　存九卷：四至十二

善 3834
重刊荆川先生文集十七卷外集三卷　（明）唐順之撰　附錄一卷
　　明刻本
　　十行二十字白口左右雙邊　綫裝　二冊
　　存四卷：七、十、十四、十九

馮善 2295
陳后岡詩集一卷文集一卷　（明）陳束撰
　　明萬曆十九年林可成刻二十二年林復言重修本　清童會跋
　　九行十八字白口四周單邊　綫裝　二冊

善 3849
環溪雜集□□卷　（明）沈愷撰
　　明刻本
　　九行十七字白口四周雙邊　毛裝　一冊
　　存一卷：九

善 3883
李中麓閒居集十二卷　（明）李開先撰
　　明嘉靖、隆慶刻本
　　九行十八字小字雙行同上下黑口四周雙邊　包背裝　三冊
　　存六卷：四言古詩一、五言古詩一、七

集　部

言古詩一、雜體一、五言律詩一、七言律詩一

善 3884
李中麓閒居集十二卷　（明）李開先撰
　　明嘉靖、隆慶刻本
　　九行十八字小字雙行同上下黑口四周雙邊　毛裝　四冊

善 3850
丘隅集十九卷　（明）喬世寧撰
　　明嘉靖四十二年刻本
　　九行二十字白口四周單邊　毛裝　六冊

善 3851
九霞山人集十二卷　（明）顧起經撰
　　明萬曆七年顧祖美刻本
　　十行二十字小字雙行同白口四周單邊　綫裝　一冊
　　存三卷：一至三

善 3852
九霞山人集十二卷　（明）顧起經撰
　　明萬曆七年顧祖美刻本
　　十行二十字小字雙行同白口四周單邊　綫裝　三冊
　　存九卷：一至九

善 3782
楊忠介公集十三卷附錄五卷　（明）楊爵撰
　　清順治楊紹武刻重修本
　　九行二十字小字雙行同白口四周單邊　綫裝　六冊

善 3786

忠節公遺稿三卷　（明）郁采撰　忠節公傳不分卷
　　清抄本
　　十行二十三字小字雙行同無版框　綫裝　一冊

善 3789
碧溪詩集十五卷　（明）張鈇撰
　　明嘉靖刻本　清顧櫚批并跋
　　十行二十字白口左右雙邊　綫裝　一冊
　　存二卷：五至六

馮善 2284
皇甫司勳集六十卷　（明）皇甫汸撰
　　明萬曆刻本
　　十行十九字白口左右雙邊　綫裝　一冊
　　存七卷：二十一至二十七

善 3911
皇甫司勳集六十卷　（明）皇甫汸撰
　　明刻本
　　十行十九字小字雙行同白口左右雙邊　綫裝　一冊
　　存三卷：三十一至三十三

善 3905
叩頭蟲賦一卷　（明）張之象撰
　　明刻本
　　九行十七字小字雙行同白口左右雙邊　毛裝　一冊

善 3910
嶽遊漫稿一卷　（明）皇甫汸撰　附一卷
　　明黃極、王廷卿刻本

七行十四字小字雙行同白口左右雙邊　綫裝　一册

善 3848
洞庭集五十三卷　（明）孫宜撰
　明嘉靖刻本
　十行二十字白口四周單邊　包背裝　十四册
　存四十七卷：三至四十一、四十六至五十三

善 3879
蔣道林先生文粹九卷　（明）蔣信撰
　明萬曆四年刻本
　十行二十二字白口四周雙邊　綫裝　四册
　存四卷：一至四

善 3800
天一閣集三十二卷　（明）范欽撰
　明萬曆十九年范氏家刻本
　十行二十字小字雙行同白口左右雙邊　綫裝　六册

善 3799
天一閣集三十二卷　（明）范欽撰
　明萬曆十九年范氏家刻本（卷四至六補清抄本，卷七補當代複印本）
　十行二十字小字雙行同白口左右雙邊　綫裝　九册

善 3859
自知堂集二十四卷　（明）蔡汝楠撰
　明嘉靖四十三年衡陽朱炳如刻本
　十行二十字白口左右雙邊　綫裝　九册
　存二十二卷：一至五、八至二十四

馮善 2303
白石山人詩選後編一卷　（明）蔡汝楠撰　（明）楊慎輯
　明胡定刻本
　九行十八字白口四周單邊　綫裝　一册

善 3913
龍谿王先生全集二十卷　（明）王畿撰
　明萬曆十五年蕭良幹刻本
　九行十九字白口四周單邊　綫裝　十册

善 3734
東武山人集七卷　（明）朱公節撰
　清乾隆二十六年朱繼相西璧堂刻本
　十行二十一字小字雙行同白口四周單邊　綫裝　二册

善 3735
陳文岡先生文集二十卷　（明）陳棐撰
　明萬曆刻本
　十行十九字白口四周雙邊　綫裝　八册

善 3840
靳兩城先生集二十卷　（明）靳學顏撰
　明萬曆十七年刻本
　九行十八字白口四周雙邊　綫裝　四册

善 3867
袁文榮公文集八卷詩集八卷　（明）袁煒撰
　明萬曆元年馮孜、張德夫刻本
　十行十八字小字雙行同白口左右雙邊　綫裝　四册

集部

存七卷:文集二至八

善 3869
袁文榮公詩畧二卷 （明）袁煒撰
明萬曆三十三年袁氏家刻本
七行十七字白口四周單邊　綫裝　一冊

善 3868
袁文榮公文集八卷詩畧二卷 （明）袁煒撰
清抄本　清楊泰亨跋
十行十八字小字雙行同白口左右雙邊　毛裝　三冊

馮善 2297
二谷山人近稿十卷 （明）侯一元撰
明刻本　馮貞群跋
八行十九字小字雙行同白口四周單邊　綫裝　六冊
存六卷:一至六

善 3808
青霞文集九卷附褒忠錄一卷 （明）沈鍊撰
明隆慶、萬曆刻本
十行二十字白口四周單邊　綫裝　二冊

馮善 2298
白華樓藏稿十一卷續稿十五卷吟稿十卷 （明）茅坤撰
明萬曆刻本
九行十八字小字雙行同白口左右雙邊　綫裝　六冊
存十一卷:藏稿

善 3938
白華樓藏稿十一卷續稿十五卷吟稿十卷 （明）茅坤撰
明萬曆刻本
九行十八字小字雙行同白口左右雙邊　毛裝　一冊
存二卷:藏稿五至六

善 3940
茅鹿門先生文集三十六卷 （明）茅坤撰
明萬曆刻本　朱鼎煦跋
十行十九字小字雙行同白口左右雙邊　綫裝　十冊
存三十一卷:一至九、十五至三十六

善 3941
茅鹿門先生文集三十六卷 （明）茅坤撰
明萬曆刻本
十行十九字白口左右雙邊　綫裝　七冊
存十二卷:一至七、二十三至二十七

善 3942
李氏文集二十卷 （明）李贄撰
明刻本
九行二十字白口四周單邊　綫裝　四冊

善 3843
茅見滄策學拔萃不分卷 （明）茅瓚撰
明抄本
十行行字不等小字雙行行字不等上下黑口四周雙邊　綫裝　一冊

善 3844

萬文恭公摘集十二卷 （明）萬士和撰
  明萬曆二十年萬春素履齋刻本　朱鼎煦跋
  十行二十字小字雙行同白口左右雙邊　綫裝　二册
  存四卷：一至四

馮善 2299
滄溟先生集三十卷附錄一卷 （明）李攀龍撰
  明隆慶刻本
  十行二十字小字雙行同白口左右雙邊　綫裝　十册

善 3888
滄溟先生集三十卷附錄一卷 （明）李攀龍撰
  明隆慶六年刻本
  十行二十字白口左右雙邊　綫裝　八册

善 3890
滄溟先生集三十卷附錄一卷 （明）李攀龍撰
  明隆慶六年刻本
  十行二十字白口左右雙邊　綫裝　八册
  存十七卷：九至十、十五至二十、二十三至三十，附錄

善 3892
滄溟先生集三十卷附錄一卷 （明）李攀龍撰
  明萬曆三年胡來貢刻本
  十行二十字白口左右雙邊　綫裝　二册
  存五卷：一、二十五至二十八

善 3891
滄溟先生集三十卷附錄一卷 （明）李攀龍撰
  明刻本
  十行二十字小字雙行同白口四周雙邊　綫裝　五册
  存八卷：一至二、七至八、十一至十二、十四至十五

善 3894
擬古樂府二卷 （明）李攀龍撰
  明刻本
  十行十八字白口左右雙邊　毛裝　一册

馮善 2300
新鍥會元湯先生批評滄溟文選評林五卷 （明）李攀龍撰　（明）湯賓尹評
  明書林詹霖宇刻本　佚名批校
  十行二十一字小字雙行同白口四周單邊　綫裝　四册

善 3914
新刻張太岳先生詩文集四十七卷 （明）張居正撰
  明萬曆四十年繡谷唐國達刻清印本
  十行二十字白口四周單邊　綫裝　十五册
  存四十四卷：一至十七、二十一至四十七

善 3917
弇州山人四部稿一百七十四卷目錄十二卷 （明）王世貞撰
  明萬曆五年王氏世經堂刻本
  十行二十字小字雙行同白口四周雙邊　綫裝　三十二册

集　部

善 3918
弇州山人四部稿一百七十四卷目錄十二卷　（明）王世貞撰
　明萬曆五年吳郡王氏世經堂刻本
　十行二十字小字雙行同白口四周雙邊　綫裝　二十四冊
　存九十七卷：五十九至一百五十五

善 3919
入楚稿一卷入晉稿一卷入浙稿二卷入魏稿二卷　（明）王世貞撰
　明刻本
　九行十六字白口四周雙邊　毛裝　四冊

善 3920
擬古詩一卷　（明）王世貞撰
　明徐中行刻本
　十行二十一字白口四周單邊　毛裝　一冊

善 3880
太函集一百二十卷目錄六卷　（明）汪道昆撰
　明萬曆刻本
　十行二十字白口左右雙邊　綫裝　一冊
　存三卷：九十三至九十五

善 3943
夢山存家詩稿八卷　（明）楊巍撰
　明萬曆刻本
　九行十八字小字雙行同白口四周雙邊　綫裝　二冊

善 3944
夢山存家詩稿八卷　（明）楊巍撰

　明萬曆三十年楊岑刻本　朱鼎煦跋
　九行十八字小字雙行同白口四周雙邊　綫裝　四冊

善 3908
東岱山房詩錄江右稿二卷　（明）李先芳撰
　明嘉靖刻本
　十行十八字白口四周雙邊　毛裝　一冊
　存一卷：下

善 3909
李氏山房詩選三卷　（明）李先芳撰　（明）皇甫汸輯
　明刻本
　九行十八字小字雙行同白口左右雙邊　綫裝　二冊

善 3858
宗先生子相文集十五卷附錄一卷　（明）宗臣撰
　明刻本
　八行十六字白口四周單邊　毛裝　一冊
　存二卷：五至六

馮善 2309
宗子相集十五卷　（明）宗臣撰
　明萬曆刻本
　九行十六字小字雙行行字不等白口四周雙邊　綫裝　八冊

善 3933
移虡薰一卷　（明）徐學謨撰
　明萬曆三年刻本
　九行十八字小字雙行同白口左右雙

邊　毛裝　一册

善 3934

移虡藁一卷　（明）徐學謨撰
　　明萬曆三年刻本
　　九行十八字小字雙行同白口左右雙
　　邊　毛裝　一册

善 3935

移虡藁一卷　（明）徐學謨撰
　　明萬曆三年刻本
　　九行十八字小字雙行同白口左右雙
　　邊　毛裝　一册

善 0265

徐氏海隅集詩編二十二卷文編四十三卷外編十四卷　（明）徐學謨撰
　　明萬曆五年刻四十年徐元嘏重修本
　　十行十九字白口左右雙邊　綫裝　一
　　册
　　存六卷：外編一至六

善 3853

青蘿館詩六卷　（明）徐中行撰
　　明萬曆三年游日益刻本
　　九行十八字白口四周單邊　綫裝　二
　　册

善 3845

甊甄洞藁五十四卷目錄二卷　（明）吳
　　國倫撰
　　明萬曆刻本
　　十行二十字小字雙行同白口四周單
　　邊　綫裝　六册
　　存十八卷：七至九、十三至二十一、二
　　十五至二十七、三十一至三十三

善 3846

甊甄洞藁五十四卷目錄二卷　（明）吳
　　國倫撰
　　明萬曆刻本
　　十行二十字小字雙行同白口四周單
　　邊　綫裝　六册
　　存二十四卷：十三至二十一、二十八
　　至三十、三十七至三十九、四十六
　　至五十四

善 3847

甊甄洞藁五十四卷目錄二卷　（明）吳
　　國倫撰
　　明萬曆刻本
　　十行二十字小字雙行同白口四周單
　　邊　綫裝　十二册
　　存二十八卷：文類一至二十、詩集一
　　至六、目錄

善 3915

海忠介公文集十卷　（明）海瑞撰
　　明萬曆四十六年同安蔡鍾有刻本
　　九行十七字白口四周單邊　綫裝　一
　　册
　　存二卷：四至五

善 3916

海忠介先生備忘集十卷　（明）海瑞撰
　　明萬曆三十年刻清康熙補修本
　　九行十九字小字雙行同白口四周雙
　　邊　綫裝　九册
　　存九卷：一、三至十

善 3921

紀遊稿二卷　（明）王世懋撰
　　明萬曆刻本
　　九行十八字小字雙行同白口左右雙

集　部

　　邊　毛裝　一冊

善 3966

象村稿二十卷目録一卷和陶詩一卷求正録三卷先天窺管一卷　（明）申時行撰
　明崇禎刻本
　十一行二十字白口四周雙邊　綫裝　六冊
　存二十一卷:象村稿六至二十、目録、和陶詩、求正録、先天窺管

馮善 2287

歸先生文集三十二卷附録一卷　（明）歸有光撰
　明萬曆四年翁良瑜雨金堂刻重修本
　十行二十字白口四周雙邊　綫裝　四冊
　存二十二卷:一至三、十二至三十

善 3898

震川先生集三十卷別集十卷附録一卷　（明）歸有光撰
　清康熙十至十四年歸莊、歸玠等刻本
　十行二十字小字雙行同白口左右雙邊　金鑲玉　二十冊

善 3897

震川先生集三十卷別集十卷附録一卷補編一卷　（明）歸有光撰
　清康熙十至十四年歸莊、歸玠等刻本
　十行二十字小字雙行同白口左右雙邊　綫裝　八冊
　存四十卷:震川先生集、別集

善 3899

震川先生集三十卷別集十卷附録一卷　（明）歸有光撰
　清康熙十至十四年歸莊、歸玠等刻本
　十行二十字小字雙行同白口左右雙邊　綫裝　十二冊
　存三十九卷:震川先生集二至三十、別集

馮善 2289

震川先生集三十卷別集十卷　（明）歸有光撰
　清康熙十至十四年歸莊、歸玠等刻本　馮貞群批校
　十行二十字小字雙行同白口左右雙邊　綫裝　十二冊

善 3900

歸震川集不分卷　（明）歸有光撰
　清抄本　朱鼎煦跋
　十行二十字上下黑口左右雙邊　綫裝　一冊

善 3795、善 3796

豫章既白詩藁七卷　（明）朱既白撰　（明）吴世良編輯
　明嘉靖二十九年刻本
　九行十八字小字雙行同白口四周雙邊　毛裝　三冊

善 3644

樵雲詩集一卷　（明）朱拱梃撰
　明嘉靖二十七年刻藍印本
　十行十七字白口四周雙邊　綫裝　一冊

善 3906

四溟山人全集二十四卷　（明）謝榛撰
　明萬曆二十四年趙府冰玉堂刻本

十行二十字白口左右雙邊　毛裝　一冊

存二卷：三、五

善 3907

天池山人小稿五卷　（明）陸采撰

明刻本

九行十八字白口左右雙邊　綫裝　一冊

太山藁一卷

義興藁一卷

壬辰藁一卷

癸巳藁一卷

甲午藁一卷

善 3877

蠛蠓集五卷　（明）盧柟撰

明嘉靖刻本

十行十九字小字雙行同白口四周單邊　綫裝　二冊

存四卷：一至四

善 3878

餘清堂定稿□□卷　（明）汪鏜撰

明刻本

十行十八字小字雙行同白口四周雙邊　綫裝　一冊

存五卷：二十四至二十八

善 3857

李山人詩一卷　（明）李敏撰

明嘉靖十八年刻本

十行十八字白口左右雙邊　毛裝　一冊

善 3708

石囪先生遺藁六卷　（明）華愛撰

明抄本

九行二十一字白口四周單邊　綫裝　二冊

存五卷：一至三、五至六

善 3993

玄言齋集二卷　（明）顧起綸撰　（明）王問輯并評

明嘉靖三十二年奇字館刻本

九行十八字小字雙行同白口左右雙邊　綫裝　二冊

馮善 2296

石盂集十四卷　（明）汪坦撰

清徐氏烟嶼樓抄本

十行二十一字小字雙行同上下黑口左右雙邊　綫裝　二冊

善 3922

徐文長文集三十卷四聲猿一卷　（明）徐渭撰　（明）袁宏道評點

明萬曆四十二年鍾人傑刻本

九行二十字白口四周單邊　綫裝　四冊

善 3923

徐文長文集三十卷　（明）徐渭撰　（明）袁宏道評點

明刻本　朱鼎煦跋

九行二十字白口四周單邊　綫裝　三冊

存十七卷：一至五、十九至三十

善 3924

徐文長文集三十卷　（明）徐渭撰　（明）袁宏道評點

明刻本　朱鼎煦跋

集　部

　　九行二十字白口四周單邊　綫裝　五册

　　存十六卷：十至十三、十九至三十

善 3925

徐文長文集三十卷四聲猿一卷　（明）
　　徐渭撰　（明）袁宏道評點
　　明刻本
　　九行二十字白口四周單邊　綫裝　六册
　　存三十卷：一至二十九、四聲猿

善 3926

徐文長文集三十卷四聲猿一卷　（明）
　　徐渭撰　（明）袁宏道評點
　　明萬曆四十二年鍾人傑刻本
　　九行二十字白口四周單邊　綫裝　七册
　　存三十卷：文集

善 3928

徐文長逸稿二十四卷畸譜一卷　（明）
　　徐渭撰
　　明天啓三年張維城刻本
　　十行二十字小字雙行同白口四周單邊　綫裝　四册
　　存二十四卷：逸稿

善 3929

徐文長佚草十卷　（明）徐渭撰
　　清初息耕堂抄本　清張岱跋
　　九行二十二字白口四周單邊　綫裝　十册

善 3870

青溪集一卷　（明）沈明臣撰
　　明萬曆刻本
　　九行十九字白口左右雙邊　毛裝　一册

善 3871

豐對樓詩選四十三卷　（明）沈明臣撰　（明）沈九疇輯
　　明萬曆二十四年陳大科、陳堯佐刻本
　　十行二十字小字雙行同白口四周雙邊　綫裝　十二册

善 3872

豐對樓詩選四十三卷　（明）沈明臣撰　（明）沈九疇輯
　　明萬曆二十四年陳大科、陳堯佐刻本
　　十行二十字小字雙行同白口四周雙邊　毛裝　九册
　　存三十二卷：一至三、八至二十二、二十七至三十六、四十至四十三

善 3873

沈嘉則詩選十卷　（明）沈明臣撰　（明）沈九疇輯
　　明萬曆六年刻本
　　九行十九字小字雙行同白口左右雙邊　綫裝　三册
　　存八卷：三至十

善 3874

沈嘉則詩選十卷　（明）沈明臣撰　（明）沈九疇輯
　　明萬曆六年刻本
　　九行十九字小字雙行同白口左右雙邊　毛裝　一册
　　存五卷：六至十

善 3875

沈嘉則詩選四卷　（明）沈明臣撰　（明）

沈九疇輯
清自適齋抄本　清陳勘跋
十行二十四字白口左右雙邊　綫裝
一冊

馮善 2306
沈句章詩選不分卷　（明）沈明臣撰
清抄本
九行十四字無版框　綫裝　一冊

善 3863
棲霞山人漫稿三卷　（明）沈董撰
明刻本
九行十八字白口左右雙邊　綫裝　二
冊

善 3864
西清閣詩草十二卷　（明）楊承鯤撰
明刻本
九行十八字白口四周單邊　綫裝　一
冊
存一卷：壬午

善 3866
西清閣詩草十二卷　（明）楊承鯤撰
明刻本
九行十八字小字雙行二十二字白口
四周單邊　綫裝　二冊
存九卷：戊寅、己卯、庚辰、辛巳、壬
午、癸未、甲申、乙酉、丙戌

善 4012
大泌山房集一百三十四卷目錄二卷
（明）李維楨撰
明萬曆刻本
十行二十一字白口四周單邊　綫裝
十八冊

存七十三卷：二十三至四十七、七十
至一百十七

馮善 2313
**喙鳴文集二十一卷詩集十八卷敬事草
十九卷**　（明）沈一貫撰
明刻本
九行十九字白口左右雙邊　綫裝　四
冊
存十卷：文集一至二、十六、十八至二
十一，詩集十六至十八

善 3945
**喙鳴文集二十一卷詩集十八卷敬事草
十九卷**　（明）沈一貫撰
明刻本
九行十九字白口左右雙邊　綫裝　九
冊
存十七卷：文集三至四、七至十四，詩
集十至十二，敬事草六至八、十

善 3932
清音閣集十卷　（明）顧大典撰
明萬曆刻本
九行十六字白口左右雙邊　毛裝　一
冊
存一卷：六

善 3936
松石齋集三十卷又六卷　（明）趙用賢
撰
明萬曆四十六年刻本
九行十八字白口左右雙邊　綫裝　十
二冊
存十三卷：一至十三

善 3794

集　部

汪虞卿詩一卷　（明）汪懋孝撰
　明萬曆刻本
　八行十五字白口四周雙邊　綫裝　一册

善 3965
來禽館集二十九卷　（明）邢侗撰
　明萬曆四十六年刻崇禎十年修清康熙十九年鄭雍重修本
　九行二十一字小字雙行同白口四周單邊　綫裝　十二册

善 3953
由拳集二十三卷　（明）屠隆撰
　明萬曆八年馮夢禎刻本
　九行十九字下黑口左右雙邊　綫裝　十册

善 3949
栖真館集三十一卷　（明）屠隆撰
　（明）呂胤基輯
　明萬曆十八年姚江呂氏栖真館刻本（卷十葉十爲抄配）
　九行十九字小字雙行同白口左右雙邊　綫裝　五册
　存二十五卷：一至十七、二十四至三十一

善 3950
栖真館集三十一卷　（明）屠隆撰　（明）呂胤基輯
　明刻本
　九行十九字小字雙行同白口左右雙邊　綫裝　四册
　存二十七卷：一至五、七至十六、二十至三十一

善 3947 甲
白榆集二十卷詩集八卷　（明）屠隆撰
　明刻本
　九行十八字白口四周單邊　綫裝　五册
　存十三卷：文集四至十、十五至二十

善 3947 乙
白榆集二十卷詩集八卷　（明）屠隆撰
　明刻本
　九行十八字白口四周單邊　綫裝　一册
　存四卷：文集五至八

善 3948
白榆集二十卷　（明）屠隆撰
　明刻本
　九行十八字白口左右雙邊　綫裝　二册
　存八卷：一至八

馮善 2317
白榆集二十卷　（明）屠隆撰
　明刻本
　九行十八字白口左右雙邊　綫裝　五册
　存十一卷：一至三、六至七、十五至二十

善 3937
瑞陽阿集十卷　（明）江東之撰
　清乾隆八年歙縣江氏宗祠刻本
　十行二十一字小字雙行同白口四周雙邊　綫裝　四册
　臺中疏草一卷
　廷中疏草一卷
　黔中疏草一卷

鎮沅紀畧一卷
　　撫黔紀畧一卷
　　家居小適一卷
　　山居小適一卷
　　鎮沅懷德錄一卷
　　撫黔紀別錄一卷
　　論定錄一卷

善 4034
數馬集五十一卷 （明）黃克纘撰
　明天啓刻本
　九行十八字小字雙行同白口四周雙邊　綫裝　二册
　存六卷：三十六至三十八、四十九至五十一

馮善 2307
農丈人詩集八卷文集二十卷 （明）余寅撰
　明萬曆刻本
　九行十八字小字雙行同白口左右雙邊　綫裝　三册
　存六卷：詩集一至四、七至八

善 4006
山居功課十卷 （明）楊東明撰
　明萬曆范炳刻本　朱鼎煦跋
　九行二十字小字雙行同白口四周單邊　綫裝　四册
　存九卷：一至五、七至十

善 4013
蒼霞草二十卷續草二十二卷餘草十四卷 （明）葉向高撰
　明末刻本
　十行十九字白口四周雙邊　綫裝　十四册
　存三十三卷：蒼霞草一至十一、十五至十八、二十，續草一至十四、十七至十九

善 3968
玉茗堂全集四十六卷 （明）湯顯祖撰
　明天啓刻本
　七行十八字白口四周單邊　綫裝　三十七册
　存四十四卷：
　　文十六卷
　　詩十六卷
　　賦六卷
　　尺牘六卷

馮善 2316
玉茗堂集選十五卷 （明）湯顯祖撰　（明）帥機等輯
　明萬曆三十四年周如溟刻本
　九行十八字小字雙行同白口左右雙邊　綫裝　二册

善 3970
玉茗堂集選二十四卷 （明）湯顯祖撰　（明）帥機等輯
　明刻本
　九行十八字小字雙行同白口四周雙邊　毛裝　二册
　存四卷：二十一至二十四

善 3972
刻沈何山先生點正玉茗堂尺牘二卷 （明）湯顯祖撰　（明）沈何山評點
　明萬曆刻本
　七行十八字白口四周單邊　綫裝　一册
　存一卷：一

集部

善 3841
朱太復文集五十二卷目錄五卷（明）
　朱長春撰
　明萬曆刻本
　九行二十字小字雙行同白口四周雙邊　綫裝　三冊
　存十四卷：五至十三、目錄

善 3975
歇菴集十六卷　（明）陶望齡撰
　明萬曆三十九年王應遴刻本
　九行十九字小字雙行同下黑口四周雙邊　綫裝　十六冊

善 3976
歇菴集十六卷　（明）陶望齡撰
　明萬曆三十九年王應遴刻本
　九行十九字小字雙行同下黑口四周雙邊　綫裝　三冊
　存六卷：七至八、十一至十四

善 4014
馮少墟集二十卷　（明）馮從吾撰
　明萬曆四十七年劉必遠刻本
　九行十八字白口四周單邊　綫裝　七冊
　存十一卷：一至三、七至十三、十八

善 4015
蒼虬舘草三卷　（明）丁繼嗣撰
　明刻本　朱鼎煦跋
　九行十八字白口四周雙邊　綫裝　一冊
　存二卷：中、下

善 4040
賨印詩草一卷　（明）饒與齡撰

　清初刻本
　十行二十字小字雙行同白口四周雙邊　綫裝　二冊

善 4009
高子遺書十二卷　（明）高攀龍撰　附錄一卷　（明）陳龍正輯
　明崇禎五年錢士升、陳龍正等刻本
　九行十九字白口四周單邊　綫裝　十冊

善 4010
高子遺書十二卷　（明）高攀龍撰　附錄一卷　（明）陳龍正輯
　清康熙二十八年家刻本
　九行十九字白口四周雙邊　綫裝　四冊
　存六卷：一至四、十至十一

善 3981
睡菴稿二十五卷　（明）湯賓尹撰
　明萬曆刻本
　九行十九字白口四周單邊　綫裝　六冊

善 3982
睡菴文稿初刻四卷二刻六卷三刻四卷　（明）湯賓尹撰
　明萬曆李曙寰先月樓刻本
　九行十九字白口四周單邊　綫裝　三冊
　存六卷：二刻

善 3983
湯嘉賓睡菴集六卷　（明）湯賓尹撰
　明末半埜商氏刻本
　九行十八字小字雙行同白口四周單

善 4024

定軒存稿十六卷 （明）陳于廷撰
明末刻本
八行十六字小字雙行同白口四周單邊　綫裝　六冊
疏二卷
書四卷
詩四卷
賦一卷
議一卷
說一卷
序一卷
雜文二卷

善 4007

寓林集三十二卷詩六卷 （明）黃汝亨撰
明天啟四年吳敬、吳芝等刻本
九行二十字白口左右雙邊　綫裝　十八冊
存三十二卷：寓林集

善 3955

緱山先生集二十七卷 （明）王衡撰
明萬曆刻本
九行十八字小字雙行同白口四周單邊　綫裝　十二冊

善 3956

緱山先生集二十七卷 （明）王衡撰
明萬曆刻本
九行十八字小字雙行同白口四周單邊　綫裝　十冊

善 3957

緱山先生集二十七卷 （明）王衡撰
明萬曆四十四年書林唐振吾刻本
九行十八字小字雙行同白口四周單邊　綫裝　六冊

善 3954

緱山先生集二十七卷 （明）王衡撰
明萬曆四十四年書林唐振吾刻本
九行十八字小字雙行同白口四周單邊　綫裝　四冊
存十九卷：三至十六、二十二至二十六

善 3978

盟雞齋二卷 （越南）阮述撰
明刻本
六行十五字白口四周單邊　金鑲玉　二冊

善 3979

秋水閣墨副文類十卷 （明）董光宏撰
明刻本（卷七至八補清抄本）
八行十七字白口四周雙邊　綫裝　六冊

善 3980

趙文懿公文集四卷附錄一卷 （明）趙志皋撰
明崇禎七年趙世溥刻本
九行二十字白口四周雙邊　綫裝　二冊
存四卷：文集

善 3985

霜林寱歌五卷 （明）胡貞開撰
明刻本
七行十八字小字雙行同白口四周單

集　部

邊　毛裝　一冊

善 3986

希庵公詩稿不分卷　（明）來三聘撰
　　清抄本
　　九行二十五字小字雙行行字不等無版框　毛裝　一冊

善 3989

天谷山人館集十卷　（明）薛三省撰
　　明末刻本
　　九行十八字小字雙行同白口左右雙邊　綫裝　八冊

善 3627

馼雪齋集一卷　（明）張可大撰
　　明刻本
　　八行十八字小字雙行同白口四周單邊　毛裝　一冊

善 4016

刻莊子詩畧八卷　（明）莊學魯撰（明）陳希廉選
　　明天啓六年刻本　朱鼎煦跋
　　九行十九字小字雙行同白口四周單邊　綫裝　一冊
　　存三卷：一至三

善 4017

夷困文編六卷　（明）王嗣奭撰
　　明崇禎十五年自刻本　明王嗣奭批校
　　九行十八字小字雙行同白口四周單邊　綫裝　二冊

善 4020

鵠灣集□□卷　（明）譚元春撰

明刻本
　　九行二十字白口左右雙邊　綫裝　三冊
　　存十一卷：四至十四

善 4021

小青傳一卷　題（明）盞盞居士撰　**小青焚餘藁一卷**　題（明）馮小青撰
　　明崇禎四年黄來鶴抄本　朱鼎煦跋
　　九行三十字白口四周單邊　綫裝　一冊

善 3999

落迦山房集□□卷　（明）范汝梓撰
　　明刻本
　　九行二十字白口四周單邊　毛裝　一冊
　　存一卷：奏疏書一

善 3990

玉書庭全集三十二卷　（明）丘兆麟撰
　　明崇禎丘子旦、丘子書等刻本
　　八行十九字小字雙行同白口四周單邊　綫裝　二冊
　　存二卷：三、十一

善 4037

杜曲集十一卷　（明）戴澳撰
　　明崇禎刻本
　　八行十六字小字雙行同白口四周單邊　綫裝　五冊
　　存九卷：一至九

善 4011

從野堂存稿八卷　（明）繆昌期撰
　　明崇禎十年繆虛白刻本
　　八行十八字小字雙行同白口左右雙

邊　綫裝　四册
　　存四卷：一至四

善 4002
自娛集十卷詩餘一卷　（明）俞琬綸撰
　　明萬曆四十六年刻本
　　九行十八字小字雙行同白口四周單邊　金鑲玉　六册

善 4047
和簫集不分卷　（明）阮大鋮撰
　　明萬曆刻本
　　七行十五字白口四周單邊　綫裝　一册

馮善 2320
珂雪齋集選二十四卷　（明）袁中道撰
　　明天啓二年刻本
　　九行十八字小字雙行同白口四周單邊　綫裝　十二册

善 3992
北征小草十二卷　（明）張泰階撰
　　清看雲草堂抄本
　　十四行二十六字白口四周雙邊　綫裝　一册

善 3994
呂季子甬東襟咏一卷　（明）呂兌撰
　　明萬曆十二年姚江呂氏刻本
　　九行十八字白口四周單邊　毛裝　一册

善 3995
節婦蔣氏存稿一卷　（明）姜蔣氏撰
　　明萬曆六年刻本
　　十一行二十二字白口四周雙邊　毛

裝　一册

善 3792
程會父青山草四卷　（明）程一極撰
　　明萬曆刻本
　　九行十七字白口四周雙邊　綫裝　一册
　　存一卷：一

善 3991
隨鷗草一卷　（明）林養心撰
　　明末刻本
　　七行十五字白口四周單邊　毛裝　一册

善 3793
百一稿三卷　（明）姚筐撰
　　清抄本
　　十行二十四字小字雙行同白口左右雙邊　毛裝　一册

善 4028
陳眉公集十七卷　（明）陳繼儒撰
　　明萬曆四十三年史辰伯刻本
　　九行二十字小字雙行同白口左右雙邊　綫裝　四册
　　存十五卷：一至二、五至十七

馮善 2318
天爵堂文集十九卷筆餘三卷　（明）薛岡撰
　　明崇禎刻本
　　九行十八字小字雙行同白口左右雙邊　綫裝　八册
　　存十八卷：文集一至四、七至十、十三至十九，筆餘

集 部

善 3973
淮南集六卷 （明）馬斯臧撰
　明萬曆四十年刻本
　八行十八字白口四周單邊　綫裝　六冊

善 3974
韻竹軒和韻麗絕不分卷 （明）陳民俊
　王公弼　孫大猷撰
　明萬曆十六年韻竹軒刻本
　八行十六字白口四周雙邊　綫裝　一冊

善 3967
傅遠度集□□種□□卷 （明）傅汝舟撰
　明刻本
　八行二十字白口四周單邊　金鑲玉　一冊
　存一種二卷：
　　步天集二卷

善 4025
陳太史無夢園初集三十四卷 （明）陳仁錫撰
　明崇禎六年張一鳴刻本
　九行十八字小字雙行同白口左右雙邊　綫裝　四十冊

善 4026
陳太史無夢園初集三十四卷 （明）陳仁錫撰
　明崇禎六年張一鳴刻本
　九行十八字小字雙行同白口左右雙邊　綫裝　一冊
　存二卷：勞集一至二

善 4031
鴻寶應本十七卷 （明）倪元璐撰
　明崇禎刻本
　八行二十字白口四周單邊　綫裝　六冊

善 4033
瑯嬛文集不分卷 （清）張岱撰
　清沈復燦抄本
　八行十八字無版框　綫裝　四冊

善 4048
天傭子文集一卷續集一卷 （明）艾南英撰
　明末刻本
　八行十八字白口四周單邊　綫裝　六冊

善 4049
艾天傭集七卷 （明）艾南英撰
　清郢雪書林刻本
　十行二十字小字雙行同白口四周單邊　綫裝　二冊

善 4041
閒居詩一卷 （明）姚宗文撰
　明陸寶刻本
　八行十八字白口左右雙邊　毛裝　一冊

善 4042
霜鏡集十七卷辟塵集四卷小物二卷明山遊籍一卷再來草一卷四課四卷補陀遊記一卷三全韻三卷 （明）陸寶撰
　明崇禎刻本
　八行十八字白口左右雙邊　毛裝

一冊
　　　存四卷：四課

善 4038
天益山堂遺集十卷續刻一卷 （明）馮
　元仲撰
　　清乾隆八年馮廷楷刻本
　　十四行二十六字小字雙行同上下黑
　　口四周單邊　毛裝　二冊

善 4039
三溪集□□卷 （明）陳宏已撰
　　明崇禎刻本　朱鼎煦跋
　　九行十八字小字雙行同白口四周單
　　邊　綫裝　一冊
　　存二卷：一至二

善 4044
孫璧聯先生文集不分卷 （明）孫毅撰
　　清抄本
　　十行二十四字小字雙行同白口無版
　　框　綫裝　六冊

善 4043
期期草四卷 （明）裘黼撰
　　明崇禎刻本　朱鼎煦跋
　　八行十八字小字雙行同白口四周單
　　邊　毛裝　一冊

善 4030
七錄齋論略二卷續刻六卷別集二卷
　（明）張溥撰
　　明末刻本
　　九行二十字白口四周單邊　綫裝　六
　　冊

善 3903

陳恭潔公遺集一卷 （明）陳良謨撰
　　清虞山周氏鴒峰草堂抄本
　　九行十八字上下黑口左右雙邊　綫
　　裝　一冊

善 4056
吳巒雉先生殘集二卷 （明）吳鐘巒撰
　　清乾隆錢潛恭抄本　清周大輔跋
　　十二行二十二字小字雙行同無版框
　　金鑲玉　一冊

善 4057
寶綸堂集十卷拾遺一卷 （明）陳洪綬
　撰
　　清光緒十四年董氏取斯堂木活字印
　　本
　　十行二十字小字雙行同白口四周單
　　邊　綫裝　七冊

善 4050
小寒山子集十四卷 （明）陳函輝撰
　　明崇禎刻本
　　八行十七字小字雙行同白口左右雙
　　邊　綫裝　一冊
　　存一種一卷：
　　　青未了一卷

馮善 2341
**錢忠介公遺集九卷附錄六卷年譜一卷
首一卷** （明）錢肅樂撰　馮貞群輯
　稿本
　　十一行二十五字小字雙行同上下黑
　　口左右雙邊　毛裝　四冊

善 4052
南征集十卷附詩歌一卷 （明）錢肅樂
　撰　錢忠節公事蹟錄一卷

集部

清徐時棟抄本　清徐時棟跋
九行二十字小字雙行同白口左右雙邊　綫裝　二冊
存五卷:六至十

馮善 2342

重編錢止亭先生集不分卷　（明）錢肅樂撰　馮貞群　張美翊輯
稿本
行不等字不等小字雙行行字不等　毛裝　一冊

善 4088

天愚先生詩集六卷文集八卷詩鈔八卷文鈔八卷別集四卷　（明）謝泰宗撰
清康熙五十五年致遠堂刻本
十二行二十二字小字雙行行字不等上下黑口左右雙邊　綫裝　三冊
存十八卷:詩集、文集、別集

馮善 2324

畾仙詩集一卷　（明）馮元颷撰
清抄本
十二行二十二字小字雙行同無版框　綫裝　一冊

善 4054

溫寶忠先生遺稿不分卷　（明）溫璜撰
清抄本
十行二十七字無版框　毛裝　一冊

善 4062

奇零草二卷　（明）張煌言撰
清徐時棟抄本
九行二十字小字雙行同白口左右雙邊　綫裝　二冊

善 4063

奇零草二卷　（明）張煌言撰
清抄本
九行十八字小字雙行同無版框　毛裝　二冊

善 4064

張蒼水詩文集不分卷　（明）張煌言撰
清抄本　佚名批校
九行二十一字小字雙行同上下黑口四周雙邊　毛裝　二冊

善 4045

補陀詩一卷　（明）陸符撰
明崇禎刻本
六行十六字白口左右雙邊　綫裝　一冊

善 4000

使秦吟畧一卷　（明）范汝楠撰
明崇禎刻本
八行十六字小字雙行同白口四周單邊　綫裝　一冊

善 4001

雁字十詠一卷　（明）范汝楠撰
明崇禎刻本
八行十六字白口四周單邊　綫裝　一冊

善 4059

嶠雅二卷　（明）鄺露撰
清初南海鄺氏海雪堂刻本
八行十五字小字雙行同白口四周雙邊　綫裝　二冊

馮善 2329

過宜言一卷 （明）華夏撰
　民國抄本
　九行二十五字無版框　綫裝　一冊

善4055
芑山文集三十三卷　（明）張自烈撰
　清抄本　佚名批
　九行二十字小字雙行同無版框　金鑲玉　一冊
　存五卷：序一至三、傳記二至三

馮善2370
馮侍郎遺書八卷附錄二卷　（明）馮京第撰　馮貞群編
　稿本
　十一行二十四字小字雙行同上下黑口左右雙邊　毛裝　一冊
　　蘭易二卷
　　蘭史一卷
　　簞溪自課一卷
　　讀書燈一卷
　　三山吟一卷
　　簞溪集二卷
　　附錄二卷

馮善2716
鞠小正臆述一卷青村吟一卷白龍吟一卷　（明）馮京第撰
　清抄本
　九行十九字小字雙行行字不等無版框　綫裝　一冊

善4036
玄超堂藏藁一卷　（明）區懷年撰
　清初刻本
　九行十九字小字雙行同白口四周單邊　綫裝　一冊

善4106
息賢堂詩集不分卷　（明）魏耕撰
　清抄本
　十二行二十字小字雙行同無版框　毛裝　二冊

善4046
蜀使漫草一卷　（明）周元懋撰
　明崇禎刻本　朱鼎煦跋
　八行二十字白口四周單邊　綫裝　一冊

善4075
卍齋詩選二卷　（明）吳統持撰　（明）鍾啓選
　清初刻本
　九行十九字白口四周單邊　毛裝　一冊

善3785
餘餘編六卷　（明）寄傲生撰
　清抄本　朱鼎煦跋
　十行十八字小字雙行同白口左右雙邊　綫裝　一冊

清別集類

善4089
林茂之詩選二卷　（清）林古度撰
　清康熙四十九年程哲七略書堂刻本
　十行十九字上下黑口左右雙邊　毛裝　一冊

善4087
牧齋有學集五十卷　（清）錢謙益撰

集　部

清康熙刻本
　十行二十字白口左右雙邊　綫裝　十册
　存二十五卷：二十六至五十

善 4123
霜紅龕集十二卷附錄一卷　（清）傅山撰
　清乾隆十二年張氏生生堂刻本
　十行二十一字小字雙行同白口左右雙邊　綫裝　三册
　存十卷：一至十

善 4091
梅村集四十卷目錄二卷　（清）吳偉業撰
　清康熙七年顧湄等刻本
　九行十九字小字雙行同上下黑口左右雙邊　綫裝　十册

馮善 2369
吞月子集不分卷附錄一卷　（清）毛聚奎撰　馮貞群編次
　民國馮貞群抄本　張美翊跋
　十行二十七字小字雙行同無版框　毛裝　一册

善 4082
南雷文定五集四卷　（清）黃宗羲撰
　民國朱氏别宥齋抄本
　十行二十字無版框　毛裝　二册

善 4084
撰杖集一卷　（清）黃宗羲撰
　清康熙刻本　清楊用霖跋
　十二行二十二字小字雙行同下黑口左右雙邊　綫裝　一册

善 4080
黃梨洲先生南雷文約四卷　（清）黃宗羲撰
　清乾隆鄭性刻本
　十行二十字小字雙行同上下黑口四周單邊無格　綫裝　四册

善 4081
黃梨洲先生南雷文約四卷　（清）黃宗羲撰
　清乾隆鄭性刻本
　十行二十字小字雙行同上下黑口四周單邊無格　綫裝　二册

善 4090
賴古堂詩集四卷　（清）周亮工撰
　清康熙刻本
　八行十九字小字雙行同白口左右雙邊　綫裝　二册

善 4140
于清端公政書八卷外集一卷首一卷　（清）于成龍撰
　清康熙四十六年于準刻本
　八行二十字小字雙行同白口四周單邊　綫裝　六册
　存六卷：一、五至八，外集

馮善 2360
春酒堂存稿五卷　（清）周容撰　馮貞群輯
　稿本
　十三行二十四字小字雙行同無版框　毛裝　一册

馮善 2361
春酒堂詩存五卷拾遺一卷詩稿一卷目

錄四卷　（清）周容撰　馮貞群輯
　　稿本
　　十一行二十四字小字雙行同白口左
　　　右雙邊　毛裝　二册
　　存十卷：詩存一至三、五，拾遺，詩稿，
　　　目錄

善4069
春酒堂文集二卷　（清）周容撰
　　清鄭喬遷抄本
　　十行二十字無版框　綫裝　二册

善4071
春酒堂文存一卷　（清）周容撰
　　清抄本　清夕畦識
　　九行二十五字無版框　綫裝　一册

馮善2359
春酒堂文存一卷　（清）周容撰
　　清抄本　馮貞群跋
　　十三行二十三字無版框　綫裝　一
　　　册

善4074
周鄮山先生文稿不分卷　（清）周容撰
　　清抄本　沈曼卿跋
　　九行二十字白口四周單邊無版框　綫
　　　裝　二册

善4067
包飲和詩集八卷　（清）包啟楨撰
　　民國朱氏別宥齋抄本
　　八行三十二字小字雙行二十九字白
　　　口左右雙邊　綫裝　四册

善4120
白茅堂集四十六卷　（清）顧景星撰
　　清康熙刻本
　　十一行二十一字小字雙行同白口四
　　　周雙邊　綫裝　一册
　　存二卷：一至二

善4112
杲堂文鈔六卷詩鈔七卷　（清）李鄴嗣撰
　　清康熙刻本　佚名跋
　　九行二十二字上下黑口左右雙邊　綫
　　　裝　四册

善4113
杲堂文鈔六卷詩鈔七卷　（清）李鄴嗣撰
　　清康熙刻本
　　九行二十二字小字雙行同上下黑口
　　　左右雙邊　綫裝　五册

善4110
杲堂文鈔四卷　（清）李鄴嗣撰
　　清衣德樓抄本　清李厚建批校
　　九行二十二字白口四周雙邊　綫裝
　　　三册

善4111
杲堂內集六卷外集四卷　（清）李鄴嗣撰
　　清衣德樓抄本　清李厚建批校
　　九行二十五字小字雙行同白口四周
　　　雙邊　綫裝　四册

善4187
消瘦集十四卷　（清）周柯云撰
　　清周廣業抄本
　　行不等行字不等小字雙行行字不等
　　　無版框　金鑲玉　四册

集　部

善 4143
墨陽集不分卷　（清）董劍鍔撰
　清道光二年董懋遜看雲山房抄本　朱鼎煦跋
　二十二行三十字上下黑口四周雙邊　綫裝　一册

善 4170
南邨詩橐甲集八卷乙集八卷　（清）潘高撰
　清康熙鶴江草堂刻本
　九行二十一字小字雙行同白口四周單邊　綫裝　一册

善 4163
雪園集四卷　（清）單隆周撰
　清刻本
　九行二十字小字雙行同白口四周單邊　綫裝　一册

善 4119
寒松堂全集十二卷年譜一卷　（清）魏象樞撰
　清嘉慶十六年魏煜刻本
　十行二十字小字雙行行字不等下黑口左右雙邊　綫裝　十二册

善 4118
兼濟堂詩選十卷文選十四卷疏稿二卷　（清）魏裔介撰
　清康熙七年刻本
　九行十九字小字雙行同白口左右雙邊　綫裝　四册
　存十卷：詩選

善 4097
七松遊一卷　（清）范光文撰
　清康熙刻本
　八行十八字小字雙行同白口四周單邊無格　毛裝　一册

善 4098
寤憶一卷　（清）范光文撰
　清康熙刻本
　八行十八字小字雙行同白口四周單邊無格　毛裝　一册

善 4117
施愚山先生全集　（清）施閏章撰
　清康熙至乾隆刻本（文集卷一爲抄配）
　十一行二十一字小字雙行同白口四周雙邊　綫裝　四册
　存一種二十八卷：
　　施愚山先生學餘文集二十八卷

善 4099
世書堂稿二十三卷　（清）吳國縉撰
　清順治十七年吳氏世書堂刻本
　九行二十二字小字雙行同白口四周單邊　綫裝　七册
　存二十卷：一至二、六至二十三

善 4100
澹圃詩稿□□卷
　清初刻本
　八行二十二字小字雙行同白口四周單邊　綫裝　一册
　存一卷：七律一

善 4122
堯峰文鈔五十卷　（清）汪琬撰
　清康熙三十二年林佶寫刻本
　十三行二十五字小字雙行同上下黑

口左右雙邊　綫裝　四册

善 4104
託素齋詩集四卷文集六卷　（清）黎士
　弘撰　**行述一卷**　（清）劉元慧撰
　清雍正二年黎致遠刻本
　九行二十一字小字雙行同上黑口左
　　右雙邊　綫裝　十二册
　存七卷：文集、行述

善 4155
帶經堂集九十二卷　（清）王士禎撰
　清康熙四十九至五十年程氏七略書
　　堂刻本
　十行十九字小字雙行行字不等白口
　　左右雙邊　綫裝　二十册

善 4153
漁洋山人精華録十卷　（清）王士禎撰
　清康熙三十九年林佶寫刻本
　十一行二十一字小字雙行行字不等
　　白口左右雙邊　綫裝　二册

善 4154
漁洋山人精華録箋注十二卷補一卷
　（清）王士禎撰　（清）金榮箋注　**年
　譜一卷附録一卷**
　清金氏鳳翙堂刻本
　十一行二十字小字雙行三十字白口
　　左右雙邊　綫裝　六册

善 4148
安序堂文鈔三十卷　（清）毛際可撰
　清康熙刻本
　九行十九字小字雙行同白口四周單
　　邊　綫裝　六册

善 4105
栩栩園詩二卷京邸吟一卷　（清）屠粹
　忠撰
　清康熙刻本　朱鼎煦跋
　八行十九字小字雙行同白口四周雙
　　邊無格　綫裝　一册

善 4121
黃湄詩選七卷　（清）王又旦撰
　清康熙刻本
　十行十九字小字雙行同上下黑口四
　　周單邊　綫裝　一册

善 4095
灉廬淮潁集一卷江漢集一卷　（清）王
　治皞撰
　清刻本　朱鼎煦跋
　八行二十字白口左右雙邊無格　毛
　　裝　一册

善 4096
證山堂集八卷　（清）周斯盛撰
　清康熙刻本
　十一行二十一字小字雙行同上下黑
　　口四周雙邊　綫裝　二册

善 4114
蔣山傭詩集六卷　（清）顧炎武撰　**同
　志贈言一卷**　（清）沈岱瞻輯
　清沈岱瞻抄本　清顧竹賢　戴望
　　蔣蘇盦跋
　十一行二十四字小字雙行行字不等
　　無版框　毛裝　二册

善 4115
茗柯詩集三卷　（清）劉夢興撰
　清順治十七年刻本　佚名跋

集 部

八行十八字小字雙行同白口四周單邊　綫裝　二册

善 4165

惢泉詩漸刪存第一集一卷　（清）聞性道撰
　清康熙二十七年懷流堂刻本　朱鼎煦跋
　九行二十一字小字雙行同白口四周雙邊　綫裝　一册

善 4103

廓菴行籟一卷　（清）釋廓庵撰
　清康熙六年刻本
　八行十九字白口四周雙邊無格　綫裝　一册

善 4181

梅莊集二卷　（清）張遠撰
　清康熙刻本
　十行二十字白口四周單邊　綫裝　一册

善 4182

春草堂文約一卷　（清）謝爲雯撰
　清道光三年攬秀堂刻本　清徐時棟跋
　十行二十四字上黑口四周單邊　綫裝　一册

善 4156

綿津山人詩集二十四卷探梅詩一卷楓香詞一卷　（清）宋犖撰
　清康熙刻本
　十行十九字小字雙行同白口四周單邊　綫裝　八册

善 4157

綿津山人詩集二十九卷楓香詞一卷漫堂說詩一卷　（清）宋犖撰
　清康熙刻本
　十行十九字小字雙行同白口四周單邊　綫裝　四册

善 4093

抱犢山房集六卷　（清）嵇永仁撰
　清雍正刻本
　九行十九字小字雙行同上下黑口左右雙邊　綫裝　二册

善 4144

邵子湘全集三十卷　（清）邵長蘅撰
邵氏家録二卷
　清康熙青門草堂刻本　清楊泰亨跋
　十行二十一字小字雙行同上下黑口左右雙邊　綫裝　八册
　青門簏稾十六卷
　青門旅稾六卷
　青門賸稾八卷
　邵氏家録二卷

善 4145

邵子湘全集三十卷　（清）邵長蘅撰
邵氏家録二卷
　清康熙青門草堂刻本
　十行二十一字小字雙行同上下黑口左右雙邊　綫裝　六册
　存二十四卷：
　　青門簏稾十六卷
　　青門旅稾六卷
　　青門賸稾八卷（存二卷：一至二）

善 4141

回文詩一卷　（清）萬斯同撰

清抄本
行不等行字不等白口四周雙邊　毛裝　一冊

善 4912
新樂府詞一卷　（清）萬斯同撰
清同治八年陳魚門刻本　許懸批并跋
十行二十一字小字雙行同上下黑口左右雙邊無格　綫裝　一冊

馮善 2452
管村編年詩六卷　（清）萬言撰
稿本
十行二十字小字雙行同無版框　綫裝　一冊

馮善 2454
管村先生文鈔內編三卷　（清）萬言撰
清徐氏烟嶼樓抄本
十行二十一字小字雙行同上下黑口左右雙邊　綫裝　三冊

善 4102
己未新詠一卷　（清）吳三錫撰
清康熙十八年刻本
九行十八字白口四周單邊無格　綫裝　一冊

善 4107
棲碧不分卷
清抄本　朱鼎煦跋
九行二十四字白口四周單邊　綫裝　一冊

善 4108
秦川公詩文續選二卷　（清）鄭溱撰

清抄本
十一行二十四字小字雙行同白口四周雙邊　綫裝　一冊

善 4172
芝源適意草一卷　（清）丘克承撰
清康熙刻本
九行二十二字小字雙行同白口四周雙邊　綫裝　一冊

善 4189
橫雲山人集二十七卷颺言集五卷　（清）王鴻緒撰
清康熙刻本
十行十九字小字雙行同上下黑口左右雙邊　綫裝　八冊
存二十七卷：橫雲山人集

善 4116
湖海樓詩集八卷　（清）陳維崧撰
清康熙二十八年陳宗石患立堂刻本
十二行二十二字小字雙行同上黑口左右雙邊　綫裝　二冊

善 4150
曝書亭集八十卷　（清）朱彝尊撰　**附錄一卷笛漁小槀十卷**　（清）朱昆田撰
清康熙五十三年朱稻孫刻本
十二行二十三字白口左右雙邊　綫裝　十二冊

善 4109
焚餘集二卷　（清）李涵撰　（清）李厚建輯
清抄本　清張培基跋
九行二十五字小字雙行同白口四周

集　部

　　　雙邊　綫裝　一冊

善 4101

野眺樓近草九卷　（清）張瑤芝撰
　清康熙十九年刻本
　十行二十二字小字雙行同白口左右
　　雙邊　綫裝　一冊

馮善 2401

野眺樓近草八卷　（清）張瑤芝撰
　清徐氏烟嶼樓抄本
　十行二十一字小字雙行同上下黑口
　　左右雙邊　綫裝　一冊

善 4160

黃葉邨莊詩集八卷續集一卷後集一卷
　（清）吴之振撰
　清康熙刻本　清沈閶昆　朱鼎煦跋
　十行十九字小字雙行同上下黑口左
　　右雙邊　綫裝　二冊

善 4162

懷清堂集二十卷　（清）湯右曾撰　**首一卷**
　清乾隆十一年湯學基等刻本
　十行二十一字小字雙行同白口左右
　　雙邊　綫裝　四冊
　存二十卷：懷清堂集

善 4158

寒村詩文選三十六卷　（清）鄭梁撰
　清康熙紫蟾山房刻增修本
　九行二十字小字雙行同上下黑口左
　　右雙邊　綫裝　十四冊
　　見黃稿詩刪五卷
　　五丁詩稿五卷
　　安庸集一卷
　　玉堂集一卷
　　歸省偶錄一卷
　　玉堂後集一卷
　　寶善堂集二卷
　　還朝詩存一卷
　　白雲軒集二卷
　　南行雜錄一卷
　　高州詩集二卷
　　見黃稿二卷
　　五丁集二卷
　　安庸集二卷
　　雜錄二卷雜錄補一卷
　　半生亭詩集一卷
　　息尚編四卷

善 4159

寒村詩文選三十六卷　（清）鄭梁撰
　清康熙紫蟾山房刻增修本
　九行二十字小字雙行同上下黑口左
　　右雙邊　綫裝　十三冊
　　見黃稿詩刪五卷
　　五丁詩稿五卷
　　安庸集一卷
　　玉堂集一卷
　　歸省偶錄一卷
　　玉堂後集一卷
　　寶善堂集二卷
　　還朝詩存一卷
　　白雲軒集二卷
　　南行雜錄一卷
　　高州詩集二卷
　　見黃稿二卷
　　五丁集二卷
　　安庸集二卷
　　雜錄二卷雜錄補一卷
　　半生亭新刻一卷
　　息尚編四卷

善 4147
在陸草堂文集六卷 （清）儲欣撰
　　清雍正元年儲掌文淑慎堂刻本
　　九行二十二字上下黑口左右雙邊　綫裝　二冊

馮善 2427
黄編湛園集四種四卷 （清）姜宸英撰
　　民國馮貞群抄本　馮貞群跋
　　八行二十四字不等小字雙行行字不等白口四周單邊　毛裝　二冊
　　湛園集目一卷
　　詩詞拾遺一卷　（清）馮保清編輯　（清）王定祥校訂
　　探花姜西溟行卷一卷
　　湛園未刻文一卷

善 4130
葦間詩集五卷 （清）姜宸英撰
　　清康熙五十二年唐執玉刻本　清李寒溪　孫家澕跋
　　十一行十九字小字雙行三十八字上下黑口左右雙邊　綫裝　二冊

善 4131
葦間詩集五卷 （清）姜宸英撰
　　清康熙五十二年唐執玉刻本
　　十一行十九字小字雙行三十八字上下黑口左右雙邊　綫裝　二冊

馮善 2422
葦間詩集五卷 （清）姜宸英撰
　　清康熙五十二年唐執玉刻本　清楊泰亨　馮貞群跋
　　十一行十九字小字雙行三十八字上下黑口左右雙邊　綫裝　二冊

善 4125
姜先生全集附録一卷 （清）姜宸英撰　（清）王定祥輯　**詩詞拾遺一卷**（清）馮保清輯　（清）王定祥校訂
　　稿本
　　行不等行字不等白口四周單邊雙邊兼有　綫裝　二冊

善 4124
姜先生全集附録二卷 （清）姜宸英撰　（清）王定祥輯
　　清光緒稿本
　　十行二十字小字雙行同上下黑口四周雙邊　綫裝　二冊

馮善 2429
慈谿姜先生全集補遺一卷附録二卷 （清）姜宸英撰　馮貞群輯　**西溟文鈔校記一卷**　潘承弼撰
　　一九五二年馮貞群抄本
　　十行二十字小字雙行同無版框　綫裝　三冊

善 4127
探花姜西溟先生增定全稿 （清）姜宸英撰
　　清抄本
　　十行二十字小字雙行同白口四周雙邊　毛裝　一冊

善 4128
湛園藏稿四卷 （清）姜宸英撰
　　清抄本　清范文榮跋
　　行不等行字不等白口無版框　毛裝　四冊

善 4135

集　部

湛園未定藁六卷　（清）姜宸英撰
　清康熙二十年二老閣刻本
　　十行二十字下黑口左右雙邊　綫裝
　　四册

善 4134
湛園未定藁六卷　（清）姜宸英撰
　清康熙二十年二老閣刻本　清王定
　　祥　姜仲邕跋
　　十行二十字下黑口左右雙邊　綫裝
　　四册

善 4139
姜湛園集附錄二卷　（清）姜宸英撰
　（清）王定祥輯
　民國馮貞群抄本　馮貞群跋
　　十行二十字小字雙行同無版框　毛
　　裝　一册

馮善 2428
湛園未刻稿不分卷　（清）姜宸英撰
　清抄本　馮貞群校并跋
　　十二行二十四字白口無版框　綫裝
　　一册

善 4132
姜西溟先生文鈔四卷　（清）姜宸英撰
　清乾隆四年趙侗敦匪懈堂刻本　清
　　王定祥批并跋
　　十二行二十四字小字雙行同上下黑
　　口四周雙邊　綫裝　二册

善 4220
澄懷園詩選十二卷　（清）張廷玉撰
　清乾隆二年刻本
　　十行十九字小字雙行行字不等白口
　　左右雙邊　綫裝　二册

善 4306
敬業堂詩集參正二卷　（清）吴昂駒撰
　（清）朱洪批校
　稿本
　　十行行字不等無版框　綫裝　一册

善 4142
思綺堂文集十卷　（清）章藻功撰
　清康熙五十七年刻本
　　十行二十二字小字雙行同白口四周
　　單邊　綫裝　十册

善 4151
雲川閣集詩六卷詞一卷　（清）杜詔撰
　清康熙刻本
　　十行二十一字小字雙行同白口左右
　　雙邊　綫裝　二册

善 4161
顧俠君詩集九卷　（清）顧嗣立撰
　清康熙刻本
　　十一行二十一字小字雙行三十三字
　　白口左右雙邊　綫裝　二册
　　金焦集一卷
　　山陰集一卷
　　大小雅堂詩集五卷
　　噉荔集二卷

善 4190
横山文鈔二十五卷　（清）裘璉撰
　清易皆軒抄本
　　十行二十四字小字雙行同白口四周
　　單邊　綫裝　二册
　存六卷：一至三、七至九

善 4201
白蒲子詩編十七卷　（清）姜任修撰

清乾隆刻本
十行十九字小字雙行同白口左右雙邊　綫裝　四册
存十一卷：七至十七

善 4184
尊德堂詩鈔二十四卷　（清）胡國楷撰
清抄本
十二行十九字小字雙行行字不等無版框　毛裝　八册

善 4217
樊榭詩鈔一卷　（清）厲鶚撰
清計飴孫抄本　佚名跋
十二行三十二字小字雙行同無版框　毛裝　一册

善 4198
松梧閣詩集一卷二集一卷三集一卷四集一卷　（清）李暾撰
清雍正、乾隆刻本
十一行十九字小字雙行同白口四周單邊　綫裝　一册
存二卷：二集、三集

馮善 2499
冰雪集一卷　（清）萬承勛撰
稿本
十行十八字小字雙行同無版框　綫裝　一册

馮善 2500
選冰雪集一卷　（清）萬承勛撰
稿本
十五行二十八字小字雙行行字不等無版框　綫裝　一册

善 4211
冰雪集五卷　（清）萬承勛撰
清康熙五十四年刻本　朱鼎煦跋
十行十九字小字雙行同上下黑口四周單邊　綫裝　一册

善 4212
冰雪集五卷　（清）萬承勛撰
清康熙五十四年刻本
十行十九字小字雙行同上下黑口四周單邊　綫裝　一册
存三卷：一至三

馮善 2501
恭壽堂編年文鈔一卷雜著一卷　（清）萬承勛撰
稿本　清金埴跋
九行二十五字小字雙行行字不等無版框　綫裝　一册

馮善 2502
勉力集□□卷　（清）萬承勛撰
稿本
九行二十六字小字雙行行字不等無版框　綫裝　一册
存二卷：二至三

馮善 2515
焦明詩不分卷　（清）李鍇撰
清抄本　清陳古銘批并跋　馮貞群跋
十行二十七字小字雙行同無版框　綫裝　一册

善 4183
宛委山人詩集十六卷　（清）劉正誼撰
清雍正刻乾隆四年續刻本

集部

十行十九字小字雙行行字不等白口
左右雙邊　綫裝　四冊

善 4188
西堂詩草一卷　（清）董元成撰
稿本
八行二十字無版框　綫裝　一冊

善 4164
學山堂自灌園偶書八卷　（清）周餘民撰
稿本
九行二十四字小字雙行行字不等白
口四周單邊　綫裝　八冊

善 4167
後甲集二卷　（清）章大來撰
清康熙五十六年百可堂自刻本
十行十九字小字雙行行字不等上下
黑口四周單邊　綫裝　一冊

善 4169
後甲集二卷　（清）章大來撰
清康熙五十六年百可堂自刻本
十行十九字小字雙行行字不等上下
黑口四周單邊　綫裝　一冊

善 4168
後甲集二卷　（清）章大來撰
清康熙五十六年百可堂自刻本　朱
鼎煦跋
十行十九字小字雙行行字不等上下
黑口四周單邊　綫裝　一冊

善 4292
虎丘百詠不分卷　（清）施於民撰
清乾隆二十八年施興宗抄本　清施

禮潼跋
八行十七字無版框　綫裝　二冊

善 4293
琴齋詩草一卷　（清）顧淑慎撰　（清）
顧厲璠錄
清嘉慶十三年刻本
八行十八字小字雙行同白口左右雙
邊　綫裝　一冊

善 4180
蕉園集三卷　（清）張遠撰
清刻本　佚名跋
十行二十字白口四周單邊　毛裝　一
冊

善 4185
鯖豆集四十卷　（清）毛德遴撰
稿本　清吳國光　王一辰跋
八行二十字無版框　綫裝　七冊
存三十七卷：一至三十七

善 4186
閱畊集六卷　（清）閻圻撰
清雍正七年刻本
八行二十三字小字雙行同白口左右
雙邊　綫裝　一冊
存四卷：一至四

善 4263
雲汀詩鈔四卷　（清）張賓鶴撰
清乾隆五十六年怡府刻本
八行十九字小字雙行同白口四周雙
邊　綫裝　二冊

善 4260
北田集四種　（清）江浩然撰

清乾隆刻本
十一行二十字白口四周單邊　綫裝二冊
存二種二卷：
　北田詩臆一卷
　江湖客詞一卷

善 4261
采菊山人詩集十四卷　（清）范從徹撰
稿本
九行二十字小字雙行同白口無版框綫裝　一册

善 4262
長木齋詩文草三卷　（清）羅淼撰
稿本
八行二十二字小字雙行行字不等無版框　毛裝　三册

善 4265
沈小詠詩稿不分卷　（清）沈天璣撰
稿本　清元爔跋
七行十九字小字雙行行字不等無版框　毛裝　三册

善 4266
銅鶴山人遺艸四卷　（清）金璧撰
清抄本　佚名批
十行二十一字小字雙行行字不等白口左右雙邊　綫裝　二册

善 4267
小倉山房文集三十一卷詩集三十二卷補遺二卷外集七卷　（清）袁枚撰
清刻本
十一行二十一字小字雙行同白口左右雙邊　綫裝　二十册

存七十一卷：文集、詩集、補遺一、外集

善 4249
小山詩鈔十一卷　（清）鄒一桂撰
清乾隆三十五年刻本　清春嵎跋
九行二十一字小字雙行同上下黑口左右雙邊　綫裝　四册

善 4248
洞庭集二卷閩嶠集二卷　（清）桑調元撰
清乾隆修汲堂刻本
十一行二十字小字雙行同白口左右雙邊　綫裝　一册

馮善 2519
磊園詩刪四卷　（清）徐嵩高撰
稿本
八行二十五字小字雙行行字不等無版框　綫裝　三册
存三卷：一、三至四

善 4269
御風蟬吟錄二卷　（清）湯滏撰
稿本
九行二十五字小字雙行同白口四周單邊　綫裝　二册

善 4227
鮚埼亭集四十九卷　（清）全祖望撰　全謝山先生世譜一卷年譜一卷　（清）董秉純撰
清抄本
十行二十一字小字雙行同無版框　毛裝　四册
存二十六卷：一至五、二十至三十八，

集部

世譜,年譜

馮善 2538
鮚埼亭集三十八卷首一卷 （清）全祖望撰 （清）蔣學鏞等編 **年譜一卷**（清）董秉純撰
　清抄本　清蔣學鏞批校并跋
　十行二十字小字雙行同白口左右雙邊　綫裝　七册
　存三十四卷：一至二十八、三十四至三十八,年譜

馮善 2544
鮚埼亭集三十八卷首一卷外編五十卷全謝山先生經史問答十卷　（清）全祖望撰
　清嘉慶九年史夢蛟借樹山房刻同治十一年印本(首一卷配民國馮貞群抄本）　馮貞群批并跋
　十行二十一字小字雙行同白口左右雙邊　綫裝　二十四册

善 4221
鮚埼亭集三十八卷年譜一卷全謝山先生經史問答十卷　（清）全祖望撰
　清嘉慶九年餘姚史夢蛟借樹山房刻本　佚名跋
　十行二十一字小字雙行同白口左右雙邊　綫裝　十二册

善 4225
全謝山先生鮚埼亭集文外五十二卷（清）全祖望撰
　清抄本
　十行二十一字小字雙行同無版框　綫裝　十册

馮善 2539
鮚埼亭集二十二卷　（清）全祖望撰
　清抄本
　十一行二十四字小字雙行同無版框　綫裝　六册

善 4226
全謝山先生鮚埼亭集十六卷外集五十卷　（清）全祖望撰
　清鴻慶堂抄本
　十行二十二字小字雙行同白口四周雙邊　綫裝　二十六册

馮善 2541
鮚埼亭集外編不分卷　（清）全祖望撰
　清抄本
　九行二十字小字雙行同無版框　綫裝　三册

善 4231
鮚埼亭外集五十卷雜錄一卷　（清）全祖望撰
　清抄本
　十行二十五字無版框　毛裝　九册
　存三十五卷：一至十、十三至二十、二十六至三十五、三十七至三十八、四十一至四十三、四十八至四十九

善 4231-1
鮚埼亭外集五十卷雜錄一卷　（清）全祖望撰
　清抄本
　十至十一行不等行二十一至二十二字不等無版框　毛裝　四册
　存二十卷：一至十、二十六至三十五

馮善 2545

鮚埼亭詩集十卷　（清）全祖望撰
　　清抄本　清馮登府跋
　　十行二十二字小字雙行同白口左右
　　　雙邊　綫裝　二冊

馮善2546－1
鮚埼亭詩集五卷　（清）全祖望撰
　　清抄本
　　九行二十五字小字雙行同無版框　毛
　　　裝　一冊

馮善2546－2
鮚埼亭詩集四卷　（清）全祖望撰
　　清抄本
　　十行二十一字小字雙行同白口左右
　　　雙邊　毛裝　一冊

馮善2546
鮚埼亭詩集不分卷　（清）全祖望撰
　　清抄本　清全祖望批　馮貞群跋
　　十四行二十九字小字雙行行字不等
　　　白口無版框　綫裝　一冊

馮善2552
鮚埼亭題跋十卷目錄一卷　（清）全祖
　　望撰　（清）鄭勛編
　　稿本
　　十二行二十一字小字雙行同白口無
　　　版框　綫裝　三冊
　　存八卷：一至七、目錄

善4233
謝山雜著不分卷　（清）全祖望撰
　　清乾隆四十六年全祖述抄本
　　十六行行字不等小字雙行行字不等
　　　無版框　毛裝　一冊

善4234
勾餘土音三卷　（清）全祖望撰
　　清抄本　童庚釗跋
　　十二行二十四字小字雙行同無版框
　　　綫裝　一冊

善4235
全謝山先生句餘土音六卷　（清）全祖
　　望撰
　　清抄本
　　九行二十字小字雙行同無版框　毛
　　　裝　一冊

善4236
句餘土音八卷　（清）全祖望撰
　　清抄本　佚名跋
　　十行二十字小字雙行同無版框　毛
　　　裝　一冊

善4237
勾餘土音六卷　（清）全祖望撰
　　清抄本　清鄭喬遷跋
　　十行二十二字小字雙行同無版框　綫
　　　裝　一冊

善4247
沈歸愚詩文全集七十五卷　（清）沈德
　　潛撰
　　清乾隆教忠堂遞刻本
　　十行十九字小字雙行同白口左右雙
　　　邊　綫裝　二十冊
　　　沈德潛自訂年譜一卷
　　　歸愚詩鈔二十卷
　　　歸愚詩鈔餘集十卷
　　　歸愚詩餘一卷
　　　歸愚文鈔二十卷
　　　歸愚文鈔餘集八卷

集　部

　　歸田集三卷
　　八秩壽序壽詩一卷
　　九秩壽序壽詩一卷
　　說詩晬語二卷
　　黃山遊草一卷
　　台山遊草一卷
　　南巡詩一卷
　　浙江通省志圖說一卷
　　矢音集四卷

善 4259
水南灌叟遺稿六卷　（清）羅暹春撰
　　清乾隆四十八年二畝園刻本
　　八行二十一字小字雙行同白口左右
　　　雙邊　綫裝　五冊
　　存五卷：一至五

善 4258
古趣亭未定草七卷　（清）范家相撰
　　稿本
　　九行二十四字小字雙行同白口左右
　　　雙邊　毛裝　一冊

善 4244
冬心先生集四卷三體詩一卷畫竹題記一卷　（清）金農撰
　　清雍正十一年廣陵般若庵刻本
　　十行十八字白口左右雙邊　金鑲玉
　　　四冊

善 4245
板橋集五卷　（清）鄭燮撰
　　清乾隆刻本
　　各書行款版式不一　綫裝　一冊
　　存二卷：
　　　板橋家書一卷
　　　板橋題畫一卷

善 4246
板橋集五卷　（清）鄭燮撰
　　清乾隆刻本
　　各書行款版式不一　綫裝　二冊
　　　板橋詩鈔二卷
　　　板橋家書一卷
　　　板橋題畫一卷
　　　板橋詞鈔一卷

善 4257
寶光鼐文稿不分卷　（清）寶光鼐撰
　　清抄本　朱鼎煦跋
　　十一行二十五字小字雙行同無版框
　　　綫裝　一冊

善 4264
寶素軒自訂初稿十五卷　（清）周一鵬撰
　　稿本
　　九行二十一字白口左右雙邊　綫裝
　　　六冊

善 4218
補瓢存稿六卷　（清）韓騏撰
　　清乾隆二十三年南蔭書屋刻本
　　八行十八字小字雙行同白口左右雙
　　　邊　綫裝　二冊

善 4171
堪齋集二卷　（清）錢嘏撰
　　清康熙三十五年刻本
　　十行十九字小字雙行行字不等白口
　　　左右雙邊　綫裝　一冊

善 4174
固哉叟詩鈔八卷　（清）高孝本撰
　　清乾隆三十一年金永昌刻本

善 4176
苑青集十九卷 （清）陳至言撰
　清康熙刻本
　九行二十字小字雙行同白口四周單邊　綫裝　六册

善 4178
自知集二卷 （清）姚廷謙撰
　清雍正刻本
　十行十九字上下黑口左右雙邊　綫裝　一册

善 4253
松桂讀書堂集十五卷 （清）姚培謙撰
　清乾隆刻本
　十行十九字小字雙行行字不等上下黑口左右雙邊　綫裝　二册
　存八卷：詩集一至八

馮善 2508
陶陶軒詩集總抄三卷 （清）史榮撰
　清馮雲溪抄本　張美翊　馮貞群跋
　九行二十二字小字雙行同無版框　綫裝　一册
　存一卷：二

善 4197
陶陶軒詩集十二卷 （清）史榮撰
　清嘉慶十四年陳權綠字山房抄本　清陳權跋
　九行二十二字小字雙行同白口四周單邊　綫裝　四册

善 4196
陶陶軒詩稿十卷 （清）史榮撰
　清林璋風荷書屋抄本
　十行二十三字小字雙行同白口無版框　毛裝　二册

善 4191
冰玉集□□卷冰玉後集□□卷卮言二卷南樓日記□□卷天放集□□卷（清）周維械撰
　稿本　清袁一清　沈堡跋
　九行二十四至二十八字無版框　綫裝　十三册
　存十九卷：冰玉集一、六至十二、十九至二十，冰玉後集道說上下、太平策上，卮言上下，南樓日記一、五至六，天放集歷朝論一

善 4199
弇山集錄二卷 （清）王霖撰
　清稿本
　六行行字不等小字雙行行字不等白口無版框　綫裝　一册

善 4179
吹萬閣詩鈔六卷 （清）顧詒禄撰
　清乾隆五年刻本　清南軒　朱鼎煦跋
　十行二十一字小字雙行行字不等白口左右雙邊　金鑲玉兼毛裝　一册

善 4216
南漪先生遺集四卷 （清）張燴撰
　清乾隆刻本　清徐時棟跋
　十行十九字白口左右雙邊　綫裝　二册

集部

善 4192
大雅堂初櫜文八卷補編一卷詩六卷續櫜文八卷補編一卷詩十卷半谷居詩話二卷 （清）鄒方鍔撰
清乾隆二十七年刻本
十行十九字小字雙行同白口左右雙邊　綫裝　六冊

馮善 2599
臺山文藁一卷 （清）羅有高撰
清道光三年陳喬遷抄本　清柳東跋
九行二十四字白口無版框　綫裝　一冊

善 4275
采蘭堂詩文稿不分卷 （清）谷際岐撰
稿本
行不等行字不等小字雙行行字不等無版框　綫裝　一冊

善 4255
庚寅詩稿一卷甕松山房雜文偶存一卷（清）孫世儀撰
稿本
十行行字不等白口四周雙邊　綫裝　二冊

善 4251
西溪詩存一卷 （清）釋觀我撰
清乾隆三十七年刻本
八行十九字上下黑口左右雙邊　綫裝　一冊

善 4270
半山吟一卷 （清）周大業撰　**續半山吟一卷** （清）周廣業撰
清種松書塾抄本　周廣業校并跋

十行二十字小字雙行同上下黑口左右雙邊　綫裝　一冊

善 4213
野雲居詩稿二卷 （清）鄭竺撰
稿本　朱鼎煦跋
十行二十字白口四周單邊　綫裝　一冊

善 4202
補亭詩集十卷 （清）王畮撰
清康熙、乾隆刻本
十行二十一字小字雙行同上下黑口左右雙邊　綫裝　二冊

善 4206
九山類稿三卷詩文二卷近稿偶存一卷（清）倪象占撰
稿本
十一行二十一字小字雙行同　毛裝　六冊

善 4207
鐵如意齋詩稿一卷 （清）倪象占撰
稿本
十行十八字白口無版框　綫裝　一冊

善 4205
鐵如意齋詩稿一卷 （清）倪象占撰
清抄本
十行十八字白口無版框　綫裝　一冊

善 3842
先甲集不分卷 （清）陳萊孝撰
清抄本

十二行行字不等小字雙行行字不等
　　無版框　綫裝　二冊

善 4274

在樸堂吟稿一卷續稿一卷　（清）方芳佩撰
　　清乾隆刻本
　　九行十八字小字雙行同白口左右雙邊　毛裝　一冊
　　存一卷：吟稿

善 4241

樗菴偶存藁一卷　（清）蔣學鏞撰
　　清嘉慶元年抄本
　　十二行二十四字小字雙行行字不等
　　無版框　毛裝　一冊

善 4242

蕉雪詩鈔一卷　（清）鄭竺撰
　　稿本　清顧楀　桂海洲　蔣學鏞批注　朱鼎煦跋
　　行不等行字不等無版框　綫裝　一冊

善 4273

冬花庵爐餘藁二卷　（清）奚岡撰
　　清臥游居士抄本　清趙之琛跋
　　九行十八字小字雙行同下黑口左右雙邊　綫裝　一冊

馮善 2645

兩當軒集二十二卷　（清）黃景仁撰
　附錄四卷攷異二卷　（清）黃志述輯
　　清光緒二年刻本　馮开批并跋
　　十一行二十二字小字雙行同上下黑口四周單邊　綫裝　四冊

馮善 2647

夢符文稿不分卷　（清）楊夢符撰
　　稿本　清錢維喬　清趙懷玉　馮貞群跋
　　九行二十字白口四周雙邊　綫裝　一冊

善 4286

荔亭詩草不分卷　（清）仲耀政撰
　　稿本　徐文若　朱鼎煦　佚名跋
　　八行十七字白口四周雙邊　綫裝　二冊

馮善 2578

春雨樓初刪稿不分卷　（清）董秉純撰
　　清抄本
　　十行二十一字白口無版框　綫裝　三冊

馮善 2579

春雨樓初刪稿十二卷　（清）董秉純撰
　　清敬遺軒盧氏抄本
　　十二行二十五字白口左右雙邊　綫裝　一冊
　　存三卷：一至三

善 4238

春雨樓百花吟一卷　（清）董秉純撰
　　清乾隆五十三年董氏刻本
　　九行二十四字小字雙行同白口四周雙邊無格　綫裝　一冊

馮善 2597

孝溪舊聞一卷書同文詩草一卷　（清）馮彥珽撰
　　清抄本　佚名批并跋
　　十一行二十四字小字雙行四十八字

集　部

　　　白口左右雙邊　綫裝　一冊

馮善 2607
邵景夫文稿不分卷　（清）邵鐸撰
　清抄本　馮貞群跋
　九行行字不等白口無版框　綫裝　一冊

馮善 2692
浮碧山館雜錄不分卷　（清）吳德旋撰
　稿本
　十一行行字不等小字雙行行字不等上下黑口四周單邊　綫裝　一冊

馮善 2734
古干亭詩集六卷文集二卷　（清）黃桐孫撰
　清抄本
　八行二十一字小字雙行同無版框　綫裝　四冊

善 4203
伴梅草堂詩存不分卷　（清）顧橺撰
　稿本　清丁敬　汪沆跋
　十行二十字白口四周單邊　綫裝　六冊

馮善 2743
秋竹詩稿不分卷　（清）顧一陸撰
　稿本　清陳權　徐汝諧　馮貞群跋
　八行十九字小字雙行行字不等白口四周雙邊　綫裝　二冊

善 4277
味餘書室全集定本四十卷目錄四卷隨筆二卷　（清）仁宗顒琰撰
　清嘉慶五年內府刻本
　九行十七字小字雙行同白口四周雙邊　綫裝　三十二冊

善 4278
味餘書室全集定本四十卷目錄四卷隨筆二卷　（清）仁宗顒琰撰
　清嘉慶五年刻本
　九行十七字小字雙行同白口四周雙邊　綫裝　二冊
　存二卷：隨筆

善 4279
笙雅堂詩集十四卷　（清）張九鐔撰
　清嘉慶刻本
　十行二十一字小字雙行同上下黑口四周雙邊　綫裝　四冊

善 1980
新坡土風一卷　（清）陳鱣　陳小弼撰
　稿本　清王朝　郭宗泰　陳夢弼　鄒黼跋
　八行十九字小字雙行行字不等無版框　綫裝　一冊

善 4276
白湖詩稿八卷文藁八卷時文一卷　（清）葉燕撰
　清小隱山莊抄本
　八行十六字無版框　綫裝　八冊

善 4312
今白華堂集六十四卷過庭筆記一卷　（清）童槐撰
　稿本
　十行二十二字小字雙行同白口四周雙邊　綫裝　十三冊

善 4317
梅花屋存藁十四卷 （清）樊廷緒撰
　　清鳴野山房抄本
　　十行二十五字小字雙行同上下黑口左右雙邊　綫裝　四冊
　　存十一卷：一至二、六至十四

善 4305
是程堂集十四卷二集四卷 （清）屠倬撰
　　清嘉慶十九至二十五年真州官舍刻本
　　十一行二十一字小字雙行同上下黑口左右雙邊　綫裝　五冊

善 4284
北涇草堂集五卷外集三卷 （清）陳棟撰
　　清道光三年周之琦劍南室刻本
　　十行二十一字白口左右雙邊　金鑲玉　六冊

善 4287
生涯百詠四卷 （清）晦香主人撰
　　清抄本
　　八行二十一字無版框　毛裝　一冊

善 4288
伴梅軒詩草一卷 （清）顧槤撰
　　稿本
　　九行二十一字小字雙行行字不等無版框　毛裝　一冊

善 4268
長真閣詩鈔七卷詩餘一卷 （清）席佩蘭撰
　　清抄本　清姚燮評注
　　八行二十四字小字雙行同無版框　毛裝　二冊

善 4290
不律唫一卷 （清）蔡名衡撰
　　稿本
　　十行二十字白口四周雙邊　綫裝　一冊

善 4291
雙城草一卷 （清）鄧元焌撰
　　清抄本
　　八行十八字小字雙行同無版框　綫裝　一冊

善 4295
二硯窩未定稿一卷附書目一卷畫目一卷 （清）鄭勳撰
　　稿本
　　十行二十四字小字雙行行字不等無版框　毛裝　一冊

馮善 2680
二硯窩文一卷 （清）鄭勳撰
　　稿本　馮貞群跋
　　八行二十字白口四周雙邊　綫裝　一冊

馮善 2681
二硯窩詩稿偶存五卷閒情偶寄一卷 （清）鄭勳撰
　　稿本　清徐時棟跋
　　九行二十四字小字雙行同無版框　綫裝　一冊

善 4271

集　部

課餘吟艸不分卷　（清）鄭耀潢撰
　稿本　清王渥　蔡之銘　周遵祖跋
　九行二十字上黑口四周單邊　綫裝
　　一册

善4294
生香館詩二卷詞二卷　（清）李佩金撰
　清嘉慶二十四年刻本
　十一行十九字白口左右雙邊　綫裝
　　一册

善4272
小林詩鈔一卷　（清）虞廷寀撰
　清抄本　清鄭喬遷校
　十行二十二字小字雙行同無版框　毛
　　裝　一册

馮善2755
瘦華盦詩稿一卷玉雪軒主草稿一卷桃花渡榜謳二卷二箪廬漫唱一卷
　（清）周世緒撰
　稿本　清沈默　黄桐孫　黄維岳
　　馮貞群跋
　行不等行字不等無版框　毛裝　七
　　册

馮善2756
瘦華盦留删艸一卷銅餅瓦硯之邁詞藁三卷　（清）周世緒撰
　稿本　清沈默　馮貞群跋
　八行十九字白口四周單邊　毛裝　二
　　册

馮善2761
簾莊詩草不分卷　（清）周簾莊撰
　稿本　馮貞群批并跋
　八行二十字小字雙行同白口四周單
　　邊　毛裝　一册

馮善2768
襄陵詩草不分卷　（清）孫家穀撰
　稿本
　九行行字不等小字雙行行字不等白
　　口四周單邊　毛裝　一册

馮善2769
襄陵詩詞稿不分卷　（清）孫家穀撰
　清抄本　馮貞群跋
　十行行字不等小字雙行行字不等上
　　黑口左右雙邊　綫裝　三册

馮善2775
正始堂集一卷　（清）施澐撰　**九華仙館集一卷**　（清）陳筠湘撰
　清抄本
　九行二十五字小字雙行同無版框　綫
　　裝　一册

馮善2792
復莊詩初稿二卷　（清）姚燮撰
　稿本
　十二行行字不等小字雙行行字不等
　　四周雙邊　綫裝　一册

馮善2794
復莊文稿不分卷　（清）姚燮撰　**小復詩稿不分卷**　（清）姚夑撰
　稿本
　九行行字不等白口四周雙邊　綫裝
　　二册

馮善2793
復莊駢儷文㩀二編八卷　（清）姚燮撰
　稿本　清蔣敦復　趙榮光批校并跋

十行二十一字白口左右雙邊　綫裝
四冊

善4338
西滬櫂歌一卷　（清）姚燮撰
　稿本　清王硯農跋
　十一行行字不等小字雙行行字不等
　白口左右雙邊　綫裝　一冊

善4337
紅犀館詩課八卷　（清）姚燮　王蒔蘭
　等撰
　稿本
　十一行行字不等小字雙行行字不等
　白口四周雙邊　綫裝　二冊
　存三卷：五至七

馮善2795
復莊先生詩問稿七卷　（清）姚燮撰
　稿本　清佘文植　周學濂　厲志等
　批校并跋
　九行行字不等白口四周單邊　綫裝
　三冊

善4335
復莊詩問一卷　（清）姚燮撰
　清郭傳璞抄本
　十行二十一字小字雙行同白口四周
　雙邊　毛裝　一冊

善4340
琴詠樓詩酌一卷　（清）姚景燮撰
　稿本　清王韜　陳樹滋跋
　八行二十一字無版框　綫裝　一冊

善4307
夢花樓未刪稿一卷　（清）葉元垲撰
　稿本
　十行行字不等無版框　毛裝　一冊

善4375
聽秋吟館詩集不分卷　（清）葉元垲撰
　稿本
　九行二十一字小字雙行同無版框　毛
　裝　一冊

善4308
存存集十六卷觚賸一卷　（清）余穀撰
　稿本
　八行十六字小字雙行行字不等無版
　框　毛裝　十二冊

善4309
辛卯生詩四卷　（清）吳衡照撰
　清道光刻本　朱鼎煦　清張叔未跋
　十行二十一字小字雙行同上下黑口
　左右雙邊　金鑲玉　二冊

善4310
春暉堂詩稿六卷雜著一卷　（清）董景
　沛撰
　清抄本
　十行二十一字小字雙行同無版框　毛
　裝　四冊

善4311
**湖泊寶稼堂文集稿一卷董氏譜次行次
　一卷**　（清）董瀾撰
　清抄本
　十行四十字無版框　綫裝　二冊

善4341
缾室詩存一卷　（清）王景曾撰
　稿本　清姚燮批并跋　朱鼎煦評校

集　部

并跋
　　六行二十字小字雙行行字不等白口
　　四周單邊　綫裝　一册

善 4330
運甓齋詩稿十三卷　（清）陳勱撰
　　稿本
　　八行二十字小字雙行同無版框　毛
　　裝　二册

善 4331
鱻魚璞言初稿一卷　（清）吳清瑞撰
　　稿本
　　九行行字不等小字雙行行字不等白
　　口四周雙邊　綫裝　一册

善 4283
香南居士集六卷　（清）崇恩撰
　　清道光二十二年刻本
　　九行十八字小字雙行同白口左右雙
　　　邊　綫裝　二册

善 4298
卷柏山房詩稿一卷　（清）鮑上觀撰
　　清易皆軒抄本
　　十行行字不等白口四周單邊　毛裝
　　　一册

善 4299
白鵠山房詩鈔三卷　（清）徐熊飛撰
　　清虞山周氏鵠峰草堂抄本
　　九行二十字小字雙行同上黑口左右
　　　雙邊　綫裝　一册

善 4301
陽春一曲集二卷　（清）王宗燿撰
　　清抄本　朱鼎煦跋
　　九行二十二字無版框　綫裝　三册

馮善 2825
弢雅堂詩集四卷　（清）符葆森撰
　　清抄本　清符棣棠跋
　　九行二十一字小字雙行同白口四周
　　　雙邊　綫裝　四册

馮善 2827
煙嶼樓詩初稿一卷　（清）徐時棟撰
　　稿本
　　十行二十一字小字雙行行字不等白
　　　口四周單邊　綫裝　一册

馮善 2828
煙嶼樓詩集十八卷　（清）徐時棟撰
　　稿本
　　十行二十一字小字雙行同上下黑口
　　　左右雙邊　綫裝　二册

馮善 2829
煙嶼樓詩集一卷　（清）徐時棟撰
　　稿本
　　十行二十一字小字雙行同上下黑口
　　　左右雙邊　綫裝　一册

馮善 2830
煙嶼樓詩集二卷　（清）徐時棟撰
　　稿本
　　十行二十一字小字雙行同上下黑口
　　　左右雙邊　綫裝　二册

善 4346
徐柳泉詩稿九卷柳泉詞一卷　（清）徐
　　時棟撰
　　稿本
　　十行二十一字小字雙行行字不等白

口四周單邊　綫裝　一冊

馮善 2838
憧橋詩稿十卷　（清）徐時樑撰
　　稿本　佚名批
　　十行二十一字小字雙行同上下黑口
　　左右雙邊　綫裝　二冊

馮善 2860
詩農詩稿一卷　（清）張庭學撰
　　清徐氏烟嶼樓抄本
　　十行二十一字小字雙行同上下黑口
　　左右雙邊　綫裝　一冊

馮善 2850
望雲山館賦稿不分卷　（清）章鋆撰
　　清抄本　馮貞群跋
　　八行二十字小字雙行同白口四周雙
　　邊　綫裝　一冊

善 4348
映紅樓文稿不分卷　（清）王定祥撰
　　清抄本
　　八行二十字白口四周單邊　綫裝　一
　　冊

善 4349
映紅樓詩稿四卷　（清）王定祥撰
　　稿本（江潭集、聊復吟配王穆之光緒
　　至民國抄本）　清姚子秋　馮开
　　王穆之跋
　　八行二十一字白口四周單邊　綫裝
　　一冊
　　　寄傲集一卷
　　　扁舟集一卷
　　　江潭集一卷
　　　聊復吟一卷

善 4350
映紅樓詩稿三卷　（清）王定祥撰
　　稿本　清張翊儁　王穆之等跋
　　九行行字不等小字雙行行字不等無
　　版框　綫裝　一冊

善 4351
映紅樓詩稿五卷　（清）王定祥撰
　　稿本　清趙之蘭跋
　　九行行字不等小字雙行行字不等無
　　版框　綫裝　一冊

善 4352
映紅樓遺集文稿二卷　（清）王定祥撰
　　民國二十五年抄本
　　八行二十字無版框　綫裝　二冊

善 4353
映紅樓遺集詩四卷　（清）王定祥撰
　　民國二十六年抄本
　　十行二十一字無版框　綫裝　一冊

善 4354
映紅樓遺集詩四卷　（清）王定祥撰
　　民國抄本　佚名跋
　　八行十八字無版框　綫裝　一冊

善 4355
扁舟集一卷　（清）王定祥撰
　　稿本
　　九行二十二字小字雙行同白口四周
　　單邊　毛裝　一冊

善 4356
宜雨齋詩草一卷　（清）魏鐘撰
　　清抄本　清王定祥　魏啓萬跋
　　八行十六字小字雙行同無版框　毛

集部

　　裝　一冊

善 4358
壬子武林惜陰草堂課不分卷乙卯鳳山第一樓課不分卷　（清）楊泰亨撰
　　稿本
　　八行二十字白口四周雙邊　毛裝　一冊

善 4359
和葉艾庵白湖竹枝詞三十首一卷
（清）姚朝翮撰
　　稿本
　　九行二十字小字雙行行字不等上黑口四周雙邊　毛裝　一冊

善 4361
妙香齋集四卷　（清）楊長年撰
　　清抄本
　　十行二十字無版框　綫裝　四冊

馮善 2892
麟洲詩草八卷　（清）張翊儁撰
　　稿本　馮開跋
　　八行行字不等小字雙行行字不等無版框　綫裝　二冊

善 4366
見山樓詩稿四卷　（清）張翊儁撰
　　清抄本
　　八行二十一字小字雙行同無版框　毛裝　二冊
　　存二卷：三至四

馮善 2893
見山樓詩集四卷　（清）張翊儁撰
　　民國抄本　馮貞群　馮開跋

　　十一行二十四字小字雙行同上下黑口左右雙邊　綫裝　二冊

馮善 2894
見山樓詩選不分卷　（清）張翊儁撰
　　清光緒二十二年馮鴻墀抄本　清馮鴻墀跋
　　七至八行行字不等小字雙行行字不等無版框　綫裝　一冊

善 4368
拙尊園叢槀三卷　（清）黎庶昌撰
　　清抄本
　　十行二十五字小字雙行行字不等白口左右雙邊　毛裝　四冊

善 4369
養拙山房留刪初藁一卷　（清）王慈撰
　　稿本
　　九行二十五字小字雙行行字不等無版框　毛裝　一冊

善 4371
對山樓詩詞稿不分卷　（清）王燾撰
　　稿本
　　九行二十五字小字雙行同無版框　綫裝　一冊

善 4319
果亭古今體詩稿九卷　（清）鄭爾毅撰
　　稿本
　　八行二十字小字雙行同白口四周雙邊　毛裝　一冊

善 4320
詩稿不分卷
　　稿本

九行二十二字小字雙行同無版框　毛裝　一冊

善4321
吾悔集一卷　（清）郭傳璞撰
稿本
七行行字不等白口四周雙邊　毛裝　一冊

善4322
瓊游速藻不分卷　（清）郭傳璞撰
清金峨山館抄本
十行二十一字小字雙行同白口四周雙邊　毛裝　二冊

善4323
金峩雜箸不分卷　（清）郭傳璞撰
稿本
十行二十一字小字雙行同白口四周雙邊　毛裝　二冊

善4324
金峩山館文稿不分卷　（清）郭傳璞撰
稿本　清佚名　唐鏡沅跋
十行二十一字白口四周雙邊　毛裝　二冊

善4325
金峩山館詩稿四種四卷　（清）郭傳璞撰
稿本　清蔡籛　孫德祖　金和　孫峴　陳繼聰等跋
十行二十一字小字雙行同白口四周雙邊　毛裝　五冊
焦桐集刪存一卷
吾豈集刪存一卷
海粟集刪存一卷

紅犀館詩課刪存一卷

善4326
金峩山館詩集二卷　（清）郭傳璞撰
稿本
十行二十一字小字雙行同白口四周雙邊　毛裝　一冊

善4327
雙桐齋文稿一卷　（清）李維鏞撰
清衣德樓抄本
九行二十五字白口四周雙邊　毛裝　一冊

善4328
雙桐書屋文稿不分卷　（清）李維鏞撰
清抄本
八行二十字白口四周雙邊　綫裝　二冊

善4329
雙桐齋排律詩一卷　（清）李維鏞撰
清抄本
八行二十字白口四周雙邊　毛裝　一冊

馮善2880
浮碧山館駢文二卷　（清）馮可鏞撰
稿本
九行二十字小字雙行同無版框　綫裝　一冊

馮善2882
浮碧山館駢文二卷　（清）馮可鏞撰
民國六年寧波鈞和公司鉛印本　馮貞群　馮毓蓉跋
十一行二十三字上下黑口左右雙邊

集　部

綫裝　一册

馮善 3603
書同文詩艸一卷　（清）馮彥玨撰
　　清抄本
　　十行二十字小字雙行四十字無版框
　　綫裝　一册

馮善 2904
硯云詩稿不分卷　（清）王迪中撰
　　稿本
　　八行二十一字小字雙行同無版框　綫
　　裝　一册

馮善 2924
述古堂文稿不分卷　（清）馮一梅撰
　　稿本（册三配民國馮貞群抄本）
　　八行二十字小字雙行行字不等白口
　　四周單邊　綫裝　五册

善 4373
巢溪詩草一卷　（清）江紹華撰
　　稿本
　　七行二十字小字雙行同白口四周雙
　　邊　毛裝　一册

善 4379
白鶴山館文集不分卷　（清）鄭崇敬撰
　　稿本
　　十行二十五字白口無版框　綫裝　二
　　册

善 4380
五指山樵詩一卷　（清）馮驥聲撰
　　清抄本
　　九行二十五字小字雙行五十字白口
　　四周花邊　毛裝　一册

民國別集類

善 4381
回風堂詩三卷　馮开撰
　　稿本
　　十行二十二字小字雙行行字不等上
　　下黑口左右雙邊　毛裝　一册

善 4382
句章學隱類稿不分卷　王和之撰
　　稿本
　　九行二十二字白口四周單邊　毛裝
　　一册

善 4383
句章學隱詩存二卷類稿二卷　王和之
撰
　　稿本
　　九行二十一字小字雙行同白口四周
　　單邊　毛裝　四册

善 4384
憶存草一卷　王和之撰
　　稿本
　　十行二十一字白口四周單邊　綫裝
　　一册

總集類

叢編

善 3219、善 3220、善 3218、善 4385

七十二家集三百四十六卷附錄七十二
　卷　（明）張燮編
　明天啓、崇禎刻本
　九行十八字小字雙行同白口左右雙
　　邊　毛裝　九册
　存八種五十二卷：
　　高令公集二卷　（北魏）高允撰　附
　　　錄一卷
　　溫侍讀集二卷　（北魏）溫子昇撰
　　　附錄一卷
　　庾開府集十六卷　（北周）庾信撰
　　　附錄一卷
　　沈侍中集三卷　（南朝陳）沈炯撰
　　　附錄一卷
　　任中丞集六卷　（南朝梁）任昉撰
　　　附錄一卷
　　邢特進集二卷　（北齊）邢邵撰　附
　　　錄一卷
　　魏特進集三卷　（北齊）魏收撰　附
　　　錄一卷
　　徐僕射集十卷　（南朝陳）徐陵撰
　　　附錄一卷

馮善1981、馮善1982
七十二家集三百四十六卷附錄七十二
　卷　（明）張燮編
　明天啓、崇禎刻本
　九行十八字小字雙行同白口左右雙
　　邊　綫裝　二册
　存二種八卷：
　　馮曲陽集二卷　（漢）馮衍撰　附錄
　　　一卷
　　班蘭臺集四卷　（漢）班固撰　附錄
　　　一卷

善3215
七十二家集三百四十六卷附錄七十二

卷　（明）張燮編
　明天啓、崇禎刻本
　九行十八字小字雙行同白口左右雙
　　邊　綫裝　二册
　存一種五卷：
　　陶隱居集四卷　（南朝梁）陶弘景撰
　　　附錄一卷

善3212
漢魏六朝諸名家集一百二十三卷　（明）
　汪士賢編
　明萬曆、天啓新安汪氏刻本
　九行二十字小字雙行同白口左右雙
　　邊　綫裝　四册
　存一種十卷：
　　江文通文集十卷　（南朝梁）江淹撰

馮善3021、馮善3547
漢魏六朝二十一名家集一百二十三卷
　（明）汪士賢編
　明萬曆、天啓新安汪氏刻本
　九行二十字小字雙行同白口左右雙
　　邊　綫裝　二十八册
　存十八種九十三卷：
　　董仲舒集一卷　（漢）董仲舒撰
　　司馬長卿集一卷　（漢）司馬相如撰
　　東方先生集一卷　（漢）東方朔撰
　　揚子雲集三卷　（漢）揚雄撰
　　蔡中郎集八卷　（漢）蔡邕撰
　　嵇中散集十卷　（三國魏）嵇康撰
　　阮嗣宗集二卷　（三國魏）阮籍撰
　　陸士衡集十卷　（晉）陸機撰
　　陸士龍文集十卷　（晉）陸雲撰
　　潘黃門集六卷　（晉）潘岳撰
　　謝康樂集四卷　（南朝宋）謝靈運撰
　　顔延之集一卷　（南朝宋）顔延之撰
　　謝惠連集一卷　（南朝宋）謝惠連撰

集　部

謝宣城集五卷　（南朝齊）謝朓撰
任彥升集六卷　（南朝梁）任昉撰
江文通文集十卷　（南朝梁）江淹撰
庾開府集十二卷　（北周）庾信撰
陶貞白集二卷　（南朝梁）陶弘景撰

馮善3544
漢魏六朝二十一名家集一百二十三卷
（明）汪士賢編
明萬曆、天啓新安汪氏刻本
九行二十字小字雙行同白口左右雙邊　綫裝　二册
存一種九卷：
陸士衡集十卷　（晋）陸機撰（存九卷：一至九）

善3195
漢魏六朝二十一名家集一百二十三卷
（明）汪士賢編
明萬曆、天啓新安汪氏刻本
九行二十字小字雙行同白口左右雙邊　綫裝　二册
存一種十卷：
嵇中散集十卷　（三國魏）嵇康撰

善3209
漢魏六朝諸家文集一百二十九卷
明刻本
九行二十字白口左右雙邊　綫裝　一册
存一種十卷：
鮑明遠集十卷　（南朝宋）鮑照撰

善3210
漢魏六朝諸家文集一百二十九卷
明刻本
九行二十字白口左右雙邊　綫裝　二册
存一種十卷：
鮑明遠集十卷　（南朝宋）鮑照撰

善3208
漢魏六朝百三名家集一百十八卷　（明）張溥編
明婁東張氏刻本
九行十八字小字雙行同白口左右雙邊　綫裝　二册
存一種二卷：
謝康樂集二卷　（南朝宋）謝靈運撰

善4387
建安七子集二十八卷目錄一卷　（明）楊德周編
清抄本
八行二十字小字雙行同無版框　毛裝　一册
存一卷：目錄

善4388
六朝詩集二十四種五十五卷
明嘉靖刻本
十行十八字小字雙行同白口左右雙邊　綫裝　八册
存十五種三十六卷：
嵇中散集一卷　（三國魏）嵇康撰
阮嗣宗集三卷　（三國魏）阮籍撰
陸士龍集四卷　（晋）陸雲撰
謝康樂集一卷　（南朝宋）謝靈運撰
謝惠連集一卷　（南朝宋）謝惠連撰
謝宣城集五卷　（南朝齊）謝朓撰
鮑氏集八卷　（南朝宋）鮑照撰
庾開府集二卷　（北周）庾信撰
梁劉孝綽集一卷　（南朝梁）劉孝綽撰

梁劉孝威集一卷 （南朝梁）劉孝威撰
梁沈約集一卷 （南朝梁）沈約撰
江文通集四卷 （南朝梁）江淹撰
何水部集二卷 （南朝梁）何遜撰
陰常侍集一卷 （南朝陳）陰鏗撰
王子淵集一卷 （北周）王褒撰

馮善3121
六朝詩集二十四種五十五卷
明嘉靖刻本　馮貞群校并跋
十行十八字白口左右雙邊　綫裝　十二冊
　梁武帝集一卷 （南朝梁）武帝蕭衍撰
　梁簡文帝集二卷 （南朝梁）簡文帝蕭綱撰
　梁元帝集一卷 （南朝梁）元帝蕭繹撰
　梁宣帝集一卷 （南朝梁）宣帝蕭詧撰
　後周明帝集一卷 （北周）明帝宇文毓撰
　陳後主集一卷 （南朝陳）後主陳叔寶撰
　隋煬帝集一卷 （隋）煬帝楊廣撰
　陳思王集四卷 （三國魏）曹植撰
　阮嗣宗集三卷 （三國魏）阮籍撰
　嵇中散集一卷 （三國魏）嵇康撰
　陸士衡集七卷 （晋）陸機撰
　陸士龍集四卷 （晋）陸雲撰
　謝康樂集一卷 （南朝宋）謝靈運撰
　謝惠連集一卷 （南朝宋）謝惠連撰
　謝宣城集五卷 （南朝齊）謝朓撰
　江文通集四卷 （南朝梁）江淹撰
　鮑氏集八卷 （南朝宋）鮑照撰
　梁沈約集一卷 （南朝梁）沈約撰
　梁劉孝綽集一卷 （南朝梁）劉孝綽撰

撰
　梁劉孝威集一卷 （南朝梁）劉孝威撰
　何水部集二卷 （南朝梁）何遜撰
　陰常侍集一卷 （南朝陳）陰鏗撰
　王子淵集一卷 （北周）王褒撰
　庾開府集二卷 （北周）庾信撰

善0844
合刻忠武靖節二編二十一卷 （明）楊時偉編
明萬曆四十七年楊時偉刻本
九行十八字白口四周單邊　綫裝　二冊
存一種十卷：
　諸葛忠武書十卷 （明）楊時偉輯

善4390
百家唐詩九十八卷
明刻本（目錄抄配）
十行十八字白口四周單邊　綫裝　一冊
存六種九卷：
　唐太宗文皇帝集一卷 （唐）太宗李世民撰
　虞世南集一卷 （唐）虞世南撰
　許敬宗集一卷 （唐）許敬宗撰
　王勃集二卷 （唐）王勃撰
　楊炯集二卷 （唐）楊炯撰
　盧照鄰集二卷 （唐）盧照鄰撰

善3256
唐人集□□種□□卷 （明）佚名輯
明銅活字印本
九行十七字上下黑口四周單邊　綫裝　一冊
存一種八卷：

集　部

　　　　高常侍集八卷　（唐）高適撰

善 4391

唐人集□□種□□卷　（明）佚名輯
　　明銅活字印本
　　九行十七字上下黑口四周單邊　綫
　　　裝　二十九冊
　　存三十三種一百十七卷：
　　　唐太宗皇帝集二卷　（唐）太宗李世
　　　　民撰
　　　許敬宗集一卷　（唐）許敬宗撰
　　　虞世南集一卷　（唐）虞世南撰
　　　盧照鄰集二卷　（唐）盧照鄰撰
　　　楊炯集二卷　（唐）楊炯撰
　　　杜審言集二卷　（唐）杜審言撰
　　　陳子昂集二卷　（唐）陳子昂撰
　　　唐玄宗皇帝集二卷　（唐）玄宗李隆
　　　　基撰
　　　駱賓王集二卷　（唐）駱賓王撰
　　　沈佺期集四卷　（唐）沈佺期撰
　　　王摩詰集六卷　（唐）王維撰
　　　李頎集三卷　（唐）李頎撰
　　　儲光羲集五卷　（唐）儲光羲撰
　　　劉隨州集十卷　（唐）劉長卿撰
　　　崔顥集二卷　（唐）崔顥撰
　　　崔曙集一卷　（唐）崔曙撰
　　　祖詠集一卷　（唐）祖詠撰
　　　常建集二卷　（唐）常建撰
　　　孟浩然集三卷　（唐）孟浩然撰
　　　韋蘇州集十卷　（唐）韋應物撰
　　　岑嘉州集八卷　（唐）岑參撰
　　　高常侍集八卷　（唐）高適撰
　　　錢考功集十卷　（唐）錢起撰
　　　嚴維集二卷　（唐）嚴維撰
　　　顧況集二卷　（唐）顧況撰
　　　耿湋集三卷　（唐）耿湋撰
　　　盧綸集六卷　（唐）盧綸撰
　　　李益集二卷　（唐）李益撰

　　　李端集四卷　（唐）李端撰
　　　司空曙集二卷　（唐）司空曙撰
　　　武元衡集三卷　（唐）武元衡撰
　　　權德輿集二卷　（唐）權德輿撰
　　　羊士諤集二卷　（唐）羊士諤撰

善 3253

李卓吾先生合選陶王集四卷　（明）李
　贄輯
　　明末刻本
　　九行十九字小字雙行同白口四周單
　　　邊　綫裝　一冊
　　存一種二卷：
　　　李卓吾批選王摩詰集二卷

善 3205

陶李合刻九卷　（明）王錫袞編
　　明白鹿齋刻本
　　七行十七字白口四周單邊雙邊兼有
　　　綫裝　一冊
　　存一種四卷：
　　　陶淵明全集四卷　（晋）陶潛撰

善 4411

詩詞雜俎二十五卷　（明）毛晋輯
　　明天啓、崇禎毛氏汲古閣刻古松堂後
　　　印本
　　八行十九字小字雙行同白口左右雙
　　　邊　綫裝　六冊
　　存九種十九卷：
　　　眾妙集一卷　（宋）趙師秀輯
　　　剪綃集二卷　（宋）李龏撰
　　　石湖詩集一卷　（宋）范成大撰
　　　月泉吟社一卷　（宋）吳渭輯
　　　谷音二卷　（元）杜本輯
　　　河汾諸老詩集八卷　（元）房祺輯
　　　漱玉詞一卷　（宋）李清照撰

斷腸詞一卷　（宋）朱淑真撰
　　龍輔女紅餘志二卷　（元）龍輔撰

善4412
詩詞雜俎二十五卷　（明）毛晉輯
　　明天啓、崇禎毛氏汲古閣刻本
　　八行十九字小字雙行同白口左右雙
　　　邊　綫裝　五册
　　存九種二十卷：
　　　月泉吟社一卷　（宋）吳渭輯
　　　谷音二卷　（元）杜本輯
　　　河汾諸老詩集八卷　（元）房祺輯
　　　三家宮詞三卷　（明）毛晉輯
　　　花蕊夫人宮詞一卷　（後蜀）花蕊夫
　　　　人撰
　　　王建宮詞一卷　（唐）王建撰
　　　漱玉詞一卷　（宋）李清照撰
　　　斷腸詞一卷　（宋）朱淑真撰
　　　龍輔女紅餘志二卷　（元）龍輔撰

馮善2312、馮善2070
八代文鈔一百六卷　（明）李賓編
　　明末刻本
　　九行二十字白口左右雙邊　綫裝　三
　　　册
　　存二種二卷：
　　　劉蛻文抄一卷　（唐）劉蛻撰
　　　汪伯玉文抄一卷　（明）汪道昆撰

善3343、善3318、善3434、善3398、善3419、善3466、善3447
唐宋八大家文鈔一百四十四卷　（明）茅坤編
　　明萬曆七年茅一桂刻本
　　九行十九字小字雙行同白口左右雙
　　　邊　綫裝　四十五册
　　存七種九十八卷：
　　　唐大家柳柳州文抄十二卷　（唐）柳
　　　　宗元撰（存九卷：四至十二）
　　　唐大家韓文公文抄十六卷　（唐）韓
　　　　愈撰（存四卷：十一至十四）
　　　宋大家王文公文抄十六卷　（宋）王
　　　　安石撰（存二卷：七至八）
　　　宋大家曾文定公文抄十卷　（宋）曾
　　　　鞏撰（存八卷：三至十）
　　　宋大家歐陽文忠公文抄三十二卷
　　　　（宋）歐陽修撰（存二十七卷：一至
　　　　二十一、二十七至三十二）
　　　宋大家蘇文忠公文抄二十八卷
　　　　（宋）蘇軾撰
　　　宋大家蘇文定公文抄二十卷　（宋）
　　　　蘇轍撰

善3344
唐宋八大家文鈔一百四十四卷　（明）茅坤編
　　明崇禎元年方應祥刻本
　　九行二十字白口四周單邊　綫裝　二
　　　册
　　存一種十二卷：
　　　唐大家柳柳州文抄十二卷　（唐）柳
　　　　宗元撰

馮善3433、馮善3561
唐宋八大家文鈔一百四十四卷　（明）茅坤編
　　明萬曆七年茅一桂刻本
　　九行十九字小字雙行同白口左右雙
　　　邊　綫裝　十册
　　存二種二十八卷：
　　　唐大家柳柳州文抄十二卷　（唐）柳
　　　　宗元撰
　　　宋大家王文公文抄十六卷　（宋）王
　　　　安石撰

集 部　　411

馮善 3638
唐宋八大家文鈔一百四十四卷 （明）
茅坤編
明萬曆七年茅一桂刻本
九行十九字小字雙行同白口左右雙邊 綫裝 二十五冊
　唐大家韓文公文抄十六卷 （唐）韓愈撰
　唐大家柳柳州文抄十二卷 （唐）柳宗元撰
　宋大家歐陽文忠公文抄三十二卷 （宋）歐陽修撰
　宋大家蘇文公文抄十卷 （宋）蘇洵撰
　宋大家蘇文忠公文抄二十八卷 （宋）蘇軾撰
　宋大家蘇文定公文抄二十卷 （宋）蘇轍撰
　宋大家曾文定公文抄十卷 （宋）曾鞏撰
　宋大家王文公文抄十六卷 （宋）王安石撰

善 4404
唐宋八大家文鈔一百四十四卷 （明）
茅坤編
明萬曆七年茅一桂刻三十一年重修本
九行十九字小字雙行同白口左右雙邊 綫裝 六十冊
　唐大家韓文公文抄十六卷 （唐）韓愈撰
　唐大家柳柳州文抄十二卷 （唐）柳宗元撰
　宋大家歐陽文忠公文抄三十二卷 （宋）歐陽修撰
　宋大家蘇文公文抄十卷 （宋）蘇洵撰

撰
　宋大家蘇文忠公文抄二十八卷 （宋）蘇軾撰
　宋大家蘇文定公文抄二十卷 （宋）蘇轍撰
　宋大家曾文定公文抄十卷 （宋）曾鞏撰
　宋大家王文公文抄十六卷 （宋）王安石撰

善 4405
唐宋八大家文鈔一百四十四卷 （明）
茅坤編
明萬曆七年茅一桂刻本
九行十九字小字雙行同白口左右雙邊 綫裝 十三冊
存三種三十八卷：
　宋大家歐陽文忠公文抄三十二卷 （宋）歐陽修撰（存十四卷：一至五、二十至二十五、三十至三十二）
　宋大家蘇文忠公文抄二十八卷 （宋）蘇軾撰（存十一卷：六至八、十一至十六、二十七至二十八）
　宋大家蘇文定公文抄二十卷 （宋）蘇轍撰（存十三卷：四至七、十二至二十）

善 3448、善 3420
唐宋八大家文鈔 （明）茅坤編
明崇禎四年茅著刻本
九行十九字小字雙行同白口左右雙邊 綫裝 九冊
存二種五十九卷：
　宋大家蘇文忠公文抄二十八卷 （宋）蘇軾撰（存二十七卷：一、三至二十八）

宋大家歐陽文忠公文抄三十二卷五代史抄二十卷新唐書抄二卷 （宋）歐陽修撰（存三十二卷：文抄）

善4397、善3228
二張集四卷 （明）高叔嗣編
　明刻本
　十一行十八字小字雙行同白口四周單邊　毛裝　三册
　　張曲江集二卷　（唐）張九齡撰
　　張燕公集二卷　（唐）張説撰

善4402
三唐人文集三十四卷 （明）毛晉編
　明末毛氏汲古閣刻本
　九行十九字小字雙行同白口左右雙邊　綫裝　四册
　　孫可之集十卷　（唐）孫樵撰
　　李文公集十八卷　（唐）李翺撰
　　皇甫持正集六卷　（唐）皇甫湜撰

善3365
三唐人文集三十四卷 （明）毛晉編
　明末毛氏汲古閣刻本　佚名批校
　九行十九字小字雙行同白口左右雙邊　綫裝　一册
　存一種十卷：
　　孫可之集十卷　（唐）孫樵撰

善3370
唐三高僧詩集四十七卷 （明）毛晉編
　明末毛氏汲古閣刻本　清高世異跋
　八行十九字小字雙行同白口左右雙邊　綫裝　一册
　存一種十卷：
　　白蓮集十卷　（唐）釋齊己撰

善3291、善3252
唐四家詩八卷 （清）汪立名編
　清康熙三十四年天都汪立名刻本
　十行十九字上下黑口左右雙邊　綫裝　四册
　存二種四卷：
　　韋蘇州詩集二卷　（唐）韋應物撰
　　王右丞詩集二卷　（唐）王維撰

善3251
盛唐四名家集二十四卷
　明凌濛初刻朱墨套印本
　八行十九字白口左右雙邊　毛裝　一册
　存一種一卷：
　　王摩詰詩集七卷　（唐）王維撰（宋）劉辰翁評　（明）顧璘評（存一卷：一）

善4395
唐人四集十二卷 （明）毛晉編
　明末毛氏汲古閣刻本　朱鼎煦跋
　十二行二十字小字雙行行字不等白口左右雙邊　綫裝　二册
　存三種七卷：
　　竇氏聯珠集一卷　（唐）竇常等撰
　　唐風集三卷　（唐）杜荀鶴撰
　　唐英歌詩三卷　（唐）吳融撰

善3369
五唐人詩集二十六卷 （明）毛晉訂
　明末毛氏汲古閣刻本
　九行十九字小字雙行同白口左右雙邊　綫裝　一册
　存一種一卷：
　　香奩集一卷　（唐）韓偓撰

集 部　　　　　　　　　　　　　　　　　　　413

馮善 3130
唐人選唐詩二十三卷　（明）毛晋編
　　明崇禎元年毛氏汲古閣刻本
　　　八行十九字小字雙行同白口左右雙邊　綫裝　四冊
　　存一種十卷：
　　　才調集十卷　（後蜀）韋縠輯

善 4398
唐人八家詩四十二卷　（明）毛晋編
　　明崇禎十二年毛氏汲古閣刻本
　　　十二行二十字小字雙行四十字上下黑口左右雙邊　綫裝　一冊
　　存三種十四卷：
　　　碧雲集三卷　（唐）李中撰
　　　薛許昌詩集十卷　（唐）薛能撰
　　　臺閣集一卷　（唐）李嘉祐撰

善 4396
唐十子詩十四卷　（明）王準編
　　明嘉靖二十六年王準刻本
　　　十行十八字小字雙行同白口左右雙邊　毛裝　一冊
　　存四種八卷：
　　　常建詩集三卷　（唐）常建撰
　　　詩集一卷　（唐）郎士元撰
　　　嚴維詩集一卷　（唐）嚴維撰
　　　劉義詩集三卷　（唐）劉義撰

善 4392
十二家唐詩二十四卷　（明）張遜業編
　　明嘉靖三十一年黃埻刻本　清江重倫跋
　　　九行十九字白口四周雙邊　綫裝　七冊
　　存四種八卷：
　　　楊炯集二卷　（唐）楊炯撰
　　　駱賓王集二卷　（唐）駱賓王撰
　　　陳子昂集二卷　（唐）陳子昂撰
　　　宋之問集二卷　（唐）宋之問撰

善 3258、善 3221、善 3225、善 3224
十二家唐詩二十四卷　（明）張遜業編
　　明嘉靖三十一年黃埻刻本
　　　九行十九字白口四周雙邊　綫裝　八冊
　　存四種八卷：
　　　高常侍集二卷　（唐）高適撰
　　　駱賓王集二卷　（唐）駱賓王撰
　　　王勃集二卷　（唐）王勃撰
　　　杜審言集二卷　（唐）杜審言撰

馮善 2022、馮善 2023
唐十二家詩四十九卷
　　明刻本
　　　十行十八字白口左右雙邊　綫裝　三冊
　　存二種十八卷：
　　　高常侍集十卷　（唐）高適撰
　　　岑嘉州集八卷　（唐）岑參撰

善 3226
唐十二家詩四十九卷
　　明刻本
　　　十行十八字白口左右雙邊　綫裝　一冊
　　存一種三卷：
　　　沈雲卿集三卷　（唐）沈佺期撰

善 3287
前唐十二家詩二十四卷　（明）許自昌編
　　明萬曆刻本
　　　九行十九字小字雙行同白口左右雙

邊　綫裝　一册
　存一種二卷：
　　岑嘉州集二卷　（唐）岑參撰（卷一配清抄本）

善 3259、善 4394
中唐十二家詩集七十八卷　（明）蔣孝編
　明嘉靖二十九年蔣孝刻本
　十行二十字小字雙行同白口左右雙邊　綫裝　二册
　存四種十卷：
　　唐劉隨州詩集十一卷外集一卷　（唐）劉長卿撰（存五卷：一至五）
　　毘陵集三卷　（唐）獨孤及撰
　　唐孫集賢詩集一卷　（唐）孫逖撰
　　唐崔補闕詩集一卷　（唐）崔峒撰

善 3327、善 3288
中唐十二家詩集七十八卷　（明）蔣孝編
　明嘉靖二十九年蔣孝刻本
　十行二十字小字雙行同白口左右雙邊　綫裝　三册
　存二種十六卷：
　　唐劉賓客詩集六卷　（唐）劉禹錫撰
　　唐錢起詩集十卷　（唐）錢起撰

善 4393
唐詩二十六家五十卷　（明）黃貫曾編
　明嘉靖三十三年江夏黃氏浮玉山房刻本
　十行十九字白口左右雙邊　綫裝　三册
　存四種七卷：
　　武元衡集三卷　（唐）武元衡撰（存一卷：三）
　　李頎集三卷　（唐）李頎撰
　　王昌齡集二卷　（唐）王昌齡撰
　　司空曙集二卷　（唐）司空曙撰（存一卷：一）

善 4399
唐詩百名家全集三百二十六卷　（清）席啟寓編
　清康熙四十一年席氏琴川書屋自刻本　佚名批
　十行十八字小字雙行行字不等白口左右雙邊　綫裝　五册
　存十四種四十三卷：
　　唐姚鵠詩集一卷　（唐）姚鵠撰
　　黎岳集一卷　（唐）李頻撰
　　項斯詩集一卷　（唐）項斯撰
　　段成式詩一卷　（唐）段成式撰
　　顧非熊詩集一卷　（唐）顧非熊撰
　　唐鄭嵎詩一卷　（唐）鄭嵎撰
　　唐隱居詩一卷　（唐）唐球撰
　　李羣玉詩集三卷後集五卷補遺一卷　（唐）李群玉撰
　　陳嵩伯詩集一卷　（唐）陳陶撰
　　李昌符詩集一卷　（唐）李昌符撰
　　張喬詩集四卷　（唐）張喬撰
　　羅鄴詩集一卷　（唐）羅鄴撰
　　賈浪仙長江集十卷　（唐）賈島撰
　　元英先生詩集十卷　（唐）方干撰

善 3322
唐詩百名家全集三百二十六卷　（清）席啟寓編
　清康熙四十一年席氏琴川書屋自刻本
　十行十八字小字雙行行字不等白口左右雙邊　綫裝　一册
　存一種八卷：

集　部

張司業詩集八卷　（唐）張籍撰

善3262、善3235

李杜全集八十四卷　（明）鮑松編
　明正德八年自刻本
　十行二十字小字雙行同白口四周單邊　綫裝　九冊
　存二種五十四卷：
　　李翰林集三十卷　（唐）李白撰
　　杜工部集五十卷首一卷外集一卷文集二卷　（唐）杜甫撰　年譜一卷（宋）趙子櫟撰（存二十四卷：二十一至四十、首、文集、年譜）

善3277

李杜全集四十八卷　（明）許自昌編
　明萬曆三十年許自昌刻本
　九行二十字小字雙行同白口左右雙邊　綫裝　六冊
　存一種二十二卷：
　　集千家註杜工部詩集二十卷文集二卷　（唐）杜甫撰

善3278

李杜全集四十八卷　（明）許自昌編
　明萬曆三十年許自昌刻本
　九行二十字小字雙行同白口左右雙邊　綫裝　一冊
　存一種二卷：
　　集千家註杜工部詩集二十卷文集二卷　（唐）杜甫撰（存二卷：詩集一至二）

善3245

李杜全集四十八卷　（明）許自昌編
　明萬曆三十年許自昌刻清印本
　九行二十字小字雙行同白口左右雙邊　綫裝　二冊
　存一種九卷：
　　分類補註李太白詩二十五卷　（唐）李白撰　（宋）楊齊賢集注　（元）蕭士贇補注　年譜一卷　（宋）薛仲邕撰（存九卷：二至三、十三至十九）

善3246

李杜全集四十八卷　（明）許自昌編
　明萬曆三十年許自昌刻清印本
　九行二十字小字雙行同白口左右雙邊　綫裝　八冊
　存一種二十六卷：
　　分類補註李太白詩二十五卷　（唐）李白撰　（宋）楊齊賢集注　（元）蕭士贇補注　年譜一卷　（宋）薛仲邕編（存二十六卷：詩、年譜）

馮善2010

李杜全集四十八卷　（明）許自昌編
　明萬曆三十年許自昌刻本
　九行二十字小字雙行同白口左右雙邊　綫裝　十二冊
　存一種二十二卷：
　　集千家註杜工部詩集二十卷文集二卷　（唐）杜甫撰

善4636

李杜詩選十一卷　（明）張含編　（明）楊慎等評
　明刻朱墨套印本
　八行十八字白口四周單邊無格　綫裝　四冊
　　李詩選五卷　（唐）李白撰
　　杜詩選六卷　（唐）杜甫撰

善 4401
唐二皇甫詩集八卷 （明）劉成德輯
　明正德十三年劉成德刻本
　　十行十六字白口四周單邊　毛裝　一冊
　　　唐皇甫冉詩集七卷　（唐）皇甫冉撰
　　　唐皇甫曾詩集一卷　（唐）皇甫曾撰

善 3303
韓柳文一百卷　（明）游居敬編
　明嘉靖十六年游居敬刻本
　　十一行二十二字小字雙行同白口左右雙邊　綫裝　五冊
　　存一種五十二卷：
　　　韓文四十卷外集十卷遺集一卷（唐）韓愈撰　（唐）李漢編　集傳一卷

馮善 2040
韓柳文一百卷　（明）游居敬編
　明嘉靖十六年游居敬刻本
　　十一行二十二字小字雙行同白口左右雙邊　綫裝　六冊
　　存一種五十二卷：
　　　韓文四十卷外集十卷遺集一卷（唐）韓愈撰　集傳一卷

善 4400
韓柳文一百卷　（明）游居敬編
　明嘉靖三十五年莫如士刻本　朱鼎煦跋
　　十一行二十二字小字雙行同白口左右雙邊　綫裝　七冊
　　存二種六十一卷：
　　　柳文四十三卷別集二卷外集二卷（唐）柳宗元撰　附錄一卷
　　　韓文四十卷外集十卷遺集一卷（唐）韓愈撰　集傳一卷（存十三卷：二十三至三十五）

善 3330
韓柳文一百卷　（明）游居敬編
　明嘉靖三十五年莫如士刻本
　　十一行二十二字小字雙行同白口左右雙邊　綫裝　四冊
　　存一種三十五卷：
　　　柳文四十三卷別集二卷外集二卷（唐）柳宗元撰　附錄一卷（存三十五卷：八至四十二）

善 3334
韓柳文一百卷　（明）游居敬編
　明嘉靖三十五年莫如士刻本
　　十一行二十二字小字雙行同白口左右雙邊　綫裝　二冊
　　存一種十八卷：
　　　柳文四十三卷別集二卷外集二卷（唐）柳宗元撰　附錄一卷（存十八卷：柳文八至二十五）

馮善 2051
韓柳文一百卷　（明）游居敬編
　明嘉靖三十五年莫如士刻本
　　十一行二十二字小字雙行同白口左右雙邊　綫裝　六冊
　　存一種四十八卷：
　　　柳文四十三卷別集二卷外集二卷（唐）柳宗元撰　附錄一卷

善 3304
韓柳文一百卷　（明）游居敬編
　明嘉靖三十五年莫如士刻本
　　十一行二十二字小字雙行同白口左右雙邊　綫裝　三冊

集　部

存一種二十三卷：
　韓文四十卷外集十卷遺集一卷（唐）韓愈撰　（唐）李漢編　集傳一卷（存二十三卷：一至五、十三至十九、二十八至三十八）

善3306、善3331
韓柳文一百卷　（明）游居敬編
　明嘉靖三十五年莫如士刻本
　十一行二十二字小字雙行同白口左右雙邊　綫裝　八冊
　存二種七十卷：
　　韓文四十卷外集十卷遺集一卷（唐）韓愈撰　集傳一卷
　　柳文四十三卷別集二卷外集二卷（唐）柳宗元撰　附錄一卷（存十八卷：柳文八至十五、二十六至三十五）

善3338
韓柳全集一百四卷　（明）蔣之翹編
　明崇禎六年蔣氏三徑草堂刻本
　九行十七字小字雙行同白口左右雙邊　綫裝　十冊
　存一種五十二卷：
　　唐柳河東集四十五卷外集五卷遺文一卷　（唐）柳宗元撰　附錄一卷

善3316
韓柳全集一百四卷　（明）蔣之翹編
　明崇禎六年蔣氏三徑草堂刻本
　九行十七字小字雙行同白口左右雙邊　綫裝　十冊
　存一種五十二卷：
　　唐韓昌黎集四十卷外集十卷遺文一卷　（唐）韓愈撰　附錄一卷

善3281
韓文杜律二卷　（明）郭正域編
　明閔齊伋刻朱墨套印本
　八行十八字白口左右雙邊　綫裝　一冊
　存一種一卷：
　　杜子美七言律一卷　（唐）杜甫撰

善3282
韓文杜律二卷　（明）郭正域編
　明閔齊伋刻朱墨套印本
　八行十八字白口左右雙邊　綫裝　二冊
　存一種一卷：
　　杜子美七言律一卷　（唐）杜甫撰

馮善2046
元白長慶集一百四十一卷　（明）馬元調編
　明萬曆馬元調魚樂軒刻本
　十行二十一字小字雙行同白口左右雙邊　綫裝　十冊
　存一種七十四卷：
　　白氏長慶集七十一卷目錄二卷附錄一卷　（唐）白居易撰

馮善2047
元白長慶集一百四十一卷　（明）馬元調編
　明萬曆馬元調魚樂軒刻本
　十行二十一字小字雙行同白口左右雙邊　綫裝　九冊
　存一種五十五卷：
　　白氏長慶集七十一卷目錄二卷附錄一卷　（唐）白居易撰（存五十五卷：十三至二十、二十五至七十一）

馮善 2071、馮善 2072
陸魯望皮襲美二先生集合刻三十八卷
　（明）許自昌編
　明萬曆許自昌刻本
　九行二十字小字雙行同白口左右雙邊　綫裝　四冊
　　唐皮日休文藪十卷唐皮從事倡酬詩八卷　（唐）皮日休撰
　　唐甫里先生集二十卷　（唐）陸龜蒙撰

善 4410
江湖小集六十五卷　（宋）陳起編
　清抄本
　十一行二十二字無版框　綫裝　一冊
　存三種三卷：
　　棣華館小集一卷　（宋）楊甲撰
　　雲莊詩集一卷　（宋）劉爚撰
　　蕙厏詩稿一卷　（宋）何耕撰

善 3453
蘇黃題跋十二卷　（明）楊鶴編
　明刻本
　九行十九字白口四周單邊　綫裝　一冊
　存一種六卷：
　　蘇東坡題跋雜書六卷　（宋）蘇軾撰

善 4407
蘇黃風流小品十六卷　（明）黃嘉惠編
　明刻本
　九行二十字小字雙行同白口四周單邊　綫裝　二冊
　　東坡題跋四卷尺牘二卷小詞二卷　（宋）蘇軾撰
　　山谷題跋四卷尺牘二卷小詞二卷　（宋）黃庭堅撰

善 4408
蘇黃風流小品十六卷　（明）黃嘉惠編
　明刻本
　九行二十字小字雙行同白口四周單邊　綫裝　四冊
　　東坡題跋四卷尺牘二卷小詞二卷　（宋）蘇軾撰
　　山谷題跋四卷尺牘二卷小詞二卷　（宋）黃庭堅撰

善 3483、善 3478
蘇門六君子文粹七十卷
　明崇禎六年胡潛刻本
　九行十九字白口左右雙邊　綫裝　十六冊
　存二種四十三卷：
　　濟北先生文粹二十一卷　（宋）晁補之撰
　　宛丘先生文粹二十二卷　（宋）張耒撰

善 4414
元詩四大家二十七卷　（明）毛晉編
　明崇禎毛氏汲古閣刻本
　九行十九字白口左右雙邊　綫裝　四冊
　存二種十六卷：
　　虞伯生詩八卷補遺一卷　（元）虞集撰
　　范德機詩七卷　（元）范梈撰

善 3609
元詩四大家二十七卷　（明）毛晉編
　明崇禎毛氏汲古閣刻本
　九行十九字白口左右雙邊　綫裝

集　部

八册
　存一種八卷：
　　虞伯生詩八卷補遺一卷　（元）虞集
　　撰(存八卷：虞伯生詩)

馮善 2226
元詩四大家二十七卷　（明）毛晉編
　明崇禎毛氏汲古閣刻本
　九行十九字白口左右雙邊　綫裝　一
　　册
　存一種二卷：
　　虞伯生詩八卷補遺一卷　（元）虞集
　　撰(存二卷：詩一至二)

馮善 2210、馮善 2221
元人集十種五十四卷　（明）毛晉編
　明崇禎十一年毛氏汲古閣刻本
　九行十九字小字雙行同白口左右雙
　　邊　綫裝　五册
　存二種二十一卷：
　　遺山先生詩集二十卷　（金）元好問
　　撰
　　翠寒集一卷　（宋）宋無撰

善 3611、善 3595、善 3623、善 3625
元人集十種五十四卷　（明）毛晉編
　明崇禎十一年毛氏汲古閣刻本
　九行十九字小字雙行同白口左右雙
　　邊　綫裝　九册
　存四種二十六卷：
　　翠寒集一卷　（元）宋無撰
　　遺山先生詩集二十卷　（金）元好問
　　撰
　　句曲外史集三卷　（元）張雨撰　附
　　錄一卷(存三卷：句曲外史集)
　　玉山草堂集二卷　（元）顧瑛撰

善 3616
元人集十種五十四卷　（明）毛晉編
　明崇禎十一年毛氏汲古閣刻本　佚
　　名批校
　九行十九字小字雙行同白口左右雙
　　邊　綫裝　一册
　存一種一卷：
　　薩天錫詩集三卷　（元）薩都剌撰
　　(存一卷：一)

善 3594
元人集十種五十四卷　（明）毛晉編
　明崇禎十一年毛氏汲古閣刻本
　九行十九字小字雙行同白口左右雙
　　邊　綫裝　四册
　存一種二十卷：
　　遺山先生詩集二十卷　（金）元好問
　　撰

善 4416
盛明百家詩三百二十四卷總目一卷
　（明）俞憲編
　明嘉靖四十二至隆慶五年俞憲刻本
　十行二十一字小字雙行同白口四周
　　單邊　綫裝　一册
　存一卷：總目

善 4417
丘海二公文集合編十六卷　（清）焦映
　漢編　（清）賈棠編次
　清康熙四十七年刻本　清徐時棟跋
　十行二十二字小字雙行同白口四周
　　雙邊　綫裝　八册
　　海忠介公集六卷　（明）海瑞撰
　　丘文莊公集十卷　（明）丘濬撰

善 4421

皇明十六名家小品三十二卷 （明）陸雲龍編
　明崇禎六年崢霄館刻本
　九行十九字小字雙行同白口四周單邊　綫裝　十冊
　　翠娛閣評選屠赤水先生小品二卷 （明）屠隆撰
　　翠娛閣評選王季重先生小品二卷 （明）王思任撰
　　翠娛閣評選文太青先生小品二卷 （明）文翔鳳撰
　　翠娛閣評選董思白先生小品二卷 （明）董其昌撰
　　翠娛閣評選虞德園先生小品二卷 （明）虞淳熙撰
　　翠娛閣評選鍾伯敬先生小品二卷 （明）鍾惺撰
　　翠娛閣評選湯若士先生小品二卷 （明）湯顯祖撰
　　翠娛閣評選徐文長先生小品二卷 （明）徐渭撰
　　翠娛閣評選陳明卿先生小品二卷 （明）陳仁錫撰
　　翠娛閣評選黃貞父先生小品二卷 （明）黃汝亨撰
　　翠娛閣評選曹能始先生小品二卷 （明）曹學佺撰
　　翠娛閣評選張侗初先生小品二卷 （明）張鼐撰
　　翠娛閣評選袁小脩先生小品二卷 （明）袁中道撰
　　翠娛閣評選陳眉公先生小品二卷 （明）陳繼儒撰
　　翠娛閣評選袁中郎先生小品二卷 （明）袁宏道撰
　　翠娛閣評選李本寧先生小品二卷 （明）李維禎撰

善4005
皇明十六名家小品三十二卷 （明）陸雲龍編
　明崇禎六年崢霄館刻本
　九行十九字白口四周單邊　綫裝　一冊
　存一種二卷：
　　翠娛閣評選鍾伯敬先生小品二卷 （明）鍾惺撰

馮善2347
皇明十六名家小品三十二卷 （明）陸雲龍編
　明崇禎六年崢霄館刻本
　九行十九字白口四周單邊　綫裝　二冊
　存一種二卷：
　　翠娛閣評選陳眉公文集二卷 （明）陳繼儒撰

善4420
翠娛閣評選行笈必攜二十一卷 （明）陸雲龍編
　明崇禎崢霄館刻本
　九行十九字小字雙行同白口四周單邊　綫裝　一冊
　存一種二卷：
　　文韻四卷 （明）丁允和品定（存二卷：一至二）

善4821
孫范合唱集四卷 （清）范光燮編
　清順治十二年刻本
　八行十九字白口四周單邊無格　散葉　一冊
　存二種二卷：
　　潛川唱和集一卷 （清）范光燮輯

集　部

　　偶吟篇一卷　（清）范光燮撰

善 4822
孫范合唱集四卷　（清）范光燮編
　　清順治十二年刻本
　　八行十九字白口四周單邊無格　毛裝　一冊
　　存三種三卷：
　　　潛川唱和集一卷　（清）范光燮輯
　　　偶吟篇一卷　（清）范光燮撰
　　　嚶鳴合唱集一卷　（清）范光文訂
　　　　（清）孫弘喆撰　（清）范光燮和

善 4415
三家詠物詩三卷　（清）賀光烈編
　　清康熙刻本
　　十一行二十一字小字雙行同上下黑口四周雙邊　綫裝　一冊
　　　元詠物詩一卷　（元）謝宗可撰
　　　明詠物詩一卷　（明）瞿佑撰
　　　今詠物詩一卷　（清）張劭撰

善 4419
文瑞樓叢刊七十一卷　（清）金檀輯
　　清康熙、雍正刻本
　　十一行二十一字小字雙行行字不等　白口左右雙邊　綫裝　八冊
　　存二種四十四卷：
　　　清江貝先生詩集十卷文集三十卷　（明）貝瓊撰
　　　巽隱程先生詩集二卷文集二卷　（明）程本立撰

善 4422
詩鈔三種三卷
　　清刻本　清金熙泰跋
　　十行十九字白口左右雙邊　綫裝　二冊
　　　□厓詩鈔一卷　（明）顧修撰
　　　少峯詩鈔一卷　（明）施崇撰
　　　曉塘詩鈔一卷　（明）李伯敷撰

善 3901
歸錢尺牘五卷　（清）顧械編
　　清康熙三十八年顧氏如月樓刻本
　　十行二十字小字雙行同上下黑口左右雙邊　綫裝　二冊
　　存一種二卷：
　　　歸震川先生尺牘二卷　（明）歸有光撰

善 4424
國朝三家文鈔三十二卷　（清）宋犖　許汝霖編
　　清康熙三十三年刻本
　　十二行二十三字上下黑口左右雙邊　綫裝　十八冊
　　　侯朝宗文鈔八卷　（清）侯方域撰
　　　魏叔子文鈔十二卷　（清）魏禧撰
　　　汪鈍翁文鈔十二卷　（清）汪琬撰

善 4086
國朝三家文鈔三十二卷　（清）宋犖　許汝霖編
　　清康熙三十三年刻本
　　十二行二十三字上下黑口左右雙邊　綫裝　二冊
　　存一種八卷：
　　　侯朝宗文鈔八卷　（清）侯方域撰

善 5032
蕭天民手録五卷　（清）蕭逸編
　　清抄本
　　十行二十字白口左右雙邊　綫裝

六册
仙里塵談一卷　（明）林有麟輯
客座贅語一卷　（明）顧起元撰
尺牘青蓮鉢一卷　（明）何偉然輯
廣志繹一卷　（明）王士性撰
閒窗摘錄春浮園別集一卷　（明）蕭士瑋撰

通代

馮善 3014
文選六十卷　（南朝梁）蕭統輯　（唐）李善注　（唐）呂延濟　劉良　張銑　呂向　李周翰注
明成化二十三年唐藩朱芝址刻本　佚名跋
十行二十二字小字雙行同上中下黑口四周雙邊　綫裝　十六册

善 4427
文選六十卷　（南朝梁）蕭統輯　（唐）李善注
明嘉靖四年晉藩養德書院刻八年重印本
十行二十二字小字雙行同上中下黑口四周雙邊　綫裝　二十册

善 4425
文選六十卷　（南朝梁）蕭統輯　（唐）李善注
明刻本
九行十八字小字雙行同白口左右雙邊　綫裝　三册
存六卷：三十七至四十二

馮善 3010
文選六十卷　（南朝梁）蕭統輯　（唐）李善注
清乾隆二十五年嵩山書屋刻本　佚名批點
十二行二十五字小字雙行三十七字白口左右雙邊　綫裝　十六册

馮善 3009
六家文選六十卷　（南朝梁）蕭統輯　（唐）李善　呂延濟　劉良　張銑　呂向　李周翰注
明嘉靖十三至二十八年吳郡袁褧嘉趣堂刻本
十一行十八字小字雙行二十六字白口左右雙邊　綫裝　二十九册

善 4430
六家文選六十卷　（南朝梁）蕭統輯　（唐）李善　呂延濟　劉良　張銑　呂向　李周翰注
明嘉靖十三至二十八年吳郡袁褧嘉趣堂刻本　佚名批校
十一行十八字小字雙行二十六字白口左右雙邊　綫裝　三十册

馮善 3019
六臣註文選六十卷　（南朝梁）蕭統輯　（唐）李善　呂延濟　劉良　張銑　李周翰　呂向注
明萬曆二年崔孔昕刻六年徐成位重修本
九行十八字小字雙行同白口四周雙邊　綫裝　三十册

善 4432
六臣註文選六十卷　（南朝梁）蕭統輯　（唐）李善　呂延濟　劉良　張銑

集部

李周翰　呂向注
明萬曆二年崔孔昕刻六年徐成位重修本
九行十八字小字雙行同白口四周雙邊　綫裝　三十册

善 4434
六臣註文選六十卷　（南朝梁）蕭統輯
（唐）李善　呂延濟　劉良　張銑　李周翰　呂向注
明萬曆二年崔孔昕刻六年徐成位重修本
九行十八字小字雙行同白口四周雙邊　綫裝　二十七册
存五十四卷：一至三、六至四十四、四十九至六十

善 4435
六臣註文選六十卷　（南朝梁）蕭統輯
（唐）李善　呂延濟　劉良　張銑　李周翰　呂向注
明萬曆二年崔孔昕刻六年徐成位重修本
九行十八字小字雙行同白口四周雙邊　綫裝　九册
存十八卷：六至七、十七至十八、二十一至二十二、二十五至三十、三十七至四十二

善 4429
六臣註文選六十卷　（南朝梁）蕭統輯
（唐）李善　呂延濟　劉良　張銑　李周翰　呂向注
明潘惟時、潘惟德刻本
九行十八字小字雙行同白口左右雙邊　綫裝　一册
存二卷：三十三至三十四

善 4436
六臣註文選六十卷　（南朝梁）蕭統輯
（唐）李善　呂延濟　劉良　張銑　李周翰　呂向注
明刻本
九行十八字小字雙行同白口左右雙邊　綫裝　一册
存二卷：四至五

善 4437
六臣註文選六十卷　（南朝梁）蕭統輯
（唐）李善　呂延濟　劉良　張銑　李周翰　呂向注
明刻本
十行十八字小字雙行二十三字白口四周單邊　綫裝　一册
存二卷：五十九至六十

善 4439
文選纂註十二卷　（南朝梁）蕭統輯
（明）張鳳翼纂注
明萬曆刻本
十一行二十二字小字雙行同白口左右雙邊　綫裝　三册
存三卷：一、四至五

善 4440
文選纂註十二卷　（南朝梁）蕭統輯
（明）張鳳翼纂注
明萬曆刻本
十一行二十二字小字雙行同白口左右雙邊　綫裝　十一册

善 4441
文選纂註十二卷　（南朝梁）蕭統輯
（明）張鳳翼纂注
明萬曆刻本

十一行二十二字小字雙行同白口左
右雙邊 綫裝 七冊
存六卷：一至二、五至六、八、十二

馮善 3012
文選纂註評林十二卷 （南朝梁）蕭統
輯 （明）張鳳翼纂注
明萬曆刻本
十一行二十二字小字雙行同白口四
周單邊 綫裝 十二冊

善 4442
新刊續補文選纂註十二卷 （明）陳仁
輯 （明）張鳳翼增訂
明刻本 清楊泰亨跋
十一行二十二字小字雙行同白口左
右雙邊 綫裝 四冊

善 4438
梁昭明文選二十四卷音譯一卷 （明）
張鳳翼纂注
明天啓六年盧之頤刻本
九行二十字小字雙行同白口四周單
邊 綫裝 八冊

馮善 3013
文選章句二十八卷 （明）陳與郊撰
明萬曆二十五年刻四十四年重修本
十行二十字小字雙行同白口左右雙
邊 綫裝 二十冊

善 4445
文選刪註十二卷 （明）王象乾撰
明萬曆刻本
九行十六字小字雙行行字不等白口
四周雙邊 綫裝 十二冊

善 4447
文選尤十四卷 （南朝梁）蕭統輯 （明）
鄒思明刪訂
明天啓二年刻三色套印本
八行十八字白口四周單邊 綫裝 十
四冊

善 4550 甲
選詩補註八卷 （元）劉履撰 **補遺二卷續編四卷** （元）劉履輯
明嘉靖三十一年顧存仁養吾堂刻本
十行十九字小字雙行同白口左右雙
邊 毛裝 三冊
存十卷：補注、補遺

善 4550 乙
選詩補註八卷 （元）劉履撰 **補遺二卷續編四卷** （元）劉履輯
明刻本
十行十九字小字雙行同白口左右雙
邊 綫裝 一冊
存四卷：續編

善 4553
選詩補註八卷 （元）劉履撰 **補遺二卷續編四卷** （元）劉履輯
明嘉靖三十一年顧存仁養吾堂刻本
十行十九字小字雙行同白口左右雙
邊 綫裝 七冊
存十二卷：補注、續編

善 4554
選詩補註八卷 （元）劉履撰 **補遺二卷續編四卷** （元）劉履輯
明嘉靖三十一年顧存仁養吾堂刻本
十行十九字小字雙行同白口左右雙
邊 毛裝 二冊

集　部　　　　　　　　　　　　　　　　　　　　　　　　425

存三卷:補注二至四

善4551
選詩三卷　（明）許宗魯輯
　　明刻本
　　十行十八字小字雙行同白口左右雙
　　　邊　毛裝　三册

善4548
選詩七卷　（南朝梁）蕭統輯　（明）郭
　　正域評點　（明）凌濛初輯評　**詩人
　　世次爵里一卷**
　　明凌濛初刻朱墨套印本
　　八行十八字小字雙行同白口四周單
　　　邊　綫裝　五册
　　存七卷:選詩

善4549
選詩七卷　（南朝梁）蕭統輯　（明）郭
　　正域評點　（明）凌濛初輯評　**詩人
　　世次爵里一卷**
　　明凌濛初刻朱墨套印本
　　八行十八字小字雙行同白口四周單
　　　邊　綫裝　三册
　　存六卷:一至五、詩人世次爵里

善4452
文苑英華一千卷　（宋）李昉等輯
　　明隆慶元年胡維新、戚繼光刻本
　　十一行二十二字小字雙行同白口四
　　　周單邊　綫裝　七册
　　存五十七卷:十四至二十、二百一至
　　　二百十、三百一至三百十、六百一
　　　至六百十、六百六十一至六百七
　　　十、七百九十一至八百

善4456

古文苑九卷　（宋）韓元吉輯
　　清嘉慶十四年蘭陵孫氏仿宋刻本
　　十行十八字小字雙行同上下黑口左
　　　右雙邊　綫裝　二册

善4455
古文苑九卷　（宋）韓元吉輯
　　清嘉慶十四年蘭陵孫氏仿宋刻本
　　十行十八字小字雙行同上下黑口左
　　　右雙邊　綫裝　四册

善4453
古文苑二十一卷　（宋）章樵注
　　明刻本
　　十行十八字小字雙行同白口四周單
　　　邊　綫裝　四册

善4454
古文苑二十一卷　（宋）章樵注
　　明刻本　孫家泩跋
　　十行十八字小字雙行同上下黑口四
　　　周雙邊　綫裝　四册
　　存十六卷:六至二十一

善4446
文選補遺四十卷　（元）陳仁子輯　（元）
　　譚紹烈纂類
　　明刻本
　　十行十八字小字雙行二十三字白口
　　　左右雙邊　綫裝　八册
　　存三十二卷:二至十七、二十一至二
　　　十七、三十二至四十

善4440-1
文選補遺四十卷　（元）陳仁子輯
　　明刻本
　　十行十八字小字雙行二十三字白口

左右雙邊　綫裝　一册
　　存四卷：三十二至三十五

善 4448
文選增定二十三卷
　　明大梁書院刻本
　　十一行二十二字白口左右雙邊　毛裝　六册
　　存十七卷：一至八、十五至二十三

善 4449
廣文選六十卷　（明）劉節輯
　　明嘉靖十六年陳蕙刻本
　　十一行二十一字白口四周單邊　綫裝　十七册
　　存五十八卷：一至五十六、五十九至六十

善 4450
廣文選六十卷　（明）劉節輯
　　明嘉靖十六年陳蕙刻本
　　十一行二十一字白口四周單邊　綫裝　八册
　　存五十一卷：一至二十三、三十三至六十

善 4601
精刻古今女史十二卷詩集八卷姓氏字里詳節一卷　（明）趙世杰輯
　　明崇禎武林趙世杰問奇閣刻本
　　九行二十字小字雙行同白口四周單邊　綫裝　十二册

善 4529
玉臺新詠十卷　（南朝陳）徐陵輯　**續玉臺新詠五卷**　（明）鄭玄撫輯
　　明嘉靖二十二年楊士開刻本　佚名

批校圈點
　　十行十八字白口四周單邊雙邊兼有　綫裝　二册

馮善 3116
樂府詩集一百卷目錄二卷　（宋）郭茂倩輯
　　元至正元年集慶路儒學刻明修本（卷四十二至四十八、七十九至八十二配清抄本）
　　十一行二十字小字雙行同上下黑口左右雙邊　綫裝　二十七册
　　存九十八卷：一至八十九、九十四至一百，目錄

善 4537
古樂府十卷　（元）左克明輯
　　明刻本　明范欽校
　　十二行二十一字小字雙行同白口四周雙邊左右雙邊兼有　綫裝　二册

善 4536
古樂府十卷　（元）左克明輯
　　明嘉靖二十三年蕭一中刻本
　　九行十八字小字雙行同白口左右雙邊　毛裝　四册

善 4538
古樂府十卷　（元）左克明輯
　　明嘉靖二十三年蕭一中刻本
　　九行十八字小字雙行同白口左右雙邊　毛裝　四册

善 4539
古樂府十卷　（元）左克明輯
　　明嘉靖二十三年蕭一中刻本

集　部

九行十八字小字雙行同白口左右雙邊　綫裝　四冊

善 4540
古樂府十卷　（元）左克明輯
　明嘉靖二十三年蕭一中刻本
　九行十八字小字雙行同白口左右雙邊　毛裝　三冊
　存八卷：三至十

善 4568
漢魏詩集十四卷　（明）劉成德輯
　明正德十二年何景暘刻本
　十一行二十字小字雙行同白口左右雙邊　毛裝　二冊

善 4569
漢魏詩集十四卷　（明）劉成德輯
　明正德十二年何景暘刻本
　十一行二十字小字雙行同白口左右雙邊　毛裝　一冊
　存七卷：八至十四

善 4570
漢魏詩紀二十卷　（明）馮惟訥輯
　明嘉靖三十八年自刻本
　九行二十二字小字雙行同白口四周單邊　綫裝　一冊
　存一種二卷：
　　漢詩紀十卷（存三卷：一至三）

善 4576
回文類聚四卷首一卷　（宋）桑世昌輯
回文類聚續編十卷首一卷織錦回文圖一卷　（清）朱象賢輯并繪
　清麟玉堂刻本
　十行十九字小字雙行行字不等上下

黑口左右雙邊　綫裝　四冊

善 4556
詩準四卷詩翼四卷　（宋）何無適　倪希程輯
　明刻本
　十行十八字白口左右雙邊　綫裝　一冊
　存四卷：詩準三至四、詩翼一至二

善 4557
詩準四卷詩翼四卷　（宋）何無適　倪希程輯
　明刻本
　十行十八字白口左右雙邊　毛裝　一冊
　存三卷：詩準一、三至四

善 4533
瀛奎律髓四十九卷　（元）方回輯
　明成化三年紫陽書院刻本
　十行二十一字小字雙行同上下黑口四周雙邊　毛裝　五冊
　存四十三卷：一至十六、二十三至四十九

善 4534
瀛奎律髓四十九卷　（元）方回選
　清康熙五十一年吳寶芝刻本
　十行十九字小字雙行二十八字下黑口左右雙邊　綫裝　六冊

善 4535
瀛奎律髓四十九卷　（元）方回選
　清康熙五十一年吳寶芝刻本
　十行十九字小字雙行二十八字下黑口左右雙邊　綫裝　十冊

善 4566
新刊古今名賢品彙註釋玉堂詩選八卷　（明）舒芬輯　（明）舒琛增補　（明）楊淙注
明萬曆七年唐氏富春堂刻本
十行二十字小字雙行同白口四周雙邊　綫裝　五冊
存五卷：一至五

善 4555
風雅逸篇十卷　（明）楊慎輯
明刻本
九行二十字小字雙行同上下黑口四周單邊　毛裝　一冊

善 4552
苑詩類選三十卷　（明）包節輯
明嘉靖二十五年何城刻本
十行二十一字白口四周單邊　毛裝　八冊
存二十三卷：一至四、六至八、十二至二十七

善 4544
詩紀一百三十卷前集十卷附錄一卷外集四卷別集十二卷　（明）馮惟訥輯
明嘉靖三十九年甄敬刻本
九行二十一字小字雙行同白口四周單邊　綫裝　十冊
存四十七卷：十六至二十、六十四至七十二、七十八至九十七、一百十三至一百十九，別集四至九

善 4546
詩紀一百三十卷前集十卷附錄一卷外集四卷別集十二卷　（明）馮惟訥輯
明嘉靖三十九年甄敬刻本
九行二十一字小字雙行同白口四周單邊　綫裝　一冊
存三卷：別集七至九

馮善 3122
詩紀一百五十六卷目錄三十六卷　（明）馮惟訥輯
明萬曆吳琯、謝陞、陸弼、俞策刻本
九行十九字小字雙行同白口四周雙邊　綫裝　四十冊

善 4541
詩紀一百五十六卷目錄三十六卷　（明）馮惟訥輯
明萬曆吳琯、謝陞、陸弼、俞策刻本
九行十九字小字雙行同白口四周雙邊　綫裝　十九冊
存一百七十六卷：詩紀、目錄十七至三十六

善 4543
詩紀一百五十六卷目錄三十六卷　（明）馮惟訥輯
明萬曆吳琯、謝陞、陸弼、俞策刻本
九行十九字小字雙行同白口四周雙邊　綫裝　八冊
存六十三卷：三十一至七十三、八十五至八十九、一百十五至一百二十、一百二十六至一百三十四

善 4545
詩紀一百五十六卷目錄三十六卷　（明）馮惟訥輯　（明）方天眷等重訂
明萬曆吳琯、謝陞、陸弼、俞策刻方天眷印本
九行十九字小字雙行同白口四周雙邊　綫裝　九冊

集　部

存六十卷：九十至一百七、唐詩紀三
　十二至六十八、目錄八至十二

馮善 4575
**八代詩乘四十五卷吳詩一卷總錄二卷
　補遺一卷**　（明）梅鼎祚輯
　明萬曆十一年劉文顯、徐家慶等刻三
　十四年寧國郡續刻本
　十行二十字小字雙行同白口左右雙
　　邊　綫裝　十冊
　存二種四十一卷：
　　漢魏詩乘二十卷總錄一卷
　　六朝詩乘十七卷總錄一卷
　　　宋詩乘四卷
　　　齊詩乘二卷
　　　梁詩乘六卷
　　　北朝詩乘二卷
　　　隋詩乘三卷

善 4573
**八代詩乘四十五卷吳詩一卷總錄二卷
　補遺一卷**　（明）梅鼎祚輯
　明萬曆十一年劉文顯、徐家慶等刻三
　十四年寧國郡續刻本
　十行二十字小字雙行同白口左右雙
　　邊　綫裝　四冊
　存一種二十三卷：
　　漢魏詩乘二十卷吳詩一卷總錄一卷

善 4571
**八代詩乘四十五卷吳詩一卷總錄二卷
　補遺一卷**　（明）梅鼎祚輯
　明萬曆十一年劉文顯、徐家慶等刻三
　十四年寧國郡續刻本
　十行二十字小字雙行同白口左右雙
　　邊　綫裝　十二冊
　　漢魏詩乘二十卷吳詩一卷總錄一卷
　　六朝詩乘二十五卷總錄一卷
　　　隋詩乘三卷
　　　晉詩乘六卷
　　　陳詩乘二卷
　　　宋詩乘四卷
　　　齊詩乘二卷
　　　梁詩乘六卷
　　　北朝詩乘二卷

善 4572
**八代詩乘四十五卷吳詩一卷總錄二卷
　補遺一卷**　（明）梅鼎祚輯
　明萬曆十一年劉文顯、徐家慶等刻三
　十四年寧國郡續刻本
　十行二十字小字雙行同白口左右雙
　　邊　綫裝　十冊
　　漢魏詩乘二十卷吳詩一卷總錄一卷
　　六朝詩乘二十五卷總錄一卷
　　　晉詩乘六卷
　　　陳詩乘二卷
　　　宋詩乘四卷
　　　齊詩乘二卷
　　　梁詩乘六卷
　　　北朝詩乘二卷
　　　隋詩乘三卷

善 4565
**詩所五十六卷歷代名氏爵里一卷目錄
　一卷**　（明）臧懋循輯
　明萬曆三十一年臧氏雕蟲館刻本
　十行二十一字小字雙行同白口四周
　　單邊　綫裝　一冊
　存一卷：目錄

善 4547
石倉十二代詩選□□卷　（明）曹學佺
　輯

明崇禎刻本
九行十八字小字雙行同白口左右雙邊 綫裝 七十七冊
存十種二百五十一卷：
　唐詩一百卷拾遺十卷（存四十一卷：一至三十九、拾遺九至十）
　宋詩一百七卷（存七十四卷：五至九、三十九至一百七）
　元詩五十卷（存二十五卷：一至二十、四十四至四十六、四十九至五十）
　明詩初集八十六卷（存七十七卷：一至七十五、七十九至八十）
　明詩次集一百四十卷（存十三卷：三十七至四十、四十五至四十九、五十九至六十、八十五、一百二十七）
　明詩三集一百卷（存三卷：八十七至八十九）
　明詩四集一百三十二卷（存四卷：五十六至五十九）
　明詩五集五十二卷（存五卷：一、四十六至四十九）
　明詩六集一百卷（存八卷：三十八至三十九、四十五至五十）
　楚集二十卷（存一卷：一）

善 4647
詩歸五十一卷 （明）鍾惺 譚元春輯
明萬曆四十五年刻本
九行十八字小字雙行同白口左右雙邊 綫裝 九冊
存一種三十四卷：
　唐詩歸三十六卷（存三十四卷：一至三、六至三十六）

馮善 3205

詩歸五十一卷 （明）鍾惺 譚元春輯
明萬曆四十五年刻本
九行十八字小字雙行同白口左右雙邊 綫裝 十二冊
　古詩歸十五卷
　唐詩歸三十六卷

善 4560
詩歸五十一卷 （明）鍾惺 譚元春輯
明閔振業、閔振聲刻三色套印本　清楊泰亨跋
九行十八字小字雙行同白口四周單邊 綫裝 四冊
存一種十五卷：
　古詩歸十五卷

善 4561
詩歸五十一卷 （明）鍾惺 譚元春輯
明閔振業、閔振聲刻三色套印本
九行十八字小字雙行同白口四周單邊 綫裝 四冊
存一種十五卷：
　古詩歸十五卷

善 4562
古詩類苑一百三十卷 （明）張之象輯 （明）俞顯卿補訂
明萬曆三十年俞顯謨、王穎、陳甲刻本
十行二十一字小字雙行同白口左右雙邊 綫裝 五冊
存十七卷：一至十七

善 4648
詩歸五十一卷 （明）鍾惺 譚元春輯 （明）劉敫重訂
明末刻本

集部　　　　　　　　　　　　　　　　　　　　　431

十行十九字小字雙行同白口左右雙
　邊　綫裝　六冊
存一種三十六卷：
　唐詩歸三十六卷

善4697
御選宋金元明四朝詩三百二卷首二卷姓名爵里十三卷　（清）聖祖玄燁輯
　清康熙四十八年內府刻本
　十一行二十一字白口左右雙邊　綫
　　裝　九冊
　存一種二十六卷：
　　御選金詩二十四卷首一卷姓名爵里
　　一卷

善4604
御定歷代題畫詩類一百二十卷　（清）
陳邦彥輯
　清康熙四十六年內府刻本
　十一行二十三字小字雙行行字不等
　　上下黑口左右雙邊　綫裝　三十
　　二冊

善4605
御定歷代題畫詩類一百二十卷　（清）
陳邦彥輯
　清康熙四十六年內府刻本
　十一行二十三字小字雙行行字不等
　　上下黑口左右雙邊　綫裝　三十
　　二冊

善4606
御定歷代題畫詩類一百二十卷　（清）
陳邦彥輯
　清康熙四十六年內府刻本
　十一行二十三字小字雙行行字不等
　　上下黑口左右雙邊　綫裝　十二

　冊
　存一百九卷：一至十四、二十一至六
　　十、六十六至一百二十

善4489
古賦辯體十卷　（元）祝堯輯
　明嘉靖二十一年蘇祐刻本
　九行十七字白口左右雙邊　毛裝　四
　　冊

善4490
古賦辯體十卷　（元）祝堯輯
　明嘉靖二十一年蘇祐刻本
　九行十七字白口左右雙邊　綫裝　二
　　冊
　存五卷：一至五

善4479
新刊迂齋先生標註崇古文訣三十五卷
（宋）樓昉輯
　明刻本
　九行十九字小字雙行同白口左右雙
　　邊　綫裝　八冊

善4480
新刊迂齋先生標註崇古文訣三十五卷
（宋）樓昉輯
　明刻本
　九行十九字小字雙行同白口左右雙
　　邊　綫裝　一冊
　存四卷：三十二至三十五

善4503
西山先生真文忠公文章正宗二十四卷
（宋）真德秀輯
　明正德十五年馬卿刻本
　十行二十一字小字雙行同白口四周

單邊　毛裝　九冊
　　　存十六卷：一、六至七、十二至二十四

善4505

西山先生真文忠公文章正宗二十四卷
　（宋）真德秀輯
　　明嘉靖四十三年李豸、李磐刻本　佚名跋
　　十行十九字小字雙行同白口左右雙邊　綫裝　十一冊
　　存二十二卷：一至十、十三至二十四

善4507

西山先生真文忠公文章正宗二十四卷　續二十卷　（宋）真德秀輯
　　明刻本
　　十行二十一字小字雙行同白口四周單邊　綫裝　四冊
　　存八卷：六至十一、十八至十九

善4508

西山先生真文忠公文章正宗二十四卷　續二十卷　（宋）真德秀輯
　　明嘉靖四十三年蔣氏家塾刻本
　　十行二十一字小字雙行同白口左右雙邊　綫裝　二冊
　　存四卷：文章正宗十至十一、十四至十五

善4504、善4510

西山先生真文忠公文章正宗二十四卷　續二十卷　（宋）真德秀輯
　　明嘉靖四十三年蔣氏家塾刻本
　　十行二十一字小字雙行同白口左右雙邊　綫裝　十冊
　　存十八卷：文章正宗一、續四至二十

善4511

西山先生真文忠公文章正宗二十四卷　續二十卷　（宋）真德秀輯
　　明嘉靖四十三年蔣氏家塾刻本
　　十行二十一字小字雙行同白口左右雙邊　綫裝　十冊
　　存二十卷：續

善4512

西山先生真文忠公文章正宗二十四卷　續二十卷　（宋）真德秀輯
　　明嘉靖四十三年蔣氏家塾刻本
　　十行二十一字小字雙行同白口左右雙邊　綫裝　七冊
　　存十四卷：續一至七、十二至十三、十六至二十

善4509

真文忠公續文章正宗二十卷　（宋）真德秀輯
　　明嘉靖二十一年晋藩刻本
　　十行二十一字小字雙行同白口四周單邊　毛裝　二冊
　　存四卷：一至二、八至九

馮善3062

西山先生真文忠公文章正宗二十四卷　續二十卷　（宋）真德秀輯
　　明末刻本
　　九行十九字小字雙行同白口左右雙邊　綫裝　五冊
　　存十九卷：續一至十九

善4506

集錄真西山文章正宗三十卷　（宋）真德秀輯
　　明嘉靖二十三年孔天胤刻本

集部

九行十八字小字雙行同白口左右雙邊　綫裝　八册
存十三卷：一至十三

馮善 3061
集古評釋西山真先生文章正宗二十四卷　（宋）真德秀輯　（明）唐順之批點　（明）俞思冲補訂
明容與堂刻本
十行二十字小字雙行同白口四周單邊　綫裝　十二册

善 4486
妙絕古今不分卷　（宋）湯漢輯
明刻本　佚名批
八行十七字小字雙行同白口左右雙邊　綫裝　四册

善 4465
諸儒箋解古文真寶前集十卷後集十卷　（元）黄堅輯
明萬曆十一年司禮監刻本
八行二十字小字雙行同上下黑口四周雙邊　毛裝　一册
存二卷：後集三至四

善 4466
諸儒箋解古文真寶前集十卷後集十卷　（元）黄堅輯
明萬曆十一年司禮監刻本
八行二十字小字雙行同上下黑口四周雙邊　綫裝　四册

善 4467
諸儒箋解古文真寶前集十卷後集十卷　（元）黄堅輯
明萬曆十一年司禮監刻本

八行二十字小字雙行同上下黑口四周雙邊　綫裝　二册
存十卷：前集

善 4500
文章辨體五十卷外集五卷總論一卷　（明）吳訥編集
明嘉靖刻本
十三行二十四字小字雙行同上下黑口左右雙邊　綫裝　十六册

善 4487
文翰類選大成一百六十三卷　（明）李伯璵編輯
明成化八年淮府刻弘治十四年、嘉靖二十五年遞修本
十二行二十三字小字雙行同上下黑口四周雙邊　綫裝　二册
存七卷：三十一至三十四、三十八至四十

善 4488
文翰類選大成一百六十三卷　（明）李伯璵編輯
明成化八年淮府刻弘治十四年、嘉靖二十五年遞修本
十二行二十三字小字雙行同上下黑口四周雙邊　綫裝　八册
存二十卷：二十五至三十、三十五至三十七、六十二至六十六、一百二十三至一百二十四、一百三十一至一百三十二、一百三十六至一百三十七

善 4462－4463
古文會選三十卷　（明）謝朝宣輯
明弘治十二年刻本

九行十七字上下黑口四周雙邊　毛裝　四册
存二十卷：一至十五、二十六至三十

善4524
文端集二卷　（明）顧璘輯
明刻本
九行十八字白口四周雙邊　毛裝　二册

善4457
文苑春秋四卷　（明）崔銑輯
明嘉靖十七年刻本
十行二十字白口左右雙邊　綫裝　四册

善4458
文苑春秋四卷　（明）崔銑輯
明刻本　朱鼎煦跋
十行二十字白口左右雙邊　綫裝　二册
存二卷：三至四

善4525
新刊四大家文選四卷　（明）王坊輯
明嘉靖三十六年刻本
九行十九字小字雙行同白口左右雙邊　毛裝　四册

善4475
重刊全補古文會編十二卷　（明）黃如金輯
明嘉靖三十年吕炌雲影山堂刻本
十行二十字白口左右雙邊　毛裝　六册

善4518

秦漢文四卷　（明）胡纘宗輯
明鳥鼠山房刻本
十一行二十字小字雙行同白口左右雙邊　毛裝　三册
存三卷：一至二、四

善4470
續古文會編五卷　（明）錢璠輯
明東湖書院活字印本
八行二十字小字雙行行字不等白口左右雙邊　綫裝　二册

善4460
文編六十四卷　（明）唐順之輯
明嘉靖胡帛刻本
十行二十字白口四周單邊　綫裝　十六册
存三十四卷：七至九、十三至十四、十九至二十、二十三至三十、三十八至四十、四十五至四十八、五十一至五十八、六十一至六十四

善4461
文編六十四卷　（明）唐順之輯
明嘉靖胡帛刻本
十行二十字白口四周單邊　綫裝　二册
存六卷：十五至十六、四十二至四十五

馮善3625
文編六十四卷首一卷　（明）唐順之輯
明天啓刻本
十行二十一字白口四周單邊　綫裝　三十一册

善4502

集　部　　　　　　　　　　　　　　　　　　　　　　　435

唐會元精選批點唐宋名賢策論文粹八卷　題(明)唐順之輯并批點
　　明書林桐源胡氏刻本
　　十行二十字白口左右雙邊　綫裝　五冊
　　存五卷:一至二、六至八

善4464
大家文選二十二卷　(明)薛甲輯
　　明嘉靖十八年刻本
　　九行二十二字上下黑口四周雙邊　包背裝　八冊

善4743
名家表選八卷　(明)陳塏輯
　　明嘉靖二十六年崇正書院刻本
　　十一行二十一字上下細黑口四周單邊　綫裝　一冊
　　存二卷:一至二

善4521
秦漢魏晉文選十卷　(明)余震啓　鄭玄撫輯
　　明嘉靖二十四年新安洪廷論刻本
　　十行十八字白口左右雙邊　毛裝　六冊
　　存六卷:二至五、九至十

善4474
歷代文選十四卷　(明)凌雲翼輯
　　明嘉靖四十年宋守志、謝教等刻本
　　十行二十字白口左右雙邊　綫裝　十四冊

善4491
文則四卷　(明)張雲路輯
　　明嘉靖三十四年自刻本
　　九行二十二字白口四周雙邊　綫裝　一冊
　　存一卷:四

善4499
文體明辯六十一卷首一卷目錄六卷附錄十四卷附錄目錄二卷　(明)徐師曾輯
　　明萬曆游榕銅活字印本
　　十行十九字小字雙行同白口左右雙邊　綫裝　一冊
　　存二卷:附錄七至八

善4483
古文類選六卷　(明)陳瑞輯
　　明隆慶元年胡志夔刻本
　　十行二十二字小字雙行同白口四周雙邊　綫裝　六冊

善4471
新刊名世文宗三十卷　(明)胡時化輯
　　明萬曆七年李充實刻本
　　十行二十二字小字雙行同白口四周雙邊　綫裝　十二冊

馮善3082
名世文宗二十卷外集四卷　(明)胡時化輯　(明)郭子章參輯
　　明萬曆五年馮叔吉願聞堂刻本
　　十行二十字小字雙行同白口四周雙邊　綫裝　十二冊

善4482
古文雋十六卷　(明)趙燿輯
　　明萬曆六年徐中行刻本
　　十行二十字小字雙行同白口四周雙邊　綫裝　十一冊

存十三卷：一至四、六至十二、十五至十六

善 4527
新刊李九我先生編纂大方萬文一統內外集二十二卷 （明）李廷機輯
明建邑書林余象斗刻本
十行二十字小字雙行同下黑口四周雙邊 綫裝 十冊

善 4497
古逸書三十卷首一卷末一卷 （明）潘基慶輯
明萬曆刻本
八行二十字小字雙行同白口四周單邊 綫裝 八冊

善 4498
古逸書三十卷首一卷末一卷 （明）潘基慶輯
明萬曆刻本
八行二十字小字雙行同白口四周單邊 綫裝 二冊
存八卷：二十四至三十、末

馮善 3635
秦漢文鈔不分卷 （明）馮有翼輯
明萬曆十一年清音館刻本
九行二十字小字雙行同白口左右雙邊 綫裝 十二冊

善 4520
秦漢文鈔十二卷 （明）馮有翼輯 （明）汪德元訂
明萬曆刻本 清張震圈讀
九行十七字小字雙行同白口四周單邊 綫裝 四冊

善 4469
文字會寶不分卷 （明）朱文治輯
明萬曆三十六年自刻本
行不等行字不等白口四周單邊 綫裝 四冊

馮善 3081
文字會寶不分卷 （明）朱文治輯
明萬曆三十六年自刻本
行不等行字不等白口四周單邊 綫裝 六冊

善 4492
文致不分卷 （明）劉士鏻輯 （明）閔無頗 閔昭明集評
明天啓元年閔元衢刻朱墨套印本
八行十八字小字雙行同白口四周單邊 綫裝 一冊

善 4493
刪補古今文致十卷 （明）劉士鏻輯 （明）王宇增刪
明天啓刻本
九行二十字白口四周單邊 綫裝 五冊

善 4494
刪補古今文致十卷 （明）劉士鏻選 （明）王宇增刪
明天啓刻本
九行二十字白口四周單邊 綫裝 六冊

善 4496
尚友編十卷 （明）宋賓王輯
清抄本 佚名批
十行二十六字無版框 綫裝 十冊

集　部

善 4484
古文選不分卷
　明末刻本
　九行二十字白口左右雙邊　綫裝　四
　　册

善 4501
策學統宗不分卷
　明刻本　朱鼎煦跋
　十行二十一字上下黑口四周雙邊　綫
　　裝　一册

善 4522
六朝文絜四卷　（清）許槤輯并評
　清道光五年許氏享金寶石齋刻朱墨
　　套印本
　九行十八字小字雙行同上下黑口左
　　右雙邊　綫裝　二册

善 4523
快錄一卷　（清）范光燮輯
　清抄本
　八行二十六字白口四周單邊　毛裝
　　一册

善 4530
古詩源十四卷　（清）沈德潛輯
　清康熙五十八年竹嘯軒刻本
　十行十九字小字雙行行字不等上下
　　黑口左右雙邊　綫裝　四册

善 4532
歷朝詩選二十四卷　（清）胡瑩輯
　清悦性山房抄本
　九行二十一字小字雙行行字不等白
　　口四周單邊　金鑲玉　二十三册
　存二十三卷：一至五、七至二十四

善 4558
絶句博選五卷　（明）王朝雍編
　明嘉靖十五年刻本
　九行十八字小字雙行同白口四周雙
　　邊　綫裝　二册
　存二卷：四至五

善 4564
古詩鈔不分卷　（清）范光文編
　清初抄本
　八行十七字小字雙行行字不等無版
　　框　毛裝　一册

善 4567
古今歲時雜詠四十六卷　（宋）蒲積中
　　輯
　清抄本
　十一行二十字小字雙行同上下黑口
　　左右雙邊　綫裝　四册
　存三十二卷：一至三十二

善 4577
回文類聚四卷　（宋）桑世昌纂次　**續
集一卷**　（清）朱存孝續纂
　清康熙覆宋刻本
　十行十八字小字雙行同白口四周單
　　邊　綫裝　一册

善 4578
吕祖編年詩集九卷吕氏詩鈔一卷　（明）
　　火西月輯
　清康熙刻本
　十行二十一字小字雙行同上下黑口
　　左右雙邊　綫裝　八册

善 4580
姑蘇新刻彤管遺編二十卷　（明）酈琥

輯
明隆慶元年自刻本
十行十八字小字雙行同白口四周雙邊　綫裝　一冊
存二卷：十九至二十

善4526
新刊林次崖先生編次批點古文類抄十二卷　（明）林希元撰
明刻本
九行二十字小字雙行同白口四周單邊　綫裝　八冊
存八卷：二、五至六、八至十二

善4476
古文淵鑒六十四卷　（清）徐乾學等輯注
清康熙二十四年內府刻四色套印本
九行二十字小字雙行同上下黑口四周單邊　綫裝　二十四冊

善4477
古文淵鑒六十四卷　（清）徐乾學等輯注
清康熙二十四年內府刻四色套印本
九行二十字小字雙行同上下黑口四周單邊　綫裝　二十四冊

善4478
古香齋新刻袖珍御選古文淵鑒六十四卷　（清）徐乾學等編注
清光緒十至十一年南海孔氏刻四色套印本
九行二十字小字雙行同白口四周雙邊　綫裝　二十九冊
存六十一卷：四至六十四

善4582
唐宋元名表四卷　（明）胡松輯
明嘉靖二十一年刻藍印本
十行二十字白口四周單邊　綫裝　二冊

善4583
類編古賦二十四卷
明抄本
十行二十五字白口四周單邊　毛裝　六冊

善4584
選賦六卷　（南朝梁）蕭統輯　（明）郭正域評點　名人世次爵里一卷
明凌氏鳳笙閣刻朱墨套印本
八行十八字白口四周單邊　綫裝　一冊
存一卷：選賦四

善4585
賦苑八卷　（明）李鴻輯
明萬曆刻本
十行二十字白口四周單邊　綫裝　十六冊

善4528
初學辨體增刪定本不分卷　（清）徐與喬輯
清康熙刻本
九行二十六字白口四周單邊無格　綫裝　二十四冊

善4586
辭賦標義十八卷　（明）俞王言標義
明萬曆二十九年金溥刻本
六行十七字小字雙行同白口四周單

集部

　　邊　綫裝　六冊

善 4588
□選古今四六會編四卷　（明）薛應旂
　纂　（明）王勛訂
　明金陵余遇時刻本
　十行二十二字白口四周單邊　毛裝
　　二冊
　存二卷：一、三

善 4589
新刻旁註四六類函十二卷　（明）朱錦
　輯　（明）閔師孔注
　明南都吳繼武刻本
　七行二十四字小字雙行行字不等白
　　口左右雙邊　綫裝　二冊

善 4590
新刻旁註四六類函十二卷　（明）朱錦
　輯　（明）閔師孔注
　明南都吳繼武刻本
　七行二十四字小字雙行行字不等白
　　口左右雙邊　綫裝　五冊
　存七卷：五至十一

善 4591
四六法海十二卷　（明）王志堅輯
　明天啓七年刻本
　九行二十字白口四周單邊　綫裝　六
　　冊

善 4595
赤牘清裁二十八卷　（明）楊慎輯
　明刻本
　十行二十字小字雙行同白口左右雙
　　邊　綫裝　三冊
　存十六卷：一至五、十二至十七、二十

　　四至二十八

善 4596
批點楊升菴赤牘清裁十卷　（明）楊慎
　選輯　（明）胡執禮批點
　明萬曆刻本
　十行十八字小字雙行同白口四周雙
　　邊　毛裝　一冊
　存八卷：一至八

善 4592
尺牘清裁六十卷補遺一卷　（明）王世
　貞編
　明隆慶五年王世貞刻本
　九行十八字小字雙行同白口左右雙
　　邊　綫裝　一冊
　存五卷：十一至十五

善 4593
尺牘清裁六十卷補遺一卷　（明）王世
　貞編
　明隆慶五年王世貞自刻本
　九行十八字小字雙行同白口左右雙
　　邊　綫裝　五冊
　存五十卷：一至四十、五十一至六十

善 4594
尺牘清裁六十卷補遺一卷　（明）王世
　貞編
　明隆慶五年王世貞自刻本
　九行十八字小字雙行同白口左右雙
　　邊　綫裝　三冊
　存二十二卷：一至二十二

善 4597
新刊古今尺牘聞見拔尤八卷　（明）潘
　文淵輯

明嘉靖四十四年太白雙璧書屋刻本
　　九行二十字小字雙行同白口四周單邊　毛裝　一冊

善 4598
新鐫古今名公尺牘彙編選註四卷　（明）王穉登輯　（明）俞肇光注
　　明黃起元刻本
　　九行二十字小字雙行同白口四周單邊　綫裝　一冊
　　存一卷：一

善 4599
新鐫古今名公尺牘彙編選註四卷　（明）王穉登輯　（明）俞肇光注
　　明黃起元刻本
　　九行二十字小字雙行同白口四周單邊　毛裝　一冊
　　存一卷：一

善 4485
古今濡削選章四十卷　（明）李國祥輯
　　明萬曆刻本
　　十行二十字小字雙行同白口左右雙邊　綫裝　八冊

善 4495
翰海十二卷　（明）沈佳胤輯
　　明崇禎刻本
　　九行二十字白口四周單邊　綫裝　四冊

善 3801
集歌謠諺語一卷　（明）范欽輯
　　稿本
　　行不等行字不等小字雙行行字不等無版框　散葉　六葉

善 4603
古今諺一卷　（明）楊慎輯
　　明刻本
　　十行二十字白口左右雙邊　散葉　一冊

善 5058
古今諺一卷　（明）范欽輯
　　明天一閣刻現代印本
　　十行二十字白口左右雙邊　綫裝　一冊

馮善 3213
古詩選讀一卷　（清）張翊儁輯
　　稿本
　　十行十九字小字雙行同無版框　綫裝　一冊

善 3152
雕龍屑□卷物性考一卷　（清）鄒治撰
　　清刻本
　　十行二十四字小字雙行同白口四周單邊　毛裝　一冊
　　存四卷：七至十

斷代

善 4607
春秋詞命三卷　（明）王鏊輯
　　明刻本
　　九行二十一字小字雙行同白口左右雙邊　綫裝　一冊

馮善 4608
新刻春秋詞命三卷　（明）王鏊輯
　　明刻本

集　部

十行二十字小字雙行同白口左右雙邊　綫裝　一册

善4609
春秋詞命三卷　（明）王鏊編
明萬曆二十七年喻繩祖刻本
十行二十一字小字雙行同白口四周單邊　綫裝　一册

善4612
西漢文類三十五卷目録二卷　（明）劉節輯
明抄本
十行二十字白口四周單邊　綫裝　十五册

善4613
西漢文類三十五卷目録二卷　（明）劉節輯
明抄本
十行二十字白口四周單邊　毛裝　一册
存二卷：目録

善4614
西漢文類三十五卷目録二卷　（明）劉節輯
明抄本
十行二十字白口左右雙邊　綫裝　一册
存二卷：目録

善4610
西漢文不分卷
明抄本
十行二十二字白口四周單邊　綫裝　一册

善4611
兩漢文苑十卷　（明）申用嘉輯
明萬曆二十八年刻本
九行二十字小字雙行同白口左右雙邊　綫裝　七册

善4615、善4620
西漢文鑑二十一卷東漢文鑑二十卷　（宋）陳鑑輯
明刻本
九行十八字小字雙行同白口四周單邊　毛裝　八册

善4616
東漢文類三十六卷目録二卷　（明）劉節輯
明抄本
十行二十字白口四周單邊　綫裝　十三册
存三十三卷：一至二十二、二十六至三十六

善4617
東漢文類三十六卷目録二卷　（明）劉節輯
明抄本
十行二十字白口左右雙邊　綫裝　一册
存二卷：目録

善4618
東漢文類三十六卷目録二卷　（明）劉節輯
明抄本
十行二十字白口左右雙邊　毛裝　一册
存二卷：目録

善 4621
漢人家書不分卷
　清初抄本
　七行二十字小字雙行同白口四周單邊　綫裝　一册

善 4622
文紀　（明）梅鼎祚輯
　明崇禎刻本
　十行二十字小字雙行同白口左右雙邊　綫裝　八册
　存一種二十卷：
　　晉文紀二十卷　（明）梅鼎祚輯　（明）詹應鵬參閱

善 4623、善 4619
文紀　（明）梅鼎祚輯
　明崇禎刻本
　十行二十字小字雙行同白口左右雙邊　綫裝　十九册
　存二種五十四卷：
　　晉文紀二十卷
　　東漢文紀三十四卷

善 4624
南朝宋文二十八卷　（明）張采輯
　明崇禎刻本
　九行十九字小字雙行同白口左右雙邊無格　綫裝　十四册

馮善 3033
重校正唐文粹一百卷　（宋）姚鉉輯
　明嘉靖三年徐熴刻本（卷十至十一、二十一至二十五、六十三、八十一至一百配明嘉靖六年張大輪刻本，卷十五至十七、三十八至四十二、六十四至七十配明萬曆刻本）　清楊家駿　楊泰亨　馮貞群跋
　十四行二十五字小字雙行同白口左右雙邊　綫裝　八册

善 4626
重校正唐文粹一百卷　（宋）姚鉉輯
　明嘉靖三年姑蘇徐熴刻本
　十四行二十五字小字雙行同白口左右雙邊　綫裝　十六册

善 4627
重校正唐文粹一百卷　（宋）姚鉉輯
　明嘉靖三年姑蘇徐熴刻本
　十四行二十五字小字雙行同白口左右雙邊　綫裝　十册

善 4628
重校正唐文粹一百卷　（宋）姚鉉輯
　明嘉靖三年姑蘇徐熴刻本
　十四行二十五字小字雙行同白口左右雙邊　毛裝　十五册
　存九十三卷：一至五十六、六十四至一百

善 4629
重校正唐文粹一百卷　（宋）姚鉉輯
　明嘉靖六年張大輪刻本
　十四行二十五字白口左右雙邊　綫裝　七册
　存三十七卷：五至十六、二十七至二十九、三十四、四十二至五十五、九十三至九十九

善 4631
唐文粹一百卷　（宋）姚鉉輯
　明刻本
　九行二十字白口左右雙邊　綫裝

集　部

十三册
存八十一卷：一至九、十九至九十

善4634
松陵集十卷　（唐）皮日休　陸龜蒙撰
　明末毛氏汲古閣刻本　佚名批并校
　八行十九字小字雙行同白口左右雙
　　邊　綫裝　二册

善4635
松陵集十卷　（唐）皮日休　陸龜蒙撰
　明末毛氏汲古閣刻清初毛扆重修本
　八行十九字小字雙行同白口左右雙
　　邊　綫裝　一册
　存四卷：一至四

善4673
才調集十卷　（後蜀）韋縠輯
　清康熙四十三年汪氏垂雲堂刻本
　八行十九字小字雙行行字不等白口
　　左右雙邊　綫裝　十册

善4674
才調集十卷　（後蜀）韋縠輯
　清康熙四十三年汪氏垂雲堂刻本
　八行十九字小字雙行行字不等白口
　　左右雙邊　綫裝　二册

善4675
刪正二馮評閱才調集二卷　（後蜀）韋
　縠輯　（清）紀昀刪正
　清抄本
　九行二十一字小字雙行三十一字白
　　口無版框　毛裝　二册

馮善3654
萬首唐人絕句一百一卷　（宋）洪邁輯
　明嘉靖十九年陳敬學德星堂刻本
　佚名跋
　十至二十字小字雙行同白口左右雙
　　邊　綫裝　十九册
　存八十九卷：一至六、十四至七十、七
　　十六至一百一

善4638
萬首唐人絕句一百一卷　（宋）洪邁輯
　明嘉靖十九年陳敬學德星堂刻本
　十至二十字小字雙行同白口左右雙
　　邊　綫裝　七册
　存十五卷：五十六至七十

善4639
宋洪魏公進萬首唐人絕句四十卷目錄
　四卷　（明）洪邁輯　（明）趙宧光
　黃習遠補
　明萬曆三十四年趙氏小宛堂刻本
　十行十八字小字雙行同白口左右雙
　　邊　綫裝　一册
　存二卷：二十五至二十六

善4640
唐詩絕句五卷　（宋）趙蕃　韓淲輯
　（宋）謝枋得注
　明刻本
　八行十六字小字雙行同上下黑口四
　　周雙邊　毛裝　一册

善4641
全唐詩九百卷目錄十二卷　（清）曹寅
　彭定求等輯
　清康熙四十四至四十六年揚州詩局
　　刻本
　十一行二十一字小字雙行三十二字
　　上下黑口左右雙邊　綫裝　十册

存六十六卷：一至五十四、目録

善 4652
七體唐詩正音補註二卷 （元）楊士弘
　　輯　（明）王庸補注
　　明成化十一年刻本
　　八行二十字小字雙行同上下黑口四
　　　周雙邊　毛裝　一册

善 4649
唐音十五卷　（元）楊士弘輯　（明）顧
　　璘批點
　　明嘉靖二十年温秀刻本
　　十行二十字小字雙行同白口四周單
　　　邊　綫裝　四册
　　存十四卷：一至十四

善 4669
唐音十五卷　（元）楊士弘輯
　　明刻本
　　十行十八字白口左右雙邊　毛裝　一
　　　册
　　存三卷：正音四至六

善 4650
唐音十五卷　（元）楊士弘輯
　　明刻本
　　十行十八字白口左右雙邊　毛裝　一
　　　册
　　存三卷：遺響一至三

善 4653
箋注唐賢絶句三體詩法二十卷　（宋）
　　周弼選　（元）釋圓至注
　　明刻本
　　九行十七字小字雙行同上下粗黑口
　　　四周雙邊　毛裝　一册

　　存四卷：一至四

善 4661
**唐詩品彙九十卷拾遺十卷詩人爵里詳
節一卷**　（明）高棅輯
　　明嘉靖十八年牛斗刻本
　　十行二十字白口左右雙邊　毛裝
　　　十五册
　　存八十八卷：六至六十三、七十一至
　　　九十，拾遺

善 4660
**唐詩品彙九十卷拾遺十卷詩人爵里詳
節一卷**　（明）高棅編輯　（清）張恂
　　重訂
　　明張恂刻本
　　十行二十字白口左右雙邊　綫裝　三
　　　册
　　存十卷：拾遺

善 4662
**唐詩品彙九十卷拾遺十卷詩人爵里詳
節一卷**　（明）高棅輯
　　明嘉靖刻本
　　十行二十字小字雙行同白口左右雙
　　　邊　綫裝　十五册
　　存七十八卷：一至三、十三至二十四、
　　　二十九至七十五、八十二至九十，
　　　拾遺一至七

善 4663
**唐詩品彙九十卷拾遺十卷詩人爵里詳
節一卷**　（明）高棅輯
　　明嘉靖刻本
　　十一行二十字小字雙行同白口左右
　　　雙邊　毛裝　二册
　　存十四卷：八十二至九十、拾遺六

集部

　　至十

善4664

唐詩品彙九十卷拾遺十卷詩人爵里詳節一卷　（明）高棅輯
　　明刻本　孫家溎跋
　　十行二十字上下黑口四周雙邊　綫裝　一冊
　　存八卷：三十至三十七

善4665

唐詩品彙九十卷拾遺十卷詩人爵里詳節一卷　（明）高棅輯
　　明嘉靖刻本
　　十行二十字小字雙行同白口左右雙邊　毛裝　四冊
　　存二十五卷：四至七、三十八至四十五、五十六至六十三、七十一至七十五

善4666

唐詩品彙九十卷拾遺十卷詩人爵里詳節一卷　（明）高棅輯
　　明嘉靖十八年牛斗刻本　佚名批
　　十行二十字白口左右雙邊　毛裝　一冊
　　存二卷：三十二至三十三

善4667

唐詩品彙九十卷拾遺十卷詩人爵里詳節一卷　（明）高棅輯
　　明萬曆三十三年陸允中刻本
　　十行二十字小字雙行同白口左右雙邊　綫裝　一冊
　　存三卷：六十七至六十九

馮善3124

唐詩品彙九十卷拾遺十卷　（明）高棅輯
　　清順治十四年梅墅石渠閣刻本
　　十行二十字小字雙行同白口左右雙邊　綫裝　十二冊

善4670

唐詩正聲二十二卷　（明）高棅輯
　　明刻本
　　九行二十字小字雙行同白口左右雙邊　綫裝　五冊
　　存十八卷：一至十五、二十至二十二

善4651

重選唐音大成十一卷　（明）邵天和輯
　　明嘉靖刻本
　　十行二十字小字雙行同上下黑口四周雙邊　毛裝　四冊
　　存八卷：四至十一

善4655

唐詩絕句精選四卷附刻一卷拾遺一卷　（明）張含輯　（明）楊慎批點
　　明嘉靖二十六年張氏萬卷堂刻本
　　九行二十字白口左右雙邊　毛裝　二冊

善4656

唐詩絕句精選四卷附刻一卷拾遺一卷　（明）張含輯　（明）楊慎批點
　　明嘉靖二十六年張氏萬卷堂刻本
　　九行二十字白口左右雙邊　毛裝　二冊

善4657

唐絕增奇五卷　（明）楊慎輯
　　明刻本

十一行十八字小字雙行同白口四周雙邊　毛裝　一册

善2962
山中集一卷　（明）萬表輯
　明嘉靖刻本
　十行十八字白口左右雙邊　毛裝　一册

善4642
全唐詩選十八卷　（明）李默　鄒守愚輯
　明嘉靖二十六年曾才漢刻本
　十行二十一字小字雙行同白口四周單邊　綫裝　二册
　存九卷：一至九

善4645
唐詩類苑二百卷　（明）張之象輯
　明萬曆二十九年曹仁孫刻本（卷八十五至八十七爲抄配）
　十行二十字白口四周雙邊　綫裝　七十册

善4646
唐詩類苑二百卷　（明）張之象輯
　明萬曆二十九年曹仁孫刻本
　十行二十字白口四周雙邊　綫裝　七册
　存二十二卷：六十一至八十二

善4644
唐詩紀一百七十卷目錄三十四卷　題（明）方一元輯
　明刻本
　九行十九字小字雙行同白口四周雙邊　綫裝　二册

　存十七卷：六十一至六十四、一百一至一百九，目錄三十一至三十四

善4758
類選唐詩助道微機六卷　（明）周汝登輯　**或問記一卷**　（明）胡正言撰
　明刻本
　九行十八字小字雙行同白口四周單邊　綫裝　一册
　存二卷：三至四

馮善3283
唐音癸籖三十三卷　（明）胡震亨撰
　清順治雙與堂刻本
　十行十九字小字雙行同白口左右雙邊　綫裝　四册

善4643
御定全唐詩錄一百卷　（清）徐倬輯
　清康熙四十五年内府刻本（卷八十八至九十爲抄配）
　十一行二十一字小字雙行三十一字上下黑口左右雙邊　綫裝　十六册

善4658
晚唐詩鈔二十六卷　（清）查克弘　凌紹乾輯
　清康熙四十二年栖鳳閣刻本
　十行十九字小字雙行三十字白口左右雙邊　綫裝　二册
　存十四卷：一至十四

善4671
李杜詩鈔一卷　（清）范光文編
　清抄本　佚名批
　八行二十字小字雙行行字不等無版

集　部

框　毛裝　一冊

善 4654
唐詩律選六卷
　明刻本
　　十行二十字白口左右雙邊　毛裝　一冊
　　存二卷：三至四

善 4632
王狀元標目唐文類十二卷　題（宋）王十朋輯
　明祁東李氏銅活字印本
　　十行二十字白口四周單邊　毛裝　一冊
　　存三卷：十至十二

善 4633
唐文鑑二十一卷　（明）賀泰輯
　明正德六年孫佐刻本
　　十行二十一字小字雙行同上下黑口四周雙邊　綫裝　五冊
　　存十九卷：三至二十一

善 4737
增註唐策十卷
　明刻本
　　十行十八字小字雙行同白口四周單邊　毛裝　二冊
　　存五卷：六至十

善 4581
濂洛風雅七卷　（宋）金履祥輯
　明弘治十五年刻本
　　十一行二十字小字雙行同上下黑口四周雙邊　散葉　一冊
　　存五卷：一至三、六至七

善 4693
重訂宋詩正體四卷　（明）符觀編
　明刻本
　　九行十九字上下黑口四周雙邊　毛裝　一冊
　　存三卷：二至四

馮善 3639
大宋文鑑一百五十卷目錄三卷　（宋）呂祖謙輯
　明正德十三年慎獨齋刻本
　　十二行二十五字小字雙行同下黑口四周雙邊　綫裝　二十四冊

善 4677
大宋文鑑一百五十卷目錄三卷　（宋）呂祖謙輯
　明正德十三年慎獨齋刻本　佚名跋
　　十二行二十五字小字雙行同下黑口四周雙邊　綫裝　三冊
　　存十卷：九十四至九十七、一百五至一百七、一百三十六至一百三十八

善 4678
宋文鑑一百五十卷目錄三卷　（宋）呂祖謙輯
　明嘉靖五年晉藩養德書院刻本
　　十三行二十一字上下黑口左右雙邊　綫裝　二十冊
　　存五十四卷：十九至二十一、七十三至一百九、一百十二至一百二十五

善 4680
校正重刊官板宋朝文鑑一百五十卷目錄三卷　（宋）呂祖謙輯
　明刻本
　　十行二十字小字雙行同白口四周單

邊　綫裝　十八册
存一百五十二卷：一至九、十一至一百五十，目録

馮善 3035
校正重刊官板宋朝文鑑一百五十卷目録三卷　（宋）吕祖謙編
明刻本
十行二十字小字雙行同白口四周單邊　綫裝　二十四册

善 4681
聖宋名賢五百家播芳大全文粹一百五十卷目録十卷　（宋）魏齊賢　葉棻輯
清抄本
十一行二十四字上下黑口左右雙邊　綫裝　一册
存七卷：一百四至一百十

善 4682
二十先生回瀾文鑑二十卷後集二十卷　（宋）虞祖南輯　（宋）虞夔注
明抄本
八行十九字小字雙行二十五字白口四周雙邊　毛裝　三册
存二十二卷：十三至二十，後集一至八、十五至二十

善 4683
重編有宋簪纓四六十卷
明抄本
十行二十字白口四周單邊　綫裝　一册
存一卷：射字集

善 4692

宋詩不分卷　佚名編
清抄本
九行二十字小字雙行同白口四周雙邊　綫裝　一册

馮善 3154
中州集十卷首一卷中州樂府一卷　（金）元好問集
明末毛氏汲古閣刻本　清王澧中恬跋
八行十九字小字雙行同白口左右雙邊　綫裝　十一册

善 4695
中州集十卷首一卷中州樂府一卷　（金）元好問輯
明末毛氏汲古閣刻本
八行十九字小字雙行同白口左右雙邊　綫裝　十一册

善 4696
中州集十卷首一卷中州樂府一卷　（金）元好問輯
明末毛氏汲古閣刻清古松堂印本
八行十九字小字雙行同白口左右雙邊　綫裝　十二册

善 4698
御訂全金詩增補中州集七十二卷首二卷　（金）元好問輯　（清）郭元釪補輯
清康熙五十年内府刻乾隆五十四年西爽閣重修本
八行十九字小字雙行同上下黑口四周單邊　綫裝　五十七册
存六十八卷：一至二十一、二十五至六十四、六十八至七十二，首

集　部

善 4701
元詩前集六卷後集六卷　（元）孫存吾
　輯　（元）虞集輯選
　明刻本
　　九行二十字白口四周雙邊　毛裝　三
　　　冊
　　存九卷：前集四至六、後集

善 4702
元詩體要十四卷　（明）宋緒輯
　明刻本
　　十一行二十一字上下黑口四周雙邊
　　　毛裝　一冊
　　存八卷：七至十四

善 4700
元詩選初集一百十四卷首一卷　（清）
　顧嗣立輯
　清康熙三十三年顧氏秀野草堂刻本
　　十三行二十三字白口左右雙邊　綫裝
　　　十六冊
　　存二種二卷：
　　　松雪齋集一卷　（元）趙孟頫撰
　　　清容居士集一卷　（元）袁桷撰

善 4699
元文類七十卷目錄三卷　（元）蘇天爵
　輯
　明嘉靖十六年晋藩虛益堂刻本　清
　　佚名批并跋
　　十行十九字小字雙行同白口四周單
　　　邊　綫裝　四冊
　　存十四卷：三十一至三十六、四十二
　　　至四十四、六十七至七十一

善 4723
皇明風雅四十卷詩人名氏一卷　（明）

　徐泰輯
　明刻本
　　十行二十字白口左右雙邊　毛裝　五
　　　冊
　　存二十五卷：六至二十、二十六至三
　　　十五

善 4724
皇明風雅四十卷詩人名氏一卷　（明）
　徐泰輯
　明嘉靖刻本
　　十行二十字白口左右雙邊　毛裝　二
　　　冊
　　存十卷：十六至二十五

善 4730
皇明詩抄十卷目錄二卷　（明）楊慎輯
　明嘉靖三十七年陳仕賢刻本
　　十行二十字白口左右雙邊　毛裝　一
　　　冊
　　存六卷：一至五、目錄一

善 4703
皇明詩抄十卷　（明）程旦輯
　明刻本
　　十一行二十一字小字雙行行字不等
　　　白口四周單邊　毛裝　一冊
　　存五卷：一至五

善 4731
皇明近體詩抄二十九卷　（明）謝東山
　輯
　明刻本
　　十行二十字小字雙行同白口四周單
　　　邊　毛裝　四冊
　　存二十卷：六至十、十五至二十九

善 4733
皇明近體詩抄二十九卷 （明）謝東山輯
明刻本
十行二十字小字雙行同白口四周單邊　綫裝　二册
存四卷：五至六、二十五至二十六

善 4729
明詩正聲六十卷 （明）盧純學輯
明萬曆十九年廣陵江一夔刻本
九行十八字小字雙行同白口左右雙邊　毛裝　二册
存十二卷：一至十二

善 4725
皇明詩選前集□□卷 （明）沈士佣輯
明抄本
九行二十字白口四周單邊　綫裝　一册
存八卷：八至十五

善 4726
皇明詩選十三卷 （明）陳子龍等撰
明崇禎十六年刻本
九行十八字小字雙行同白口左右雙邊　綫裝　十二册

善 4732
明僧弘秀集十三卷 （明）毛晋輯
清抄本
十行二十一字無版框　綫裝　一册
存一卷：東皋錄上

善 4721
孝感瑞芝錄三卷 （明）陶治輯
明嘉靖刻本
十行二十四字小字雙行同上下黑口四周單邊　綫裝　一册

善 4800
棠陰遙祝一卷
明嘉靖十二年刻本
八行十六字白口四周單邊　毛裝　一册

善 4797
谿山聯句不分卷 （明）張潮　甘爲霖撰
明嘉靖二十年刻本
十行十九字小字雙行同白口四周單邊　毛裝　一册

善 4801
儷德偕壽錄四卷 （明）朱睦㮮輯
明嘉靖四十年刻本
十行十八字小字雙行同白口左右雙邊　毛裝　一册

善 4728
明詩鈔不分卷 （清）范光文輯
清抄本
九行二十二字白口無版框　毛裝　一册

善 4736
遺民詩十六卷 （清）卓爾堪輯　**近青堂詩一卷** （清）卓爾堪撰
清康熙刻本
十行十八字小字雙行行字不等白口左右雙邊　綫裝　五册

善 4722
明詩綜一百卷 （清）朱彝尊輯　（清）

集　部

汪森等評
清康熙刻白蓮涇印本
十一行二十一字小字雙行三十一字白口左右雙邊　綫裝　二十三冊
存九十六卷：一至十三、十八至一百

善4727
明詩別裁集十二卷　（清）沈德潜　周準輯
清乾隆四年刻本
十行十九字小字雙行二十九字白口左右雙邊　綫裝　四冊

善4707
皇明文衡一百卷目錄二卷　（明）程敏政輯
明嘉靖六年范震、李文會刻本
十二行二十三字白口四周單邊　綫裝　二十冊

善1548
皇明經濟文錄四十一卷　（明）萬表輯
明嘉靖三十三年曲入繩、游居敬刻本
十行二十二字白口四周單邊　綫裝　二十七冊
存三十一卷：一至十三、十五至十六、二十至二十二、二十七至二十八、三十至四十

善1549
皇明經濟文錄四十一卷　（明）萬表輯
明嘉靖三十三年曲入繩、游居敬刻本
十行二十二字白口四周單邊　毛裝　九冊
存十二卷：八至九、十七至十九、二十五至二十八、三十三、三十八、四十

善4704
皇明文範六十八卷目錄二卷　（明）張時徹輯
明隆慶刻本
十一行二十二字白口左右雙邊　綫裝　十二冊
存二十三卷：四十七至六十八、目錄一

善4705
皇明文範六十八卷目錄二卷　（明）張時徹輯
明刻本
十一行二十二字白口左右雙邊　綫裝　九冊
存二十九卷：三至六、九、十五至二十七、四十七至四十八、五十九至六十三、六十五至六十八

善4706
皇明文徵七十四卷　（明）何喬遠輯
明崇禎四年何喬遠刻本
九行十八字小字雙行同白口左右雙邊　綫裝　二十冊
存六十一卷：一至十、十九至五十、五十四至五十九、六十二至七十四

善4717
國朝名公經濟文鈔十卷第一續不分卷　（明）張文炎輯
明萬曆十五年玉屑齋刻本　閬苑仙吏跋
九行二十字白口四周雙邊　毛裝　二冊
存七卷：一至七

善3091

陳太史昭代經濟言十四卷　（明）陳子
　　壯輯
　　明天啓刻本
　　八行二十字小字雙行同白口四周單
　　　邊無格　綫裝　四册

善 4708
明文奇賞四十卷　（明）陳仁錫輯
　　明天啓三年刻本
　　十行二十一字小字雙行同白口四周
　　　單邊　綫裝　二十册

善 4709
明文奇賞四十卷　（明）陳仁錫輯
　　明天啓三年刻本
　　十行二十一字小字雙行同白口四周
　　　單邊　綫裝　二十册
　　存三十九卷：一至七、九至四十

善 4720
媚幽閣文娛不分卷　（明）鄭元勳輯
　　明崇禎三年鄭元化刻本
　　九行二十字小字雙行同白口四周單
　　　邊　毛裝　三册

善 4004
新鐫選註名公四六雲濤十卷　（明）鍾
　　惺選注　（明）陸雲龍增定
　　明刻本
　　九行十八字小字雙行同白口四周單
　　　邊　綫裝　二册
　　存六卷：五至十

善 4719
岳石帆先生鑒定四六宙函三十卷　（明）
　　李自榮輯　（明）王世茂注
　　明天啓五年蔣時機刻本
　　九行二十字小字雙行同白口左右雙
　　　邊　綫裝　八册

善 4716
鐫國朝名公翰藻超奇十四卷　（明）徐
　　宗夔輯
　　明萬曆唐廷仁、周曰校刻本
　　十行二十二字白口四周單邊　綫裝
　　　十册
　　存十卷：一、五、七至十四

善 4516
如面談十六卷　（明）鍾惺輯　（明）馮
　　夢龍訂釋
　　明刻本
　　九行二十字小字雙行同白口四周單
　　　邊　綫裝　七册
　　存十四卷：一至十一、十四至十六

善 4718
新刊舉業明儒論宗八卷　（明）薛應旂
　　輯并批點
　　明刻本
　　九行二十二字小字雙行同白口四周
　　　雙邊　綫裝　二册
　　存二卷：五至六

善 4738
新刊舉業明儒論宗八卷　（明）薛應旂
　　輯并批點
　　明刻本
　　九行二十二字小字雙行同白口四周
　　　雙邊　毛裝　二册
　　存四卷：一至四

善 4739
新刻翰林評選註釋程策會要五卷

集　部

(明)李廷機輯　(明)葉向高注
明萬曆柳塘書院刻本
九行二十二字小字雙行同白口四周單邊　綫裝　一册

善 4740
精刻卯辰註釋二三場青雲得筏程策二卷
明萬曆刻本
十行二十四字小字雙行同白口四周單邊　毛裝　一册
存一卷：一

善 4710
明文海四百八十二卷目録三卷　(清)黃宗羲輯
稿本
九至十一行二十二字小字雙行同無版框　毛裝　七册
存二十三卷：十九至二十二、三十八至四十二、五十一至五十四、一百十四至一百十八、一百二十二至一百二十六

善 4711
明文案□□卷　(清)黃宗羲輯
稿本　朱鼎煦批　張宗祥跋
十二行行字不等上下黑口左右雙邊　毛裝　四十三册
存一百八十八卷：一至三十七、四十二至一百十四、一百十九至一百三十一、一百三十六至一百四十七、一百五十一至二百三

善 4712
黃梨洲先生明文案目録不分卷目録補不分卷　馬廉撰

稿本　朱鼎煦批并跋
十一行二十三字小字雙行行字不等白口左右雙邊　毛裝　二册

善 4713
明文授讀六十二卷　(清)黃宗羲輯
清康熙三十八年四明張錫琨味芹堂刻本
九行二十字小字雙行同白口左右雙邊　綫裝　三十二册
存四十七卷：一至三、七至九、十二至十三、十五至四十二、四十六至四十九、五十二至五十四、五十九至六十二

善 4714
明文在一百卷　(清)薛熙輯
清刻本
十二行二十五字上下黑口左右雙邊　綫裝　一册
存七卷：九至十五

善 4735
切問齋文鈔三十卷　(清)陸燿輯
清乾隆四十年刻本
十二行二十五字小字雙行同白口左右雙邊　綫裝　十二册

善 3984
歷科程墨文室二卷　(明)韓敬輯
明何邦瑞刻本
十行二十六字小字雙行行字不等白口四周單邊　綫裝　四册

善 4741
程策不分卷
明末刻本

九行二十五字小字雙行同白口四周
單邊　綫裝　一册

善 4742
新刊靜山策論膚見□卷
明刻本
十行二十三字小字雙行同白口四周
雙邊　綫裝　一册
存二卷：四、十

善 4744
後場紀年不分卷　（明）□□輯
明末刻本
九行二十五字小字雙行同白口四周
單邊　綫裝　一册
存：論、表釋、表

善 4746
新鐫午未註釋二三場程論玉穀集不分
卷　（明）李吴滋輯
明末閶門書林夏振宇刻本
九行二十四字小字雙行同白口四周
單邊無格　毛裝　二册

善 4747
新刊四書大題歙華文祖題意備覽六卷
明刻本
十二行二十二字小字雙行同白口四
周單邊　毛裝　二册

善 4785
雙溪倡和詩六卷　（清）徐倬輯
清康熙刻本
十行十九字小字雙行行字不等上下
黑口左右雙邊　綫裝　二册

善 4815
希聖堂唱和詩二卷　（清）范光燮　郁
之章等撰
清康熙十九年刻本
九行二十字小字雙行同白口四周雙
邊　毛裝　一册

善 4816
希聖堂唱和詩二卷　（清）范光燮　郁
之章等撰
清康熙十九年刻本
九行二十字小字雙行同白口四周雙
邊　毛裝　一册

善 4787
小瀛洲十老社詩六卷　（明）錢孺穀輯
（明）鍾祖述輯　瀛洲社十老小傳一
卷　（明）錢孺穀撰
清乾隆三十五年刻本
九行二十字小字雙行同白口左右雙
邊　金鑲玉　二册
存三卷：一至三

善 5035
希壽録不分卷　（明）季子允輯
明萬曆自刻本
八行十八字小字雙行同白口左右雙
邊　包背裝　一册

馮善 3681
重刻遊杭合集一卷　（清）徐元第　徐
時棟撰
稿本
十行二十一字小字雙行同上下黑口
左右雙邊　綫裝　一册

馮善 3682
重刻遊杭合集一卷　（清）徐元第　徐

集　部

時棟撰
清徐氏烟嶼樓抄本
十行二十一字小字雙行同上下黑口四周雙邊　綫裝　一册

地方藝文

善 4772
吴風二卷　（清）宋犖輯
清康熙三十三年刻本
十行十九字小字雙行同上下黑口四周單邊　綫裝　一册

善 4748
玉山名勝集九卷外集一卷　（元）顧瑛輯
清抄本
八行二十字無版框　毛裝　三册
存七卷：一至七

善 4753
吴中二集九卷　（明）黄魯曾輯
明嘉靖刻本
九行十七字小字雙行同白口左右雙邊　綫裝　五册
存八卷：
　南華合璧集五卷　（明）王寵　黄魯曾撰（存四卷：一至四）
　王蔡青藍集四卷　（明）王守　蔡羽撰

善 4759
皇明蕭山詩集六卷　（明）陳諫編選
明正德刻本
十行二十字上下黑口四周單邊　綫裝　一册

存二卷：五至六

善 4763
秭歸外志八卷　（明）陳深輯
明刻本
九行十八字小字雙行同白口四周雙邊　綫裝　三册
存七卷：一、三至八

善 4766
平山堂詩詞三卷　（清）曹溶等撰
清康熙十五年刻本
十一行十九字小字雙行同上下黑口四周單邊　金鑲玉　四册

善 4018
嘉定四先生集八十七卷　（明）謝三賓編
明崇禎刻本
九行十八字小字雙行同上下黑口左右雙邊　綫裝　四册
存十二卷：
　檀園集十二卷　（明）李流芳撰

善 4019
嘉定四先生集八十七卷　（明）謝三賓編
明崇禎刻清康熙二十八年陸廷燦重修刻本　朱鼎煦跋
九行十八字小字雙行同上下黑口左右雙邊　綫裝　四册
存六卷：
　檀園集十二卷　（明）李流芳撰（存六卷：一至六）

善 4767
國朝山左詩鈔六十卷　（清）盧見曾纂

清乾隆二十三年盧見曾雅雨堂刻本
十行二十一字小字雙行同白口四周
單邊　綫裝　十九冊

善 4768
容城三賢文集十二卷　（清）張斐然
楊苴編
清康熙十八年刻本
十行二十字白口四周雙邊　綫裝
十二冊
　　容城文靖劉先生文集四卷　（元）劉
　　　因撰
　　容城忠愍楊先生文集四卷　（明）楊
　　　繼盛撰
　　容城鍾元孫先生文集四卷　（清）孫
　　　奇逢撰

善 4769
西陵詠不分卷　（清）劉尹蕭撰
清康熙刻本
九行十九字白口左右雙邊　金鑲玉
二冊

善 4773
新安二布衣詩八卷　（清）王士禛輯
清康熙四十三年新安汪洪度等刻本
十行十九字小字雙行行字不等白口
　四周單邊　綫裝　二冊
　　吳非熊集四卷　（明）吳兆撰
　　程孟陽集四卷　（明）程嘉燧撰

善 4751
**新安文獻志一百卷先賢事畧二卷目録
二卷**　（明）程敏政輯
明弘治十年祁司員、彭哲等刻本
十三行二十七字小字雙行同白口左
　右雙邊　綫裝　二十冊

善 4752
**新安文獻志一百卷先賢事畧二卷目録
二卷**　（明）程敏政輯
明弘治十年祁司員、彭哲等刻本
十三行二十七字小字雙行同白口左
　右雙邊　綫裝　一冊
存二十五卷：一至二十五

善 4749、善 4750
**新安文獻志一百卷先賢事畧二卷目録
二卷**　（明）程敏政輯
明弘治十年祁司員、彭哲等刻本
十三行二十七字小字雙行同白口左
　右雙邊　綫裝　三冊
存十七卷：三十七至四十五、九十一
　至九十五，先賢事略一，目録

善 4786
宛雅初編八卷　（明）梅鼎祚輯　**宛雅
二編八卷**　（清）施閏章　蔡蓁春原
編　（清）施念曾　張汝霖補輯　**宛
雅三編二十四卷**　（清）施念曾　張
汝霖輯
清乾隆十四年西阪草堂刻本
十行二十一字小字雙行同白口左右
　雙邊　綫裝　二冊
存八卷：二編

善 4755
南滁會景編十二卷　（明）趙廷瑞輯
明嘉靖三十四年高氏刻本
十一行二十字白口左右雙邊　毛裝
　二冊
存五卷：一至二、六至八

善 4764
西湖竹枝集一卷　（元）楊維楨等撰

集　部　　　　　　　　　　　　　　　　　　　457

楊鐵崖香奩集一卷　（元）楊維楨撰
　明刻本
　九行二十字小字雙行同白口左右雙
　　邊　毛裝　一冊

善 4757
中州名賢文表三十卷　（明）劉昌輯
　明成化刻本
　十行二十字小字雙行三十字上下黑
　口四周雙邊　毛裝　七冊
　存二十六卷：一至九、十一至二十、二
　十四至三十

善 4799
蓮莆集一卷　（明）屠本畯輯
　明刻本
　九行十八字小字雙行同白口四周單
　　邊　毛裝　一冊

善 4765
甬東詩括十三卷　（明）楊德周等輯
　明崇禎刻本
　十行二十一字白口四周雙邊　綫裝
　　二冊
　存五卷：九至十三

善 4776
四明詩幹三卷　（清）董慶酉輯　**四明
宋僧詩一卷元僧詩一卷**　（清）董濂
　輯
　清六一山房抄本
　十行二十一字小字雙行同白口四周
　　雙邊　毛裝　二冊

善 4777
甬上耆舊詩三十卷　（清）胡文學　李
　鄴嗣輯

　清康熙十五年胡氏敬義堂刻本
　十一行二十二字小字雙行同白口四
　　周單邊無格　綫裝　十冊

善 4778-2
續甬上耆舊詩不分卷　（清）全祖望輯
　清抄本　佚名批注
　行不等行字不等小字雙行行字不等
　　無版框無格　毛裝　三冊

善 4778-1
續甬上耆舊詩七十九卷　（清）全祖望
　輯
　清抄本　佚名批校
　九行二十二字小字雙行同白口四周
　　單邊　綫裝　八冊

善 4780
續甬上耆舊詩一百卷　（清）全祖望輯
　清雙韭山房抄本
　十二行二十二字小字雙行同白口四
　　周雙邊　毛裝　八冊
　存三十七卷：一至三十七

善 4782
甬上明詩略一卷　（清）董沛輯
　稿本
　十行二十一字小字雙行同白口四周
　　雙邊　毛裝　一冊

善 4779
甬上續耆舊集一百四十卷　（清）全祖
　望選
　清抄本
　八行行字不等小字雙行行字不等無
　　版框　綫裝　七冊
　存一百二十五卷：一至十、二十五至

一百三十九

善 4774
明州八家選詩八卷 （清）李文胤　徐鳳垣輯
　清初刻本
　八行十八字小字雙行同白口左右雙邊　綫裝　四冊
　　續騷集一卷　（清）萬泰撰
　　霜臯集一卷　（清）徐鳳垣撰
　　謏秋集一卷　（清）余派撰
　　大滌集一卷　（清）余剛撰
　　曉傳集一卷　（清）高斗權撰
　　溉鷺集一卷　（清）沈士潁撰
　　學樊集一卷　（清）李文胤撰
　　寒田集一卷　（清）高斗魁撰

善 4775
四明四友詩六卷　（清）鄭梁輯
　清康熙四十八年刻本
　十一行十九字小字雙行同白口四周單邊　綫裝　二冊
　　東門閑閑閣草一卷寄軒草一卷（清）李暾撰
　　南谿僅眞集一卷　（清）鄭性撰
　　北溟見山集一卷　（清）謝緒章撰
　　西郭冰雪集一卷苦吟一卷　（清）萬承勳撰

馮善 3676
同人吟稿一卷　（清）屠繼序等輯
　稿本　清周崇仁跋
　行不等行字不等小字雙行行字不等無版框　毛裝　二冊

善 4760
句餘八景不分卷　（明）吕元調輯
　明萬曆二年刻本
　八行十七字小字雙行同白口左右雙邊　毛裝　一冊

善 4761
句餘八景不分卷　（明）吕元調輯
　明萬曆二年刻本
　八行十七字小字雙行同白口左右雙邊　綫裝　一冊

善 4770
越郡詩選四卷　（清）黃運泰　毛奇齡輯
　清初刻本
　九行十九字小字雙行同白口四周單邊　綫裝　四冊

善 4771
越中三子詩三卷　（清）郭毓輯
　清乾隆十八年郭毓刻本
　九行十九字小字雙行同白口四周單邊　綫裝　二冊
　　梅芝館詩一卷　（清）劉鳴玉撰
　　抱影廬詩一卷　（清）童鈺撰
　　丹棘園詩一卷　（清）陳法乾撰

善 2044
墟中十八詠一卷圖一卷　（清）章大來輯
　清康熙四十一年刻本
　九行二十字小字雙行同白口四周單邊　綫裝　一冊

善 0891
麟溪集二十二卷別集二卷　（明）鄭太和輯　（明）鄭璽續輯　附錄二卷
　明成化十一年鄭珊、鄭琥刻本

集　部

十二行二十字小字雙行同上下黑口四周單邊　綫裝　一冊
存十二卷：一至八、別集、附録

善 4754
滕王閣集十卷　（明）董遵輯
明正德元年刻本
九行十八字上下黑口四周雙邊　綫裝　二冊

善 4756
全蜀藝文志六十四卷　（明）楊慎輯
明刻本
十三行二十六字白口四周雙邊無格　綫裝　一冊
存三卷：二十八至三十

善 4783
四明文獻集摘抄不分卷　（清）徐時棟輯
清徐時棟烟嶼樓抄本
十二行二十五字白口左右雙邊　綫裝　一冊

馮善 2197
四明文獻集五卷　（宋）王應麟輯　（明）鄭真　（清）陳朝輔訂補
清抄本　清全愚山跋
十行二十字小字雙行同無版框　綫裝　三冊

善 4784
四明文獻集五卷　（宋）王應麟輯　（明）鄭真　（清）陳朝輔訂補
清抄本
十行二十二字小字雙行同無版框　綫裝　二冊

善 4789
蛟川唱和集二卷　（清）鄭勛　陳焯等撰
稿本
十行二十字小字雙行同白口左右雙邊　毛裝　一冊

善 4762
赤城詩集六卷　（明）謝鐸　黃孔昭輯
明成化十八年建陽書坊刻本
九行二十二字小字雙行同上下黑口四周雙邊　毛裝　一冊

善 4790
雪南倡和編三卷　（清）陳鑾　王直淵　溫曰鑑　陳經撰
清嘉慶二十五年陳氏説劍樓刻本
十二行二十三字白口左右雙邊　綫裝　一冊

善 4791
股堰廟詩不分卷　（清）佚名輯
清環碧山房抄本　朱鼎煦跋
十一行二十二字小字雙行同上下黑口四周單邊　綫裝　二冊

善 4792
耆舊詩二卷
稿本
十二行三十五字上黑口左右雙邊　毛裝　一冊

善 4803
敷教頌言一卷　（清）西陵紳士輯
清刻本
七行白口四周雙邊　綫裝　一冊

善 4795
每懷吟草一卷 （越南）阮述撰
　稿本　清張秉銓跋
　七行十五字小字雙行同無版框　綫裝　二冊

善 4173
延陵合璧不分卷 （清）吳莊撰
　清道光二十三年徐發仁抄本　佚名跋
　九行二十四字小字雙行行字不等無版框　毛裝　二冊

家集

善 4413
環谷杏山二先生詩稿六卷
　明隆慶三年汪廷佐刻本
　九行十八字小字雙行同上下黑口四周單邊　毛裝　一冊
　存一種二卷：
　　北遊詩集一卷杏山摭稿一卷　（宋）汪夢斗撰

善 4409
沈氏三先生文集六十一卷附一卷附錄二卷 （宋）佚名編
　清鳴野山房抄本
　九行二十字小字雙行同上下黑口四周單邊　綫裝　十一冊
　存二十六卷：
　　西溪文集十卷　（宋）沈遘撰（存六卷：一至四、七至八）
　　長興集四十一卷　（宋）沈括撰（存十二卷：二十一至三十二）
　　雲巢編十卷　（宋）沈遼撰（存六卷：二至七）
　　附錄二卷　（清）吳允嘉輯

善 4423
奏雅世業十一卷 （明）來日升　來集之　來燕雯輯
　清順治初來氏倘湖小築刻本
　九行十八字小字雙行同白口四周單邊　綫裝　二冊
　存五卷：一至五

善 4406
范文正公忠宣公全集七十三卷 （宋）范仲淹　范純仁撰
　清康熙四十六年范氏歲寒堂刻本
　十一行二十一字小字雙行同白口左右雙邊　綫裝　十六冊
　　范文正公集四十八卷　（宋）范仲淹撰
　　范忠宣公集二十五卷　（宋）范純仁撰

善 3382、善 3423
合刻范文正公忠宣公全集二十九卷 （明）毛一鷺輯
　明萬曆三十六年毛一鷺刻本
　九行二十字小字雙行同白口四周單邊　綫裝　二冊
　存二卷：
　　范文正公集十二卷　（宋）范仲淹撰附錄七卷（存一卷：九）
　　范忠宣公集十卷　（宋）范純仁撰（存一卷：十）

善 3383、善 3424
范文正公忠宣公全集七十三卷 （宋）范仲淹　范純仁撰

集　部

清康熙四十六年范氏歲寒堂刻本
十一行二十一字小字雙行同白口左右雙邊　綫裝　十六册
　范文正公集四十八卷　（宋）范仲淹撰
　范忠宣公集二十五卷　（宋）范純仁撰

善4804
郭氏聯珠集二十二卷　（明）郭鈺述（明）郭登輯
明成化八年刻本
十行二十字上下黑口四周雙邊　毛裝　四册

善4805
華氏傳芳集□□卷　（明）華守方輯
明成化十七年刻本
十一行二十一字白口四周雙邊　綫裝　四册
存十一卷：一至十一

善4806
陶氏世吟草七卷　（明）陶銓等撰
明隆慶四年孫科刻本
十一行十九字小字雙行同白口四周雙邊　綫裝　一册

善4807
世綸堂詩集六卷　（明）黃騏　黃宗智等撰
明萬曆三年黃氏刻本
八行十八字白口四周單邊　綫裝　一册

善4418
午夢堂集二十三卷　（明）葉紹袁輯
明崇禎刻本
九行二十字小字雙行同白口四周單邊　綫裝　一册
存四卷：
　愁言一卷　（明）葉紈紈撰　附集一卷
　返生香一卷　（明）葉小鸞撰　附集一卷

善4625
三謝詩集一卷　（南朝宋）謝靈運　謝惠連　（南朝齊）謝朓撰
明刻本
九行十七字小字雙行同白口左右雙邊　毛裝　一册

善4686
三蘇先生文粹七十卷　（宋）蘇洵　蘇軾　蘇轍撰
明嘉靖十年刻本
十四行二十六字白口左右雙邊　綫裝　十册

善4687
三蘇先生文粹七十卷　（宋）蘇洵　蘇軾　蘇轍撰
明嘉靖十年刻本
十四行二十六字白口左右雙邊　綫裝　十册

善4688
三蘇先生文粹七十卷　（宋）蘇洵　蘇軾　蘇轍撰
明刻本
十四行二十六字白口左右雙邊　綫裝　十册

善 4685
三蘇先生文集七十卷　（宋）蘇洵　蘇軾　蘇轍撰
　明嘉靖四十三年歸仁齋刻本
　十行二十四字白口四周單邊　綫裝十二册

善 4690
新刻三蘇論策選粹八卷　（明）李時漸輯
　明萬曆刻本
　十行二十字白口四周雙邊　綫裝　八册

善 4691
靜觀室三蘇文選十六卷　（宋）蘇洵　蘇軾　蘇轍撰　（明）錢穀輯
　明萬曆三十九年錢心造刻本　佚名批校
　十行二十字白口四周單邊　綫裝　四册

馮善 3640
彙鍥註釋三蘇文苑八卷　（宋）蘇洵　蘇軾　蘇轍撰　（明）李叔元輯
　明萬曆三十二年萃慶堂余泗泉刻本
　十行二十字小字雙行同白口四周雙邊　綫裝　八册

馮善 3110
甬上屠氏遺詩前編四卷續編二卷　（清）屠繼序輯
　清徐氏烟嶼樓抄本
　十行二十一字小字雙行同上下黑口左右雙邊　綫裝　三册

善 4808
二范先生詩選二卷　（清）范超　范逸撰
　清道光二十三年王模抄本　清萬釗校
　十行二十字白口左右雙邊　綫裝　一册
　　同叔詩選一卷　（清）范超撰
　　遺民詩選一卷　（清）范逸撰

善 4809
勾江詩緒三卷　（清）董正國輯
　清乾隆刻本
　十行二十字白口四周單邊無格　綫裝　一册
　　澹園集一卷　（清）施兆麟撰
　　栖竹軒集一卷　（清）施國鑑撰
　　一醉樓集一卷　（清）施鍠撰

善 4810
湯湘畦稻村家槀不分卷　（清）湯滏　湯元苣撰　佚名編
　稿本
　十行行字不等無版框　金鑲玉　一册

善 4811
吳越錢氏傳芳集一卷　（清）錢泳輯
　清嘉慶十五年錢氏家刻本　清錢經藩批校并跋
　十一行二十一字白口左右雙邊　毛裝　一册

善 4813
雙節詩文初集二卷附一卷　（清）汪輝祖輯
　清乾隆三十二年汪輝祖自刻本
　十一行二十二字小字雙行行字不等

白口左右雙邊　綫裝　一册

善 4817
嘉興府學希聖堂經會講義十卷　（清）
　范光爕編
　清康熙二十三年刻本
　十行二十字小字雙行同白口左右雙
　　邊　綫裝　一册
　又善 4818、善 2819、善 4820 複本三
　　種三册

善 4823
榮封雙壽錄一卷
　清刻本
　八行二十四字小字雙行同白口四周
　　單邊無格　綫裝　一册
　又複本八部各一册

善 4831
三瑞記詠一卷　（清）范正輅編
　清康熙刻本
　九行二十字白口四周雙邊　綫裝　一
　　册
　又複本五部各一册

善 5060
[天台]盧氏家乘□□卷
　明抄本
　五行二十五字白口四周單邊　經折
　　裝　一册
　存三卷：一至二、五

詩文評類

善 4855

善 4869
詩話十卷　（明）楊成編
　明弘治三年馮忠刻本
　十行二十字小字雙行同上下黑口四
　　周雙邊　毛裝　三册
　存八種八卷：
　　劉攽貢父詩話一卷　（宋）劉攽撰
　　六一居士詩話一卷　（宋）歐陽修撰
　　司馬溫公詩話一卷　（宋）司馬光撰
　　後山居士詩話一卷　（宋）陳師道撰
　　東萊呂紫微詩話一卷　（宋）呂本中
　　　撰
　　竹坡老人詩話一卷　（宋）周紫芝撰
　　許彥周詩話一卷　（宋）許顗撰
　　張表臣詩話一卷　（宋）張表臣撰

善 4870
名家詩法八卷　（明）黃省曾編
　明贛郡蕭氏古翰樓刻本
　十行二十字小字雙行同白口四周單
　　邊　綫裝　二册

善 4836
文心雕龍十卷　（南朝梁）劉勰撰
　明刻兩京遺編本　朱鼎煦跋
　九行十七字白口四周雙邊　綫裝　二
　　册

善 4837
鍾嶸詩品三卷　（南朝梁）鍾嶸撰
　明刻本
　十行二十字白口左右雙邊　綫裝　一
　　册

善 4838
增修詩話總龜四十八卷後集五十卷
　（宋）阮閱輯
　明嘉靖二十四年月窗道人刻本

十一行二十二字白口四周單邊　毛裝　九冊
存八十八卷：增修詩話總龜、後集十一至五十

善 4839
增修詩話總龜四十八卷後集五十卷　（宋）阮閱輯
明嘉靖二十四年月窗道人刻本
十一行二十二字白口四周單邊　綫裝　一冊
存九卷：後集二十二至三十

善 4841
唐詩紀事八十一卷　（宋）計有功撰
明嘉靖二十四年張子立刻本　佚名批校圈點
十行二十一字白口四周單邊　綫裝　二十冊

善 4842
唐詩紀事八十一卷　（宋）計有功撰
明崇禎五年毛氏汲古閣刻本
八行十九字小字雙行同白口左右雙邊　綫裝　五冊
存三十二卷：二十四至三十五、三十七至五十六

善 4840
全唐詩話三卷　題（宋）尤袤撰
明正德二年秦昂刻本
十行十八字上下黑口四周雙邊　綫裝　二冊
存二卷：上、中

善 4851
晦菴先生詩話一卷　（宋）朱熹撰　（明）

沈爚輯
明抄本
九行二十一字小字雙行同白口四周單邊　綫裝　一冊

善 4844
漁隱叢話前集六十卷後集四十卷　（宋）胡仔輯
清乾隆五至六年楊佑啓耘經樓刻本
十三行二十一至二十三字不等上下黑口左右雙邊　綫裝　十冊

善 4852
陳學士吟窻雜錄五十卷　（宋）陳應行輯
明嘉靖二十七年崇文書堂刻本
十二行二十字白口左右雙邊　綫裝　八冊
存四十卷：一至四十

善 4845
後村詩話十四卷　（宋）劉克莊撰
明抄本
十行行字不等白口四周雙邊　綫裝　三冊
存六卷：九至十四

善 4849
精選古今名賢叢話詩林廣記十卷後集十卷　（宋）蔡正孫輯
明弘治十年張鼐刻本
十行二十字白口四周單邊　綫裝　四冊

善 4850
精選古今名賢叢話詩林廣記十卷後集十卷　（宋）蔡正孫輯

集　　部

明弘治十年張鼐刻本（後集卷六至十爲抄配）
　　十行二十字白口四周單邊　綫裝　四册

善4847
精選古今名賢叢話詩林廣記十卷後集十卷　（宋）蔡正孫輯
　　明刻本
　　八行十六字上下黑口左右雙邊　綫裝　二册
　　存五卷：詩林廣記一至五

善4858
歸田詩話三卷　（明）瞿佑撰
　　明成化刻本
　　十一行二十二字上下黑口四周雙邊　毛裝　一册

善4856
西江詩法一卷　（明）朱權撰
　　明嘉靖十一年王一忠刻本
　　十二行二十三字上下黑口四周雙邊　綫裝　一册

善4859
詩學梯航一卷　（明）周叙等輯
　　明抄本
　　十行二十字小字雙行同白口四周單邊　包背裝　一册

善4857
松石軒詩評一卷　（明）朱奠培撰
　　明成化刻本
　　九行十七字白口四周雙邊　毛裝　一册

善4867
詩法五卷　（明）楊成輯
　　明嘉靖三十一年李陽刻本
　　九行十九字小字雙行同上下黑口四周雙邊　綫裝　一册
　　存三卷：三至五

善4860
讀杜詩愚得十八卷　（明）單復撰
　　明刻本　朱鼎煦跋
　　十二行二十四字上下黑口四周雙邊　綫裝　一册
　　存二卷：十一至十二

善4868
詩法源流三卷　（明）王用章輯　（明）傅若川等編
　　明嘉靖刻本
　　九行十九字白口四周單邊　綫裝　二册
　　又善4869複本一册

善4861
升庵詩話四卷　（明）楊慎撰
　　明嘉靖刻本
　　九行二十字白口四周雙邊　毛裝　二册

善4862
升庵詩話四卷　（明）楊慎撰
　　明嘉靖刻本
　　九行二十字白口四周雙邊　毛裝　一册
　　存二卷：三至四

善4863
升菴詩話四卷　（明）楊慎撰

明嘉靖刻本　秉衡　竹坡跋
九行二十字白口四周雙邊　綫裝　四冊

善4871
新刻增補藝苑卮言十六卷　（明）王世貞撰
明刻本
九行二十字白口左右雙邊　毛裝　一冊
存二卷：十三至十四

善4872
新刻增補藝苑卮言十六卷　（明）王世貞撰
明刻本
九行二十字白口左右雙邊　綫裝　一冊
存四卷：五至八

善4866
蓉塘詩話二十卷　（明）姜南撰
明嘉靖二十二年刻本
十行二十一字白口左右雙邊　綫裝　四冊

善4865
豫章詩話六卷　（明）郭子章撰
明萬曆三十年吳獻台刻本
九行二十字白口四周雙邊　綫裝　四冊

善4873
載酒園詩話五卷皺水軒詞筌一卷　（清）賀裳撰
清初賀氏載酒園皺水軒刻本
十行二十一字小字雙行同白口左右雙邊　綫裝　二冊

善4874
凫亭詩話二卷　（清）陶元藻撰
清刻本
十行十八字小字雙行同白口左右雙邊　綫裝　一冊

善4853
宋詩紀事一百卷　（清）厲鶚輯
清乾隆十一年厲氏樊榭山房刻本
十一行二十二字小字雙行行字不等上下黑口左右雙邊　綫裝　三十二冊

善4854
宋詩紀事一百卷　（清）厲鶚輯
清乾隆十一年厲氏樊榭山房刻本（卷十一抄配）　佚名批
十一行二十二字小字雙行行字不等上下黑口左右雙邊　綫裝　十六冊

善2076
金石三例十五卷　（清）盧見曾編
清乾隆二十年盧見曾刻本
十行二十二字小字雙行三十三字白口左右雙邊　綫裝　二冊
金石例十卷　（元）潘昂霄撰
墓銘舉例四卷　（明）王行撰
金石要例一卷　（清）黃宗羲撰

集　部

詞類

叢編

馮善 3696
詞苑英華九種四十五卷　（明）毛晉編
　明末毛氏汲古閣刻本
　九行二十字小字雙行同白口左右雙
　　邊　綫裝　十二冊
　　花間集十卷　（五代）趙崇祚輯
　　草堂詩餘四卷　題武陵逸史輯
　　花菴絕妙詞選十卷　（宋）黃昇輯
　　中興以來絕妙詞選十卷　（宋）黃昇
　　　輯
　　尊前集二卷
　　詞林萬選四卷　（明）楊慎輯
　　詩餘圖譜三卷　（明）張綖輯
　　少游詩餘一卷　（宋）秦觀撰
　　南湖詩餘一卷　（明）張綖撰

善 4886
詞苑英華九種四十五卷　（明）毛晉編
　明末毛氏汲古閣刻本
　九行二十字小字雙行同白口左右雙
　　邊　綫裝　三冊
　存三種十六卷：
　　花菴絕妙詞選十卷　（宋）黃昇輯
　　尊前集二卷
　　詞林萬選四卷　（明）楊慎輯

善 4880
典雅詞十四卷
　清虞山周氏鴇峰草堂抄本
　十行十八字白口左右雙邊　綫裝

五冊
　西麓繼周集一卷　（宋）陳允平撰
　燕喜詞一卷　（宋）曹冠撰
　拙菴詞一卷　（宋）趙磻老撰
　碎錦詞一卷　（宋）李好古撰
　雙溪詞一卷　（宋）馮取洽撰
　袁宣卿詞一卷　（宋）袁去華撰
　文簡公詞一卷　（宋）程大昌撰
　澹庵長短句一卷　（宋）胡銓撰
　章華詞一卷
　篁嶁詞一卷　（宋）劉子寰撰
　巢令君阮戶部詞一卷　（宋）阮閱撰
　知稼翁詞一卷　（宋）黃公度撰
　龍川詞一卷　（宋）陳亮撰
　斕窟詞一卷　（宋）侯寘撰

馮善 3220
宋名家詞六十一種九十卷　（明）毛晉
編
　明末毛氏汲古閣刻清初味閑軒重印
　　本　馮貞群批并跋
　八行十八字小字雙行同白口左右雙
　　邊　綫裝　二十八冊
　第一集
　　珠玉詞一卷　（宋）晏殊撰
　　六一詞一卷　（宋）歐陽修撰
　　樂章集一卷　（宋）柳永撰
　　東坡詞一卷　（宋）蘇軾撰
　　山谷詞一卷　（宋）黃庭堅撰
　　淮海詞一卷　（宋）秦觀撰
　　小山詞一卷　（宋）晏幾道撰
　　東堂詞一卷　（宋）毛滂撰
　　放翁詞一卷　（宋）陸游撰
　　稼軒詞四卷　（宋）辛棄疾撰
　第二集
　　片玉詞二卷補遺一卷　（宋）周邦
　　　彥撰
　　梅溪詞一卷　（宋）史達祖撰

白石詞一卷　（宋）姜夔撰
　　石林詞一卷　（宋）葉夢得撰
　　酒邊詞二卷　（宋）向子諲撰
　　溪堂詞一卷　（宋）謝逸撰
　　樵隱詞一卷　（宋）毛幵撰
　　竹山詞一卷　（宋）蔣捷撰
　　書舟詞一卷　（宋）程垓撰
　　坦菴詞一卷　（宋）趙師俠撰
　第三集
　　惜香樂府十卷　（宋）趙長卿撰
　　西樵語業一卷　（宋）楊炎撰
　　竹屋癡語一卷　（宋）高觀國撰
　　夢窗甲稿一卷乙稿一卷丙稿一卷
　　　丁稿一卷絕筆補遺一卷　（宋）
　　　吳文英撰
　　近體樂府一卷　（宋）周必大撰
　　竹齋詩餘一卷　（宋）黃機撰
　　金谷遺音一卷　（宋）石孝友撰
　　散花菴詞一卷　（宋）黃昇撰
　　和清真詞一卷　（宋）方千里撰
　　後村別調一卷　（宋）劉克莊撰
　第四集
　　蘆川詞一卷　（宋）張元幹撰
　　于湖詞三卷　（宋）張孝祥撰
　　洺水詞一卷　（宋）程珌撰
　　歸愚詞一卷　（宋）葛立方撰
　　龍洲詞一卷　（宋）劉過撰
　　初寮詞一卷　（宋）王安中撰
　　龍川詞一卷補一卷　（宋）陳亮撰
　　姑溪詞一卷　（宋）李之儀撰
　　友古詞一卷　（宋）蔡伸撰
　　石屏詞一卷　（宋）戴復古撰
　第五集
　　海野詞一卷　（宋）曾覿撰
　　逃禪詞一卷　（宋）楊無咎撰
　　空同詞一卷　（宋）洪瑹撰
　　介菴詞一卷　（宋）趙彥端撰
　　平齋詞一卷　（宋）洪咨夔撰

　　文溪詞一卷　（宋）李昂英撰
　　丹陽詞一卷　（宋）葛勝仲撰
　　嬾窟詞一卷　（宋）侯寘撰
　　克齋詞一卷　（宋）沈端節撰
　　芸窗詞一卷　（宋）張榘撰
　第六集
　　竹坡詞三卷　（宋）周紫芝撰
　　聖求詞一卷　（宋）呂濱老撰
　　壽域詞一卷　（宋）杜安世撰
　　審齋詞一卷　（宋）王千秋撰
　　東浦詞一卷　（宋）韓玉撰
　　知稼翁詞一卷　（宋）黃公度撰
　　無住詞一卷　（宋）陳與義撰
　　後山詞一卷　（宋）陳師道撰
　　蒲江詞一卷　（宋）盧祖皋撰
　　琴趣外篇六卷　（宋）晁補之撰
　　烘堂詞一卷　（宋）盧炳撰

善4882
宋名家詞六十一種九十卷　（明）毛晉
編
　明崇禎毛晉汲古閣刻本
　八行十八字小字雙行同白口左右雙
　　邊　綫裝　六册
　存八種八卷：
　　第二集
　　　石林詞一卷　（宋）葉夢得撰
　　　樵隱詞一卷　（宋）毛幵撰
　　第三集
　　　竹屋癡語一卷　（宋）高觀國撰
　　第四集
　　　洺水詞一卷　（宋）程珌撰
　　　龍洲詞一卷　（宋）劉過撰
　　　初寮詞一卷　（宋）王安中撰
　　　龍川詞一卷　（宋）陳亮撰
　　　歸愚詞一卷　（宋）葛立方撰

善4883

集部

宋名家詞六十一種九十卷 （明）毛晉編
　明崇禎毛晉汲古閣刻本
　八行十八字小字雙行同白口左右雙邊　綫裝　一冊
　存一種一卷：
　　第四集
　　　龍川詞一卷　（宋）陳亮撰

善4884
秦張兩先生詩餘合璧二卷 （明）王象晉編
　明崇禎八年王象晉刻本
　九行十九字小字雙行同白口左右雙邊　綫裝　一冊
　　少游詩餘一卷　（宋）秦觀撰
　　南湖詩餘一卷　（明）張綖撰

善4734
熹廟拾遺雜咏一卷天啟宮詞一卷 （明）江南小臣撰
　清抄本
　十行二十字無版框　綫裝　一冊

善4908
國朝名家詩餘四十卷附刻二卷 （清）孫默編
　清康熙休寧孫氏留松閣刻本
　九行二十一字小字雙行同白口左右雙邊　綫裝　一冊
　存三卷：
　　蓉渡詞三卷　（清）董以寧撰　（清）王士禎　鄒祗謨輯

別集

善4896

淮海居士長短句三卷 （宋）秦觀撰
　明刻本
　十行二十字小字雙行同白口四周單邊　毛裝　一冊

善4897
稼軒長短句十二卷 （宋）辛棄疾撰（明）李濂評
　明嘉靖十五年王詔刻本
　九行二十字小字雙行行字不等白口四周單邊　綫裝　三冊
　存九卷：一至六、十至十二

善4898
稼軒長短句十二卷 （宋）辛棄疾撰
　清光緒十四年王氏家塾刻四印齋所刻詞本　張宗祥校并跋
　九行十六字小字雙行同白口左右雙邊　綫裝　二冊

善4899
日湖漁唱三卷補遺一卷續補遺一卷 （宋）陳允平撰
　清徐氏烟嶼樓抄本　清徐時棟批并跋
　十一行二十字小字雙行同白口四周單邊無格　綫裝　一冊

善4901
天籟集二卷 （元）白樸撰
　清蕭山王氏無求安居抄本　清王篪跋
　九行二十一字小字雙行同上下黑口四周單邊　金鑲玉　二冊

善4907
升菴長短句三卷續集三卷 （明）楊慎

撰
　明嘉靖十六年李發刻本
　十行二十字小字雙行同白口四周雙
　　邊　毛裝　一冊
　存三卷:續集

善4916
疏影樓詞二卷　（清）姚燮撰
　稿本　清周泰　姚燮跋
　十行二十一字無版框　綫裝　一冊

善4914
修真館詞稿四卷　（清）戴綬曾撰
　稿本　清徐方增　徐炳煃　夏鳳翔
　　楊國鼎跋
　十行二十一字無版框　綫裝　一冊
　　斜陽詞一卷
　　瀟鴛詞一卷
　　珊夢詞一卷
　　聽雁詞一卷

善4378
詩契齋詞鈔一卷　（清）許玉瑑撰
　稿本　清陳少春　潘鍾瑞跋
　十二行二十四字小字雙行行字不等
　　上下黑口左右雙邊　毛裝　一冊

善4909
蘿村詞二卷　（清）羅坤撰　（清）蔣平
　階選
　清初半山園刻本
　九行二十字小字雙行同白口四周雙
　　邊無格　綫裝　二冊

善4910
菊園詩餘四卷　（清）金士芳撰
　清刻本
　八行十九字小字雙行同白口四周單
　　邊　綫裝　一冊

善4911
彈指詞二卷　（清）顧貞觀撰
　清乾隆十八年刻本
　九行十八字小字雙行同上下黑口左
　　右雙邊　金鑲玉　二冊

善4913
栩園詞棄稿四卷　（清）陳聶恒撰
　清康熙四十三年陳氏且樸齋刻本
　十行十九字小字雙行行字不等上下
　　黑口左右雙邊　綫裝　一冊

善4915
蕭臺公餘詞一卷　（清）姚述堯撰
　清抄本
　九行二十一字小字雙行同上下黑口
　　四周單邊　綫裝　一冊

善4917
蓮社詞二卷　（清）雷葆廉撰
　清虞山周氏鴿峰草堂抄本
　九行二十一字小字雙行同上黑口左
　　右雙邊　綫裝　一冊

善4918
秋霞詞一卷繡鴛詞一卷　（清）孫麟趾
　撰
　清虞山周氏鴿峰草堂抄本
　九行二十一字小字雙行同上黑口左
　　右雙邊　綫裝　二冊

善4376
芳汀詞一卷遊皖草一卷　（清）王蘅撰
　稿本　朱鼎煦跋

集部

八行二十四字小字雙行同無版框 毛裝 一冊

總集

善4887
花間集四卷 （後蜀）趙崇祚輯 （明）湯顯祖評
明刻朱墨套印本
八行十八字小字雙行同白口四周單邊 綫裝 四冊

善4888
中興以來絕妙詞選十卷 （宋）黃昇輯
明刻本
十行二十字小字雙行同白口左右雙邊 綫裝 一冊
存二卷：一至二

善4890
類編草堂詩餘四卷 （明）顧從敬編次
明嘉靖二十九年顧汝所刻本
十一行十九字小字雙行同白口左右雙邊 毛裝 一冊
存一卷：一

善4891
類編草堂詩餘四卷 （明）顧從敬編次
明嘉靖二十九年顧汝所刻本
十一行十九字小字雙行同白口左右雙邊 綫裝 二冊

善4893
草堂詩餘五卷 （清）芬綠軒主人訂
清抄本 清花汀主人批并跋
九行二十字無版框 綫裝 一冊

善4894
類選箋釋草堂詩餘六卷 （明）顧從敬輯 **類編箋釋續選草堂詩餘二卷** （明）錢允治箋釋 **類編箋釋國朝詩餘五卷** （明）錢允治輯 （明）陳仁錫釋
明刻本
九行二十字小字雙行同白口左右雙邊 毛裝 一冊
存二卷：續選草堂詩餘

善4892
古香岑草堂詩餘四集十七卷
明末刻吳門童涌泉印本
九行十九字小字雙行同白口四周單邊無格 綫裝 十冊
　草堂詩餘正集六卷 （明）顧從敬輯 （明）沈際飛評
　草堂詩餘別集四卷 （明）沈際飛選評 （明）秦士奇訂定
　國朝詩餘新集五卷 （明）沈際飛評 （明）錢允治輯
　草堂詩餘續集二卷 題（明）長湖外史輯 （明）沈際飛評

善4889
新刊古今名賢草堂詩餘六卷 （明）李謹輯
明嘉靖十六年劉時濟刻本
十行二十字小字雙行同白口四周單邊 綫裝 二冊

善4895
花草稡編十二卷 （明）陳耀文輯 **樂府指迷一卷** （宋）沈義父撰
明萬曆十一年陳耀文刻本
十行二十字小字雙行同白口左右雙

詞話

善 4920

楊升菴辭品四卷 （明）楊慎撰
　明萬曆四十六年越州周懋宗刻本
　九行二十字白口四周單邊　毛裝　一册

馮善 3695

楊升菴詞品四卷 （明）楊慎撰　**王弇州詞評一卷曲藻一卷** （明）王世貞撰
　明刻本
　九行二十字小字雙行同白口左右雙邊　綫裝　一册
　存二卷：詞品三至四

善 4919

濯絳宧詞話一卷　劉毓盤撰
　稿本
　十行二十二字小字雙行同無版框　毛裝　一册

詞譜

善 4922

碎金詞譜十四卷續譜六卷 （清）謝元淮輯　（清）陳應祥等譜
　清道光二十八年刻朱墨套印本
　六行十五字小字雙行二十三字白口四周雙邊　綫裝　七册

善 4923

碎金詞六卷 （清）謝元淮撰
　清道光二十四年刻朱墨套印本
　六行十七字小字雙行同白口四周雙邊　綫裝　一册

曲類

雜劇

善 4924

元曲選十集一百卷 （明）臧懋循編　**論曲一卷** （明）陶宗儀等撰　**元曲論一卷**
　明萬曆刻本
　九行二十字小字雙行同白口左右雙邊　綫裝　十册
　存三十二種三十二卷：
　　隨何賺風魔蒯通雜劇一卷
　　楊氏女殺狗勸夫雜劇一卷　（元）蕭德祥撰
　　相國寺公孫合汗衫雜劇一卷　（元）張國賓撰
　　錢大尹智寵謝天香雜劇一卷　（元）關漢卿撰
　　爭報恩三虎下山雜劇一卷
　　張天師斷風花雪月雜劇一卷　（元）吳昌齡撰
　　東堂老勸破家子弟雜劇一卷　（元）秦簡夫撰
　　同樂院燕青博魚雜劇一卷　（元）李文蔚撰
　　臨江驛瀟湘秋夜雨雜劇一卷　（元）楊顯之撰
　　薛仁貴榮歸故里雜劇一卷　（元）張

集部

　　國賓撰
裴少俊牆頭馬上雜劇一卷　（元）白
　　樸撰
唐明皇秋夜梧桐雨雜劇一卷　（元）
　　白樸撰
黑旋風雙獻功雜劇一卷　（元）高文
　　秀撰
四丞相高會麗春堂雜劇一卷　（元）
　　王德信撰
孟德耀舉案齊眉雜劇一卷
包龍圖智勘後庭花雜劇一卷　（元）
　　鄭廷玉撰
死生交范張雞黍雜劇一卷　（元）宮
　　大用撰
玉簫女兩世姻緣雜劇一卷　（元）喬
　　吉撰
宜秋山趙禮讓肥雜劇一卷　（元）秦
　　簡夫撰
謝金蓮詩酒紅梨花雜劇一卷　（元）
　　張壽卿撰
鐵拐李度金童玉女雜劇一卷　（明）
　　賈仲名撰
尉遲恭單鞭奪槊雜劇一卷　（元）尚
　　仲賢撰
李雲英風送梧桐葉雜劇一卷　（明）
　　李唐賓撰
花間四友東坡夢雜劇一卷　（元）吳
　　昌齡撰
杜蘂娘智賞金線池雜劇一卷　（元）
　　關漢卿撰
感天動地竇娥冤雜劇一卷　（元）關
　　漢卿撰
梁山泊李逵負荊雜劇一卷　（元）康
　　進之撰
蕭淑蘭情寄菩薩蠻一卷　（明）賈仲
　　名撰
錦雲堂暗定連環計雜劇一卷
羅李郎大鬧相國寺雜劇一卷　（元）
　　張國賓撰
沙門島張生煮海雜劇一卷　（元）李
　　好古撰
馮玉蘭夜月泣江舟雜劇一卷

善4925
元曲選十集一百卷　（明）臧懋循編
論曲一卷　（明）陶宗儀等撰　**元曲
論一卷**
　明萬曆刻本
　九行二十字小字雙行同白口左右雙
　　邊　綫裝　一册
　存二種二卷：
　　裴少俊牆頭馬上雜劇一卷　（元）白
　　　樸撰
　　唐明皇秋夜梧桐雨雜劇一卷　（元）
　　　白樸撰

善4933
古名家雜劇□□卷　（明）陳與郊編
　明刻本
　十行二十一字白口四周單邊　綫裝
　　二册
　存四種四卷：
　　紫陽仙三度常椿壽一卷　（明）朱有
　　　燉撰
　　東華仙三度十長生一卷　（明）朱有
　　　燉撰
　　群仙慶壽蟠桃會一卷　（明）朱有燉
　　　撰
　　呂洞賓花月神仙會一卷　（明）朱有
　　　燉撰

善4928
增補箋註繪像第六才子西廂釋解八卷
　（元）王德信　關漢卿撰
　清康熙郁郁堂刻本

十行二十二字白口四周單邊無格　綫
　裝　六册

善 4929

誠齋雜劇三十一卷　（明）朱有燉撰
　明永樂、宣德、正統自刻本
　十一行二十字上下黑口四周雙邊　綫
　　裝　一册
　存一種一卷：
　　新編李亞仙花酒曲江池一卷

善 4931

四聲猿四卷　（明）徐渭撰
　明延閣刻本
　九行二十字白口四周單邊　綫裝　一
　　册
　　狂鼓吏漁陽三弄一卷
　　玉禪師翠鄉一夢一卷
　　雌木蘭替父從軍一卷
　　女狀元辭凰得鳳一卷

善 4930

徐文長四聲猿四卷　（明）徐渭撰
　（明）袁宏道評點
　明萬曆四十二年鍾人傑刻本
　九行二十字白口四周單邊　綫裝　一
　　册
　存一卷：一

善 4932

兩紗二卷附一卷秋風三疊三卷　（明）
　　來集之撰
　清初來氏倘湖小築刻本
　九行十八字白口四周單邊　毛裝　一
　　册
　存二卷：
　　女紅紗塗抹試官一卷

　　禿碧紗炎涼秀士一卷

善 4936

**復莊今樂府選□□種□□卷目錄一卷
附錄二卷**　（清）姚燮編
　稿本　清無我相居士　□文山農跋
　　清姚夔校
　十一行二十三字小字雙行行字不等
　　白口左右雙邊　綫裝　五十八册
　存一百四十一種二百三十二卷：
　　忍字記一卷　（元）鄭廷玉撰
　　後庭花一卷　（元）鄭廷玉撰
　　楚昭公一卷　（元）鄭廷玉撰
　　看錢奴一卷　（元）鄭廷玉撰
　　范張雞黍一卷　（元）宮大用撰
　　留鞋記一卷　（元）曾瑞卿撰
　　度柳翠一卷　（元）李壽卿撰
　　張生煮海一卷　（元）李好古撰
　　羅李郎一卷　（元）張國賓撰
　　薛仁貴一卷　（元）張國賓撰
　　合汗衫一卷　（元）張國賓撰
　　秋胡戲妻一卷　（元）石君寶撰
　　曲江池一卷　（元）石君寶撰
　　魔合羅一卷　（元）孟漢卿撰
　　酷寒亭一卷　（元）楊顯之撰
　　瀟湘雨一卷　（元）楊顯之撰
　　東堂老一卷　（元）秦簡夫撰
　　趙禮讓肥一卷　（元）秦簡夫撰
　　柳毅傳書一卷　（元）尚仲賢撰
　　氣英布一卷　（元）尚仲賢撰
　　單鞭奪槊一卷　（元）尚仲賢撰
　　竹葉舟一卷　（元）范子安撰
　　風光好一卷　（元）戴善夫撰
　　趙氏孤兒一卷　（元）紀君祥撰
　　黑旋風一卷　（元）高文秀撰
　　鐵拐李一卷　（元）岳伯川撰
　　兒女團圓一卷　（元）楊文奎撰
　　灰闌記一卷　（元）李行道撰

集　部

救孝子一卷　（元）王仲文撰	城南柳一卷　（元）谷子敬撰
燕青捕魚一卷　（元）李文蔚撰	牡丹仙一卷　（元）朱有燉撰
勘頭巾一卷　（元）孫仲章撰	西遊記四卷　（元）吳昌齡撰
紅梨花一卷　（元）張壽卿撰	琵琶記五卷　（元）高明撰
李逵負荊一卷　（元）康進之撰	荊釵記三卷　（明）朱權撰
竹塢聽琴一卷　（元）石子章撰	幽閨記三卷　（元）施惠撰
伍員吹簫一卷　（元）李壽卿撰	精忠記一卷　（明）姚茂良撰
虎頭牌一卷　（元）李直夫撰	三元記一卷　（明）沈齡撰
陳州糶米一卷　（元）無名氏撰	千金記一卷　（明）沈練川撰
合同文字一卷　（元）無名氏撰	香囊記二卷　（明）邵璨撰
來生債一卷　（元）劉君錫撰	邯鄲記四卷　（明）湯顯祖撰
小尉遲一卷　（元）無名氏撰	南柯記四卷　（明）湯顯祖撰
凍蘇秦一卷　（元）無名氏撰	牡丹亭四卷　（明）湯顯祖撰
馬陵道一卷　（元）無名氏撰	紫釵記五卷　（明）湯顯祖撰
殺狗勸夫一卷　（元）無名氏撰	紫簫記三卷　（明）湯顯祖撰
爭報恩一卷　（元）無名氏撰	鸞鎞記一卷　（明）葉憲祖撰
鴛鴦被一卷　（元）無名氏撰	金鎖記二卷　（明）單本撰
昊天塔一卷　（元）無名氏撰	蕉帕記三卷　（明）單本撰
隔江鬥智一卷　（元）無名氏撰	明珠記三卷　（明）陸采撰
賺蒯通一卷　（元）無名氏撰	懷香記一卷　（明）陸采撰
百花亭一卷　（元）陸進之撰	紅拂記一卷　（明）張鳳翼撰
誶范叔一卷　（元）高文秀撰	祝髮記一卷　（明）張鳳翼撰
磣砂擔一卷　（元）無名氏撰	青衫記二卷　（明）顧大典撰
桃花女一卷　（元）無名氏撰	浣紗記二卷　（明）梁辰魚撰
碧桃花一卷　（元）賈仲名撰	種玉記二卷　（明）汪廷訥撰
抱妝盒一卷　（元）無名氏撰	獅吼記二卷　（明）汪廷訥撰
梧桐葉一卷　（元）李唐賓撰	義俠記一卷　（明）沈璟撰
冤家債主一卷　（元）無名氏撰	望湖亭一卷　（明）沈璟撰
謝金吾一卷　（元）無名氏撰	翠屏山二卷　（明）沈璟撰
神奴兒一卷　（元）無名氏撰	雙珠記二卷　（明）沈鯨撰
貨郎旦一卷　（元）無名氏撰	鮫綃記二卷　（明）沈鯨撰
馮玉蘭一卷　（元）無名氏	綵毫記二卷　（明）屠隆撰
舉案齊眉一卷　（元）無名氏撰	曇花記四卷　（明）屠隆撰
連環計一卷　（元）無名氏撰	金蓮記四卷　（明）陳汝元撰
盆兒鬼一卷　（元）無名氏撰	黨人碑一卷　（清）邱園撰
誤入桃源一卷　（元）王子一撰	十五貫二卷　（清）朱素臣撰
劉行首一卷　（元）楊景賢撰	聚寶盆一卷　（清）朱素臣撰
還牢末一卷　（元）李致遠撰	雙冠誥二卷　（清）陳二白撰

玉尺樓五卷　（清）盧見曾撰
旗亭記二卷　（清）盧見曾撰
一斛珠三卷　（清）程枚撰
拜針樓二卷　（清）王墅撰
珍珠塔一卷　（清）張愷勛撰
錦香亭一卷　（清）石琰撰
百花舫一卷　（清）紫虹道人撰
晉春秋四卷　（清）看雲主人
量江記三卷　（清）余聿文撰
議大禮一卷　（清）劉夢華撰
灑雪堂二卷　（清）梅孝已撰
風流棒二卷　（清）萬紅友撰
念八翻二卷　（清）萬紅友撰
空青石二卷　（清）萬紅友撰
綠牡丹二卷　（清）吳炳撰
畫中人二卷　（清）吳炳撰
西園二卷　（清）吳炳撰
乞食圖二卷　（清）錢竹初撰
六如亭五卷　（清）張九鉞撰
花萼吟一卷　（清）夏綸撰
陳氏紅樓五卷　（清）陳鍾麟撰
海烈婦二卷　（清）沈受宏撰
後七子四卷　（清）擁書主人撰
合浦珠一卷　（清）芙蓉山樵撰
續牡丹亭一卷　（清）陳軾撰
雷峰塔一卷　（清）方成培撰
富貴神仙一卷　（清）鄭含成撰
影梅庵三卷　（清）彭劍南撰
香畹樓四卷　（清）彭劍南撰
鴛鴦鏡二卷　（清）黃韻珊撰
茂陵絃三卷　（清）黃韻珊撰
帝女花二卷　（清）黃韻珊撰
桃谿雪二卷　（清）黃韻珊撰
爛柯山一卷
名山志一卷
諧賸一卷
春雪新聲一卷

傳奇

善4937

六十種曲　（明）毛晉編
　明末毛氏汲古閣刻本
　九行十九字下黑口左右雙邊　綫裝
　四十七冊
　存二十五種五十卷：
　　雙珠記二卷　（元）沈鯨撰
　　霞箋記二卷
　　精忠記二卷　（明）姚茂良撰
　　浣紗記二卷　（明）梁辰魚撰
　　琵琶記二卷　（元）高明撰
　　玉簪記二卷　（明）高濂撰
　　紅拂記二卷　（明）張鳳翼撰
　　還魂記二卷　（明）湯顯祖撰
　　琴心記二卷　（明）孫柚撰
　　四喜記二卷　（明）謝讜撰
　　三元記二卷　（明）沈受先撰
　　鳴鳳記二卷　（明）王世貞撰
　　飛丸記二卷
　　紅梨記二卷　（明）徐復祚撰
　　八義記二卷　（明）徐元撰
　　繡襦記二卷　（明）徐霖撰
　　青衫記二卷　（明）顧大典撰
　　種玉記二卷　（明）汪廷訥撰
　　殺狗記二卷　（明）徐畖撰　（明）馮
　　　夢龍訂定
　　玉環記二卷　（明）楊柔勝撰
　　曇花記二卷　（明）屠隆撰
　　白兔記二卷
　　香囊記二卷　（明）邵璨撰
　　四賢記二卷
　　節俠記二卷

善4948

集　部

六十種曲　（明）毛晋編
　　明末毛氏汲古閣刻本
　　九行十九字下黑口左右雙邊　綫裝
　　　一册
　　存一種一卷：
　　　曇花記二卷　（明）屠隆撰（存一卷：
　　　　一）

善 4949、善 4950
六十種曲　（明）毛晋編
　　明末毛氏汲古閣刻本
　　九行十九字下黑口左右雙邊　綫裝
　　　三册
　　存二種四卷：
　　　四喜記二卷　（明）謝讜撰
　　　種玉記二卷　（明）汪廷訥撰

馮善 4926
六十種曲　（明）毛晋編
　　明末毛氏汲古閣刻本
　　九行十九字下黑口左右雙邊　綫裝
　　　十册
　　存七種十四卷：
　　　幽閨記二卷　（元）施惠撰
　　　東郭記二卷　（明）孫仁孺撰
　　　還魂記二卷　（明）湯顯祖撰
　　　水滸記二卷　（明）許自昌撰
　　　灌園記二卷　（明）張鳳翼撰
　　　殺狗記二卷　（明）徐畛撰　（明）馮
　　　　夢龍訂定
　　　贈書記二卷

馮善 4927
六十種曲　（明）毛晋編
　　明末毛氏汲古閣刻清印本　馮貞群
　　　跋
　　九行十九字下黑口左右雙邊　綫裝
　　　一册
　　存一種一卷：
　　　東郭記二卷　（明）孫仁孺撰（存一
　　　　卷：二）

善 4939
雙盃記□卷
　　明刻本
　　十行二十字小字雙行同白口四周單
　　　邊　綫裝　一册
　　存一卷：下

善 4954
眉樓載花船傳奇二卷　（明）孤山放鶴
　　人填詞　（明）河泛槎客評閲
　　清抄本
　　八行十九字小字雙行同白口四周雙
　　　邊　綫裝　一册

善 4955
繡襦記四卷　（明）薛近兗撰
　　明末刻朱墨套印本
　　八行十八字小字雙行同白口四周單
　　　邊　綫裝　二册
　　存三卷：一至二、四

善 4946
湯義仍先生南柯夢記二卷　（明）湯顯
　　祖撰
　　明末刻玉茗堂四種傳奇本　佚名批
　　十行二十一字白口四周單邊　綫裝
　　　一册

善 4940
牡丹亭還魂記二卷　（明）湯顯祖撰
　　明萬曆刻本
　　十行二十二字小字雙行同白口四周

單邊　綫裝　二册

善 4941

牡丹亭還魂記二卷　（明）湯顯祖編
　（明）沈際飛評點
　　明刻玉茗堂傳奇本
　　十行二十二字小字雙行同白口四周
　　單邊　綫裝　二册

善 4942

玉茗堂還魂記二卷　（明）湯顯祖撰
　　清乾隆五十年冰絲館刻本　孫家淮
　　跋
　　九行二十字白口四周單邊　綫裝　二
　　册

善 4944

吳吳山三婦合評牡丹亭還魂記二卷
　（明）湯顯祖撰　（清）陳同　談則
　錢宜評點　**或問一卷**　（清）吳儀一
　撰
　　清康熙夢園刻本
　　十行二十字小字雙行同上下黑口四
　　周單邊　綫裝　四册

善 4943

箋注牡丹亭不分卷　（明）湯顯祖撰
　題（清）笠閣漁翁箋注
　　清乾隆二十七年刻本
　　九行十七字白口四周單邊　綫裝　四
　　册

善 4947

紫釵記二卷　（明）湯顯祖撰　（明）臧
　懋循訂
　　明萬曆刻本
　　九行十九字白口左右雙邊　綫裝

　　一册
　　存一卷：上

善 4938

金蓮記二卷　（明）陳汝元撰
　　明萬曆三十四年陳氏函三館刻本
　　朱鼎煦跋
　　十行二十字小字雙行同白口四周單
　　邊　綫裝　二册

善 4956

懷遠堂批點燕子箋二卷　（明）阮大鋮
　撰
　　清初刻本
　　九行二十四字小字雙行同白口四周
　　雙邊　綫裝　二册

善 4952

粲花齋新樂府四種八卷　（明）吳炳編
　　明末兩衡堂刻本
　　九行二十字白口四周單邊　綫裝　二
　　册
　　存一種二卷：
　　　綠牡丹傳奇二卷

善 4953

情郵傳奇二卷　（明）吳炳撰
　　明崇禎刻本
　　九行二十字白口四周單邊　綫裝　一
　　册

善 4959

秣陵春傳奇二卷　（清）吳偉業撰　（清）
　寓園居士參定
　　清初刻本
　　九行十九字小字雙行同白口左右雙
　　邊　綫裝　二册

集　部

善 4963
笠翁傳奇十種二十卷　（清）李漁撰
　清刻本
　　十一行二十二字白口四周單邊　綫裝　一冊
　存一種一卷：
　　奈何天傳奇二卷　（清）李漁編次（清）紫珍道長批評(存一卷：下)

善 4960
雙冠誥二十九齣　（清）陳二白撰
　稿本
　　十行二十一至二十二字白口四周雙邊　綫裝　二冊

善 4961
揚州夢二卷三十二齣　（清）嵇永仁撰
　清刻本
　　九行十九字小字雙行二十四字上下黑口左右雙邊　綫裝　二冊

善 4957
桃花扇傳奇二卷　（清）孔尚任編
　清康熙刻本
　　十行二十字小字雙行同白口四周單邊　毛裝　一冊
　存一卷：二

善 4962
醉高歌傳奇三卷　（清）張雍敬撰
　清乾隆三年靈雀軒刻本
　　九行二十二字小字雙行同白口左右雙邊　綫裝　二冊

善 4965
漁邨記二卷　（清）韓錫胙撰
　清乾隆妙有山房刻本
　　九行二十二字小字雙行同下黑口左右雙邊　綫裝　二冊

善 4966
石榴記傳奇四卷　（清）黃振撰
　清乾隆三十七年柴灣村舍刻嘉慶四年擁書樓重印本
　　九行十九字小字雙行同白口四周雙邊無界行　綫裝　五冊

善 4967 甲
鏡裡花傳奇二卷
　清抄本
　　十二行三十四字小字雙行行字不等白口無版框　綫裝　二冊

善 4967 乙
鏡裡花傳奇二卷
　清抄本
　　十二行三十四字小字雙行行字不等白口無版框　綫裝　二冊

善 4964
魚水緣傳奇二卷　（清）周書撰
　清乾隆二十六年博文堂刻本
　　八行二十字白口四周雙邊　綫裝　二冊

善 4968
茗雪山房二種曲四卷　（清）彭劍南撰
　清道光八年水繪園刻本
　　九行二十二字小字雙行同白口左右雙邊　金鑲玉　二冊
　存一種二卷：
　　影梅菴傳奇二卷　（清）彭劍南填詞（清）孫如金正譜

善 4969
後尋親四折
　清抄本
　六行二十四字小字雙行同白口無版框　毛裝　一冊

善 4970
某心雪傳奇十一卷　（清）姚燮撰
　民國鐵如意館抄本
　十行二十四字白口四周單邊　毛裝　一冊

善 4971
某心雪傳奇十一卷　（清）姚燮撰
　清抄本
　十行二十四字白口無版框　毛裝　一冊

善 4934
蟠桃會□卷
　清初四色抄本
　八行二十一字小字雙行同白口四周雙邊　綫裝　一冊
　存一折

彈詞

善 4972
廿一史彈詞註十卷　（明）楊慎編　（清）張三異增定　（清）張仲璜注　明紀彈詞註一卷　（清）張三異撰　（清）張仲璜注
　清雍正五年張坦麟刻本
　十一行二十一字小字雙行同白口四周單邊　綫裝　三冊
　存八卷：廿一史彈詞注一至八

善 4973
筆歌二卷首一卷　（清）張潮撰
　清刻本　沈元魁跋
　八行十八字小字雙行同白口四周單邊　綫裝　二冊

散曲

善 4900
朝野新聲太平樂府九卷　（元）楊朝英輯
　明刻本
　十行二十字白口四周雙邊　毛裝　三冊

善 4974
新鐫古今大雅南宮詞紀六卷北宮詞紀六卷　（明）陳所聞輯
　明萬曆三十二至三十三年秣陵陳氏繼志齋刻本
　十行二十字小字雙行同白口四周單邊　綫裝　四冊

善 4975
新鐫古今大雅南宮詞紀六卷北宮詞紀六卷　（明）陳所聞輯
　明萬曆三十二至三十三年秣陵陳氏繼志齋刻本
　十行二十字小字雙行同白口四周單邊　綫裝　四冊
　存六卷：北宮詞紀

善 4977
鈔南宮詞紀□□卷　（明）梁少白　陳所聞撰
　明抄本

集　部

　　十行十八字白口四周雙邊　毛裝　一
　　　册

善 4902
北曲聯珠五卷　（元）張可久撰
　明抄本　馬廉跋
　　十行二十字白口四周單邊　綫裝　一
　　　册

善 4903
北曲聯珠五卷　（元）張可久撰
　民國范盈藻抄本　馬廉批校
　　十行二十字白口四周單邊　綫裝　一
　　　册

善 4339
香消酒醒曲一卷　（清）姚燮撰
　稿本
　　十一行二十三字白口左右雙邊　綫
　　　裝　一册

寶卷

善 2967
異方便淨土傳燈歸元鏡三祖實錄二卷
　（清）釋智達撰　（清）釋德日閱錄
　清康熙三十八年雲栖寺刻本
　　十行二十字小字雙行同白口四周單
　　　邊　綫裝　二册

曲選

善 4904
盛世新聲十二卷
　明正德十二年刻本
　　十二行二十四字白口四周單邊　毛裝
　　　十二册

善 4905
詞林摘艷十卷　（明）張禄輯
　明嘉靖刻本
　　十行二十字上下黑口四周雙邊　毛
　　　裝　一册
　　存二卷：三至四

善 4906
雍熙樂府二十卷　（明）郭勛輯
　明嘉靖四十五年荆聚刻本
　　十行二十一字白口四周雙邊　毛裝
　　　十九册
　　存十九卷：二至二十

善 4945、善 4951
審音鑑古錄不分卷六十六折
　清道光十四年東鄉王繼善刻本
　　十行二十四字小字雙行同白口四周
　　　雙邊　綫裝　二册
　　存二種十二折
　　　紅梨記四折
　　　牡丹亭八折

曲韻曲譜曲律

善 4976
**舊編南九宮譜十卷附十三調南曲音節
　譜**　（明）蔣孝輯
　明三徑草堂刻本
　　十二行二十四字小字雙行同白口四
　　　周單邊　綫裝　一册

善 4978

曲律四卷 （明）王驥德撰
  明刻本　朱鼎煦跋
  十行二十字小字雙行同白口四周單
    邊　綫裝　一冊
  存二卷：一至二

善 4979

度曲須知二卷絃索辨訛二卷 （明）沈
  寵綏撰
  明崇禎十二年松陵沈寵綏刻清順治
    六年沈標重修本
  八行二十二字小字雙行同白口四周
    單邊　綫裝　一冊
  存二卷：度曲須知

天一閣博物館藏
古籍善本書目 下

天一閣博物館 編

國家圖書館出版社

叢書部

彙編類

善 4980
百川學海一百種一百七十九卷 （宋）
左圭編
明刻本
十二行二十字小字雙行同白口左右雙邊　綫裝　十六冊
存四十六種七十七卷：
　乙集
　　春明退朝錄三卷　（宋）宋敏求撰
　　淳熙玉堂雜紀三卷　（宋）周必大撰
　　揮麈錄二卷　題（宋）楊萬里撰
　丙集
　　韓忠獻公遺事一卷　（宋）强至撰
　　文正王公遺事一卷　（宋）王素撰
　　濟南先生師友談記一卷　（宋）李廌撰
　　可談一卷　（宋）朱彧撰
　丁集
　　鼠璞一卷　（宋）戴埴撰
　　善誘文一卷　（宋）陳錄撰
　戊集
　　東坡先生志林集一卷　（宋）蘇軾撰
　　螢雪叢說二卷　（宋）俞成撰
　　蘇黃門龍川略志十卷　（宋）蘇轍撰
　　西疇老人常言一卷　（宋）何坦撰
　己集
　　騷略三卷　（宋）高似孫撰
　　獻醜集一卷　（宋）許棐撰
　庚集
　　選詩句圖一卷　（宋）高似孫撰
　　石林詩話三卷　（宋）葉夢得撰
　　六一居士詩話一卷　（宋）歐陽修撰
　　東萊呂紫微詩話一卷　（宋）呂本中撰
　　珊瑚鈎詩話三卷　（宋）張表臣撰
　　許彥周詩話一卷　（宋）許顗撰
　　庚溪詩話二卷　（宋）陳岩肖撰
　　竹坡老人詩話三卷　（宋）周紫芝撰
　辛集
　　法帖譜系二卷　（宋）曹士冕撰
　壬集
　　端溪硯譜一卷
　　硯譜一卷
　　歙州硯譜一卷　（宋）唐積撰
　　香譜二卷　（宋）洪芻撰
　　茶經三卷　（唐）陸羽撰
　　煎茶水記一卷　（唐）張又新撰
　　茶錄一卷　（宋）蔡襄撰
　　東溪試茶錄一卷　（宋）宋子安撰
　　酒譜一卷　（宋）竇苹撰
　　本心齋蔬食譜一卷　（宋）陳達叟撰
　　筍譜一卷　（宋）釋贊寧撰
　　菌譜一卷　（宋）陳仁玉撰

蟹譜二卷　（宋）傅肱撰
　癸集
　　竹譜一卷　（晋）戴凱之撰
　　菊譜一卷　（宋）劉蒙撰
　　菊譜一卷　（宋）范成大撰
　　菊譜一卷　（宋）史正志撰
　　梅譜一卷　（宋）范成大撰
　　洛陽牡丹記一卷　（宋）歐陽修撰
　　牡丹榮辱志一卷　（宋）丘璿撰
　　揚州芍藥譜一卷　（宋）王觀撰
　　海棠譜三卷　（宋）陳思撰

善 4981
百川學海一百種一百七十九卷　（宋）
　左圭編
　明弘治十四年華珵刻本
　十二行二十字小字雙行同白口左右
　　雙邊　綫裝　十五冊
　存八十六種一百四十卷：
　甲集
　　聖門事業圖一卷　（宋）李元綱撰
　　漁樵對問一卷　（宋）邵雍撰
　　學齋佔畢四卷　（宋）史繩祖撰
　　獨斷二卷　（漢）蔡邕撰
　　李涪刊誤二卷　（唐）李涪撰
　　九經補韻一卷　（宋）楊伯岩撰
　　中華古今注三卷　（後唐）馬縞撰
　　釋常談三卷
　乙集
　　隋遺錄二卷　（唐）顏師古撰
　　翰林志一卷　（唐）李肇撰
　　宋朝燕翼詒謀錄五卷　（宋）王栐撰
　　春明退朝錄三卷　（宋）宋敏求撰
　　玉堂雜紀三卷　（宋）周必大撰
　　揮麈錄二卷　題（宋）楊萬里撰
　　丁晉公談錄一卷　（宋）丁謂撰
　　王文正公筆錄一卷　（宋）王曾撰
　　開天傳信記一卷　（唐）鄭棨撰
　丙集
　　厚德錄四卷　（宋）李元綱撰
　　韓忠獻公遺事一卷　（宋）强至撰
　　文正王公遺事一卷　（宋）王素撰
　　濟南先生師友談記一卷　（宋）李
　　　廌撰
　　可談一卷　（宋）朱彧撰
　　河東先生龍城錄二卷　（唐）柳宗
　　　元撰
　　前定錄一卷續一卷　（唐）鍾輅撰
　　國老談苑二卷　（宋）王君玉撰
　　晁氏客語一卷　（宋）晁說之撰
　　道山清話一卷
　丁集
　　晝簾緒論一卷　（宋）胡太初撰
　　官箴一卷　（唐）吕本中撰
　　袪疑說一卷　（宋）儲泳撰
　　因論一卷　（唐）劉禹錫撰
　　宋景文公筆記三卷　（宋）宋祁撰
　　鼠璞一卷　（宋）戴埴撰
　　善誘文一卷　（宋）陳錄撰
　戊集
　　東坡先生志林集一卷　（宋）蘇軾
　　　撰
　　螢雪叢說二卷　（宋）俞成撰
　　蘇黃門龍川略志十卷　（宋）蘇轍
　　　撰
　　西疇老人常言一卷　（宋）何坦撰
　　欒城先生遺言一卷　（宋）蘇籀撰
　　東谷所見一卷　（宋）李之彥撰
　　雞肋一卷　（宋）趙崇絢撰
　　孫公談圃三卷　（宋）孫升述
　　　（宋）劉延世撰
　己集
　　王公四六話二卷　（宋）王銍撰
　　四六談麈一卷　（宋）謝伋撰
　　文房四友除授集一卷　（宋）鄭清

叢書部

　　之等撰
　耕祿藁一卷　（宋）胡錡撰
　子略四卷目一卷　（宋）高似孫撰
庚集
　選詩句圖一卷　（宋）高似孫撰
　石林詩話三卷　（宋）葉夢得撰
　六一居士詩話一卷　（宋）歐陽修
　　撰
　東萊呂紫微詩話一卷　（宋）呂本
　　中撰
　劉攽貢父詩話一卷　（宋）劉攽撰
　後山居士詩話一卷　（宋）陳師道
　　撰
　司馬溫公詩話一卷　（宋）司馬光
　　撰
　書評一卷　（南朝梁）袁昂撰
辛集
　續書譜一卷　（宋）姜夔撰
　試筆一卷　（宋）歐陽修撰
　法帖刊誤二卷　（宋）黃伯思撰
　高宗皇帝御製翰墨志一卷　（宋）
　　高宗趙構撰
　法帖譜系二卷　（宋）曹士冕撰
壬集
　端溪硯譜一卷
　歙州硯譜一卷　（宋）唐積撰
　歙硯說一卷辨歙石說一卷　（元）
　　曹紹撰
　硯史一卷　（宋）米芾撰
　古今刀劍錄一卷　（南朝梁）陶弘
　　景撰
　香譜二卷　（宋）洪芻撰
　茶經三卷　（唐）陸羽撰
　煎茶水記一卷　（唐）張又新撰
　硯譜一卷
　茶錄一卷　（宋）蔡襄撰
　東溪試茶錄一卷　（宋）宋子安撰
　酒譜一卷　（宋）竇苹撰

　本心齋蔬食譜一卷　（宋）陳達叟
　　撰
　筍譜一卷　（宋）釋贊寧撰
　菌譜一卷　（宋）陳仁玉撰
　蟹譜二卷　（宋）傅肱撰
癸集
　荔枝譜一卷　（宋）蔡襄撰
　橘錄三卷　（宋）韓彥直撰
　南方草木狀一卷　（晉）嵇含撰
　竹譜一卷　（晉）戴凱之撰
　菊譜一卷　（宋）劉蒙撰
　梅譜一卷　（宋）范成大撰
　海棠譜三卷　（宋）陳思撰
　師曠禽經一卷　（周）師曠撰
　　（晉）張華注
　名山洞天福地記一卷　（前蜀）杜
　　光庭撰
　譜系雜談二卷　（宋）范成大撰

善4982
百川學海一百種一百七十九卷　（宋）
　左圭編
　明刻本
　十二行二十字小字雙行同白口左右
　　雙邊　綫裝　二冊
　存五種十七卷：
　　法帖釋文十卷　（宋）劉次莊撰
　　海岳名言一卷　（宋）米芾撰
　　寶章待訪錄一卷　（宋）米芾撰
　　書斷列傳三卷雜編一卷　（唐）張懷
　　　瓘撰
　　畫譜一卷　（唐）孫過庭撰

善4983
百川學海一百種一百七十九卷　（宋）
　左圭編
　明刻本

十二行二十字小字雙行同白口左右
　雙邊　綫裝　一冊
存七種十一卷：
　海棠譜三卷　（宋）陳思撰
　梅譜一卷　（宋）范成大撰
　菊譜一卷　（宋）范成大撰
　菊譜一卷　（宋）劉蒙撰
　菊譜一卷　（宋）史正志撰
　荔枝譜一卷　（宋）蔡襄撰
　橘譜三卷　（宋）韓彥直撰

善 4984

百川學海一百種一百七十九卷　（宋）
　左圭編
　明刻本
　十二行二十字小字雙行同白口左右
　　雙邊　綫裝　一冊
存七種十一卷：
　荔枝譜一卷　（宋）蔡襄撰
　橘譜三卷　（宋）韓彥直撰
　南方草木狀三卷　（晉）嵇含撰
　竹譜一卷　（晉）戴凱之撰
　菊譜一卷　（宋）劉蒙撰
　菊譜一卷　（宋）范成大撰
　菊譜一卷　（宋）史正志撰

善 2971

說郛一百二十卷　（明）陶宗儀編
　明末刻本
　九行二十字白口左右雙邊　毛裝　一
　　冊
存一種一卷：
　陰符經一卷　（漢）張良注　（明）黃
　　嘉惠閱

善 4986 甲

說郛一百二十卷　（明）陶宗儀編　**說**

郛續四十六卷　（明）陶珽編　（清）
李際期重定
　明末刻清順治三年兩浙督學周南李
　　際期宛委山堂印本
　九行二十字小字雙行同白口左右雙
　　邊　綫裝　一百五十冊
存說郛一百二十卷：
弓一
　大學石經
　大學古本
　中庸古本
　詩小序　（春秋）卜商撰
　詩傳　（春秋）端木賜撰
　詩說　（漢）申培撰
弓二
　乾鑿度
　元包　（北周）衛元嵩撰
　潛虛　（宋）司馬光撰
　京氏易略　（漢）京房撰
　關氏易傳　（北魏）關朗撰
　周易署例　（三國魏）王弼撰
　周易古占　（宋）程迥撰
弓三
　周易舉正　（唐）郭京撰
　讀易私言　（元）許衡撰
　元包數義　（宋）張行成撰
　櫽著記　（元）劉因撰
　論語筆解　（唐）韓愈撰
　論語拾遺　（宋）蘇轍撰
　疑孟　（宋）司馬光撰
　翼莊　（晉）郭象撰
　詰墨　（漢）孔鮒撰
弓四
　毛詩草木鳥獸蟲魚疏　（三國吳）
　　陸璣撰
　詩說　（宋）張耒撰
　三禮敘錄　（元）吳澄撰
　夏小正　（漢）戴德傳

叢書部

月令問答　（漢）蔡邕撰
九經補韻　（宋）楊伯岩撰
小爾雅　（漢）孔鮒撰
弓五
　三墳書　（明）陶宗儀訂
　易飛候　（漢）京房撰
　易洞林　（晋）郭璞撰
　易稽覽圖
　易巛靈圖
　易通卦驗
　尚書旋璣鈐
　尚書帝命期
　尚書考靈耀
　尚書中候
　詩含神霧
　詩紀曆樞
　春秋元命苞
　春秋運斗樞
　春秋文曜鈎
　春秋合誠圖
　春秋孔演圖
　春秋說題辭
　春秋感精符
　春秋潛潭巴
　遁甲開山圖
　春秋佐助期
　春秋緯
　春秋後語　（晋）孔衍撰
　春秋繁露　（漢）董仲舒撰
　禮稽命徵
　淮南畢萬術
　禮斗威儀
　大戴禮逸
　樂稽耀嘉
　孝經援神契
　孝經鈎命決
　孝經左契
　孝經右契

孝經內事
五經折疑　題（三國魏）邯鄲綽撰
五經通義　（漢）劉向撰
龍魚河圖
河圖括地象
河圖稽命徵
河圖稽燿鈎
河圖始開圖
洛書甄耀度
弓六
　聖門事業圖　（宋）李元綱撰
　兼明書　（唐）丘光庭撰
　希通錄　（宋）蕭參撰
　實賓錄　（宋）馬永易撰
弓七
　譚子化書　（五代）譚峭撰
　素書　（漢）黃石公撰
　枕中書　（晋）葛洪撰
　參同契　（漢）魏伯陽撰
　陰符經
弓八
　三教論衡　（唐）白居易撰
　令旨解二諦義　（南朝梁）蕭統撰
　漁樵對問　（宋）邵雍撰
　西疇老人常言　（宋）何坦撰
　藝圃折中　（宋）鄭厚撰
　發明義理　（宋）呂希哲撰
弓九
　鹿門隱書　（唐）皮日休撰
　山書　（唐）劉蛻撰
　兩同書　（唐）羅隱撰
　迂書　（宋）司馬光撰
　新書　（三國蜀）諸葛亮撰
　權書　（宋）蘇洵撰
弓十
　正朔考　（宋）魏了翁撰
　史剡　（宋）司馬光撰
　綱目疑誤　（宋）周密撰

揚子新注　（唐）柳宗元撰
　　新唐書斜謬　（宋）吳縝撰
　　遂初堂書目　（宋）尤袤撰
　弓十一
　　輶軒絕代語　（漢）揚雄撰
　　獨斷　（漢）蔡邕撰
　　臆乘　（宋）楊伯岩撰
　　芥隱筆記　（宋）龔頤正撰
　　宜齋野乘　（宋）吳枋撰
　弓十二
　　中華古今注　（後唐）馬縞撰
　　古今考　（宋）魏了翁撰
　　刑書釋名　（宋）王鍵撰
　　釋常談
　　續釋常談　（宋）龔頤正撰
　　事原　（唐）劉孝孫撰
　　袖中記　（南朝梁）沈約撰
　弓十三
　　演繁露　（宋）程大昌撰
　　孔氏雜說　（宋）孔平仲撰
　　學齋佔嗶　（宋）史繩祖撰
　　李氏刊誤　（唐）李涪撰
　弓十四
　　鼠璞　（宋）戴埴撰
　　資暇錄　（唐）李匡乂撰
　　賓退錄　（宋）趙與時撰
　　紀談錄　（宋）晁邁撰
　　過庭錄　（宋）范公偁撰
　　楮記室　（明）潘塤撰
　弓十五
　　螢雪叢說　（宋）俞成撰
　　孫公談圃　（宋）孫升述　（宋）劉
　　　延世撰
　　墨客揮犀　（宋）彭乘撰
　　師友談記　（宋）李廌撰
　弓十六
　　宋景文公筆記　（宋）宋祁撰
　　王文正筆錄　（宋）王曾撰

　　丁晉公談錄　（宋）丁謂撰
　　楊文公談苑　（宋）楊億撰
　　欒城先生遺言　（宋）蘇籀記
　弓十七
　　愛日齋藂抄　（宋）葉□撰
　　能改齋漫錄　（宋）吳曾撰
　　識遺　（宋）羅璧撰
　　退齋雅聞錄　（宋）侯延慶撰
　　南墅閒居錄
　　雪浪齋日記
　　廬陵官下記　（唐）段成式撰
　　玉溪編事
　　渚宮故事　（唐）余知古撰
　　麟臺故事　（宋）程俱撰
　　五國故事
　　郡閣雅言　（宋）潘若同撰
　弓十八
　　侯鯖錄　（宋）趙令畤撰
　　畫墁錄　（宋）張舜民撰
　　摭青雜說　（宋）王明清撰
　　樂郊私語　（元）姚桐壽撰
　　隱窟雜志　（宋）溫革撰
　　梁溪漫志　（宋）費袞撰
　　墨娥漫錄
　弓十九
　　寓簡　（宋）沈作喆撰
　　碧雞漫志　（宋）王灼撰
　　晁氏客語　（宋）晁迥撰
　　涪翁雜說　（宋）黃庭堅撰
　　雲麓漫抄　（宋）趙彥衛撰
　　黃氏筆記　（元）黃溍撰
　　兩鈔摘腴　（宋）史浩撰
　　碧湖雜記　（宋）謝枋得撰
　　西林日記　（元）姚燧撰
　　紫薇雜記　（宋）呂本中撰
　　搜神祕覽　（宋）章炳文撰
　　牧豎閒談　（宋）景煥撰
　弓二十

叢書部

巖下放言　（宋）葉夢得撰
玉澗襍書　（宋）葉夢得撰
石林燕語　（宋）葉夢得撰
避暑錄話　（宋）葉夢得撰
深雪偶談　（宋）方嶽撰
葦航紀談　（宋）蔣津撰
豹隱紀談　（宋）周遵道撰
悅生隨抄　（宋）賈似道撰
齊東埜語　（宋）周密撰
邇言志見　（宋）劉炎撰
晰獄龜鑑　（宋）鄭克撰

冊二十一
青箱雜記　（宋）吳處厚撰
冷齋夜話　（宋）釋惠洪撰
癸辛雜識　（宋）周密撰
墨莊漫錄　（宋）張邦基撰
龍川別志　（宋）蘇轍撰
羅湖野錄　（宋）釋曉瑩撰
鶴林玉露　（宋）羅大經撰
雲谿友議　（唐）范攄撰

冊二十二
後山談叢　（宋）陳師道撰
林下偶譚　（宋）吳氏撰
湘素雜記　（宋）黃朝英撰
捫蝨新話　（宋）陳善撰
研北雜志　（元）陸友撰
清波雜志　（宋）周煇撰
壺中贅錄
物類相感志　（宋）蘇軾撰

冊二十三
因話錄　（唐）趙璘撰
同話錄　（宋）曾三異撰
五色線　（宋）佚名撰
五總志　（宋）吳烱撰
金樓子　（南朝梁）元帝蕭繹撰
乾𦠆子　（唐）溫庭筠撰
投荒雜錄　（唐）房千里撰
炙轂子錄　（唐）王叡撰

抒情錄　（宋）盧懷撰
啟顏錄　（唐）侯白撰
絕倒錄　（宋）朱暉撰
唾玉集　（宋）俞文豹撰
辨疑志　（唐）陸長源撰
開城錄　（唐）李石撰
原化記　（唐）皇甫氏撰
蠡海錄　（明）王逵撰
澄懷錄　（元）袁桷撰

冊二十四
王氏談錄　（宋）王欽臣撰
先公談錄　（宋）李宗諤錄
槁簡贅筆　（宋）章淵撰
傳講雜記　（宋）呂希哲撰
繼古藂編　（宋）施青臣撰
南窗紀談　（宋）佚名撰
後耳目志　（宋）鞏豐撰
群居解頤　（唐）高懌撰
雁門野說　（宋）邵思撰
三柳軒雜識　（元）程棨撰
負暄雜錄
中吳紀聞　（宋）龔明之撰
緯略　（宋）高似孫撰

冊二十五
遯齋閒覽　（宋）范正敏撰
稗史　（元）仇遠撰
志林　（宋）蘇軾撰
因論　（唐）劉禹錫撰
晉問　（唐）柳宗元撰
鉤玄　（元）佚名撰
窮愁志　（唐）李德裕撰
席上腐談　（宋）俞琰撰
讀書隅見　（宋）鄭震撰
田間書　（宋）林芳撰
判決錄　（唐）張鷟撰

冊二十六
東園友聞
劉馮事始　（唐）劉存　（五代）馮

鑑撰
　西墅記譚　（五代）潘遠撰
　遺史記聞　（宋）詹玠撰
　姑蘇筆記　（宋）羅志仁撰
　南部新書　（宋）錢易撰
　龍城錄　（唐）柳宗元撰
　桂苑叢談　（唐）馮翊撰
　義山襍記　（唐）李商隱撰
　文藪襍著　（唐）皮日休撰
　法苑珠林
　蒼梧雜志　（宋）胡珵撰
　青瑣高議　（宋）劉斧撰
　秘閣閑話
　耕餘博覽
弓二十七
　雞肋編　（宋）莊綽撰
　泊宅編　（宋）方勺撰
　吹劍錄　（宋）俞文豹撰
　投轄錄　（宋）王明清撰
　鑑戒錄　（五代）何光遠撰
　暇日記　（宋）劉跂撰
　佩楚軒客談　（元）戚輔之撰
　志雅堂雜抄　（宋）周密撰
　浩然齋視聽抄　（宋）周密撰
　瑞桂堂暇錄　（宋）佚名撰
　陵陽室中語　（宋）范季隨撰
　猗覺寮雜記　（宋）朱翌撰
　昭德新編　（宋）晁迴撰
　山陵雜記　（元）楊奐撰
弓二十八
　雞肋　（宋）趙崇絢撰
　桯史　（宋）岳珂撰
　雲谷雜記　（宋）張淏撰
　船窗夜話　（宋）顧文薦撰
　野人閒話　（宋）景煥撰
　植杖閒談　（宋）錢康功撰
　東齋記事　（宋）許觀撰
　澹山雜識　（宋）錢功撰

　坦齋通編　（宋）邢凱撰
　桃源手聽　（宋）陳賓撰
　仇池筆記　（宋）蘇軾撰
　韋居聽輿　（宋）陳直撰
弓二十九
　暘谷謾錄　（宋）洪巽撰
　友會談叢　（宋）上官融撰
　野老記聞　（宋）王楙撰
　灌畦暇語
　澗泉日記　（宋）韓淲撰
　步里客談　（宋）陳長方撰
　雲齋廣錄　（宋）李獻民撰
　續骫骳說　（宋）朱昂撰
　西齋話記　（宋）祖士衡撰
　雪舟誀語　（元）王仲暉撰
　西軒客談
　蒙齋筆談　（宋）葉夢得撰
　廬陵雜說　（宋）歐陽修撰
　昌黎雜說　（唐）韓愈撰
　漁樵閒話　（宋）蘇軾撰
弓三十
　游宦紀聞　（宋）張世南撰
　行都紀事　（宋）陳晦撰
　隣幾雜誌　（宋）江休復撰
　楓窗小牘　（宋）袁褧撰　（宋）袁
　　頤續
　湖湘故事　（宋）陶岳撰
弓三十一
　誠齋雜記　（元）周達觀撰
　溫公瑣語　（宋）司馬光撰
　蔣氏日錄　（宋）蔣穎叔撰
　剡溪野語　（宋）程正敏撰
　釣磯立談　（宋）費樞撰
　盛事美談
　衣冠盛事　（唐）蘇特撰
　硯崗筆志　（宋）唐稷撰
　窗間記聞　（宋）陳子兼撰
　翰墨叢記　（宋）滕康撰

叢書部

備忘小抄 （五代）文谷撰	墨娥漫録
艅艎日疏 （元）凌準撰	葆化録 （唐）陳京撰
獨醒雜志 （宋）吳宏撰	聞見録 （宋）羅點撰
輶軒雜録 （宋）王襄撰	玉匣記 （宋）皇甫枚撰
姚氏殘語 （宋）姚寬撰	三餘帖
有宋佳話	北山録
採蘭雜志	洽聞記 （唐）鄭常撰
嘉蓮燕語	三水小牘 （宋）皇甫枚撰
戊辰雜抄	閒談録 （宋）蘇耆撰
眞率筆記	解酲語 （元）李材撰
芸窓私志 （元）陳芬撰	延漏録 （宋）章望之撰
致虛雜俎	弓三十三
內觀日疏	西溪叢語 （宋）姚寬撰
漂粟手牘	倦游雜録 （宋）張師正撰
奚囊橘柚	虛谷閒抄 （元）方回撰
玄池說林	玉照新志 （宋）王明清撰
賈氏說林	醉翁寱語 （宋）樓璹撰
然藜餘筆	錦里新聞
荻樓雜抄	弓三十四
客退紀談	清尊録 （宋）廉布撰
下帷短牒	昨夢録 （宋）康譽之撰
下黃私記	就日録 題(宋)灌園耐得翁撰
弓三十二	漫笑録 （宋）徐愷撰
嫏嬛記 （元）伊世珍撰	軒渠録 （宋）呂本中撰
宣室志 （唐）張讀撰	拊掌録 （元）元懷撰
傳載 （唐）劉餗撰	諧噱録 （唐）劉訥言撰
潛居録	咸定録
雞跖集 （宋）王子韶撰	天定録
傳載略 （宋）釋贊寧撰	調謔編 （宋）蘇軾撰
瀟湘録 （唐）李隱撰	謔名録 （宋）吳淑撰
野雪鍜排雜說 （宋）許景迁撰	艾子雜說 （宋）蘇軾撰
耳目記 （唐）張鷟撰	弓三十五
樹萱録 （唐）劉煮撰	摭言 （五代）王定保撰
善謔集 （宋）天和子撰	諧史 （宋）沈俶撰
紹陶録 （宋）王質撰	可談 （宋）朱彧撰
視聽抄 （宋）吳萃撰	話腴 （宋）陳郁撰
卻掃編 （宋）徐度撰	談藪 （宋）龐元英撰
開顏集 （宋）周文玘撰	談淵 （宋）王陶撰

談撰　（元）虞裕撰
弓三十六
　尚書故實　（唐）李綽撰
　次柳氏舊聞　（唐）李德裕撰
　隋唐嘉話　（唐）劉餗撰
　劉賓客嘉話錄　（唐）韋絢錄
　賓朋宴語　（宋）丘昶撰
　法藏碎金錄　（宋）晁迥撰
弓三十七
　春渚紀聞　（宋）何薳撰
　曲洧舊聞　（宋）朱弁撰
　茅亭客話　（宋）黃休復撰
　避戎嘉話　（宋）石茂良撰
　珩璜新論　（宋）孔平仲撰
　聞燕常談　（宋）董弅撰
　儒林公議　（宋）田況撰
　賈氏談錄　（宋）張洎撰
　燈下閒談　（宋）江洵撰
　藕堂野史　（宋）林子中撰
　退齋筆錄　（宋）侯延慶撰
　皇朝類苑　（宋）江少虞撰
弓三十八
　白獺髓　（宋）張仲文撰
　清夜錄　（宋）俞文豹撰
　貴耳錄　（宋）張端義撰
　碧雲騢　（宋）梅堯臣撰
　異聞記　（宋）何先撰
　芝田錄　（唐）丁用晦撰
　避亂錄　（宋）王明清撰
　壺關錄　（唐）韓昱撰
　唅囈集　（元）宋無撰
弓三十九
　揮麈錄　（宋）王明清撰
　揮麈餘話　（宋）王明清撰
　避暑漫抄　（宋）陸游撰
　南唐近事　（宋）鄭文寶撰
　洞微志　（宋）錢易撰
　該聞錄　（宋）李畋撰

　從駕記　（宋）陳世崇撰
　東巡記　（宋）趙彥衛撰
　青溪寇軌　（宋）方勺撰
　江表志　（宋）鄭文寶撰
弓四十
　歸田錄　（宋）歐陽修撰
　嬾真子錄　（宋）馬永卿撰
　陶朱新錄　（宋）馬純撰
　東臯雜錄　（宋）孫宗鑑撰
　東軒筆錄　（宋）魏泰撰
　山房隨筆　（元）蔣子正撰
　十友瑣說　（宋）溫革撰
弓四十一
　春明退朝錄　（宋）宋敏求撰
　澠水燕談錄　（宋）王闢之撰
　幙府燕閒錄　（宋）畢仲詢撰
　老學菴筆記　（宋）陸游撰
　老學菴續筆記　（宋）陸游撰
　秀水閒居錄　（宋）朱勝非撰
　蓼花洲閒錄　（宋）高文虎撰
弓四十二
　大唐創業起居注　（唐）溫大雅撰
　乾淳起居注　（宋）周密撰
　御塞行程　（宋）趙彥衛撰
　熙豐日曆　（宋）王明清撰
　唐年補錄　（唐）馬總撰
弓四十三
　東觀奏記　（唐）裴庭裕撰
　國老談苑　（宋）王君玉撰
　明道雜志　（宋）張耒撰
　續明道雜志　（宋）張耒撰
弓四十四
　燕翼貽謀錄　（宋）王栐撰
　玉堂逢辰錄　（宋）錢惟演撰
　宜春傳信錄　（宋）羅誘撰
　廣陵妖亂志　（唐）鄭廷誨撰
　小說舊聞記　（唐）柳公權撰
弓四十五

叢書部

玉堂雜記　（宋）周必大撰
玉壺清話　（宋）釋文瑩撰
道山清話　（宋）王暐撰
家世舊聞　（宋）陸游撰
錢氏私誌　（宋）錢愐撰
家王故事　（宋）錢惟演撰
桐陰舊話　（宋）韓元吉撰
弓四十六
　北夢瑣言　（宋）孫光憲撰
　杜陽雜編　（唐）蘇鶚撰
　金華子雜編　（五代）劉崇遠撰
　玉泉子眞録
　松窻雜記　（唐）杜荀鶴撰
　南楚新聞　（唐）尉遲樞撰
　中朝故事　（南唐）尉遲偓撰
　戎幕閒談　（唐）韋絢撰
　商芸小說　（南朝梁）殷芸撰
　封氏聞見記　（唐）封演撰
　景龍文舘記　（唐）武平一撰
弓四十七
　行營雜錄　（宋）趙葵撰
　江行雜錄　（宋）廖瑩中撰
　聞見雜錄　（宋）蘇舜欽撰
　養痾漫筆　（宋）趙溍撰
　文昌雜錄　（宋）陳襄撰
　錢塘遺事　（元）劉一清撰
　遂昌雜錄　（元）鄭元祐撰
　宣政雜錄　（宋）江萬里撰
　古杭雜記　（元）李有撰
　默記　（宋）王銍撰
弓四十八
　朝野僉載　（唐）張鷟撰
　唐國史補　（唐）李肇撰
　唐闕史　（唐）高彥休撰
　唐語林　（宋）王讜撰
　大唐新語　（唐）劉肅撰
　大唐奇事　（唐）馬總撰
　三聖記　（唐）李德裕撰

先友記　（唐）柳宗元撰
零陵總記　（唐）陸龜蒙撰
玉堂閑話　（五代）范資撰
皮子世録　（唐）皮日休撰
盧氏雜說　（唐）盧言撰
弓四十九
　四朝聞見錄　（宋）葉紹翁撰
　三朝聖政錄　（宋）石承進撰
　會昌解頤錄　（唐）包湑撰
　洛中紀異錄　（宋）秦再思撰
　大中遺事　（唐）令狐澄撰
　鐵圍山叢談　（宋）蔡絛撰
　困學齋雜鈔　（元）鮮于樞撰
　金鑾密記　（唐）韓偓撰
　常侍言旨　（唐）柳珵撰
　朝野遺記
　朝野僉言
　涑水記聞　（宋）司馬光撰
　西朝寶訓
　蜀道征討比事　（宋）袁申儒撰
　大事記　（宋）呂祖謙撰
　三朝野史　（元）吳萊撰
弓五十
　甲申雜記　（宋）王鞏撰
　隨手雜錄　（宋）王鞏撰
　聞見近錄　（宋）王鞏撰
　續聞見近錄　（宋）王鞏撰
　南遊記舊　（宋）曾紆撰
　燕北雜記　（宋）武珪撰
　家世舊事　（宋）程頤撰
　山居新語　（元）楊瑀撰
弓五十一
　卓異記　（唐）李翱撰
　翰林志　（唐）李肇撰
　續翰林志　（宋）蘇易簡撰
　翰林壁記　（唐）丁居晦撰
　御史臺記　（唐）韓琬撰
　上庠錄　（宋）呂榮義撰

稽古定制
　　唐科名記　（宋）高似孫撰
　　五代登科記　（宋）韓思撰
　　趨朝事類　（宋）佚名撰
　　紹熙行禮記　（宋）周密撰
　　上壽拜舞記　（宋）陳世崇撰
　　封禪儀記　（漢）馬第伯撰
　　明禋儀注　（宋）王儀撰
　　朝會儀記　（漢）蔡質撰
　　梁雜儀注　（唐）段成式撰
　　婚雜儀注　（唐）段成式撰
弓五十二
　　明皇十七事　（唐）李德裕撰
　　開元天寶遺事　（五代）王仁裕撰
　　傳信記　（唐）鄭棨撰
　　幽閑鼓吹　（唐）張固撰
　　摭異記　（唐）李濬撰
　　新城錄　（唐）沈亞之撰
　　愧郯錄　（宋）岳珂撰
弓五十三
　　南渡宮禁典儀　（宋）周密撰
　　乾淳御教記　（宋）周密撰
　　燕射記　（宋）周密撰
　　唱名記　（宋）周密撰
　　天基聖節排當樂次　（宋）周密撰
　　乾淳教坊樂部　（宋）周密撰
　　雜劇段數　（宋）周密撰
　　高宗幸張府節次畧　（宋）周密撰
　　藝流供奉志　（宋）周密撰
弓五十四
　　蜀檮杌　（宋）張唐英撰
　　幸蜀記　（唐）宋居白撰
　　五代新說　（唐）徐炫撰
　　三楚新錄　（宋）周羽翀撰
　　江南野錄　（宋）龍袞撰
弓五十五
　　金志　題（宋）宇文懋昭撰
　　遼志　（宋）葉隆禮撰

　　松漠記聞　（宋）洪皓撰
　　雞林類事　（宋）孫穆撰
　　虜廷事實　（宋）文惟簡撰
　　夷俗考　（宋）方鳳撰
　　北風揚沙錄　（宋）陳準撰
弓五十六
　　蒙韃備錄　（宋）孟珙撰
　　北邊備對　（宋）程大昌撰
　　燕北錄　（宋）王易撰
　　使高麗錄　（宋）徐兢撰
　　安南行記　（元）徐明善撰
　　高昌行記　（宋）王延德撰
　　北轅錄　（宋）周煇撰
　　西使記　（元）劉郁撰
　　陷虜記　（五代）胡嶠撰
弓五十七
　　群輔錄　（晉）陶潛撰
　　英雄記鈔　（三國魏）王粲撰
　　東林蓮社十八高賢傳
　　真靈位業圖　（南朝梁）陶弘景撰
　　高士傳　（晉）皇甫謐撰
弓五十八
　　汝南先賢傳　（晉）周斐撰
　　陳留耆舊傳　（三國魏）蘇林撰
　　會稽先賢傳　（三國吳）謝承撰
　　益都耆舊傳　（晉）陳壽撰
　　楚國先賢傳　（晉）張方撰
　　襄陽耆舊傳　（晉）習鑿齒撰
　　長沙耆舊傳　（晉）劉彧撰
　　零陵先賢傳　（晉）司馬彪撰
　　廣州先賢傳　（□）鄒閎甫撰
　　閩川名士傳　（唐）黃璞撰
　　西州後賢志　（晉）常璩撰
　　文士傳　（晉）張隱撰
　　列女傳　（晉）皇甫謐撰
　　梓潼士女志　（晉）常璩撰
　　漢中士女志　（晉）常璩撰
　　孝子傳　（晉）徐廣撰

叢書部

幼童傳　（南朝梁）劉劭撰
高道傳　（宋）賈善翊撰
續神仙傳　（南唐）沈汾撰
方外志
神仙傳　（晉）葛洪撰
集仙傳　（宋）曾慥撰
列仙傳　（漢）劉向撰
江淮異人錄　（宋）吳淑撰

弓五十九
漢官儀　（漢）應劭撰
獻帝春秋
玄晏春秋　（晉）皇甫謐撰
九州春秋　（晉）司馬彪撰
帝王世紀　（晉）皇甫謐撰
魏晉世語　（晉）郭頒撰
東宮舊事　（晉）張敞撰
元嘉起居注
大業拾遺錄　（唐）杜寶撰
建康宮殿簿　（唐）張著撰
山公啓事　（晉）山濤撰
八王故事　（晉）盧綝撰
陸機要覽　（晉）陸機撰
桓譚新論　（漢）桓譚撰
譙周法訓　（三國蜀）譙周撰
裴啓語林　（晉）裴啓撰
虞喜志林　（晉）虞喜撰
魏臺訪議　（三國魏）王肅撰
魏春秋　（晉）孫盛撰
齊春秋　（南朝梁）吳均撰
晉陽秋　（晉）庾翼撰
續晉陽秋　（南朝宋）檀道鸞撰
晉中興書　（南朝宋）何法盛撰
宋拾遺錄　（晉）謝綽撰
會稽典錄　（晉）虞預撰
三國典略　（晉）魚豢撰
建康實錄
三輔決錄　（漢）趙岐撰
鄴中記　（晉）陸翽撰

吳錄　（晉）張勃撰

弓六十
靈憲注　（漢）張衡撰
玉曆通政經
徐整長曆　（三國吳）徐整撰
孫氏瑞應圖　（南朝梁）孫柔之撰
玉符瑞圖　（南朝梁）顧野王撰
地鏡圖
五行記
玄中記
發蒙記　（晉）束皙撰
決疑要注　（晉）摯虞撰
在窮記　（□）孔元舒撰
河東記
雞林志
湘山錄　（宋）釋文瑩撰
九國志　（□）劉旻撰
九域志　（宋）李昉撰
十道志　（唐）李吉甫撰
十三州記　（晉）黃義仲撰
寰宇記　（宋）樂史撰
風土記　（晉）周處撰
神境記　（南朝宋）王韶之撰
三輔黃圖
三輔舊事　（唐）袁郊撰
西都雜記　（唐）韋述撰
太康地記
燉煌新錄　（北魏）劉昞撰
扶南土俗　（三國吳）康泰撰
南宋市肆紀　（宋）周密輯

弓六十一
三秦記
長安志　（宋）宋敏求撰
關中記　（晉）潘岳撰
洛陽記　（晉）陸機撰
梁州記　（南朝齊）劉澄之撰
梁京寺記
宜都記　（晉）袁山松撰

益州記　（晋）任豫撰
荊州記　（南朝宋）盛弘之撰
湘中記　（晋）羅含撰
武陵記　（□）鮑堅撰
漢南記　（□）張瑩撰
沙州記　（南朝宋）段國撰
南雍州記　（南朝宋）王韶之撰
安城記　（□）王孚撰
南康記　（晋）鄧德明撰
潯陽記　（晋）張僧鑒撰
鄱陽記　（南朝齊）劉澄之撰
九江志　（晋）何晏撰
丹陽記　（南朝宋）山謙之撰
會稽記　（晋）孔曄撰
永嘉郡記　（南朝宋）鄭緝之撰
三齊畧記　（晋）伏琛撰
南越志　（晋）沈懷遠撰
廣州記　（晋）顧微撰
廣志　（晋）郭義恭撰
番禺雜記　（唐）鄭熊撰
始興記　（南朝宋）王韶之撰
林邑記
涼州記　（北涼）段龜龍撰
交州記　（晋）劉欣期撰

马六十二
雲南志略　（元）李京撰
遼東志略　（元）戚輔之撰
桂海虞衡志　（宋）范成大撰
岳陽風土記　（宋）范致明撰
眞臘風土記　（元）周達觀撰
陳畱風俗傳　（晋）江微撰
成都古今記　（宋）趙朴撰
臨海水土記
臨海異物志　（三國吳）沈瑩撰

马六十三
吳地記　（唐）陸廣微撰
遊城南注　（宋）張禮撰
北戶錄　（唐）段公路撰

湖山勝槩　（宋）周密撰
約齋燕遊志　（宋）張鎡撰

马六十四
入越記　（宋）呂祖謙撰
吳郡諸山錄　（宋）周必大撰
廬山錄一卷　（宋）周必大撰
廬山後錄一卷　（宋）周必大撰
九華山錄　（宋）周必大撰
金華游錄　（宋）方鳳撰
大嶽志　（明）方升撰

马六十五
來南錄　（唐）李翺撰
入蜀記　（宋）陸游撰
攬轡錄　（宋）范成大撰
驂鸞錄　（宋）范成大撰
吳船錄　（宋）范成大撰
汎舟錄　（宋）周必大撰
乾道庚寅奏事錄　（宋）周必大撰
河源志　（元）潘昂霄撰
于役志　（宋）歐陽修撰
峽程記　（五代）韋莊撰
述異記　（南朝梁）任昉撰

马六十六
佛國記　（晋）釋法顯撰
神異經　（漢）東方朔撰　（晋）張華注
拾遺名山記　題（後秦）王嘉撰
海內十洲記　（漢）東方朔撰
洞天福地記　（前蜀）杜光庭撰
別國洞冥記　（漢）郭憲撰
西京雜記　（晋）葛洪撰
南部烟花記　（唐）馮贄撰

马六十七
睦州古蹟記　（宋）謝翺撰
南海古蹟記　（元）吳萊撰
遊甬東山水古蹟記　（元）吳萊撰
洛陽伽藍記　（北魏）楊衒之撰
寺塔記　（唐）段成式撰

叢書部

益部方物畧記　（宋）宋祁撰
嶺表録異記　（唐）劉恂撰
溪蠻叢笑　（宋）朱輔撰
函潼關要志　（宋）程大昌撰
南宋故都宮殿　（宋）周密輯

马六十八
東京夢華録　（宋）孟元老撰
古杭夢遊録　題（宋）灌園耐得翁撰
錢塘瑣記　（宋）于肇撰
六朝事迹　（宋）張敦頤撰
汴故宮記　（元）楊奐撰
汴都平康記　（宋）張邦基撰
艮嶽記　（宋）張淏撰
洛陽名園記　（宋）李格非撰
吳興園林記　（宋）周密撰
廬山草堂記草堂三謠　（唐）白居易撰
終南十志　（唐）盧鴻撰
平泉山居雜記　（唐）李德裕撰
平泉山居草木記　（唐）李德裕撰

马六十九
歲華紀麗譜　（元）費著撰
荊楚歲時記　（南朝梁）宗懍撰
乾淳歲時記　（宋）周密撰
輦下歲時記
秦中歲時記　（唐）李淖撰
玉燭寶典　（隋）杜臺卿撰
四民月令　（漢）崔寔撰
歲時雜記　（宋）呂原明撰
歲華紀麗　題（唐）韓鄂撰

马七十
晝簾緒論　（宋）胡太初撰
官箴　（宋）呂本中撰
政經　（宋）真德秀撰
忠經　（漢）馬融撰
女孝經　（唐）鄭氏撰
女論語　（唐）宋若昭撰

女誡　（漢）班昭撰
厚德録　（宋）李元綱撰
省心録　（宋）林逋撰

马七十一
涑水家儀　（宋）司馬光撰
顏氏家訓　（北齊）顏之推撰
石林家訓　（宋）葉夢得撰
緒訓　（宋）陸游撰
蘇氏族譜　（宋）蘇洵撰
訓學齋規　（宋）朱熹撰
呂氏鄉約　（宋）呂大忠撰
義莊規矩　（宋）范仲淹撰
世範　（宋）袁采撰
鄭氏家範　（元）鄭太和撰

马七十二
前定録　（唐）鍾輅撰
續前定録　（唐）鍾輅撰
還冤記　（北齊）顏之推撰
報應記　（唐）唐臨撰

马七十三
袪疑說　（宋）儲泳撰
辨惑論　（元）謝應芳撰
善誘文　（宋）陳録撰
樂善録　（宋）李昌齡撰
東谷所見　（宋）李之彥撰

马七十四
山家清供　（宋）林洪撰
山家清事　（宋）林洪撰
忘懷録　（宋）沈括撰
登涉符籙　（晉）葛洪撰
臥游録　（宋）呂祖謙撰
對雨編　（宋）洪邁撰
農家諺　（漢）崔寔撰

马七十五
經鉏堂襍誌　（宋）倪思撰
吳下田家志　（元）陸泳撰
天隱子養生書　（唐）司馬承禎撰
保生要録　（宋）蒲處貫撰

保生月録　（唐）韋行規撰
養生月録　（宋）姜蛻撰
攝生要録　（明）沈仕撰
齊民要術　（北魏）賈思勰撰
林下清録　（明）沈仕撰
蘭亭集　（晋）王羲之等撰
輞川集　（唐）王維　裴迪撰
洛中耆英會　（宋）司馬光等撰
洛中九老會　（唐）白居易等撰

马七十六
錦帶書　（南朝梁）蕭統撰
耕祿藁　（宋）胡錡撰
水族加恩簿　（宋）毛勝撰
禪本草　（宋）釋慧日撰
雜纂續　（宋）王銍撰
雜纂三續　（明）黃允交撰
雜纂二續　（宋）蘇軾撰

马七十七
小名録　（唐）陸龜蒙撰
侍兒小名録　（宋）王銍撰
侍兒小名録　（宋）溫豫撰
侍兒小名録　（宋）洪遂撰
侍兒小名録　（宋）張邦幾撰
釵小志　（唐）朱揆撰
粧樓記　（五代）張泌撰
粧臺記　（唐）宇文士及撰
靚粧録　（唐）溫庭筠撰
髻鬟品　（唐）段成式撰

马七十八
織錦璇璣圖　（前秦）蘇蕙撰
北里志　（唐）孫棨撰
教坊記　（唐）崔令欽撰
青樓集　（元）夏庭芝撰
麗情集　（宋）張君房撰

马七十九
文則　（宋）陳騤撰
文録　（宋）唐庚撰
詩品　（南朝梁）鍾嶸撰

詩式　（唐）釋皎然撰
詩譜　（元）陳繹曾撰
二十四詩品　（唐）司空圖撰
詩談
詩論　（宋）釋普聞撰
詩病五事　（宋）蘇轍撰
杜詩箋　（宋）黃庭堅撰

马八十
風騷旨格　（唐）釋齊己撰
韻語陽秋　（宋）葛立方撰
藝苑雌黃　（宋）嚴有翼撰
譚苑醍醐　（明）楊慎撰
竹林詩評
謝氏詩源
潛溪詩眼　（宋）范溫撰
本事詩　（唐）孟棨撰
續本事詩　（□）聶奉先撰

马八十一
碧溪詩話　（宋）黃徹撰
環溪詩話　（宋）吳沆撰
東坡詩話　（宋）蘇軾撰
西清詩話　（宋）蔡絛撰
艇齋詩話　（宋）曾季貍撰
梅澗詩話　（宋）韋居安撰
後村詩話　（宋）劉克莊撰
漫叟詩話
桐江詩話
蘭莊詩話　（明）閔文振撰
迂齋詩話
金玉詩話　（宋）蔡絛撰
漢皋詩話
陳輔之詩話　（宋）陳輔撰
敖器之詩話　（宋）敖陶孫撰
潘子眞詩話　（宋）潘子真撰
青瑣詩話　（宋）劉斧撰
玄散詩話
玄池說林

马八十二

叢書部

　　六一居士詩話　（宋）歐陽修撰
　　司馬溫公詩話　（宋）司馬光撰
　　劉攽貢父詩話　（宋）劉攽撰
　　後山居士詩話　（宋）陳師道撰
　　許彥周詩話　（宋）許顗撰
　弓八十三
　　滄浪詩話　（宋）嚴羽撰
　　珊瑚鈎詩話　（宋）張表臣撰
　　石林詩話　（宋）葉夢得撰
　　烏臺詩案　（宋）朋九萬撰
　弓八十四
　　庚溪詩話　（宋）陳岩肖撰
　　紫微詩話　（宋）呂本中撰
　　竹坡老人詩話　（宋）周紫芝撰
　　臨漢隱居詩話　（宋）魏泰撰
　　苕溪漁隱叢話　（宋）胡仔撰
　　歲寒堂詩話　（宋）張戒撰
　　娛書堂詩話　（宋）趙與虤撰
　　二老堂詩話　（宋）周必大撰
　　比紅兒詩　（唐）羅虬撰
　　林下詩談　（宋）佚名撰
　　詩話雋永　（元）喻正己撰
　　詩詞餘話　（元）俞焯撰
　　詞品　（元）朱權撰
　　詞旨　（元）陸行直撰
　　四六餘話　（宋）相國道撰
　　月泉吟社　（宋）吳渭輯
　弓八十五
　　佩觿　（五代）郭忠恕撰
　　干祿字書　（唐）顏元孫撰
　　金壺字考　（宋）釋適之撰
　　俗書證誤　（隋）顏愍楚撰
　　字書誤讀　（宋）王雱撰
　　字格　（唐）竇臮撰
　　字林　（晋）呂忱撰
　弓八十六
　　六義圖解　（宋）王應電撰
　　筆勢論畧　（晋）王羲之撰

　　筆陣圖　（晋）衛鑠撰
　　筆髓論　（唐）虞世南撰
　　書法　（唐）歐陽詢撰
　　五十六種書法　（唐）韋續撰
　　九品書　（唐）韋續撰
　　書品優劣　（唐）韋續撰
　　續書品　（唐）韋續撰
　　書評　（唐）韋續撰
　　書評　（南朝梁）袁昂撰
　　論篆　（唐）李陽冰撰
　　冰陽筆訣　（唐）李陽冰撰
　　張長史十二意筆法　（唐）顏真卿撰
　　四體書勢　（晋）衛恒撰
　　法書苑　（宋）周密撰
　　衍極　（元）鄭杓撰
　弓八十七
　　書譜　（唐）孫過庭撰
　　續書譜　（宋）姜夔撰
　　書斷　（唐）張懷瓘撰
　　書品　（南朝梁）庾肩吾撰
　　書評　（南朝梁）武帝蕭衍撰
　　後書品　（唐）李嗣真撰
　　能書錄　（南朝齊）王僧虔撰
　弓八十八
　　書史　（宋）米芾撰
　　海岳名言　（宋）米芾撰
　　翰墨志　（宋）高宗趙構撰
　　思陵書畫記　（宋）周密撰
　　歐公試筆　（宋）歐陽修撰
　弓八十九
　　寶章待訪錄　（宋）米芾撰
　　譜系雜說　（宋）曹士冕撰
　　法帖刊誤　（宋）黃伯思撰
　　法帖刊誤　（宋）陳與義撰
　　集古錄　（宋）歐陽修撰
　弓九十
　　古畫品錄　（南朝齊）謝赫撰

后畫品錄　（南朝陳）姚最撰
續畫品錄　（唐）李嗣真撰
益州名畫錄　（宋）黃休復撰
名畫記　（唐）張彥遠撰
名畫獵精　（唐）張彥遠撰
采畫錄　（唐）馬朗撰
廣畫錄　（□）釋仁顯撰

弓九十一
貞觀公私畫史　（唐）裴孝源撰
林泉高致　（宋）郭熙撰
畫論　（宋）郭若虛撰
紀藝　（宋）郭若虛撰
畫竹譜　（元）李衎撰
畫梅譜　（元）釋仲仁撰
墨竹譜　（元）管道昇撰
畫學秘訣　（唐）王維撰

弓九十二
畫史　（宋）米芾撰
畫品　（宋）李廌撰
畫鑒　（元）湯垕撰
畫論　（元）湯垕撰

弓九十三
茶經　（唐）陸羽撰
茶錄　（宋）蔡襄撰
試茶錄　（宋）宋子安集
大觀茶論　（宋）徽宗趙佶撰
宣和北苑貢茶錄　（宋）熊蕃撰
北苑別錄　（宋）趙汝礪撰
品茶要錄　（宋）黃儒撰
本朝茶法　（宋）沈括撰
煎茶水記　（唐）張又新撰
十六湯品　（唐）蘇廙撰
述煮茶小品　（宋）葉清臣撰
採茶錄　（唐）溫庭筠撰
鬥茶記　（宋）唐庚撰

弓九十四
酒譜　（宋）竇苹撰
續北山酒經　（宋）李保撰

酒經　（宋）蘇軾撰
酒經　（宋）朱肱撰
麴本草　（宋）田錫撰
酒爾雅　（宋）何剡撰
小酒令　（明）田藝蘅撰
安雅堂觥律　（元）曹紹撰
觴政述　（宋）趙與時撰
醉鄉日月　（唐）皇甫松撰
酒名記　（宋）張能臣撰
酒小史　（宋）宋伯仁撰
罰爵典故　（宋）李廌撰
熙寧酒課　（宋）趙珣撰
新豐酒法　（宋）林洪撰
酒乘　（元）韋孟撰
觥記注　（宋）鄭獬撰

弓九十五
食譜　（唐）韋巨源撰
食經　（□）謝諷撰
食珍錄　（南朝宋）虞悰撰
膳夫錄　（唐）鄭望之撰
玉食批　（宋）司膳內人撰
士大夫食時五觀　（宋）黃庭堅撰
糖霜譜　（宋）洪邁撰
中饋錄
刀劍錄　（南朝梁）陶弘景撰
洞天清錄　（宋）趙希鵠撰

弓九十六
硯史　（宋）米芾撰
宣和石譜　（宋）常懋撰
硯譜　（宋）李之彥撰
硯譜　（宋）蘇易簡撰
端溪硯譜　（宋）佚名撰　（宋）葉樾訂
歙州硯譜　（宋）洪适撰
歙硯說　（元）曹紹撰
辨歙石說　（元）曹紹撰
雲林石譜　（宋）杜綰撰
漁陽石譜　（宋）漁陽公撰

叢書部

　　太湖石志　（宋）范成大撰
马九十七
　　吳氏印譜　（宋）吳孟思撰　（宋）
　　　王厚之考
　　學古編　（元）吾丘衍撰
　　傳國璽譜　（宋）鄭文寶撰
　　玉璽譜　（唐）徐令信撰
　　相貝經　（漢）朱仲撰
　　相手板經
　　帶格　（宋）陳世崇撰
　　三器圖義　（宋）程逈撰
　　寶記
　　三代鼎器錄　（唐）吳協撰
　　鼎錄　（南朝梁）虞荔撰
　　錢譜　（宋）董逌撰
马九十八
　　香譜　（宋）洪芻撰
　　名香譜　（宋）葉廷珪撰
　　蜀錦譜　（元）費著撰
　　衛公故物記　（唐）韋端符撰
　　墨經　（宋）晁貫之撰
　　墨記　（宋）何薳撰
　　筆經　（晉）王羲之撰
　　蜀牋譜　（元）費著撰
马九十九
　　古玉圖攷　（元）朱德潤撰
　　文房圖贊　（宋）林洪撰
　　文房圖贊續　（元）羅先登撰
　　燕几圖　（宋）黃伯思撰
马一百
　　琴曲譜錄　（宋）釋居月撰
　　雅琴名錄　（南朝宋）謝莊撰
　　琴聲經緯　（宋）陳暘撰
　　琴箋圖式　（明）陶宗儀撰
　　雜書琴事　（宋）蘇軾撰
　　古琴疏　（宋）虞汝明撰
　　樂府解題　（唐）吳兢撰
　　驃國樂頌　（唐）佚名撰

　　唐樂曲譜　（宋）高似孫撰
　　籟紀　（南朝陳）王叔齋撰
　　嘯旨　（唐）孫廣撰
　　玄眞子漁歌記　（唐）張志和撰
　　觱篥格　（唐）段成式撰
　　柘枝譜　（宋）樂史撰
　　管絃記　（□）凌秀撰
　　樂府雜錄　（唐）段安節撰
　　鼓吹格
马一百一
　　尤射　（三國魏）繆襲撰
　　射經　（唐）王琚撰
　　九射格　（宋）歐陽修撰
　　投壺儀節　（宋）司馬光錄
　　投壺新格　（宋）司馬光撰
　　丸經
　　蹴鞠圖譜　（明）汪雲程撰
　　打馬圖　題（宋）李清照撰
　　譜雙　（宋）洪遵撰
马一百二
　　除紅譜　（元）楊維楨撰
　　醉綠圖　（□）張光撰
　　骰子選格　（唐）房千里撰
　　樗蒲經畧　（宋）程大昌撰
　　五木經　（唐）李翱撰
　　彈棊經　（晉）徐廣撰
　　儒棋格　（三國魏）□肇撰
　　棋手勢　（□）徐泓撰
　　棋品　（南朝梁）沈約撰
　　圍棋義例　（宋）徐鉉撰
　　古局象棋圖　（宋）司馬光撰
　　琵琶錄　（唐）段安節撰
　　藝經　（三國魏）邯鄲淳撰
　　棊訣　（宋）劉仲甫撰
　　棋經　（宋）張擬撰
　　羯鼓錄　（唐）南卓撰
马一百三
　　金漳蘭譜　（宋）趙時庚撰

王氏蘭譜　（宋）王貴學撰
　　菊譜　（宋）范成大撰
　　菊譜　（宋）劉蒙撰
　　菊譜　（宋）史正志撰
　　海棠譜　（宋）陳思撰
　　海棠譜詩　（宋）陳思撰
弓一百四
　　洛陽牡丹記　（宋）歐陽修撰
　　洛陽牡丹記　（宋）周師厚撰
　　陳州牡丹記　（宋）張邦基撰
　　天彭牡丹譜　（宋）陸游撰
　　牡丹榮辱志　（宋）丘璿撰
　　揚州芍藥譜　（宋）王觀撰
　　梅譜　（宋）范成大撰
　　梅品　（宋）張鎡撰
　　花經　（宋）張翊撰
　　花九錫　（唐）羅虬撰
　　園林草木疏　（唐）王方慶撰
　　洛陽花木記　（宋）周師厚撰
　　魏王花木志
　　桂海花木志　（宋）范成大撰
　　楚辭芳草譜　（宋）謝翱撰
　　南方草木狀　（晋）嵇含撰
弓一百五
　　桐譜　（宋）陳翥撰
　　竹譜　（晋）戴凱之撰
　　續竹譜　（元）劉美之撰
　　笋譜　（宋）釋贊寧撰
　　荔枝譜　（宋）蔡襄撰
　　橘錄　（宋）韓彥直撰
　　打棗譜　（元）柳貫撰
弓一百六
　　菌譜　（宋）陳仁玉撰
　　蔬食譜　（宋）陳達叟撰
　　野菜譜　（明）王磐撰
　　茹草紀事　（宋）林洪撰
　　藥譜　（唐）侯寧極撰
　　藥錄　（晋）李當之撰

　　何首烏錄　（唐）李翱撰
　　彰明附子記　（宋）楊天惠撰
　　種樹書　（元）俞宗本撰
弓一百七
　　禽經　（晋）張華注
　　肉攫部　（唐）段成式撰
　　麟書　（宋）汪若海撰
　　蠶經　（明）黃省曾撰
　　蠶書　（宋）秦觀撰
　　養魚經　（春秋）范蠡撰
　　漁具詠　（唐）陸龜蒙撰
　　相鶴經　題（□）浮丘公撰
　　蟹譜　（宋）傅肱撰
　　相牛經
　　蟬史
　　禽獸決錄　（南朝齊）卞彬撰
　　解鳥語經　題（□）和菀撰
弓一百八
　　風后握奇經　（漢）公孫弘解　握
　　　奇經續圖八陣總述　（晋）馬隆
　　　撰
　　筭經　（宋）謝察微撰
　　望氣經　（唐）邵諤撰
　　星經　題（漢）石申撰
　　相雨書　（唐）黃子發撰
　　水衡記
　　峽船誌　（五代）王周撰
　　水經　（漢）桑欽撰
弓一百九
　　太乙經
　　起世經
　　宅經
　　木經　（宋）李誡撰
　　耒耜經　（唐）陸龜蒙撰
　　感應經　（元）陳櫟撰
　　褚氏遺書　（南朝齊）褚澄撰
　　脉經　（晋）王叔和撰
　　子午經

叢書部

玄女房中經　（唐）孫思邈撰
相地骨經
相兒經　（晉）嚴助撰
龜經
卜記　（宋）王宏撰
箕龜論　（宋）陳師道撰
百怪斷經　（宋）俞誨撰
土牛經　（宋）向孟撰
夢書
漏刻經
感應類從志　題（宋）釋贊寧撰
數術記遺　（漢）徐岳撰　（北周）
　甄鸞注

弓一百十
漢雜事秘辛
大業雜記　（唐）杜寶撰
大業拾遺記　（唐）顏師古撰
元氏掖庭記　（明）陶宗儀撰
焚椒錄　（遼）王鼎撰
開河記
迷樓記
海山記

弓一百十一
東方朔傳　（漢）郭憲撰
漢武帝內傳　（漢）班固撰
趙飛燕外傳　題（漢）伶玄撰
飛燕遺事
高力士傳　（唐）郭湜撰
趙后遺事　（宋）秦醇撰
楊太眞外傳　（宋）樂史撰
梅妃傳　（唐）曹鄴撰
長恨歌傳　（唐）陳鴻撰

弓一百十二
綠珠傳　（宋）樂史撰
非煙傳　（唐）皇甫枚撰
謝小娥傳　（唐）李公佐撰
霍小玉傳　（唐）蔣防撰
劉無雙傳　（唐）薛調撰

虬髯客傳　題（唐）張說撰
韓仙傳　（唐）韓若雲撰
神僧傳　（晉）釋法顯撰
劍俠傳

弓一百十三
穆天子傳
鄴侯外傳　（唐）李繁撰
同昌公主傳　（唐）蘇鶚撰
梁四公記　（唐）張說撰
林靈素傳　（宋）趙與時撰
希夷先生傳　（宋）龐覺撰
梁清傳　（南朝宋）劉敬叔撰
李林甫外傳
西王母傳　（漢）桓驎撰
魏夫人傳　（唐）蔡偉撰
汧國夫人傳　（唐）白行簡撰
杜蘭香撰　（晉）曹毗撰
白猿傳
麻姑傳　（晉）葛洪撰
柳毅傳　（唐）李朝威撰
靈鬼志　（唐）荀氏撰
才鬼記　（宋）張君房撰

弓一百十四
太清樓侍宴記　（宋）蔡京撰
延福宮曲宴記　（宋）李邦彥撰
保和殿曲宴記　（宋）蔡京撰
周秦行紀　（唐）牛僧孺撰
東城老父傳　（唐）陳鴻撰
登西臺慟哭記　（宋）謝翺撰
東陽夜怪錄　（唐）王洙撰
記錦裙　（唐）陸龜蒙撰
冥通記　（南朝梁）陶弘景撰
冥音錄　（唐）朱慶餘撰
三夢記　（唐）白行簡撰
古鏡記　（隋）王度撰

弓一百十五
甘澤謠　（唐）袁郊撰
夢遊錄　（唐）任蕃撰

會眞記　（唐）元稹撰
博異志　（唐）鄭還古撰
集異記　（唐）薛用弱撰
續齊諧記　（南朝梁）吳均撰
春夢錄　（元）鄭禧撰
博異志　（唐）鄭還古撰
马一百十六
諾皋記　（唐）段成式撰
金剛經鳩異　（唐）陸勛撰
括異志　題（宋）張師正撰
括異志　（宋）魯應龍撰
马一百十七
異聞實錄　（唐）李玫撰
靈異小錄　（宋）曾忄予撰
異苑　（南朝宋）劉敬叔撰
幽明錄　（南朝宋）劉義慶撰
續幽明錄　（唐）劉孝孫撰
搜神記　（晉）干寶撰
搜神後記　（晉）陶潛撰
稽神錄　（宋）徐鉉撰
聞奇錄　（五代）于逖撰
幽怪錄　（唐）牛僧孺撰
幽怪錄　（唐）王惲撰
續幽怪錄　（唐）李復言撰
窮怪錄
玄怪記　（唐）徐炫撰
續玄怪錄
志怪錄　（唐）陸勛撰
志怪錄　（晉）祖台之撰
吉凶影響錄　（宋）岑象求撰
靈應錄　（唐）傅亮撰
马一百十八
錄異記　（前蜀）杜光庭撰
纂異記　（唐）李玫撰
采異記　（宋）陳達叟撰
乘異記　（宋）張君房撰
廣異記　（唐）戴孚撰
獨異志　（唐）李亢撰

甄異記　（晉）戴祚撰
徂異記　（宋）聶田撰
祥異記
近異錄　（南朝宋）劉質撰
旌異記　（隋）侯白撰
冥祥記　（南朝齊）王琰撰
集靈記　（北齊）顏之推撰
妖化錄　（宋）宣靖撰
睽車志　（宋）郭彖撰
睽車志　（元）歐陽玄撰
鬼國記　（宋）洪邁撰
鬼國續記　（宋）洪邁撰
壠上記　（唐）蘇頲撰
物異考　（宋）方鳳撰
宜驗記
马一百十九
雲仙雜記　（唐）馮贄撰
马一百二十
清異錄　（宋）陶穀撰

善4987
說郛一百二十卷　（明）陶宗儀編
明末刻本
九行二十字小字雙行同白口左右雙
邊　綫裝　一冊
存七種四卷：
马十三
演繁露　（宋）程大昌撰
马五十三
雜劇段數　（宋）周密撰
高宗幸張府節次畧　（宋）周密撰
藝流供奉志　（宋）周密撰
乾淳教坊樂部　（宋）周密撰
马六十
南宋市肆紀　（宋）周密撰
马六十七
南宋故都宮殿　（宋）周密撰

善 4986 乙
說郛續四十六卷 （明）陶珽編 （清）
　李際期重定
　明末刻清順治三年兩浙督學周南李
　　際期宛委山堂印本
　九行二十字小字雙行同白口左右雙
　　邊　綫裝　五十册
　弓一
　　正學編　（明）陳琛撰
　　聖學範圍圖說　（明）岳元聲撰
　　元圖大衍　（明）馬一龍撰
　　周易稽疑　（明）朱睦㮮撰
　　周易會占　（明）程鴻烈撰
　　戊申立春考　（明）邢雲路撰
　　讀史訂疑　（明）王世懋撰
　　書傳正誤　（明）郭孔太撰
　　莊子闕誤　（宋）陳景元撰
　　廣莊　（明）袁宏道撰
　弓二
　　草木子　（明）葉子奇撰
　　豢龍子　（明）董穀撰
　　觀微子　（明）朱袞撰
　　海樵子　（明）王崇慶撰
　　沆瀣子　（明）蔣鐄撰
　　郁離子微　（明）劉基撰
　　潛溪邃言　（明）宋濂撰
　　蘿山雜言　（明）宋濂撰
　　何子雜言　（明）何景明撰
　　華川卮辭　（明）王禕撰
　　青巖叢錄　（明）王禕撰
　　廣成子解　（宋）蘇軾撰
　　空同子　（明）李夢陽撰
　　續志林　（明）王禕撰
　弓三
　　冥影契　（明）董穀撰
　　宵練匣　（明）朱得之撰
　　玄機通　（明）仇俊卿撰
　　求志編　（明）王文禄撰

　　從政錄　（明）薛瑄撰
　　遁徇編　（明）葉秉敬撰
　　海涵萬象錄　（明）黃潤玉撰
　　補衍　（明）王文禄撰
　　機警　（明）王文禄撰
　　筆疇　（明）陳世寶撰
　　古言　（明）鄭曉撰
　　燕書　（明）宋濂撰
　　庸書　（明）崔銑撰
　　松窗寤言　（明）崔銑撰
　　後渠漫記　（明）崔銑撰
　　仰子遺語　（明）胡憲仲撰
　　蒙泉雜言　（明）岳正撰
　　槎菴燕語　（明）來斯行撰
　　容臺隨筆　（明）董其昌撰
　弓四
　　未齋雜言　（明）黎久撰
　　南山素言　（明）潘府撰
　　類博雜言　（明）岳正撰
　　思玄庸言　（明）桑悅撰
　　東田臯言　（明）馬中錫撰
　　侯城雜誡　（明）方孝孺撰
　　西原約言　（明）薛蕙撰
　　凝齋筆語　（明）王鴻儒撰
　　方山紀述　（明）薛應旂撰
　　經世要談　（明）鄭善夫撰
　　儼山纂錄　（明）陸深撰
　　竒子雜言　（明）楊春芳撰
　　拘虛晤言　（明）陳沂撰
　　文昌旅語　（明）王文禄撰
　　雞鳴偶記　（明）蘇濬撰
　　讀書筆記　（明）祝允明撰
　　汲古叢語　（明）陸樹聲撰
　　病榻寤言　（明）陸樹聲撰
　　清暑筆談　（明）陸樹聲撰
　弓五
　　遵聞錄　（明）梁億撰
　　賢識錄　（明）陸釴撰

在田錄　（明）張定撰
逐鹿記　（明）王禕撰
壟起雜事　（明）楊儀撰
龍興慈記　（明）王文祿撰
聖君初政記　（明）沈文撰
一統肇基錄　（明）夏原吉撰
椒宮舊事　（明）王達撰
復辟錄　（明）楊瑄撰
保孤記　（明）楊儀撰
秘錄　（明）李夢陽撰

弓六
明良錄畧　（明）沈士謙撰
明良記　（明）楊儀撰
明臣十節　（明）崔銑撰
造邦賢勳錄畧　（明）王禕撰
備遺錄　（明）張芹撰
致身錄　（明）史仲彬撰
明輔起家考　（明）徐儀世撰
掾曹名臣錄　（明）王鴻儒撰
殉身錄　（明）裘玉撰

弓七
翊運錄　（明）劉基撰
遜國記
革除遺事　（明）黃佐撰
擁絮迂談　（明）朱鷺撰
天順日錄　（明）李賢撰
九朝野記　（明）祝允明撰
玉池談屑
嵩陽雜識
溶溪雜記
郊外農談
冶城客論　（明）陸采撰
西皋雜記
滄江野史
澤山雜記
沂陽日記
海上紀聞
孤樹裒談　（明）李默撰

西墅雜記　（明）楊穆撰

弓八
藩獻記　（明）朱謀㙔撰
琬琰錄　（明）楊廉撰
瑣綴錄　（明）尹直撰
代醉編　（明）張鼎思撰
明興雜記　（明）陳敬則撰
水東記署　（明）葉盛撰
玉壺遐覽　（明）胡應麟撰
良常仙系記　（明）鄒迪光撰
賜遊西苑記　（明）李賢撰
延休堂漫錄
濯纓亭筆記　（明）戴冠撰

弓九
錦衣志　（明）王世貞撰
醫間漫記　（明）賀欽撰
征藩功次　（明）王守仁撰
兵符節制　（明）王守仁撰
十家牌法　（明）王守仁撰
保民訓要　（明）劉宗周撰
制府雜錄　（明）楊一清撰

弓十
備倭事略　（明）歸有光撰
北虜紀略　（明）汪道昆撰
南巡日錄　（明）陸深撰
北還錄　（明）陸深撰
北使錄　（明）李實撰
西征記　（明）宗臣撰
北征記　（明）楊榮撰
北征錄　（明）金幼孜撰
北征後錄　（明）金幼孜撰
北征事跡　（明）袁彬撰
雲中事記　（明）蘇祐撰

弓十一
平夏錄　（明）黃標撰
平夷錄　（明）趙輔撰
平定交南錄　（明）丘濬撰
撫安東夷記　（明）馬文升撰

叢書部

哈密國王記　（明）馬文升撰
滇南慟哭記　（明）王紳撰
渤泥入貢記　（明）宋濂撰
滇載記　（明）楊慎撰
日本寄語　（明）薛俊撰
琉球使畧　（明）陳侃撰
朝鮮紀事　（明）倪謙撰
夷俗記　（明）蕭大亨撰

马十二
否泰錄　（明）劉仲璟撰
遇恩錄　（明）劉仲璟撰
彭公筆記　（明）彭時撰
翦勝野聞　（明）徐禎卿撰
庭聞述略　（明）王文禄撰
今言　（明）鄭曉撰
觚不觚錄　（明）王世貞撰
金臺紀聞　（明）陸深撰
玉堂漫筆　（明）陸深撰

马十三
皇朝盛事　（明）王世貞撰
雙槐歲抄　（明）黃瑜撰
後渠雜識　（明）崔銑撰
古穰雜錄　（明）李賢撰
震澤紀聞　（明）王鏊撰
菽園雜記　（明）陸容撰
莘野纂聞　（明）伍餘福撰
駒陰冗記　（明）闕莊撰
客座新聞　（明）沈周撰
枝山前聞　（明）祝允明撰
尊俎餘功　（明）佚名撰
漱石閒談　（明）王元楨撰
平江記事　（元）高德基撰

马十四
南翁夢錄　（越南）黎澄撰
公餘日錄　（明）湯沐撰
船窗夜讀　（宋）顧文薦撰
中洲野錄　（明）程文憲撰
三餘贅筆　（明）都卬撰

懸笥瑣探　（明）劉昌撰
蘇談　（明）楊循吉撰
吳中故語　（明）楊循吉撰
庚巳編　（明）陸粲撰
續巳編　（明）郎瑛撰
長安客話　（明）蔣一葵撰
快雪堂漫錄　（明）馮夢禎撰
雲夢藥溪談　（明）文翔鳳撰
聞雁齋筆談　（明）張大復撰
鬱岡齋筆塵　（明）王肯堂撰

马十五
胡氏雜說　（明）胡儼撰
劉氏雜志　（明）劉定之撰
丹鉛襍錄　（明）楊慎撰
書肆說鈴　（明）葉秉敬撰
田居乙記　（明）方大鎮撰
碧里雜存　（明）董穀撰
聽雨紀談　（明）都穆撰
宦遊紀聞　（明）張誼撰
意見　（明）陳于陛撰
語言談　（明）張獻翼撰
識小編　（明）周賓所撰
子元案垢　（明）何孟春撰

马十六
西樵野記　（明）侯甸撰
甲乙剩言　（明）胡應麟撰
寒檠膚見　（明）毛元仁撰
語窺今古　（明）洪文科撰
詢蒭錄　（明）陳沂撰
新知錄　（明）劉仕義撰
涉異志　（明）閔文振撰
前定錄補　（明）朱佐撰
維園鉛摘　（明）謝廷讚撰
攬茝微言　（明）顧其志撰
墨池浪語　（明）胡維霖撰
雪濤談叢　（明）江盈科撰
春雨雜述　（明）解縉撰
世說舊注　（南朝梁）劉孝標撰

（明）楊慎輯
　弓十七
　　簷曝偶談　（明）顧元慶撰
　　病逸漫記　（明）陸釴撰
　　蜩笑偶言　（明）鄭瑗撰
　　東谷贅言　（明）敖英撰
　　篷軒別記　（明）楊循吉撰
　　蓬窓續錄　（明）馮時可撰
　　琅琊漫抄　（明）文林撰
　　高坡異纂　（明）楊儀撰
　　水南翰記　（明）李如一撰
　　藜牀瀋餘　（明）陸瀽原撰
　　巳瘧編　（明）劉玉記
　　夢餘錄　（明）唐錦撰
　　祐山雜說　（明）馮汝弼撰
　　投甕隨筆　（明）姜南撰
　　江漢叢談　（明）陳士元撰
　　洗硯新錄　（明）姜南撰
　　丑莊日記　（明）姜南撰
　　輟築記　（明）姜南撰
　　霏雪錄　（明）孟熙撰
　弓十八
　　雙溪雜記　（明）王瓊撰
　　二酉委譚　（明）王世懋撰
　　窺天外乘　（明）王世懋撰
　　百可漫志　（明）陳鼐撰
　　近峰聞略　（明）皇甫錄撰
　　近峯記畧　（明）皇甫錄撰
　　寓圃雜記　（明）王錡撰
　　青溪暇筆　（明）姚福撰
　　方洲雜錄　（明）張寧撰
　　遼邸記聞　（明）錢希言撰
　　宛委餘編　（明）王世貞撰
　　谿山餘話　（明）陸深撰
　　委巷叢談　（明）田汝成撰
　　無用閒談　（明）孫緒撰
　弓十九
　　逌游瑣言　（明）蘇祐撰

　井觀瑣言　（明）鄭瑗撰
　林泉隨筆　（明）張綸撰
　摧蓬寱語　（明）李豫亨撰
　讕言長語　（明）曹安撰
　震澤長語　（明）王鏊撰
　桑榆漫志　（明）陶輔撰
　延州筆記　（明）唐覲撰
　戒菴漫筆　（明）李詡撰
　暖姝由筆　（明）徐充撰
　農田餘話　（明）長谷真逸撰
　雨航雜錄　（明）馮時可撰
　大寶辱語　（明）姜南撰
　抱璞簡記　（明）姜南撰
　菊坡叢語　（明）單宇撰
　玄亭涉筆　（明）王志遠撰
　野航史話　（明）茅元儀撰
　西峰淡話　（明）茅元儀撰
弓二十
　寶櫝記　（明）滑惟善撰
　脚氣集　（明）車若水撰
　望崖錄　（明）王世懋撰
　燕閒錄　（明）陸深撰
　閩中今古錄　（明）黃溥撰
　綠雪亭雜言　（明）敖英撰
　春風堂隨筆　（明）陸深撰
　雲蕉舘紀談　（明）孔邇撰
　兼葭堂雜抄　（明）陸楫撰
　鳳凰臺記事　（明）馬生龍撰
　願豐堂漫書　（明）陸深撰
　天爵堂筆餘　（明）薛崗撰
　壁疏　（明）凌登名撰
　譚輅　（明）張鳳翼撰
　戲瑕　（明）錢希言撰
　麈餘　（明）謝肇淛撰
　談剩　（明）胡江撰
弓二十一
　雲林遺事　（明）顧元慶撰
　比事摘錄　（明）佚名撰

叢書部

墐戶錄　（明）楊慎撰
蜻蛚𩩲筆　（明）楊慎撰
病榻手欥　（明）楊慎撰
枕譚　（明）陳繼儒撰
羣碎錄　（明）陳繼儒撰
記事珠　（唐）馮贄撰
俗呼小錄　（明）李翊撰
名公像記　（明）顧起元撰
傷逝記　（明）顧起元撰
弓二十二
　景仰撮書　（明）王達撰
　仰山脞錄　（明）閔文振撰
　吳風錄　（明）黃省曾撰
　見聞紀訓　（明）陳良謨撰
　先進遺風　（明）耿定向撰
　畜德錄　（明）陳沂撰
　新倩籍　（明）徐禎卿撰
　吳中往哲記　（明）楊循吉撰
　國寶新編　（明）顧璘撰
　金石契　（明）祝肇撰
　西州合譜　（明）張鴻磐撰
弓二十三
　兒世說　（明）趙瑜撰
　香案牘　（明）陳繼儒撰
　女俠傳　（明）鄒之麟撰
　貧士傳　（明）黃姬水撰
弓二十四
　客越志　（明）王穉登撰
　雨航紀　（明）王穉登撰
　明月篇　（明）王穉登撰
　荊溪疏　（明）王穉登撰
　閩部疏　（明）王世懋撰
　入蜀紀見　（明）郝郊撰
　黃山行六頌　（明）吳士權撰
弓二十五
　瀛涯勝覽　（明）馬歡撰
　海槎餘錄　（明）顧岕撰
　蜀都雜抄　（明）陸深撰

吳中勝記　（明）華鑰撰
泉南雜志　（明）陳懋仁撰
南陸志　（明）崔銑撰
貴陽山泉志　（明）慎蒙撰
金陵冬遊記畧　（明）羅洪先撰
豫章漫抄　（明）陸深撰
雲南山川志　（明）楊慎撰
弓二十六
　廬陽客記　（明）楊循吉撰
　居山雜志　（明）楊循吉撰
　武夷游記　（明）吳拭撰
　太湖泉志　（明）潘之恒撰
　篷櫳夜話　（明）李日華撰
　半塘小志　（明）潘之恒撰
　諸寺奇物記　（明）顧起元撰
　西干十寺記　（明）謝廷瓚撰
　西浮籍　（明）錢希言撰
　楚小志　（明）錢希言撰
　朔雪北征記　（明）屠隆撰
　烏蠻瀧夜談記　（明）董傳策撰
　邊堠紀行　（元）張德輝撰
　滇行紀畧　（明）馮時可撰
　銀山鐵壁謾談　（明）李元陽撰
　游台宕路程　（明）陶望齡撰
　榕城隨筆　（明）凌登名撰
　西吳枝乘　（明）謝肇淛撰
　禮白嶽紀　（明）李日華撰
弓二十七
　居家制用　（元）陸梳山撰
　清齋位置　（明）文震亨撰
　甿采清課　（明）費元禄撰
　巖棲幽事　（明）陳繼儒撰
　林水錄　（明）彭年撰
　山棲志　（明）慎蒙撰
　玉壺水　（明）都穆撰
弓二十八
　帝城景物畧　（明）劉侗　于奕正撰

熙朝樂事　（明）田汝成撰
賞心樂事　（宋）張鑑撰
吳社編　（明）王穉登撰
武陵競渡畧　（明）楊嗣昌編
清閑供　（明）程羽文撰
林下盟　（明）沈仕撰
田家曆　（明）程羽文撰
古今諺　（明）楊慎輯
畫舫約　（清）汪汝謙撰
南陔六舟記　（明）潘之恒撰
宛林二水評　（明）潘之恒撰

弓二十九
明經會約　（明）林希恩撰
讀書社約　（明）丁奇遇撰
林間社約　（明）馮時可撰
勝蓮社約　（明）虞淳熙撰
紅雲社約　（明）徐𤊳撰
紅雲續約　（明）謝肇淛撰
浣俗約　（明）李日華撰
運泉約　（明）李日華撰
霞外雜俎　（明）杜巽才撰
韋弦佩　（明）屠本畯撰
禪門本草補　（明）袁中道撰
蘇氏家語　（明）蘇士潛撰
韻史　（明）陳梁撰

弓三十
陰符經解　（明）湯顯祖撰
胎息經疏　（明）王文禄撰
析骨分經　（明）寧一玉撰
醫先　（明）王文禄撰
堊度　（明）王文禄撰
農說　（明）馬一龍撰
友論　（意大利）利瑪竇集
田家五行　（明）婁元禮撰
居家宜忌　（明）瞿佑撰
放生辯惑　（明）陶望齡撰

弓三十一
長者言　（明）陳繼儒撰

清言　（明）屠隆撰
續清言　（明）屠隆撰
歸有園塵談　（明）徐學謨撰
木几冗談　（明）彭汝讓撰
偶譚　（明）李鼎撰
玉笑零音　（明）田藝蘅撰
寓林清言　（明）黃汝亨撰
狂言紀畧　（明）黃汝亨撰

弓三十二
切韻射標　（明）李世澤撰
發音錄　（明）張位撰
讀書十六觀　（明）陳繼儒撰
文章九命　（明）王世貞撰
歌學譜　（明）林希恩撰
三百篇聲譜　（明）張蔚然撰
陽關三疊圖譜　（明）田藝蘅撰

弓三十三
談藝錄　（明）徐禎卿撰
秋圃撷餘　（明）王世懋撰
詩文浪談　（明）林希恩撰
歸田詩話　（明）瞿佑撰
南濠詩話　（明）都穆撰
蓉塘詩話　（明）姜南撰
虛谷詩話　（元）方回撰
麓堂詩話　（明）李東陽撰
敬君詩話　（明）葉秉敬撰
蜀中詩話　（明）曹學佺撰
升菴辭品　（明）楊慎撰
夷白齋詩話　（明）顧元慶撰
娛書堂詩話　（宋）趙與虤撰
存餘堂詩話　（明）朱承爵撰

弓三十四
千里面譚　（明）楊慎撰
閒書杜律　（明）楊慎撰
墨池璅錄　（明）楊慎撰
詩家直說　（明）謝榛撰
香宇詩談　（明）田藝蘅撰
西園詩麈　（明）張蔚然撰

叢書部

雪濤詩評　（明）江盈科撰
閨秀詩評　（明）江盈科撰
詩談　（明）徐泰撰
樂府指迷　（宋）張炎撰

弓三十五
書畫史　（明）陳繼儒撰
書畫金湯　（明）陳繼儒撰
論畫瑣言　（明）董其昌撰
丹青志　（明）王穉登撰
繪妙　（明）茅一相撰
畫塵　（明）沈顥撰
畫說　（明）莫是龍撰
畫禪　（明）釋蓮儒撰
竹派　（明）釋蓮儒撰

弓三十六
射經　（明）李呈芬撰
鄉射直節　（明）何景明撰
名劍記　（明）李承勛撰
玉名詁　（明）楊慎撰
古奇器錄　（明）陸深撰
紙箋譜　（元）鮮于樞撰
牋譜銘　（明）屠隆撰
十友圖贊　（明）顧元慶撰
古今印史　（明）徐官撰
硯譜　（明）沈仕撰

弓三十七
水品　（明）徐獻忠撰
煮泉小品　（明）田藝蘅撰
茶譜　（明）顧元慶撰
茶錄　（明）馮時可撰
茶疏　（明）許次紓撰
茶箋　（明）聞龍撰
茶解　（明）羅廩撰
羅岕茶記　（明）熊明遇撰
茶寮記　（明）陸樹聲撰
煎茶七類　（明）徐渭撰
焚香七要　（明）朱權撰

弓三十八

觴政　（明）袁宏道撰
小酒令　（明）田藝蘅撰
文字飲　（明）屠本畯撰
醉鄉律令　（明）田藝蘅撰
弈問　（明）王世貞撰
弈旦評　（明）馮元仲撰
弈律　（明）王思任撰
詩牌譜　（明）王良樞輯
宣和牌譜　（明）瞿佑撰
壺矢銘　（明）袁九齡撰
朝京打馬格　（明）文翔鳳撰
彩選百官鐸

弓三十九
穎譜　（明）郜樵叟撰
六博譜　（明）潘之恒撰
兼三圖　（明）屠幽叟撰
數錢葉譜　（明）汪道昆撰
楚騷品　（明）汪道昆撰
嘉賓心令　（明）巢玉庵撰
葉子譜　（明）潘之恒撰
續葉子譜　（明）潘之恒撰
運掌經　（明）黎遂球撰
牌經十三篇　（明）馮夢龍撰
胏陣譜　（明）袁福徵撰

弓四十
瓶史　（明）袁宏道撰
缾花譜　（明）張丑撰
缾史月表　（明）屠本畯撰
花曆　（明）程羽文撰
花小名　（明）程羽文撰
學圃雜疏　（明）王世懋撰
　果疏
　花疏
　瓜蔬疏
菊圃同春　（明）夏旦撰
募種兩堤桃柳議　（明）聞啓祥撰
草花譜　（明）高濂撰
亳州牡丹表　（明）薛鳳翔撰

511

牡丹八書　（明）薛鳳翔撰
弓四十一
　　荔支譜　（明）徐𤊹撰
　　荔支譜　（明）宋珏撰
　　荔支譜　（明）曹蕃撰
　　荔支譜　（明）鄧慶寀撰
　　記荔枝　（明）吳載鼇撰
　　廣菌譜　（明）潘之恒撰
　　種芋法　（明）黃省曾撰
　　野菜箋　（明）屠本畯撰
　　野蔌品　（明）高濂撰
弓四十二
　　蓳經　（明）蔣德璟撰
　　獸經　（明）黃省曾撰
　　虎苑　（明）王穉登撰
　　名馬記　（明）李翰撰
　　促織志　（明）劉侗撰
　　促織志　（明）袁宏道撰
　　海味索隱　（明）屠本畯撰
　　魚品　（明）顧起元撰
弓四十三
　　冥寥子游　（明）屠隆撰
　　廣寒殿記　（明）宣宗朱瞻基撰
　　洞簫記　（明）陸粲撰
　　周顛仙人傳　（明）太祖朱元璋撰
　　一瓢道士傳　（明）袁中道撰
　　醉叟傳　（明）袁宏道撰
　　拙效傳　（明）袁宏道撰
　　李公子傳　（明）陳繼儒撰
　　楊幽妍別傳　（明）陳繼儒撰
　　阿寄傳　（明）田汝成撰
　　義虎傳　（明）祝允明撰
　　蓺茶夢記　（元）楊維楨撰
　　西玄青鳥記　（明）茅元儀撰
弓四十四
　　女紅餘志　（元）龍輔撰
　　燕都妓品　（明）曹大章撰
　　蓮臺仙會品　（明）曹大章撰
　　廣陵女士殿最　（明）曹大章撰
　　秦淮士女表　（明）曹大章撰
　　曲中志　（明）潘之恒撰
　　金陵妓品　（明）潘之恒撰
　　秦淮劇品　（明）潘之恒撰
　　曲豔品　（明）潘之恒撰
　　後豔品　（明）潘之恒撰
　　續豔品　（明）潘之恒撰
　　劇評　（明）潘之恒撰
弓四十五
　　艾子後語　（明）陸灼撰
　　雪濤小說　（明）江盈科撰
　　應諧錄　（明）劉元卿撰
　　笑禪錄　（明）潘游龍撰
　　談言　（明）江盈科撰
　　權子　（明）耿定向撰
　　雜纂三續　（明）黃允交撰
弓四十六
　　猥談　（明）祝允明撰
　　異林　（明）徐禎卿撰
　　語怪　（明）祝允明撰
　　幽怪錄　（明）田汝成撰

善4988
說郛續四十六卷　（明）陶珽編　（清）李際期重定
清順治三年兩浙督學周南李際期宛委山堂印本
九行二十字小字雙行同白口左右雙邊　綫裝　一冊
存九種一卷：
　弓十二
　　否泰錄　（明）劉定之撰
　　遇恩錄　（明）劉仲璟撰
　　彭公筆記　（明）彭時撰
　　剪勝野聞　（明）徐禎卿撰
　　庭聞述略　（明）王文祿撰
　　今言　（明）鄭曉撰

叢書部

　　　觚不觚錄　　（明）王世貞撰
　　　金臺紀聞　　（明）陸深撰
　　　玉堂漫筆　　（明）陸深撰

善 4989
五朝小說
　　明末刻說郛及說郛續重編印本
　　九行二十字小字雙行同白口左右雙
　　　邊　毛裝　九册
　　存九十六種九十六卷：
　　　後渠漫記一卷　（明）崔銑撰
　　　懸笥瑣探一卷　（明）劉昌撰
　　　南翁夢錄一卷　（越南）黎澄撰
　　　碧里雜存一卷　（明）董穀撰
　　　田居乙記一卷　（明）方大鎮撰
　　　西樵野記一卷　（明）侯甸撰
　　　二酉委譚一卷　（明）王世懋撰
　　　三餘贅筆一卷　（明）都卬撰
　　　聽雨紀談一卷　（明）都穆撰
　　　劉氏雜志一卷　（明）劉定之撰
　　　推蓬寤語一卷　（明）李豫亨撰
　　　寒檠膚見一卷　（明）毛元仁撰
　　　書肆說鈴一卷　（明）葉秉敬撰
　　　語窺今古一卷　（明）洪文科撰
　　　新知錄一卷　（明）劉仕義撰
　　　庚巳編一卷　（明）陸燦撰
　　　續巳編一卷　（明）郎瑛撰
　　　涉異志一卷　（明）閔文振撰
　　　蘇談一卷　（明）楊循吉撰
　　　意見一卷　（明）陳于陛撰
　　　遇恩錄一卷　（明）劉定之撰
　　　天順日錄一卷　（明）李賢撰
　　　今言一卷　（明）鄭曉撰
　　　彭公筆記一卷　（明）彭時撰
　　　琅琊漫抄一卷　（明）文林撰
　　　震澤紀聞一卷　（明）王鏊撰
　　　震澤長語一卷　（明）王鏊撰
　　　病逸漫記一卷　（明）陸釴撰
　　　高坡異纂一卷　（明）楊儀撰
　　　豫章漫抄一卷　（明）陸深撰
　　　篷軒別記一卷　（明）楊循吉撰
　　　蓬窓續錄一卷　（明）馮時可撰
　　　青巖叢錄一卷　（明）王褘撰
　　　東谷贅言一卷　（明）敖英撰
　　　閒中今古錄一卷　（明）黃溥撰
　　　春風堂隨筆一卷　（明）陸深撰
　　　簪曝偶談一卷　（明）顧元慶撰
　　　雨航雜錄一卷　（明）馮時可撰
　　　農田餘話一卷　（明）長谷真逸撰
　　　水南翰記一卷　（明）李如一撰
　　　毘采清課一卷　（明）費元祿撰
　　　吳風錄一卷　（明）黃省曾撰
　　　篷櫳夜話一卷　（明）李日華撰
　　　寶櫝記一卷　（明）滑惟善撰
　　　腳氣集一卷　（明）車若水撰
　　　寓圃雜記一卷　（明）王錡撰
　　　青溪暇筆一卷　（明）姚福撰
　　　翦勝野聞一卷　（明）徐禎卿撰
　　　谿山餘話一卷　（明）陸深撰
　　　吳中故語一卷　（明）楊循吉撰
　　　清暑筆談一卷　（明）陸樹聲撰
　　　甲乙剩言一卷　（明）胡應麟撰
　　　百可漫志一卷　（明）陳鼎撰
　　　見聞紀訓一卷　（明）陳良謨撰
　　　先進遺風一卷　（明）耿定向撰
　　　擁絮迂談一卷　（明）朱鷺撰
　　　遼邸記聞一卷　（明）錢希言撰
　　　女俠傳一卷　（明）鄒之麟撰
　　　西征記一卷　（晉）戴祚撰
　　　醫閒漫記一卷　（明）賀欽撰
　　　義虎傳一卷　（明）祝允明撰
　　　琉球使畧一卷　（明）陳侃撰
　　　雲中事記一卷　（明）蘇祐撰
　　　南巡日錄一卷　（明）陸深撰
　　　朝鮮紀事一卷　（明）倪謙撰
　　　平定交南錄一卷　（明）丘濬撰

雲林遺事一卷　（明）顧元慶撰
國寶新編一卷　（明）顧璘撰
仰山脞錄一卷　（明）閔文振撰
新倩籍一卷　（明）徐禎卿撰
綠雪亭雜言一卷　（明）敖英撰
雲夢藥溪談一卷　（明）文翔鳳撰
蒹葭堂雜抄一卷　（明）陸楫撰
快雪堂漫錄一卷　（明）馮夢禎撰
天爵堂筆餘一卷　（明）薛崗撰
遒徇編一卷　（明）葉秉敬撰
雪濤談叢一卷　（明）江盈科撰
委巷叢談一卷　（明）田汝成撰
前定錄補一卷　（明）朱佐撰
譚輅一卷　（明）張鳳翼撰
戲瑕一卷　（明）錢希言撰
語怪一卷　（明）祝允明撰
異林一卷　（明）徐禎卿撰
西州合譜一卷　（明）張鴻磐撰
海味索隱一卷　（明）屠本畯撰
笑禪錄一卷　（明）潘游龍撰
雜纂三續一卷　（明）黃允交撰
洞簫記一卷　（明）陸粲撰
廣寒殿記一卷　（明）宣宗朱瞻基撰
周顛仙人傳一卷　（明）太祖朱元璋撰
李公子傳一卷　（明）陳繼儒撰
阿寄傳一卷　（明）田汝成撰
識小編一卷　（明）周賓所撰
續志林一卷　（明）王褘撰
觚不觚錄一卷　（明）王世貞撰
吳中故語一卷　（明）楊循吉撰

善 0783
漢唐三傳十四卷　（明）黃魯曾輯
　明嘉靖三十一至三十二年黃魯曾刻本
　十二行二十字小字雙行同白口左右雙邊　綫裝　二冊
　存一種八卷：
　　劉向古列女傳七卷　（漢）劉向撰　（明）黃魯曾贊　續一卷　明嘉靖三十一年刻本

善 2989
漢唐三傳十四卷　（明）黃魯曾輯
　明嘉靖三十一至三十二年黃魯曾刻本
　十二行二十字小字雙行同白口左右雙邊　綫裝　一冊
　存一種一卷：
　　列仙傳二卷　題（漢）劉向撰　（明）黃省曾贊　續仙傳一卷　（唐）沈汾撰　（明）黃省曾贊（存一卷：續仙傳）

善 2570
重訂欣賞編五十三種　（明）沈津編　（明）茅一相續編
　明刻本
　八行十二字白口四周單邊　綫裝　一冊
　存一種一卷：
　　文房圖贊一卷　（宋）林洪撰

善 4991
陽山顧氏文房小說四十種五十八卷　（明）顧元慶編
　明正德、嘉靖顧元慶刻本
　十行十八字白口左右雙邊　綫裝　一冊
　存四種七卷：
　　古今注二卷　（晉）崔豹撰
　　隋唐嘉話三卷　（唐）劉餗撰
　　周秦行紀一卷　（唐）韋瓘撰
　　南岳魏夫人傳一卷

叢書部

善4796、善4848
顧氏明朝四十家小說四十種四十三卷
（明）顧元慶編
明嘉靖十八至二十年顧氏大石山房刻本
十行十八字白口左右雙邊　毛裝　一冊
存三種三卷：
　七人聯句詩記一卷　（明）楊循吉撰
　金石契一卷　（明）祝肇撰
　太湖新錄一卷　（明）徐禎卿等撰

善4990
顧氏明朝四十家小說四十種四十三卷
（明）顧元慶編
明嘉靖十八至二十年顧氏大石山房刻本
十行十八字白口左右雙邊　綫裝　九冊
存十三種十五卷：
　稗史集傳一卷　（元）徐顯撰
　西征記一卷　（宋）盧襄撰
　避戎夜話二卷　（宋）石茂良撰
　雲林遺事一卷附錄一卷　（明）顧元慶撰
　翦勝野聞一卷　（明）徐禎卿撰
　今雨瑤華一卷　（明）岳岱撰
　簷曝偶談一卷　（明）顧元慶撰
　大石山房十友譜一卷　（明）顧元慶撰
　懸笥瑣探一卷　（明）劉昌撰
　青溪暇筆一卷　（明）姚福撰
　景仰撮書一卷　（明）王達撰
　寶櫝記一卷
　太湖新錄一卷　（明）徐禎卿等撰

善0580

范氏奇書□□種□□卷　（明）范欽編
明范氏天一閣刻本　佚名批
九行十八字小字雙行同白口左右雙邊　金鑲玉　二冊
存一種二卷：
　竹書紀年二卷　題（南朝梁）沈約注

善0581
范氏奇書□□種□□卷　（明）范欽編
明范氏天一閣刻本
九行十八字小字雙行同白口左右雙邊　綫裝　二冊
存一種二卷：
　竹書紀年二卷　題（南朝梁）沈約注

善2266
范氏奇書□□種□□卷　（明）范欽編
明范氏天一閣刻本
九行十八字小字雙行同白口左右雙邊　散葉　一冊
存一種一卷：
　廣成子解一卷　題（宋）蘇軾撰

善5037
范氏奇書□□種□□卷　（明）范欽編
明范氏天一閣刻本
九行十八字小字雙行同白口左右雙邊　包背裝　十九冊
存二十一種六十三卷：
　乾坤鑿度二卷
　周易乾鑿度二卷　（漢）鄭玄注
　周易古占法二卷　（宋）程迥輯
　周易略例一卷　（三國魏）王弼撰　（唐）邢璹注
　周易舉正三卷　（唐）郭京撰
　京氏易傳三卷　（漢）京房撰　（三國吳）陸績注

關氏易傳一卷　（北魏）關朗撰
　（唐）趙蕤注
麻衣道者正易心法一卷
穆天子傳六卷　（晉）郭璞注
孔子集語二卷
論語筆解二卷　（唐）韓愈　李翱撰
郭子翼莊一卷　（明）高凳輯
廣成子解一卷　題(宋)蘇軾撰
三墳一卷
商子五卷
素履子三卷　（唐）張弧撰
竹書紀年二卷　題(南朝梁)沈約注
潛虛一卷　（宋）司馬光撰
虎鈐經二十卷　（宋）許洞撰
兩同書二卷　（唐）羅隱撰
新語二卷　（漢）陸賈撰

善 5038、善 2825
范氏奇書□□種□□卷　（明）范欽編
　明范氏天一閣刻本
　九行十八字小字雙行同白口左右雙
　　邊　包背裝　八冊
　存七種二十四卷：
　　周易古占法二卷　（宋）程迥輯
　　周易舉正三卷　（唐）郭京撰
　　京氏易傳三卷　（漢）京房撰
　　關氏易傳一卷　（北魏）關朗撰
　　　（唐）趙蕤注
　　穆天子傳六卷　（晉）郭璞注
　　竹書紀年二卷　題(南朝梁)沈約注
　　元包經傳五卷　（北周）衛元嵩撰
　　　（唐）蘇源明注　（唐）李江注　元
　　包數總義二卷　（宋）張行成撰

善 4992
古今說海一百三十五種一百四十二卷
　（明）陸楫編

明嘉靖二十三年陸楫儼山書院雲山
　書院刻本
八行十六字小字雙行同白口左右雙
　邊　綫裝　二十冊
說選部
　小錄家
　　北征錄一卷　（明）金幼孜撰
　　北征後錄一卷　（明）金幼孜撰
　　北征記一卷　（明）楊榮撰
　偏記家
　　平夏錄一卷　（明）黃標撰
　　江南別錄一卷　（宋）陳彭年撰
　　三楚新錄三卷　（宋）周羽翀撰
　　溪蠻叢笑一卷　（宋）朱輔撰
　　遼志一卷　（宋）葉隆禮撰
　　金志一卷　（宋）宇文懋昭撰
　　蒙韃備錄一卷　（宋）孟珙撰
　　北邊備對一卷　（宋）程大昌撰
　　桂海虞衡志一卷　（宋）范成大
　　　撰
　　真臘風土記一卷　（元）周達觀
　　　撰
　　北戶錄一卷　（唐）段公路撰
　　西使記一卷　（元）劉郁撰
　　北轅錄一卷　（宋）周煇撰
　　滇載記一卷　（明）楊慎撰
　　星槎勝覽四卷　（明）費信撰
說淵部
　別傳家
　　靈應傳一卷
　　洛神傳一卷　（唐）薛瑩撰
　　夢遊錄一卷　（唐）任蕃撰
　　吳保安傳一卷　（唐）牛肅撰
　　崑崙奴傳一卷　（唐）楊巨源撰
　　鄭德璘傳一卷　（唐）薛瑩撰
　　李章武傳一卷　（唐）李景亮撰
　　韋自東傳一卷
　　趙合傳一卷

杜子春傳一卷　（唐）鄭還古撰
裴仙先別傳一卷
震澤龍女傳一卷　（唐）薛瑩撰
袁氏傳一卷　（五代）顧敻撰
少室仙姝傳一卷
李林甫外傳一卷
遼陽海神傳一卷　（明）蔡羽撰
虯蜉傳一卷
甘棠靈會錄一卷
顏濬傳一卷
張無頗傳一卷
板橋記一卷
鄴侯外傳一卷　（唐）李繁撰
洛京獵記一卷
玉壺記一卷
姚生傳一卷
唐晅手記一卷　（唐）唐晅撰
獨孤穆傳一卷
王恭伯傳一卷
中山狼傳一卷　（宋）謝良撰
崔煒傳一卷
陸顒傳一卷
潤玉傳一卷
李衛公別傳一卷
齊推女傳一卷
魚服記一卷
聶隱娘傳一卷　（唐）鄭文寶撰
袁天綱外傳一卷
曾季衡傳一卷
蔣子文傳一卷　（唐）羅鄴撰
張遵言傳一卷
侯元傳一卷
同昌公主外傳一卷　（唐）蘇鶚撰
睦仁蒨傳一卷　（唐）陳鴻撰
韋鮑二生傳一卷
張令傳一卷
李清傳一卷

薛昭傳一卷
王賈傳一卷
烏將軍記一卷　（唐）王惲撰
寶玉傳一卷
柳參軍傳一卷
人虎傳一卷　（唐）李景亮撰
馬自然傳一卷
寶應錄一卷
白蛇記一卷
巴西侯傳一卷
柳歸舜傳一卷
求心錄一卷
知命錄一卷
山莊夜恠錄一卷
五眞記一卷
小金傳一卷
林靈素傳一卷　（宋）趙與時撰
海陵三仙傳一卷

說略部
　雜記家
　　默記一卷　（宋）王銍撰
　　宣政雜錄一卷　（宋）江萬里撰
　　靖康朝野僉言一卷
　　朝野遺紀一卷
　　墨客揮犀一卷　（宋）彭乘撰
　　續墨客揮犀一卷　（宋）彭乘撰
　　三水小牘一卷　（宋）皇甫枚撰
　　談藪一卷　（宋）龐元英撰
　　清尊錄一卷　（宋）廉布撰
　　睽車志一卷　（宋）郭彖撰
　　話腴一卷　（宋）陳郁撰
　　聞見雜錄一卷　（宋）蘇舜欽撰
　　山房隨筆一卷　（元）蔣子正撰
　　諧史一卷　（宋）沈俶撰
　　鐵圍山叢談一卷　（宋）蔡絛撰
　　孔氏雜說一卷　（宋）孔平仲撰
　　瀟湘錄一卷　（唐）李隱撰
　　昨夢錄一卷　（宋）康譽之撰

三朝野史一卷　（元）吳萊撰
　　朝野僉載一卷　（唐）張鷟撰
　　古杭雜記一卷　（元）李有撰
　　蒙齋筆談一卷　（宋）鄭景璧撰
　　文昌雜錄一卷　（宋）龐元英撰
　　就日錄一卷　（宋）趙□撰
　　碧湖雜記一卷　（宋）謝枋得撰
　　錢氏私誌一卷　（宋）錢愐撰
　　遂昌山樵雜錄一卷　（元）鄭元
　　　祐撰
　　高齋漫錄一卷　（宋）曾慥纂
　　桐陰舊話一卷　（宋）韓元吉撰
　　霏雪錄一卷　（明）劉績撰
　　東園友聞一卷
　　捫掌錄一卷　（元）元懷撰
　說纂部
　　逸事家
　　　漢武故事一卷　（漢）班固撰
　　　艮嶽記一卷　（宋）張淏撰
　　　青溪寇軌一卷　（宋）方勺撰
　　　煬帝海山記一卷　（唐）韓偓撰
　　　煬帝迷樓記一卷　（唐）韓偓撰
　　　煬帝開河記一卷　（唐）韓偓撰
　　散錄家
　　　江行雜錄一卷　（宋）廖瑩中撰
　　　行營雜錄一卷　（宋）趙葵撰
　　　避暑漫抄一卷　（宋）陸游撰
　　　養痾漫筆一卷　（宋）趙溍撰
　　　虛谷閒抄一卷　（元）方回撰
　　　蓼花洲閒錄一卷　（宋）高文虎
　　　　撰
　　雜纂家
　　　教坊記一卷　（唐）崔令欽撰
　　　樂府雜錄一卷　（唐）段安節撰
　　　孫內翰北里誌一卷　（唐）孫棨
　　　　撰
　　　青樓集一卷　（元）夏庭芝輯
　　　雜纂三卷　（唐）李商隱輯

　　　（宋）王君玉　蘇軾續
　　　損齋備忘錄一卷　（明）梅純撰
　　　復辟錄一卷　（明）楊暄撰
　　　靖難功臣錄一卷　（明）朱當㴐
　　　　撰
　　　備遺錄一卷　（明）張芹撰

善4993
古今說海一百三十五種一百四十二卷
（明）陸楫編
明嘉靖二十三年陸楫儼山書院雲山
　書院刻本
八行十六字小字雙行同白口左右雙
　邊　綫裝　十三冊
存一百十種一百十四卷：
　說選部
　　偏記家
　　　真臘風土記一卷　（元）周達觀
　　　　撰
　　　三楚新錄三卷　（宋）周羽翀編
　　　溪蠻叢笑一卷　（宋）朱輔撰
　說淵部
　　別傳家
　　　靈應傳一卷
　　　洛神傳一卷　（唐）薛瑩撰
　　　夢遊錄一卷　（唐）任蕃撰
　　　吳保安傳一卷　（唐）牛肅撰
　　　崑崙奴傳一卷　（唐）楊巨源撰
　　　鄭德璘傳一卷　（唐）薛瑩撰
　　　李章武傳一卷　（唐）李景亮撰
　　　韋自東傳一卷
　　　趙合傳一卷
　　　杜子春傳一卷　（唐）鄭還古撰
　　　蚍蜉傳一卷
　　　甘棠靈會錄一卷
　　　顏濬傳一卷
　　　張無頗傳一卷
　　　板橋記一卷

叢書部

鄴侯外傳一卷　（唐）李繁撰
洛京獵記一卷
玉壺記一卷
姚生傳一卷
唐晅手記一卷　（唐）唐晅撰
獨孤穆傳一卷
王恭伯傳一卷
中山狼傳一卷　（宋）謝良撰
崔煒傳一卷
陸顒傳一卷
潤玉傳一卷
李衛公別傳一卷
齊推女傳一卷
魚服記一卷
聶隱娘傳一卷　（唐）鄭文寶撰
袁天綱外傳一卷
曾季衡傳一卷
蔣子文傳一卷　（唐）羅鄴撰
張遵言傳一卷
侯元傳一卷
同昌公主外傳一卷　（唐）蘇鶚撰
睦仁蒨傳一卷　（唐）陳鴻撰
韋鮑二生傳一卷
張令傳一卷
李清傳一卷
薛昭傳一卷
王賈傳一卷
烏將軍記一卷　（唐）王惲撰
竇玉傳一卷
柳參軍傳一卷
人虎傳一卷　（唐）李景亮撰
馬自然傳一卷
寶應錄一卷
白蛇記一卷
巴西侯傳一卷
柳歸舜傳一卷
求心錄一卷

知命錄一卷
説略部
　雜記家
　　默記一卷　（宋）王銍撰
　　宣政雜錄一卷　（宋）江萬里撰
　　靖康朝野僉言一卷
　　朝野遺紀一卷
　　墨客揮犀一卷　（宋）彭乘撰
　　續墨客揮犀一卷　（宋）彭乘撰
　　三水小牘一卷　（宋）皇甫枚撰
　　談藪一卷　（宋）龐元英撰
　　清尊錄一卷　（宋）廉布撰
　　睽車志一卷　（宋）郭彖撰
　　話腴一卷　（宋）陳郁撰
　　滇載記一卷　（明）楊慎撰
　　聞見雜錄一卷　（宋）蘇舜欽撰
　　山房隨筆一卷　（元）蔣子正撰
　　鐵圍山叢談一卷　（宋）蔡絛撰
　　孔氏雜說一卷　（宋）孔平仲撰
　　瀟湘錄一卷　（唐）李隱撰
　　諧史一卷　（宋）沈俶撰
　　昨夢錄一卷　（宋）康譽之撰
　　三朝野史一卷　（元）吳萊撰
　　朝野僉載一卷　（唐）張鷟撰
　　古杭雜記一卷　（元）李有撰
　　蒙齋筆談一卷　（宋）鄭景璧撰
　　文昌雜錄一卷　（宋）龐元英撰
　　就日錄一卷
　　碧湖雜記一卷　（宋）謝枋得撰
　　錢氏私誌一卷　（宋）錢愐撰
　　遂昌山樵雜錄一卷　（元）鄭元祐撰
　　高齋漫錄一卷　（宋）曾慥撰
　　桐陰舊話一卷　（宋）韓元吉撰
　　霏雪錄一卷　（明）劉績撰
　　東園友聞一卷
　　拊掌錄一卷　（元）元懷撰
説纂部

逸事家
　　　漢武故事一卷　（漢）班固撰
　　　艮嶽記一卷　（宋）張淏撰
　　　青溪寇軌一卷　（宋）方勺撰
　　　煬帝海山記一卷　（唐）韓偓撰
　　　煬帝迷樓記一卷　（唐）韓偓撰
　　　煬帝開河記一卷　（唐）韓偓撰
　　散錄家
　　　江行雜錄一卷　（宋）廖瑩中撰
　　　錄
　　　行營雜錄一卷　（宋）趙葵撰
　　　避暑漫抄一卷　（宋）陸游撰
　　　養痾漫筆一卷　（宋）趙溍撰
　　　虛谷閒抄一卷　（元）方回撰
　　　蓼花洲閒錄一卷　（宋）高文虎
　　　　撰
　　雜纂家
　　　教坊記一卷　（唐）崔令欽撰
　　　樂府雜錄一卷　（唐）段安節撰
　　　孫內翰北里誌一卷　（唐）孫棨
　　　　撰
　　　青樓集一卷　（元）夏庭芝撰
　　　雜纂三卷　（唐）李商隱撰
　　　　（宋）王君玉　蘇軾續
　　　損齋備忘錄一卷　（明）梅純撰
　　　復辟錄一卷　（明）楊暄撰
　　　靖難功臣錄一卷
　　　備遺錄一卷　（明）張芹編

善4994

古今說海一百三十五種一百四十二卷
（明）陸楫編
明嘉靖二十三年陸楫儼山書院雲山
　書院刻本
八行十六字小字雙行同白口左右雙
　邊　綫裝　十三冊
存三十五種三十五卷：
　說選部

　　小錄家
　　　北征記一卷　（明）楊榮撰
　　　北征後錄一卷　（明）金幼孜撰
　　　北征錄一卷　（明）金幼孜撰
　說淵部
　　別傳家
　　　崑崙奴傳一卷
　　　震澤龍女傳一卷　（唐）薛瑩撰
　　　袁氏傳一卷　（五代）顧夐撰
　　　少室仙姝傳一卷
　　　李林甫外傳一卷
　　　遼陽海神傳一卷　（明）蔡羽撰
　　　蚍蜉傳一卷
　　　王恭伯傳一卷
　　　袁天綱外傳一卷
　說略部
　　雜記家
　　　諧史一卷　（宋）沈俶撰
　　　昨夢錄一卷　（宋）康譽之撰
　　　三朝野史一卷
　　　碧湖雜記一卷
　　　錢氏私誌一卷　（宋）錢愐撰
　　　遂昌山樵雜錄一卷　（元）鄭元
　　　　祐撰
　　　高齋漫錄一卷　（宋）曾慥撰
　　　桐陰舊話一卷　（宋）韓元吉撰
　　　霏雪錄一卷　（明）劉績撰
　　　東園友聞一卷
　　　捫掌錄一卷　（元）元懷撰
　說纂部
　　逸事家
　　　漢武故事一卷　（漢）班固撰
　　　艮嶽記一卷　題（宋）張淏撰
　　　青溪寇軌一卷　（宋）方勺撰
　　散錄家
　　　避暑漫抄一卷　（宋）陸游撰
　　　養痾漫筆一卷　（宋）趙溍撰
　　　虛谷閒抄一卷　（元）方回撰

叢書部

　　　蓼花洲閒錄一卷　（宋）高文虎
　　　　撰
　　雜纂家
　　　教坊記一卷　（唐）崔令欽撰
　　　孫內翰北里誌一卷　（唐）孫棨
　　　　撰
　　　青樓集一卷　（元）夏庭芝撰
　　　復辟錄一卷　（明）楊瑄撰
　　　靖難功臣錄一卷

善5000
金聲玉振集五十一種六十二卷　（明）
　袁褧編
　明嘉靖二十九至三十年袁氏嘉趣堂
　　刊本
　十行十八字白口左右雙邊　綫裝
　　十八冊
　存三十七種四十一卷：
　　帝王紀年纂要一卷　（元）察罕撰
　　周顛仙傳一卷　（明）太祖朱元璋撰
　　平漢錄一卷　（明）童承叙撰
　　天潢玉牒一卷
　　雲南機務抄黃一卷　（明）張紞撰
　　皇明平吳錄一卷　（明）吳寬撰
　　平蜀記一卷
　　北平錄一卷
　　蘇材小纂一卷　（明）祝允明撰
　　蒙泉類博稿一卷　（明）岳正撰
　　北征事蹟一卷　（明）袁彬撰
　　奉天刑賞錄一卷　（明）袁褧撰
　　洪武聖政記一卷　（明）宋濂撰
　　國初禮賢錄一卷
　　國初事蹟一卷　（明）劉辰撰
　　水東日記一卷　（明）葉盛撰
　　寓圃雜記一卷　（明）王錡撰
　　平胡錄一卷　（明）陸深撰
　　震澤紀聞一卷　（明）王鏊撰
　　海道經一卷附錄一卷

　　問水集一卷　（明）劉天和撰
　　呂梁洪志一卷　（明）馮世雍撰
　　六詔紀聞二卷　（明）彭汝實撰
　　馬端肅公三記　（明）馬文升撰
　　　西征石城記一卷
　　　撫安東夷記一卷
　　　興復哈密記一卷
　　北虜事蹟一卷　（明）王瓊撰
　　三吳水利論一卷　（明）伍餘福撰
　　讀書筆記一卷　（明）祝允明撰
　　薛公讀書錄一卷　（明）薛瑄撰
　　空同子一卷　（明）李夢陽撰
　　大復論一卷　（明）何景明撰
　　浮物一卷　（明）祝允明撰
　　易大象說一卷　（明）崔銑撰
　　小爾雅一卷　（漢）孔鮒撰
　　松窗寤言一卷　（明）崔銑撰
　　太藪外史一卷　（明）蔡羽撰
　　居敬堂集一卷　（明）朱厚熜撰
　　國寶新編一卷　（明）顧璘撰

善4996
今獻彙言三十九種三十九卷　（明）高
　鳴鳳編
　明刻本
　十行二十一字小字雙行同白口四周
　　單邊　綫裝　四冊
　存二十二種二十二卷：
　　蘿山雜言一卷　（明）宋濂撰
　　蒙泉雜言一卷
　　未齋雜言一卷　（明）黎久撰
　　南山素言一卷　（明）潘府撰
　　松窗寤言一卷　（明）崔銑撰
　　井觀瑣言一卷　（明）鄭瑗撰
　　青溪暇筆一卷　（明）姚福撰
　　桑榆漫志一卷　（明）陶輔撰
　　林泉隨筆一卷　（明）張綸撰
　　春雨堂隨筆一卷　（明）陸深撰

平吳錄一卷　（明）吳寬撰
　　平胡錄一卷　（明）陸深撰
　　北平錄一卷
　　平定交南錄一卷　（明）丘濬撰
　　撫安東夷記一卷　（明）馬文升撰
　　西征石城記一卷　（明）馬文升撰
　　興復哈密記一卷　（明）馬文升撰
　　平夷錄一卷　（明）趙輔撰
　　東征紀行錄一卷　（明）張瓚撰
　　江海殲渠記一卷　（明）祝允明撰
　　醫閭漫記一卷　（明）賀欽撰
　　平夏錄一卷　（明）黃標撰

善0748
今獻彙言三十九種三十九卷　（明）高
　鳴鳳編
　明刻本
　十行二十一字小字雙行同白口四周
　　單邊　毛裝　一冊
　存七種七卷：
　　撫安東夷記一卷　（明）馬文升撰
　　西征石城記一卷　（明）馬文升撰
　　興復哈密記一卷　（明）馬文升撰
　　平夷錄一卷　（明）趙輔撰
　　東征紀行錄一卷
　　江海殲渠記一卷　（明）祝允明撰
　　醫閭漫記一卷　（明）賀欽撰

善2670
今獻彙言三十九種三十九卷　（明）高
　鳴鳳編
　明刻本
　十行二十三字小字雙行同白口四周
　　單邊　綫裝　二冊
　存一種一卷：
　　菽園雜記一卷　（明）陸容撰

善4995
今獻彙言八集二十五種二十五卷　（明）
　高鳴鳳編
　明刻本
　十行二十三字小字雙行同白口四周
　　單邊　綫裝　七冊
　存七集二十二種二十二卷：
　　集之一
　　　賢識錄一卷　（明）陸釴撰
　　　遵聞錄一卷　（明）梁億撰
　　　平夏錄一卷　（明）黃標撰
　　　否泰錄一卷　（明）劉定之撰
　　集之二
　　　北狩事跡一卷　（明）楊銘撰
　　　可齋雜記一卷　（明）彭時撰
　　　守溪長語一卷　（明）王鏊撰
　　　雙溪雜記一卷　（明）王瓊撰
　　集之三
　　　損齋備忘錄一卷　（明）梅純撰
　　　琅琊漫抄一卷　（明）文林撰
　　　懸笥瑣探一卷　（明）劉昌撰
　　　聽雨紀談一卷　（明）都穆撰
　　　蘇談一卷　（明）楊循吉撰
　　　簷曝偶談一卷　（明）顧元慶撰
　　集之四
　　　謇齋瑣綴錄一卷　（明）尹直撰
　　集之五
　　　菽園雜記一卷　（明）陸容撰
　　集之七
　　　青溪暇筆一卷　（明）姚福撰
　　　石田雜記一卷　（明）沈周撰
　　　庚巳編一卷　（明）陸粲撰
　　集之八
　　　林泉隨筆一卷　（明）張綸撰
　　　綠雪亭雜言一卷　（明）敖英撰
　　　竹下寱言一卷　（明）王文祿撰

善5003

叢書部

小十三經十三種十六卷　（明）顧起經編
　明嘉靖衹洹館刻本
　十行十八字小字雙行同白口左右雙邊　綫裝　一冊
　存四種四卷：
　　青烏先生葬經一卷　（金）兀欽仄注
　　墨經一卷　（宋）晁貫之撰
　　耒耜經一卷　（唐）陸龜蒙撰
　　五木經一卷　（唐）李翱撰　（唐）元革注

善1382

文林綺繡五種五十九卷　（明）凌迪知編
　明萬曆四至五年凌氏桂枝館刻本
　八行十七字小字雙行同白口左右雙邊　綫裝　三冊
　存一種七卷：
　　左國腴詞八卷　（明）凌迪知輯（存七卷：二至八）

善3080

文林綺繡五種五十九卷　（明）凌迪知編
　明萬曆四至五年吳興凌氏桂芝館刻本
　八行十七字小字雙行同白口左右雙邊　綫裝　二十七冊
　存四種四十三卷：
　　左國腴詞八卷　（明）凌迪知輯
　　太史華句八卷　（明）凌迪知輯
　　楚騷綺語六卷　（明）張之象輯
　　文選錦字錄二十一卷　（明）凌迪知輯

善2133

兩京遺編十二種七十三卷　（明）胡維新編
　明萬曆十年原一魁刻本
　九行十七字白口四周雙邊　綫裝　五冊
　存一種十卷：
　　賈子十卷　（漢）賈誼撰

善5001

紀錄彙編一百二十三種二百二十四卷　（明）沈節甫編
　明萬曆四十五年陽羨陳于廷刻本
　十行二十字白口四周單邊　綫裝　二十六冊
　存五十九種一百三十六卷：
　　御製皇陵碑一卷　（明）太祖朱元璋撰
　　御製西征記一卷　（明）太祖朱元璋撰
　　御製平西蜀文一卷　（明）太祖朱元璋撰
　　御製孝慈錄一卷　（明）太祖朱元璋撰
　　北平錄一卷
　　平漢錄一卷　（明）童承敘撰
　　平蜀記一卷
　　平夏錄一卷　（明）黃標撰
　　前北征錄一卷　（明）金幼孜撰
　　後北征錄一卷　（明）金幼孜撰
　　北征記一卷
　　西征石城記一卷　（明）馬文升撰
　　撫安東夷記一卷　（明）馬文升撰
　　興復哈密國王記一卷　（明）馬文升撰
　　平夷賦一卷　（明）趙輔撰
　　平蠻錄一卷　（明）王軾撰
　　西征日錄一卷　（明）楊一清撰

制府雜錄一卷　（明）楊一清撰
雲中事記一卷　（明）蘇祐撰
張司馬定浙二亂志一卷　（明）王世貞撰
雲南機務鈔黃一卷　（明）張紞輯
滇載記一卷　（明）楊慎撰
炎徼紀聞四卷　（明）田汝成撰
鴻猷錄十六卷　（明）高岱撰
治世餘聞上篇四卷下篇四卷　（明）箬陂撰
繼世紀聞六卷　（明）箬陂撰
續吳先賢讚十五卷　（明）劉鳳撰
明詩評一卷　（明）王世貞撰
吳郡二科志一卷　（明）閻秀卿撰
新倩籍一卷　（明）徐禎卿撰
翦勝野聞一卷　（明）徐禎卿撰
玉堂漫筆摘鈔一卷　（明）陸深撰
金臺紀聞摘鈔一卷　（明）陸深撰
停驂錄摘鈔一卷　（明）陸深撰
續停驂錄摘鈔一卷　（明）陸深撰
科場條貫一卷　（明）陸深撰
水東日記摘鈔七卷　（明）葉盛撰
今言四卷　（明）鄭曉撰
鳳洲雜編六卷　（明）王世貞撰
四友齋叢說摘抄七卷　（明）何良俊撰
菽園雜記摘鈔七卷　（明）陸容撰
留青日札摘鈔四卷　（明）田藝蘅撰
百可漫志一卷　（明）陳鼎撰
懸笥瑣探摘鈔一卷　（明）劉昌撰
蘇談一卷　（明）楊循吉撰
病逸漫記一卷　（明）陸釴撰
前聞記一卷　（明）祝允明撰
寓圃雜記一卷　（明）王錡撰
兼葭堂雜著摘抄一卷　（明）陸楫撰
窺天外乘一卷　（明）王世懋撰
二酉委譚摘錄一卷　（明）王世懋撰
閩部疏一卷　（明）王世懋撰

江西輿地圖說一卷　（明）趙秉忠撰
饒南九三府圖說一卷　（明）王世懋撰
志怪錄一卷　（明）祝允明撰
涉異志一卷　（明）閔文振撰
奇聞類紀摘抄四卷　（明）施顯卿撰
見聞紀訓二卷　（明）陳良謨撰
新知錄摘抄一卷　（明）劉仕義撰

馮善0795

紀錄彙編一百二十三種二百二十四卷　（明）沈節甫編
　明萬曆四十五年陽羨陳于廷刻本
　十行二十字白口四周單邊　綫裝　二冊
　存十一種十二卷：
　　前北征錄一卷　（明）金幼孜撰
　　後北征錄一卷　（明）金幼孜撰
　　北征記一卷
　　西征石城記一卷　（明）馬文升撰
　　撫安東夷記一卷　（明）馬文升撰
　　興復哈密國王記一卷　（明）馬文升撰
　　平番始末二卷　（明）許進撰
　　瀛涯勝覽一卷　（明）馬歡撰
　　瀛涯勝覽集一卷　（明）張昇撰
　　奉使安南水程日記一卷　（明）黃福撰
　　朝鮮紀事一卷　（明）倪謙撰

善0760

歷代小史一百六種一百六卷　（明）李栻編
　明萬曆十二年趙氏刻本
　十一行二十六字白口四周雙邊　綫裝　二十冊
　存一百五種一百五卷：一、三至一百五

叢書部

路史一卷　（宋）羅泌撰
西京雜記一卷　題(晉)葛洪撰
漢武故事一卷　題(漢)班固撰
世說新語一卷　（南朝宋）劉義慶撰
大業雜記一卷　（唐）杜寶撰
煬帝海山記一卷
煬帝開河記一卷
煬帝迷樓記一卷
隋遺錄一卷　（唐）顏師古撰
隋唐嘉話一卷　（唐）劉餗撰
唐語林一卷　（宋）王讜撰
翰林志一卷　（唐）李肇撰
松窗雜錄一卷　（唐）李濬撰
次柳氏舊聞一卷　（唐）李德裕撰
朝野僉載一卷　題(唐)張鷟撰
卓異記一卷　（唐）李翱撰
開天傳信記一卷　（唐）鄭棨撰
開元天寶遺事一卷　（五代）王仁裕撰
江行雜錄一卷　（宋）廖瑩中撰
中朝故事一卷　（南唐）尉遲偓撰
龍城錄一卷　題(唐)柳宗元撰
避暑漫抄一卷　（宋）陸游撰
幽閑鼓吹一卷　（唐）張固撰
北夢瑣言一卷　（宋）孫光憲撰
杜陽雜編一卷　（唐）蘇鶚撰
集異記一卷　（唐）薛用弱撰
鄴侯外傳一卷　（唐）李蘩撰
三楚新錄一卷　（宋）周羽翀撰
江南別錄一卷　（宋）陳彭年撰
默記一卷　（宋）王銍撰
蜀檮杌一卷　（宋）張唐英撰
燕翼貽謀錄一卷　（宋）王栐撰
孫公談圃一卷　（宋）孫升述　（宋）劉延世撰
聞見雜錄一卷　（宋）蘇舜欽撰
行營雜錄一卷　（宋）趙葵撰
鐵圍山叢談一卷　（宋）蔡絛撰

高齋漫錄一卷　（宋）曾慥撰
談淵一卷　（宋）王陶撰
春明退朝錄一卷　（宋）宋敏求撰
玉堂雜記一卷　（宋）周必大撰
錢氏私誌一卷　（宋）錢愐撰
桐陰舊話一卷　（宋）韓元吉撰
揮麈錄一卷　（宋）楊萬里撰
王氏揮麈錄一卷　（宋）王明清撰
晉公談錄一卷
王文正筆錄一卷　（宋）王曾撰
貴耳集一卷　（宋）張端義撰
古杭雜記一卷　（元）李有撰
國老談苑一卷　（宋）王君玉撰
清夜錄一卷　（宋）俞文豹撰
宣政雜錄一卷　（宋）江萬里撰
艮嶽記一卷　（宋）張淏撰
閒燕常談一卷　（宋）董弅撰
退齋筆錄一卷　（宋）侯延慶撰
避戎嘉話一卷　（宋）石茂良撰
朝野僉言一卷
朝野遺記一卷
白獺髓一卷　（宋）張仲文撰
齊東埜語一卷　（宋）周密撰
桯史一卷　（宋）岳珂撰
遼志一卷　（宋）葉隆禮撰
金志一卷　（宋）宇文懋昭撰
松漠記聞一卷　（宋）洪皓撰
北轅錄一卷　（宋）周煇撰
蒙韃備錄　（宋）孟珙撰
北邊備對一卷　（宋）程大昌撰
西使記一卷　（元）劉郁撰
自警篇一卷　（宋）趙善璙撰
厚德錄一卷　（宋）李元綱撰
韓忠獻遺事一卷　（宋）強至撰
王文正遺事一卷　（宋）王素撰
萊公遺事一卷
南村輟耕錄一卷　（明）陶宗儀撰
遂昌山樵雜錄一卷　（元）鄭元祐撰

東園友聞一卷
廣客談一卷
稗史集傳一卷　（元）徐顯撰
翦勝野聞一卷　（明）徐禎卿撰
野記一卷　（明）祝允明撰
平夏錄一卷　（明）黃標撰
青溪暇筆一卷　（明）姚福撰
琅琊漫抄一卷　（明）文林撰
病逸漫記一卷　（明）陸釴撰
震澤紀聞一卷　（明）王鏊撰
皇明紀畧一卷　（明）皇甫錄撰
北征錄一卷　（明）金幼孜撰
北征記一卷　（明）楊榮撰
西征石城記一卷　（明）馬文升撰
興復哈密記一卷　（明）馬文升撰
復辟錄一卷　（明）楊瑄撰
可齋雜記一卷　（明）彭時撰
否泰錄一卷　（明）劉定之撰
謇齋瑣綴錄一卷　（明）尹直撰
古穰雜錄一卷　（明）李賢撰
兩湖塵談錄一卷　（明）許浩撰
復齋日記一卷　（明）許浩撰
繼世紀聞一卷　（明）陳洪謨撰
江海殲渠記一卷　（明）祝允明撰
損齋備忘錄一卷　（明）梅純撰
靖難功臣錄一卷　（明）朱當㴐撰
備遺錄一卷　（明）張芹撰
星槎勝覽一卷　（明）費信撰
真臘風土記一卷　（元）周達觀撰
炎徼紀聞一卷　（明）田汝成撰
滇載記一卷　（明）楊慎撰

善0685

三代遺書六種二十八卷　（明）趙標輯
明萬曆二十二年趙氏刻本
八行十八字小字雙行同白口四周雙
　邊　綫裝　四冊
存一種十卷：

汲冢周書十卷　（晉）孔晁注

善5002

夷門廣牘一百七種一百六十五卷　（明）
周履靖編
明萬曆二十五年金陵荊山書林刻本
孫家淮跋
九行十八字白口四周單邊　綫裝
　三十九冊
存八十八種一百三十三卷：
藝苑
　文章緣起一卷　題（南朝梁）任昉
　　撰
　釋名一卷　（漢）劉熙撰
　詩品一卷　（南朝梁）鍾嶸撰
　文錄一卷　題（宋）唐庚撰
　談藝錄一卷　（明）徐禎卿撰
　嘯旨一卷
　廣易千文一卷　（明）周履靖撰
博雅
　異域志二卷　（元）周致中撰
　溪蠻叢笑一卷　（宋）朱輔撰
　格古要論三卷　（明）曹昭撰
　羣物奇制一卷　（明）周履靖撰
　墨經一卷　（宋）晁貫之撰
尊生
　胎息經一卷　題幻真先生注
　天隱子一卷
　赤鳳髓三卷　（明）周履靖撰
　脩真演義一卷　（明）鄧希賢撰
　純陽演正孚佑帝君既濟真經一卷
　　（明）鄧希賢箋注
　唐宋衛生歌一卷　（明）周履靖輯
　益齡單一卷　（明）周履靖輯
　怪疴單一卷　（元）朱震亨撰
書法
　法書通釋二卷　（明）張紳撰
　干祿字書一卷　（唐）顏元孫撰

叢書部

學古編二卷附錄一卷　（元）吾丘衍撰

畫藪

　淇園肖影二卷　（明）周履靖撰
　羅浮幻質一卷　（明）周履靖撰
　九畹遺容一卷　（明）周履靖撰
　春谷嚶翔一卷　（明）周履靖撰
　繪林題識一卷　（明）汪顯節輯

食品

　山家清供二卷　（宋）林洪撰
　茹草編四卷　（明）周履靖撰
　茶品要錄一卷　（宋）黃儒撰
　茶寮記一卷附一卷　（明）陸樹聲撰
　湯品一卷
　易牙遺意二卷　（明）韓奕撰

娛志

　綠綺新聲三卷　（明）徐時琪撰
　玉局鉤玄一卷　（明）項世芳撰
　投壺儀節一卷　（明）汪禔撰
　馬戲圖譜一卷　題（宋）李清照撰
　五木經一卷　（唐）李翱撰　（唐）元革注
　詩牌譜一卷　（明）王良樞撰　（明）周履靖校續
　丸經二卷　（元）佚名撰
　姆陣篇一卷　（明）袁福徵撰

雜占

　黃帝授三子玄女經一卷
　黃帝宅經二卷
　葬經一卷　（金）兀欽仄注
　探春歷記一卷　題（漢）東方朔撰
　四字經一卷　題（唐）釋德行撰
　土牛經一卷　（宋）向孟撰
　天文占驗一卷
　占驗錄一卷　（明）周履靖輯
　黃石公望空四字數一卷
　質龜論一卷

禽獸

　禽經一卷　（晋）張華注
　獸經一卷　（明）黃省曾撰　（明）周履靖增
　魚經一卷　（明）黃省曾撰
　蠶書一卷　（宋）秦觀撰
　促織經二卷　（宋）賈似道撰　（明）周履靖續增

草木

　種樹書三卷
　農桑撮要一卷　（元）魯明善撰
　蘭譜奧法一卷
　梅品一卷　（宋）張鎡撰
　菊譜二卷　（明）黃省曾撰
　耒耜經一卷　（唐）陸龜蒙撰
　理生玉鏡稻品一卷　（明）黃省曾撰
　芋經一卷　（明）黃省曾撰

招隱

　逸民傳二卷　（明）皇甫涍撰　（明）劉鳳補遺
　香案牘一卷　（明）陳繼儒撰
　列仙傳一卷　題（漢）劉向撰
　神仙傳一卷　（晋）葛洪撰
　續神仙傳一卷　（南唐）沈汾撰
　梅墟先生別錄二卷　（明）李日華鄭琰撰
　梅塢貽瓊六卷　（明）汪顯節輯

閑適

　五柳賡歌四卷　（晋）陶潛撰　（明）周履靖和
　中峯禪師梅花百詠一卷　（元）釋明本撰
　羣仙降乩語一卷　（明）周履靖輯
　閒雲稿四卷　（明）周履靖撰
　野人清嘯二卷　（明）周履靖撰
　燎松吟一卷　（明）周履靖撰
　鴛湖唱和稿一卷　（明）周履靖撰

山家語一卷　（明）周履靖撰
　　泛泖吟一卷　（明）周履靖撰
　　毛公壇倡和詩一卷　（明）周履靖
　　　撰
　　香奩詩草二卷　（明）桑貞白撰
　　鶴月瑤笙四卷　（明）周履靖撰
　觴詠
　　青蓮觴詠二卷　（唐）李白撰
　　　（明）周履靖和
　　香山酒頌二卷　（唐）白居易撰
　　　（明）周履靖和
　　唐宋元明酒詞二卷　（明）周履靖
　　　輯
　　狂夫酒語二卷　（明）周履靖撰

善 2569
夷門廣牘一百七種一百六十五卷　（明）
　周履靖編
　明萬曆二十五年金陵荊山書林刻本
　九行十八字白口四周單邊　金鑲玉
　　四冊
　存一種四卷：
　　茹草編四卷　（明）周履靖撰

善 3000
夷門廣牘一百七種一百六十五卷　（明）
　周履靖編
　明萬曆二十五年金陵荊山書林刻本
　九行十八字白口四周單邊　金鑲玉
　　一冊
　存二種二卷：
　　玉函秘典一卷　（明）周履靖校
　　金笥玄玄一卷　（明）周履靖校

善 0731
稗海四十六種二百八十五卷　（明）商
　濬編

　明萬曆商氏半埜堂刻本
　九行二十字小字雙行同白口四周單
　　邊　毛裝　一冊
　存一種二卷：
　　蘇黃門龍川別志二卷　（宋）蘇轍撰

善 2739、善 5016
稗海四十六種二百八十五卷　（明）商
　濬編
　明萬曆商氏半埜堂刻本
　九行二十字小字雙行同白口四周單
　　邊　綫裝　四冊
　存六種十七卷：
　　雲溪友議十二卷　（唐）范攄撰
　　閑窗括異志一卷　（宋）魯應龍撰
　　侍兒小名錄拾遺一卷　（宋）張邦幾
　　　撰
　　補侍兒小名錄一卷　（宋）王銍撰
　　續補侍兒小名錄一卷　（宋）溫豫撰
　　遂昌雜錄一卷　（元）鄭元祐撰

馮善 3310
稗海四十八種二百八十八卷續二十二
種一百六十一卷　（明）商濬編
　明萬曆商氏半埜堂刻清康熙振鷺堂
　　重編補刻本
　九行二十字小字雙行同白口四周單
　　邊　綫裝　一百五冊
　存六十四種四百一十三卷：
　　第一函
　　　西京雜記六卷　題（晉）葛洪撰
　　　王子年拾遺記十卷　題（後秦）王
　　　　嘉撰
　　　搜神記八卷　題（晉）干寶撰
　　　述異記二卷　題（南朝梁）任昉撰
　　　續博物志十卷　題（宋）李石撰
　　　摭言一卷　（五代）王定保撰

叢書部

小名錄二卷　（唐）陸龜蒙撰
雲溪友議十二卷　（唐）范攄撰
獨異志三卷　（唐）李冗撰
第二函
　杜陽雜編三卷　（唐）蘇鶚撰
　東觀奏記三卷　（唐）裴庭裕撰
　大唐新語十三卷　（唐）劉肅撰
　因話錄六卷　（唐）趙璘撰
　玉泉子一卷
　北夢瑣言二十卷　（宋）孫光憲撰
第三函
　樂善錄二卷　（宋）李昌齡撰
　蠡海集一卷　（明）王逵撰
　泊宅編三卷　（宋）方勺撰
　閑窗括異志一卷　（宋）魯應龍撰
　搜采異聞錄五卷　（宋）永亨撰
　東軒筆錄十五卷　（宋）魏泰撰
　青箱雜記十卷　（宋）吳處厚撰
　蒙齋筆談二卷　（宋）葉夢得撰
　畫墁錄一卷　（宋）張舜民撰
第四函
　游宦紀聞十卷　（宋）張世南撰
　夢溪筆談二十六卷補筆談一卷　（宋）沈括撰
　學齋佔畢纂一卷　（宋）史繩祖撰
　儲華谷袪疑說纂一卷　（宋）儲泳撰
　墨莊漫錄十卷　（宋）張邦基撰
　侍兒小名錄拾遺一卷　（宋）張邦幾撰
第五函
　嬾真子五卷　（宋）馬永卿撰
　歸田錄二卷　（宋）歐陽修撰
　東坡先生志林十二卷　（宋）蘇軾撰
　蘇黃門龍川別志二卷　（宋）蘇轍撰
　澠水燕談錄十卷　（宋）王闢之撰

冷齋夜話十卷　（宋）釋惠洪撰
老學庵筆記十卷　（宋）陸游撰
第六函
　雲麓漫抄四卷　（宋）趙彥衛撰
　石林燕語十卷　（宋）葉夢得撰
　避暑錄話二卷　（宋）葉夢得撰
　清波雜志三卷　（宋）周煇撰
　墨客揮犀十卷　（宋）彭乘撰
　異聞總錄四卷
　遂昌雜錄一卷　（元）鄭元祐撰
第七函
　酉陽雜俎二十卷　（唐）段成式撰
　宣室志十卷補遺一卷　（唐）張讀撰
　河東先生龍城錄二卷　（唐）柳宗元撰
　鶴林玉露十六卷補遺一卷　（宋）羅大經撰
第八函
　儒林公議二卷　（宋）田況撰
　侯鯖錄八卷　（宋）趙令畤撰
　睽車志六卷　（宋）郭彖撰
　江鄰幾雜志一卷　（宋）江休復撰
　桯史十五卷　（宋）岳珂撰
　隨隱漫錄五卷　（宋）陳世崇撰
　楓窗小牘二卷　（宋）袁褧撰（宋）袁頤續
　耕祿藁一卷　（宋）胡錡撰
　厚德錄四卷　（宋）李元綱撰
第九函
　西溪叢語二卷　（宋）姚寬撰
　野客叢書三十卷附錄一卷　（宋）王楙撰
　螢雪叢說二卷　（宋）俞成撰
　許彥周詩話一卷　（宋）許顗撰
　後山居士詩話一卷　題（宋）陳師道撰
第十函

癸辛雜識前集一卷後集一卷續集二卷別集二卷 （宋）周密撰
山房隨筆一卷 （元）蔣子正撰

善 5014
稗海四十八種二百八十八卷續二十二種一百六十一卷 （明）商濬編
明萬曆商氏半埜堂刻清康熙振鷺堂重編補刻本
九行二十字小字雙行同白口四周單邊　綫裝　五十五冊
存三十二種二百二卷：
　第二函
　　杜陽雜編三卷 （唐）蘇鶚撰
　　東觀奏記三卷 （唐）裴庭裕撰
　　大唐新語十三卷 （唐）劉肅撰
　　因話錄六卷 （唐）趙璘撰
　　玉泉子一卷
　　北夢瑣言二十卷 （宋）孫光憲撰
　第三函
　　樂善錄二卷 （宋）李昌齡撰
　　蠡海集一卷 （明）王逵撰
　　搜采異聞錄五卷 （宋）永亨撰
　　過庭錄一卷 （宋）范公偁撰
　　泊宅編三卷 （宋）方勺撰
　　閑窗括異志一卷 （宋）魯應龍撰
　　東軒筆錄十五卷 （宋）魏泰撰
　　青箱雜記十卷 （宋）吳處厚撰
　　蒙齋筆談二卷 （宋）葉夢得撰
　　畫墁錄一卷 （宋）張舜民撰
　第四函
　　墨莊漫錄十卷 （宋）張邦基撰
　　夢溪筆談二十六卷補筆談一卷 （宋）沈括撰
　　侍兒小名錄拾遺一卷 （宋）張邦幾撰
　　補侍兒小名錄一卷 （宋）王銍撰
　　續補侍兒小名錄一卷 （宋）溫豫撰
　第五函
　　歸田錄二卷 （宋）歐陽修撰
　　東坡先生志林十二卷 （宋）蘇軾撰
　　蘇黃門龍川別志二卷 （宋）蘇轍撰
　　澠水燕談錄十卷 （宋）王闢之撰
　　冷齋夜話十卷 （宋）釋惠洪撰
　　老學庵筆記十卷 （宋）陸游撰
　第六函
　　雲麓漫抄四卷 （宋）趙彥衛撰
　　石林燕語十卷 （宋）葉夢得撰
　　避暑錄話二卷 （宋）葉夢得撰
　　清波雜志三卷 （宋）周煇撰
　　墨客揮犀十卷 （宋）彭乘撰

善 5015
稗海四十八種二百八十八卷續二十二種一百六十一卷 （明）商濬編
明萬曆商氏半埜堂刻清康熙振鷺堂重編補刻本　佚名跋
九行二十字小字雙行同白口四周單邊　綫裝　十二冊
存十四種四十九卷：
　第一函
　　西京雜記六卷 題（晉）葛洪撰
　　王子年拾遺記十卷 題（後秦）王嘉撰
　　摭言一卷 題（五代）王定保撰
　　小名錄二卷 （唐）陸龜蒙撰
　第二函
　　玉泉子一卷
　　因話錄六卷 （唐）趙璘撰
　第三函
　　樂善錄二卷 （宋）李昌齡撰
　　蠡海集一卷 （明）王逵撰
　第六函

叢書部

清波雜志三卷　（宋）周煇撰
墨客揮犀十卷　（宋）彭乘撰
第九函
　螢雪叢說二卷　（宋）俞成撰
　孫公談圃三卷　（宋）孫升述
　　（宋）劉延世撰
　許彥周詩話一卷　（宋）許顗撰
　後山居士詩話一卷　題（宋）陳師
　　道撰

善2656、善2642
稗海四十六種二百八十五卷　（明）商
濬編
明萬曆商氏半埜堂刻本
九行二十字小字雙行同白口四周單
　邊　綫裝　三冊
存二種十三卷：
　遊宦紀聞十卷　（宋）張世南撰
　搜采異聞錄五卷　（宋）永亨撰（存
　　三卷：一至三）

善2637
稗海四十六種二百八十五卷　（明）商
濬編
明萬曆商氏半埜堂刻本
九行二十字小字雙行同白口四周單
　邊　綫裝　三冊
存一種三卷：
　清波雜志三卷　（宋）周煇撰

善2655、善2641
稗海四十六種二百八十五卷　（明）商
濬編
明萬曆商氏半埜堂刻本
九行二十字小字雙行同白口四周單
　邊　綫裝　三冊
存二種十六卷：

遊宦紀聞十卷　（宋）張世南撰
墨莊漫錄十卷　（宋）張邦基撰（存
　六卷：四至九）

善2742
稗海四十六種二百八十五卷　（明）商
濬編
明萬曆商氏半埜堂刻本
九行二十字小字雙行同白口四周單
　邊　綫裝　一冊
存一種五卷：
　桯史十五卷　（宋）岳珂撰（存五卷：
　　十一至十五）

善0149、善0583、善2291、善2617、善2624
漢魏叢書三十五種二百八卷　（明）程
榮輯
明萬曆二十年新安程榮刻本
九行二十字白口左右雙邊　綫裝　三
冊
存五種五十六卷：
　大戴禮記十三卷　（漢）戴德撰
　元經薛氏傳十卷　（唐）薛收撰
　　（宋）阮逸注
　商子五卷
　風俗通義十卷　（漢）應劭撰
　論衡三十卷　（漢）王充撰（存十八
　　卷：一至十八）

善5007
漢魏叢書三十五種二百八卷　（明）程
榮輯
明萬曆十二年中新安程氏刊本
九行二十字白口左右雙邊　綫裝　一
冊
存二種二十卷：

風俗通義十卷　（漢）應劭撰
　　王子年拾遺記十卷　題(後秦)王嘉撰

善0328、善2623
漢魏叢書三十五種二百八卷　（明）程榮輯
　明萬曆二十年新安程榮刻本
　九行二十字白口左右雙邊　綫裝　三册
　存二種二十三卷：
　　輶軒使者絕代語釋別國方言十三卷　（漢）揚雄撰　（晉）郭璞解
　　風俗通義十卷　（漢）應劭撰

善2616
漢魏叢書三十五種二百八卷　（明）程榮輯
　明萬曆中新安程氏刊本
　九行二十字白口左右雙邊　綫裝　五册
　存一種三十卷：
　　論衡三十卷　（漢）王充撰

馮善3307
漢魏叢書三十八種二百五十一卷　（明）程榮輯
　明萬曆二十年新安程氏刻本　馮貞群跋
　九行二十字小字雙行同白口左右雙邊　綫裝　六十四册
　存三十六種二百四十八卷：
　　經籍
　　　京氏易傳三卷　（漢）京房撰　(三國吳)陸績注
　　　周易略例一卷　（三國魏）王弼撰　(唐)邢璹注
　　　古三墳一卷
　　　詩說一卷　題(漢)申培撰
　　　韓詩外傳十卷　題(漢)韓嬰撰
　　　大戴禮記十三卷　（漢）戴德撰
　　　春秋繁露十七卷　（漢）董仲舒撰
　　　白虎通德論二卷　（漢）班固撰
　　　獨斷一卷　（漢）蔡邕撰
　　　忠經一卷　題(漢)馬融撰　（漢）鄭玄注
　　　輶軒使者絕代語釋別國方言十三卷　（漢）揚雄撰　（晉）郭璞解
　　史籍
　　　元經薛氏傳十卷　（唐）薛收撰　（宋）阮逸注
　　　逸周書十卷　（晉）孔晁注
　　　穆天子傳六卷　（晉）郭璞注
　　　西京雜記六卷　（晉）葛洪撰
　　子籍
　　　素書一卷　（漢）黃石公撰　（宋）張商英注
　　　新語二卷　（漢）陸賈撰
　　　孔叢子三卷　題(漢)孔鮒撰
　　　新序十卷　（漢）劉向撰
　　　說苑二十卷　（漢）劉向撰
　　　新書十卷附錄一卷　（漢）賈誼撰
　　　法言十卷　（漢）揚雄撰
　　　潛夫論十卷附錄一卷　（漢）王符撰
　　　申鑒五卷　（漢）荀悅撰　（明）黃省曾注
　　　中論二卷　（漢）徐幹撰
　　　顏氏家訓二卷　（北齊）顏之推撰
　　　商子五卷
　　　人物志三卷　（三國魏）劉邵撰　(北魏)劉昞注
　　　風俗通義十卷　（漢）應劭撰
　　　劉子新論十卷　（北齊）劉晝撰　（唐）袁孝政注

叢書部

神異經一卷　題(漢)東方朔撰
別國洞冥記四卷　題(漢)郭憲撰
述異記一卷　題(南朝梁)任昉撰
王子年拾遺記十卷　題(後秦)王嘉撰
通占大象曆星經二卷
論衡三十卷　(漢)王充撰

善 0226
廣漢魏叢書七十六種四百三十九卷
(明)何允中編
明刻本
九行二十字白口左右雙邊　綫裝　四冊
存一種十八卷：
春秋繁露十七卷　(漢)董仲舒撰附春秋繁露總評一卷

善 2596
廣漢魏叢書七十六種四百三十九卷
(明)何允中編
清嘉慶刻本
九行二十字白口左右雙邊　綫裝　一冊
存一種十卷：
拾遺記十卷　題(後秦)王嘉撰

善 5008
廣漢魏叢書七十六種四百三十九卷
(明)何允中編
明萬曆二十年刻本(述異記卷二葉十一、十三至二十一徐時棟抄配)
清徐時棟　朱鼎煦跋
九行二十字白口左右雙邊　綫裝　三冊
存八種二十七卷：
子餘

中論二卷　(漢)徐幹撰
中說二卷　(隋)王通撰
載籍
神異經一卷　題(漢)東方朔撰
海內十洲記一卷　題(漢)東方朔撰
搜神記八卷　題(晉)干寶撰
述異記二卷　題(南朝梁)任昉撰
三輔黃圖六卷
伽藍記五卷　(北魏)楊衒之撰

善 5009
古今逸史四十二種一百六十三卷　(明)吳琯編
明吳琯刻本
十行二十字小字雙行同白口左右雙邊　綫裝　五冊
存十五種五十八卷：
逸志
合志
風俗通義四卷　(漢)應劭撰
獨斷一卷　(漢)蔡邕撰
古今注三卷　題(晉)崔豹撰
分志
山海經十八卷　(晉)郭璞傳
吳地記一卷後集一卷　(唐)陸廣微撰
岳陽風土記一卷　(宋)范致明撰
桂海虞衡志一卷　(宋)范成大撰
洛陽名園記一卷　(宋)李格非撰
海內十洲記一卷　題(漢)東方朔撰
北邊備對一卷　(宋)程大昌撰
真臘風土記一卷　(元)周達觀撰

逸記
　　　世家
　　　　越絕書十五卷　（漢）袁康撰
　　　列傳
　　　　高士傳三卷　（晋）皇甫謐撰
　　　　列仙傳二卷　題（漢）劉向撰
　　　　劒俠傳四卷

馮善0671
古今逸史四十二種一百六十三卷　（明）
吳琯編
明吳琯刻本
十行二十字小字雙行同白口左右雙
　邊　綫裝　一冊
存一種二卷：
　　竹書紀年二卷　題（南朝梁）沈約注

善0784、善1644
增定古今逸史五十五種一百六十三卷
（明）吳琯編
明吳琯刻本
十行二十字白口左右雙邊　綫裝　一
冊
存二種七卷：
　　高士傳三卷　（晋）皇甫謐撰
　　雍錄十卷　（宋）程大昌撰（存四卷：
　　　四至七）

善5025
祕冊彙函二十四種一百四十三卷　（明）
沈士龍　胡震亨編
明萬曆刻本
九行十八字小字雙行同白口左右雙
　邊　綫裝　一冊
存二種十一卷：
　　搜神後記十卷　題（晋）陶潛撰
　　佛國記一卷　（晋）釋法顯撰

善1971
祕冊彙函二十四種一百四十三卷　（明）
沈士龍　胡震亨編
明萬曆刻本
九行十八字小字雙行同白口左右雙
　邊　綫裝　一冊
存一種十卷：
　　東京夢華錄十卷

善2328
祕冊彙函二十四種一百四十三卷　（明）
沈士龍　胡震亨編
明萬曆刻本
九行十八字小字雙行同白口左右雙
　邊　綫裝　二冊
存一種十一卷：
　　齊民要術十卷雜說一卷　（北魏）賈
　　　思勰撰

善2801乙
秘冊彙函二十四種一百四十三卷　（明）
沈士龍　胡震亨編
明萬曆刻本
九行十八字小字雙行同白口左右雙
　邊　毛裝　一冊
存一種四卷：
　　周氏冥通記四卷　（南朝梁）陶弘景
　　　撰

善5004
格致叢書□□種□□卷　（明）胡文煥
編
明萬曆胡氏文會堂刻本　朱鼎煦跋
十行二十字小字雙行同白口左右雙
　邊　綫裝　二冊
存六種九卷：
　　新刻宜齋野乘一卷　（宋）吳枋撰

叢書部

　　新刻資暇集三卷　（宋）李濟翁編
　　新刻三餘贅筆一卷　（明）都卬撰
　　新刻芥隱筆記一卷　（宋）龔頤正撰
　　新刻北戶錄二卷　（唐）段公路撰
　　新刻溪蠻叢笑一卷　（宋）朱輔撰

善 2521、善 2622、善 5005 - 1
百家名書一百種二百二十三卷　（明）胡文煥編
　明萬曆錢塘胡氏文會堂刻本
　十行二十字小字雙行同白口左右雙邊　綫裝　五册
　存五種十九卷：
　　新刻繪事指蒙一卷　（明）鄒德中撰
　　新刻圖畫要畧一卷　（明）朱凱撰
　　新刻風俗通義十卷　（漢）應劭撰
　　新刻望斗經一卷　（明）歐陽友山撰（明）歐陽忠注
　　新刻譚子化書六卷　（五代）譚峭撰

善 5005
壽養叢書三十五種七十二卷　（明）胡文煥編
　明萬曆錢塘胡文煥刻本
　十行二十字小字雙行同白口左右雙邊　綫裝　三十册
　存二十種三十六卷：
　　新刻養生類纂二卷　（宋）周守中撰
　　新刻食鑑本草二卷　（明）寧源撰
　　新刻養生食忌一卷
　　新刻幼幼集三卷　（明）孟繼孔撰
　　新刻藥證類明二卷
　　新刻救荒本草二卷　（明）胡文煥輯
　　新刻醫學便覽四卷　（明）解楨撰
　　新刻醫學權輿一卷
　　新刻褚氏遺書一卷　（南朝齊）褚澄撰

　　新刻心印紺珠經二卷
　　新刻靈樞心得二卷　（明）胡文煥撰
　　新刻素問心得二卷　（明）胡文煥撰
　　新刻丹房百問一卷　（宋）丘江山撰
　　新刻參真圖要一卷　（明）胡文煥輯
　　新刻採真機要三卷　（明）魯至剛撰
　　新刻應急良方一卷　（明）胡文煥輯
　　新刻恠證奇方二卷雜錄一卷　（□）李樓輯
　　亢倉子洞靈真經一卷
　　新刻玄髓一卷　（明）胡文煥輯
　　新刻長春劉真人語錄一卷　（明）邵以正輯

善 2707
尚白齋鐫陳眉公訂正祕笈二十一種四十九卷　（明）陳繼儒編
　明萬曆三十四年沈氏尚白齋刻本
　八行十八字白口左右雙邊　綫裝　三册
　存一種十三卷：
　　陳眉公重訂野客叢書十二卷附錄一卷　（宋）王楙輯

善 2752
尚白齋鐫陳眉公訂正祕笈二十一種四十九卷　（明）陳繼儒編
　明萬曆三十四年沈氏尚白齋刻本
　八行十八字白口四周單邊　綫裝　二册
　存一種四卷：
　　宋周公謹雲煙過眼錄四卷　（宋）周密撰

善 5026
寶顏堂祕笈二百二十八種二百三十五卷　（明）陳繼儒編

明萬曆至泰昌繡水沈氏刻本
八行十八字白口四周單邊　綫裝三十五冊
存六十種一百四十五卷：
　祕笈
　　玉照新志六卷　（宋）王明清撰
　　雲煙過眼錄四卷　（宋）周密撰
　　陳眉公重訂學古編一卷　（元）吾丘衍撰
　　筆疇二卷　（明）王達撰
　　陳眉公重訂書品一卷　（南朝梁）庾肩吾撰
　　樂郊私語一卷　（元）姚桐壽撰
　　清暑筆談一卷　（明）陸樹聲撰
　　貧士傳二卷　（明）黃姬水撰
　　焚椒錄一卷　（遼）王鼎撰
　　陳眉公重訂歸有園麈談一卷　（明）徐學謨撰
　　娑羅館清言二卷　（明）屠隆撰
　　娑羅館逸稿二卷　（明）屠隆撰
　　續娑羅館清言一卷　（明）屠隆撰
　　冥寥子游二卷　（明）屠隆撰
　　甲乙剩言一卷　（明）胡應麟撰
　　陳眉公重訂瓶史一卷　（明）袁宏道撰
　　新刻陳眉公重訂廣莊一卷　（明）袁宏道撰
　　寶顏堂訂正偶譚一卷　（明）李鼎撰
　　陳眉公重訂野客叢書十二卷附錄一卷　（宋）王楙撰
　　陳眉公考槃餘事四卷　（明）屠隆撰
　續祕笈
　　寶顏堂訂正四夷考八卷　（明）葉向高撰
　　寶顏堂訂正集異志四卷　（唐）陸勳撰
　　寶顏堂訂正慎言集訓二卷　（明）敖英輯
　　寶顏堂訂正鼎錄一卷　題（南朝陳）虞荔撰
　　寶顏堂井觀瑣言三卷　（明）鄭瑗撰
　　鄭省齋蜩笑偶言一卷　（明）鄭瑗撰
　　陳眉公訂正古奇器錄一卷附江東藏書目錄小序　（明）陸深撰
　　寶顏堂訂正長松茹退二卷　（明）釋真可撰
　　新刻寶顏堂虎薈六卷　（明）陳繼儒撰
　　寶顏堂訂正羅湖野錄四卷　（宋）釋曉瑩撰
　　觴政一卷　（明）袁宏道撰
　　寶顏堂訂正吳社編一卷　（明）王穉登撰
　　寶顏堂訂正願豐堂漫書一卷　（明）陸深撰
　　寶顏堂訂正金臺紀聞一卷　（明）陸深撰
　　寶顏堂訂正長水日鈔一卷　（明）陸樹聲撰
　彙祕笈
　　陳眉公訂正清異錄四卷　（宋）陶穀撰
　　寶顏堂訂正道德寶章一卷　（宋）白玉蟾注
　　寶顏堂訂正兼明書五卷　（唐）丘光庭撰
　　寶顏堂訂正靖康緗素雜記十卷　（宋）黃朝英撰
　　陳眉公訂正世範三卷　（宋）袁采撰
　　金丹詩訣二卷　題（唐）呂岩撰
　　陳眉公訂正韓仙傳一卷　題（唐）

叢書部

　　韓若雲撰
　　寶顏堂訂正衍極一卷　（元）鄭杓撰
　　周易尚占三卷　（元）李道純撰
　　陳眉公訂正海語三卷　（明）黃衷撰
　　刻楊升菴先生異魚圖贊四卷　（明）楊慎撰
　　江鄰幾雜誌一卷　（宋）江休復撰
　　亦政堂訂正讕言長語二卷　（明）曹安撰
　　支談三卷　（明）焦竑撰
　　陳眉公訂正夢溪補筆談二卷　（宋）沈括撰
　　見聞紀訓一卷　（明）陳良謨撰
　　方洲先生奉使錄二卷　（明）張寧撰
　　陳眉公訂正黃帝祠額解一卷　（明）李維楨撰
　　天目遊紀一卷　（明）黃汝亨撰
　　游喚一卷　（明）王思任撰
　　黃白鏡一卷續一卷　（明）李文燭撰
　　田居乙記四卷　（明）方大鎮撰
　　陳眉公訂正一庵雜問錄一卷　（明）唐樞撰
　　陳眉公訂正碧里雜存一卷　（明）董穀撰
　　陳眉公訂正建州女真考一卷　（明）天都山臣撰

善2708
尚白齋鐫陳眉公訂正祕笈二十一種四十九卷　（明）陳繼儒編
　明萬曆三十四年沈氏尚白齋刻本
　八行十八字白口四周單邊　毛裝　一冊
　存一種十三卷：

　　陳眉公重訂野客叢書十二卷附錄一卷　（宋）王楙撰

善0765
寶顏堂秘笈五十種一百卷　（明）陳繼儒編
　明萬曆刻本
　八行十八字白口四周單邊　綫裝　一冊
　存一種五卷：
　　寶顏堂訂正四夷考八卷　（明）葉向高撰（存五卷：四至八）

善0854
亦政堂鐫陳眉公家藏廣秘笈五十四種一百三卷　（明）陳繼儒編
　明萬曆刻本
　八行十八字白口四周單邊　綫裝　一冊
　存一種四卷：
　　邵康節先生外紀四卷　（明）陳繼儒撰

善1972
亦政堂鐫陳眉公家藏廣秘笈五十四種　（明）陳繼儒編
　明萬曆刻本
　八行十八字白口四周單邊　毛裝　一冊
　存一種五卷：
　　寶顏堂後集武林舊事五卷　（宋）周密撰

馮善1562、馮善1804、馮善1675
亦政堂鐫陳眉公普秘笈一集五十種八十八卷　（明）陳繼儒編
　明萬曆沈氏亦政堂刻本

八行十八字小字雙行同白口四周單
　　邊　綫裝　三册
　存三種三卷：
　　陳眉公訂正畫禪一卷　（明）釋蓮儒
　　　撰
　　高寄齋訂正方洲雜言一卷　（明）張
　　　寧撰
　　陳眉公訂正渾然子一卷　（明）張翀
　　　撰

善 2052
亦政堂鐫陳眉公普秘笈一集五十種八十八卷　（明）陳繼儒編
　明刻本
　　八行十八字小字雙行同白口四周單
　　邊　綫裝　一册
　存一種四卷：
　　陳眉公訂正遊名山記四卷　（明）都
　　　穆撰

善 4998
史拾四集三十五卷　（明）吴弘基編
　明末刻本
　　八行二十字小字雙行同白口左右雙
　　邊　毛裝　一册
　存三種三卷：
　　占候抄一卷　（明）吴弘基纂
　　金壺字考一卷　（宋）釋適之撰
　　字書誤讀一卷　（宋）王雱撰

善 4997
類編古今名賢彙語二十二種二十二卷
　明刻本
　　十行二十三字白口四周單邊　毛裝
　　八册
　存二十一種二十一卷：
　　客座新聞一卷　（明）沈周撰

　　庚巳編一卷　（明）陸粲撰
　　閩中今古録一卷　（明）黃溥撰
　　志怪録一卷　（明）祝允明撰
　　緑雪亭雜言一卷　（明）敖英撰
　　枝山前聞一卷　（明）祝允明撰
　　涉異録一卷　（明）閔文振撰
　　百可漫志一卷　（明）陳霆撰
　　近峯聞略一卷　（明）皇甫録撰
　　畜德録一卷　（明）陳沂撰
　　三餘贅筆一卷　（明）都卬撰
　　駒陰冗記一卷　（明）闌莊撰
　　聽雨紀談一卷　（明）都穆撰
　　西京雜記一卷　（明）楊穆撰
　　仰山脞録一卷　（明）閔文振撰
　　中洲野録一卷　（明）程文憲撰
　　續巳編一卷　（明）郎瑛撰
　　蘇談一卷　（明）楊循吉撰
　　寓圃雜記一卷　（明）王錡撰
　　可齋雜記一卷　（明）彭時撰
　　莘野纂聞一卷　（明）伍餘福撰

善 2497、善 2498
天學初函理編十種二十三卷器編十一種三十二卷
　明萬曆、天啓刻本
　　十行二十二字小字雙行同白口左右
　　雙邊　綫裝　二册
　存三種三卷：
　　表度説一卷　（意大利）熊三拔口授
　　　（明）周子愚　卓爾康筆記
　　簡平儀一卷　（意大利）熊三拔撰説
　　　（明）徐光啓劄記
　　天問略一卷　（葡萄牙）陽瑪諾撰

善 2499
天學初函理編十種二十三卷器編十一種三十二卷

叢書部

明崇禎刻本
十行二十二字小字雙行同白口四周雙邊　綫裝　一冊
存一種三卷：
　同文算指前編二卷通編八卷　（意大利）利瑪竇授　（明）李之藻演（存三卷：前編、通編一）

善5012
閔刻十種三十二卷　（明）閔元衢編
明閔元衢刻本
八行十八字小字雙行同白口四周單邊　綫裝　六冊
　見聞紀訓二卷　（明）陳良謨撰
　遊名山記六卷　（明）都穆撰
　增定玉壺冰二卷補一卷　（明）都穆撰
　歐餘漫録十三卷附録一卷　（明）閔元衢撰
　類次書肆説鈴二卷　（明）葉秉敬撰
　草堂賡詠一卷　題(明)遐周氏裁定
　咫園吟一卷　（明）閔元衢撰
　文字藥一卷　（明）葉秉敬撰
　坐塵轉語一卷　（明）葉秉敬撰
　貝典雜説一卷　（明）葉秉敬撰

善3266
合刻宋劉須溪點校書九種一百一卷附一種八卷　（宋）劉辰翁評點　（明）楊譏西編
明天啓刻本
九行二十字小字雙行同白口四周單邊　綫裝　四冊
存一種二十卷：
　杜子美詩集二十卷　（唐）杜甫撰

善3459

合刻宋劉須溪點校書九種一百一卷附一種八卷　（宋）劉辰翁評點　（明）楊譏西編
明天啓刻本
九行二十字小字雙行同白口四周單邊　綫裝　二冊
存一種九卷：
　蘇東坡詩集二十五卷　（宋）蘇軾撰（存九卷：十二至二十）

善5017
覆古介書前集十五種十八卷後集九種十卷　（明）邵闇生編
明天啓七年刻本
九行二十字小字雙行同白口左右雙邊　綫裝　四冊
存十三種十四卷：
　前集
　　南華逸篇一卷
　　楚衡嶽神禹碑文一卷
　　漢滕公石槨銘一卷
　　吳季公碑一卷
　後集
　　史旬一卷
　　史遺一卷
　　左逸一卷
　　小易一卷
　　寤凡一卷
　　譲訷一卷
　　握奇經一卷
　　奇門賦專征一卷附奇門數畧一卷
　　勝義諦一卷

善5011
璅探十種十卷　（明）李蘅編
明崇禎三年淮南李氏刻本
九行二十字白口四周單邊　綫裝

三册
　　　雲林遺事一卷　（明）顧元慶撰
　　　聯句詩紀一卷　（明）楊循吉撰
　　　往哲錄一卷　（明）楊循吉撰
　　　避戎夜話一卷　（宋）石茂良撰
　　　瑯琊漫抄一卷　（明）文林撰
　　　二科志一卷　（明）閻秀卿撰
　　　西征記一卷　（宋）盧襄撰
　　　稗傳一卷　（元）徐顯撰
　　　存餘堂詩話一卷　（明）朱承爵撰
　　　聽雨紀談一卷　（明）都穆撰

善 0091
津逮祕書十五集一百四十一種七百四十八卷　（明）毛晋編
　　明崇禎毛氏汲古閣刻清廣文堂印本
　　八或九行十八或十九字小字雙行同
　　　白口左右雙邊　綫裝　四册
　　存一種二卷：
　　　毛詩草木鳥獸蟲魚疏廣要二卷
　　　　（三國吳）陸璣撰　（明）毛晋參

善 2978
津逮祕書十五集一百四十一種七百四十八卷　（明）毛晋編
　　明崇禎毛氏汲古閣刻本　佚名跋
　　八或九行十八或十九字小字雙行同
　　　白口左右雙邊　綫裝　六册
　　存二種八卷：
　　　古文參同契集解三卷箋註集解三卷
　　　　題（漢）魏伯陽撰　（明）蔣一彪輯
　　　古文參同契三相類集解二卷　（漢）
　　　　淳于叔通補遺　（明）蔣一彪輯

善 2803、善 2770
津逮祕書十五集一百四十一種七百四十八卷　（明）毛晋編

　　明崇禎毛氏汲古閣刻本
　　八或九行十八或十九字小字雙行同
　　　白口左右雙邊　綫裝　三册
　　存二種二十二卷：
　　　酉陽雜俎二十卷續集十卷　（唐）段
　　　　成式撰（存二十卷：酉陽雜俎）
　　　五色線二卷

善 2804
津逮祕書十五集一百四十一種七百四十八卷　（明）毛晋編
　　明崇禎毛氏汲古閣刻清廣文堂印本
　　八或九行十八或十九字小字雙行同
　　　白口左右雙邊　綫裝　六册
　　存一種三十卷：
　　　酉陽雜俎二十卷續集十卷　（唐）段
　　　　成式撰

善 2512、善 2511、善 2505、善 2506、善 2636、善 2654、善 2644
津逮祕書十五集一百四十一種七百四十八卷　（明）毛晋編
　　明崇禎毛氏汲古閣刻本
　　八或九行十八或十九字小字雙行同
　　　白口左右雙邊　綫裝　九册
　　存七種三十二卷：
　　　宣和畫譜二十卷（存十一卷：一至十一）
　　　東觀餘論二卷附錄一卷　（宋）黃伯思撰
　　　畫史一卷　（宋）米芾撰
　　　畫繼十卷　（宋）鄧椿撰
　　　避暑錄話二卷　（宋）葉夢得撰
　　　貴耳集三卷　（宋）張端義撰
　　　西溪叢語二卷　（宋）姚寬撰

善 0655

叢書部

津逮祕書十五集一百四十一種七百四十八卷 （明）毛晉編
明崇禎毛氏汲古閣刻本
八或九行十八或十九字小字雙行同 白口左右雙邊 綫裝 一冊
存一種三卷：
　大唐創業起居注三卷 （唐）温大雅撰

善2650、善2647
津逮祕書十五集一百四十一種七百四十八卷 （明）毛晉編
明崇禎毛氏汲古閣刻本
八或九行十八或十九字小字雙行同 白口左右雙邊 綫裝 三冊
存二種十一卷：
　芥隱筆記一卷 （宋）龔頤正撰
　老學庵筆記十卷 （宋）陸游撰

善5019
津逮祕書十五集一百四十一種七百四十八卷 （明）毛晉編
明崇禎毛氏汲古閣刻本
八或九行十八或十九字小字雙行同 白口左右雙邊 綫裝 四十冊
存三十二種一百五十一卷：
　第一集
　　詩序辯說一卷 （宋）朱熹撰
　　詩傳孔氏傳一卷 題（春秋）端木賜述
　　詩說一卷 （漢）申培撰
　　詩外傳十卷 （漢）韓嬰撰
　　毛詩草木鳥獸蟲魚疏廣要二卷 （明）毛晉撰
　　詩攷一卷 （宋）王應麟撰
　　詩地理攷六卷 （宋）王應麟撰
　　爾雅三卷 （宋）鄭樵注

第二集
　京氏易傳三卷 （漢）京房撰 （三國吳）陸績注
　關氏易傳一卷 （北魏）關朗撰 （唐）趙蕤注
　蘇氏易傳九卷 （宋）蘇軾撰
　易釋文一卷 （唐）陸德明撰
　周易集解略例一卷 （三國魏）王弼撰 （唐）邢璹注
　元包經傳五卷 （北周）衛元嵩撰 （唐）蘇源明 李江注
第四集
　古文參同契集解一卷箋註集解一卷 （漢）魏伯陽撰 （明）蔣一彪輯
第六集
　宣和書譜二十卷
第十三集
　六一題跋十一卷 （宋）歐陽修撰
　元豐題跋一卷 （宋）曾鞏撰
　水心題跋一卷 （宋）葉適撰
　益公題跋十二卷 （宋）周必大撰
　後邨題跋四卷 （宋）劉克莊撰
　止齋題跋二卷 （宋）陳傅良撰
　魏公題跋一卷 （宋）蘇頌撰
　晦菴題跋三卷 （宋）朱熹撰
　容齋題跋二卷 （宋）洪邁撰
　海岳題跋一卷 （宋）米芾撰
第十四集
　樂府古題要解二卷 （唐）吳兢撰
　紹興內府古器評二卷 （宋）張掄撰
第十五集
　春渚紀聞十卷 （宋）何薳撰
　齊東野語二十卷 （宋）周密撰
　茅亭客話十卷 （宋）黃休復撰
　避暑錄話二卷 （宋）葉夢得撰

善 5020
津逮祕書十五集一百四十一種七百四十八卷 （明）毛晉編
　明崇禎毛氏汲古閣刻本　清蔭遲胡貞樾批并跋
　八或九行十八或十九字小字雙行同白口左右雙邊　綫裝　三十六册
　存十九種二百一卷：
　　第九集
　　　酉陽雜俎二十卷續集十卷　（唐）段成式撰
　　　誠齋襟記二卷　（元）林坤撰
　　　甘澤謠一卷附錄一卷　（唐）袁郊撰
　　　本事詩一卷　（唐）孟棨撰
　　　五色線二卷
　　　却掃編三卷　（宋）徐度撰
　　　劇談錄二卷　（唐）康駢撰
　　　瑯嬛記三卷　（元）伊世珍撰
　　　輟耕錄三十卷　（明）陶宗儀撰
　　第十五集
　　　夢溪筆談二十六卷　（宋）沈括撰
　　　湘山野錄三卷續錄一卷　（宋）釋文瑩撰
　　　春渚紀聞十卷　（宋）何薳撰
　　　齊東野語二十卷　（宋）周密撰
　　　茅亭客話十卷　（宋）黃休復撰
　　　河南邵氏聞見前錄二十卷　（宋）邵伯溫撰
　　　河南邵氏聞見後錄三十卷　（宋）邵博撰
　　　錦帶書一卷　（南朝梁）蕭統撰
　　　避暑錄話二卷　（宋）葉夢得撰
　　　貴耳集三卷　（宋）張端義撰

善 5021
津逮祕書十五集一百四十一種七百四十八卷 （明）毛晉編
　明崇禎毛氏汲古閣刻本
　八或九行十八或十九字小字雙行同白口左右雙邊　綫裝　八册
　存十七種三十七卷：
　　第四集
　　　數術記遺一卷　（漢）徐岳撰（北周）甄鸞重述
　　　五木經一卷　（唐）李翱撰　（唐）元革注
　　　胎息經一卷　題幻真先生注
　　　丸經二卷
　　　墨經一卷　（宋）晁貫之撰
　　第七集
　　　歷代名畫記十卷　（唐）張彥遠撰（存四卷：一至四）
　　　古畫品錄一卷　（南朝齊）謝赫撰
　　　續畫品錄一卷　（唐）李嗣真撰
　　　後畫錄一卷　（唐）釋彥悰撰
　　第十二集
　　　姑溪題跋二卷　（宋）李之儀撰
　　　石門題跋二卷　（宋）釋德洪撰
　　第十三集
　　　益公題跋十二卷　（宋）周必大撰
　　　止齋題跋二卷　（宋）陳傅良撰
　　　魏公題跋一卷　（宋）蘇頌撰
　　　晦菴題跋三卷　（宋）朱熹撰（存二卷：二至三）
　　　容齋題跋二卷　（宋）洪邁撰
　　　海岳題跋一卷　（宋）米芾撰

善 5022
津逮祕書十五集一百四十一種七百四十八卷 （明）毛晉編
　明崇禎毛氏汲古閣刻本
　八或九行十八或十九字小字雙行同白口左右雙邊　綫裝　一册

叢書部

存三種七卷：
　　後邨題跋四卷　（宋）劉克莊撰
　　止齋題跋二卷　（宋）陳傅良撰
　　魏公題跋一卷　（宋）蘇頌撰

馮善 0690
津逮祕書十五集一百四十一種七百四十八卷　（明）毛晉編
明崇禎毛氏汲古閣刻本
八或九行十八或十九字小字雙行同　白口左右雙邊　綫裝　一册
存一種一卷：
　　通鑑問疑一卷　（宋）劉羲仲撰

馮善 3311
津逮祕書十五集一百四十一種七百四十八卷　（明）毛晉編
明崇禎毛氏汲古閣刻本　馮貞群跋
八或九行十八或十九字小字雙行同　白口左右雙邊　綫裝　二百二十二册
存一百二十七種五百七十卷：
　第一集
　　詩序辯說一卷　（宋）朱熹撰
　　詩傳孔氏傳一卷　題（春秋）端木賜述
　　詩說一卷　（漢）申培撰
　　詩外傳十卷　（漢）韓嬰撰
　　毛詩草木鳥獸蟲魚疏廣要二卷　（明）毛晉撰
　　詩攷一卷　（宋）王應麟撰
　　詩地理攷六卷　（宋）王應麟撰
　　爾雅三卷　（宋）鄭樵注
　第二集
　　京氏易傳三卷　（漢）京房撰　（三國吳）陸績注
　　關氏易傳一卷　（北魏）關朗撰
　　　（唐）趙蕤注
　　焦氏易林四卷　題（漢）焦延壽撰
　　周易集解十七卷　（唐）李鼎祚撰
　　易釋文一卷　（唐）陸德明撰
　　周易集解略例一卷　（三國魏）王弼撰　（唐）邢璹注
　　元包數總義二卷　（宋）張行成撰
　　元包經傳五卷　（北周）衛元嵩撰　（唐）蘇源明　李江注
　　周易舉正三卷　（唐）郭京撰
　　麻衣道者正易心法一卷
　第三集
　　通鑑地理通釋十四卷　（宋）王應麟撰
　　通鑑問疑一卷　（宋）劉羲仲撰
　　小學紺珠十卷　（宋）王應麟撰
　　齊民要術十卷雜說一卷　（北魏）賈思勰撰
　　急就篇四卷　（漢）史游撰　（唐）顏師古注　（宋）王應麟音釋
　　漢制攷四卷　（宋）王應麟撰
　第四集
　　佛說四十二章經一卷　（漢）釋迦葉摩騰　釋竺法蘭譯　（宋）釋守遂注
　　道德指歸論六卷　題（漢）嚴遵撰
　　周髀算經二卷　題（漢）趙爽注　（北周）甄鸞重述　（唐）李淳風注釋　音義一卷　（宋）李籍撰
　　數術記遺一卷　題（漢）徐岳撰　（北周）甄鸞注
　　古文參同契集解一卷箋註集解一卷　題（漢）魏伯陽撰　（明）蔣一彪輯
　　古文參同契三相類集解一卷　（漢）淳于叔通補遺　（明）蔣一彪輯
　　黃帝授三子玄女經一卷

胎息經一卷 題幻真先生注
風后握奇經一卷 （漢）公孫弘注
耒耜經一卷 （唐）陸龜蒙撰
五木經一卷 （唐）李翶撰 （唐）元革注
女孝經一卷
墨經一卷 （宋）晁貫之撰
第五集
　全唐詩話六卷 （宋）尤袤撰
　六一詩話一卷 （宋）歐陽修撰
　滄浪詩話一卷 （宋）嚴羽撰
　後山詩話一卷 題(宋)陳師道撰
　彥周詩話一卷 （宋）許顗撰
　二老堂詩話一卷 （宋）周必大撰
　紫薇詩話一卷 （宋）呂本中撰
　石林詩話一卷 （宋）葉夢得撰
　中山詩話一卷 （宋）劉攽撰
　竹坡詩話一卷 （宋）周紫芝撰
　續詩話一卷 （宋）司馬光撰
第六集
　法書要錄十卷 （唐）張彥遠撰
　東觀餘論二卷附錄一卷 （宋）黃伯思撰
　廣川書跋十卷 （宋）董逌撰
　宣和書譜二十卷
第七集
　圖畫見聞誌六卷 （宋）郭若虛撰
　宣和畫譜二十卷
　圖繪寶鑑六卷補遺一卷 （元）夏文彥纂 （明）韓昂續
　後畫錄一卷 （唐）釋彥悰撰
　續畫品一卷 （南朝陳）姚最撰
　畫繼十卷 （宋）鄧椿撰
　畫史一卷 （宋）米芾撰
第八集
　詩品三卷 （南朝梁）鍾嶸撰
　詩品二十四則一卷 （唐）司空圖撰

風騷旨格一卷 （唐）盧岳撰
芥隱筆記一卷 （宋）龔頤正撰
冷齋夜話十卷 （宋）釋惠洪輯
西溪叢語二卷 （宋）姚寬撰
益部方物畧記一卷 （宋）宋祁撰
捫蝨新話十五卷 （宋）陳善撰
歲華紀麗四卷 題(唐)韓鄂撰
玉蘂辨證一卷 （宋）周必大撰
桯史十五卷附錄一卷 （宋）岳珂撰
泉志十五卷 （宋）洪遵撰
第九集
　酉陽雜俎二十卷續集十卷 （唐）段成式撰
　誠齋襍記二卷 （元）林坤撰
　甘澤謠一卷附錄一卷 （唐）袁郊撰
　本事詩一卷 （唐）孟棨傳
　五色線二卷
　却掃編三卷 （宋）徐度撰
　劇談錄二卷 （唐）康駢述
　瑯嬛記三卷 （元）伊世珍撰
　輟耕錄三十卷 （明）陶宗儀撰
　丸經二卷
　通占大象曆星經二卷
　忠經一卷 題(漢)馬融撰 （漢）鄭玄注
　黃帝宅經二卷
　青烏先生葬經一卷 （金）兀欽仄注
　葬經翼一卷 （明）繆希雍撰
　葬圖一卷
　難解二十四篇一卷
　古畫品錄一卷 （南朝齊）謝赫撰
　續畫品錄一卷 （唐）李嗣真撰
第十集
　洛陽伽藍記五卷 （北魏）楊衒之撰

叢書部

　　靈寶真靈位業圖一卷　（南朝梁）
　　　陶弘景撰
　　東京夢華錄十卷　（宋）孟元老撰
　　西京雜記六卷　題(晉)葛洪撰
　　佛國記一卷　（晉）釋法顯撰
　　大唐創業起居注三卷　（唐）溫大
　　　雅撰
　　老學菴筆記十卷　（宋）陸游撰
　　漢雜事秘辛一卷
　　淳熙玉堂雜記三卷　（宋）周必大
　　　撰
　　焚椒錄一卷　（遼）王鼎撰
　　唐國史補三卷　（唐）李肇撰
第十一集
　　搜神記二十卷　題(晉)干寶撰
　　搜神後記十卷　題(晉)陶潛撰
　　錄異記八卷　（前蜀）杜光庭撰
　　稽神錄六卷拾遺一卷　（宋）徐鉉
　　　撰
　　周氏冥通記四卷　（南朝梁）陶弘
　　　景撰
　　異苑十卷　（南朝宋）劉敬叔撰
第十二集
　　東坡題跋六卷　（宋）蘇軾撰
　　山谷題跋九卷　（宋）黃庭堅撰
　　無咎題跋一卷　（宋）晁補之撰
　　宛丘題跋一卷　（宋）張耒撰
　　鶴山題跋七卷　（宋）魏了翁撰
　　淮海題跋一卷　（宋）秦觀撰
　　放翁題跋六卷　（宋）陸游撰
　　姑溪題跋二卷　（宋）李之儀撰
　　石門題跋二卷　（宋）釋德洪撰
　　西山題跋三卷　（宋）真德秀撰
第十三集
　　六一題跋十一卷　（宋）歐陽修撰
　　元豐題跋一卷　（宋）曾鞏撰
　　水心題跋一卷　（宋）葉適撰
　　益公題跋十二卷　（宋）周必大撰

　　後邨題跋四卷　（宋）劉克莊撰
　　止齋題跋二卷　（宋）陳傅良撰
　　魏公題跋一卷　（宋）蘇頌撰
　　晦菴題跋三卷　（宋）朱熹撰
　　容齋題跋二卷　（宋）洪邁撰
　　海岳題跋一卷　（宋）米芾撰

馮善 0522
**津逮祕書十五集一百四十一種七百四
十八卷**　（明）毛晉編
明崇禎毛氏汲古閣刻清初彙印本
八或九行十八或十九字小字雙行同
　白口左右雙邊　綫裝　一冊
存一種五卷：
　　急就篇四卷正文一卷　（漢）史游撰
　　　（唐）顏師古注　（宋）王應麟音釋

善 5023
山居小玩十種十四卷　（明）毛晉編
明末毛氏汲古閣刻本
八行十八字小字雙行同白口左右雙
　邊　綫裝　一冊
存三種五卷：
　　奕律一卷　（明）王思任撰
　　王氏蘭譜一卷　（宋）王貴學撰
　　茗笈二卷　（明）屠本畯撰　茗笈品
　　藻一卷　（明）王嗣奭撰

善 5024
羣芳清玩十二種十五卷　（明）李嶼編
清抄本
八行十八字小字雙行同白口左右雙
　邊　綫裝　四冊
　　鼎錄一卷　題(南朝梁)虞荔撰
　　刀劍錄一卷　（南朝梁）陶弘景撰
　　研史一卷　（宋）米芾撰
　　畫鑒一卷　（元）湯垕撰

石譜一卷　（宋）杜綰撰
　　瓶史二卷　（明）袁宏道撰
　　奕律一卷　（明）王思任撰
　　王氏蘭譜一卷　（宋）王貴學撰
　　茗笈二卷　（明）屠本畯撰
　　香國二卷　（明）毛晉輯
　　采菊襍詠一卷　（明）馬宏衛撰
　　蝶几譜一卷　（明）戈汕撰

善 2571

羣芳清玩十二種十六卷　（明）李嶼編
　明末毛氏汲古閣刻李嶼彙印本
　八行十八字白口左右雙邊　綫裝　一册
　存二種三卷：
　　石譜一卷　（宋）杜綰撰
　　瓶史二卷　（明）袁宏道撰

善 4985

廣百川學海一百三十種一百五十六卷
　（明）馮可賓輯
　明刻本
　九行二十字小字雙行同白口左右雙邊　綫裝　一册
　存九種九卷：
　　硯譜一卷　（明）沈仕撰
　　香箋一卷　（明）屠隆撰
　　漢官香方一卷　（明）董遐周撰
　　藝花譜一卷　（明）高濂撰
　　蘭譜一卷　（明）高濂撰
　　種蘭訣一卷　（明）李奎撰
　　藝菊一卷　（明）黃省曾撰
　　牡丹榮辱志一卷　（宋）丘璿撰
　　芍藥譜一卷　（明）王觀撰

善 5027

唐宋叢書八十八種一百四十六卷　（明）
　鍾人傑　張遂辰編
　明末刻本
　九行二十字白口左右雙邊　綫裝　二册
　存十種三十二卷：
　　詩說一卷　題（漢）申培撰
　　鼠璞二卷　（宋）戴埴撰
　　大唐創業起居注三卷　（唐）溫大雅撰
　　唐國史補三卷　（唐）李肇撰
　　歲華紀麗四卷　題（唐）韓鄂撰
　　畫論一卷　（元）湯垕撰
　　畫史一卷　（宋）米芾撰
　　益州名畫錄三卷　（宋）黃休復撰
　　桂海虞衡志十三卷　（宋）范成大撰
　　學古編一卷　（元）吾丘衍撰

善 5028

說鈴摘記二十種二十九卷　（清）吳震方輯　（清）姜信摘記
　清乾隆四十九年姜信夢花書屋抄本
　九行二十二字無版框　毛裝　二册
　　閩小紀二卷　（清）周亮工撰
　　滇行紀程一卷東還紀程續抄一卷　（清）許纘曾撰
　　東還紀程一卷續抄一卷　（清）許纘曾撰
　　粵西偶記一卷　（清）陸祚蕃撰
　　滇黔紀遊二卷　（清）陳鼎撰
　　救文格論一卷　（清）顧炎武撰
　　雜錄一卷　（清）顧炎武撰
　　泰山紀勝一卷　（清）孔貞瑄撰
　　匡廬紀游一卷　（清）吳闡思撰
　　揚州鼓吹詞序一卷　（清）吳綺撰
　　湖壖雜記一卷　（清）陸次雲撰
　　簪雲樓雜說一卷　（清）陳尚古撰
　　天香樓偶得一卷　（清）虞兆漋撰
　　言鯖一卷　（清）呂種玉撰

叢書部

述異記三卷　（清）東軒主人撰
談助一卷　（清）王崇簡撰
邇語一卷　（清）熊賜履撰
庸言一卷　（清）魏象樞撰
池北偶談三卷　（清）王士禎撰
讀書質疑二卷　（清）吳震方撰

善5029
唐人說薈一百六十五種　（清）陳世熙編
清刻本
九行二十字白口左右雙邊　綫裝　一冊
存四種四卷：
　博異志一卷　（唐）鄭還古撰
　鸚鵡舍利塔記一卷　（唐）韋皋撰
　鬼塚志一卷　（唐）褚遂良撰
　壇上記一卷　（唐）蘇頲撰

善5030
玉函山房輯佚書六百二十二種附一種
（清）馬國翰輯
清光緒九年長沙嫏嬛館刻本　佚名批
九行二十字小字雙行同白口四周雙邊　綫裝　一冊
存二十種二十一卷：
　顧子新言一卷　（三國吳）顧譚撰
　典語一卷　（三國吳）陸景撰
　通語一卷　（三國吳）殷基撰
　譙子法訓一卷　（三國蜀）譙周撰
　袁子正論二卷　（晋）袁準撰
　袁子正書一卷　（晋）袁準撰
　孫氏成敗志一卷　（晋）孫毓撰
　古今通論一卷　（晋）王嬰撰
　化清經一卷　（晋）蔡洪撰
　夏侯子新論一卷　（晋）夏侯湛撰
　太元經一卷　（晋）楊泉撰
　華氏新論一卷　（晋）華譚撰
　梅子新論一卷　（晋）梅氏撰
　志林新書一卷　（晋）虞喜撰
　廣林一卷　（晋）虞喜撰
　釋滯一卷　（晋）虞喜撰
　顧子義訓一卷　（晋）顧夷撰
　通疑一卷　（晋）虞喜撰
　干子一卷　（晋）干寶撰
　讀書記一卷　（隋）王劭撰

善2595
武英殿聚珍版書一百三十八種二千四百十六卷
清乾隆武英殿木活字印本
九行二十一字小字雙行同白口四周雙邊　綫裝　一冊
存一種六卷：
　攷古質疑六卷　（宋）葉大慶撰

善3373、善3392
武英殿聚珍版書一百三十八種二千四百十六卷
清乾隆武英殿木活字印本
九行二十一字小字雙行同白口四周雙邊　綫裝　六冊
存二種六十卷：
　南陽集六卷　（宋）趙湘撰
　公是集五十四卷　（宋）劉敞撰

善3526
武英殿聚珍版書一百三十八種二千四百十六卷
清乾隆武英殿木活字印本
九行二十一字小字雙行同白口四周雙邊　綫裝　十六冊
存一種一百二十卷：

攻媿集一百二十卷　（宋）樓鑰撰

善 3379
武英殿聚珍版書一百三十八種二千四百十六卷
　清乾隆武英殿木活字印本
　九行二十一字小字雙行同白口四周雙邊　綫裝　十册
　存一種六十二卷：
　　景文集六十二卷　（宋）宋祁撰

善 3394、善 3494、善 3535
武英殿聚珍版書一百三十八種二千四百十六卷
　清乾隆武英殿木活字印本
　九行二十一字小字雙行同白口四周雙邊　綫裝　十八册
　存三種七十八卷：
　　净德集三十八卷　（宋）呂陶撰
　　毘陵集十六卷　（宋）張守撰
　　絜齋集二十四卷　（宋）袁燮撰

善 3395、善 3495、善 3485、善 3468
武英殿聚珍版書一百三十八種二千四百十六卷
　清乾隆武英殿木活字印本
　九行二十一字小字雙行同白口四周雙邊　綫裝　二十三册
　存四種一百十三卷：
　　净德集三十八卷　（宋）呂陶撰
　　簡齋集十六卷　（宋）陳與義撰
　　西臺集二十卷　（宋）畢仲游撰
　　山谷内集詩註二十卷外集詩註十七卷別集詩註二卷　（宋）黃庭堅撰　（宋）任淵　史容　史季温注

善 3527

武英殿聚珍版書一百三十八種二千四百十六卷
　清乾隆武英殿木活字印本
　九行二十一字小字雙行同白口四周雙邊　綫裝　十六册
　存一種一百二十卷：
　　攻媿集一百二十卷　（宋）樓鑰撰

善 2575
武英殿聚珍版書□□種□□卷
　清乾隆蘇州刻本
　九行二十一字小字雙行同白口四周雙邊　綫裝　二册
　存一種一卷：
　　墨法集要一卷　（明）沈繼孫撰

善 2645
武英殿聚珍版書五十四種四百二十四卷
　清同治十三年江西書局刻本
　九行二十一字小字雙行同白口四周雙邊　綫裝　二册
　存一種八卷：
　　甕牖閒評八卷　（宋）袁文撰

善 3378
武英殿聚珍版書一百四十九種二千九百四十卷
　清福建翻刻武英殿活字印本
　九行二十一字白口四周雙邊　毛裝　八册
　存一種三十六卷：
　　元憲集三十六卷　（宋）宋庠撰

善 0329
雅雨堂藏書十三種一百三十五卷　（清）盧見曾輯

叢書部

清乾隆二十一至二十五年盧氏雅雨堂刻本
十行二十一字白口四周單邊　綫裝二册
存一種八卷：
　匡謬正俗八卷　（唐）顏師古撰

善0200

微波榭叢書十一種
清乾隆中曲阜孔氏刻本
十行二十字小字雙行同白口四周雙邊　綫裝　一册
存一種一卷：
　春秋長歷一卷　（晋）杜預撰

善0359

海源閣叢書六種三十七卷　（清）楊以增輯
清咸豐聊城楊氏海源閣刻本
十一行二十四字小字雙行同白口四周雙邊　綫裝　一册
存一種一卷：
　三續千字文註一卷　（宋）葛剛正撰

善5031

古逸叢書二十七種　（清）黎庶昌編
清光緒八至十年遵義黎氏日本東京使署影刻本
各書行款版式不一　綫裝　四十九册
　爾雅三卷　（晋）郭璞注　清光緒九年影刻宋蜀大字本
　春秋穀梁傳十二卷附考異一卷　（晋）范甯集解　（唐）陸德明音義　（清）楊守敬考異　清光緒九年影刻宋紹熙本
　論語十卷　（三國魏）何晏集解　清光緒八年影刻日本正平本
　周易六卷　（宋）程頤撰
　晦庵先生校正周易繫辭精義二卷　（宋）呂祖謙撰　清光緒九年影刻元至正本
　孝經一卷　（唐）玄宗李隆基注　影刻日本舊抄卷子本
　老子道德經二卷　（三國魏）王弼注　影刻集唐字本
　荀子二十卷　（唐）楊倞注　清光緒十年影刻宋台州本
　南華真經注疏十卷　（晋）郭象注　（唐）成玄英疏　影刻宋本
　楚辭集註八卷辯證二卷後語六卷　（宋）朱熹撰　影刻元本
　尚書釋音二卷　（唐）陸德明撰　影刻日本景抄宋大字本
　玉篇殘四卷（卷九、十八至十九、二十七）又二卷（卷九、二十二）　（南朝梁）顧野王撰　影刻日本舊抄卷子本
　廣韻五卷附校札一卷　（宋）陳彭年等重修　（清）黎庶昌校　影刻宋本
　廣韻五卷　（宋）陳彭年等重修　影刻元泰定本
　玉燭寶典十二卷（原缺卷九）　（隋）杜臺卿撰　影刻日本舊抄卷子本
　文館詞林殘十四卷（卷一百五十六至一百五十八、三百四十七、四百五十二至四百五十三、四百五十七、四百五十九、六百六十五至六百六十七、六百七十、六百九十一、六百九十九）　（唐）許敬宗等輯　清光緒十年印刻日本舊抄卷子本
　琱玉集殘二卷（卷十二、十四）　影刻日本舊抄卷子本

姓解三卷　（宋）邵思撰　影刻北宋
　　　本
　　韻鏡一卷　影刻日本永禄本
　　日本國見在書目錄一卷　（日本）藤
　　　原佐世撰　影刻日本舊抄卷子本
　　史略六卷　（宋）高似孫撰　清光緒
　　　十年影刻宋本
　　漢書食貨志一卷(原缺卷下)　（漢）
　　　班固撰　（唐）顏師古注　清光緒
　　　八年影刻唐寫本
　　急就篇一卷　（漢）史游撰　影刻日
　　　本小島知足仿唐石經寫本
　　杜工部草堂詩箋四十卷外集一卷傳
　　　序碑銘一卷目錄二卷詩話二卷補
　　　遺十卷年譜二卷　（宋）魯訔輯
　　　(宋)蔡夢弼會箋　（傳序碑銘、目
　　　錄、詩話）(宋)蔡夢弼輯并箋　（補
　　　遺）(宋)黃鶴集注　（年譜）(宋)
　　　趙子櫟　魯訔撰　影刻宋麻沙本
　　　及高麗繙刻本（補遺）
　　碣石調幽蘭一卷　（南朝陳）丘公明
　　　撰　影刻日本舊抄卷子本
　　天台山記一卷　（唐）徐徵君(徐靈
　　　府)撰　影刻日本舊抄卷子本
　　太平寰宇記殘六卷(卷一百十三至
　　　一百十八)　（宋）樂史撰　清光
　　　緒九年影刻宋本

善 4579
古逸叢書二十六種　（清）黎庶昌輯
　　清光緒遵義黎氏日本東京使署影刻
　　本
　　各書行款版式不一　綫裝　五冊
　　存一種十四卷：
　　　文館詞林殘十四卷　（唐）許敬宗輯
　　　（存十四卷：一百五十六至一百五
　　　十八、三百四十七、四百五十二至
　　　四百五十三、四百五十七、四百五

　　　十九、六百六十五至六百六十七、
　　　六百七十、六百九十一、六百九十
　　　九）

善 0231
古逸叢書二十六種　（清）黎庶昌輯
　　清光緒遵義黎氏日本東京使署影刻
　　本
　　各書行款版式不一　綫裝　二冊
　　存一種十三卷：
　　　春秋穀梁傳十二卷　（晉）范甯集解
　　　附考異一卷　（宋）余仁仲撰　清
　　　光緒遵義黎氏日本東京使署影刻
　　　宋紹熙余氏萬卷堂本

家集類

善 2671
震澤先生別集四種　（明）王永熙編
　　明萬曆中震澤王氏刻本
　　十一行二十字小字雙行同白口左右
　　　雙邊　綫裝　二冊
　　存一種二卷：
　　　震澤長語二卷　（明）王鏊撰

善 4958
陳氏叢書十三種　（清）陳潚　陳宸書
　　撰
　　清嘉慶至同治刻本
　　八行二十四字小字雙行同白口左右
　　　雙邊　綫裝　一冊
　　存一種一卷：
　　　桃花扇傳奇後序詳註四卷　（清）花
　　　庭閑客(陳宸書)編輯(存一卷：
　　　四)

叢書部 551

善 4835
雙雲堂傳集七種 （清）范□編
　清光緒十至十七年甬上范氏刻本
　九行二十字小字雙行同上下黑口左右雙邊　綫裝　八册
　存五種二十四卷：
　　函清館詩草四卷　（清）范永澄撰
　　退白居士詩草一卷附傳　（清）范永澄撰
　　巢雲軒詩草二卷附越吟草一卷　（清）范震薇撰
　　訒齋詩稿八卷　（清）范廷謁撰
　　繭屋詩草六卷文存二卷　（清）范從律撰

自著類

馮善 2156
陸放翁全集六種一百五十八卷　（宋）陸游撰
　明末毛氏汲古閣刻清毛扆增刻本
　八行十八字小字雙行同白口左右雙邊　綫裝　四十八册
　　家世舊聞一卷
　　齋居紀事一卷
　　劍南詩稾八十五卷
　　放翁逸稾二卷
　　南唐書十八卷音釋一卷　（元）戚光音釋
　　渭南文集五十卷

善 0724
陸放翁全集六種一百五十八卷　（宋）陸游撰
　明末毛氏汲古閣刻本
　八行十八字小字雙行同白口左右雙邊　綫裝　一册
　存一種九卷：
　　南唐書十八卷音釋一卷　（元）戚光撰（存九卷：南唐書一至八、音釋）

善 3544
陸放翁全集六種一百五十八卷　（宋）陸游撰
　明末毛氏汲古閣刻清初毛扆增刻本
　八行十八字小字雙行同白口左右雙邊　綫裝　八册
　存四種五十四卷：
　　家世舊聞一卷
　　齋居紀事一卷
　　放翁逸稾二卷
　　渭南文集五十卷

善 3773
王氏家藏集五種六十五卷　（明）王廷相撰
　明嘉靖刻本
　十行十八字小字雙行同白口四周單邊　毛裝　一册
　存一種三卷：
　　王氏家藏集四十一卷（存三卷：九至十一）

善 3771
王氏家藏集五種六十五卷　（明）王廷相撰
　明嘉靖刻本（王氏家藏集卷十一至十四爲抄配）
　十行十八字小字雙行同白口四周單邊　包背裝　十六册
　存四種六十卷：
　　王氏家藏集四十一卷（存三十六卷：

一至五、十一至四十一）
　　慎言十三卷
　　雅述二卷
　　內臺集九卷

善 3772、善 3774
王浚川所著書九種八十三卷　（明）王
　廷相撰
　明嘉靖、隆慶刻本
　十行十八字小字雙行同白口左右雙
　　邊　綫裝　二十八冊
　　王氏家藏集四十一卷
　　內臺集七卷
　　浚川內臺集三卷
　　慎言十三卷
　　雅述二卷
　　喪禮備纂二卷
　　浚川奏議集十卷
　　浚川駁稿集二卷
　　浚川公移集三卷

善 1582
王浚川所著書九種八十三卷　（明）王
　廷相撰
　明嘉靖、隆慶刻本
　十行十八字白口左右雙邊　包背裝
　　三冊
　存一種六卷：
　　浚川奏議集十卷　（存六卷：五至
　　十）

善 1583
王浚川所著書九種八十三卷　（明）王
　廷相撰
　明嘉靖、隆慶刻本
　十行十八字白口左右雙邊　包背裝
　　二冊

　存一種六卷：
　　浚川奏議集十卷　（存六卷：五至
　　十）

善 3964
王百穀集二十一種四十二卷　（明）王
　穉登撰
　明萬曆四十七年葉應祖刻本
　十行二十字白口四周單邊　綫裝　七
　　冊
　存五種九卷：
　　燕市集二卷
　　荊溪疏二卷
　　國朝吳郡丹青志一卷
　　竹箭編二卷
　　明月篇二卷

善 2685、善 4864
少室山房全稿一百八十九卷　（明）胡
　應麟撰　（明）江湛然編
　明萬曆四十六年江湛然刻本
　九行十八字小字雙行同白口四周單
　　邊　綫裝　十二冊
　存十三種六十八卷：
　　經籍會通四卷
　　史書佔佾六卷
　　九流緒論三卷
　　四部正譌三卷
　　三墳補逸二卷
　　二酉綴遺三卷
　　華陽博議二卷
　　莊嶽委談二卷
　　玉壺遐覽四卷
　　雙樹幻鈔三卷
　　丹鉛新錄八卷
　　藝林學山八卷
　　詩藪內編六卷外編六卷雜編六卷

叢書部

馮善 3461
山草堂集二十八種一百五十三卷 （明）
　郝敬撰
　明萬曆、崇禎郝洪範刻本
　九行十八字白口四周單邊　綫裝　一
　　册
　存一種二卷：
　　史漢愚按八卷（存二卷：七至八）

善 4008
高子全書八種四十卷 （明）高攀龍撰
　明崇禎刻清乾隆七年華希閔劍光閣
　　重修本
　九行十九字白口四周單邊　綫裝　六
　　册
　存二種十五卷：
　　東林書院會語一卷
　　高子文集六卷詩集八卷

善 2479
呂新吾全集二十二種六十四卷 （明）
　呂坤撰
　明萬曆刻清同治、光緒修補印本
　八行十八字小字雙行同白口四周單
　　邊　綫裝　一册
　存一種一卷：
　　疹科一卷

善 3960、善 3961
袁中郎十集十六卷 （明）袁宏道撰
　（明）周應麐編
　明周應麐刻本
　九行二十字小字雙行同白口左右雙
　　邊　綫裝　二册
　存五種七卷：
　　廣莊一卷
　　袁中郎桃源詠一卷

　　袁中郎廣陵集一卷
　　袁中郎狂言二卷
　　袁中郎狂言別集二卷

善 3962
袁中郎十集十六卷 （明）袁宏道撰
　（明）周應麐編
　明周應麐刻本
　九行二十字小字雙行同白口左右雙
　　邊　綫裝　一册
　存二種四卷：
　　袁中郎狂言二卷
　　袁中郎狂言別集二卷

善 3958
袁使君集十四種五十七卷 （明）袁宏
　道撰
　明萬曆三十三刻本
　九行十八字小字雙行同白口左右雙
　　邊　綫裝　六册
　存十二種三十六卷：
　　錦帆集四卷
　　解脫集四卷
　　廣莊一卷
　　桃源詠一卷
　　廣陵集一卷
　　瓶花齋集十卷
　　華嵩遊草二卷
　　觴政一卷
　　破研齋集三卷
　　瓶史一卷
　　敝篋集二卷
　　袁石公遺稿六卷

善 3959
袁使君集十四種五十七卷 （明）袁宏
　道撰

明萬曆三十三年刻本
九行十八字小字雙行同白口左右雙邊　毛裝　一冊
存三種九卷：
　錦帆集四卷
　解脫集四卷
　廣莊一卷

善 4035
王季重先生集九種九卷　（明）王思任撰
明末清輝閣刻本
八行十八字白口四周單邊　綫裝　四冊
存六種六卷：
　游廬山記一卷
　王季重廬游雜詠一卷
　律陶一卷
　王季重歷遊記一卷
　雜序一卷
　王季重時文敘一卷

善 1982
陳懋仁雜著□□種□□卷　（明）陳懋仁撰
明崇禎刻本
九行十八字白口四周單邊　綫裝　一冊
存一種二卷：
　泉南雜誌二卷

善 4600
春浮園集八種十四卷　（明）蕭士瑋撰
清康熙刻本
八行十九字下黑口左右雙邊　綫裝　四冊
存一種四卷：

　牘雋四卷　（明）蕭士珂輯

善 4065
鈍吟老人遺稿九種二十三卷　（清）馮班撰
清初刻彙印本
十四行二十一字小字雙行同上下黑口左右雙邊　綫裝　二冊
存八種二十二卷：
　鈍吟集三卷
　馮氏小集三卷
　鈍吟餘集一卷
　鈍吟老人文稿一卷
　遊仙詩二卷
　鈍吟別集一卷
　鈍吟老人集外詩一卷
　鈍吟老人雜錄十卷

善 4066
鈍吟老人遺稿九種二十三卷　（清）馮班撰
清初刻彙印本
十四行二十一字小字雙行同上下黑口左右雙邊　綫裝　一冊
存七種十二卷：
　鈍吟集三卷
　馮氏小集三卷
　鈍吟餘集一卷
　鈍吟老人文稿一卷
　遊仙詩二卷
　鈍吟別集一卷
　鈍吟老人集外詩一卷

善 4092
楊園張先生全集十種四十八卷　（清）張履祥撰
清康熙刻本

叢書部

　　　十行二十二字白口左右雙邊　綫裝
　　　四册
　存一種十卷：
　　張楊園先生文集十八卷　（存十卷：
　　　一至十）

善 4077
亭林先生遺書十種二十七卷　（清）顧
炎武撰
　清康熙潘氏遂初堂刻本
　　十一行二十字小字雙行行字不等白
　　　口左右雙邊　綫裝　十六册
　　　左傳杜解補正三卷
　　　九經誤字一卷
　　　石經考一卷
　　　金石文字記六卷
　　　韻補正一卷
　　　昌平山水記二卷
　　　譎觚十事一卷
　　　顧氏譜系考一卷
　　　亭林文集六卷
　　　亭林詩集五卷

馮善 2353
顧亭林先生遺書十種補遺十一種四十二卷　（清）顧炎武撰　（清）席威
朱記榮搜輯
　清蓬瀛閣刻吳縣朱記榮增刻光緒三
　　十二年彙印本　馮貞群跋
　　十一行二十字小字雙行三十字白口
　　　左右雙邊　綫裝　十册
　　　左傳杜解補正三卷
　　　九經誤字一卷
　　　石經考一卷
　　　金石文字記六卷　（清）潘耒補遺
　　　韻補正一卷
　　　譎觚十事一卷

　　　昌平山水記二卷
　　　顧氏譜系考一卷
　　　亭林文集六卷
　　　亭林詩集五卷
　　　亭林餘集一卷
　　　亭林軼詩一卷
　　補遺
　　　顧亭林先生年譜一卷附一卷　（清）
　　　　吳映奎輯
　　　山東攷古錄一卷
　　　京東攷古錄一卷
　　　菰中隨筆一卷
　　　救文格論一卷
　　　五經同異三卷
　　　亭林雜錄一卷
　　　聖安記事二卷
　　　同志贈言一卷　（清）沈岱瞻輯

善 2698
王漁洋遺書三十八種二百七十三卷
（清）王士禎撰并輯
　清康熙刻本
　　十行十九字小字雙行同上下黑口左
　　　右雙邊　綫裝　二册
　存一種四卷：
　　分甘餘話四卷

善 2701
王漁洋遺書三十八種二百七十三卷
（清）王士禎撰并輯
　清康熙刻本
　　十行十九字小字雙行同白口左右雙
　　　邊　綫裝　二册
　存一種十二卷：
　　香祖筆記十二卷

善 2702

王漁洋遺書三十八種二百七十三卷
（清）王士禎撰并輯
清康熙刻本
十行十九字小字雙行同白口左右雙邊　綫裝　四册
存一種十二卷：
　香祖筆記十二卷

善 2703
王漁洋遺書三十八種二百七十三卷
（清）王士禎撰并輯
清康熙刻本
十行十九字小字雙行同白口左右雙邊　綫裝　三册
存一種十二卷：
　香祖筆記十二卷

善 2057
王漁洋遺書三十八種二百七十三卷
（清）王士禎撰并輯
清刻本
十行十九字小字雙行同上下黑口左右雙邊　綫裝　一册
存一種三卷：
　粵行三志三卷
　　南來志一卷
　　廣州遊覽小志一卷
　　北歸志一卷

善 4152
王漁洋遺書三十八種二百七十三卷
（清）王士禎撰并輯
清康熙八年吳郡沂詠堂刻本
十行十九字小字雙行同白口四周單邊　綫裝　六册
存一種二十二卷：
　漁洋山人詩集二十二卷

善 4146
西堂全集四種一百二十八卷　（清）尤侗撰
清康熙刻本
十行二十一字小字雙行同下黑口四周單邊　綫裝　二十五册
存三種一百二十四卷：
　西堂文集二十四卷
　　西堂雜俎一集八卷
　　西堂雜俎三集八卷
　　西堂雜俎二集八卷
　西堂詩集三十卷
　　西堂剩稿二卷
　　西堂秋夢錄一卷
　　西堂小草一卷
　　論語詩一卷
　　右北平集一卷
　　看雲草堂集八卷
　　述祖詩一卷
　　于京集五卷
　　哀絃集二卷
　　擬明史樂府一卷　（清）尤珍注
　　外國竹枝詞一卷　（清）尤珍注
　　百末詞五卷詞餘一卷
　西堂餘集六十四卷
　　性理吟一卷　（宋）朱熹撰
　　後性理吟一卷　（清）尤侗撰
　　年譜圖詩一卷
　　小影圖贊一卷
　　年譜二卷
　　性理吟一卷後吟一卷
　　續論語詩一卷
　　艮齋倦稿詩集十一卷文集十五卷
　　艮齋雜說十卷
　　看鑑偶評五卷
　　明史擬稿六卷外國傳八卷
附
　湘中草六卷　（清）湯傳楹撰

叢書部

善4935
西堂全集四種一百二十八卷 （清）尤侗撰
清康熙中刻本
十行二十一字白口四周單邊　綫裝二册
存一種六卷：
西堂樂府六卷
弔琵琶一卷
鈞天樂一卷
桃花源一卷
讀離騷一卷
黑白衛一卷
清平調一卷

善5034
安溪先生解義三種四卷 （清）李光地撰
清康熙六十一年李馥居業堂刻本
十一行二十字小字雙行同白口四周單邊　綫裝　一册
離騷經一卷附九歌一卷
參同契一卷
陰符經一卷

善4208
介石堂集三種二十六卷 （清）郭起元撰
清乾隆刻本
九行十九字白口左右雙邊　綫裝　四册
存二種二十卷：
介石堂詩集十卷
介石堂古文十卷

善2723
上湖遺集八種三十六卷 （清）汪師韓撰
清乾隆刻本
十三行二十六字小字雙行三十九字不等白口四周單邊　綫裝　三册
存一種六卷：
韓門綴學五卷續編一卷

善0770
晴川八識八種四十一卷 （清）孫之騄撰
清刻本
十行二十字小字雙行同白口左右雙邊　綫裝　三册
存一種八卷：
二申野錄八卷　（清）孫之騄撰

馮善2358
春酒堂遺書四種十二卷 （明）周容撰
馮貞群編
民國馮貞群抄本　清江明　馮貞群跋
十一行二十四字小字雙行無白口左右雙邊　毛裝　四册
春酒堂文存四卷
春酒堂詩存六卷
春酒堂詩話一卷
春酒堂外紀一卷

書名索引字頭拼音檢字

A

a
阿 ………………………… 647

ai
哀 ………………………… 665
艾 ………………………… 629
愛 ………………………… 696

an
安 ………………………… 641
唵 ………………………… 688

ao
凹 ………………………… 632
敖 ………………………… 668
拗 ………………………… 643

B

ba
八 ………………………… 616
巴 ………………………… 626
霸 ………………………… 725

bai
白 ………………………… 633
百 ………………………… 637
拜 ………………………… 662
稗 ………………………… 695

ban
班 ………………………… 668
板 ………………………… 649
半 ………………………… 634
伴 ………………………… 645

bao
包 ………………………… 634
褒 ………………………… 713
保 ………………………… 663
葆 ………………………… 686
寶 ………………………… 724
寳 ………………………… 725
抱 ………………………… 651
豹 ………………………… 671
報 ………………………… 684
鮑 ………………………… 716

bei
北 ………………………… 631
貝 ………………………… 643
備 ………………………… 689

ben
本 ………………………… 630

bi
比 ………………………… 623

筆	689		bo	
敝	679	撥		710
碧	702	泊		656
髩	715	亳		671
壁	717	博		684
避	717	渤		692
鞞	717		bu	
壁	721	卜		616
	bian	補		692
編	714	不		622
邊	721	步		643
扁	667			
汴	645		**C**	
辨	716			
	biao		cai	
標	709	才		618
驃	725	釆		654
表	648	採		679
	bie	彩		680
別	644	綵		709
		蔡		704
	bin		can	
賓	708	參		684
賔	708	糸		693
	bing	驂		725
氷	634	蠶		728
冰	641	粲		695
兵	644		cang	
栟	669	倉		671
炳	666	蒼		694
併	670	滄		701
病	671	藏		717

cao

曹	678
漕	708
草	659

ce

| 冊 | 632 |
| 策 | 689 |

cen

| 岑 | 644 |

cha

| 茶 | 659 |
| 槎 | 694 |

chai

| 釵 | 680 |

chan

| 禪 | 717 |

chang

昌	652
長	648
常	679
唱	679

chao

鈔	690
晁	670
巢	684
朝	686
鼂	695
潮	713
鼌	720

chen

| 郴 | 669 |
| 陳 | 675 |

cheng

稱	705
俑	680
成	637
城	659
乘	670
程	689
誠	697
澄	713

chi

池	641
尺	626
赤	641

chong

充	640
沖	645
憧	713
重	662
崇	680

chou

仇	624
愁	696
籌	724
丑	626

chu

初	647
樗	709
除	667

芻	671
楮	686
楚	694
褚	701
儲	718
處	679

chuan

船	680
傳	696

chuang

窓	682

chui

吹	644

chun

春	657
純	677
淳	682

chuo

輟	710

ci

詞	691
慈	700
磁	705
雌	705
辭	723
次	640
刺	651
賜	710

cong

從	680

聰	717

cu

徂	654
促	663
蹴	722

cui

崔	680
催	696
翠	708

cun

存	637

D

da

打	631
大	617

dai

呆	644
代	633
岱	654
帶	678
戴	717

dan

丹	625
單	688
亶	697
甑	719
噉	705
彈	713
澹	717

書名索引字頭拼音檢字　　　　　　　　　　　　　　563

dang	疊 ················ 727
黨 ················ 724	**ding**
dao	丁 ················ 615
刀 ················ 616	鼎 ················ 688
悼 ················ 682	定 ················ 656
道 ················ 691	訂 ················ 665
de	**dong**
德 ················ 711	冬 ················ 634
deng	東 ················ 649
登 ················ 693	董 ················ 686
燈 ················ 717	洞 ················ 666
鄧 ················ 708	凍 ················ 673
di	**dou**
荻 ················ 669	痘 ················ 691
地 ················ 635	竇 ················ 725
帝 ················ 666	鬭 ················ 728
棣 ················ 686	**du**
dian	都 ················ 668
滇 ················ 701	督 ················ 695
典 ················ 653	獨 ················ 716
電 ················ 695	櫝 ················ 722
簟 ················ 720	牘 ················ 723
diao	讀 ················ 727
琱 ················ 684	杜 ················ 642
雕 ················ 716	度 ················ 665
弔 ················ 626	**duan**
釣 ················ 680	端 ················ 707
die	段 ················ 663
蝶 ················ 711	斷 ················ 721
	dui
	對 ················ 705

dun

敦	691
遁	690
鈍	690
遯	706
燉	717

duo

多	640

E

e

鄂	679

en

恩	670

er

兒	654
耳	635
爾	705
邇	718
二	615

F

fa

發	693
伐	639
罰	705
法	656

fan

番	690
藩	720
樊	709
反	624
返	645
汎	641
泛	645
范	648

fang

方	626
芳	642
放	655

fei

非	651
飛	667
霏	715

fen

分	624
焚	686

feng

封	659
風	665
楓	694
豐	720
馮	691
奉	647
鳳	706

fo

佛	645

fu

敷	710
扶	643

浮	674		ge	
符	680	歌		705
涪	682	革		659
鳧	696	格		669
福	701	隔		693
甫	643		gen	
拊	651	艮		641
撫	710		geng	
簠	720	庚		655
附	647	耕		668
負	665	賡		713
傅	689	耿		668
復	690		gong	
富	692	工		617
賦	710	公		625
		攻		641
G		恭		669
	gai	觥		696
該	697	碧		677
溉	692	鞏		709
	gan		gou	
干	617	勾		625
甘	629	鈎		690
感	695	緱		714
紺	684		gu	
贛	728	姑		657
	gang	孤		657
綱	709	菰		678
	gao	觚		691
高	671	古		629
杲	652	谷		645
槁	705			

股	654
鼓	693
穀	709
固	653
顧	725

gua
瓜	633

guai
怪	656

guan
官	656
關	722
觀	727
管	705
莞	717
灌	724

guang
光	638
廣	706

gui
圭	635
閨	705
龜	718
歸	721
鬼	664
癸	667
桂	669
貴	688

guo
郭	671
國	679
果	652
過	680

H

ha
哈	662

hai
海	674

han
憨	713
邯	642
函	657
寒	692
韓	717
汗	640
漢	707
翰	714

hang
沆	646

hao
濠	719
郝	659
昊	652
浩	674

he
合	640
何	644
和	653
河	656
鶡	724

鶴	…… 726		化	…… 624
			畫	…… 692
hei			話	…… 697
黑	…… 688		**huai**	
heng			淮	…… 682
珩	…… 668		懷	…… 723
橫	…… 714		**huan**	
衡	…… 715		洹	…… 666
hong			桓	…… 669
烘	…… 673		還	…… 715
弘	…… 634		寰	…… 717
洪	…… 666		環	…… 717
紅	…… 667		宦	…… 667
鴻	…… 719		浣	…… 674
hou			豢	…… 700
侯	…… 664		**huang**	
厚	…… 661		皇	…… 663
後	…… 664		黃	…… 677
hu			黌	…… 678
滹	…… 708		篁	…… 711
寠	…… 708		**hui**	
胡	…… 660		灰	…… 637
壺	…… 684		揮	…… 687
湖	…… 692		輝	…… 710
壼	…… 693		徽	…… 718
鵠	…… 720		回	…… 638
虎	…… 651		晦	…… 679
戶	…… 625		惠	…… 686
護	…… 724		喙	…… 688
hua			會	…… 696
花	…… 642		彙	…… 702
華	…… 668		蕙	…… 709
			繪	…… 724

hun

婚	684
渾	692

huo

活	666
或	651
貨	680
霍	715
獲	716

J

ji

稘	688
箕	705
稽	711
機	714
雞	721
吉	635
汲	641
急	665
集	689
己	619
季	653
紀	667
記	671
寄	682
髻	714
薊	714
濟	719
繼	725

jia

夾	643
家	674
嘉	702
甲	632
賈	694
稼	711

jian

兼	673
牋	689
縑	694
煎	700
監	705
箋	705
艱	717
剪	682
翦	713
蹇	719
謇	719
繭	720
簡	720
璽	724
見	643
建	657
劍	711
澗	713
劒	716
鑑	727

jiang

江	640
姜	666
蔣	704
將	683

jiao

交	640
郊	655

椒	686		荆	659
蛟	688		涇	673
焦	690		旌	681
蕉	709		經	701
鮫	719		精	707
脚	680		井	621
腳	696		景	688
教	677		净	666
嶠	711		敬	686
譑	721		靖	697
			靚	709
			靜	714
			鏡	723

jie

絜	684
節	696
詰	697
碣	705
羯	713
鮚	719
解	696
介	624
戒	641
芥	642

jiu

九	616
酒	673
救	679
就	691
舊	717

jin

巾	619
今	624
金	654
津	667
錦	716
近	645
晉	670
靳	693
墐	702

ju

拘	651
居	657
駒	709
鞠	717
菊	678
橘	714
蘜	724
舉	715
句	633
鉅	690
聚	704
劇	710

juan

鵑	720

jing

京	655
荆	659

鐫 724
卷 656
倦 670

jue

決 641
絕 693
譎 723

jun

軍 667
菌 678
鈞 690
筠 696
郡 667
浚 674

K

kai

開 688

kan

勘 677
堪 684
看 662

kang

康 681
亢 626

kao

考 635
攷 638
栲 669

ke

珂 659
科 662
可 630
克 642
刻 655
客 667
尅 669
課 712

kong

空 656
孔 626

kou

口 619
叩 632

ku

酷 705

kuai

快 645

kuang

匡 635
狂 645

kui

窺 717
暌 695
夔 724
愧 691

kun

崑 680

困 644

kuo

括 661
廓 697

L

lai

來 649
萊 678
賴 714
籟 727

lan

蘭 724
讕 728
嬾 724
斕 724
孏 727
攬 728
爛 725

lang

琅 677
娜 684
瑯 684

lao

老 635

lei

雷 695
耒 635
磊 710
類 723

leng

冷 645

li

黎 711
藜 720
離 721
蠡 726
李 642
理 677
澧 717
禮 719
立 634
吏 636
荔 660
笠 680
歷 705
隸 714
曆 715
隸 718
癘 719
麗 722
儷 725

lian

連 669
蓮 693
濂 717
聯 717
瀲 725

liang

良 646
凉 673
梁 682
兩 651

量	687	龍		716
		壟		722
liao		壠		723
聊	677			
遼	710	**lou**		
燎	717	陋		657
蓼	705	漏		708
lie		**lu**		
列	637	盧		715
		蘆		722
lin		廬		723
林	649	虜		695
隣	708	魯		711
臨	718	陸		675
麟	727	鹿		681
		路		695
ling		錄		716
凌	673	潞		717
陵	675	麓		722
零	695			
靈	727	**lü**		
嶺	718	呂		644
令	633	履		713
		律		664
liu		綠		709
留	671			
流	674	**luan**		
琉	677	欒		727
罶	684	灤		728
劉	711	鑾		728
柳	661			
栁	678	**lue**		
六	625	畧		679
long		**lun**		
隆	683	論		712

luo

字	頁
羅	722
蘿	727
洛	666
落	686
駱	714

M

ma

字	頁
麻	681
馬	668

mai

字	頁
脉	665
脈	671

man

字	頁
曼	679
漫	708

mang

字	頁
蘷	722

mao

字	頁
毛	624
茅	649
茂	648
鄮	706

mei

字	頁
眉	667
梅	678
每	644
渼	692
媚	693

men

字	頁
捫	679

meng

字	頁
夢	693
盟	695
蒙	694
孟	657

mi

字	頁
迷	666
米	640
祕	667
秘	670

mian

字	頁
綿	709
沔	645
勉	665

miao

字	頁
妙	647
廟	712

mie

字	頁
蠛	724

min

字	頁
閔	688
閩	705

ming

字	頁
名	640
明	652
茗	660

洺	666		nei
冥	675	内	624
鳴	705		neng
	mo	能	677
魔	724		ni
秣	670	擬	718
墨	711		nian
默	715	輦	709
	mou	廿	622
某	659	念	654
	mu		nie
牡	644	聶	720
胐	665		ning
木	622	寧	708
牧	653	凝	716
募	685		nong
墓	693	農	695
睦	695		nü
幙	695	女	619
穆	715		nuan
		暖	695
			nuo
		諾	712

N

nai
奈 …… 651

nan
南 …… 660
難 …… 722

ne
訥 …… 681

O

ou
歐 ……………………………… 710
偶 ……………………………… 680

P

pai
牌 ……………………………… 689

pan
潘 ……………………………… 713
盤 ……………………………… 711
蟠 ……………………………… 720
判 ……………………………… 645

pei
裴 ……………………………… 705
沛 ……………………………… 645
佩 ……………………………… 654

pen
盆 ……………………………… 665

peng
彭 ……………………………… 684
蓬 ……………………………… 694
篷 ……………………………… 715

pi
邳 ……………………………… 643
批 ……………………………… 643
皮 ……………………………… 635
毘 ……………………………… 661

毗 ……………………………… 670
埤 ……………………………… 677
琵 ……………………………… 684
脾 ……………………………… 690
否 ……………………………… 643

pian
片 ……………………………… 624

piao
漂 ……………………………… 708

pin
貧 ……………………………… 680
品 ……………………………… 662

ping
平 ……………………………… 631
瓶 ……………………………… 673
餅 ……………………………… 688

po
坡 ……………………………… 648
鄱 ……………………………… 706
破 ……………………………… 670

pu
莆 ……………………………… 669
菩 ……………………………… 678
蒲 ……………………………… 694
濮 ……………………………… 719
浦 ……………………………… 673
普 ……………………………… 691
譜 ……………………………… 723
曝 ……………………………… 722

Q

qi

字	页码
七	616
栖	669
期	684
棲	686
祁	641
奇	651
竒	666
耆	668
淇	682
萁	684
棋	686
旗	707
齊	707
蕲	722
乞	619
芑	636
契	657
起	668
氣	670
啟	682

qia

| 洽 | 666 |

qian

千	619
汧	645
鉛	696
前	666
乾	678
鈐	690
潛	713
黔	715
錢	716
濳	713

qiao

| 樵 | 714 |
| 譙 | 723 |

qie

| 切 | 623 |
| 伽 | 645 |

qin

親	716
秦	668
琴	684
禽	690
欽	690

qing

青	647
清	682
鯖	723
情	681
晴	687

qiong

| 窮 | 713 |
| 瓊 | 720 |

qiu

丘	633
秋	662
求	643
虯	644
逎	691

qu

曲	638
屈	657
袪	667
祛	675
趨	717
麴	722
衢	728

quan

全	639
泉	664
詮	697
權	725

que

却	642
卻	665
確	710

qun

| 群 | 701 |
| 羣 | 701 |

R

ran

| 然 | 691 |

rao

| 饒 | 724 |

ren

人	616
壬	624
仁	624
忍	647
任	639

ri

| 日 | 623 |

rong

戎	635
容	674
蓉	694
溶	701
榕	705
榮	707

rou

| 肉 | 638 |

ru

如	641
茹	660
儒	715
汝	641
入	616

ruan

| 阮 | 641 |

rui

| 蕊 | 692 |
| 瑞 | 693 |

run

| 潤 | 713 |

S

sa
灑	727
薩	714

san
三	616
散	685

sang
桑	677
喪	686

sao
騷	722

sha
沙	645
殺	671
萐	678

shan
山	619
刪	644
珊	659
陝	667
剡	673
善	691
膳	716

shang
商	681
傷	696
觴	721
賞	710
上	618
尚	651

shao
芍	635
苕	649
少	623
邵	647
哨	670
紹	684

she
射	670
涉	673
歙	716
攝	725

shen
申	632
呻	653
莘	669
深	682
神	667
沈	646
審	713
慎	700
愼	700

sheng
升	624
生	633
笙	680
澠	717
省	661
盛	678
勝	691

書名索引字頭拼音檢字 579

| 聖 | 693 |
| 嵊 | 695 |

shi

施	666
師	670
獅	696
詩	696
十	615
石	631
拾	661
食	665
實	708
識	723
史	632
矢	633
使	653
始	657
駛	709
士	617
世	629
式	635
事	651
侍	653
是	661
視	683
試	696
適	707
釋	724

shou

手	624
守	641
授	679
壽	704
瘦	707
獸	722

shu

抒	643
殊	670
書	675
菽	678
舒	690
疏	693
蔬	709
蜀	695
鼠	696
述	649
漱	708
數	711
樹	714

shuang

| 霜 | 718 |
| 雙 | 721 |

shui

| 水 | 627 |
| 睡 | 695 |

shun

| 順 | 689 |

shuo

| 說 | 706 |
| 朔 | 673 |

si

思	661
司	634
死	637
巳	619
四	632

寺	635

song

松	649
嵩	695
宋	646

sou

搜	687

su

蘇	722
俗	663
素	668
涑	673
宿	682
瀟	717

suan

筭	696

sui

隋	683
隨	708
遂	691
碎	695
歲	695
誶	712

sun

孫	677
筍	689
損	695

suo

娑	673
瑣	702

璅	709

T

tai

胎	665
台	635
臺	704
太	622
泰	668

tan

談	712
曇	715
檀	718
譚	723
坦	648
探	679

tang

湯	692
唐	671
棠	687
糖	717

tao

弢	657
逃	665
桃	669
陶	676

teng

滕	711

ti

提	687

體 727

tian
天 621
田 632

tiao
條 669
蜩 705
調 712

tie
鐵 725

ting
汀 634
桯 678
聽 727
廷 639
亭 665
庭 665
停 680
艇 690

tong
通 676
同 638
桐 669
童 691
銅 706

tou
投 643
骰 695

tu
禿 644

屠 683
圖 705
土 617

tui
推 679
退 667

tun
吞 641

tuo
託 671
橐 704
妥 645
唾 680

W

wai
外 634

wan
丸 619
完 646
玩 647
宛 657
晚 679
琬 684
卍 626
萬 685

wang
汪 645
王 620
往 654

輞	710
忘	645
望	681

wei

威	661
微	696
韋	662
為	667
惟	682
違	688
圍	688
維	709
未	628
味	652
委	653
畏	661
尉	683
葦	686
猥	691
渭	692
衛	711
緯	714
魏	718

wen

溫	701
瘟	707
文	625
聞	705
問	679

weng

甕	719

wo

卧	651
握	687

wu

烏	671
无	621
吾	643
吳	644
梧	678
無	688
五	622
午	624
伍	639
武	647
舞	705
戊	631
物	653
誤	706
寤	708

X

xi

西	636
希	645
析	649
息	670
奚	671
晞	679
惜	681
晰	687
蜥	695
溪	701
熙	704
熹	714
谿	719
席	671

洗	666	**xiao**	
戲	718	消	674
xia		宵	674
峽	670	銷	711
暇	695	蕭	714
霞	718	瀟	724
下	617	驍	727
夏	669	小	619
xian		曉	715
仙	633	謏	716
先	639	孝	641
咸	661	校	669
閑	688	笑	670
閒	688	嘯	705
銜	706	**xie**	
賢	710	歇	695
瞷	725	斜	680
顯	727	諧	716
峴	670	謝	719
陷	676	蟹	723
現	677	**xin**	
憲	717	辛	645
獻	724	新	697
xiang		信	663
相	661	**xing**	
香	662	星	661
祥	675	興	715
鄉	684	刑	635
湘	692	邢	635
襄	719	行	639
象	681	杏	642
項	684	幸	648
像	696	性	656

姓	……	657

xiong

凶	……	624
雄	……	686
熊	……	708

xiu

修	……	663
脩	……	671
秀	……	644
袖	……	675
繡	……	724

xu

虛	……	679
虛	……	687
墟	……	702
徐	……	670
栩	……	669
許	……	681
恤	……	666
畜	……	673
緒	……	709
續	……	726

xuan

宣	……	667
軒	……	669
玄	……	634
懸	……	724
選	……	713

xue

薛	……	714
學	……	715
雪	……	678

謔	……	716

xun

勳	……	715
荀	……	659
循	……	690
尋	……	692
詢	……	697
潯	……	713
殉	……	670
訓	……	671
巽	……	693
遜	……	701

Y

ya

雅	……	687

yan

鄢	……	693
煙	……	700
延	……	639
言	……	645
炎	……	656
研	……	661
顏	……	721
嚴	……	722
簷	……	723
巖	……	727
鹽	……	727
衍	……	664
弇	……	665
兗	……	666
郾	……	678
偃	……	680

書名索引字頭拼音檢字　　585

演	708	伊	639
儼	725	衣	640
彥	666	猗	681
晏	670	醫	720
硯	686	夷	638
雁	686	沂	645
燕	714	怡	656
鴈	715	宜	656
		移	680
yang		疑	706
羊	640	遺	710
洋	666	儀	711
陽	683	乙	615
揚	687	亦	640
楊	694	易	652
暘	695	帙	653
煬	701	弈	666
仰	639	奕	666
養	713	益	673
		異	679
yao		逸	681
妖	647	翊	681
姚	667	瘍	697
堯	684	意	700
萄	686	義	700
藥	720	憶	717
耀	724	臆	719
		翼	720
ye		藝	720
冶	646	譯	724
野	679	議	724
夜	655		
葉	685	**yin**	
鄴	710	因	638
		音	666
yi		殷	671
一	615	陰	676

陰	683
吟	644
鄞	693
銀	706
蠷	720
尹	626
蚓	670
飲	690
隱	717
瀯	724
印	633

ying

英	648
嬰	718
應	719
嚶	724
鸚	728
螢	717
營	717
瀛	724
影	710
穎	712
穎	716
映	661

yong

庸	681
雍	700
擁	714
癰	727
永	634
甬	647
詠	691
湧	692

you

幽	662
尤	623
由	632
迪	670
遊	691
游	692
輶	714
友	623
有	637
酉	643
右	631
幼	635
祐	667

yu

迂	635
于	617
余	645
娛	676
魚	680
虞	695
艅	696
漁	708
餘	711
與	718
雨	651
庾	681
語	706
玉	627
芋	635
郁	651
遇	688
御	690
寓	692
豫	713

鬱	727		**Z**	
鬱	728			
yuan			za	
冤	675	雜		721
鴛	716		zai	
元	621	載		693
袁	668	在		637
原	670		zan	
圓	688	簪		720
園	695		zang	
圜	695	塟		685
苑	648	葬		685
掾	687		zao	
願	722	造		670
yue			ze	
約	667	則		661
月	625	澤		717
岳	653		zeng	
悅	673	曾		691
越	684	增		704
粵	696	增		709
閱	710	贈		722
樂	713		zha	
嶽	718	霅		710
yun			zhai	
芸	642	齋		719
雲	686	宅		641
篔	715			
允	626			
鄆	682			
運	692			
韻	723			

zhan

占	632
湛	692
戰	715

zhang

章	681
張	683
彰	707
漳	708

zhao

昭	661
趙	702

zhe

柘	661
浙	673

zhen

枕	649
珍	659
貞	661
真	669
振	670
針	671
眞	671
疹	671
甄	694
震	710
鍼	719
鎮	721

zheng

征	654
爭	654
正	628
政	659
鄭	707
證	723

zhi

支	622
芝	635
枝	649
知	653
織	721
直	649
植	686
摭	705
止	623
咫	667
紙	677
至	638
志	642
制	653
炙	655
治	656
致	670
質	711

zhong

中	623
忠	653
終	684
鍾	719
鐘	724
種	705
眾	680

zhou

周	654
晝	683

籀 …………………………… 722	子 …………………………… 620
zhu	秭 …………………………… 662
朱 …………………………… 638	梓 …………………………… 678
珠 …………………………… 668	紫 …………………………… 687
硃 …………………………… 678	自 …………………………… 639
諸 …………………………… 712	字 …………………………… 641
竹 …………………………… 639	**zong**
竺 …………………………… 653	宗 …………………………… 656
逐 …………………………… 670	總 …………………………… 720
渚 …………………………… 682	**zou**
麈 …………………………… 684	鄒 …………………………… 691
煮 …………………………… 684	奏 …………………………… 657
塵 …………………………… 716	**zu**
祝 …………………………… 667	祖 …………………………… 667
註 …………………………… 691	**zuan**
zhuan	纂 …………………………… 724
撰 …………………………… 710	**zui**
賺 …………………………… 718	醉 …………………………… 710
zhuang	**zun**
莊 …………………………… 669	尊 …………………………… 691
粧 …………………………… 691	遵 …………………………… 713
zhuo	**zuo**
拙 …………………………… 651	昨 …………………………… 661
卓 …………………………… 651	左 …………………………… 630
捉 …………………………… 670	坐 …………………………… 645
涿 …………………………… 682	
灼 …………………………… 645	**其他**
酌 …………………………… 669	
濯 …………………………… 719	□ …………………………… 728
zi	
淄 …………………………… 682	
資 …………………………… 701	

書名索引字頭筆畫檢字

一畫

一 ………………………………… 615
乙 ………………………………… 615

二畫

二 ………………………………… 615
十 ………………………………… 615
丁 ………………………………… 615
七 ………………………………… 616
卜 ………………………………… 616
八 ………………………………… 616
人 ………………………………… 616
入 ………………………………… 616
九 ………………………………… 616
刀 ………………………………… 616

三畫

三 ………………………………… 616
干 ………………………………… 617
于 ………………………………… 617
工 ………………………………… 617
士 ………………………………… 617
土 ………………………………… 617
下 ………………………………… 617
大 ………………………………… 617
才 ………………………………… 618
上 ………………………………… 618
口 ………………………………… 619
巾 ………………………………… 619
山 ………………………………… 619
千 ………………………………… 619
乞 ………………………………… 619
丸 ………………………………… 619
己 ………………………………… 619
巳 ………………………………… 619
女 ………………………………… 619
小 ………………………………… 619
子 ………………………………… 620

四畫

王 ………………………………… 620
井 ………………………………… 621
天 ………………………………… 621
无 ………………………………… 621
元 ………………………………… 621
廿 ………………………………… 622
木 ………………………………… 622
五 ………………………………… 622
支 ………………………………… 622
不 ………………………………… 622
太 ………………………………… 622
尤 ………………………………… 623
友 ………………………………… 623
比 ………………………………… 623
切 ………………………………… 623
止 ………………………………… 623
少 ………………………………… 623

日	623
中	623
内	624
午	624
毛	624
手	624
壬	624
升	624
仁	624
片	624
仇	624
化	624
反	624
介	624
今	624
凶	624
分	624
公	625
月	625
户	625
丹	625
勾	625
六	625
文	625
亢	626
方	626
尹	626
尺	626
弔	626
丑	626
卍	626
巴	626
允	626
孔	626
水	627

五畫

玉	627
未	628
正	628
甘	629
世	629
艾	629
古	629
本	630
可	630
左	630
石	631
右	631
戊	631
平	631
打	631
北	631
占	632
甲	632
申	632
田	632
由	632
冊	632
史	632
叩	632
凹	632
四	633
生	633
矢	633
丘	633
代	633
仙	633
白	633
瓜	633
令	633

印	633	吏	636
句	633	西	636
外	634	在	637
冬	634	百	637
包	634	有	637
立	634	存	637
玄	634	灰	637
氷	634	列	637
半	634	死	637
汀	634	成	637
永	634	夷	638
司	634	攷	638
弘	634	至	638
皮	635	光	638
台	635	曲	638
幼	635	同	638
		因	638
		回	638
		肉	638

六畫

匡	635	朱	638
耒	635	先	639
式	635	廷	639
刑	635	竹	639
邢	635	伍	639
戎	635	伐	639
迉	635	延	639
圭	635	任	639
寺	635	仰	639
吉	635	自	639
考	635	伊	639
老	635	行	639
地	635	全	639
耳	635	合	640
芋	635	名	640
芍	635	多	640
芝	635	交	640
苣	636	衣	640

亦 …… 640	杜 …… 642
充 …… 640	杏 …… 642
羊 …… 640	李 …… 642
米 …… 640	甫 …… 643
次 …… 640	吾 …… 643
汗 …… 640	酉 …… 643
江 …… 640	邠 …… 643
汎 …… 641	否 …… 643
汲 …… 641	夾 …… 643
池 …… 641	扶 …… 643
汝 …… 641	批 …… 643
决 …… 641	投 …… 643
守 …… 641	抒 …… 643
宅 …… 641	扚 …… 643
安 …… 641	求 …… 643
冰 …… 641	步 …… 643
字 …… 641	貝 …… 643
祁 …… 641	見 …… 643
艮 …… 641	呆 …… 644
阮 …… 641	虬 …… 644
如 …… 641	困 …… 644
	呂 …… 644
七畫	吟 …… 644
	別 …… 644
戒 …… 641	吹 …… 644
吞 …… 641	吳 …… 644
攻 …… 641	刪 …… 644
赤 …… 641	岑 …… 644
孝 …… 641	牡 …… 644
志 …… 642	秃 …… 644
却 …… 642	秀 …… 644
邯 …… 642	每 …… 644
芸 …… 642	兵 …… 644
花 …… 642	何 …… 644
芥 …… 642	伴 …… 645
芳 …… 642	佛 …… 645
克 …… 642	伽 …… 645

近	645
返	645
余	645
希	645
坐	645
谷	645
妥	645
狂	645
言	645
辛	645
忘	645
快	645
判	645
灼	645
冷	645
汪	645
汧	645
沛	645
沔	645
沙	645
沖	645
沂	645
泛	645
汴	645
沆	646
沈	646
完	646
宋	646
冶	646
良	646
初	647
阿	647
附	647
妙	647
妖	647
邵	647
忍	647
甬	647

八畫

奉	647
玩	647
武	647
青	647
表	648
長	648
坦	648
幸	648
坡	648
茂	648
英	648
苑	648
范	648
直	649
茗	649
茅	649
林	649
枝	649
析	649
板	649
來	649
松	649
述	649
枕	649
東	649
或	651
卧	651
事	651
刺	651
兩	651
雨	651
郁	651
奈	651

字	頁	字	頁
奇	651	往	654
拊	651	金	654
拘	651	采	654
抱	651	爭	654
拙	651	念	654
非	651	股	654
卓	651	周	654
虎	651	炙	655
尚	651	京	655
昊	652	夜	655
果	652	郊	655
味	652	庚	655
杲	652	放	655
昌	652	刻	655
明	652	性	656
易	652	怪	656
典	653	怡	656
固	653	卷	656
忠	653	炎	656
呻	653	法	656
制	653	河	656
知	653	泊	656
牧	653	治	656
物	653	宗	656
和	653	定	656
秈	653	宜	656
委	653	官	656
季	653	空	657
竺	653	宛	657
侍	653	建	657
岳	653	居	657
使	654	屈	657
岱	654	弢	657
兒	654	陋	657
佩	654	姑	657
征	654	姓	657
徂	654	始	657

孟	657	貞	661
孤	657	省	661
函	657	是	661
		則	661
		映	661
		星	661
		昨	661
		昭	661
		畏	661
		毗	661
		思	661

九畫

契	657	韋	662
奏	657	品	662
春	657	哈	662
珂	659	幽	662
珍	659	拜	662
珊	659	看	662
封	659	香	662
城	659	秭	662
政	659	秋	662
郝	659	科	662
某	659	重	662
荊	659	段	663
荊	659	修	663
革	659	保	663
草	659	促	663
茶	659	俗	663
荀	659	信	663
茗	660	皇	663
胡	660	鬼	664
茹	660	泉	664
荔	660	侯	664
南	660	衍	664
柘	661	律	664
相	661	後	664
柳	661	弇	665
咸	661	卻	665
威	661		
研	661		
厚	661		
括	661		
拾	661		

字	頁	字	頁
食	665	洋	666
逃	665	津	667
盆	665	宣	667
脉	665	宦	667
胎	665	客	667
胊	665	軍	667
負	665	扁	667
勉	665	袪	667
風	665	祐	667
急	665	祖	667
訂	665	神	667
哀	665	祝	667
亭	665	祕	667
度	665	為	667
庭	665	郡	667
彥	666	退	667
兗	666	咫	667
施	666	眉	667
弈	666	陝	667
奕	666	除	667
音	666	姚	667
奇	666	飛	667
帝	666	癸	667
恤	666	紅	667
姜	666	約	667
迷	666	紀	667

十畫

字	頁
耕	668
秦	668
泰	668
珠	668
珩	668
敖	668
班	668
素	668

前 666
炳 666
洪 666
洹 666
洞 666
洗 666
活 666
洽 666
洛 666
洺 666
净 666

馬	668	致	670
起	668	晉	670
袁	668	逌	670
都	668	晁	670
耆	668	晏	670
耿	668	蚍	670
華	668	蚓	670
莆	669	哨	670
恭	669	恩	670
莊	669	峽	670
荻	669	峴	670
莘	669	氣	670
真	669	造	670
尅	669	乘	670
桂	669	秣	670
栲	669	秘	670
梛	669	笑	670
桓	669	併	670
栖	669	倦	670
條	669	射	670
桐	669	息	670
桃	669	師	670
格	669	徐	670
校	669	殷	671
栟	669	針	671
栩	669	殺	671
軒	669	豹	671
連	669	奚	671
酌	669	倉	671
夏	669	脩	671
破	670	脈	671
原	670	烏	671
逐	670	眞	671
殊	670	留	671
殉	670	芻	671
振	670	託	671
捉	670	訓	671

記	671
高	671
亳	671
郭	671
席	671
病	671
疹	671
唐	671
畜	673
悅	673
瓶	673
益	673
兼	673
朔	673
烘	673
剡	673
凌	673
凍	673
浦	673
涑	673
涼	673
酒	673
浙	673
涇	673
涉	673
娑	673
消	674
浩	674
海	674
浮	674
流	674
浣	674
浚	674
家	674
宵	674
容	674
袪	675
袖	675
祥	675
冥	675
冤	675
書	675
陸	675
陵	675
陳	675
陰	676
陶	676
陷	676
娛	676
通	676
能	677
桑	677
孫	677
純	677
紙	677

十一畫

理	677
現	677
琉	677
琅	677
埠	677
教	677
碧	677
勘	677
聊	677
黃	677
萊	678
菫	678
菫	678
菽	678
菌	678
菊	678

菩	………	678	崑	……… 680
乾	………	678	崔	……… 680
菰	………	678	崇	……… 680
梧	………	678	過	……… 680
梆	………	678	移	……… 680
桯	………	678	笙	……… 680
梅	………	678	符	……… 680
梓	………	678	笠	……… 680
郾	………	678	偃	……… 680
曹	………	678	偶	……… 680
帶	………	678	偁	……… 680
硃	………	678	停	……… 680
盛	………	678	貨	……… 680
雪	………	678	從	……… 680
捫	………	679	船	……… 680
推	………	679	釣	……… 680
採	………	679	釵	……… 680
授	………	679	斜	……… 680
探	………	679	彩	……… 680
救	………	679	貧	……… 680
虛	………	679	脚	……… 680
處	………	679	魚	……… 680
敝	………	679	象	……… 681
常	………	679	逸	……… 681
野	………	679	猗	……… 681
問	………	679	訥	……… 681
曼	………	679	許	……… 681
晦	………	679	麻	……… 681
晞	………	679	庾	……… 681
晚	………	679	庸	……… 681
異	………	679	康	……… 681
畧	………	679	鹿	……… 681
鄂	………	679	旌	……… 681
唱	………	679	章	……… 681
國	………	679	翊	……… 681
唾	………	680	商	……… 681
眾	………	680	望	……… 681

情 …… 681	巢 …… 684
惜 …… 681	
悼 …… 682	**十二畫**
惟 …… 682	
剪 …… 682	絜 …… 684
清 …… 682	琵 …… 684
渚 …… 682	琴 …… 684
淇 …… 682	琱 …… 684
涿 …… 682	琬 …… 684
淮 …… 682	瑯 …… 684
淳 …… 682	堯 …… 684
涪 …… 682	堪 …… 684
深 …… 682	項 …… 684
梁 …… 682	越 …… 684
淄 …… 682	博 …… 684
寄 …… 682	彭 …… 684
宿 …… 682	奡 …… 684
窓 …… 682	煮 …… 684
郾 …… 682	報 …… 684
啟 …… 682	壺 …… 684
視 …… 683	甾 …… 684
晝 …… 683	棊 …… 684
尉 …… 683	期 …… 684
屠 …… 683	葉 …… 685
將 …… 683	散 …… 685
張 …… 683	堻 …… 685
隋 …… 683	葬 …… 685
陽 …… 683	募 …… 685
陰 …… 683	萬 …… 685
隆 …… 683	董 …… 686
婚 …… 684	葆 …… 686
娜 …… 684	敬 …… 686
參 …… 684	落 …… 686
鄉 …… 684	葦 …… 686
紺 …… 684	萄 …… 686
終 …… 684	朝 …… 686
紹 …… 684	喪 …… 686

楮	…… 686		喙	…… 688
棋	…… 686		黑	…… 688
植	…… 686		圍	…… 688
焚	…… 686		圓	…… 688
椒	…… 686		無	…… 688
棲	…… 686		餅	…… 688
棣	…… 686		稌	…… 688
惠	…… 686		程	…… 689
硯	…… 686		策	…… 689
雁	…… 686		筍	…… 689
雄	…… 686		筆	…… 689
雲	…… 686		備	…… 689
揚	…… 687		傅	…… 689
提	…… 687		牋	…… 689
搜	…… 687		牌	…… 689
揮	…… 687		順	…… 689
握	…… 687		集	…… 689
掾	…… 687		焦	…… 690
雅	…… 687		遁	…… 690
紫	…… 687		御	…… 690
虛	…… 687		復	…… 690
棠	…… 687		循	…… 690
晴	…… 687		艇	…… 690
晰	…… 687		舒	…… 690
量	…… 687		鉅	…… 690
鼎	…… 688		鈍	…… 690
開	…… 688		鈔	…… 690
閑	…… 688		鈐	…… 690
間	…… 688		欽	…… 690
閔	…… 688		鈞	…… 690
遇	…… 688		鈎	…… 690
景	…… 688		番	…… 690
貴	…… 688		禽	…… 690
蛟	…… 688		飲	…… 690
違	…… 688		脾	…… 690
單	…… 688		勝	…… 691
喻	…… 688		猥	…… 691

觚	691	蕊	692
然	691	尋	692
鄒	691	畫	692
註	691	巽	693
詠	691	疏	693
詞	691	隔	693
就	691	媚	693
敦	691	登	693
痘	691	發	693
遊	691	矞	693
童	691	絕	693

十三畫

愧	691	瑞	693
善	691	載	693
普	691	鄔	693
粧	691	鼓	693
尊	691	壺	693
酋	691	聖	693
道	691	鄞	693
遂	691	蓮	693
曾	691	靳	693
馮	691	墓	693
湛	692	夢	693
湖	692	蒼	694
湘	692	蓬	694
渤	692	蒹	694
湯	692	蒲	694
渭	692	蓉	694
游	692	蒙	694
渼	692	楚	694
渾	692	楊	694
溉	692	楓	694
湧	692	槎	694
寒	692	甄	694
富	692	賈	694
寓	692		
運	692		
補	692		

書名索引字頭筆畫檢字

感	……………………………	695	催	…………………………… 696
碎	……………………………	695	傷	…………………………… 696
電	……………………………	695	像	…………………………… 696
雷	……………………………	695	粵	…………………………… 696
零	……………………………	695	微	…………………………… 696
損	……………………………	695	艅	…………………………… 696
督	……………………………	695	鉛	…………………………… 696
歲	……………………………	695	會	…………………………… 696
虜	……………………………	695	愛	…………………………… 696
粲	……………………………	695	裊	…………………………… 696
虞	……………………………	695	腳	…………………………… 696
睦	……………………………	695	獅	…………………………… 696
毫	……………………………	695	觟	…………………………… 696
睡	……………………………	695	解	…………………………… 696
暘	……………………………	695	試	…………………………… 696
暖	……………………………	695	詩	…………………………… 696
盟	……………………………	695	詰	…………………………… 697
歇	……………………………	695	誠	…………………………… 697
暇	……………………………	695	話	…………………………… 697
暌	……………………………	695	詮	…………………………… 697
路	……………………………	695	詢	…………………………… 697
園	……………………………	695	該	…………………………… 697
蜍	……………………………	695	亶	…………………………… 697
農	……………………………	695	廓	…………………………… 697
幎	……………………………	695	瘞	…………………………… 697
蜀	……………………………	695	靖	…………………………… 697
嵊	……………………………	695	新	…………………………… 697
嵩	……………………………	695	意	…………………………… 700
圓	……………………………	695	雍	…………………………… 700
骰	……………………………	695	慎	…………………………… 700
稗	……………………………	695	愼	…………………………… 700
愁	……………………………	696	義	…………………………… 700
筭	……………………………	696	豢	…………………………… 700
筠	……………………………	696	煎	…………………………… 700
節	……………………………	696	慈	…………………………… 700
傳	……………………………	696	煙	…………………………… 700
鼠	……………………………	696	煬	…………………………… 701

資	…… 701		碣	…… 705
滇	…… 701		磁	…… 705
溫	…… 701		爾	…… 705
溪	…… 701		摭	…… 705
滄	…… 701		裴	…… 705
溶	…… 701		雌	…… 705
褚	…… 701		對	…… 705
福	…… 701		閨	…… 705
群	…… 701		聞	…… 705
羣	…… 701		閩	…… 705
遜	…… 701		蜩	…… 705
經	…… 701		鳴	…… 705
彙	…… 702		嘯	…… 705
			噉	…… 705
			罰	…… 705
十四畫			圖	…… 705
			舞	…… 705
瑣	…… 702		種	…… 705
碧	…… 702		稱	…… 705
墐	…… 702		箕	…… 705
趙	…… 702		箋	…… 705
墟	…… 702		管	…… 705
嘉	…… 702		銜	…… 706
增	…… 704		銅	…… 706
橐	…… 704		銀	…… 706
臺	…… 704		鄫	…… 706
壽	…… 704		遯	…… 706
聚	…… 704		鳳	…… 706
蔣	…… 704		疑	…… 706
蔡	…… 704		鄧	…… 706
熙	…… 704		語	…… 706
蓼	…… 705		誤	…… 706
槁	…… 705		說	…… 706
榕	…… 705		廣	…… 706
歌	…… 705		瘟	…… 707
監	…… 705		瘦	…… 707
酷	…… 705		旗	…… 707
歷	…… 705			

彰	707
端	707
適	707
齊	707
精	707
鄭	707
榮	707
漢	707
漕	708
漱	708
漂	708
滹	708
漫	708
漁	708
漳	708
演	708
漏	708
賓	708
瘖	708
寤	708
寧	708
寘	708
實	708
隨	708
隣	708
熊	708
鄧	708
翠	708
緒	709
綱	709
維	709
綿	709
綵	709
綠	709

十五畫

靚	709
璞	709
輦	709
駛	709
駉	709
鞏	709
增	709
穀	709
蕙	709
蕉	709
蔬	709
標	709
樗	709
樊	709
敷	710
輞	710
輟	710
歐	710
賢	710
醉	710
磊	710
遼	710
確	710
震	710
霅	710
撫	710
撰	710
撥	710
劇	710
鄰	710
輝	710
賞	710
賦	710
賜	710

閱	710
影	710
遺	710
蝶	711
數	711
嶠	711
墨	711
稽	711
黎	711
稼	711
篁	711
儀	711
質	711
德	711
衛	711
盤	711
銷	711
劍	711
餘	711
滕	711
魯	711
劉	711
潁	712
諸	712
諾	712
課	712
論	712
調	712
諔	712
談	712
廟	712
褒	713
麕	713
憧	713
羯	713
養	713
蕢	713

遵	713
潛	713
潮	713
澘	713
潤	713
澗	713
潘	713
潯	713
澄	713
窮	713
審	713
憨	713
履	713
彈	713
選	713
豫	713
樂	713
緯	714
緱	714
編	714

十六畫

靜	714
隸	714
髻	714
駱	714
熹	714
擁	714
燕	714
薛	714
薊	714
蕭	714
翰	714
薩	714
樹	714
橫	714

樵	714
橘	714
機	714
輶	714
賴	714
臠	715
歷	715
霏	715
霍	715
膚	715
盧	715
曉	715
曇	715
戰	715
還	715
默	715
黔	715
穆	715
勳	715
篔	715
篷	715
舉	715
興	715
學	715
儒	715
衡	715
錢	716
錦	716
錄	716
劒	716
歙	716
膳	716
雕	716
鮑	716
獲	716
穎	716
獨	716
鴛	716
諧	716
謔	716
諛	716
凝	716
塵	716
辨	716
親	716
龍	716
憶	717
糖	717
燎	717
燉	717
螢	717
營	717
燈	717
澠	717
潞	717
澧	717
澤	717
澹	717
濂	717
瀟	717
憲	717
寰	717
窺	717
禪	717
壁	717
避	717
隱	717

十七畫

環	717
趨	717
戴	717
聰	717

聯	717
艱	717
鞞	717
鞠	717
藏	717
藿	717
舊	717
韓	717
隸	718
檀	718
臨	718
邇	718
霜	718
霞	718
擬	718
戲	718
嬰	718
賺	718
嶺	718
嶽	718
魏	718
輿	718
儲	718
龜	718
徽	718
鍼	719
鍾	719
谿	719
臆	719
甑	719
鮚	719
鮫	719
謝	719
襄	719
應	719
癘	719
齋	719
甕	719
鴻	719
濮	719
濠	719
濟	719
濯	719
寒	719
謇	719
禮	719
翼	720
總	720

十八畫

瓊	720
矗	720
藝	720
繭	720
藜	720
藩	720
藥	720
醫	720
豐	720
壘	720
蟫	720
蟠	720
鵑	720
鵠	720
簠	720
簞	720
簪	720
簡	720
雙	721
邊	721
歸	721
鎮	721
雞	721

觴	721
謙	721
顏	721
雜	721
離	721
璧	721
織	721
斷	721

十九畫

騷	722
壚	722
難	722
蘆	722
蘄	722
藗	722
蘇	722
櫝	722
麓	722
麴	722
麗	722
願	722
贈	722
曝	722
關	722
蹴	722
嚴	722
獸	722
羅	722
簫	722
簽	723
牘	723
鏡	723
辭	723
鯖	723

蟹	723
譚	723
譙	723
識	723
譜	723
證	723
譎	723
廬	723
壐	723
韻	723
懷	723
類	723
瀟	724
瀛	724
瀣	724
寶	724
嬾	724
嫻	724
繪	724
繡	724

二十畫

蘜	724
蘭	724
璽	724
獻	724
耀	724
黨	724
懸	724
鶡	724
蠛	724
嚶	724
籌	724
籑	724

鑴 …… 724	蘿 …… 727
鐘 …… 724	疊 …… 727
釋 …… 724	巖 …… 727
饒 …… 724	體 …… 727
護 …… 724	籥 …… 727
譯 …… 724	鑑 …… 727
議 …… 724	讀 …… 727
魔 …… 724	灑 …… 727
夔 …… 724	鬻 …… 727
灌 …… 724	
瀲 …… 725	**二十三畫**
寶 …… 725	
寶 …… 725	顯 …… 727
繼 …… 725	癰 …… 727
	麟 …… 727
二十一畫	孋 …… 727
	欒 …… 727
驃 …… 725	
驂 …… 725	**二十四畫**
權 …… 725	
贒 …… 725	觀 …… 727
霸 …… 725	鹽 …… 727
攝 …… 725	靈 …… 727
儷 …… 725	攬 …… 728
儼 …… 725	蠱 …… 728
鐵 …… 725	鬭 …… 728
爛 …… 725	衢 …… 728
顧 …… 725	讕 …… 728
鶴 …… 726	贛 …… 728
蠡 …… 726	
續 …… 726	**二十六畫**
二十二畫	灤 …… 728
驍 …… 727	
聽 …… 727	

二十八畫

鸚 728

二十九畫

鬱 728

三十畫

鸞 728

其他

□ 728

書名筆畫索引

一畫

一峰先生文集十四卷	344
一斛珠三卷	476
一統肇基錄	506
一醉樓集一卷	462
一瓢道士傳	512
乙巳占十卷	231

二畫

二十一史二千五百六十七卷	40、41、42、43、44
二十子全書一百六十九卷	197
二十四詩品	498
二十先生回瀾文鑑二十卷後集二十卷	448
二申野錄八卷	557
二老堂詩話	499
二老堂詩話一卷	544
二百蘭亭齋古印攷藏六卷	194
二如亭群芳譜四十二卷	247
二西委譚	508
二西委譚一卷	513
二西委譚摘錄一卷	524
二西綴遺三卷	552
二谷山人近稿十卷	361
二范先生詩選二卷	462
二科志一卷	540
二張集四卷	412
二硯窩文一卷	398
二硯窩未定稿一卷附書目一卷畫目一卷	398
二硯窩詩稿偶存五卷閒情偶寄一卷	398
二程子六卷	207
二程子全書五十一卷	202
二程子抄釋十卷	203
二程先生粹言九卷	203
二程全書六十七卷	202
二程全書六十八卷	202
二程粹言二卷	202
十二家唐詩二十四卷	413
十七史一千五百七十四卷	40
十七史百將傳十卷	209
十七史詳節二百七十三卷	133
十七史詳節二百七十四卷	133
十三州記	495
十三經異同條辨十卷	30
十三經註疏三百三十五卷	1、2、3、4
十五貫二卷	475
十友瑣說	492
十友圖贊	511
十六國春秋一百卷	72
十六湯品	500
十四經發揮三卷	213
十門辨惑論二卷	287
十家牌法	506
十道志	495
丁晉公談錄	488
丁晉公談錄一卷	484

七十二家集三百四十六卷附錄七十二卷	406	九秩壽序壽詩一卷	393
七十三壺圖不分卷	246	九射格	501
七人聯句詩記一卷	515	九流緒論三卷	552
七松遊一卷	381	九域志	495
七錄齋論略二卷續刻六卷別集二卷	376	九國志	495
		九朝野記	506
七檩硬山大式做法不分卷	189	九畹遺容一卷	527
七體唐詩正音補註二卷	444	九經五十一卷附四卷	1
卜記	503	九經補韻	487
八千卷樓書目不分卷	190	九經補韻一卷	484
八叉集四卷	313	九經誤字一卷	555
八王故事	495	九歌圖一卷	301
八代文鈔一百六卷	410	九霞山人集十二卷	359
八代詩乘四十五卷吳詩一卷總錄二卷補遺一卷	429	刀劍錄	500
		刀劍錄一卷	545

三畫

八厓集七卷	354	三才大易一卷	293
八秩壽序壽詩一卷	393	三才白鹿演禽數一卷	238
八義記二卷	476	三才圖會一百六卷	279
[弘治]八閩通誌八十七卷	165、166	三才廣志一千一百八十四卷	276
人代紀要三十卷	64	三才藻異三十三卷	283
人虎傳一卷	517、519	三山吟一卷	378
人物志三卷	532	三子口義十五卷	290
入越記	496	三子合刊十三卷	290
入楚稿一卷入晉稿一卷入浙稿二卷入魏稿二卷	363	三子通義二十卷	291
		三元記一卷	475
入蜀紀見	509	三元記二卷	476
入蜀記	496	三水小牘	491
九山隨筆不分卷	260	三水小牘一卷	517、519
九山類稿三卷詩文二卷近稿偶存一卷	395	三史文類五卷	136
		三史統類臆斷一卷	195
九州春秋	495	三代鼎器錄	501
九江志	496	三代遺書六種二十八卷	526
[嘉靖]九江府志十六卷	160	三百篇聲譜	510
九品書	499	三因極一病源論粹十八卷	221
九華山錄	496		
九華仙館集一卷	399		

三吳水利論一卷	521
三柳軒雜識	489
三秦記	495
三乘秘密口訣並註一卷	293
三唐人文集三十四卷	412
三家宮詞三卷	410
三家詠物詩三卷	421
三教同聲三卷	245
三教論衡	487
三國志六十五卷	40、52
三國典略	495
三朝北盟會編二百五十卷	65
三朝野史	493
三朝野史一卷	518、519、520
三朝聖政錄	493
三瑞記詠一卷	463
三聖記	493
三夢記	503
三楚新錄	494
三楚新錄一卷	525
三楚新錄三卷	516、518
三溪集□□卷	376
三經評註五卷	5
三輔決錄	495
三輔黃圖	495
三輔黃圖六卷	178、533
三輔舊事	495
三齊畧記	496
三墳一卷	516
三墳書	487
三墳補逸二卷	552
三餘帖	491
三餘贅筆	507
三餘贅筆一卷	513、538
三器圖義	501
三謝詩集一卷	461
三禮考註六十四卷序錄一卷綱領一卷	18
三禮叙錄	486
三禮編繹二十六卷	18、19
三禮纂註四十九卷	19
三蘇先生文集七十卷	462
三蘇先生文粹七十卷	461
三寶心鐙九卷	290
三寶征夷集一卷	179
三續千字文註一卷	549
干子一卷	547
干祿字書	499
干祿字書一卷	526
于役志	496
于忠肅公集五卷	342
于京集五卷	556
于清端公政書八卷外集一卷首一卷	379
于湖詞三卷	468
工部為建殿堂修都城勸民捐款章程一卷	189
工程算法四卷	189
士大夫食時五觀	500
士翼四卷	206
土牛經	503
土牛經一卷	527
土苴集一卷	343
下黃私記	491
下帷短牒	491
大小雅堂詩集五卷	387
大中遺事	493
大六壬大全十三卷	237
大六壬不分卷	237
大方廣圓覺修多羅了義經一卷	286
大方廣圓覺脩多羅了義經二卷	287
大方廣圓覺脩多羅了義經直解二卷	288
大本瓊瑤發明神書三卷	229

大石山房十友譜一卷	515	書	230
[正德]大同府志十八卷	147	大雅堂初槀文八卷補編一卷詩六	
[正德]大名府志十卷	139	卷續槀文八卷補編一卷詩十卷	
大佛頂如來密因修證了義諸菩薩		半谷居詩話二卷	395
萬行首楞嚴經十卷	286、288	大悲咒佛像一卷	288
大宋文鑑一百五十卷目録三卷	447	大復集三十七卷附録一卷	350
大宋重修廣韻五卷	30	大復論一卷	521
大事記	493	大楳山館藏書目不分卷	190
大明一統賦三卷	345	大業拾遺記	503
大明一統賦補四卷	345	大業拾遺録	495
大明太宗文皇帝實録一百三十卷	67	大業雜記	503
大明太祖高皇帝實録不分卷	67	大業雜記一卷	525
大明太祖高皇帝實録二百五十七		大滌集一卷	458
卷	67	大廣益會玉篇三十卷	30、32
大明武宗毅皇帝實録一百九十七		大寶辱語	508
卷	67	大閱録二卷	186
大明律二卷	187	大駕北還録一卷	351
大明集禮五十三卷	185	大學一卷	1
大明會典一百八十卷	184	大學三卷	29
大明會典二百二十八卷	184	大學古本	486
[弘治]大明興化府志五十四卷	166	大學石經	486
大泌山房集一百三十四卷目録二		大學或問一卷	27
卷	368	大學衍義四十三卷	204
大乘起信論疏筆削記會閱十卷首		大學衍義補一百六十卷首一卷	204
一卷	289	大學章句或問一卷	27
大乘寶要義論十卷	286	大學註疏摘録一卷	29
大唐内典録十卷	287	大學億二卷釋疑一卷	27
大唐奇事	493	大隱居士集二卷	326
大唐開元禮一百五十卷	185	大戴禮記十三卷	18、531、532
大唐創業起居注	492	大戴禮記補注二卷	18
大唐創業起居注三卷	541、545、546	大戴禮逸	487
大唐新語	493	大嶽太和山誌十五卷	175
大唐新語十三卷	529、530	大嶽志	496
大家文選二十二卷	435	大觀茶論	500
[康熙]大理府志三十卷首一卷	171	才鬼記	503
大象義述三卷	7	才調集十卷	413、443
大清乾隆四十三年歲次戊戌時憲		上下篇義一卷	6

上玄高真延壽赤書一卷	296	山陵雜記	490
上庠錄	493	[康熙]山陰縣志三十八卷	157
[弘治]上海志八卷	141	山堂肆考二百四十卷	281
上清靈寶濟度大成金書四十卷	297	山陰集一卷	387
上湖遺集八種三十六卷	557	山棲志	509
上壽拜舞記	494	山藏集□□卷	345
上諭解義二卷	76	千百年眼十二卷	195
口齒類要一卷	212、213	千里面譚	510
巾箱說一卷	255	千金記一卷	475
山中集一卷	446	乞食圖二卷	476
山公啓事	495	丸經	501
山谷內集詩註二十卷	323	丸經二卷	527、542、544
山谷內集詩註二十卷外集詩註十七卷別集詩註二卷	548	己未新詠一卷	384
		己任編八卷	215
山谷老人刀筆二十卷	324	巳瘧編	508
山谷先生年譜三十卷	323	女孝經	497
山谷詞一卷	467	女孝經一卷	544
山谷題跋九卷	545	女狀元辭凰得鳳一卷	474
山谷題跋四卷	239	女科撮要二卷	212、213
山谷題跋四卷尺牘二卷小詞二卷	418	女俠傳	509
山林經濟籍二十四卷	263	女俠傳一卷	513
山東攷古錄一卷	555	女紅紗塗抹試官一卷	474
[嘉靖]山東通志四十卷	147、148	女紅餘志	512
山房隨筆	492	女誡	497
山房隨筆一卷	517、519、530	女範編四卷	82
山居小玩十種十四卷	545	女論語	497
山居小適一卷	370	小十三經十三種十六卷	523
山居功課十卷	370	小山詞一卷	467
山居新語	493	小山詩鈔十一卷	390
山草堂集二十八種一百五十三卷	553	小名錄	498
山莊夜悾錄一卷	517	小名錄二卷	529、530
山海經十八卷	265、533	小青焚餘藁一卷	373
山家清事	497	小青傳一卷	373
山家清供	497	小林詩鈔一卷	399
山家清供二卷	527	小易一卷	539
山家語一卷	528	小兒衛生總微論方二十卷	227
山書	487	小金傳一卷	517

小荀子一卷	197		王氏揮麈錄一卷	525
小柴桑喃喃錄二卷	254		王氏畫苑十卷	240
小倉山房文集三十一卷詩集三十			王氏談錄	489
二卷補遺二卷外集七卷	390		王氏談錄一卷	250
小酒令	500、511		王氏蘭譜	502
小尉遲一卷	475		王氏蘭譜一卷	545、546
小復詩稿不分卷	399		王文正公筆錄一卷	484
小寒山子集十四卷	376		王文正筆錄	488
小窗自紀四卷別紀四卷清紀不分			王文正筆錄一卷	525
卷艷紀不分卷	266		王文正遺事一卷	525
小爾雅	487		王文成公全書三十八卷	349
小爾雅一卷	521		王文成公全書三十八卷目錄一卷	349
小說舊聞記	492		王文恪公集三十六卷	346
小影圖贊一卷	556		王右丞詩集二卷	412
小學史斷二卷	194		王半軒先生文集六卷	339
小學史斷四卷	194		王百穀集二十一種四十二卷	552
小學紺珠十卷	543		王宇泰先生訂補古今醫鑑十六卷	225
小學集註大全十卷	203		王昌齡集二卷	414
小瀛洲十老社詩六卷	454		王忠文公集二十五卷	339
子元案垢	507		王狀元標目唐文類十二卷	447
子午經	502		王季重先生集九種九卷	554
子華子二卷	197		王季重時文敘一卷	554
子華子十卷	248		王季重歷遊記一卷	554
子略四卷目一卷	485		王季重廬游雜詠一卷	554
子彙二十四種三十四卷	197		王建宮詞一卷	410
			王荊文公詩五十卷	319

四畫

			王勃集二卷	408、413
			王弇州詞評一卷曲藻一卷	472
王子年拾遺記十卷	528、530、532、533		王恭伯傳一卷	517、519、520
王子淵集一卷	408		王浚川所著書九種八十三卷	552
王太初先生五岳遊草十二卷	178		王黃州小畜集三十卷	313
王太蒙先生類纂批評灼艾集十八			王註正譌一卷	321
卷	262		王賈傳一卷	517、519
王公四六話二卷	484		王蔡青藍集四卷	455
王氏家藏集五種六十五卷	551		王漁洋遺書三十八種二百七十三	
王氏家藏集四十一卷	551、552		卷	555、556
王氏書苑十卷	240		王摩詰集六卷	409

王摩詰詩集七卷	304、412	天順日錄	506
王遵巖家居集七卷	357	天順日錄一卷	513
井觀瑣言	508	天順六年山西鄉試錄一卷	111
井觀瑣言一卷	521	天順六年山東鄉試錄一卷	113
天一閣集三十二卷	360	天順六年浙江鄉試錄一卷	118
天元玉曆祥異賦七卷	232	天順六年應天府鄉試錄一卷	108
天元曆理□□卷	230	天順四年進士登科錄一卷	96
天中記六十卷	279	天順四年會試錄一卷	103
天文五行吟一卷	232	天聖令三十卷	179
天文占驗一卷	527	天蓋樓四書語錄四十六卷	29
天文星總一卷	232	天愚先生詩集六卷文集八卷詩鈔	
天文星纂附星總兵機賦一卷	232	八卷文鈔八卷別集四卷	377
天文風雨雲雷電占賦一卷	232	天傭子文集一卷續集一卷	375
天文風雨賦注解一卷	232	天潢玉牒一卷	74、521
天文秘苑占七種七卷	232	天學初函理編十種二十三卷器編	
天文祥異賦圖□□卷全分一卷占		十一種三十二卷	538
行軍一卷	232	天隱子一卷	297、526
天文雷霆風雨日月經緯星度一卷	232	天隱子養生書	497
天心復要不分卷	230	天爵堂文集十九卷筆餘三卷	374
天目遊紀一卷	537	天爵堂筆餘	508
天台山方外志三十卷	174	天爵堂筆餘一卷	514
天台山記一卷	550	天關精舍誌十四卷	178
天地樞機二卷附問答	290	天籟集二卷	469
天池山人小稿五卷	366	无能子三卷	250
天谷山人館集十卷	373	元人集十種五十四卷	419
天定錄	491	元氏掖庭記	503
天香樓偶得一卷	546	元文類七十卷目錄三卷	449
天原發微五卷圖一卷	231	元本目錄一卷	71
天益山堂遺集十卷續刻一卷	376	元史二百十卷目錄二卷	41、42、57
天基聖節排當樂次	494	元史紀事本末二十七卷	68
天問略一卷	538	元史節要二卷	136
天問閣明季雜稿三卷附錄一卷	86	元史續編十六卷	65
天彭牡丹譜	502	元白長慶集一百四十一卷	417
天順七年會試錄一卷	103	元包	486
天順八年進士登科錄一卷	96	元包經傳五卷	516、541、543
天順三年江西鄉試錄一卷	120	元包數義	486
天順元年會試錄一卷	103	元包數總義二卷	516、543

元至元辨偽錄五卷	287	五柳賡歌四卷	527
元曲論一卷	472、473	五指山樵詩一卷	405
元曲選十集一百卷	472、473	五訂歷朝捷錄百家評林四卷	195
元英先生詩集十卷	414	五倫書六十二卷	205、206
元和郡縣圖志四十卷	137	五眞記一卷	517
元詠物詩一卷	421	五唐人詩集二十六卷	412
元詩五十卷	430	五國故事	488
元詩四大家二十七卷	418、419	五國故事二卷	72
元詩前集六卷後集六卷	449	五朝小說	513
元詩選初集一百十四卷首一卷	449	五朝名臣言行錄前集十卷後集十四卷	83
元詩體要十四卷	449	五朝宋名臣言行錄前集十卷後集十四卷	83
元經薛氏傳十卷	531、532		
元嘉起居注	495		
元圖大衍	505	五雅全書三十七卷	30
元憲集三十六卷	548	五經五卷	1
元豐題跋一卷	541、545	五經同異三卷	555
廿一史彈詞註十卷	480	五經折疑	487
木几冗談	510	五經□□卷	5
木經	502	五經通義	487
五十六種書法	499	五經疑問六十卷	5
五丁集二卷	385	五種秘竅全書	231
五丁詩稿五卷	385	五種秘竅全書十七卷附一卷	231
五木經	501	五燈會元二十卷	289
五木經一卷	523、527、542、544	五禮異義不分卷	19
五代史七十四卷	44	五總志	489
五代史記七十四卷	41、42、43、49	五變中黃經直解二卷	238
五代史補五卷	72	支談三卷	537
五代史闕文一卷	72	不律啌一卷	398
五代登科記	494	太乙淘金歌一卷	238
五代新說	494	太乙經	502
五行記	495	太乙總論不分卷	238
五合曲印譜五卷	194	太上九要心印經一卷	298
五色線	489	太上老子道德眞經二卷	293
五色線二卷	540、542、544	太上老君大存思圖注訣一卷	296
五車霏玉三十四卷	278	太上老君玄妙枕中內德神呪經一卷	296
五車韻瑞一百六十卷洪武正韻一卷	283	太上老君說了心經一卷太上老君	

說常清靜經一卷	295
太上除三尸九蟲保生經一卷	296
太上道德寶章註疏二卷	292
太上感應篇二卷	298
太上感應篇經傳一卷	297
太山藁一卷	366
太元經一卷	547
太平御覽一千卷	269
太平御覽一千卷目錄十五卷	269
太平御覽一千卷目錄十卷	268
太平廣記五百卷目錄十卷	265
[萬曆]太平縣志十卷	145
[嘉靖]太平縣志八卷	158
太平寰宇記二百卷目錄二卷	137
太平寰宇記殘六卷	550
太史升菴文集八十一卷	353
太史升菴文集八十一卷目錄二卷	353
太史升菴文集八十一卷目錄四卷	354
太史范文公集五十五卷	316
太史華句八卷	523
太史屠漸山文集四卷附錄一卷	357
太函集一百二十卷目錄六卷	363
太保費文憲公摘稿二十卷	346
[嘉靖]太原縣志六卷	147
太師誠意伯劉文成公集二十卷	338
太師誠意伯劉文成公集十八卷	338
[嘉靖]太倉州志十卷	144
太常因革禮一百卷	185
太康地記	495
[嘉靖]太康縣誌增定十卷文集十卷	151
太清樓侍宴記	503
太湖石志	501
太湖泉志	509
太湖新錄一卷	515
太學重新增修決科截江網三十二卷	281
太學增修聲律資用萬卷菁華續集三十四卷前集八十卷後集八十卷	270
太藪外史一卷	521
尤射	501
[嘉靖]尤溪縣志七卷	167
友古詞一卷	468
友會談叢	490
友論	510
比事摘錄	508
比紅兒詩	499
切問齋文鈔三十卷	453
切韻射標	510
止止室雜鈔二卷	257
止齋先生文集二十八卷	327
止齋題跋二卷	541、542、543、545
少石集十三卷	355
少坡先生佳製講解字訓註釋書經新說十卷	10
少林棍法闡宗一卷	210
少保于公奏議十卷	79
少保胡端敏公奏議十卷	80
少室山房全稿一百八十九卷	552
少室仙姝傳一卷	517、520
少華山人續集十五卷	355
少峯詩鈔一卷	421
少游詩餘一卷	467、469
少微通鑑節要五十六卷外紀四卷	60
日下舊聞四十二卷補遺四十二卷	172
日本國見在書目錄一卷	550
日本寄語	507
日知錄之餘四卷	257
日涉編十二卷	137
日湖漁唱三卷補遺一卷續補遺一卷	469
中山狼傳一卷	517、519
中山詩話一卷	544

中立四子集六十四卷	197、198	手鏡摘覽八卷	264
中州名賢文表三十卷	457	壬子武林惜陰草堂課不分卷乙卯	
中州集十卷首一卷中州樂府一卷	448	鳳山第一樓課不分卷	403
中吳紀聞	489	壬辰藁一卷	366
中和堂隨筆二卷	351	升菴外集一百卷	354
中洲野錄	507	升菴先生文集八十一卷目錄四卷	354
中洲野錄一卷	266、538	升菴長短句三卷續集三卷	469
[弘治]中都縣志十卷	146	升菴楊太史合編七種二十四卷	354
中華古今注	488	升菴詩集九卷文集十二卷	353
中華古今注三卷	484	升菴詩話四卷	465
中峯禪師梅花百詠一卷	527	升菴辭品	510
中唐十二家詩集七十八卷	414	升庵詩話四卷	465
中庸一卷	1	[嘉靖]仁化縣志五卷	169
中庸六卷	29	仁端雜症四卷痘疹五卷	228
中庸古本	486	片玉詞二卷補遺一卷	467
中庸註疏摘錄一卷	29	仇池筆記	490
中朝故事	493	[康熙]化州志十二卷	170
中朝故事一卷	525	化清經一卷	547
中說二卷	533	反離騷一卷	300
中說十卷	196、197、202	介石堂古文十卷	557
中論二卷	532、533	介石堂集三種二十六卷	557
中興以來絕妙詞選十卷	467、471	介石堂詩集十卷	557
中饋錄	500	介菴詞一卷	468
內方文集不分卷	356	今白華堂筆記四卷	255
內科摘要二卷	212、213	今白華堂集六十四卷過庭筆記一	
[嘉靖]內黃志九卷	152	卷	397
內經類抄一卷	217	今言	507、512
內臺集七卷	552	今言一卷	513
內臺集九卷	552	今言四卷	524
內觀日疏	491	今雨瑤華一卷	515
午夢堂集二十三卷	461	今詠物詩一卷	421
毛公壇倡和詩一卷	528	今獻備遺四十二卷	85
毛詩日箋六卷	13	今獻彙言八集二十五種二十五卷	522
毛詩草木鳥獸蟲魚疏	486	今獻彙言三十九種三十九卷	521、522
毛詩草木鳥獸蟲魚疏廣要二卷	540、541、543	凶水論一卷	235
		凶砂論一卷	235
毛詩註疏二十卷	2	分甘餘話四卷	555

分析和樂兩房產業一卷	94	六一詞一卷	467
分部本草妙用十卷	219	六一詩話一卷	544
分類補註李太白詩二十五卷	305、306、415	六一題跋十一卷	541、545
		六十種曲	476、477
分類補註李太白詩二十五卷分類編次李太白文五卷	306	六子書六十卷	196、197
		六壬肘後經一卷	237
分類編次李太白文五卷	306	六壬秘笈不分卷	237
公羊穀梁春秋合編附註疏纂十二卷	25	六臣註文選六十卷	422、423
		[嘉靖]六合縣志八卷	140
公車徵士小錄八卷附錄一卷	95	六如亭五卷	476
公是集五十四卷	547	六部事例不分卷	184
公餘日錄	507	六家文選六十卷	422
月令問答	487	六書通十卷	35
月泉吟社	499	六書精蘊六卷	33
月泉吟社一卷	409、410	六書賦音義二十卷	34
戶部則例二卷	185	六陵劫餘誌不分卷	178
戶部集議揭帖一卷	189	六博譜	511
丹青志	511	六朝文絜四卷	437
[萬曆]丹徒縣志四卷	142	六朝事迹	497
丹浦欷言四卷	254	六朝詩乘二十五卷總錄一卷	429
丹陽記	496	六朝詩乘十七卷總錄一卷	429
丹陽詞一卷	468	六朝詩集二十四種五十五卷	407、408
丹棘園詩一卷	458	六詔紀聞二卷	521
丹鉛新錄八卷	552	六義圖解	499
丹鉛摘錄十三卷	256	六經正誤六卷	29
丹鉛餘錄十七卷	256	文士傳	494
丹鉛襍錄	507	文山先生文集十七卷別集六卷	332
丹鉛總錄二十七卷	255、256	文山先生全集二十八卷	332
丹溪心法附餘二十四卷首一卷	222	文山先生全集二十卷	332
丹溪先生醫書纂要八卷丹溪先生治法心要八卷	221	文子二卷	197
		文公家禮會通十卷	19
丹溪摘玄二十卷	222	文公家禮儀節八卷	20
勾江詩緒三卷	462	文心雕龍十卷	463
勾餘土音三卷	392	文正王公遺事一卷	483、484
勾餘土音六卷	392	文字飲	511
六一居士詩話	499	文字會寶不分卷	436
六一居士詩話一卷	463、483、485	文字藥一卷	539

文苑英華一千卷	425	文選纂註十二卷	423
文苑春秋四卷	434	文選纂註評林十二卷	424
文苑彙雋二十四卷	281	文編六十四卷	434
文林綺繡五種五十九卷	523	文編六十四卷首一卷	434
文昌旅語	505	文翰類選大成一百六十三卷	433
文昌雜録	493	文館詞林殘十四卷	549、550
文昌雜録一卷	518、519	文藪裸著	490
文忠烈公從祀原案録一卷	332	文簡公詞一卷	467
文所易說五卷	8	文韻四卷	420
文房四友除授集一卷	484	文獻通考三百四十八卷	182、183
文房圖贊續	501	文獻通考詳節二十四卷	183
文房圖贊	501	文獻通考纂二十四卷	183
文房圖贊一卷	514	文體明辯六十一卷首一卷目録六	
文始真經言外經旨三卷	295	卷附録十四卷附録目録二卷	435
文則	498	亢倉子洞靈真經一卷	535
文則四卷	435	方山紀述	505
文紀	442	方氏墨譜六卷	246
文莊集三十六卷	314	方正學先生遜志齋集二十四卷	341
文致不分卷	436	方外志	495
文章九命	510	方叔淵遺稿一卷附録一卷	335
文章緣起一卷	526	方洲先生奉使録二卷	537
文章辨體五十卷外集五卷總論一		方洲雜録	508
卷	433	尹文子一卷	248
文清公薛先生文集二十四卷目録		尺牘青蓮鉢一卷	422
一卷	342	尺牘法言二卷	282
文瑞樓叢刊七十一卷	421	尺牘清裁六十卷補遺一卷	439
文溪詞一卷	468	弔伐録二卷	73
文端集二卷	434	弔琵琶一卷	557
文選尤十四卷	424	丑莊日記	508
文選六十卷	422	卍齋詩選二卷	378
文選刪註十二卷	424	巴西侯傳一卷	517、519
文選章句二十八卷	424	巴西鄧先生文集一卷補遺一卷素	
文選補遺四十卷	425	履齋稿二卷	334
文選增定二十三卷	426	[嘉靖]巴東縣志三卷	164
文選錦字録二十一卷	523	允釐堂本奏議不分卷	81
文選雙字類要三卷	270	孔子家語八卷	199
文選類林十八卷	270	孔子集語二卷	516

書名筆畫索引　　　　　　　　　　　　　　　627

孔氏雜說	488
孔氏雜說一卷	517、519
孔孟聖蹟圖一卷	82
孔聖家語圖十一卷	199
孔叢子三卷	197、199、200、532
水心先生別集十六卷	329
水心題跋一卷	541、545
水東日記一卷	521
水東日記三十八卷	259
水東日記摘鈔七卷	524
水東記畧	506
水南集詩詞八卷	350
水南翰記	508
水南翰記一卷	513
水南灌叟遺稿六卷	393
水品	511
水族加恩簿	498
水經	502
水經四十卷	175
水經注四十卷	176
水經注箋四十卷	176
水滸記二卷	477
水衡記	502

五畫

玉几山人書畫涉記手稿不分卷	240
玉山名勝集九卷外集一卷	455
玉山草堂集二卷	419
玉尺樓五卷	476
玉名詁	511
玉池談屑	506
玉匣記	491
玉局鉤玄一卷	527
玉函山房輯佚書六百二十二種附一種	547
玉函秘典一卷	528
玉茗堂全集四十六卷	370
玉茗堂集選二十四卷	370
玉茗堂集選十五卷	370
玉茗堂還魂記二卷	478
玉泉子一卷	529、530
玉泉子眞錄	493
玉食批	500
玉笑零音	510
玉海二百卷辭學指南四卷詩考一卷詩地理考六卷漢藝文志考證十卷通鑑地理通釋十四卷漢制考四卷踐阼篇集解一卷周易鄭康成注一卷姓氏急就篇二卷急就篇補注四卷周書王會補注一卷小學紺珠十卷六經天文篇二卷通鑑答問五卷	274
玉海私撼不分卷	264
玉書庭全集三十二卷	373
玉堂後集一卷	385
玉堂逢辰錄	492
玉堂閑話	493
玉堂集一卷	385
玉堂漫筆	507、513
玉堂漫筆三卷	351
玉堂漫筆摘鈔一卷	524
玉堂雜紀三卷	484
玉堂雜記	493
玉堂雜記一卷	525
玉符瑞圖	495
玉壺氷	509
玉壺記一卷	517、519
玉壺清話	493
玉壺遐覽	506
玉壺遐覽四卷	552
玉楮集八卷	331
玉照新志	491
玉照新志六卷	536

玉溪編事	488	正德二年順天府鄉試錄一卷	106
玉臺新詠十卷	426	正德二年廣西鄉試錄一卷	128
玉篇殘四卷	549	正德二年廣東鄉試錄一卷	126
玉篇廣韻指南一卷	32	正德二年應天府鄉試錄一卷	109
玉劍尊聞十卷	259	正德十一年山西鄉試錄一卷	111
玉澗襍書	489	正德十一年山東鄉試錄一卷	113
玉機微義五十卷	222	正德十一年江西鄉試錄一卷	120
玉曆通政經	495	正德十一年陝西鄉試錄一卷	117
玉曆通政經二卷	232	正德十一年順天府鄉試錄一卷	106
玉禪師翠鄉一夢一卷	474	正德十一年湖廣鄉試錄一卷	122
玉環記二卷	476	正德十一年福建鄉試錄一卷	125
玉燭寶典	497	正德十一年應天府鄉試錄一卷	109
玉燭寶典十二卷	549	正德十二年進士登科錄一卷	97
玉簪記二卷	476	正德十二年會試錄一卷	104
玉藥辨證一卷	246、544	正德十四年山西鄉試錄一卷	111
玉璽譜	501	正德十四年河南鄉試錄一卷	115
玉簫女兩世姻緣雜劇一卷	473	正德十四年湖廣鄉試錄一卷	122
玉髓真經三十卷	233、234	正德十四年廣西鄉試錄一卷	128
未齋雜言	505	正德十四年廣東鄉試錄一卷	127
未齋雜言一卷	521	正德十四年應天府鄉試錄一卷	109
正始堂集一卷	399	正德八年山西鄉試錄一卷	111
正骨心法要旨四卷	215	正德八年山東鄉試錄一卷	113
正朔考	487	正德八年四川鄉試錄一卷	123
正統十三年進士登科錄一卷	96	正德八年河南鄉試錄一卷	115
正統十三年會試錄一卷	103	正德八年浙江鄉試錄一卷	118
正統十年進士登科錄一卷	96	正德八年順天府鄉試錄一卷	106
正統十年會試錄一卷	102	正德八年福建鄉試錄一卷	125
正統七年進士登科錄一卷	96	正德八年廣西鄉試錄一卷	128
正統七年會試錄一卷	102	正德八年應天府鄉試錄一卷	109
正統元年會試錄一卷	102	正德九年會試錄一卷	104
正統四年進士登科錄一卷	96	正德五年浙江鄉試錄一卷	118
正統四年會試錄一卷	102	正德五年順天府鄉試錄一卷	106
正楊四卷	256	正德五年福建鄉試錄一卷	124
正德二年山西鄉試錄一卷	111	正德五年廣東鄉試錄一卷	127
正德二年江西鄉試錄一卷	120	正德五年應天府鄉試錄一卷	109
正德二年河南鄉試錄一卷	114	正德六年進士登科錄一卷	97
正德二年雲貴鄉試錄一卷	129	正德六年會試錄一卷	104

正學編	505	古今注二卷	514
正續文獻通考識大編二十四卷	183	古今注三卷	533
正體類要二卷	212、213	古今治平畧三十三卷	184
甘氏奇門一得二卷	237	古今治平略三十三卷	184
甘泉先生文集内編二十八卷外編十二卷	351	古今書繪寶鑑六卷補遺一卷	242
甘泉先生文錄類選二十一卷	351	古今通論一卷	547
甘時望奇門得一一卷	231	古今逸史四十二種一百六十三卷	533、534
甘棠靈會錄一卷	517、518	古今萬姓統譜一百四十卷歷代帝王姓系統譜六卷氏族博攷十四卷	279
甘澤謠	503		
甘澤謠一卷附錄一卷	542、544	古今游名山記十七卷總錄三卷	173
世史正綱三十二卷	63	古今歲時雜詠四十六卷	437
世恩錄□□卷	94	古今說海一百三十五種一百四十二卷	516、518、520
世書堂稿二十三卷	381		
世說新語一卷	525	古今歷代大統易見二卷	64
世說新語八卷	257、258	古今諺	510
世說新語三卷	257	古今諺一卷	440
世說新語補二十卷附釋名一卷	258	古今濡削選章四十卷	440
世說舊注	507	古今醫統正脈全書四十四種二百六卷	213、214
世綸堂詩集六卷	461		
世範	497	古今韻五卷	38
艾子後語	512	古今韻略五卷	39
艾子雜說	491	古今韻會舉要三十卷禮部韻署七音三十六母通攷一卷	36
艾天傭集七卷	375		
艾軒先生文集十卷	327	古今譯經圖紀四卷續一卷	287
古三墳一卷	532	古文苑二十一卷	425
古干亭詩集六卷文集二卷	397	古文苑九卷	425
古夫于亭雜錄五卷	255	古文音釋一卷	69
古夫于亭雜錄六卷	255	古文參同契三相類集解一卷	543
古今刀劍錄一卷	485	古文參同契三相類集解二卷	540
古今印史	511	古文參同契集解一卷箋註集解一卷	541、543
古今印則二卷	193		
古今考	488	古文參同契集解三卷箋註集解三卷	540
古今攷三十八卷	255		
古今合璧事類備要前集六十九卷後集八十一卷續集五十六卷	272、273	古文雋十六卷	435
古今名醫彙粹八卷	226	古文淵鑒六十四卷	438

古文會選三十卷	433	古樂經傳五卷	20
古文選不分卷	437	古學鉤玄十卷	252
古文類選六卷	435	古鏡記	503
古玉圖攷	501	古懽錄八卷	83
古史六十卷	48	古穰雜錄	507
古印集存不分卷	194	古穰雜錄一卷	526
古名家雜劇□□卷	473	古靈先生文集二十五卷	315
古言	505	本心齋蔬食譜一卷	483、485
古言二卷	253	本艸乘雅半偈十一卷	219
古局象棋圖	501	本事詩	498
古杭夢遊錄	497	本事詩一卷	542、544
古杭雜記	493	本草集要八卷	218
古杭雜記一卷	518、519、525	本草發揮四卷	218
古事比五十二卷	283	本草綱目五十二卷	219
古奇器錄	511	本草綱目五十二卷附圖二卷	218
古奇器錄一卷附藏書目錄小序	351	本草綱目五十二卷附圖二卷瀕湖脈學一卷脈訣攷證一卷奇經八脈攷一卷	218
古城文集六卷	346		
古香岑草堂詩餘四集十七卷	471		
古香齋新刻袖珍御選古文淵鑒六十四卷	438	本草綱目五十二卷附圖三卷	219
古逸書三十卷首一卷末一卷	436	本草綱目五十二卷附圖三卷瀕湖脈學一卷脈訣攷證一卷奇經八脈攷一卷	219
古逸叢書二十七種	549		
古逸叢書二十六種	550		
古琴疏	501	本草綱目五十二卷圖二卷	218
古雋考略六卷	279	本草權度三卷圖一卷	223
古註參同契分釋一卷	256	本堂集九十四卷	333
古畫品錄	499	本朝奏疏不分卷	78
古畫品錄一卷	542、544	本朝茶法	500
古詩鈔不分卷	437	可之先生文集二卷	313
古詩源十四卷	437	可談	491
古詩選讀一卷	440	可談一卷	483、484
古詩歸十五卷	430	可齋雜記一卷	522、526、538
古詩類苑一百三十卷	430	左紀十一卷	21
古趣亭未定草七卷	393	左記十二卷	22
古賦辯體十卷	431	左國腴詞八卷	523
古樂府十卷	426、427	左逸一卷	539
古樂書二卷	20	左傳文苑八卷	22
		左傳杜解補正三卷	555

左傳童觿二卷	22	平夷録一卷	522
石山醫案八種三十二卷	213	平江記事	507
石田先生集十一卷	347	平吳録一卷	522
石田雜記一卷	522	平治會萃三卷	213
石臼先生遺藁六卷	366	平定交南録	506
石谷達意稿三十四卷	344	平定交南録一卷	513、522
石盂集十四卷	366	平胡録一卷	351、521、522
石林家訓	497	平泉山居草木記	497
石林詞一卷	468	平泉山居雜記	497
石林詩話	499	平夏録	506
石林詩話一卷	544	平夏録一卷	516、522、523、526
石林詩話三卷	483、485	平番始末二卷	524
石林燕語	489	平湖陸氏家傳不分卷	93
石林燕語十卷	251、529、530	[天啓]平湖縣志十九卷	156
[康熙]石門縣志十二卷	164	平蜀記一卷	521、523
石門題跋二卷	542、545	平漢録一卷	521、523
[康熙]石城縣志十一卷	170	平齋詞一卷	468
石柱記五卷	177	[康熙]平彝縣志十卷	171
石室先生年譜一卷	316	平蠻録一卷	523
石室秘録六卷	219	平蠻録七卷	75
石屏詞一卷	468	打馬圖	501
石屏詩集十卷	329	打棗譜	502
石倉十二代詩選□□卷	429	北山録	491
石淙詩稿十九卷	345	北戶録	496
石湖居士詩集三十五卷	329	北戶録一卷	516
石湖詩集一卷	409	北平録一卷	521、522、523
石經考一卷	555	北田集四種	389
石榴記傳奇四卷	479	北田詩臆一卷	390
石墨鐫華八卷	193	北史一白卷	41、42、48、49
石譜一卷	546	北曲聯珠五卷	481
右北平集一卷	556	北里志	498
戊申立春考	505	北苑別録	500
戊辰雜抄	491	北使録	506
平山堂詩詞三卷	455	北征小草十二卷	374
[嘉靖]平山縣續録志□□卷	139	北征事跡	506
平夷賦一卷	523	北征事蹟一卷	521
平夷録	506	北征後録	506

北征後錄一卷	516、520		田家五行	510
北征記	506		田家曆	510
北征記一卷	516、520、523、524、526		田間書	489
北征錄	506		由拳集二十三卷	369
北征錄一卷	516、520、526		冊府元龜一千卷目錄十卷	269
北風揚沙錄	494		史拾四集三十五卷	538
北狩事跡一卷	522		史旬一卷	539
北屏詩稿二卷	345		史記一百三十卷	40、41、42、43、44、45、46、47
北涇草堂集五卷外集三卷	398			
北朝詩乘二卷	429		史記評林一百三十卷	48
北遊詩集一卷杏山擕稿一卷	460		史記題評一百三十卷	47
北夢瑣言	493		史記纂不分卷	135
北夢瑣言一卷	525		史剡	487
北夢瑣言二十卷	529、530		史書佔畢六卷	552
北虜事蹟一卷	521		史通會要三卷	351
北虜紀略	506		史略六卷	550
北溟見山集一卷	458		史漢愚按八卷	553
北齊書五十卷	41、42、54		史遺一卷	539
北還錄	506		史學綱領五卷	195
北轅錄	494		史懷十七卷	195
北轅錄一卷	516、525		叩頭蟲賦一卷	359
北礀文集十卷	332		凹風尅應論一卷	235
北邊備對	494		四友齋叢說摘抄七卷	524
北邊備對一卷	516、525、533		四六法海十二卷	439
北歸志一卷	556		四六餘話	499
占候六壬遁法不分卷	233		四六談麈一卷	484
占候抄一卷	538		四六叢珠一百卷	272
占驗錄一卷	527		四民月令	497
甲乙剩言	507		四字經一卷	527
甲乙剩言一卷	513、536		四丞相高會麗春堂雜劇一卷	473
甲子會紀五卷	64		四明文獻集五卷	459
甲午藁一卷	366		四明文獻集摘抄不分卷	459
甲申雜記	493		四明心法三卷	215
申鑒五卷	201、532		四明四友詩六卷	458
田居乙記	507		四明宋僧詩一卷元僧詩一卷	457
田居乙記一卷	513		四明詩幹三卷	457
田居乙記四卷	537		四明醫案一卷	215

四時調攝牋五卷	261	白石詞一卷	468
四部正譌三卷	552	白石道人詩集二卷集外詩一卷附錄一卷附錄補遺一卷詩說一卷歌曲四卷附詩詞評論一卷評論補遺一卷集事一卷集事補遺一卷	331
四書人物考四十卷	28		
四書六經讀本一百十一卷	1		
四書朱子語類三十八卷	207		
四書名物考二十四卷	28		
四書或問三十六卷	27		
四書典故辨正一卷	29	白石詩集一卷詞集一卷諸家評論一卷	331
四書針四卷	29		
四書章圖纂括總要發義二卷	28	白沙子全集十卷古詩教解二卷首一卷末一卷	343
四書備考二十八卷考異一卷	28		
四書集註二十一卷	27	白沙先生詩教解十卷	343
四書集註大全四十三卷	28	白茅堂集四十六卷	380
四教義六卷	286	白虎通德論二卷	249、532
四喜記二卷	476、477	白兔記二卷	476
四朝恩典錄不分卷	93	白香山詩長慶集二十卷後集十七卷別集一卷補遺二卷	312
四朝聞見錄	493		
四傳權衡一卷	1	白華樓藏稿十一卷續稿十五卷吟稿十卷	361
四溟山人全集二十四卷	365		
四經合卷四卷	287	白蛇記一卷	517、519
四賢記二卷	476	白雲軒集二卷	385
四聲猿四卷	474	白湖詩稿八卷文藁八卷時文一卷	397
四體書勢	499	白蓮集十卷	412
生香館詩二卷詞二卷	399	白蒲子詩編十七卷	387
生涯百詠四卷	398	白榆集二十卷	369
矢音集四卷	393	白榆集二十卷詩集八卷	369
丘文莊公集十卷	419	白猿傳	503
丘海二公文集合編十六卷	419	白鵠山房詩鈔三卷	401
丘隅集十九卷	359	白獺髓	492
代醉編	506	白獺髓一卷	525
仙里塵談一卷	422	白鶴山館文集不分卷	405
白氏長慶集七十一卷目錄二卷附錄一卷	417	瓜蔬疏	511
		令旨解二諦義	487
白玉蟾海瓊摘藁十卷	331	印典八卷	240、244
白石山人詩選後編一卷	360	印則一卷	244
白石山房逸藁二卷附錄一卷	339	句曲外史集三卷	419
白石野稿六卷	345	[弘治]句容縣志十二卷	140
		句章學隱詩存二卷類稿二卷	405

句章學隱類稿不分卷	405	冰陽筆訣	499
句餘八景不分卷	458	半山吟一卷	395
句餘土音八卷	392	半生亭詩集一卷	385
外科心法七卷	213、226	半生亭新刻一卷	385
外科理例七卷補遺一卷附方一卷	213	半江趙先生文集十五卷附錄一卷	346
外科經驗方一卷	213	半軒集十二卷補遺一卷方外補遺一卷校字二卷	339
外科精要三卷	212、213、226	半塘小志	509
外科樞要四卷	213	[嘉靖]汀州府誌十九卷	168
外國竹枝詞一卷	556	[弘治]永平府志十卷	138
冬心先生自寫真題記一卷	242	[弘治]永州府志十卷	164
冬心先生集四卷三體詩一卷畫竹題記一卷	393	[嘉靖]永城縣志六卷	151
冬心先生畫竹題記一卷	242	[正德]永康縣志八卷	158
冬心先生畫佛題記一卷	242	永嘉止齋陳先生八面鋒八卷	331
冬心先生畫馬題記一卷	242	永嘉郡記	496
冬心先生畫梅題記一卷	242	永樂十二年福建鄉試錄一卷	124
冬心先生雜著六卷	242	永樂十八年浙江鄉闈小錄一卷	118
冬心齋研銘一卷	242、246	永樂聖政記三卷	75
冬花庵燼餘槀二卷	396	[嘉靖]永豐縣志四卷	162
冬夜箋記一卷	260	司空曙集二卷	409、414
包飲和詩集八卷	380	司馬氏書儀十卷	19
包龍圖智勘後庭花雜劇一卷	473	司馬文正公集略三十一卷詩集七卷	315
立齋外科發揮八卷	213	司馬長卿集一卷	406
立齋先生語錄一卷	252	司馬溫公文集八十二卷	315
玄女房中經	503	司馬溫公詩話	499
玄中記	495	司馬溫公詩話一卷	463、485
玄池說林	491、498	司馬溫公經進稽古錄二十卷	59
玄言齋集二卷	366	司馬溫公稽古錄二十卷	59
玄怪記	504	弘治二年江西鄉試錄一卷	120
玄亭涉筆	508	弘治二年廣東鄉試錄一卷	126
玄真子外篇三卷	297	弘治十一年河南鄉試錄一卷	114
玄晏春秋	495	弘治十一年陝西鄉試錄一卷	117
玄眞子漁歌記	501	弘治十一年順天府鄉試錄一卷	106
玄超堂藏藁一卷	378	弘治十一年湖廣鄉試錄一卷	122
玄散詩話	498	弘治十一年福建鄉試錄一卷	124
玄歌一卷	298	弘治十二年會試錄一卷	103
玄機通	505		

弘治十七年陝西鄉試錄一卷	117	迂書	487
弘治十七年順天府鄉試錄一卷	106	迂齋詩話	498
弘治十八年進士登科錄一卷	97	圭塘小藁十三卷別集二卷	336
弘治十八年會試錄一卷	104	寺塔記	496
弘治十五年進士登科錄一卷	97	吉凶影響錄	504
弘治十四年江西鄉試錄一卷	120	吉水論一卷	235
弘治十四年河南鄉試錄一卷	114	吉砂論一卷	235
弘治十四年雲貴鄉試錄一卷	129	考工記二卷	15、16
弘治十四年順天府鄉試錄一卷	106	考古彙編經集六卷史集六卷文集六卷續集六卷	278
弘治十四年福建鄉試錄一卷	124	考古辭宗二十卷	278
弘治八年山東鄉試錄一卷	113	考亭淵源錄二十四卷	84
弘治八年河南鄉試錄一卷	114	考驗通書法竅秘訣三卷	231
弘治八年陝西鄉試錄一卷	117	老子二卷	291
弘治八年福建鄉試錄一卷	124	老子通二卷讀老榘辨一卷	291
弘治八年廣東鄉試錄一卷	126	老子通義二卷	291
弘治三年進士登科錄一卷	97	老子集解二卷考異一卷	293
弘治五年山西鄉試錄一卷	111	老子道德經二卷	197、198、549
弘治五年江西鄉試錄一卷	120	老子鬳齋口義二卷	291
弘治五年順天府鄉試錄一卷	106	老子翼三卷	292
弘治五年湖廣鄉試錄一卷	122	老莊通十四卷	291
弘治五年廣西鄉試錄一卷	128	老學菴筆記	492
弘治六年進士登科錄一卷	97	老學菴筆記十卷	251、545
皮子世錄	493	老學菴續筆記	492
台山遊草一卷	393	老學庵筆記十卷	529、530、541
[康熙]台州府志十八卷首一卷	158	地理分合總論三卷	235
幼童傳	495	地理真機十五卷	234
		地理參贊玄機僊婆集十三卷	235
		地理揭要十二卷	234

六畫

匡謬正俗八卷	549	地理發微註解一卷畫筴圖解一卷	234
匡廬紀游一卷	546	地理發微釋義二卷	233
耒耜經	502	地理樞要四卷	234
耒耜經一卷	523、527、544	地鏡圖	495
式古堂書畫彙考六十卷目錄三卷	240	耳目記	491
刑書釋名	488	芋經一卷	527
邢特進集二卷	406	芍藥譜一卷	546
戎幕閒談	493	芝田錄	492
		芝園定集五十一卷	356

芝園集□□卷別集□□卷	356	西陵詠不分卷	456
芝源適意草一卷	384	西域記畧八卷	173
芑山文集三十三卷	378	西堂小草一卷	556
吏部四司條例三卷考功驗封條例三卷	180	西堂文集二十四卷	556
吏部職掌不分卷	179	西堂全集四種一百二十八卷	556、557
西干十寺記	509	西堂秋夢錄一卷	556
西山先生真文忠公文章正宗二十四卷	431、432	西堂剩稿二卷	556
		西堂詩草一卷	389
西山先生真文忠公文章正宗二十四卷續二十卷	432	西堂詩集三十卷	556
		西堂餘集六十四卷	556
西山題跋三卷	545	西堂樂府六卷	557
西王母傳	503	西堂雜俎一集八卷	556
西玄青鳥記	512	西堂雜俎二集八卷	556
西州合譜	509	西堂雜俎三集八卷	556
西州合譜一卷	514	西清詩話	498
西州後賢志	494	西清閣詩草十二卷	368
西江詩法一卷	465	西朝寶訓	493
西吳枝乘	509	西皐雜記	506
西林日記	488	西廂記版畫一卷	242
西使記	494	西遊記四卷	475
西使記一卷	516、525	西湖竹枝集一卷	456
西征日錄一卷	523	西湖遊覽志二十四卷志餘二十六卷	177
西征石城記一卷	521、522、523、524、526	西塘感症三卷	215
		西園二卷	476
西征記	506	西園詩麈	510
西征記一卷	513、515、540	西溪文集十卷	460
西京雜記	496	西溪詩存一卷	395
西京雜記一卷	525、538	西溪叢語	491
西京雜記六卷	528、530、532、545	西溪叢語二卷	529、540、544
西都雜例一卷	188	西溟文鈔校記一卷	386
西都雜記	495	西臺集二十卷	548
西軒客談	490	西墅記譚	490
西原約言	505	西墅雜記	506
西峰淡話	508	西漢文不分卷	441
西郭冰雪集一卷苦吟一卷	458	西漢文類三十五卷目錄二卷	441
西浮籍	509	西漢文鑑二十一卷東漢文鑑二十	

書名	頁	書名	頁
卷	441	存存集十六卷瓿賸一卷	400
西漢以來廟諱陵名攷一卷宋景祐以來名賢生卒譜一卷	82	存賢錄十一卷	94
西漢書疏三卷	77	存餘堂詩話	510
西漢書疏六卷	77	存餘堂詩話一卷	540
西漢節義傳論一卷	83	灰闌記一卷	474
西漢會要七十卷	183	列女傳	494
西滬櫂歌一卷	400	列子八卷	295
西樵野記	507	列子沖虛真經八卷音義一卷	290、295
西樵野記一卷	513	列子通義八卷	291
西樵語業一卷	468	列子鬳齋口義二卷	291
西齋話記	490	列仙傳	495
西麓繼周集一卷	467	列仙傳一卷	527
西疇老人常言	487	列仙傳二卷	514、534
西疇老人常言一卷	483、484	死生交范張雞黍雜劇一卷	473
西疇居士春秋本例二十卷	23	成化二十二年山西鄉試錄一卷	111
在田錄	506	成化二十二年河南鄉試錄一卷	114
在陸草堂文集六卷	386	成化二十二年浙江鄉試錄一卷	118
在園雜志四卷	255	成化二十二年廣東鄉試錄一卷	126
在窮記	495	成化二十三年進士登科錄一卷	97
在璞堂吟稿一卷續稿一卷	396	成化二十三年會試錄一卷	103
百一稿三卷	374	成化二十年會試錄一卷	103
百川學海一百種一百七十九卷	483、484、485、486	成化二年進士登科錄一卷	97
		成化二年會試錄一卷	103
百末詞五卷詞餘一卷	556	成化十一年進士登科錄一卷	97
百可漫志	508	成化十七年進士登科錄一卷	97
百可漫志一卷	513、524、538	成化十七年會試錄一卷	103
百花亭一卷	475	成化十九年山東鄉試錄一卷	113
百花舫一卷	476	成化十九年浙江鄉試錄一卷	118
百怪斷經	503	成化十三年江西鄉試錄一卷	120
百家名書一百種二百二十三卷	535	成化十三年浙江鄉試錄一卷	118
百家唐詩九十八卷	408	成化十三年順天府鄉試錄一卷	106
百家類纂四十卷	263	成化十三年應天府鄉試錄一卷	108
百喻經四卷	286	成化十六年山東鄉試錄一卷	113
有宋佳話	491	成化十六年浙江鄉試錄一卷	118
有宋高僧傳三十卷	286	成化十六年順天府鄉試錄一卷	106
存心堂遺集十二卷附錄一卷	336	成化十六年湖廣鄉試錄一卷	122
		成化十六年應天府鄉試錄一卷	109

成化十四年進士登科錄一卷	97	曲律四卷	482
成化十年山東鄉試錄一卷	113	曲洧舊聞	492
成化十年江西鄉試錄一卷	120	曲豔品	512
成化十年陝西鄉試錄一卷	116	同人吟稿一卷	458
成化十年浙江鄉試錄一卷	118	同文千字文二卷	35
成化十年順天府鄉試錄一卷	106	同文備攷八卷首三卷聲韻會通一卷韻要粗釋四卷	34
成化十年廣東鄉試錄一卷	126		
成化十年應天府鄉試錄一卷	108	同文算指前編二卷通編八卷	539
成化七年陝西鄉試錄一卷	116	同文鐸三十卷首四卷	38
成化七年浙江鄉試錄一卷	118	同志贈言一卷	382、555
成化七年湖廣鄉試錄一卷	122	同叔詩選一卷	462
成化七年廣東鄉試錄一卷	126	同昌公主外傳一卷	517、519
成化七年應天府鄉試錄一卷	108	同昌公主傳	503
成化八年會試錄一卷	103	同姓名錄十二卷	280
成化元年山東鄉試錄一卷	113	同異錄二卷	351
成化元年四川鄉試錄一卷	123	同話錄	489
成化五年進士登科錄一卷	97	同樂院燕青博魚雜劇一卷	472
成化四年廣東鄉試錄一卷	126	因話錄	489
成化四年應天府鄉試錄一卷	108	因話錄六卷	529、530
成都古今記	496	因論	489
成實論十六卷	286	因論一卷	484
成憲錄十一卷	65	因樹屋書影十卷	254
夷白齋詩話	510	回文詩一卷	383
夷困文編六卷	373	回文類聚四卷	437
夷門廣牘一百七種一百六十五卷	526、528	回文類聚四卷首一卷	427
		回文類聚續編十卷首一卷織錦回文圖一卷	427
夷俗考	494		
夷俗記	507	回風堂詩三卷	405
[弘治]夷陵州志十卷拾遺一卷	163	肉攫部	502
攷古彙編全集二十四卷	262	朱子十五卷	207
攷古質疑六卷	547	朱子大全一百卷目錄二卷續集十卷別集十卷	327
至大重修宣和博古圖錄三十卷	192		
[嘉靖]光山縣志九卷	153	朱子抄釋二卷	203
[正德]光化縣志六卷	163	朱子周易五贊一卷筮儀一卷	6
曲中志	512	朱子校昌黎先生集傳一卷	310
曲江池一卷	474	朱子語畧二十卷	203
[嘉靖]曲沃縣誌五卷	147	朱子說書綱領一卷	9

朱子實紀十二卷	88	竹譜一卷	484、485、486
朱太復文集五十二卷目錄五卷	371	伍員吹簫一卷	475
朱文公校昌黎先生文集四十卷外集十卷遺文一卷	310	伐檀集二卷	323
		[嘉靖]延平府志二十三卷	166
先友記	493	延休堂漫錄	506
先公少司馬傳一卷	90	延州筆記	508
先公談錄	489	延陵合璧不分卷	460
先甲集不分卷	395	延福宮曲宴記	503
先考張萍止府君行述一卷	91	延漏錄	491
先秦諸子合編十六種三十五卷	198、199	任中丞集六卷	406
先進遺風	509	任彥升集六卷	407
先進遺風一卷	513	仰山脞錄	509
先聖大訓六卷	204	仰山脞錄一卷	514、538
先繼室潘孺人行畧一卷	91	仰子遺語	505
廷中疏草一卷	369	自知堂集二十四卷	360
廷試策一卷奏議四卷梅溪先生文集二十卷後集二十九卷	327	自知集二卷	394
		自娛集十卷詩餘一卷	374
竹下寱言一卷	522	自警篇一卷	525
竹山詞一卷	468	伊川文集八卷	203
竹友集十卷	325	伊川文集八卷附錄二卷	202
竹坡老人詩話	499	伊川易傳四卷	202
竹坡老人詩話一卷	463	伊川經說八卷	202
竹坡老人詩話三卷	483	伊川擊壤集二十卷	316
竹坡詞三卷	468	伊川擊壤集八卷	316
竹坡詩話一卷	544	伊尹湯液仲景廣為大法四卷	221
竹林詩評	498	伊江筆錄二卷	260
竹香齋類書三十七卷	135	行戍稿一卷	354
竹派	511	行都紀事	490
竹屋癡語一卷	468	行朝錄六卷	76
竹書紀年二卷	515、516、534	行營雜錄	493
竹塢聽琴一卷	475	行營雜錄一卷	518、520、525
竹葉舟一卷	474	全氏七校水經四十卷補遺一卷附錄二卷	176
竹雲題跋四卷	241		
竹影樓筆叢二卷	260	全幼心鑑八卷	227
竹箭編二卷	552	全校水經注四十卷	175
竹齋詩餘一卷	468	全校水經酈注水道表四十卷	176
竹譜	502	全唐詩九百卷目錄十二卷	443

全唐詩話三卷	464	名家表選八卷	435
全唐詩話六卷	544	名家詩法八卷	463
全唐詩選十八卷	446	名畫記	500
全菴記一卷	340	名畫獵精	500
全蜀藝文志六十四卷	459	名劍記	511
全謝山先生世譜一卷年譜一卷	390	名劍記二卷	245
全謝山先生句餘土音六卷	392	名蹟錄七卷	193
全謝山先生鮚埼亭集十六卷外集五十卷	391	多能鄙事十二卷	260
		交州記	496
全謝山先生鮚埼亭集文外五十二卷	391	衣冠盛事	490
		亦政堂訂正讕言長語二卷	537
合同文字一卷	475	亦政堂鐫陳眉公家藏廣秘笈五十四種	537
合汗衫一卷	474		
合刻宋劉須溪點校書九種一百一卷附一種八卷	539	亦政堂鐫陳眉公家藏廣秘笈五十四種一百三卷	537
合刻范文正公忠宣公全集二十九卷	460	亦政堂鐫陳眉公普秘笈一集五十種八十八卷	537、538
合刻忠武靖節二編二十一卷	408	充然子詩文集六卷	343
合刻屠氏家藏二集十二卷	357	羊士諤集二卷	409
合刻管韓二子四十四卷	210	米襄陽志林十三卷	88
合浦珠一卷	476	米襄陽遺集一卷海嶽名言一卷寶章待訪錄一卷研史一卷	88
合諸名家批點諸子全書□□種□□卷	199	次柳氏舊聞	492
名人世次爵里一卷	438	次柳氏舊聞一卷	525
名山志一卷	476	汗簡七卷	32
名山洞天福地記一卷	485	江文通文集十卷	406、407
名山記選二十卷	174	江文通集四卷	408
名山勝槩記四十六卷圖一卷	173	[嘉靖]江西省大志七卷	159
名公筆記一卷	346	江西賦役紀十五卷	186
名公像記	509	江西輿地圖說一卷	524
名公讚春草堂集歌詠一卷	340	江邨銷夏錄三卷	240
名世文宗二十卷外集四卷	435	江行雜錄	493
名世編八卷	83	江行雜錄一卷	518、520、525
名句文身表異錄二十卷	281、282	江表志	492
名香譜	501	江南別錄一卷	516、525
名馬記	512	江南野錄	494
名馬記二卷	245	[萬曆]江浦縣志十二卷	140

書名	頁碼
江海殲渠記一卷	522、526
江陰殉難實跡一卷	75
[嘉靖]江陰縣志二十一卷	142
江淮異人錄	495
江湖小集六十五卷	418
江湖客詞一卷	390
江漢叢談	508
[康熙]江寧府志三十四卷	140
江隣幾雜志一卷	529
江隣幾雜誌一卷	537
江潭集一卷	402
江蘇省例不分卷	189
汎舟錄	496
汲古叢語	505
汲冢周書十卷	526
池北偶談三卷	547
[嘉靖]池州府志九卷	145
[正德]汝州志八卷	154
汝南先賢傳	494
[康熙]汝寧府志十六卷	153
決疑要注	495
守城事宜一卷	187
守溪長語一卷	522
宅經	502
安老書三卷	229
安老懷幼書四卷	229
安序堂文鈔三十卷	382
安城記	496
安南行記	494
安庸集一卷	385
安庸集二卷	385
安雅堂觚律	500
安楚錄十卷	75
安溪先生解義三種四卷	557
[嘉靖]安溪縣志八卷	166
[正德]安慶府志三十一卷	144
[嘉靖]安慶府志三十一卷	145
冰玉集□□卷冰玉後集□□卷卮言二卷南樓日記□□卷天放集□□卷	394
冰雪集一卷	388
冰雪集五卷	388
字林	499
字格	499
字書誤讀	499
字書誤讀一卷	538
字彙十二卷首一卷末一卷附韻法直圖一卷韻法橫圖一卷	35
字體正訛一卷	36
字鑑五卷	30
祁閶雜詠一卷	342、343
艮齋先生薛常州浪語集三十五卷	329
艮嶽記	497
艮嶽記一卷	518、520、525
艮齋倦稿詩集十一卷文集十五卷	556
艮齋雜說十卷	556
阮嗣宗集二卷	406
阮嗣宗集三卷	407、408
如來獨證自誓三昧經一卷	287
如面談十六卷	452

七畫

書名	頁碼
戒菴漫筆	508
吞月子集不分卷附錄一卷	379
攻媿集一百二十卷	548
赤水玄珠三十卷醫案五卷醫旨緒餘二卷	225
赤城詩集六卷	459
赤城論諫十九卷	78
赤鳳髓三卷	526
赤牘清裁二十八卷	439
孝子傳	494
孝感瑞芝錄三卷	450

孝義叟公傳一卷	90
孝溪舊聞一卷書同文詩草一卷	396
孝經一卷	549
孝經內事	487
孝經左契	487
孝經右契	487
孝經援神契	487
孝經鈎命決	487
孝經註疏九卷	3、4
志林	489
志林新書一卷	547
志怪錄	504
志怪錄一卷	524、538
志恠錄	504
志雅堂雜抄	490
却掃編三卷	542、544
邯鄲記四卷	475
芸莊雜錄備遺十六卷	253
芸窓私志	491
芸窗詞一卷	468
花九錫	502
花小名	511
花草稡編十二卷	471
花菴絕妙詞選十卷	467
花萼吟一卷	476
花間四友東坡夢雜劇一卷	473
花間集十卷	467
花間集四卷	471
花疏	511
花經	502
花蕊夫人宮詞一卷	410
花曆	511
芥子園畫傳二集八卷	243
芥隱筆記	488
芥隱筆記一卷	541、544
芳汀詞一卷遊皖草一卷	470
克齋詞一卷	468
杜工部七言律詩二卷	308
杜工部五言律詩二卷	308
杜工部草堂詩箋四十卷外集一卷傳序碑銘一卷目錄二卷詩話二卷補遺十卷年譜二卷	550
杜工部集二十卷附錄一卷年譜一卷附諸家詩話一卷唱酬題詠附錄一卷	308
杜工部集五十卷首一卷外集一卷文集二卷	415
杜工部詩千家註六卷	307
杜工部詩不分卷	306
杜工部詩釋三卷	308
杜子春傳一卷	517、518
杜子美七言律一卷	417
杜子美詩集二十卷	539
杜少陵詩十卷	308
杜氏通典二百卷	182
杜曲集十一卷	373
杜律五七言四卷	307
杜陽雜編	493
杜陽雜編一卷	525
杜陽雜編三卷	529、530
杜詩會稡二十四卷	308
杜詩箋	498
杜詩選六卷	415
杜樊川集十七卷	312
杜審言集二卷	409、413
杜蘂娘智賞金線池雜劇一卷	473
杜蘭香撰	503
[康熙]杏花邨志十二卷	145
李山人詩一卷	366
李太白文集三十卷	305
李中麓閒居集十二卷	358、359
李公子傳	512
李公子傳一卷	514
李氏山房詩選三卷	363

李氏文集二十卷	361	吾豈集刪存一卷	404
李氏刊誤	488	吾悔集一卷	404
李文十八卷	312	吾學編六十九卷	73、74
李文公集十八卷	412	酉陽雜俎二十卷	265、529
李杜全集八十四卷	415	酉陽雜俎二十卷續集十卷	265、540、542、544
李杜全集四十八卷	415		
李杜詩鈔一卷	446	[嘉慶]邠州志十八卷首一卷	143
李杜詩選十一卷	415	否泰錄	507、512
李長吉歌詩四卷外卷一卷	309	否泰錄一卷	522、526
李林甫外傳	503	夾竹梅花院纂三卷	233
李林甫外傳一卷	517、520	扶南土俗	495
李卓吾先生合選陶王集四卷	409	批點考工記二卷	15
李卓吾先生讀升菴集二十卷	354	批點楊升菴赤牘清裁十卷	439
李卓吾批選王摩詰集二卷	409	投荒雜錄	489
李卓吾批點世說新語補二十卷附釋名一卷	258	投壺新格	501
		投壺儀節	501
李昌符詩集一卷	414	投壺儀節一卷	527
李益集二卷	409	投轄錄	490
李逵負荊一卷	475	投甕隨筆	508
李章武傳一卷	516、518	抒情錄	489
李清傳一卷	517、519	拘齋詩選不分卷	353
李涪刊誤二卷	484	求心錄一卷	517、519
李雲英風送梧桐葉雜劇一卷	473	求古精舍金石圖四卷	192
李頎集三卷	409、414	求志編	505
李詩選十卷	306	步天集二卷	375
李詩選五卷	415	步里客談	490
李義山文集十卷	312	貝典雜說一卷	539
李義山詩集三卷	312	見山樓詩集四卷	403
李義山詩譜一卷附錄諸家詩評一卷	312	見山樓詩稿四卷	403
		見山樓詩選不分卷	403
李羣玉詩集三卷後集五卷補遺一卷	414	見山錄二卷	135
		見物五卷	247
李端集四卷	409	見黃稿二卷	385
李衛公別傳一卷	517、519	見黃稿詩刪五卷	385
李翰林集三十卷	415	見聞紀訓	509
甫田集三十六卷	356	見聞紀訓一卷	513、537
甫田集四卷	356	見聞紀訓二卷	524、539

呆齋存稿二十四卷續稿四卷	343	吳保安傳一卷	516、518
虯髯客傳	503	吳風二卷	455
困知記二卷續二卷續補一卷外編		吳風錄	509
一卷附錄一卷	206	吳風錄一卷	513
困學齋雜鈔	493	吳郡二科志一卷	524
呂氏春秋二十六卷	248、249	[元豐]吳郡圖經續記三卷	141
呂氏家塾讀詩記三十二卷	12	吳郡諸山錄	496
呂氏鄉約	497	吳梅坡醫經會元保命奇方十卷	224
呂季子甬東裸咏一卷	374	吳船錄	496
呂洞賓花月神仙會一卷	473	吳越所見書畫錄六卷	240
呂祖編年詩集九卷呂氏詩鈔一卷	437	吳越春秋十卷	71
呂晚邨先生四書講義四十三卷	29	吳越錢氏傳芳集一卷	462
呂梁洪志一卷	521	[崇禎]吳縣志五十四卷	141
呂新吾先生實政錄七卷	253	吳興掌故集十七卷	172
呂新吾全集二十二種六十四卷	553	吳興園林記	497
吟囊一覽五卷	38	吳錄	495
別國洞冥記	496	吳巒雉先生殘集二卷	376
別國洞冥記四卷	533	刪正二馮評閱才調集二卷	443
吹萬閣詩鈔六卷	394	刪補古今文致十卷	436
吹劍錄	490	刪補頤生微論四卷	225
吳下田家志	497	岑嘉州集二卷	414
吳山志四卷	174	岑嘉州集八卷	409、413
吳中二集九卷	455	牡丹八書	512
吳中往哲記	509	牡丹仙一卷	475
吳中往哲記一卷	86	牡丹亭八折	481
吳中故語	507	牡丹亭四卷	475
吳中故語一卷	513、514	牡丹亭還魂記二卷	477、478
吳中勝記	509	牡丹榮辱志	502
吳氏印譜	501	牡丹榮辱志一卷	484、546
吳地記	496	秃碧紗炎涼秀士一卷	474
吳地記一卷後集一卷	533	[康熙]秀水志十卷	156
吳吳山三婦合評牡丹亭還魂記二		秀水閒居錄	492
卷	478	每懷吟草一卷	460
[嘉靖]吳邑志十六卷	141	兵部武選司條例不分卷	187
吳社編	510	兵符節制	506
吳非熊集四卷	456	兵機賦一卷	232
吳季公碑一卷	539	何大復先生集三十八卷附錄一卷	350

何子雜言	505	妥先約矩一卷	234
何氏語林三十卷	259	狂夫酒語二卷	528
何水部集二卷	408	狂言紀畧	510
何水部集文一卷詩一卷	303	狂鼓吏漁陽三弄一卷	474
何首烏錄	502	言鯖一卷	546
伴梅草堂詩存不分卷	397	辛壬瑣記一卷碧血記一卷	76
伴梅軒詩草一卷	398	辛卯生詩四卷	400
佛母般若波羅蜜多圓集要義釋論四卷	286	忘懷錄	497
佛祖歷代通載二十二卷	289	快雪堂漫錄	507
佛國記	496	快雪堂漫錄一卷	514
佛國記一卷	534、545	快錄一卷	437
佛說四十二章經一卷	543	判決錄	489
佛說造立形象福報經一卷	287	灼艾集二卷續集二卷別集二卷餘集二卷	262
佛說灌佛經一卷	287	冷然齋詩集不分卷	331
佛說灌洗佛經一卷	287	冷註黃庭內景玉經一卷	293
伽藍記五卷	533	冷齋夜話	489
近青堂詩一卷	450	冷齋夜話十卷	529、530、544
近峰聞略	508	冷廬雜識鈔一卷	264
近峯記畧	508	汪水雲詩一卷附錄一卷	333
近峯聞略一卷	538	汪石山醫書七種二十六卷	212
近異錄	504	汪右丞詩集五卷	338
近體樂府一卷	468	汪伯玉文抄一卷	410
返生香一卷	461	汪伯機詩不分卷	353
余文敏公文集十五卷	353	汪鈍翁文鈔十二卷	421
余肅敏公奏議三卷	80	汪虞卿詩一卷	369
余肅敏公經畧公牘不分卷	189	汧國夫人傳	503
希夷先生傳	503	[嘉靖]沛縣志十卷	143
希通錄	487	[嘉靖]沔陽志十八卷	163
希庵公詩稿不分卷	373	沙州記	496
希聖老人分析三子產業一卷	94	沙門島張生煮海雜劇一卷	473
希聖先生范公小傳一卷	91	[嘉靖]沙縣志十卷	167
希聖堂唱和詩二卷	454	沖虛至德真經八卷	196、295
希壽錄不分卷	454	沖虛真經八卷	295
坐塵轉語一卷	539	沂陽日記	506
谷音二卷	409、410	泛泖吟一卷	528
谷響集三卷	335	汴京遺蹟志二十四卷	177

汴故宮記	497	宋史四百九十六卷目錄三卷	41、44、55、56
汴都平康記	497	宋史紀事本末一百九卷	68
沆瀣子	505	宋史紀事本末二十八卷	68
沈下賢文集十二卷	312	宋史新編二百卷	56、57
沈小詠詩稿不分卷	390	宋四子抄釋二十一卷	203
沈氏三先生文集六十一卷附一卷附錄二卷	460	宋司馬溫國文正公家範十卷	202
沈氏詩醒八牋二十五卷	13	宋朱晦菴先生名臣言行錄前集十卷後集十四卷	83
沈方伯刪定尚書集註六卷	11	宋名家詞六十一種九十卷	467、468、469
[嘉靖]沈丘縣志五卷	151	
沈句章詩選不分卷	368	宋丞相文山先生別集六卷	333
沈侍中集三卷	406	宋丞相李忠定公奏議六十九卷附錄九卷	79
沈佺期集四卷	409	
沈雲卿集三卷	413	宋李忠定公奏議選十五卷文集選二十九卷首四卷	325
沈嘉則詩選十卷	367	
沈嘉則詩選四卷	367	宋拓西嶽華山廟碑一卷	242
沈德潛自訂年譜一卷	392	宋周公謹雲煙過眼錄四卷	535
沈隱侯集四卷	303	宋宗忠簡公集八卷	325
沈歸愚詩文全集七十五卷	392	宋拾遺錄	495
完訣一卷	207	宋洪魏公進萬首唐人絕句四十卷目錄四卷	443
宋大家王文公文抄十六卷	410、411	
宋大家曾文定公文抄十卷	410、411	宋宰輔編年錄二十卷	179
宋大家歐陽文忠公文抄三十二卷	410、411	宋書一百卷	40、53
		宋崇文總目六十六卷	190
宋大家歐陽文忠公文抄三十二卷五代史抄二十卷新唐書抄二卷	412	宋朝燕翼詒謀錄五卷	484
		宋景文公筆記	488
宋大家蘇文公文抄十卷	411	宋景文公筆記三卷	484
宋大家蘇文公文鈔十卷	322	宋詩一百七卷	430
宋大家蘇文忠公文抄二十八卷	410、411	宋詩不分卷	448
		宋詩紀事一百卷	466
宋大家蘇文定公文抄二十卷	322、410、411	宋詩乘四卷	429
		宋學士文集七十五卷	337
宋之問集二卷	413	宋學士全集二十六卷附錄一卷	337
宋元通鑑一百五十七卷	62、63	宋徽宗御解道德真經四卷	292
宋元資治通鑑六十四卷	63	冶城客論	506
宋文鑑一百五十卷目錄三卷	447	良常仙系記	506
宋本韓柳二先生年譜八卷	92		

初潭集十二卷	262	武夷山志十六卷	175
初潭集三十卷	262	武夷山志四卷	175
初寮詞一卷	468	武夷游記	509
初學記三十卷	268	[嘉靖]武安縣志四卷	151
初學辨體增刪定本不分卷	438	武英殿聚珍版書一百三十八種二千四百十六卷	547、548
阿毗達磨俱舍論三十卷	286		
阿毗達磨順正理論八十卷	286	武英殿聚珍版書一百四十九種二千九百四十卷	548
阿寄傳	512		
阿寄傳一卷	514	武英殿聚珍版書五十四種四百二十四卷	548
附釋音春秋左傳註疏六十卷	2		
妙法蓮華經七卷	287	武英殿聚珍版書□□種□□卷	548
妙法蓮華經三十卷	287	[嘉靖]武定州志二卷	149
妙香齋集四卷	403	武定侯郭勛招供二卷	79
妙絕古今不分卷	433	[嘉靖]武城縣志十卷	150
妖化錄	504	武侯集十六卷	302
邵子湘全集三十卷	383	武陵世紀不分卷	93
邵氏家錄二卷	383	武陵記	496
[嘉靖]邵武志敘論一卷	168	武陵競渡畧	510
[嘉靖]邵武府志十五卷	167	[康熙]武進縣志四十四卷	142
邵康節先生外紀四卷	537	武備志二百四十卷	209
邵景夫文稿不分卷	397	武經全題彙解□□卷	209
邵端峯先生遺範錄三卷	89	武經節要二卷	208
忍字記一卷	474	武經總要前集二十二卷後集二十一卷行軍須知二卷百戰奇法二卷	208
甬上明詩略一卷	457		
甬上耆舊詩三十卷	457		
甬上屠氏遺詩前編四卷續編二卷	462	[嘉靖]武寧縣志六卷	159
甬上續耆舊集一百四十卷	457	青未了一卷	376
甬東詩括十三卷	457	青在堂畫傳三集	243
		[嘉靖]青州府志十八卷	148
八畫		青州府樂安縣崇獎孝誼冊一卷	86
		青邱高季迪先生詩集十八卷遺詩一卷扣舷集一卷鳧藻集五卷附錄一卷年譜一卷	340
奉天刑賞錄一卷	521		
奉使安南水程日記一卷	524		
玩芳堂摘稿四卷	351	青門旅槀六卷	383
武口王氏統宗世譜不分卷	94	青門簏槀十六卷	383
武元衡集三卷	409、414	青門賸槀八卷	383
[嘉靖]武平志六卷	168	青泥蓮花記十三卷	266

書名	頁碼
青衫記二卷	475、476
[嘉靖]青神縣志七卷	165
青烏先生葬經一卷	523、544
青琅玕館叢録一卷求放心齋讀書叢說一卷讀史識餘五卷硯譜集録一卷古今法帖鑒藏一卷	264
青蓮觴咏二卷	528
青溪寇軌	492
青溪寇軌一卷	518、520
青溪集一卷	367
青溪暇筆	508
青溪暇筆一卷	513、515、521、522、526
青瑣高議	490
青瑣高議前集十卷後集十卷別集七卷	265
青瑣疏畧二卷	80
青瑣詩話	498
青樓集	498
青樓集一卷	518、520、521
青箱雜記	489
青箱雜記十卷	529、530
青霞文集九卷附褒忠録一卷	361
青藤山人路史二卷	256
青蘿館詩六卷	364
青巖叢録	505
青巖叢録一卷	513
表忠録三卷	94
表度說一卷	538
長木齋詩文草三卷	390
長安志	495
[熙寧]長安志二十卷	154
長安客話	507
長安客話一卷	266
長沙耆舊傳	494
長者言	510
長物志十二卷	261
[正德]長垣縣志九卷	140
長恨歌傳	503
長洲杜隱君遵事略不分卷	90
[隆慶]長洲縣志十四卷	141
[嘉靖]長泰縣志二卷	166
[嘉靖]長泰縣志六卷	166
長真閣詩鈔七卷詩餘一卷	398
長興集四十一卷	460
長蘆鹽法誌七卷	186
坦菴詞一卷	468
坦齋通編	490
坦齋詩集□□卷	339
幸蜀記	494
坡仙集十六卷	322
茂陵絃三卷	476
英雄記鈔	494
苑青集十九卷	394
苑洛志樂十三卷	20
苑詩類選三十卷	428
范氏奇書□□種□□卷	515、516
范氏盛樂房三代像譜一卷二十九幅	244
范文正公年譜一卷	92
范文正公忠宣公全集七十三卷	460
范文正公政府奏議二卷續集二卷書牘一卷	79
范文正公集二十卷別集四卷政府奏議二卷尺牘三卷	314
范文正公集十二卷	460
范文正公集十二卷附録七卷	315
范文正公集四十八卷	460、461
范石湖詩集二十卷	329
范忠宣公集二十五卷	460、461
范忠宣公集十卷	460
范香溪先生文集二十二卷	326
范張雞黍一卷	474
范蒙齋先生遺文一卷	326
范楊溪先生遺文一卷	326

書名	頁碼
范德機詩七卷	418
[嘉靖]范縣志八卷	150
[弘治]直隸鳳陽府宿州志二卷	146
苕溪集五十五卷	325
苕溪集五十五卷目錄三卷	325
苕溪漁隱叢話	499
茅山志十五卷後編二卷	174
茅見滄策學拔萃不分卷	361
茅亭客話	492
茅亭客話十卷	541、542
茅鹿門先生文集三十六卷	361
林下偶譚	489
林下清錄	498
林下盟	510
林下詩談	499
林水錄	509
林邑記	496
林茂之詩選二卷	378
林和靖先生詩集四卷省心錄一卷	313、314
林泉高致	500
林泉隨筆	508
林泉隨筆一卷	521、522
林泉隨筆記一卷	262
林間社約	510
林集詩話一卷	313、314
[康熙]林縣志十三卷	151
林靈素傳	503
林靈素傳一卷	517
枝山前聞	507
枝山前聞一卷	266、538
析骨分經	510
板橋記一卷	517、518
板橋家書一卷	393
板橋集五卷	393
板橋詞鈔一卷	393
板橋詩鈔二卷	393
板橋題畫一卷	393
來子談經十八卷	1
來生債一卷	475
來南錄	496
來禽館集二十九卷	369
松石軒詩評一卷	465
松石齋集三十卷又六卷	368
[正德]松江府志三十二卷	141
松桂讀書堂集十五卷	394
松陵集十卷	443
松梧閣詩集一卷二集一卷三集一卷四集一卷	388
松雪齋集一卷	449
松窓寱言	505
松窓雜錄一卷	525
松窗寱言一卷	521
松漠記聞	494
松漠記聞一卷	525
[嘉靖]松溪縣志十四卷	167
松窗寱言一卷	521
松窗雜記	493
述古堂文稿不分卷	405
述祖詩一卷	556
述異記	496
述異記一卷	533
述異記二卷	528、533
述異記三卷	547
述賣茶小品	500
述聖圖不分卷	88
枕戈雜言一卷	208
枕中書	487
枕譚	509
東方先生集一卷	406
東方朔傳	503
東田皐言	505
東白草堂集四卷	357
東巡記	492

東里文集二十五卷	342	東門閑閑閣草一卷寄軒草一卷	458
東里文集二十五卷詩集三卷續編六十二卷別集五卷	342	東岱山房詩錄江右稿二卷	363
		東征紀行錄一卷	522
東吳水利考十卷	177	東京夢華錄	497
東谷所見	497	東京夢華錄十卷	534、545
東谷所見一卷	484	東垣十書十九卷	212
東谷贅言	508	東垣先生此事難知集二卷	214
東谷贅言一卷	513	東城老父傳	503
東武山人集七卷	360	東洲初稿十四卷	353
東坡內制集十卷	320	東都事略諸跋二卷補一卷	56
東坡文選二十卷	323	東華仙三度十長生一卷	473
東坡外制集三卷	320	東莊醫案一卷	215
東坡先生年譜一卷	321	東軒筆錄	492
東坡先生全集七十五卷	320	東軒筆錄十五卷	529、530
東坡先生志林十二卷	529、530	東郭記二卷	477
東坡先生志林五卷	250	東浦詞一卷	468
東坡先生志林集一卷	483、484	[萬曆]東流縣志十二卷	146
東坡先生易傳九卷	4	東宮舊事	495
東坡先生詩集註三十二卷	321	東萊先生五代史詳節十卷	133
東坡先生編年詩五十卷	321	東萊先生西漢詳節三十卷	133
東坡全集一百十五卷目錄七卷	320	東萊先生音註唐鑑二十四卷	194
東坡奏議十五卷	320	東萊呂氏西漢精華十四卷	135
東坡後集二十卷	320	東萊呂紫微詩話一卷	463、483、485
東坡集四十卷	320	東堂老一卷	474
東坡集四十卷後集二十卷奏議十五卷內制集十卷樂語一卷外制集三卷應詔集十卷續集十二卷	320	東堂老勸破家子弟雜劇一卷	472
		東堂詞一卷	467
		東陽夜怪錄	503
東坡詞一卷	467	[嘉靖]東鄉縣志二卷	161
東坡詩話	498	東皋雜錄	492
東坡詩選十二卷	320	東遊記不分卷	178
東坡應詔集十卷	320	東園友聞	489
東坡題跋六卷	545	東園友聞一卷	518、519、520、526
東坡題跋四卷	239	東溪試茶錄一卷	483、485
東坡題跋四卷尺牘二卷小詞二卷	418	東漢文紀三十四卷	442
東坡續集十二卷	320	東漢文類三十六卷目錄二卷	441
東林書院會語一卷	553	東漢書疏九卷	77
東林蓮社十八高賢傳	494	東還紀程一卷續抄一卷	546

東齋記事	490	奇聞類紀摘抄四卷	524
東觀奏記	492	奇驗經一卷	235
東觀奏記三卷	529、530	拊掌錄	491
東觀餘論二卷附錄一卷	540、544	拊掌錄一卷	518、519、520
或問一卷	478	拘虛晤言	505
或問記一卷	446	抱朴子內篇二十卷外篇五十卷	296
卧游錄	497	抱朴子外篇五十卷	290
事物紀原集類十卷	270	抱朴子養生論一卷	296
事原	488	抱妝盒一卷	475
事類賦三十卷	268	抱經樓日課編四卷	244
刺灸心法要訣八卷	215	抱影廬詩一卷	458
兩山墨談十八卷	252	抱璞簡記	508
兩同書	487	抱犢山房集六卷	383
兩同書二卷	516	拙效傳	512
兩京遺編十二種七十三卷	523	拙菴詞一卷	467
兩晉南北合纂四十卷	136	拙尊園叢槀三卷	403
兩浙名賢錄五十四卷外錄八卷	87	非煙傳	503
兩紗二卷附一卷秋風三疊三卷	474	卓氏藻林八卷	280
兩朝憲章錄二十卷	66	卓異記	493
兩鈔摘腴	488	卓異記一卷	525
兩湖麈談錄一卷	526	虎丘百詠不分卷	389
兩當軒集二十二卷	396	虎丘志總集一卷	174
兩漢文苑十卷	441	虎苑	512
兩漢紀六十卷	64、65	虎林江氏族譜不分卷	94
兩漢博聞十二卷	135	虎鈐經二十卷	208、516
兩漢詔令二十三卷	76	虎頭牌一卷	475
兩鎮三關通志□□卷	173	尚友編十卷	436
兩蘇經解六十四卷	4	尚友錄二十二卷	283
雨航紀	509	尚白齋鐫陳眉公訂正祕笈二十一種四十九卷	535、537
雨航雜錄	508		
雨航雜錄一卷	513	尚白齋鐫陳眉公訂正秘笈二十一種四十九卷	535
郁離子微	505		
奈何天傳奇二卷	479	尚書一卷	9
奇門遁甲符應經八卷	239	尚書中候	487
奇姓通十四卷	280	尚書考靈耀	487
奇效良方六十九卷	223	尚書故實	492
奇零草二卷	377	尚書帝命期	487

書名	頁碼
尚書逸湯誓考二卷	11
尚書逸湯誓考六卷	11
尚書逸湯誓考四卷附錄一卷	11
尚書旋璣鈐	487
尚書註疏二十卷	4、9
尚書義粹三卷	10
尚書釋音二卷	549
昊天塔一卷	475
果亭古今體詩稿九卷	403
果疏	511
味水軒日記八卷	93
味餘書室全集定本四十卷目錄四卷隨筆二卷	397
杲堂內集六卷外集四卷	380
杲堂文鈔六卷詩鈔七卷	380
杲堂文鈔四卷	380
昌平山水記二卷	555
[隆慶]昌平州志八卷	138
昌谷集四卷外集一卷	309
昌黎先生集四十卷外集十卷遺文一卷	310
昌黎雜說	490
[嘉靖]昌樂縣志四卷	149
明月篇	509
明月篇二卷	552
明氏實錄一卷	75
明六部尚書侍郎題名錄一卷	133
明文在一百卷	453
明文奇賞四十卷	452
明文海四百八十二卷目錄三卷	453
明文案□□卷	453
明文授讀六十二卷	453
明玉珍事跡一卷渤泥入貢記一卷	75
明史不分卷	57
明史稿不分卷	57
明史擬稿六卷外國傳八卷	556
明臣十節	506
明州八家選詩八卷	458
明良記	506
明良錄畧	506
明狀元圖考四卷	102
明季遺聞四卷	76
明故通議大夫都察院右副都御史陸公鉶狀一卷	89
明皇十七事	494
明紀彈詞註一卷	480
明珠記三卷	475
明貢舉錄一卷	102
明詠物詩一卷	421
明道文集五卷	202、203
明道堂公抄不分卷	189
明道雜志	492
明詩三集一百卷	430
明詩五集五十二卷	430
明詩六集一百卷	430
明詩正聲六十卷	450
明詩四集一百三十二卷	430
明詩次集一百四十卷	430
明詩別裁集十二卷	451
明詩初集八十六卷	430
明詩鈔不分卷	450
明詩評一卷	524
明詩綜一百卷	450
明禋儀注	494
明經會約	510
明輔起家考	506
明僧弘秀集十三卷	450
明潘無聲書法離鉤摘錄不分卷	242
明興雜記	506
明醫雜著二卷	223
明醫雜著六卷	213、223
明驛遞條例一卷	188
易八篇八卷前一卷後一卷附一卷	8
易大象說一卷	521

書名	頁碼
易大傳管窺一卷孝經訂誤一卷大學釋疑錄一卷中庸闡微說一卷	5
易巛靈圖	487
易牙遺意二卷	527
易占經緯四卷附易象爻辭一卷	237
易外別傳一卷	297
[弘治]易州志二十卷	140
易卦大義合鈔不分卷	8
易林補遺十二卷	237
易洞林	487
易飛候	487
易通卦驗	487
易象鉤解四卷	7
易庵先生編註丹溪纂要四卷	221
易筮要義一卷	9
易傳四卷	203
易義摘要不分卷	8
易經不分卷	5
易經疏義統宗三卷	8
易經繹五卷	5
易圖集錄一卷易五贊一卷筮儀一卷	6
易稽覽圖	487
易窺不分卷	8
易釋不分卷	9
易釋文一卷	541、543
典雅詞十四卷	467
典語一卷	547
[嘉靖]固始縣志十卷	154
固哉叟詩鈔八卷	393
[萬曆]固原州志二卷	155
忠烈編一卷	89
忠節公傳不分卷	359
忠節公遺稿三卷	359
忠義實記不分卷	89
忠經	497
忠經一卷	532、544
呻吟語六卷	207
制府雜錄	506
制府雜錄一卷	524
制誥十卷	79
知命錄一卷	351、517、519
知新後語一卷	351
知稼翁詞一卷	467、468
牧豎閒談	488
牧齋有學集五十卷	378
牧鑑十卷	181
物原一卷	276
物理小識十二卷	253
物異考	504
物類相感志	489
[嘉靖]和州志十七卷	147
和唐詩正音四卷	345
和陶一卷	303
和清真詞一卷	468
和葉艾庵白湖竹枝詞三十首一卷	403
和簫集不分卷	374
秋林伐山二十卷	256
秋圃擷餘	510
委巷叢談	508
委巷叢談一卷	514
季漢官爵考二卷	179
季漢書六十卷正論一卷答問一卷	53
竺國紀游四卷	179
侍兒小名錄	498
侍兒小名錄拾遺一卷	528、529、530
侍御公奏疏不分卷	80
岳石帆先生鑒定四六宙函三十卷	452
[隆慶]岳州府誌十八卷	164
岳武穆集六卷	326
岳陽風土記	496
岳陽風土記一卷	533
使東日錄一卷	179
使秦吟畧一卷	377

使高麗録	494	金師子章雲間類解一卷	289
岱史十八卷	174	金陵冬遊記畧	509
兒女團圓一卷	474	金陵妓品	512
兒世說	509	金陵野鈔十四卷	76
佩文齋書畫譜一百卷	242	金筍玄玄一卷	528
佩文齋廣羣芳譜一百卷目録二卷	247	金壺字考	499
佩楚軒客談	490	金壺字考一卷	538
佩觿	499	金焦集一卷	387
佩觿三卷	33	金蓮記二卷	478
征藩功次	506	金蓮記四卷	475
徂異記	504	金臺紀聞	507、513
往哲録一卷	540	金臺紀聞二卷	351
金小史八卷	73	金臺紀聞摘鈔一卷	524
金丹正理大全四十二卷	296	金臺集二卷補遺一卷	336
金丹直指一卷	298	金漳蘭譜	501
金丹詩訣二卷	536	金樓子	489
金玉詩話	498	[康熙]金壇縣志十六卷	142
金石三例十五卷	466	金聲玉振集五十一種六十二卷	521
金石文字記六卷	555	[嘉靖]金谿縣志九卷	161
金石古文十四卷	191	金鎖記二卷	475
金石例十卷	466	金鰲退食筆記二卷	178
金石契	509	金鑾密記	493
金石契一卷	515	采芳隨筆二十四卷	247
金石要例一卷	466	采菽堂評選戰國策十二卷	71
金石韻府五卷	34	采菊山人詩集十四卷	390
金史一百三十五卷目録二卷	41、42、43、57	采菊襍詠一卷	546
		采異記	504
金志	494	采畫録	500
金志一卷	516、525	采蘭堂詩文稿不分卷	395
金谷遺音一卷	468	爭報恩一卷	475
金華子雜編	493	爭報恩三虎下山雜劇一卷	472
金華游録	496	念八翻二卷	476
金峩山館文稿不分卷	404	念菴羅先生集十三卷	358
金峩山館詩集二卷	404	股堰廟詩不分卷	459
金峩山館詩稿四種四卷	404	周子二卷	207
金峩雜箸不分卷	404	周氏冥通記四卷	534、545
金剛經鳩異	504	周易六卷	549

書名	頁碼	書名	頁碼
周易古占	486	周禮句解十二卷	15
周易古占法二卷	515、516	周禮注疏刪翼三十卷	15
周易本義啓蒙翼傳四卷	7	周禮集註七卷	15
周易尚占三卷	537	周禮集說十一卷綱領一卷	15
周易要義十卷	7	周禮註疏四十二卷	2、3
周易音義一卷	4	周禮傳五卷翼傳二卷圖說二卷	15
周易兼義九卷	4、5	周禮摘要二卷	15
周易乾鑿度二卷	515	周顛仙人傳	512
周易畧例	486	周顛仙人傳一卷	514
周易略例一卷	4、515、532	周顛仙傳一卷	521
周易參同契集註三卷	296	炙轂子錄	489
周易參同契發揮三卷	296	京口三山志十卷	174
周易參同契發揮三卷釋疑一卷	296	京口三山續志四卷	174
周易程朱先生傳義十九卷	6	京氏易略	486
周易集解十七卷	543	京氏易傳三卷	515、516、532、541、543
周易集解略例一卷	541、543	京本校正註釋音文黃帝内經素問十二卷	215
周易傳義十卷易說綱領一卷	6		
周易傳義大全二十四卷上下篇義一卷朱子易本義圖一卷五贊一卷筮儀一卷程朱易說綱領一卷	7	京本黃帝内經素問遺篇一卷	215
		京東攷古錄一卷	555
		夜航船二十卷	254
周易傳義大全二十四卷綱領一卷朱子圖說一卷	7	郊外農談	506
		庚巳編	507
周易會占	505	庚巳編一卷	513、522、538
周易義海撮要十二卷	6	庚子書畫記不分卷	241
周易經傳傳義二十四卷	6	庚寅詩稿一卷壅松山房雜文偶存一卷	395
周易稽疑	505		
周易舉正	486	庚溪詩話	499
周易舉正三卷	515、516、543	庚溪詩話二卷	483
周秦行紀	503	放生辯惑	510
周秦行紀一卷	514	放翁逸藁二卷	551
周秦刻石釋音一卷	191	放翁詞一卷	467
周益公文集二百卷	327	放翁題跋六卷	545
周益文忠公集二百卷	327	刻沈何山先生點正玉茗堂尺牘二卷	370
周書五十卷	40、41、42、54		
周鄧山先生文稿不分卷	380	刻弇州山人左逸短長二卷	71
周髀算經二卷	543	刻莊子詩畧八卷	373
周禮六卷	1	刻徐文長先生秘集十二卷	263

刻楊升菴先生異魚圖贊四卷	537	河南程氏外書十二卷	202
性理大中二十八卷首一卷	207	河南程氏遺書二十五卷附錄一卷	202
性理大全書七十卷	205	[嘉靖]河間府志二十八卷	139
性理吟一卷	556	河源志	496
性理吟一卷後吟一卷	556	河圖始開圖	487
性理要刪□□卷	206	河圖括地象	487
怪痾單一卷	526	河圖稽命徵	487
怡齋詩集三卷	340	河圖稽燿鉤	487
卷柏山房詩稿一卷	401	泊宅編	490
炎徼紀聞一卷	526	泊宅編三卷	529、530
炎徼紀聞四卷	68、524	泊如齋重修考古圖十卷	192
法言十卷	532	泊如齋重修宣和博古圖錄三十卷	
法苑珠林	490		192、193
法帖刊誤	499	泊菴集十六卷	341
法帖刊誤二卷	485	治世餘聞上篇四卷下篇四卷	524
法帖譜系二卷	483、485	治法彙八卷	214
法帖釋文十卷	485	治河總考四卷	176
法書苑	499	宗子相集十五卷	363
法書要錄十卷	544	宗元先生文集三卷元綱論一卷內	
法書通釋二卷	526	丹九章經一卷	306
法藏碎金錄	492	宗先生子相文集十五卷附錄一卷	363
法藏碎金錄十卷	290	定正洪範集說一卷	11
法顯傳一卷	286	[嘉靖]定州志四卷	140
河防一覽十四卷	176	定軒存稿十六卷	372
河防一覽榷十二卷	176	定齋先生詩集二卷	353
河汾諸老詩集八卷	409、410	宜雨齋詩草一卷	402
河汾燕閒錄二卷	351	宜春傳信錄	492
河東先生集四十五卷外集二卷龍		宜秋山趙禮讓肥雜劇一卷	473
城錄二卷	311	宜都記	495
河東先生龍城錄二卷	484、529	[嘉靖]宜黃縣志考訂十四卷	161
河東重刻陽明先生文錄五卷外集		宜齋野乘	488
九卷別錄十卷	349	宜驗記	504
河東記	495	官箴	497
河南邵氏聞見後錄三十卷	542	官箴一卷	484
河南邵氏聞見前錄二十卷	542	空同子	505
[嘉靖]河南通志四十五卷	150	空同子一卷	521
河南程氏文集十二卷遺文一卷	202	空同先生集六十三卷	347

書名	頁碼
空同集六十三卷	347
空同集六十四卷	347
空同詞一卷	468
空同精華集三卷	347
空青石二卷	476
宛丘先生文粹二十二卷	418
宛丘題跋一卷	545
宛林二水評	510
宛委山人詩集十六卷	388
宛委餘編	508
宛陵先生集六十卷拾遺一卷	316
宛雅二編八卷	456
宛雅三編二十四卷	456
宛雅初編八卷	456
[嘉靖]建平縣志九卷	147
建安七子集二十八卷目錄一卷	407
[正德]建昌府志十九卷	160
建康宮殿簿	495
建康實錄	495
[嘉靖]建陽縣志十六卷首一卷	167
[景泰]建陽縣誌四卷雜誌三卷續集一卷	167
建寧人物傳四卷	87
[嘉靖]建寧府志二十一卷	167
[嘉靖]建寧縣志七卷附錄一卷	168
居山雜志	509
居家必用事類全集十卷	260
居家制用	509
居家宜忌	510
居敬堂集一卷	521
居業錄四卷	206
居業錄要語四卷	206
屈原傳一卷	301
屈騷七卷	299
弢雅堂詩集四卷	401
陋巷志八卷	177
姑溪詞一卷	468
姑溪題跋二卷	542、545
[正德]姑蘇志六十卷	141
姑蘇筆記	490
姑蘇新刻彤管遺編二十卷	437
姓解三卷	550
始興記	496
[嘉靖]始興縣志二卷	171
孟子十四卷	29
孟子七卷	1
孟子七卷序說一卷	27
孟子四考四卷	27
孟子章指一卷	27
孟子張宣公解七卷	27
孟子集註十四卷序說一卷	27
孟子集註大全十四卷	28
孟子註疏解經十四卷	3、4
孟子註疏解經摘錄一卷	29
孟浩然集二卷	304
孟浩然集三卷	409
孟浩然詩集三卷補遺一卷	304
孟德耀舉案齊眉雜劇一卷	473
[康熙]孟縣志十二卷	152
孤竹賓談四卷	253
孤樹裒談	506
函史上編八十一卷下編二十二卷	49
函史上編八十二卷下編二十一卷	49
函清館詩草四卷	551
函潼關要志	497

九畫

書名	頁碼
契丹國志二十七卷	72
奏雅世業十一卷	460
奏疏□□卷	81
奏議四卷	81
春谷嚶翔一卷	527
春雨堂隨筆一卷	521

春雨堂雜抄一卷	351
春雨樓百花吟一卷	396
春雨樓初刪稿十二卷	396
春雨樓初刪稿不分卷	396
春雨雜述	507
春明退朝錄	492
春明退朝錄一卷	525
春明退朝錄三卷	483、484
春草堂文約一卷	383
春草齋文集十卷	340
春草齋文集選六卷詩集選一卷附錄一卷	340
春草齋詩集五卷文集六卷	340
春秋一卷	1
春秋十七卷列國東坡圖說一卷興廢說一卷	1
春秋三傳辨疑二十卷	24
春秋大事表五十卷附錄一卷	22
春秋元命苞	487
春秋公羊註疏二十八卷	2、3、4
春秋文曜鉤	487
春秋孔義十二卷	25
春秋孔演圖	487
春秋世學三十二卷	25
春秋本義三十卷	24
春秋左史捷徑二卷	21
春秋左傳十五卷	21、22
春秋左傳三十卷	1、21
春秋左傳杜林合註五十卷	21
春秋左傳音訓不分卷	22
春秋左傳註評測義七十卷世系譜一卷名號異稱便覽一卷地名配古籍一卷總評一卷春秋列國東坡圖說一卷測言凡例一卷	22
春秋左傳註疏六十卷	2、3、4
春秋左傳類解二十卷地譜世系一卷	21
春秋左傳屬事二十卷古字奇字音釋一卷春秋左傳注解辨誤二卷辨誤補遺一卷古器圖一卷	21
春秋四傳三十八卷綱領一卷提要一卷列國東坡圖說一卷春秋二十國年表一卷諸國興廢說一卷	24
春秋列傳五卷	82
春秋合誠圖	487
春秋志在十二卷	1
春秋私考三十六卷首一卷	25
春秋佐助期	487
春秋長歷一卷	549
春秋胡氏傳集解三十卷	25
春秋胡傳三十卷	1、23
春秋後語	487
春秋旁訓四卷	25
春秋集傳大全三十七卷序論一卷春秋二十四國年表一卷諸國興廢說一卷	25
春秋集傳大全三十七卷首一卷	25
春秋詞命三卷	440、441
春秋尊王發微十二卷	23
春秋運斗樞	487
春秋感精符	487
春秋傳三十卷	23
春秋傳綱領一卷諸國興廢說一卷提要一卷列國圖說一卷	23
春秋經傳集解三十卷	20、21
春秋疑問十二卷	5
春秋說題辭	487
春秋穀梁傳十二卷	550
春秋穀梁傳十二卷附考異一卷	549
春秋穀梁傳註疏二十卷	3、4
春秋潛潭巴	487
春秋緯	487
春秋輯解十二卷首一卷	25
春秋衡庫三十卷附錄三卷備錄一	

書名	頁碼
卷	25
春秋繁露	487
春秋繁露十七卷	26、532、533
春秋繁露總評一卷	533
春秋總例一卷諸國興廢說一卷	23
春秋屬辭十五卷	24
春風堂隨筆	508
春風堂隨筆一卷	351、513
春酒堂文存一卷	380
春酒堂文存四卷	557
春酒堂文集二卷	380
春酒堂外紀一卷	557
春酒堂存稿五卷	379
春酒堂詩存五卷拾遺一卷詩稿一卷目錄四卷	379
春酒堂詩存六卷	557
春酒堂詩話一卷	557
春酒堂遺書四種十二卷	557
春浮園集八種十四卷	554
春雪新聲一卷	476
春渚紀聞	492
春渚紀聞十卷	541、542
春夢錄	504
春暉堂詩稿六卷雜著一卷	400
珂雪㲈集選二十四卷	374
珍珠塔一卷	476
珊瑚木難八卷附錄一卷	240
珊瑚鈎詩話	499
珊瑚鈎詩話三卷	483
珊夢詞一卷	470
封氏聞見記	493
封禪儀記	494
封類二十卷	276
城南柳一卷	475
政和五禮新儀二百四十卷目錄六卷	185
政和御製冠禮十卷	185
政經	497
政監三十二卷	194
郝文忠公陵川文集三十九卷	334
某心雪傳奇十一卷	480
荊川先生右編四十卷	77
荊川先生批點精選漢書六卷	135
荊州記	496
荊楚歲時記	497
荊溪疏	509
[嘉靖]荊州府志十二卷	163
荊釵記三卷	475
荊溪疏二卷	552
革除遺事	506
革朝志十卷	75
草木子	505
草木子四卷	252
草花譜	511
草書集韻□□卷	241
草堂詩餘五卷	471
草堂詩餘正集六卷	471
草堂詩餘四卷	467
草堂詩餘別集四卷	471
草堂詩餘續集二卷	471
草堂賡詠一卷	539
茶品要錄一卷	527
[嘉靖]茶陵州志二卷	164
茶疏	511
茶解	511
茶經	500
茶經三卷	483、485
茶箋	511
茶寮記一卷附一卷	527
茶錄	500、511
茶錄一卷	483、485
茶寮記	511
茶譜	511
荀子二十卷	196、197、200、549

茗柯詩集三卷	382	南京太僕寺志十六卷	180
茗笈二卷	545、546	南京戶部通志四卷分志二十卷	185
茗笈品藻一卷	545	南陔六舟記	510
茗雪山房二種曲四卷	479	南柯記四卷	475
胡子易演十八卷	7	南華合璧集五卷	455
胡子知言六卷	203	南華真經注疏十卷	549
胡氏禹貢錐指勘補十二卷	11	南華真經旁注五卷	294
胡氏雜說	507	南華真經副墨八卷讀南華真經雜說一卷	294
茹草紀事	502		
茹草編四卷	527、528	南華真經義海纂微一百六卷	294
荔支譜	512	南華逸篇一卷	539
荔枝譜	502	南華經十六卷	293
荔枝譜一卷	485、486	南翁夢錄	507
荔亭詩草不分卷	396	南翁夢錄一卷	513
南山素言	505	南唐近事	492
南山素言一卷	521	南唐書十八卷	55
南中集二卷	354	南唐書十八卷音釋一卷	551
南方草木狀	502	南部烟花記	496
南方草木狀一卷	485	南部新書	490
南方草木狀三卷	486	南海古蹟記	496
[嘉靖]南平縣志十七卷	167	南陸志	509
南史八十卷	40、41、44、48	[正德]南康府志十卷	160
南史識小錄八卷北史識小錄八卷	136	南康記	496
南巡日錄	506	[嘉靖]南康縣志十三卷	162
南邨詩槀甲集八卷乙集八卷	381	南陽集六卷	547
南行雜錄一卷	385	南越志	496
[嘉靖]南安府志三十五卷	162	南朝宋文二十八卷	442
南巡日錄一卷	513	南朝語三卷	135
南巡詩一卷	393	[嘉靖]南雄府志二卷	170
南村輟耕錄一卷	525	南遊記舊	493
南宋市肆紀	495、504	南湖詩餘一卷	467、469
南宋故都宮殿	497、504	南渡宮禁典儀	494
南來志一卷	556	南滁會景編十二卷	456
南岳魏夫人傳一卷	514	南窗紀談	489
南征集十卷附詩歌一卷	376	南楚新聞	493
南京大理寺志七卷	180	南雷文定五集四卷	379
南京太常寺志十三卷	180	南雍州記	496

南墅閒居錄	488	厚德錄一卷	525
南齊書五十九卷	40、42、54	厚德錄四卷	484、529
南漪先生遺集四卷	394	括異志	504
[嘉靖]南寧府志十卷	171	括庵先生詩集一卷	350
南遷日記一卷	351	括蒼二子	199
[嘉靖]南畿志六十四卷	140	拾遺名山記	496
南藏六千三百三十一卷	286	拾遺記十卷	533
南谿僅眞集一卷	458	貞觀公私畫史	500
南濠詩話	510	貞觀政要十卷	72
南豐先生元豐類藁五十一卷	316	省心錄	497
南豐先生元豐類藁五十卷首一卷	316	省括編二十三卷	263
南豐曾文昭公曲阜集二卷首一卷 遺錄一卷附錄一卷	316	是程堂集十四卷二集四卷	398
		則堂先生春秋集傳詳說三十卷綱領一卷	24
南廱志二十四卷	181		
南贛督撫奏議七卷	81	映紅樓文稿不分卷	402
柘枝譜	501	映紅樓詩稿三卷	402
相牛經	502	映紅樓詩稿五卷	402
相手板經	501	映紅樓詩稿四卷	402
相地骨經	503	映紅樓遺集文稿二卷	402
相貝經	501	映紅樓遺集詩四卷	402
相雨書	502	星砂賦一卷	235
相兒經	503	星宿符呪一卷	236
相國寺公孫合汗衫雜劇一卷	472	星槎勝覽一卷	526
相鶴經	502	星槎勝覽四卷	516
柳文四十三卷別集二卷外集二卷	416、417	星經	502
		昨非菴日纂二十卷二集二十卷三集二十卷	263
柳先生年譜一卷	92		
柳待制文集二十卷附錄一卷	336	昨夢錄	491
柳莊先生詩集一卷	342	昨夢錄一卷	517、519、520
柳參軍傳一卷	517、519	昭代典則二十八卷	66
柳毅傳	503	昭先錄十卷	94
柳毅傳書一卷	474	昭德新編	490
咸定錄	491	畏齋存藁二卷	343
[嘉靖]威縣志八卷	139	毘陵集十六卷	548
研北雜志	489	毘陵集三卷	414
研史一卷	545	思玄庸言	505
厚德錄	497	[嘉靖]思南府志八卷	171

思陵書畫記	499	香譜	501
思菴先生文粹十一卷	342	香譜二卷	483、485
思綺堂文集十卷	387	香囊記二卷	475、476
韋自東傳一卷	516、518	香籢集一卷	412
韋居聽輿	490	秭歸外志八卷	455
韋弦佩	510	秋水閣墨副文類十卷	372
韋鮑二生傳一卷	517、519	秋竹詩稿不分卷	397
韋蘇州集十卷	409	秋胡戲妻一卷	474
韋蘇州集十卷拾遺一卷	306	秋崖先生小藁三十八卷	332
韋蘇州集五卷	306	秋崖先生小藁四十五卷又三十八卷	331
韋蘇州詩集二卷	412		
品茶要錄	500	秋霞詞一卷繡鴛詞一卷	470
哈密國王記	507	秋蟲譜不分卷	247
幽光錄不分卷	90	科名盛事錄七卷	95
幽明錄	504	科場條約一卷	188
幽怪錄	504、512	科場條貫一卷	351、524
幽閑鼓吹	494	科場漫筆三卷	356
幽閑鼓吹一卷	525	重刊人子須知資孝地理心學統宗三十九卷	235
幽閨記二卷	477		
幽閨記三卷	475	重刊分類江湖紀聞前集一卷後集一卷	266
拜針樓二卷	476		
看雲草堂集八卷	556	重刊全補古文會編十二卷	434
看錢奴一卷	474	重刊併音連聲韻學集成十三卷	37
看鑑偶評五卷	556	重刊荊川先生文集十七卷外集三卷	358
香山酒頌二卷	528		
香宇詩談	510	重刊草木子四卷	199
香南居士集六卷	401	重刊訂正秋蟲譜二卷	247
香泉志一卷	176	重刊訂正篇海十卷	34
香祖筆記十二卷	555、556	重刊校正唐荊川先生文集十二卷	358
香消酒醒曲一卷	481	重刊校正唐荊川先生文集十二卷	358
香案牘	509	重刊校正笠澤藂書四卷補遺詩一卷	313
香案牘一卷	527		
香國二卷	546	重刊書敘指南二十卷	270
香畹樓四卷	476	重刊許氏說文解字五音韻譜十二卷	32
香溪先生范賢良文集二十二卷	326		
香奩詩草二卷	528	重刊巢氏諸病源侯總論五十卷	220
香箋一卷	546	重刊巢氏諸病源侯總論五十卷綱	

目一卷	220	重增釋義大明律七卷	188
重刊經史證類大全本草三十一卷	218	重選唐音大成十一卷	445
重刊嘉祐集十五卷	319	重編有宋籑纓四六十卷	448
重刊橫浦先生文集二十卷	326	重編錢止亭先生集不分卷	377
重刻西山先生真文忠公文集五十五卷目錄二卷	330	重輯朱子錄要十五卷	203
重刻全補標題音註歷朝捷錄四卷	195	重鐫繡像今古奇觀四十卷	267
重刻黃文節山谷先生文集三十卷	323	段成式詩一卷	414
重刻遊杭合集一卷	454	修方涓吉符不分卷	239
重定金石契不分卷首一卷	192	修華嚴奧旨妄盡還源觀一卷	288
[萬曆]重修延平府志三十四卷	166	修真館詞稿四卷	470
[嘉靖]重修如皋縣志十卷	144	修辭指南二十卷	278
[嘉靖]重修邛州志十卷	143	保生月錄	498
重修政和經史證類備用本草三十卷	217、218	保生要錄	497
[成化]重修毗陵志四十卷	142	保生餘錄不分卷	222
[成化]重修保定志二十五卷	138	保民訓要	506
重修宣和博古圖錄三十卷	192	保和殿曲宴記	503
重修問刑條例六卷	188	保孤記	506
[萬曆]重修營山縣志八卷	165	保嬰粹要一卷	212
重訂王鳳洲先生綱鑑會纂四十六卷續宋元紀二十三卷	63	保嬰撮要二十卷	213
		促織志	512
重訂丹溪心法五卷心法論一卷附錄一卷	221	促織經二卷	527
		俗呼小錄	509
重訂四書輯釋四十五卷	27	俗書證誤	499
重訂宋詩正體四卷	447	信摭一卷	257
重訂易經疑問十二卷	5	皇元聖武親征錄一卷	73
重訂併音連聲韻學集成十三卷重訂直音篇七卷	37	皇甫司勳集六十卷	359
		皇甫持正集六卷	412
重訂欣賞編五十三種	514	皇宋事實類苑六十三卷目錄五卷	275
重訂詩經疑問十二卷	5	皇明十六名家小品三十二卷	420
重訂禮記疑問十二卷	5	皇明三異人錄三卷	86
重校正唐文粹一百卷	442	皇明大事記五十卷	74
重校經史海篇直音十卷	34	皇明大訓記十六卷	74
重校鶴山先生大全一百十卷	330	皇明小說八種八卷	266
重廣補註黃帝內經素問二十四卷	215、216	[嘉靖]皇明天長志七卷	147
		皇明太學志十二卷	181
		皇明文範六十八卷目錄二卷	451
		皇明文徵七十四卷	451

皇明文衡一百卷目録二卷	451	皇明遜國臣傳五卷首一卷	74
皇明功臣封爵考八卷	181	皇明經濟文錄四十一卷	451
皇明本紀一卷	74	皇明廣蒙求三十七卷	280
皇明平吳錄一卷	521	皇明實錄不分卷	67
皇明史概一百二十一卷	74	皇明蕭山詩集六卷	455
皇明史竊一百五卷	57	皇明續紀三卷	66
皇明吉安進士錄一卷	95	皇朝中州人物志十六卷	86
皇明百家四書理解集六卷首一卷	28	皇朝六書略三卷	36
皇明名臣言行通錄十二卷	84	皇朝平吳錄三卷	74、75
皇明名臣言行錄四卷	85	皇朝盛事	507
皇明名臣言行錄前集十二卷後集十二卷	84、85	皇朝盛事引一卷	266
皇明名臣言行錄新編三十四卷	85	皇朝類苑	492
皇明名臣經濟錄十八卷	78	皇輿考十二卷	137
皇明名臣經濟錄十八卷目録一卷	78	皇輿表十六卷	137
皇明近體詩抄二十九卷	449、450	鬼谷子三卷	248
皇明忠義存褒什二卷	85	鬼國記	504
皇明制書十四卷	184	鬼國續記	504
皇明風雅四十卷詩人名氏一卷	449	鬼塚志一卷	547
皇明紀畧一卷	526	泉志十五卷	544
皇明恩命錄四卷	93	泉南雜志	509
皇明書四十五卷	57	泉南雜誌二卷	554
皇明通紀述遺十二卷	66	泉翁大全集十七種	351
皇明通紀集要六十卷	66	泉齋勿藥集十四卷	346
皇明理學名臣言行錄二卷	84	侯元傳一卷	517、519
皇明進士登科考十二卷	95、96	侯城雜誡	505
皇明從信錄四十卷	66	侯朝宗文鈔八卷	421
皇明開國臣傳十三卷	74	侯鯖錄	488
皇明疏鈔七十卷	78	侯鯖錄八卷	250、529
皇明疏議輯畧三十七卷	78	衍極	499
皇明詩抄十卷	449	律呂別書一卷	20
皇明詩抄十卷目録二卷	449	律陶一卷	303、554
皇明詩選十三卷	450	後七子四卷	476
皇明詩選前集□□卷	450	後山先生集三十卷	324
皇明資治通紀十四卷	66	後山居士詩話	499
皇明資治通紀前編八卷後編三十四卷	66	後山居士詩話一卷	463、485、529、531
		後山詞一卷	468
		後山詩注十二卷	324

書名筆畫索引

書名	頁碼
後山詩註十二卷	324
後山詩話一卷	544
後山談叢	489
後北征錄一卷	523、524
後甲集二卷	389
後耳目志	489
後邨題跋四卷	541、543、545
後村別調一卷	468
後村詩話	498
後村詩話十四卷	464
後周明帝集一卷	408
後性理吟一卷	556
後庭花一卷	474
後書品	499
後渠漫記	505
後渠漫記一卷	513
後渠雜識	507
後場紀年不分卷	454
後尋親四折	480
後畫品錄	500
後畫錄一卷	542、544
後漢紀三十卷	64、65
後漢書九十卷	40、42、44、51、52
後豔品	512
弇山集錄二卷	394
弇州山人四部稿一百七十四卷目錄十二卷	362、363
弇州史料前集三十卷後集七十卷	74
卻掃編	491
食古錄一卷	264
食妙元服食神丹大旨一卷	298
食珍錄	500
食經	500
食譜	500
逃禪詞一卷	468
盆兒鬼一卷	475
脉經	502
胎息經一卷	526、542、544
胎息經疏	510
胕陣篇一卷	527
胕陣譜	511
負暄雜錄	489
勉力集□□卷	388
風土記	495
風水井見四卷	235
風光好一卷	474
風后握奇經	502
風后握奇經一卷	544
風俗通義十卷	250、531、532
風俗通義四卷	533
風流棒二卷	476
風雅逸篇十卷	428
風雅遺音不分卷	13
風憲忠告一卷	181
風騷旨格	498
風騷旨格一卷	544
急就篇一卷	550
急就篇四卷	543
急就篇四卷正文一卷	545
訂正金匱要畧注八卷	215
訂正通鑑綱目前編二十五卷	62
訂正傷寒論注十七卷	215
訂補坡仙集鈔三十八卷	322
哀絃集二卷	556
亭林文集六卷	555
亭林先生遺書十種二十七卷	555
亭林軼詩一卷	555
亭林詩集五卷	555
亭林餘集一卷	555
亭林雜錄一卷	555
度曲須知二卷絃索辨訛二卷	482
度柳翠一卷	474
度測二卷	231
庭聞述略	507、512

彥周詩話一卷	544	前漢紀三十卷	64、65
[萬曆]兗州府志五十一卷	148	前漢書一百卷	40、42、43、50
施註蘇詩四十二卷總目二卷	321	炳燭觀二卷	260
施愚山先生全集	381	洪武正韻十六卷	37
施愚山先生學餘文集二十八卷	381	洪武四年進士登科錄一卷	96
弈旦評	511	洪武四年會試錄一卷	102
弈律	511	洪武聖政記一卷	521
弈問	511	洪武禮制一卷	185
奕律一卷	545、546	[嘉靖]洪雅縣志五卷	165
音論三卷	38	洹詞十二卷	350
音學五書三十八卷	38	洞天清錄	500
音韻日月燈六十四卷	38	洞天福地記	496
音韻討論六卷	39	洞庭集二卷閩嶠集二卷	390
音韻部略不分卷詩音譜略不分卷	39	洞庭集五十三卷	360
竒子雜言	505	洞微志	492
竒門賦專征一卷附竒門數畧一卷	539	洞簫記	512
帝女花二卷	476	洞簫記一卷	514
帝王世紀	495	洗硯新錄	508
帝王紀年纂要一卷	521	活幼便覽二卷	227
帝京景物略八卷	172	洽聞記	491
帝城景物畧	509	洛中九老會	498
帝陵圖說三卷	178	洛中紀異錄	493
帝鑑圖說不分卷	82	洛中耆英會	498
恤刑錄二卷	80	洛京獵記一卷	517、519
恤刑題稿八卷	81	洛神傳一卷	516、518
姜西溟先生文鈔四卷	387	洛書甄耀度	487
姜先生全集附錄一卷	386	洛陽名園記	497
姜先生全集附錄二卷	386	洛陽名園記一卷	533
姜湛園集附錄二卷	387	洛陽花木記	502
迷樓記	503	洛陽牡丹記	502
前北征錄一卷	523、524	洛陽牡丹記一卷	484
前定錄	497	洛陽伽藍記	496
前定錄一卷續一卷	484	洛陽伽藍記五卷	544
前定錄補	507	洛陽記	495
前定錄補一卷	514	洺水詞一卷	468
前唐十二家詩二十四卷	413	净德集三十八卷	548
前聞記一卷	524	洋煙考述八卷	247

津逮祕書十五集一百四十一種七百四十八卷 540、541、542、543、545	
宣和石譜 500	
宣和北苑貢茶錄 500	
宣和書譜二十卷 541、544	
宣和牌譜 511	
宣和畫譜二十卷 540、544	
宣政雜錄 493	
宣政雜錄一卷 517、519、525	
宣室志 491	
宣室志十卷補遺一卷 265、529	
宣德八年進士登科錄一卷 96	
宣德八年會試錄一卷 102	
宣德元年福建鄉試錄一卷 124	
宣德五年進士登科錄一卷 96	
宣德五年會試錄一卷 102	
宦遊紀聞 507	
客退紀談 491	
客座新聞 507	
客座新聞一卷 266、538	
客座贅語一卷 422	
客越志 509	
客越志二卷 178	
軍令一卷 187	
軍政一卷 187	
軍政條例續集五卷 186	
扁舟集一卷 402	
袪疑說一卷 484	
祐山雜說 508	
祖詠集一卷 409	
神仙傳 495	
神仙傳一卷 527	
神奴兒一卷 475	
神異經 496	
神異經一卷 533	
神境記 495	
神僧傳 503	
祝髮記一卷 475	
祕冊彙函二十四種一百四十三卷 534	
祕傳證治要訣十二卷 214	
為善陰騭十卷 262	
郡閣雅言 488	
退白居士詩草一卷附傳 551	
退齋雅聞錄 488	
退齋筆錄 492	
退齋筆錄一卷 525	
咫園吟一卷 539	
咫聞錄四卷 266	
眉樓載花船傳奇二卷 477	
[正德]陝西鳳翔府志八卷 154	
除紅譜 501	
姚氏殘語 491	
姚生傳一卷 517、519	
飛丸記二卷 476	
飛燕遺事 503	
癸巳藁一卷 366	
癸辛雜識 489	
癸辛雜識前集一卷後集一卷續集二卷別集二卷 530	
紅拂記一卷 475	
紅拂記二卷 476	
紅梨花一卷 475	
紅梨記二卷 476	
紅梨記四折 481	
紅雲社約 510	
紅雲續約 510	
紅犀館詩課八卷 400	
紅犀館詩課刪存一卷 404	
約言一卷 253	
約齋燕遊志 496	
紀古滇說原集一卷 173	
紀遊稿二卷 364	
紀談錄 488	
紀錄彙編一百二十三種二百二十	

四卷	523、524	馬自然傳一卷	517、519
紀藝	500	馬政志四卷	187
		馬陵道一卷	475
十畫		[嘉靖]馬湖府志七卷	165
		馬端肅公三記	521
耕祿藁	498	馬戲圖譜一卷	527
耕祿藁一卷	485、529	起世經	502
耕餘博覽	490	袁子正書一卷	547
秦川公詩文續選二卷	384	袁子正論二卷	547
秦子文諫二卷	79	袁天綱外傳一卷	517、519、520
秦中歲時記	497	袁中郎十集十六卷	553
秦淮士女表	512	袁中郎先生批評唐伯虎彙集四卷	350
秦淮劇品	512	袁中郎狂言二卷	553
秦張兩先生詩餘合璧二卷	469	袁中郎狂言別集二卷	553
秦漢文四卷	434	袁中郎桃源詠一卷	553
秦漢文鈔十二卷	436	袁中郎廣陵集一卷	553
秦漢文鈔不分卷	436	袁氏傳一卷	517、520
秦漢書疏十八卷	77	袁文榮公文集八卷詩畧二卷	361
秦漢魏晉文選十卷	435	袁文榮公文集八卷詩集八卷	360
泰山紀勝一卷	546	袁文榮公詩畧二卷	361
[萬曆]泰安州志四卷	149	袁石公遺稿六卷	553
泰定養生主論十六卷	229	[嘉靖]袁州府志二十卷	161
泰泉集六十卷	356	[正德]袁州府志十四卷	161
珠玉詞一卷	467	[嘉靖]袁州府志十卷	161
珠玉遺稿二卷附錄一卷	357	袁使君集十四種五十七卷	553
珩璜新論	492	袁宣卿詞一卷	467
敖器之詩話	498	都公譚纂二卷	259
班馬字類二卷	33	都察院奏明職掌肅風紀冊不分卷	180
班馬異同三十五卷	51	耆舊詩二卷	459
班蘭臺集四卷	406	耿湋集三卷	409
素書	487	華川卮辭	505
素書一卷	532	華氏傳芳集□□卷	461
素問玄機原病式二卷	216	華氏新論一卷	547
素問鈔補正十二卷附滑氏診家樞		華夷譯語□□卷	35
要一卷	216	華泉詩集八卷	348
素履子三卷	297、516	[萬曆]華陰縣志九卷	155
馬氏等音分韻五卷	39	華陽國志十二卷	72

華陽博議二卷	552	栖竹軒集一卷	462
華嵩遊草二卷	553	栖真館集三十一卷	369
華嚴法界觀門通玄記二卷	289	條例全文不分卷	188
華嚴懸談會玄記四十卷	288、289	桐江詩話	498
莆陽文獻十三卷列傳七十五卷	87	桐陰舊話	493
莆陽知稼翁集二卷	326	桐陰舊話一卷	518、519、520、525
恭壽堂編年文鈔一卷雜著一卷	388	桐譜	502
莊子本義十六卷南華本義附錄八卷	294	桃花女一卷	475
		桃花扇傳奇二卷	479
莊子考異二卷	294	桃花扇傳奇後序詳註四卷	550
莊子南華真經十卷	198	桃花源一卷	557
莊子南華真經四卷音義四卷	290	桃源手聽	490
莊子旁注五卷	294	桃源詠一卷	553
莊子通十卷讀莊楘辨一卷	291	桃溪淨稿八十四卷	344
莊子通義十卷	294	桃谿雪二卷	476
莊子鬳齋口義十卷釋音一卷	291	格古要論三卷	526
莊子闕誤	505	格致餘論一卷	212
莊渠先生遺書十二卷	352	格致叢書□□種□□卷	534
莊嶽委談二卷	552	校正重刊官板宋朝文鑑一百五十卷目錄三卷	447、448
荻樓雜抄	491		
莘野纂聞	507	校注橘山四六二十卷	329、330
莘野纂聞一卷	266、538	栟櫚先生全集二十五卷	325
[正德]莘縣志十卷	148	栩栩園詩二卷京邸吟一卷	382
真文忠公續文章正宗二十卷	432	栩園詞棄稿四卷	470
真誥十卷	290	軒渠錄	491
真臘風土記一卷	516、518、526、533	連珠均考一卷	39
尅擇璇璣經集註一卷	231	連環計一卷	475
桂苑叢談	490	酌中志略四卷	75
桂林風土記一卷	173	夏小正	486
桂洲詩集二十四卷	355	夏小正求是四卷	18
桂海花木志	502	夏小正戴氏傳四卷	18
桂海虞衡志	496	[嘉靖]夏邑縣志八卷	151
桂海虞衡志一卷	516、533	夏忠靖公遺事一卷	88
桂海虞衡志十三卷	546	夏侯子新論一卷	547
栲栳山人詩集三卷	336	[嘉靖]夏津縣志二卷	150
[萬曆]郴州志二十卷	165	夏桂洲先生文集十八卷	355
桓譚新論	495	夏書禹貢廣覽三卷蓋載圖憲一卷	11

破邪論二卷	287
破研齋集三卷	553
原化記	489
原機啓微二卷附錄一卷	213
逐鹿記	506
殊域周咨錄二十四卷	179
殉身錄	506
振衣亭稿□□卷	352
捉月雲梯二卷附乾訣	290
致身錄	506
致堂先生崇正辨三卷	203
致虛雜俎	491
晉中興書	495
晉公談錄一卷	525
晉文春秋一卷	71
晉文紀二十卷	442
晉春秋四卷	476
晉書一百三十卷	40、43、44、53
晉書鉤玄二卷	136
晉問	489
晉陽秋	495
晉詩乘六卷	429
逌旃璅言	508
晁氏客語	488
晁氏客語一卷	484
晏子春秋八卷	87
晏子春秋内篇二卷	197
晏子春秋六卷	199
晏子春秋四卷	88
晏子春秋集註八卷	87
蚍蜉傳一卷	517、518、520
蚓竅集十卷	340
哨守條約二卷	187
恩光世紀八卷	93
恩卹錄不分卷	93
恩命錄不分卷	90
峽船誌	502
峽程記	496
峴泉集六卷	340
氣英布一卷	474
造邦賢勳錄畧	506
乘異記	504
秣陵春傳奇二卷	478
秘冊彙函二十四種一百四十三卷	534
秘傳天祿閣寓言外史八卷	250
秘閣閑話	490
秘錄	506
笑禪錄	512
笑禪錄一卷	514
併音連聲字學集要四卷	38
倦游雜錄	491
射經	501、511
息尚編四卷	385
息園存藁十四卷	348
息賢堂詩集不分卷	378
[嘉靖]息縣志八卷	154
師山先生文集八卷遺文五卷	336
師子林天如和尚語錄二卷別錄五卷剩語集二卷	289
師友談記	488
師曠禽經一卷	485
徐氏海隅集詩編二十二卷文編四十三卷外編十四卷	364
徐氏筆精八卷	256
徐文長文集三十卷	366
徐文長文集三十卷四聲猿一卷	366、367
徐文長四聲猿四卷	474
徐文長佚草十卷	367
徐文長逸稿二十四卷畸譜一卷	367
徐昌穀全集十六卷	352
徐柳泉詩稿九卷柳泉詞一卷	401
徐幹子中論二卷	201
徐僕射集十卷	406
徐整長曆	495

殷太師比干録三卷微子附録一卷		高州詩集二卷	385
箕子附録一卷旁證一卷	87	高坡異纂	508
針灸問答三卷	213	高坡異纂一卷	513
殺狗記二卷	476、477	高昌行記	494
殺狗勸夫一卷	475	高宗幸張府節次畧	494、504
豹隱紀談	489	高宗皇帝御製翰墨志一卷	485
奚囊橘柚	491	高常侍集二卷	413
倉頡篇校證三卷補遺一卷	36	高常侍集十卷	413
脩真演義一卷	526	高常侍集八卷	409
脈經十卷	219	[嘉靖]高淳縣志四卷	141
[康熙]烏青文獻十卷首一卷末一卷	156	高寄齋訂正方洲雜言一卷	538
		高寄齋訂正武林舊事六卷	172
烏將軍記一卷	517、519	高道傳	495
烏臺詩案	499	高齋漫録一卷	518、519、520、525
烏蠻瀧夜談記	509	亳州牡丹表	511
眞率筆記	491	郭子翼莊一卷	516
[嘉靖]眞陽縣志十卷補遺一卷	153	郭氏聯珠集二十二卷	461
眞臘風土記	496	席上輔談二卷	297
眞靈位業圖	494	席上腐談	489
留青日札摘鈔四卷	524	病逸漫記	508
留臺雜記八卷	180	病逸漫記一卷	513、524、526
留鞋記一卷	474	病榻手欥	509
芻蕘集六卷	341	病榻寱言	505
託素齋詩集四卷文集六卷	382	疹科一卷	553
訓學齋規	497	唐二皇甫詩集八卷	416
記事珠	509	唐十二家詩四十九卷	413
記荔枝	512	唐十子詩十四卷	413
記師口訣節文一卷	234	唐人八家詩四十二卷	413
記錦裾	503	唐人四集十二卷	412
記纂淵海一百卷	271、272	唐人集□□種□□卷	408、409
高力士傳	503	唐人說薈一百六十五種	547
高士傳	494	唐人選唐詩二十三卷	413
高士傳三卷	534	唐三高僧詩集四十七卷	412
高子文集六卷詩集八卷	553	唐大家柳柳州文抄十二卷	410、411
高子全書八種四十卷	553	唐大家韓文公文抄十六卷	410、411
高子遺書十二卷	371	唐太宗文皇帝集一卷	408
高令公集二卷	406	唐太宗皇帝集二卷	409

唐六如先生畫譜三卷	350	唐音癸籤三十三卷	446
唐文粹一百卷	442	唐眉山詩集十卷唐先生文集十四卷	325
唐文鑑二十一卷	447		
唐世說新語十三卷	259	唐姚鵠詩集一卷	414
唐四家詩八卷	412	唐昛手記一卷	517、519
唐玄宗皇帝集二卷	409	唐書二百二十五卷	41、43、44、55
唐玄宗御製道德真經疏十卷	292	唐書二百二十五卷目錄二卷	55
唐玄宗御製道德真經疏四卷	292	唐陸宣公集二十二卷	309
唐皮日休文藪十卷唐皮從事倡酬詩八卷	418	唐陸宣公翰苑集二十四卷	309
		唐孫集賢詩集一卷	414
唐年補錄	492	唐國史補	493
唐李長吉詩集四卷外詩集一卷	309	唐國史補三卷	545、546
唐李長吉歌詩補註四卷外卷二卷復古堂舊本五卷年譜一卷附錄九卷首一卷	310	唐崔補闕詩集一卷	414
		唐絕增奇五卷	445
		唐會元精選批點唐宋名賢策論文粹八卷	435
唐甫里先生集二十卷	418		
唐宋八大家文鈔	411	唐詩一百卷拾遺十卷	430
唐宋八大家文鈔一百四十四卷	410、411	唐詩二十六家五十卷	414
		唐詩正聲二十二卷	445
唐宋元名表四卷	438	唐詩叩虛四卷	286
唐宋元明酒詞二卷	528	唐詩百名家全集三百二十六卷	414
唐宋白孔六帖一百卷目錄二卷	268	唐詩品彙九十卷拾遺十卷	445
唐宋名賢歷代確論一百卷	195	唐詩品彙九十卷拾遺十卷詩人爵里詳節一卷	444、445
唐宋衛生歌一卷	526		
唐宋叢書八十八種一百四十六卷	546	唐詩律選六卷	447
唐英歌詩三卷	412	唐詩紀一百七十卷目錄三十四卷	446
唐明皇秋夜梧桐雨雜劇一卷	473	唐詩紀事八十一卷	464
唐荊川先生纂輯武編前六卷後六卷	208	唐詩絕句五卷	443
		唐詩絕句精選四卷附刻一卷拾遺一卷	445
唐柳河東集四十五卷外集五卷遺文一卷	417		
		唐詩歸三十六卷	430、431
唐科名記	494	唐詩類苑二百卷	446
唐段少卿西陽雜俎前集二十卷	265	唐語林	493
唐皇甫冉詩集七卷	416	唐語林一卷	525
唐皇甫曾詩集一卷	416	唐鄭嵎詩一卷	414
唐風集三卷	412	唐劉賓客詩集六卷	414
唐音十五卷	444	唐劉隨州詩集十一卷外集一卷	414

唐諸家同詠集一卷贈題集一卷歷朝諸家評王右丞詩畫鈔一卷	304
唐樂曲譜	501
唐駱先生集八卷	303
唐翰林李白詩類編十二卷	305
唐錢起詩集十卷	414
唐隱居詩一卷	414
唐韓昌黎集四十卷外集十卷遺文一卷	311、417
唐闕史	493
唐類函二百卷目錄二卷	281
畜德錄	509
畜德錄一卷	538
悅生隨抄	489
瓶史	511
瓶史一卷	553
瓶史二卷	546
瓶花齋集十卷	553
益公題跋十二卷	541、542、545
益州名畫錄	500
益州名畫錄三卷	546
益州記	496
益都耆舊傳	494
益部方物畧記	497
益部方物畧記一卷	544
益齡單一卷	526
兼三圖	511
兼明書	487
兼濟堂詩選十卷文選十四卷疏稿二卷	381
朔雪北征記	509
烘堂詞一卷	468
剡源戴先生文集三十卷	334
剡溪野語	490
剡溪漫筆六卷	254
凌煙閣圖一卷	243
凍蘇秦一卷	475
[嘉靖]浦江志略八卷	158
浦江鄭氏旌義編二卷	94
涑水記聞	493
涑水家儀	497
涼州記	496
酒小史	500
酒名記	500
酒乘	500
酒經	500
酒爾雅	500
酒邊詞二卷	468
酒譜	500
酒譜一卷	483、485
浙中古蹟考四卷	178
浙江一省儒學衙門教官名錄不分卷	133
[浙江山陰]水澄劉氏家譜不分卷	95
浙江海防兵糧疏一卷	79
[嘉靖]浙江通志七十二卷	155
浙江通省志圖說一卷	393
浙江採集遺書總錄十二卷	190
浙江總兵蕭紀維風冊不分卷	187
浙音釋字琴譜二卷	244
涇野子外篇二卷	206
涇野先生五經說二十一卷	5
涇野先生毛詩說序六卷	5
涇野先生尚書說要五卷	5
涇野先生周易說翼三卷	5
涇野先生春秋說志五卷	5
涇野先生禮問二卷	5
[嘉靖]涇縣志十一卷	145
[嘉靖]涇縣志十二卷	145
涉史隨筆一卷	194
涉異志	507
涉異志一卷	513、524
涉異錄一卷	538
娑羅館逸稿二卷	536

娑羅館清言二卷	536	浮山此藏軒物理小識十二卷首一	
消瘦集十四卷	380	卷	253
浩然齋視聽抄	490	浮物一卷	521
海上紀聞	506	浮湘藁四卷	348
海山記	503	浮碧山館駢文二卷	404
海川重刻狀元申先生書經主意七		浮碧山館雜錄不分卷	397
卷	10	流寇編年始終錄十八卷	67
海內十洲記	496	浣俗約	510
海內十洲記一卷	533	浣紗記二卷	475、476
[隆慶]海州志十卷	144	浚川內臺集三卷	552
海角遺編一卷	75	浚川公移集三卷	552
海東載書識三十五卷	191	浚川奏議集十卷	552
海味索隱	512	浚川駁稿集二卷	552
海味索隱一卷	514	家王故事	493
[嘉靖]海門縣志集六卷	144	家世舊事	493
海忠介公文集十卷	364	家世舊聞	493
海忠介公集六卷	419	家世舊聞一卷	551
海忠介先生備忘集十卷	364	家居小適一卷	370
海岳名言	499	家居醫錄□□種□□卷	212
海岳名言一卷	485	家訓類編五卷	207
海岳題跋一卷	541、542、545	家語十卷	199
海叟集四卷	341	家範十卷	202
海烈婦二卷	476	宵練匣	505
海陵三仙傳一卷	517	容春堂前集二十卷後集十四卷續	
海野詞一卷	468	集十八卷別集九卷	346
海國雜記一卷	179	容城三賢文集十二卷	456
海涵萬象錄	505	容城文靖劉先生文集四卷	456
海粟集刪存一卷	404	容城忠愍楊先生文集四卷	456
海棠譜	502	容城鍾元孫先生文集四卷	456
海棠譜三卷	484、485、486	容臺隨筆	505
海棠譜詩	502	容臺題跋二卷	240
海道經一卷附錄一卷	521	容齋一筆十六卷二筆十六卷三筆	
海槎餘錄	509	十六卷四筆十六卷五筆十卷	251
海源閣叢書六種三十七卷	549	容齋隨筆十六卷續筆十六卷三筆	
海樵子	505	十六卷四筆十六卷五筆十六卷	251
海瓊玉蟾先生文集六卷續集二卷	330	容齋隨筆十六卷續筆十六卷三筆	
[嘉靖]海豐縣志二卷	169	十六卷四筆十六卷五筆十卷	251

書名筆畫索引

容齋題跋二卷	541、542、545	書經集註六卷	9
祛疑說	497	書經集傳六卷	9
袖中記	488	書經摘註六卷	11
祥異記	504	書經論次一卷	11
冥音錄	503	書經輯解十三卷首一卷	11
冥祥記	504	書輯三卷	351
冥通記	503	書學正韻三十六卷	37
冥寥子游	512	書學彙編十卷	241
冥寥子游二卷	536	書斷	499
冥影契	505	書斷列傳三卷雜編一卷	485
冤家債主一卷	475	書譜	499
書史	499	陸士衡集十卷	406、407
書四卷	372	陸士衡集七卷	408
書同文詩艸一卷	405	陸士龍文集十卷	406
書舟詞一卷	468	陸士龍集四卷	407、408
書言故事大全十二卷	274	陸子一卷	197
書苑菁華二十卷	241	陸子餘集八卷附錄一卷	357
書法	499	陸放翁全集六種一百五十八卷	551
書契原悋十四卷	35	陸象山先生集要八卷	328
書品	499	陸象山先生集要四卷	328
書品優劣	499	陸魯望皮襲美二先生集合刻三十八卷	418
書集傳六卷序一卷圖一卷	9		
書集傳六卷圖一卷	9	陸機要覽	495
書評	499	陸顒傳一卷	517、519
書評一卷	485	陵陽先生集二十四卷	333
書畫史	511	陵陽室中語	490
書畫金湯	511	陳子昂集二卷	409、413
書肆說鈴	507	陳王愉府君行畧一卷	91
書肆說鈴一卷	513	陳太史昭代經濟言十四卷	452
書傳大全十卷書說綱領一卷圖一卷	10	陳太史無夢園初集三十四卷	375
		陳友諒傳一卷南夷書一卷	75
書傳正誤	505	陳氏小兒痘疹方論一卷	213
書經大全十卷	10	陳氏紅樓五卷	476
書經大全十卷書序一卷	10	陳氏叢書十三種	550
書經四卷	1	陳文岡先生文集二十卷	360
書經直解十三卷	10	陳后岡詩集一卷文集一卷	358
書經集註十卷	9	陳州牡丹記	502

陳州糶米一卷	475	陳懋仁雜著□□種□□卷	554
陳伯玉文集十卷	304	陰丹內篇一卷	296
陳思王集十卷附錄一卷	302	陰局吉凶水論一卷	235
陳思王集四卷	408	陰持入經二卷	286
陳後主集一卷	408	陰常侍集一卷	408
陳眉公考槃餘事四卷	536	陰符經	487
陳眉公先生訂正丹淵集四十卷拾遺二卷	316	陰符經一卷	486、557
陳眉公重訂瓶史一卷	536	陰符經解	510
陳眉公重訂書品一卷	536	陰陽定論三卷	238
陳眉公重訂野客叢書十二卷附錄一卷	535、536、537	陰陽備用三元節要三卷	238
		陶氏世吟草七卷	461
陳眉公重訂學古編一卷	536	陶朱新錄	492
陳眉公重訂歸有園麈談一卷	536	陶李合刻九卷	409
陳眉公訂正一庵雜問錄一卷	537	陶貞白集二卷	407
陳眉公訂正世範三卷	536	陶陶軒詩集十二卷	394
陳眉公訂正古奇器錄一卷附江東藏書目錄小序	536	陶陶軒詩集總抄三卷	394
		陶陶軒詩稿十卷	394
陳眉公訂正建州女真考一卷	537	陶集總論一卷	303
陳眉公訂正海語三卷	537	陶淵明全集四卷	409
陳眉公訂正黃帝祠額解一卷	537	陶淵明集十卷附錄二卷	303
陳眉公訂正清異錄四卷	536	陶靖節先生年譜一卷	92
陳眉公訂正遊名山記四卷	538	陶靖節集十卷	302、303
陳眉公訂正渾然子一卷	538	陶靖節集十卷總論一卷	302、303
陳眉公訂正畫禪一卷	538	陶靖節集八卷附錄一卷	302
陳眉公訂正夢溪補筆談二卷	537	陶學士先生文集二十卷	338
陳眉公訂正碧里雜存一卷	537	陶隱居集四卷	406
陳眉公訂正韓仙傳一卷	536	陷虜記	494
陳眉公集十七卷	374	娛書堂詩話	499、510
陳恭潔公遺集一卷	376	通占大象曆星經二卷	533、544
陳書三十六卷	40、41、42、54	[萬曆]通州志八卷	144
陳留風俗傳	496	[嘉靖]通州志六卷	144
陳留耆舊傳	494	通志二百卷	48
陳嵩伯詩集一卷	414	通志略五十二卷	48
陳詩乘二卷	429	[嘉靖]通許縣志二卷	150
陳輔之詩話	498	通疑一卷	547
陳學士吟窗雜錄五十卷	464	通語一卷	547
		通鑑地理通釋十四卷	59、543

通鑑前編十八卷舉要二卷	59	理氣部龍訣一卷	234
通鑑紀事本末二百三十九卷	68	理學辨一卷	207
通鑑紀事本末四十二卷	67、68	現行常例一卷	188
通鑑問疑一卷	543	琉球使畧	507
通鑑博論三卷	194	琉球使畧一卷	513
通鑑綱目前編三卷	62	琅琊漫抄	508
通鑑總類二十卷	135	琅琊漫抄一卷	513
通鑑釋文辯誤十二卷	58、59	埤雅二十卷	31
能改齋漫錄	488	教坊記	498
能改齋漫錄十八卷	251	教坊記一卷	518、520、521
能書錄	499	碧溪詩話	498
桑榆漫志	508	勘頭巾一卷	475
桑榆漫志一卷	521	聊復吟一卷	402
孫子注一卷	208	黃山行六頌	509
孫子集註十三卷	208	黃山遊草一卷	393
孫內翰北里誌一卷	518、520、521	黃氏筆記	488
孫公談圃	488	黃石公素書一卷	208
孫公談圃一卷	525	黃石公望空四字數一卷	527
孫公談圃三卷	484、531	黃白鏡一卷續一卷	537
孫月峰先生批評史記一百三十卷褚先生附餘一卷	47	[弘治]黃州府志十卷	163
孫月峰先生批評漢書一百卷	50	黃庭內景玉經二卷	296
孫氏成敗志一卷	547	黃庭遁甲緣身經一卷	296
孫氏瑞應圖	495	黃帝內經太素三十卷	215
孫可之集十卷	412	黃帝內經素問二十四卷	216
孫范合唱集四卷	420、421	黃帝宅經二卷	527、544
孫真人備急千金要方九十三卷目錄二卷	220、221	黃帝素問靈樞經十二卷	214、216
孫真人攝養論一卷	296	黃帝陰符經一卷	295
孫璧聯先生文集不分卷	376	黃帝授三子玄女經一卷	527、543
純陽演正孚佑帝君既濟真經一卷	526	黃梨洲先生明文案目錄不分卷目錄補不分卷	453
紙書□□卷	246	黃梨洲先生南雷文約四卷	379
紙箋譜	511	黃葉邨莊詩集八卷續集一卷後集一卷	385

十一畫

理生玉鏡稻品一卷	527	黃湄詩選七卷	382
		黃詩內篇十四卷	323
		黃編湛園集四種四卷	386
		黃檗山斷際禪師傳心法要一卷	289

[康熙]黃巖縣志八卷	158	梅芝館詩一卷	458
萊公遺事一卷	525	梅妃傳	503
[嘉靖]萊蕪縣志八卷	149	梅花屋存藁十四卷	398
[萬曆]黃巖縣志七卷	158	梅花渡異林十卷	254
蓮莆集一卷	457	梅村集四十卷目錄二卷	379
菽園雜記	507	梅品	502
菽園雜記一卷	266、522	梅品一卷	527
菽園雜記摘鈔七卷	524	梅亭先生四六標準四十卷	331
菌譜	502	梅亭先生四六標準四十卷目錄二卷	331
菌譜一卷	483、485	梅莊集二卷	383
菊坡叢語	508	梅塢貽瓊六卷	527
菊園詩餘四卷	470	梅溪詞一卷	467
菊譜	502	梅墟先生別錄二卷	527
菊譜一卷	484、485、486	梅澗詩話	498
菊譜二卷	527	梅譜	502
菩薩本生鬘論十六卷	286	梅譜一卷	484、485、486
乾坤鑿度二卷	515	梓溪文鈔內集八卷外集十卷	355
乾淳起居注	492	梓潼士女志	494
乾淳教坊樂部	494、504	[嘉靖]郾城縣志十二卷	153
乾淳御教記	494	曹子建集十卷	302
乾淳歲時記	497	曹棟亭先生彙集二卷	83
乾隆三十六年辛卯科四川鄉試題名錄一卷	124	帶格	501
乾隆南巡紀游版圖不分卷	243	帶經堂集九十二卷	382
乾道庚寅奏事錄	496	硃砂擔一卷	475
乾䐑子	489	盛世新聲十二卷	481
乾鑿度	486	盛事美談	490
菰中隨筆一卷	555	盛明百家詩三百二十四卷總目一卷	419
梧桐葉一卷	475	盛唐四名家集二十四卷	412
桺歸舜傳一卷	517、519	雪舟誀語	490
桯史	490	雪浪齋日記	488
桯史一卷	525	雪園集四卷	381
桯史十五卷	529、531	雪濤小說	512
桯史十五卷附錄一卷	259、544	雪濤詩評	511
梅山續藁十七卷雜文一卷長短句一卷	330	雪濤談叢	507
梅子新論一卷	547	雪濤談叢一卷	514

挪虱新話	489	問奇集二卷	38
挪蝨新話十五卷	544	曼殊沙盦三十六壼盧銘一卷	246
推求師意二卷附錄一卷	226	晦菴先生詩話一卷	464
推蓬寤語	508	晦菴題跋三卷	541、542、545
推蓬寤語一卷	513	晦庵文抄七卷詩抄一卷	327
採茶錄	500	晦庵先生朱文公文集一百卷目錄	
採蘭雜志	491	二卷續集十一卷別集十卷	327
授時曆法撮要不分卷	230	晦庵先生校正周易繫辭精義二卷	549
探花姜西溟先生增定全稿	386	晞髮集十卷	333
探花姜西溟行卷一卷	386	晞髮集十卷遺集二卷遺集補一卷	
探春歷記一卷	527	天地間集一卷	333、334
救文格論一卷	546、555	晚笑堂竹莊畫傳不分卷	243
救孝子一卷	475	晚唐詩鈔二十六卷	446
救命書一卷	209	異方便淨土傳燈歸元鏡三祖實錄	
虛谷閒抄一卷	520	二卷	481
[成化]處州府志十八卷	159	異苑	504
敝篋集二卷	553	異苑十卷	545
[正德]常州府志續集八卷	142	異林	512
常侍言旨	493	異林一卷	514
常建集二卷	409	異域志二卷	526
常建詩集三卷	413	異聞記	492
[嘉靖]常德府志二十卷	164	異聞實錄	504
野人清嘯二卷	527	異聞總錄四卷	529
野人閒話	490	[嘉靖]畧陽縣誌六卷	154
野史無文二十卷	76	鄂國金佗稡編二十八卷續編三十	
野老記聞	490	卷	88
野客叢書三十卷附錄一卷	529	唱名記	494
野航史話	508	國子先生璞山蔣公政訓一卷	181
野記一卷	526	國子監通志十卷	180
野菜箋	512	國子監監規一卷	181
野菜譜	502	國子監續志十一卷	181
野雪鍛排雜說	491	國史唯疑十二卷	74
野眺樓近草八卷	385	國史經籍志六卷	191
野眺樓近草九卷	385	國老談苑	492
野雲居詩稿二卷	395	國老談苑一卷	525
野蔌品	512	國老談苑二卷	484
問水集一卷	521	國初事蹟一卷	74、521

國初禮賢錄一卷	521	卷	100
國朝三家文鈔三十二卷	421	崇禎六年山東春秋房同門錄一卷	114
國朝山左詩鈔六十卷	455	崇禎四年辛未科進士履歷便覽一	
國朝列卿年表一百三十九卷	133	卷	100
國朝名公經濟文鈔十卷第一續不分卷	451	崇禎長編□□卷	75
		過宜言一卷	378
國朝名世類苑四十六卷	85	過庭錄	488
國朝名家詩餘四十卷附刻二卷	469	過庭錄一卷	530
國朝吳郡丹青志一卷	552	過夏雜錄六卷續錄一卷	257
國朝英烈傳十二集六十卷	267	移虜藁一卷	363、364
國朝河南進士名錄一卷	95	笙雅堂詩集十四卷	397
國朝河南舉人名錄不分卷	116	符經一卷	239
國朝奏疏不分卷	78	符臺外集二卷	343
國朝祥符文獻志十七卷	86	笠翁傳奇十種二十卷	479
國朝詩餘新集五卷	471	[弘治]偃師縣志四卷	152
國朝諸臣奏議一百五十卷目錄四卷	77	偶吟篇一卷	421
		偶譚	510
國朝蕭山文學生員錄一卷國朝歷科蕭山甲第錄一卷	95	俛東餓夫傳一卷	90
		停驂錄一卷	351
國朝謨烈輯遺二十三卷	74	停驂錄摘鈔一卷	524
國語二十一卷	69	貨郎旦一卷	475
國語九卷	70	從政錄	505
國寶新編	509	從倚軒詩集二卷	345
國寶新編一卷	514、521	從野堂存稿八卷	373
唾玉集	489	從駕記	492
眾妙集一卷	409	船政不分卷	188、189
[嘉靖]崑山縣志十六卷	141	船窗夜讀	507
崑崙奴傳一卷	516、518、520	船窻夜話	490
崔煒傳一卷	517、519	釣磯立談	490
崔曙集一卷	409	釵小志	498
崔顥集二卷	409	斜陽詞一卷	470
崇孝錄一卷	93	彩選百官鐸	511
崇禎十三年庚辰科進士履歷便覽一卷	100	彩繪天象圖不分卷	230
		貧士傳	509
崇禎十年丁丑科進士三代履歷一卷	100	貧士傳二卷	536
		脚氣集	508
崇禎七年甲戌科進士履歷便覽一		魚水緣傳奇二卷	479

書名筆畫索引　　　　　　　　　　　　　　　　　　　　681

書名	頁碼
魚服記一卷	517、519
魚品	512
魚經一卷	527
象山先生全集三十六卷	328
象山陸先生年譜二卷	92
象村稿二十卷目錄一卷和陶詩一卷求正錄三卷先天窺管一卷	365
逸民史二十二卷	83
逸民傳二卷	527
逸周書十卷	532
逸雅八卷	30
猗覺寮雜記	490
訥齋詩稿八卷	551
[弘治]許州志二十卷	153
[嘉靖]許州志八卷	153
許忠節錄六卷	89
許彥周詩話	499
許彥周詩話一卷	463、483、529、531
許敬宗集一卷	408、409
麻衣道者正易心法一卷	516、543
麻姑傳	503
庾開府集二卷	407、408
庾開府集十二卷	407
庾開府集十六卷	406
庸言一卷	547
庸書	505
康節先生觀物篇解一卷斷決一卷附錄皇極數起例一卷	231
康熙二十一年壬戌科殿試題名全錄一卷	101
康熙二十三年四川鄉試錄一卷	124
康熙二十四年乙丑科三代進士履歷一卷	102
康熙十二年癸丑科進士三代履歷一卷	101
康熙十八年己未科進士三代履歷一卷	101
康熙十八年己未博學鴻儒科題名錄一卷	95
康熙十五年丙辰科進士三代履歷一卷	101
康熙九年庚戌科進士履歷便覽一卷	101
康熙三十三年甲戌科進士三代履歷一卷	102
康熙三年甲辰科三代進士履歷一卷	101
康熙中傳鈔天一閣書目不分卷	190
康熙六年丁未科進士三代履歷一卷	101
康熙甲子史舘新刊古今通韻十二卷	39
康熙四十七年浙江鄉試錄一卷	119
康熙字典十二集三十六卷總目一卷檢字一卷辨似一卷補遺一卷備考一卷等韻一卷	35
康齋先生集十二卷附錄一卷	344
鹿門子一卷	197
鹿門隱書	487
旌異記	504
旌節錄二卷	94
[弘治]章丘縣志四卷	148
章華詞一卷	467
翊運錄	506
商子五卷	198、516、531、532
商義毅公遺行集一卷	89
商芸小說	493
望斗儳經不分卷	239
望氣經	502
望崖錄	508
望雲山館賦稿不分卷	402
望湖亭一卷	475
情郵傳奇二卷	478
惜香樂府十卷	468

悼後錄二卷附錄二卷	94	淮南集六卷	375
[嘉靖]惟揚志三十八卷	143	淮南鴻烈解二十一卷	249
剪桐載筆一卷	264	淮南鴻烈解二十八卷	198、249
剪綃集二卷	409	淮海居士長短句三卷	469
清平調一卷	557	淮海集四十卷後集六卷	324
清江貝先生集三卷續集一卷	339	淮海詞一卷	467
清江貝先生詩集十卷文集三十卷	421	淮海題跋一卷	545
清言	510	[嘉靖]淳安縣志十七卷	159
[嘉靖]清苑縣志六卷	138	淳熙玉堂雜紀三卷	483
清夜錄	492	淳熙玉堂雜記三卷	545
清夜錄一卷	525	涪翁雜說	488
清波雜志	489	深雪偶談	489
清波雜志三卷	529、530、531	梁山來知德先生易經集註十六卷	7
清音閣集十卷	368	梁山泊李逵負荊雜劇一卷	473
清脩妙論牋二卷	261	梁元帝集一卷	408
[嘉靖]清流縣志五卷	168	梁四公記	503
清容居士集一卷	449	梁州記	495
清容居士集五十卷目錄二卷	335	梁沈約集一卷	408
清異錄	504	梁武帝集一卷	408
清異錄二卷	261、262	梁京寺記	495
清康熙三十□年縉紳錄不分卷	133	梁昭明文選二十四卷音譯一卷	424
清暑筆談	505	梁宣帝集一卷	408
清暑筆談一卷	513、536	梁書五十六卷	41、42、54
清閑供	510	梁清傳	503
清尊錄	491	梁詩乘六卷	429
清尊錄一卷	517、519	梁溪漫志	488
清窳齋心賞編一卷	261	梁劉孝威集一卷	408
清齋位置	509	梁劉孝綽集一卷	407、408
渚宮故事	488	梁簡文帝集二卷	408
淇園肖影二卷	527	梁雜儀注	494
[正德]涿州志十二卷	138	[嘉靖]淄川縣志六卷	148
[萬曆]淮安府志二十卷	142	寄傲集一卷	402
淮封日記一卷	351	[嘉靖]宿州志八卷	146
淮南子二十八卷	249	[萬曆]宿遷縣志八卷	143
淮南汪廣洋朝宗先生鳳池吟藁八卷	338	窗間記聞	490
淮南畢萬術	487	[嘉靖]鄆城誌二卷	149
		啟蒙對偶續編四卷	279

啟顏錄	489	張蠙詩集一卷	313
視聽抄	491	隋唐嘉話	492
晝上人集十卷	308	隋唐嘉話一卷	525
晝錦堂記十六卷	260	隋唐嘉話三卷	514
晝簾緒論	497	隋唐演義像一卷	243
晝簾緒論一卷	484	隋書八十五卷	41、55
[嘉靖]尉氏縣志五卷	150	隋詩乘三卷	429
尉遲恭單鞭奪槊雜劇一卷	473	隋煬帝集一卷	408
屠漸山蘭暉堂十二卷	357	隋遺錄一卷	525
[弘治]將樂縣志十四卷	167	隋遺錄二卷	484
張子六卷	207	陽山顧氏文房小說四十種五十八卷	514
張子全書十五卷	202	[嘉靖]陽武縣誌三卷	152
張天師斷風花雪月雜劇一卷	472	陽明先生文集十六卷目錄二卷	349
張太史明道雜志一卷	251	陽明先生文錄五卷外集九卷別錄十卷	348、349
張文定公文選三十九卷	352	陽明先生年譜二卷	92
張文定公觀光樓集十卷紆玉樓集十卷糜悔軒集十二卷環碧堂集十八卷養心亭集八卷四友亭集二十卷	352	陽明先生年譜三卷	92
		陽明先生宗印錄一卷	349
張文僖公和唐詩十卷	345	陽明先生則言二卷	206
張平叔悟真篇集註五卷首一卷	297	陽春一曲集二卷	401
張生煮海一卷	474	陽關三疊圖譜	510
張令傳一卷	517、519	陰陽本源秘文不分卷	238
張司馬定浙二亂志一卷	524	隆慶元年山西鄉試錄一卷	112
張司業詩集八卷	415	隆慶元年河南鄉試錄一卷	116
張曲江集二卷	412	隆慶元年順天府鄉試錄一卷	107
張表臣詩話一卷	463	隆慶元年福建鄉試錄一卷	125
張長史十二意筆法	499	隆慶元年應天府鄉試錄一卷	110
張忠烈公年譜一卷	93	隆慶五年武舉錄一卷	132
張荃翁貴耳集三卷	252	隆慶五年進士登科錄一卷	99
張無頗傳一卷	517、518	隆慶五年會試錄一卷	105
張喬詩集四卷	414	隆慶四年山西鄉試錄一卷	112
張蒼水詩文集不分卷	377	隆慶四年山東鄉試錄一卷	114
張楊園先生文集十八卷	555	隆慶四年四川鄉試錄一卷	124
張遵言傳一卷	517、519	隆慶四年江西鄉試錄一卷	121
張燕公集二卷	412	隆慶四年河南鄉試錄一卷	116
張簡肅公奏議三卷	80	隆慶四年陝西鄉試錄一卷	117

隆慶四年浙江鄉試錄一卷	119	琴曲譜錄	501
隆慶四年貴州武舉鄉試錄一卷	132	琴詠樓姝聊韻藻一卷	264
隆慶四年貴州鄉試錄一卷	130	琴詠樓詩酌一卷	400
隆慶四年順天府鄉試錄一卷	108	琴箋圖式	501
隆慶四年福建鄉試錄一卷	125	琴趣外篇六卷	468
隆慶四年廣西鄉試錄一卷	129	琴學心聲六卷	245
隆慶四年廣東武舉鄉試錄一卷	132	琴聲經緯	501
隆慶四年廣東鄉試錄一卷	127、128	琴齋詩草一卷	389
隆慶四年應天府鄉試錄一卷	110	琱玉集殘二卷	549
[嘉靖]隆慶志十卷附錄一卷	140	琬琰錄	506
婚雜儀注	494	琅琊漫抄一卷	522、526、540
娜嬛記	491	琅嬛文集不分卷	375
參同契一卷	557	琅嬛記三卷	542、544
鄉射直節	511	堯峰文鈔五十卷	381
鄉黨圖考摘錄一卷	29	堪輿管見一卷	234
紺珠集十三卷	261	堪輿續論一卷	234
終孝錄□卷	94	堪齋集二卷	393
終南十志	497	項斯詩集一卷	414
紹陶錄	491	越中三子詩三卷	458
紹熙行禮記	494	越郡詩選四卷	458
紹興內府古器評二卷	541	越絕書十五卷	71、72、534
紹興名賢贊□□卷	87	越縵堂日記鈔不分卷	93
[萬曆]紹興府志五十卷	156、157	越縵堂筆記一卷	257
巢令君阮戶部詞一卷	467	博物典彙二十卷	282
巢雲軒詩草二卷附越吟草一卷	551	博異志	504
巢溪詩草一卷	405	博異志一卷	547
		彭公筆記	507、512
十二畫		彭公筆記一卷	513
		彭祖攝生養性論一卷	296
絜齋集二十四卷	328、548	賣茶夢記	512
琵琶記二卷	476	煮泉小品	511
琵琶記五卷	475	報應記	497
琵琶錄	501	壺中贅錄	489
琵琶譜二卷	245	壺矢銘	511
琵琶譜不分卷	245	雷仙詩集一卷	377
琴心記二卷	476	棊訣	501
琴史六卷	244	期期草四卷	376

葉子譜	511	萬曆十年雲南鄉試錄一卷	130
散花菴詞一卷	468	萬曆十年貴州鄉試錄一卷	131
葬度	510	萬曆十年順天府鄉試錄一卷	108
葬經一卷	527	萬曆十年湖廣鄉試錄一卷	123
葬經翼一卷	544	萬曆十年福建鄉試錄一卷	126
葬經翼一卷附葬圖一卷難解二十四篇一卷	236	萬曆十年廣西鄉試錄一卷	129
		萬曆十年廣東鄉試錄一卷	128
葬圖一卷	544	萬曆十年應天武舉鄉試錄一卷	132
募種兩堤桃柳議	511	萬曆十年應天府鄉試錄一卷	111
萬氏家抄痘疹諸家方論三卷續集一卷	228	萬曆七年山西鄉試錄一卷	112
		萬曆七年山東鄉試錄一卷	114
萬氏家抄濟世良方六卷	224	萬曆七年江西鄉試錄一卷	122
萬文恭公摘集十二卷	362	萬曆七年陝西鄉試錄一卷	117
萬代公論不分卷	75	萬曆七年浙江鄉試錄一卷	119
萬年曆□卷	230	萬曆七年順天府鄉試錄一卷	108
萬首唐人絕句一百一卷	443	萬曆七年福建鄉試錄一卷	126
萬曆二十九年辛丑科進士履歷便覽一卷	100	萬曆七年廣西鄉試錄一卷	129
		萬曆七年廣東鄉試錄一卷	128
萬曆二十三年乙未科進士履歷便覽一卷	100	萬曆七年應天府鄉試錄一卷	111
		萬曆八年武舉錄一卷	132
萬曆二十六年戊戌科進士履歷便覽一卷	100	萬曆八年會試錄一卷	105
		萬曆三十二年甲辰科進士履歷便覽一卷	100
萬曆二年武舉錄一卷	132		
萬曆二年進士登科錄一卷	99	萬曆元年山西鄉試錄一卷	112
萬曆二年會試錄一卷	105	萬曆元年四川鄉試錄一卷	124
萬曆十一年武舉錄一卷	132	萬曆元年河南鄉試錄一卷	116
萬曆十一年進士登科錄一卷	99	萬曆元年陝西鄉試錄一卷	117
萬曆十七年己丑科進士履歷便覽一卷	99	萬曆元年浙江武舉鄉試錄一卷	132
		萬曆元年浙江鄉試錄一卷	119
萬曆十四年丙戌科進士履歷便覽一卷	99	萬曆元年順天府鄉試錄一卷	108
		萬曆元年湖廣鄉試錄一卷	123
萬曆十年山西鄉試錄一卷	112	萬曆元年福建鄉試錄一卷	126
萬曆十年山東鄉試錄一卷	114	萬曆元年廣西鄉試錄一卷	129
萬曆十年四川鄉試錄一卷	124	萬曆元年廣東鄉試錄一卷	128
萬曆十年江北武舉鄉試錄一卷	132	萬曆元年應天府鄉試錄一卷	110
萬曆十年陝西鄉試錄一卷	118	萬曆五年進士登科錄一卷	99
萬曆十年浙江鄉試錄一卷	119	萬曆五年會試錄一卷	105

萬曆四年山西鄉試錄一卷	112	楮記室	488
萬曆四年山東鄉試錄一卷	114	棋手勢	501
萬曆四年江西鄉試錄一卷	122	棋品	501
萬曆四年河南鄉試錄一卷	116	棋經	501
萬曆四年浙江鄉試錄一卷	119	植杖閑談	490
萬曆四年雲南鄉試錄一卷	130	焚香七要	511
萬曆四年貴州鄉試錄一卷	131	焚椒錄	503
萬曆四年順天府鄉試錄一卷	108	焚椒錄一卷	536、545
萬曆四年福建鄉試錄一卷	126	焚餘集一卷	81
萬曆四年廣西鄉試錄一卷	129	焚餘集二卷	384
萬曆四年廣東鄉試錄一卷	128	椒丘文集三十四卷外集一卷	344
萬曆四年應天府鄉試錄一卷	110	椒宮舊事	506
董子故里志六卷	177	棲碧不分卷	384
董仲舒集一卷	406	棲霞山人漫稿三卷	368
葆化錄	491	棣華館小集一卷	418
敬止錄四十卷	156	[嘉靖]惠大記六卷	169
敬止錄四十卷目次一卷	156	[嘉靖]惠州府志十六卷	169
敬君詩話	510	[嘉靖]惠安縣志十三卷	166
敬業堂詩集參正二卷	387	[嘉靖]惠志略一卷	169
落迦山房集□□卷	373	硯云詩稿不分卷	405
葦航紀談	489	硯史	500
葦間詩集五卷	386	硯史一卷	485
菊圃同春	511	硯崗筆志	490
[正德]朝邑縣志二卷	155	硯譜	500、511
朝京打馬格	511	硯譜一卷	483、485、546
朝野僉言	493	雁字十詠一卷	377
朝野僉言一卷	525	雁門野說	489
朝野僉載	493	雁門集六卷	336
朝野僉載一卷	518、519、525	[嘉靖]雄乘二卷	138
朝野新聲太平樂府九卷	480	雲山秘典不分卷	239
朝野遺紀一卷	517、519	雲川閣集詩六卷詞一卷	387
朝野遺記	493	雲中事記	506
朝野遺記一卷	525	雲中事記一卷	513、524
朝會儀記	494	雲仙雜記	504
朝鮮紀事	507	雲汀詩鈔四卷	389
朝鮮紀事一卷	513、524	雲谷雜記	490
喪禮備纂二卷	552	雲林石譜	500

雲林遺事	508	搜神後記十卷	534、545
雲林遺事一卷	514、540	搜神祕覽	488
雲林遺事一卷附錄一卷	515	搜神記	504
雲南山川志	509	搜神記二十卷	545
[正德]雲南志四十四卷	171	搜神記八卷	528、533
雲南志略	496	揮麈前錄四卷後錄十一卷第三錄二卷餘話二卷	259
雲南機務抄黃一卷	521		
雲南機務鈔黃一卷	524	揮麈餘話	492
雲笈七籤一百二十二卷	297	揮麈錄	492
雲莊詩集一卷	418	揮麈錄一卷	525
[嘉靖]雲陽縣志二卷	165	揮麈錄二卷	483、484
雲巢編十卷	460	握奇經續圖八陣總述	502
雲棲紀事一卷孝義無礙庵錄一卷	178	握奇經一卷	539
雲間清嘯集一卷	341	掾曹名臣錄	506
雲夢藥溪談	507	雅述二卷	254、552
雲夢藥溪談一卷	514	雅雨堂藏書十三種一百三十五卷	548
雲煙過眼錄四卷	536	雅尚齋遵生八牋十九卷	261
雲溪友議十二卷	528、529	雅琴名錄	501
雲蕉舘紀談	508	雅歌齋雜集三種六卷	245
雲谿友議	489	紫庭内秘訣修行法一卷	296
雲齋廣錄	490	紫釵記二卷	478
雲麓漫抄	488	紫釵記五卷	475
雲麓漫抄四卷	529、530	紫陽文公先生年譜五卷	92
雲麓漫鈔十五卷	252	紫陽仙三度常椿壽一卷	473
雲巖史二卷	174	紫陽真人悟真篇三註五卷	297
揚子太玄經十卷	231	紫微詩話	499
揚子雲集三卷	406	紫薇詩話一卷	544
揚子新注	488	紫薇雜記	488
揚州芍藥譜	502	紫簫記三卷	475
揚州芍藥譜一卷	484	虛谷閒抄	491
揚州鼓吹詞序一卷	546	虛谷閒抄一卷	518、520
揚州夢二卷三十二齣	479	虛谷詩話	510
揚州賦一卷	319	虛齋蔡先生四書蒙引初稿十五卷	28
提督雲南學政按察司僉事候補參議顯考謝存我府君行述一卷	91	棠陰遙祝一卷	450
		晴川八識八種四十一卷	557
搜采異聞錄五卷	529、530、531	晰獄龜鑑	489
搜神後記	504	量江記三卷	476

鼎刊欽天監戈先生校訂子平淵海大全六卷	237	景泰五年進士登科錄一卷	96
鼎錄	501	景泰五年會試錄一卷	103
鼎錄一卷	545	景泰四年福建鄉試錄一卷	124
開天傳信記一卷	484、525	景德傳燈錄三十卷	287
開元天寶遺事	494	景龍文舘記	493
開元天寶遺事一卷	525	貴耳集一卷	525
開州正祀錄四卷	87	貴耳集三卷	540、542
[嘉靖]開州志十卷	139	貴耳錄	492
開河記	503	[嘉靖]貴州通志十二卷	171
開城錄	489	貴陽山泉志	509
開顏集	491	貴陽軍民府知府朱葵石暨妻戴氏行實一卷	91
開顏集二卷	266	蛟川唱和集二卷	459
閑窓括異志一卷	529	違礙書目編韻便覽正續編二卷附禁書姓名編均便覽	191
閑閑老人滏水文集二十卷附錄一卷	334	單鞭奪槊一卷	474
閑窓括異志一卷	528、530	嗒嚘集	492
閑中今古錄	508	喙鳴文集二十一卷詩集十八卷敬事草十九卷	368
閑中今古錄一卷	513、538	黑白衛一卷	557
閑居詩一卷	375	黑旋風一卷	474
閑書杜律	510	黑旋風雙獻功雜劇一卷	473
閑雲稿四卷	527	黑韃事略一卷	73
閒窗摘錄春浮園別集一卷	422	黑囊經一卷	234
閒談錄	491	圍棋義例	501
閒燕常談	492	圓菴集十卷附錄一卷	341
閒燕常談一卷	525	無用閒談	508
閔刻十種三十二卷	539	無住詞一卷	468
遇恩錄	507、512	無咎題跋一卷	545
遇恩錄一卷	513	[萬曆]無錫縣志二十四卷	142
景文集六十二卷	548	無聲詩史七卷	242
景仰撮書	509	無雙譜一卷	243
景仰撮書一卷	515	缾史月表	511
景岳全書六十四卷	214	缾花譜	511
景眉齋雞窗筆粹不分卷	255	缾室詩存一卷	400
景泰二年進士登科錄一卷	96	嵇中散集一卷	407、408
景泰二年會試錄一卷	103	嵇中散集十卷	406、407
景泰元年應天府鄉試小錄一卷	108		

程子上下篇義一卷	6
程氏演繁露十六卷續集六卷	255
程氏墨苑□□卷	245
程伯子□□卷	203
程松谿先生文集十卷	358
程孟陽集四卷	456
程策不分卷	453
程會父青山草四卷	374
程端明公洺水集二十六卷首一卷	330
策學統宗不分卷	437
策學輯畧十二卷	276
筍譜	502
筍譜一卷	483、485
筆則二卷	241
筆陣圖	499
筆勢論畧	499
筆經	501
筆歌二卷首一卷	480
筆疇	505
筆疇二卷	536
筆髓論	499
備忘小抄	491
備倭事略	506
備遺錄	506
備遺錄一卷	518、520、526
備遺錄不分卷	36
傅遠度集□□種□□卷	375
傅與礪文集十一卷附錄一卷	336
傅與礪文集八卷	336
傅與礪詩八卷	336
牋譜銘	511
牌經十三篇	511
[正德]順昌邑志十卷	167
順治十二年乙未科進士履歷便覽一卷	101
順治十八年辛丑科進士三代履歷一卷	101
順治十五年戊戌科進士三代履歷一卷	101
順治十六年己亥科進士三代履歷一卷	101
順治八年陝西鄉試序齒錄一卷	118
順治九年壬辰科進士三代履歷一卷	101
順治三年丙戌科浙江鄉試書一房同門錄一卷	119
順治三年丙戌科進士三代履歷一卷	100
順治三年丙戌科會試春秋房同門錄一卷	105
順治六年己丑科三代進士履歷一卷	101
順治四年丁亥科進士三代履歷一卷	100
[嘉靖]順德志三十五卷	139
集千家註分類杜工部詩二十五卷	306
集千家註杜工部詩集二十卷文集二卷	307、415
集千家註杜工部詩集二十卷文集二卷附錄一卷	307
集千家註批點補遺杜工部詩集二十卷	307
集古印譜六卷	193
集古評釋西山真先生文章正宗二十四卷	433
集古錄	499
集仙傳	495
集易禮註樂二卷	20
集異記	504
集異記一卷	525
集歌謠諺語一卷	440
集錄真西山文章正宗三十卷	432
集韻十卷	36
集靈記	504

焦太史編輯國朝獻徵録一百二十卷	85	復莊文稿不分卷	399
焦氏易林十六卷	236	復莊先生詩問稿七卷	400
焦氏易林四卷	543	復莊詩初稿二卷	399
焦氏筆乘六卷續集八卷	254	復莊詩問一卷	400
焦明詩不分卷	388	復莊駢儷文榷二編八卷	399
焦桐集刪存一卷	404	復辟録	506
遁甲日用涓吉奇門五總龜二卷	239	復辟録一卷	518、520、521、526
遁甲開山圖	487	復齋日記一卷	526
遁甲演義一卷	238	循陔纂聞四卷	260
御史臺記	493	艇齋詩話	498
御史箴一卷	181	舒文靖公類稿附録一卷	84
御定全唐詩録一百卷	446	舒梓溪先生集二十卷	354
御定歷代題畫詩類一百二十卷	431	[康熙]鉅野縣志十五卷首一卷	148
御風蟬吟録二卷	390	鈍吟老人文稿一卷	554
御訂全金詩增補中州集七十二卷首二卷	448	鈍吟老人集外詩一卷	554
		鈍吟老人遺稿九種二十三卷	554
御塞行程	492	鈍吟老人雜録十卷	554
御製大誥一卷	188	鈍吟別集一卷	554
御製平西蜀文一卷	523	鈍吟集三卷	554
御製西征記一卷	523	鈍吟餘集一卷	554
御製孝慈録一卷	523	鈔南宮詞紀□□卷	480
御製皇陵碑一卷	523	鈐山堂集四十卷	350、351
御製律曆淵源一百卷	230	[嘉靖]欽州志九卷拾遺一卷	170
御製耕織全圖一卷	243	欽定天禄琳瑯書目十卷	190
御製經説一卷	29	欽定古今圖書集成一萬卷目録四十卷	283、284、285、286
御製數理精藴上編五卷下編四十卷表八卷	230	欽定四庫全書簡明目録二十卷	190
		欽頒服色條例一卷	186
御選宋金元明四朝詩三百二卷首二卷姓名爵里十三卷	431	鈞天樂一卷	557
		[嘉靖]鈞州志八卷	150
御選金詩二十四卷首一卷姓名爵里一卷	431	鈎玄	489
		番禺雜記	496
御纂周易折中二十二卷首一卷	8	禽經	502
御纂醫宗金鑑九十卷首一卷	215	禽經一卷	527
復古編一卷	15	禽獸决録	502
復莊今樂府選□□種□□卷目録一卷附録二卷	474	飲饌服食牋三卷	261
		脾胃論三卷	214

勝蓮社約	510	尊德堂詩鈔二十四卷	388
勝義諦一卷	539	遒徇編	505
猥談	512	遒徇編一卷	514
觚不觚錄	507、513	道山清話	493
觚不觚錄一卷	514	道山清話一卷	484
然藜餘筆	491	道世指歸二卷	290
[康熙]鄒縣志三卷	148	道法宗旨圖衍義二卷	298
註陸宣公奏議十五卷	79	道南書院錄五卷	86
詠蕁樓印帙不分卷	244	道書五種六卷	296
詞旨	499	道書六種六卷	296
詞苑英華九種四十五卷	467	道書援神契一卷	296
詞林萬選四卷	467	道園遺稿六卷	335
詞林摘艷十卷	481	道德南華二經評註合刻	291
詞品	499	道德指歸論六卷	543
就日錄	491	道德真源	293
就日錄一卷	518、519	道德真經全解二卷	292
敦好齋律陶纂一卷	303	道德真經直解四卷	292
痘疹心法要訣五卷	215	道德真經注四卷	292
痘疹正宗四卷	228	道德真經集義十卷	293
痘疹世醫心法十二卷	228	道德真經疏義六卷	293
痘疹神應心書一卷	228	道德真經解三卷	293
遊仙詩二卷	554	道德真經新註四卷	292
遊名山記六卷	539	道德真經藏室纂微開題科文疏五卷手鈔二卷	292
遊甬東山水古蹟記	496		
遊城南注	496	道德經二卷	291
遊宦紀聞十卷	531	道德經二卷首一卷	291
童溪王先生易傳三十卷	6	道德經附註二卷陰符經附注一卷	293
愧郯錄	494	道德經評註二卷	291
善誘文	497	道德經解二卷	293
善誘文一卷	483、484	道藏五千三百五卷	290
善謔集	491	遂初堂書目	488
[嘉靖]普安州志十卷	172	遂昌山樵雜錄一卷	518、519、520、525
粧臺記	498	遂昌雜錄	493
粧樓記	498	遂昌雜錄一卷	528、529
尊孔錄十六卷	207	曾季衡傳一卷	517、519
尊俎餘功	507	馮少墟集二十卷	371
尊前集二卷	467	馮氏小集三卷	554

馮氏錦囊秘録	214	溉鸎集一卷	458
馮玉蘭一卷	475	湧幢小品三十二卷	259
馮玉蘭夜月泣江舟雜劇一卷	473	寒山子詩集一卷	305
馮曲陽集二卷	406	寒山子詩集二卷	305
馮侍郎遺書八卷附録二卷	378	寒田集一卷	458
湛園未刻文一卷	386	寒村詩文選三十六卷	385
湛園未刻稿不分卷	387	寒松堂全集十二卷年譜一卷	381
湛園未定藁六卷	387	寒檠膚見	507
湛園集目一卷	386	寒檠膚見一卷	513
湛園藏稿四卷	386	富貴神仙一卷	476
湖山勝槩	496	寓林清言	510
湖泊寶稼堂文集稿一卷董氏譜次行次一卷	400	寓林集三十二卷詩六卷	372
湖海樓詩集八卷	384	寓圃雜記	508
湖湘故事	490	寓圃雜記一卷	513、521、524、538
[弘治]湖廣岳州府志十卷	164	寓簡	488
[正德]湖廣圖經志書二十卷	162	運泉約	510
湖壖雜記一卷	546	運氣易覽三卷	213
湘山野録三卷續録一卷	542	運掌經	511
湘山録	495	運甓齋詩稿十三卷	401
湘中草六卷	556	運甓齋叢録不分卷	264
湘中記	496	補三皇本紀一卷	47
湘素雜記	489	補陀詩一卷	377
渤泥入貢記	507	補侍兒小名録一卷	528、530
湯品一卷	527	補亭詩集十卷	395
湯湘畦稻村家槀不分卷	462	補瓢存稿六卷	393
湯義仍先生南柯夢記二卷	477	補釋戚少保南北兵法要署五卷補輯兵法要略一卷	209
湯嘉賓睡菴集六卷	371	惢泉詩漸刪存第一集一卷	383
渭厓疏要二卷	80	[嘉靖]尋甸府志二卷	171
渭南文集五十卷	551	畫中人二卷	476
游台宕路程	509	畫史	500
游宦紀聞	490	畫史一卷	540、544、546
游宦紀聞十卷	529	畫竹譜	500
游喚一卷	537	畫品	500
游廬山記一卷	554	畫舫約	510
渼陂集十六卷續集三卷	347	畫梅譜	500
[弘治]渾源州誌五卷	147	畫墁集八卷	324

畫墁錄	488	[嘉靖]瑞金縣志八卷	162
畫墁錄一卷	529、530	瑞桂堂暇錄	490
畫說	511	瑞陽阿集十卷	369
畫論	500	載酒園詩話五卷皺水軒詞筌一卷	466
畫論一卷	546	[嘉靖]鄢陵志八卷	150
畫學秘訣	500	鼓吹格	501
畫塵	511	壺關錄	492
畫禪	511	聖安記事二卷	555
畫禪室隨筆四卷	240	聖求詞一卷	468
畫譜一卷	485	聖宋名賢五百家播芳大全文粹一百五十卷目錄十卷	448
畫繼十卷	540、544	聖宋名賢四六叢珠一百卷	272
畫鑒	500	聖君初政記	506
畫鑒一卷	545	聖門事業圖	487
巽隱程先生詩集二卷文集二卷	341、421	聖門事業圖一卷	484
疏影樓詞二卷	470	聖訓演三卷	207
隔江鬥智一卷	475	聖駕南巡日錄一卷	351
媚幽閣文娛不分卷	452	聖學範圍圖說	505
登西臺慟哭記	503	聖諭像解二十卷	264
登西臺慟哭記註一卷冬青樹引重註一卷	334	聖諭廣訓一卷	77
登西臺慟哭記註一卷冬青樹引註一卷	333	鄞范氏族譜不分卷	94
登涉符籙	497	蓮社詞二卷	470
登壇必究四十卷	209	蓮臺仙會品	512
發明証治十卷	226	靳兩城先生集二十卷	360
發明義理	487	墓志銘一卷	316
發音錄	510	墓銘舉例四卷	466
發蒙記	495	夢山存家詩稿八卷	363
糸同契	487	夢花樓未刪稿一卷	400
絕句博選五卷	437	夢書	503
絕倒錄	489	夢符文稿不分卷	396
		夢遊錄	503
十三畫		夢遊錄一卷	516、518
		夢窗甲稿一卷乙稿一卷丙稿一卷丁稿一卷絕筆補遺一卷	468
[正德]瑞州府志十四卷	161	夢溪筆談二十六卷	250、542
[隆慶]瑞昌縣志八卷	160	夢溪筆談二十六卷補筆談一卷	529、530

夢溪筆談二十六卷補筆談三卷續筆談一卷	250	楚衡嶽神禹碑文一卷	539
夢餘錄	508	楚騷綺語六卷	523
夢澤集十七卷	355	楚騷五卷	299
蒼虬舘草三卷	371	楚騷品	511
蒼梧雜志	490	楚辭十七卷	300
蒼霞草二十卷續草二十二卷餘草十四卷	370	楚辭十九卷讀楚辭語一卷楚辭雜論一卷	301
[正德]蓬州志十卷	165	楚辭芳草譜	502
蓬萊閣記一卷	177	楚辭述註五卷	301
蓬窓續錄	508	楚辭章句十七卷	299、300
蓬窓續錄一卷	513	楚辭集註八卷辯證二卷後語八卷	300
蒹葭堂雜抄	508	楚辭集註八卷辯證二卷後語六卷	300、549
蒹葭堂雜抄一卷	514		
蒹葭堂雜著摘抄一卷	524	楚辭疏十九卷讀楚辭語一卷楚辭雜論一卷	301
蒲江詞一卷	468	楚辭疑字直音補一卷	299
蓉渡詞三卷	469	楊太真外傳	503
蓉塘詩話	510	楊升菴先生詩集補七卷	354
蓉塘詩話二十卷	466	楊升菴詞品四卷	472
蓉槎蠡說十二卷	254	楊升菴辭品四卷	472
[順治]蒙城縣志十二卷首一卷	147	楊氏女殺狗勸夫雜劇一卷	472
蒙泉雜言	505	楊文公談苑	488
蒙泉雜言一卷	521	楊忠介公集十三卷附錄五卷	359
蒙泉類博稿一卷	521	楊幽研別傳	512
蒙隱集二卷	328	楊炯集二卷	408、409、413
蒙齋筆談	490	楊園張先生全集十種四十八卷	554
蒙齋筆談一卷	518、519	楊鐵崖先生文集十一卷鐵笛清江引一卷	336
蒙齋筆談二卷	529、530		
蒙韃備錄	494	楊鐵崖香奩集一卷	456
蒙韃備錄一卷	516、525	楓窓小牘	490
楚小志	509	楓窓小牘二卷	529
楚昭公一卷	474	槎菴燕語	505
楚紀六十卷	69	甄異記	504
楚國文憲公雪樓程先生文集三十卷	335	賈子十卷	523
		賈子新書二卷	197
楚國先賢傳	494	賈氏說林	491
楚集二十卷	430	賈氏談錄	492

賈浪仙長江集十卷	414	暇日記	490
感天動地竇娥冤雜劇一卷	473	暌車志	504
感應經	502	暌車志一卷	517、519
感應類從志	503	暌車志六卷	529
碎金詞六卷	472	路史一卷	525
碎金詞譜十四卷續譜六卷	472	路史四十七卷	68、69
碎錦詞一卷	467	園林草木疏	502
[順治康熙]電白縣志八卷	170	蜣螂飢筆	509
雷峰塔一卷	476	農丈人詩集八卷文集二十卷	370
零陵先賢傳	494	農田餘話	508
零陵總記	493	農田餘話一卷	513
損齋備忘錄一卷	518、520、522、526	農家諺	497
督捕則例二卷	188	農桑通訣集六卷	212
督撫江西奏議四卷	81	農桑撮要一卷	527
歲華紀麗	497	農說	510
歲華紀麗四卷	136、544、546	幪府燕閒錄	492
歲華紀麗譜	497	蜀中詩話	510
歲時廣記四十卷首一卷末一卷	136	蜀中廣記一百八卷	172
歲時雜記	497	蜀丞相諸葛孔明文集六卷	302
歲寒堂詩話	499	蜀使漫草一卷	378
虜廷事實	494	蜀都雜抄	509
粲花齋新樂府四種八卷	478	蜀都雜抄一卷	351
虞世南集一卷	408、409	蜀牋譜	501
虞伯生詩八卷補遺一卷	418、419	蜀道征討比事	493
虞初志七卷	266	蜀道驛程記二卷	172
虞喜志林	495	蜀道驛程記二卷秦蜀驛程後記二卷	172
睦仁蒨傳一卷	517、519	蜀錦譜	501
睦州古蹟記	496	蜀檮杌	494
暈采清課一卷	513	蜀檮杌一卷	525
睡庵文稿初刻四卷二刻六卷三刻四卷	371	蜀鑑十卷	68
睡庵稿二十五卷	371	[成化]嵊志十卷	157
暘谷空音三卷	343	嵩陽雜識	506
暘谷謾錄	490	圓機活法五十卷	278
暖姝由筆	508	骰子選格	501
盟雞齋二卷	372	稗史	489
歇菴集十六卷	371	稗史集傳一卷	515、526
		稗海四十八種二百八十八卷續二	

十二種一百六十一卷	528、530	集六十九卷後集八十一卷續集	
稗海四十六種二百八十五卷	528、531	五十六卷	272
稗傳一卷	540	會通館集九經韻覽□□卷	38
愁言一卷	461	會稽三賦四卷	328
筭經	502	會稽先賢傳	494
筠軒清閟錄三卷	261	[嘉泰]會稽志二十卷	156
節俠記二卷	476	會稽典錄	495
節婦蔣氏存稿一卷	374	會稽記	496
節霞紀逸一卷	264	[萬曆]會稽縣志十六卷	157
傳信記	494	愛日齋叢抄	488
傳國璽譜	501	梟亭詩話二卷	466
傳載	491	腳氣集一卷	513
傳載略	491	獅吼記二卷	475
傳疑錄二卷	351	觤記注	500
傳講雜記	489	解鳥語經	502
鼠璞	488	解脫集四卷	553、554
鼠璞一卷	483、484	解醒語	491
鼠璞二卷	546	解學士文集十卷	341
催徵錢糧降罰事例不分卷	186	試茶錄	500
傷逝記	509	試筆一卷	485
傷寒治例一卷	220	詩人世次爵里一卷	425
傷寒活人指掌圖一卷藥方一卷傷		詩小序	486
寒賦一卷	220	詩文浪談	510
傷寒論三註十六卷	226	詩外傳十卷	14、541、543
傷寒論註來蘇集六卷	226	詩式	498
傷寒蘊要全書八卷	220	詩地理攷六卷	541、543
傷寒蘊要全書四卷	220	詩攷一卷	541、543
像贊評林贈言二卷	242	詩含神霧	487
粵西偶記一卷	546	詩序辯說一卷	12、13、541、543
粵行三志三卷	556	詩所五十六卷歷代名氏爵里一卷	
粵東金石略九卷首一卷附二卷	192	目錄一卷	429
微波榭叢書十一種	549	詩法五卷	465
艅艎日疏	491	詩法源流三卷	465
[嘉靖]鉛山縣志十二卷	160	詩契齋詞鈔一卷	470
會昌解頤錄	493	詩品	498
會眞記	504	詩品一卷	526
會通館印正緝補古今合璧事類前		詩品二十四則一卷	544

書名筆畫索引　　　　　　　　　　　　　　　　　　　697

詩品三卷	544
詩紀一百三十卷前集十卷附錄一卷外集四卷別集十二卷	428
詩紀一百五十六卷目錄三十六卷	428
詩紀曆樞	487
詩病五事	498
詩家直說	510
詩牌譜	511
詩牌譜一卷	527
詩集傳二十卷詩序辯說一卷詩傳綱領一卷詩圖一卷	12
詩雋類函一百五十卷	281
詩鈔三種三卷	421
詩詞拾遺一卷	386
詩詞餘話	499
詩詞雜俎二十五卷	409、410
詩農詩稿一卷	402
詩傳	486
詩傳大全二十卷綱領一卷圖一卷	12
詩傳孔氏傳一卷	541、543
詩話十卷	463
詩話雋永	499
詩準四卷詩翼四卷	427
詩經大全二十卷綱領一卷圖一卷	13
詩經叶音辨譌八卷	39
詩經考異一卷	13
詩經集註八卷	12
詩經集傳八卷	12
詩經億四卷	13
詩經輯解二十卷綱領一卷	13
詩經纂一卷	14
詩說	486
詩說一卷	532、541、543、546
詩稿不分卷	403
詩餘集一卷	354
詩餘圖譜三卷	467
詩論	498
詩談	498、511
詩緝三十六卷	12
詩學自怡錄八卷	13
詩學梯航一卷	465
詩學集成押韻淵海二十卷	276
詩聲類八卷	39
詩藪內編六卷外編六卷雜編六卷	552
詩歸五十一卷	430
詩譜	498
詩韻輯略五卷	38
詰墨	486
誠意伯劉先生文集二十卷	337
誠齋集一百三十五卷目錄三卷	329
誠齋褘記二卷	542、544
誠齋雜記	490
誠齋雜劇三十一卷	474
話腴	491
話腴一卷	517、519
詮敘管子成書十五卷首一卷	211
詢蒭錄	507
該聞錄	492
蜜妾集二卷蜜妾子詩集二卷外集一卷附錄一卷	355
廓菴行籟一卷	383
瘍科選粹八卷	227
靖康朝野僉言一卷	517、519
靖難功臣錄一卷	518、520、521、526
新入諸儒議論杜氏通典詳節四十二卷	182
新刊子午流注鍼經三卷	228、229
新刊仁齋直指附遺方論二十六卷小兒附遺方論五卷醫脈真經二卷傷寒類書活人總括七卷	221
新刊古今尺牘聞見尤拔八卷	439
新刊古今名賢草堂詩餘六卷	471
新刊古今名賢品彙註釋玉堂詩選八卷	428

新刊古今群書類考二十二卷	277
新刊四大家文選四卷	434
新刊四書大題欽華文祖題意備覽六卷	454
新刊迂齋先生標註崇古文訣三十五卷	431
新刊地理大全明圖宂情賦二十二卷	235
新刊地理天機會元三十五卷	233
新刊地理紫囊書八卷	236
新刊地理統會大成二十七卷	235
新刊地理綱目榮親入眼福地先知四卷	235
新刊合併官板音義評註淵海子平五卷	237
新刊名世文宗三十卷	435
新刊名臣碑傳琬琰之集上集二十七卷中集五十五卷下集二十五卷	84
新刊名家地理大全二十二卷	236
新刊杜工部詩集二十卷年譜一卷諸家詩話一卷附錄一卷	308
新刊李九我先生編纂大方萬文一統內外集二十二卷	436
新刊扶壽精方二卷	224
新刊宋學士全集三十三卷	337
新刊宋學士夾漈先生六經奧論六卷總文一卷	29
新刊武進荊川唐先生日錄四書拙講十卷	28
新刊林次崖先生編次批點古文類抄十二卷	438
新刊易經衍義六卷	8
新刊京本禮記纂言三十六卷	17
新刊性理大全七十卷	205
新刊官板批評正百將傳十卷	210
新刊重訂輯釋通義源流本末一卷	28
新刊莊季裕編灸膏肓腧穴法一卷	228、229
新刊尅擇便覽十卷	238
新刊唐荊川先生稗編一百二十卷目錄三卷	277、278
新刊黃帝明堂灸經三卷	228、229
新刊監本冊府元龜一千卷	270
新刊圖解玉靈聚義占卜龜經四卷	237
新刊銅人鍼灸經七卷新編西方子明堂灸經八卷	229
新刊精選陽明先生文粹六卷	349
新刊增補古今名家詩學大成二十四卷	278
新刊標題明解聖賢語論四卷首一卷	204
新刊諸子纂要大全四卷	262
新刊靜山策論膚見□卷	454
新刊駱子集註四卷	303
新刊翰林攷正綱目批點音釋少微節要通鑑大全二十卷外紀二卷	60
新刊舉業明儒論宗八卷	452
新刊儒門理氣造甄正經監曆禽奇大成通書□□卷	235
新刊憲臺攷正少微通鑑全編二十卷外紀二卷	60
新刊憲臺攷正宋元通鑑全編二十一卷	60
新刊竇漢卿編集鍼經指南一卷鍼灸雜說一卷	228、229
新刊續補文選纂註十二卷	424
新安二布衣詩八卷	456
新安文獻志一百卷先賢事畧二卷目錄二卷	456
新序十卷	532
新坡土風一卷	397
[康熙]新昌縣志十八卷	158
[萬曆]新昌縣志十三卷首一卷	157

新知錄	507	新刻增補藝苑巵言十六卷	466
新知錄一卷	513	新刻養生食忌一卷	535
新知錄摘抄一卷	524	新刻養生類纂二卷	535
新刻三餘贅筆一卷	535	新刻翰林評選註釋程策會要五卷	452
新刻三蘇論策選粹八卷	462	新刻應急良方一卷	535
新刻分類摘聯四六積玉二十卷	282	新刻藥證類明二卷	535
新刻丹房百問一卷	535	新刻醫學便覽四卷	535
新刻心印紺珠經二卷	535	新刻醫學權輿一卷	535
新刻石函平沙玉尺經全書上集六卷後集四卷	234	新刻蘇長公詩文選勝六卷首一卷	322
新刻北戶錄二卷	535	新刻譚子化書六卷	535
新刻玄髓一卷	535	新刻繪事指蒙一卷	535
新刻幼幼集三卷	535	新刻寶顏堂虎薈六卷	536
新刻芥隱筆記一卷	535	新刻靈樞心得二卷	535
新刻何氏類鎔三十五卷	280	[正德]新城縣志十三卷	160
新刻長春劉真人語錄一卷	535	新城錄	494
新刻東海王先生纂輯陽宅十書四卷	233	新校經史海篇直音五卷	34
新刻宜齋野乘一卷	534	新校廣平學案二卷	84
新刻春秋詞命三卷	440	新倩籍	509
新刻食鑑本草二卷	535	新倩籍一卷	514、524
新刻風俗通義十卷	535	新唐書斜謬	488
新刻怪證奇方二卷雜錄一卷	535	新書	487
新刻素問心得二卷	535	新書十卷附錄一卷	532
新刻旁註四六類函十二卷	439	[正德]新鄉縣志六卷	152
新刻陳眉公重訂廣莊一卷	536	新箋決科古今源流至論前集十卷後集十卷續集十卷	273、274
新刻採真機要三卷	535	新語二卷	516、532
新刻救荒本草二卷	535	新增格古要論十三卷	260、261
[嘉靖]新刻商城縣志八卷	154	新增說文韻府羣玉二十卷	275
新刻望斗經一卷	535	新鋟太醫院參訂徐氏鍼灸大全六卷	228
新刻張太岳先生詩文集四十七卷	362	新鋟抱朴子內篇四卷外篇四卷	297
新刻參真圖要一卷	535	新鋟鈔評校正標題皇明資治通紀十二卷	66
新刻資暇集三卷	535	新論一卷	351
新刻溪蠻叢笑一卷	535	新樂府詞一卷	384
新刻褚氏遺書一卷	535	新編古今事文類聚前集六十卷後集五十卷續集二十八卷別集三	
新刻爾雅翼三十二卷	31		
新刻圖畫要畧一卷	535		

十二卷	271	新鐫古今名公尺牘彙編選註四卷	440
新編古今姓氏遙華韻甲集十卷乙集十卷丁集十卷戊集十一卷己集八卷庚集十卷辛集十卷壬集八卷癸集十卷	276	新鐫古今事物原始全書三十卷	280
		新鐫抱朴子內篇四卷外篇四卷	296
		新鐫海內奇觀十卷	173
		新鐫雅俗通用珠璣藪八卷	283
新編李亞仙花酒曲江池一卷	474	新鐫選註名公四六雲濤十卷	452
新編事文類聚翰墨大全甲集十二卷乙集九卷丙集五卷丁集五卷戊集五卷己集七卷庚集二十四卷辛集十卷壬集十二卷癸集十一卷後甲集八卷後乙集三卷後丙集六卷後丁集八卷後戊集九卷	275	新鐫繆當時先生周易九鼎十六卷首一卷	8
		意見	507
		意見一卷	513
		雍熙樂府二十卷	481
		雍錄十卷	177、534
		慎言十三卷	552
新編事文類聚翰墨全書甲集十二卷乙集十八卷丙集十四卷丁集十一卷戊集十三卷己集十二卷庚集十五卷辛集十六卷壬集十七卷癸集十七卷後甲集十五卷後乙集十三卷後丙集六卷十二卷後丁集十四卷後戊集九卷	275	慎子一卷	199
		慎言十三卷	552
		慎獨齋稿一卷	334
		義山襍記	490
		義虎傳	512
		義虎傳一卷	513
		義俠記一卷	475
		義莊規矩	497
新編音點性理群書句解前集二十三卷	204	義興藥一卷	366
		豢龍子	505
新編秘傳堪輿類纂人天共寶十二卷	236	煎茶七類	511
		煎茶水記	500
新編魯般營造正式六卷	189	煎茶水記一卷	483、485
新編翰苑新書前集七十卷	275	[萬曆]慈利縣志十八卷	165
新鍥名家纂定註解兩漢評林三卷	136	慈淑戴太宜人行狀一卷誄草一卷	91
新鍥書經講義會編十二卷	10	慈湖先生遺書抄六卷	328
新鍥會元湯先生批評滄溟文選評林五卷	362	慈溪黃氏日抄分類九十七卷古今紀要十九卷	204
新豐酒法	500		
新纂事詞類奇三十卷	280	慈谿姜先生全集補遺一卷附錄二卷	386
新纂門目五臣音註揚子法言十卷	196		
新鐫午未註釋二三場程論玉轂集不分卷	454	煙嶼樓書目不分卷	190
		煙嶼樓詩初稿一卷	401
新鐫古今大雅南宮詞紀六卷北宮詞紀六卷	480	煙嶼樓詩集一卷	401
		煙嶼樓詩集二卷	401

煙嶼樓詩集十八卷	401	溪蠻叢笑一卷	516、518、526
煬帝迷樓記一卷	518、520、525	滄江野史	506
煬帝海山記一卷	518、520、525	滄浪子退軒集七卷	340
煬帝開河記一卷	518、520、525	滄浪集十五卷	315
資治通鑑二百九十四卷	58、59	滄浪詩話	499
資治通鑑大全	59	滄浪詩話一卷	544
資治通鑑目錄三十卷	59	滄溟先生集三十卷附錄一卷	362
資治通鑑外紀十卷目錄五卷	59	滄螺集六卷	340
資治通鑑節要續編三十卷	62	溶溪雜記	506
資治通鑑綱目五十九卷	60、61、62	褚氏遺書	502
資治通鑑綱目五十九卷首一卷	61	福建按察司副使陸公暨妻楊氏行實一卷	89
資治通鑑綱目集說五十九卷前編二卷	62	福建按察司楚亭楊君暨妻舒氏行述一卷	89
資治通鑑綱目集覽五十九卷	61	福建運司誌三卷續志一卷	180
資治通鑑綱目發明五十九卷	61	[嘉靖]福寧州志十二卷	168
資治通鑑總要通論一卷	194	群仙慶壽蟠桃會一卷	473
資暇錄	488	群居解頤	489
滇考二卷	69	群書考索前集六十六卷後集六十五卷續集五十六卷別集二十五卷	272
滇行紀畧	509		
滇行紀程一卷東還紀程續抄一卷	546		
滇南慟哭記	507	群書集事淵海四十七卷	276
滇載記	507	群書歸正集十卷	207
滇載記一卷	516、519、524、526	群輔錄	494
滇黔紀遊二卷	546	羣玉樓稿七卷困亨別稿一卷	356
溫公瑣語	490	羣仙降乩語一卷	527
[弘治]溫州府志二十二卷	159	羣芳清玩十二種十五卷	545
[嘉靖]溫州府志八卷	159	羣芳清玩十二種十六卷	546
[永樂]溫州府樂清縣志八卷	159	羣物奇制一卷	526
溫侍讀集二卷	406	羣書疑辨不分卷	29
溫飛卿詩集七卷別集一卷外詩一卷	313	羣碎錄	509
溫熱暑疫全書四卷	226	羣經音辨七卷	31
溫寶忠先生遺稿不分卷	377	羣賢要語二卷	253
溪上遭難志略一卷	76	遜志齋集二十四卷	341
溪堂集十卷	324	遜國記	506
溪堂詞一卷	468	經世要畧二十卷	82
溪蠻叢笑	497	經世要談	505

經鉏堂襍誌	497
經鉏堂雜誌八卷	251
經說八卷	203
經濟類編一百卷	279、280
經繹十五卷	5
經籍考十二卷	183
經籍考七十六卷	183
經籍會通四卷	552
經籍籑詁不分卷	31
經驗集方一卷	224
彙考策林□□卷	257
彙鍥註釋三蘇文苑八卷	462
彙鐫論語密解大全十卷	26

十四畫

瑣綴錄	506
碧川文選八卷詩選八卷別錄一卷補遺一卷	346
碧里雜存	507
碧里雜存一卷	513
碧桃花一卷	475
碧雲集三卷	413
碧雲騢	492
碧湖雜記	488
碧湖雜記一卷	518、519、520
碧溪詩集十五卷	359
碧谿賦二卷	349
碧雞漫志	488
墐戶錄	509
趙氏孤兒一卷	474
趙文敏公松雪齋全集十卷外集一卷續集一卷	335
趙文懿公文集四卷附錄一卷	372
趙后遺事	503
趙合傳一卷	516、518
[隆慶]趙州志十卷	140
[弘治]趙州志八卷	140
趙飛燕外傳	503
趙清獻公文集十卷	316
趙清獻公集十卷目錄二卷	315
趙禮讓肥一卷	474
墟中十八詠一卷圖一卷	458
嘉定四先生集八十七卷	455
[萬曆]嘉定縣志二十二卷	144
嘉蓮燕語	491
嘉靖二十二年四川鄉試錄一卷	123
嘉靖二十二年江西鄉試錄一卷	121
嘉靖二十二年河南鄉試錄一卷	115
嘉靖二十二年浙江鄉試錄一卷	119
嘉靖二十二年順天府鄉試錄一卷	107
嘉靖二十二年湖廣鄉試錄一卷	122、123
嘉靖二十二年廣東鄉試錄一卷	127
嘉靖二十二年應天府鄉試錄一卷	109、110
嘉靖二十八年山西鄉試錄一卷	112
嘉靖二十八年山東鄉試錄一卷	113
嘉靖二十八年江南武舉鄉試錄一卷	132
嘉靖二十八年河南鄉試錄一卷	115
嘉靖二十八年陝西鄉試錄一卷	117
嘉靖二十八年浙江鄉試錄一卷	119
嘉靖二十八年順天府鄉試錄一卷	107
嘉靖二十八年福建鄉試錄一卷	125
嘉靖二十八年廣西鄉試錄一卷	128
嘉靖二十八年廣東鄉試錄一卷	127
嘉靖二十八年應天府鄉試錄一卷	110
嘉靖二十九年武舉錄一卷	131
嘉靖二十九年進士登科錄一卷	98
嘉靖二十九年會試錄一卷	104
嘉靖二十三年武舉錄一卷	131
嘉靖二十三年進士登科錄一卷	98
嘉靖二十三年會試錄一卷	104

嘉靖二十五年山西鄉試錄一卷	112	嘉靖十六年山西鄉試錄一卷	111
嘉靖二十五年四川鄉試錄一卷	123	嘉靖十六年四川鄉試錄一卷	123
嘉靖二十五年江西鄉試錄一卷	121	嘉靖十六年江西鄉試錄一卷	121
嘉靖二十五年河南鄉試錄一卷	115	嘉靖十六年河南鄉試錄一卷	115
嘉靖二十五年雲南鄉試錄一卷	130	嘉靖十六年陝西鄉試錄一卷	117
嘉靖二十五年貴州鄉試錄一卷	130	嘉靖十六年雲南鄉試錄一卷	130
嘉靖二十五年順天府鄉試錄一卷	107	嘉靖十六年福建鄉試錄一卷	125
嘉靖二十五年湖廣鄉試錄一卷	123	嘉靖十六年廣西鄉試錄一卷	128
嘉靖二十五年福建鄉試錄一卷	125	嘉靖十六年廣東鄉試錄一卷	127
嘉靖二十五年廣東鄉試錄一卷	127	嘉靖十六年應天府鄉試錄一卷	109
嘉靖二十五年應天府鄉試錄一卷	110	嘉靖十四年進士登科錄一卷	98
嘉靖二十六年武舉錄一卷	131	嘉靖十年湖廣鄉試錄一卷	122
嘉靖二十六年進士登科錄一卷	98	嘉靖七年山東鄉試錄一卷	113
嘉靖二十六年會試錄一卷	104	嘉靖七年江西鄉試錄一卷	120
嘉靖二十年進士登科錄一卷	98	嘉靖七年河南鄉試錄一卷	115
嘉靖二年進士登科錄一卷	98	嘉靖七年浙江同年錄一卷	119
嘉靖二年會試錄一卷	104	嘉靖七年浙江鄉試錄一卷	119
嘉靖十一年壬辰科進士同年序齒錄一卷	98	嘉靖七年順天府鄉試錄一卷	107
嘉靖十一年進士登科錄一卷	98	嘉靖七年湖廣鄉試錄一卷	122
嘉靖十一年會試錄一卷	104	嘉靖七年福建鄉試錄一卷	125
嘉靖十七年進士登科錄一卷	98	嘉靖七年應天府鄉試錄一卷	109
嘉靖十九年山東鄉試錄一卷	113	嘉靖八年進士登科錄一卷	98
嘉靖十九年四川鄉試錄一卷	123	嘉靖八年會試錄一卷	104
嘉靖十九年江西鄉試錄一卷	121	嘉靖三十一年山西鄉試錄一卷	112
嘉靖十九年河南鄉試錄一卷	115	嘉靖三十一年江西鄉試錄一卷	121
嘉靖十九年順天府鄉試錄一卷	107	嘉靖三十一年河南鄉試錄一卷	115
嘉靖十九年湖廣鄉試錄一卷	122	嘉靖三十一年陝西鄉試錄一卷	117
嘉靖十九年廣東鄉試錄一卷	127	嘉靖三十一年貴州鄉試錄一卷	130
嘉靖十三年江西鄉試錄一卷	121	嘉靖三十一年順天府鄉試錄一卷	107
嘉靖十三年河南鄉試錄一卷	115	嘉靖三十一年湖廣鄉試錄一卷	123
嘉靖十三年浙江鄉試錄一卷	119	嘉靖三十一年福建鄉試錄一卷	125
嘉靖十三年雲貴鄉試錄一卷	129	嘉靖三十一年廣東鄉試錄一卷	127
嘉靖十三年順天府鄉試錄一卷	107	嘉靖三十一年應天府鄉試錄一卷	110
嘉靖十三年福建鄉試錄一卷	125	嘉靖三十二年武舉錄一卷	131
嘉靖十三年廣東鄉試錄一卷	127	嘉靖三十二年進士登科錄一卷	98
嘉靖十三年應天府鄉試錄一卷	109	嘉靖三十二年會試錄一卷	105
		嘉靖三十七年山東鄉試錄一卷	114

嘉靖三十七年河南鄉試録一卷	116	嘉靖四十年浙江武舉鄉試録一卷	132
嘉靖三十七年陝西鄉試録一卷	117	嘉靖四十年浙江鄉試録一卷	119
嘉靖三十七年順天府鄉試録一卷	107	嘉靖四十年貴州鄉試録一卷	130
嘉靖三十七年湖廣鄉試録一卷	123	嘉靖四十年廣西鄉試録一卷	128
嘉靖三十七年應天府鄉試録一卷	110	嘉靖四十年廣東鄉試録一卷	127
嘉靖三十八年武舉録一卷	131	嘉靖四年山東鄉試録一卷	113
嘉靖三十八年進士登科録一卷	99	嘉靖四年江西鄉試録一卷	120
嘉靖三十八年會試録一卷	105	嘉靖四年陝西鄉試録一卷	117
嘉靖三十五年武舉録一卷	131	嘉靖四年雲貴鄉試録一卷	129
嘉靖三十五年進士登科録一卷	98、99	嘉靖四年順天府鄉試録一卷	107
嘉靖三十五年會試録一卷	105	嘉靖新例不分卷	188
嘉靖三十四年山西鄉試録一卷	112	嘉賓心令	511
嘉靖三十四年山東鄉試録一卷	113	嘉興生員履歷冊一卷	95
嘉靖三十四年河南鄉試録一卷	116	[康熙]嘉興府志十八卷首一卷末一卷	155
嘉靖三十四年貴州鄉試録一卷	130	嘉興府學希聖堂經會講義十卷	463
嘉靖三十四年順天府鄉試録一卷	107	增修詩話總龜四十八卷後集五十卷	463、464
嘉靖三十四年福建武舉鄉試録一卷	132	橐籥子一卷	296
嘉靖元年山西鄉試録一卷	111	臺山文藁一卷	395
嘉靖元年江西鄉試録一卷	120	臺中疏草一卷	369
嘉靖元年河南鄉試録一卷	115	臺閣集一卷	413
嘉靖元年雲貴鄉試録一卷	129	臺灣外志五十卷一百回	267
嘉靖四十一年武舉録一卷	131、132	臺灣外志選摘稿十九回	267
嘉靖四十一年進士登科録一卷	99	[嘉靖]壽州志八卷	146
嘉靖四十一年會試録一卷	105	壽域詞一卷	468
嘉靖四十三年山西鄉試録一卷	112	壽養叢書三十五種七十二卷	535
嘉靖四十三年山東鄉試録一卷	114	聚寶盆一卷	475
嘉靖四十三年江西鄉試録一卷	121	蔣山傭詩集六卷	382
嘉靖四十三年河南鄉試一卷	116	蔣子文傳一卷	517、519
嘉靖四十三年雲南鄉試録一卷	130	蔣氏日録	490
嘉靖四十三年福建鄉試録一卷	125	蔣道林先生文粹九卷	360
嘉靖四十三年廣西鄉試録一卷	129	蔡中郎集八卷	406
嘉靖四十三年廣東鄉試録一卷	127	蔡端明別紀十二卷	88
嘉靖四十三年應天府鄉試録一卷	110	熙朝樂事	510
嘉靖四十四年進士登科録一卷	99	熙寧酒課	500
嘉靖四十四年會試録一卷	105	熙豐日曆	492
嘉靖四十年江西鄉試録一卷	121		

蓼花洲閒錄	492	閩小紀二卷	546
蓼花洲閒錄一卷	518、520、521	閩部疏	509
槁簡贅筆	489	閩部疏一卷	524
榕城隨筆	509	蜩笑偶言	508
歌學譜	510	鳴野山房彙刻帖目四集	241
監本五臣音注揚子法言十卷	197	鳴鳳記二卷	476
監本附音春秋公羊註疏二十八卷	2	嘯旨	501
監本附音春秋穀梁傳註疏二十卷	2	嘯旨一卷	526
酷寒亭一卷	474	嘯堂集古錄二卷	192
歷朝史印十卷	244	噉荔集二卷	387
碣石調幽蘭一卷	550	罰爵典故	500
[嘉靖]磁州誌四卷	139	圖註八十一難經八卷	217
爾雅三卷	30、541、543、549	圖註王叔和脉訣四卷脉訣附方一卷	219
爾雅註疏十一卷	2、3、4	圖畫見聞誌六卷	241、544
爾雅輯解十一卷	30	圖繪寶鑑八卷	242
爾雅翼三十二卷	31	圖繪寶鑑六卷補遺一卷	544
摭言	491	[嘉靖]舞陽志要十二卷	152
摭言一卷	528、530	種玉記二卷	475、476、477
摭青雜說	488	種芋法	512
摭異記	494	種痘心法要旨一卷	215
裴少俊墻頭馬上雜劇一卷	473	種樹書	502
裴仙先別傳一卷	517	種樹書三卷	527
裴啓語林	495	種蘭訣一卷	546
雌木蘭替父從軍一卷	474	稱謂錄三十二卷	286
對山樓詩詞稿不分卷	403	箕甗論	503
對雨編	497	箋注牡丹亭不分卷	478
對制談經十五卷	280	箋注唐賢絕句三體詩法二十卷	444
閩秀詩評	511	箋註陶淵明集六卷	303
聞人氏痘疹論三卷	227	管子二十四卷	197、198、210、211
聞人氏痘疹論三卷附錄一卷	228	管子治罢歖言八卷	211
聞見近錄	493	管子纂二卷	211
聞見錄	491	管村先生文鈔内編三卷	384
聞見雜錄	493	管村編年詩六卷	384
聞見雜錄一卷	517、519、525	管絃記	501
聞奇錄	504	管窺輯要八十卷	230
聞雁齋筆談	507	管韓合刻四十四卷	210
閩川名士傳	494		

管韓合纂四卷	210	廣川書跋十卷	544
銜蟬小録八卷	247	廣文選六十卷	426
銅人徐氏鍼灸合刻九卷	228	[嘉靖]廣平府志十六卷	139
銅人腧穴鍼灸圖經三卷	228	廣百川學海一百三十種一百五十	
銅人鍼灸經七卷	229	六卷	546
[嘉靖]銅陵縣志八卷	146	廣成子解	505
銅僊室金石文不分卷	244	廣成子解一卷	515、516
銅鶴山人遺艸四卷	390	廣州先賢傳	494
銀山鐵壁謾談	509	[嘉靖]廣州志七十卷	169
鄱陽記	496	廣州記	496
遯齋閒覽	489	廣州遊覽小志一卷	556
鳳洲雜編六卷	524	廣志	496
鳳凰臺記事	508	廣志繹一卷	422
疑孟	486	廣林一卷	547
鄞西范氏宗譜不分卷	94	[嘉靖]廣東通志七十卷	169
鄞峰真隱漫録五十卷	326	[嘉靖]廣東韶州府翁源縣誌不分	
語言談	507	卷	169
語怪	512	廣事類賦四十卷	268
語怪一卷	514	廣易千文一卷	526
語窺今古	507	[嘉靖]廣信府志二十卷	160
語窺今古一卷	513	廣客談一卷	526
誤入桃源一卷	475	廣莊	505
說文字原一卷	33	廣莊一卷	553、554
說文字原考略六卷附篆文筆迹小		廣陵女士殿最	512
異一卷	33	廣陵妖亂志	492
說文長箋一百卷首二卷解題一卷		廣陵集一卷	553
六書長箋七卷	32	廣菌譜	512
說文解字十二卷	32	廣異記	504
說文解字十五卷標目一卷	31、32	廣筆記十四卷炮炙大法一卷用藥	
說玄一卷	231	凡例一卷	225
說苑二十卷	532	廣寒殿記	512
說郛一百二十卷	486、504	廣寒殿記一卷	514
說郛續四十六卷	486、505、512	廣畫録	500
說略三十二卷	281	廣嗣全訣十二卷	227
說鈴摘記二十種二十九卷	546	廣漢魏叢書七十六種四百三十九	
說詩晬語二卷	393	卷	533
說學齋藁十三卷	339	廣輿記二十四卷	137

廣韻五卷	549	鄭氏家範	497
廣韻五卷附校札一卷	549	鄭省齋蜩笑偶言一卷	536
廣釋菩提心論四卷	286	鄭德璘傳一卷	516、518
瘟疫論二卷補遺一卷	226	榮忠録十卷	90
瘦華盦留刪艸一卷銅缾瓦硯之邁詞藁三卷	399	榮封雙壽録一卷	463
		漢人家書不分卷	442
瘦華盦詩稿一卷玉雪軒主草稿一卷桃花渡榜謳二卷二筆廬漫唱一卷	399	漢中士女志	494
		漢武故事一卷	518、520、525
		漢武帝内傳	503
旗亭記二卷	476	漢制攷四卷	543
彰明附子記	502	漢官香方一卷	546
[嘉靖]彰德府志八卷	151	漢官儀	495
[嘉靖]彰德府磁州涉縣志一卷	152	漢南記	496
端本堂攷正脈鏡不分卷	219	漢泉曹文貞公詩集十卷後録一卷	335
端溪先生集八卷	352	漢唐三傳十四卷	514
端溪硯譜	500	漢書一百卷	50
端溪硯譜一卷	483、485	漢書地理志稽疑六卷	51
適情録二十卷	245	漢書食貨志一卷	550
齊民要術	498	漢書雋不分卷	136
齊民要術十卷雜說一卷	534、543	漢書評林一百卷	51
齊東埜語	489	[嘉靖]漢陽府志十卷	162
齊東埜語一卷	525	漢皋詩話	498
齊東野語二十卷	541、542	漢詩紀十卷	427
齊春秋	495	漢蔡中郎集十一卷	302
齊推女傳一卷	517、519	漢蔡中郎集六卷	301
齊雲山志七卷	174	漢語十卷首一卷附録一卷	69
齊詩乘二卷	429	漢滕公石碑銘一卷	539
精忠記一卷	475	漢隸字源五卷碑目一卷附字一卷	33
精忠記二卷	476	漢魏六朝二十一名家集一百二十三卷	406、407
精刻古今女史十二卷詩集八卷姓氏字里詳節一卷	426	漢魏六朝百三名家集一百十八卷	407
精刻卯辰註釋二三場青雲得筏程策二卷	453	漢魏六朝諸名家集一百二十三卷	406
		漢魏六朝諸家文集一百二十九卷	407
精選古今名賢叢話詩林廣記十卷後集十卷	464、465	漢魏詩紀二十卷	427
		漢魏詩乘二十卷吳詩一卷總録一卷	429
精選東萊先生博議句解□□卷	21		
鄭少谷先生全集二十四卷首一卷	352	漢魏詩乘二十卷總録一卷	429

書名筆畫索引　707

漢魏詩集十四卷	427	[嘉靖]寧海州志二卷	149
漢魏叢書三十八種二百五十一卷	532	[嘉靖]寧國府志十卷	145
漢魏叢書三十五種二百八卷	531、532	[嘉靖]寧國縣志四卷	145
漢雜事秘辛	503	寧極齋稿一卷	334
漢雜事秘辛一卷	545	[嘉靖]寧德縣志四卷	168
漕河圖志八卷	176	賓印詩草一卷	371
漕運議單不分卷	186	賓退錄	488
漱玉詞一卷	409、410	實賓錄	487
漱石閒談	507	隨手雜錄	493
漂粟手牘	491	隨何賺風魔蒯通雜劇一卷	472
淳南遺老集四十五卷續編一卷	334	隨隱漫錄五卷	529
漫叟詩話	498	隨鷗草一卷	374
漫笑錄	491	鄰幾雜誌	490
漁邨記二卷	479	熊士選集一卷	347
漁具詠	502	[嘉靖]鄧州志十六卷	152
漁洋山人詩集二十二卷	556	鄧析子一卷	199
漁洋山人精華錄十卷	382	翠屏山二卷	475
漁洋山人精華錄箋注十二卷補一卷	382	翠屏張先生全集四卷	339
漁陽石譜	500	翠屏詩集二卷翠屏張先生文集二卷	339
漁樵閒話	490	翠娛閣評選王季重先生小品二卷	420
漁樵對問	487	翠娛閣評選文太青先生小品二卷	420
漁樵對問一卷	484	翠娛閣評選行笈必攜二十一卷	420
漁隱叢話前集六十卷後集四十卷	464	翠娛閣評選李本寧先生小品二卷	420
[嘉靖]漳平縣志十卷	168	翠娛閣評選袁小脩先生小品二卷	420
演山先生詩十二卷	324	翠娛閣評選袁中郎先生小品二卷	420
演卦詩斷□□卷	237	翠娛閣評選徐文長先生小品二卷	420
演繁露	488、504	翠娛閣評選陳明卿先生小品二卷	420
漏刻經	503	翠娛閣評選陳眉公文集二卷	420
賓朋宴語	492	翠娛閣評選陳眉公先生小品二卷	420
寤憶一卷	381	翠娛閣評選黃貞父先生小品二卷	420
寤凡一卷	539	翠娛閣評選曹能始先生小品二卷	420
[嘉靖]寧州志十八卷	160	翠娛閣評選屠赤水先生小品二卷	420
寧波府知府九春楊公行狀一卷	90	翠娛閣評選張侗初先生小品二卷	420
寧波府通判諭保甲條約不分卷	187	翠娛閣評選董思白先生小品二卷	420
[弘治]寧夏新志八卷	155	翠娛閣評選湯若士先生小品二卷	420
[嘉靖]寧夏新志八卷	155	翠娛閣評選虞德園先生小品二卷	420

翠娛閣評選鍾伯敬先生小品二卷	420	駒陰冗記一卷	266、538
翠寒集一卷	419	[嘉靖]鞏縣志八卷	152
緒訓	497	增注類證活人書二十二卷辨誤一卷	214
綱目疑誤	487		
綱領一卷春秋提要一卷列國東坡圖說一卷諸國興廢說一卷	23	增定玉壺冰二卷補一卷	539
		增定古今逸史五十五種一百六十三卷	534
綱領一卷提要一卷諸國興廢說一卷列國東坡圖說一卷	1	增定資治通鑑前編五卷	59
綱領一卷提要一卷諸國興廢說一卷列國東坡圖說一卷正經音訓一卷	23	[嘉靖]增城縣志十九卷	169
		增修互註禮部韻略五卷	36
		增修埤雅廣要四十二卷	31
綱鑑要選十卷	64	增修復古編二卷	33
綱鑑標題要選十二卷總斷一卷	64	增訂二三場羣書備考四卷	280
維園鉛摘	507	增註唐策十卷	447
維新志六卷附集二卷	75	增補箋註繪像第六才子西廂釋解八卷	473
維摩詰所說經六卷	288		
維摩詰所說經無我疏十二卷	288	增廣註釋音辯唐柳先生集二十卷別集一卷外集一卷附錄一卷	311
綿津山人詩集二十九卷楓香詞一卷漫堂說詩一卷	383		
		增廣註釋音辯唐柳先生集四十三卷別集二卷外集二卷附錄一卷	311
綿津山人詩集二十四卷探梅詩一卷楓香詞一卷	383		
		穀山筆麈十八卷	253
綵毫記二卷	475	蕙菴詩稿一卷	418
綠牡丹二卷	476	蕉帕記三卷	475
綠牡丹傳奇二卷	478	蕉雪詩鈔一卷	396
綠珠傳	503	蕉園集三卷	389
綠雪亭雜言	508	蔬食譜	502
綠雪亭雜言一卷	514、522、538	標註蜀本王學士儅春秋臣傳三十卷	82
綠窗新話二卷	266		
綠綺新聲三卷	527	標題事義十九史畧明解十卷	134
		標題事義明解十九史略大全十卷	133
十五畫			
		標題事義明解十九史略大全十卷首一卷	133
靚粧錄	498		
璅探十種十卷	539	標題詳注十九史音義明解十卷	134
輦下歲時記	497	樗菴偶存藁一卷	396
駛雪齋集一卷	373	樗蒲經畧	501
駒陰冗記	507	樊川文集二十卷別集一卷外集一卷	312

樊榭詩鈔一卷	388	震川先生集三十卷別集十卷附錄一卷	365
敷教頌言一卷	459	震川先生集三十卷別集十卷附錄一卷補編一卷	365
輞川集	498	震澤先生別集四種	550
輟畊錄三十卷	544	震澤先生集三十六卷	345
輟耕錄三十卷	542	震澤長語	508
輟築記	508	震澤長語一卷	513
歐公試筆	499	震澤長語二卷	550
歐陽文忠公文抄十卷	319	震澤紀聞	507
歐陽文忠公集一百三十卷目錄十二卷	318	震澤紀聞一卷	513、521、526
歐陽文忠公集一百五十三卷	317、318	震澤語錄一卷	251
歐陽文忠公新唐書抄二卷五代史抄二十卷	136	震澤龍女傳一卷	517、520
歐陽文集五十卷	316	霅南倡和編三卷	459
歐陽先生文粹二十卷	318、319	[弘治]撫州府志二十八卷	161
歐陽南野先生文選四卷	356	撫安東夷記	506
歐餘漫錄十三卷附錄一卷	539	撫安東夷記一卷	521、522、523、524
賢主天子所問經一卷	286	撫虔奏稿三卷	81
賢識錄	505	撫臺奏議四卷	80
醉叟傳	512	撫黔紀別錄一卷	370
醉翁寐語	491	撫黔紀畧一卷	370
醉高歌傳奇三卷	479	撰杖集一卷	379
醉鄉日月	500	撥砂訣一卷	235
醉鄉律令	511	劇評	512
醉綠圖	501	劇談錄二卷	542、544
磊園詩刪四卷	390	鄴中記	495
遼小史一卷	73	鄴矦外傳	503
遼小史一卷金小史八卷	72	鄴侯外傳一卷	517、519、525
遼史一百十六卷	41、42、43、57	[嘉靖]輝縣志十卷	152
遼志	494	賞心樂事	510
遼志一卷	516、525	賦苑八卷	438
遼邸記聞	508	賜遊西苑記	506
遼邸記聞一卷	513	閱畊集六卷	389
遼東志略	496	影梅菴傳奇二卷	479
遼陽海神傳一卷	517、520	影梅庵三卷	476
[嘉靖]確山縣志二卷	153	遺山先生詩集二十卷	419
震川先生集三十卷別集十卷	365	遺史記聞	490

遺民詩十六卷	450	[嘉靖]儀封縣志不分卷	150
遺民詩選一卷	462	[隆慶]儀眞縣志十四卷	143
蝶几譜一卷	546	儀禮十七卷	16
數馬集五十一卷	370	儀禮集說十七卷	16
數術記遺	503	儀禮註疏十七卷	4、16
數術記遺一卷	542、543	儀禮經傳通解三十七卷	19
數錢葉譜	511	儀禮圖十七卷旁通圖一卷	16
嶠雅二卷	377	質龜論一卷	527
墨子一卷	197	[康熙]德化縣志十六卷	168
墨子十五卷	248	[嘉靖]德州志三卷	148
墨竹譜	500	[正德]德安府志十二卷	163
墨池浪語	507	[嘉靖]德慶志十六卷	170
墨池璅錄	510	衛公故物記	501
墨池編二十卷	240	衛生易簡方十二卷附錄一卷	222、223
墨法集要一卷	548	盤谷集五卷	342
墨客揮犀	488	盤洲文集八十卷附錄一卷	328
墨客揮犀一卷	517、519	盤珠集十八卷	215
墨客揮犀十卷	529、530、531	盤珠集胎產癥治三卷	215
墨莊漫錄	489	盤珠集氣運摘要一卷	215
墨莊漫錄十卷	529、530、531	盤珠集脈法大成二卷	215
墨記	501	盤珠集得配本草十卷	215
墨娥漫錄	488、491	盤珠集虛損啓微二卷	215
墨陽集不分卷	381	銷夏錄六卷	240
墨經	501	劍南詩稾八十五卷	551
墨經一卷	523、526、542、544	餘冬序錄六十五卷	252
稽古定制	494	餘清堂定稿□□卷	366
稽神錄	504	餘餘編六卷	378
稽神錄六卷拾遺一卷	545	滕王閣集十卷	459
黎岳集一卷	414	[康熙]滕縣志十卷	148
稼軒長短句十二卷	469	[嘉靖]魯山縣誌十卷	154
稼軒詞四卷	467	魯文恪公文集十卷	350
箑嵊詞一卷	467	魯詩世學十五卷	13
篁墩程先生文集九十三卷拾遺一卷	344	劉子二卷	197、250
篁墩程先生文粹二十五卷	344	劉子新論十卷	532
		劉氏鴻書一百八卷	282
儀制司郎中松溪戚府君墓誌行實不分卷	89	劉氏雜志	507
		劉氏雜志一卷	513

劉文成公全集十二卷	338	十卷	433
劉仲脩先生詩集六卷文集二卷	337	諸儒講義二卷	206
劉向古列女傳七卷	514	諸邊考議五卷	74
劉向新序十卷	201	諸皋記	504
劉向說苑二十卷	201	課餘吟艸不分卷	399
劉行首一卷	475	論曲一卷	472、473
劉青田奇門入式歌不分卷	239	論定錄一卷	370
劉東山招由一卷	79	論畫瑣言	511
劉攽貢父詩話	499	論語二十卷	29
劉攽貢父詩話一卷	463、485	論語二卷	1
劉雪湖梅譜二卷	242	論語十卷	549
劉無雙傳	503	論語古訓摘錄一卷	29
劉須溪先生記鈔八卷	333	論語或問二十卷	26、27
劉馮事始	489	論語拾遺	486
劉蛻文抄一卷	410	論語拾遺一卷	29
劉義詩集三卷	413	論語筆解	486
劉賓客文集三十卷外集十卷	312	論語筆解一卷	29
劉賓客嘉話錄	492	論語筆解二卷	516
劉隨州集十卷	409	論語集註大全二十卷	28
劉隨州詩集十一卷	304	論語註疏解經二十卷	3、4
劉職方詩八卷	339	論語註疏解經摘錄一卷	29
[嘉靖]潁州志二十卷	146	論語詩一卷	556
[成化]潁州志六卷	146	論篆	499
潁濱先生春秋集解十二卷	5	論衡三十卷	249、531、532、533
潁濱先生詩集傳十九卷	4、5	調謔編	491
諸子奇賞前集五十一卷後集六十卷	263	評范叔一卷	475
諸子彙函二十六卷	199	談助一卷	547
諸太史評三先生家藏四書講意明珠庫十卷首一卷	29	談言	512
		談剩	508
諸史品節四十卷	134	談淵	491
諸史會編大全一百十二卷	63	談淵一卷	525
諸寺奇物記	509	談撰	492
諸真玄奧集成九卷	296	談藝錄	510
諸葛忠武書十卷	408	談藝錄一卷	526
諸蕃類考不分卷	179	談藪	491
諸儒箋解古文真寶前集十卷後集		談藪一卷	517、519
		廟制考義一卷圖一卷	186

襃忠錄一卷	90	審齋詞一卷	468
虞魚璅言初稿一卷	401	憨士列傳不分卷	83
憧橋詩稿十卷	402	履齋示兒編二十三卷	255
羯鼓錄	501	彈指詞二卷	470
養生月錄	498	彈棋經	501
養拙山房留刪初藁一卷	403	選冰雪集一卷	388
養魚經	502	選詩七卷	425
養痾漫筆	493	選詩三卷	425
養痾漫筆一卷	518、520	選詩句圖一卷	483、485
翦勝野聞	507、512	選詩補註八卷	424
翦勝野聞一卷	74、513、515、524、526	選賦六卷	438
遵聞錄	505	選擇通書□□卷	239
遵聞錄一卷	522	選擇叢書集要五種二十八卷	231
遵巖先生文集四十一卷	357	豫章既白詩藁七卷	365
潛居錄	491	豫章黃先生文集三十卷外集十四	
潛虛	486	卷別集二十卷簡尺二卷詞一卷	323
[隆慶]潮陽縣志十五卷附錄一卷	170	豫章詩話六卷	466
潛川唱和集一卷	420、421	豫章漫抄	509
潛夫論十卷附錄一卷	532	豫章漫抄一卷	513
潛虛一卷	516	豫章漫抄四卷	351
潛溪詩眼	498	豫章羅先生文集十七卷	325
潛溪邃言	505	豫章羅先生年譜一卷	325
潛確居類書一百二十卷	282	樂府古題要解二卷	541
潤玉傳一卷	517、519	樂府指迷	511
澗泉日記	490	樂府指迷一卷	471
澗泉日記三卷	252	樂府解題	501
潘子真詩話	498	樂府詩集一百卷目錄二卷	426
潘黃門集六卷	406	樂府雜錄	501
[乾隆]潯州府志五十卷首一卷	161	樂府雜錄一卷	518、520
潯陽記	496	樂郊私語	488
澄懷堂印譜四卷	244	樂郊私語一卷	536
澄懷園詩選十二卷	387	樂書內編二十卷	20
澄懷錄	489	樂章集一卷	467
窮怪錄	504	樂善錄	497
窮愁志	489	樂善錄二卷	529、530
審音鑑古錄不分卷六十六折	481	樂語一卷	320
審錄廣東案稿二卷	189	樂稽耀嘉	487

緯略	489
緱山先生集二十七卷	372
編集檢擇家傳秘訣不分卷	239

十六畫

靜修先生丁亥集五卷樵庵詞一卷遺文六卷遺詩六卷詩文拾遺七卷續輯三卷附錄二卷	335
靜觀室三蘇文選十六卷	462
隸釋二十七卷隸續二十一卷	191
隸續二十一卷	191
髻鬟品	498
駱賓王集二卷	409、413
熹廟拾遺雜咏一卷天啟宮詞一卷	469
擁絮迂談	506
擁絮迂談一卷	513
燕几圖	501
燕北錄	494
燕北雜記	493
燕市集二卷	552
燕青捕魚一卷	475
燕都妓品	512
燕射記	494
燕書	505
燕喜詞一卷	467
燕閒清賞牋三卷	261
燕閒錄	508
燕翼貽謀錄	492
燕翼貽謀錄一卷	525
薛仁貴一卷	474
薛仁貴榮歸故里雜劇一卷	472
薛公讀書錄一卷	521
薛氏醫按二十四種一百七卷	213
薛文清公行實不分卷	88
薛文清公讀書全錄類編二十卷	205
薛昭傳一卷	517、519
薛許昌詩集十卷	313、413
[嘉靖]薊州志十八卷	138
蕭山單不庵所著字書一卷	36
[萬曆]蕭山縣志六卷	157
[嘉靖]蕭山縣志六卷	157
蕭天民手錄五卷	421
蕭淑蘭情寄菩薩蠻一卷	473
蕭臺公餘詞一卷	470
翰林志	493
翰林志一卷	484、525
翰林記二十卷	180
翰林壁記	493
翰林羅圭峯先生文集十八卷續集十五卷	346
翰海十二卷	440
翰墨志	499
翰墨叢記	490
薩天錫詩集三卷	419
樹萱錄	491
橫山文鈔二十五卷	387
橫浦先生家傳一卷	326
橫渠先生易說三卷	6
橫渠張子抄釋六卷	203
橫雲山人集二十七卷颺言集五卷	384
樵雲詩集一卷	365
樵語一卷	351
樵隱詞一卷	468
橘山四六二十卷	329
橘錄	502
橘錄三卷	485
橘譜三卷	486
機警	505
輶軒使者絕代語釋別國方言十三卷	532
輶軒絕代語	488
輶軒雜錄	491
賴古堂詩集四卷	379

賴仙心印七卷	235	默記	493
觿箓格	501	默記一卷	517、519、525
歷代小史一百六種一百六卷	524	黔中疏草一卷	369
歷代文選十四卷	435	穆天子傳	503
歷代史表二十八卷	82	穆天子傳六卷	516、532
歷代史纂左編一百四十二卷	134、135	穆伯長先生遺事一卷	314
歷代名臣奏議三百五十卷	77	穆參軍集三卷	314
歷代名畫記十卷	542	勳臣世系不分卷	85
歷代忠義錄十四卷	83	篔窗集十卷	331
歷代封建考二十卷	183	篷軒別記	508
歷代畫家姓氏考四卷國朝畫徵錄一卷	241	篷軒別記一卷	513
歷代聖賢畫像撫本一卷六十三幅	243	篷櫳夜話	509
歷代鐘鼎彝器欸識二十卷	193	篷櫳夜話	513
歷科程墨文室二卷	453	舉案齊眉一卷	475
歷朝詩選二十四卷	437	興復哈密記一卷	521、522、526
霏雪錄	508	興復哈密國王記一卷	523、524
霏雪錄一卷	518、519、520	[嘉靖]興寧縣志四卷	171
霍小玉傳	503	學山堂自灌園偶書八卷	389
臚齋三子口義十五卷	291	學古編	501
[天台]盧氏家乘□□卷	463	學古編一卷	546
盧氏雜說	493	學古編二卷附錄一卷	527
盧照鄰集二卷	408、409	學政錄一卷	180
盧綸集六卷	409	學院訪求書目一卷	191
曉塘詩鈔一卷	421	學圃雜疏	511
曉傳集一卷	458	學統五十六卷	83
曇花記二卷	476、477	學樊集一卷	458
曇花記四卷	475	學齋佔畢四卷	484
曇陽大師傳一卷	298	學齋佔畢纂一卷	529
戰國策十二卷	71	學齋佔嗶	488
戰國策十卷	70	儒林公議	492
戰國策全編十卷國策異同四卷	71	儒林公議二卷	529
還牢末一卷	475	儒林傳擬稿不分卷	58
還真集二卷	298	儒門事親十五卷	214
還冤記	497	儒宗理要二十九卷	207
還朝詩存一卷	385	儒棋格	501
還魂記二卷	476、477	[嘉靖]衡州府志九卷	164
		衡嶽志九卷	175

錢大尹智寵謝天香雜劇一卷	472	[嘉靖]獲鹿縣志十二卷	139
錢氏小兒藥證直訣三卷附方一卷	227	穎譜	511
錢氏私誌	493	獨孤穆傳一卷	517、519
錢氏私誌一卷	518、519、520、525	獨異志	504
錢考功集十卷	409	獨異志三卷	529
錢仲陽傳一卷	227	獨醒雜志	491
錢忠介公遺集九卷附錄六卷年譜一卷首一卷	376	獨斷	488
		獨斷一卷	532、533
錢忠節公事蹟錄一卷	376	獨斷二卷	484
錢塘瑣記	497	鴛湖唱和稿一卷	527
錢塘遺事	493	鴛鴦被一卷	475
錢譜	501	鴛鴦鏡二卷	476
錦帆集四卷	553、554	諧史	491
錦衣志	506	諧史一卷	517、519、520
錦里新聞	491	諧噱錄	491
錦香亭一卷	476	諧臍一卷	476
錦帶書	498	謔名錄	491
錦帶書一卷	542	謏秋集一卷	458
錦雲堂暗定連環計雜劇一卷	473	凝齋筆語	505
錦繡萬花谷前集四十卷後集四十卷續集四十卷	271	塵餘	508
		辨惑論	497
錦繡萬花谷前集四十卷後集四十卷續集四十卷別集三十卷	271	辨疑志	489
		辨歙石說	500
錄異記	504	親驗簡便諸方一卷	225
錄異記八卷	545	龍川先生文集三十卷	330
劍南詩鈔六卷	329	龍川別志	489
劍俠傳	503	龍川詞一卷	467、468、469
劍俠傳四卷	534	龍川詞一卷補一卷	468
歙州硯譜	500	龍虎山誌三卷	175
歙州硯譜一卷	483、485	龍城錄	490
歙硯說	500	龍城錄一卷	525
歙硯說一卷辨歙石說一卷	485	龍洲詞一卷	468
膳夫錄	500	龍飛紀畧八卷	65
雕龍屑□卷物性考一卷	440	龍魚河圖	487
鮑氏國策十卷	70	龍筋鳳髓判注四卷	268
鮑氏集八卷	407、408	[嘉靖]龍溪縣志八卷	166
鮑明遠集十卷	407	龍輔女紅餘志二卷	410

龍興慈記	506
龍谿王先生全集二十卷	360
憶存草一卷	405
糖霜譜	500
燎松吟一卷	527
燉煌新錄	495
螢雪叢說	488
螢雪叢說二卷	483、484、529、531
營規一卷	187
燈下閒談	492
澠水燕談錄	492
澠水燕談錄十卷	529、530
潞水客談一卷	177
[嘉靖]澧州志六卷	164
澤山雜記	506
澤存堂五種	30
澹山雜識	490
澹生堂書目不分卷	190
澹圃詩稿□□卷	381
澹庵長短句一卷	467
澹園集一卷	462
濂洛風雅七卷	447
瀟鴛詞一卷	470
憲章錄四十六卷	66
憲章類編四十二卷	184
憲綱事類一卷申明憲綱一卷	181
憲綱事類三卷	181
寰宇記	495
窺天史纂三卷	230
窺天外乘	508
窺天外乘一卷	524
禪本草	498
禪門本草補	510
禪法要解經二卷	286
禪宗頌古聯珠通集四十卷	286
壁疏	508
避戎夜話一卷	540
避戎夜話二卷	515
避戎嘉話	492
避戎嘉話一卷	525
避暑漫抄	492
避暑漫抄一卷	518、520、525
避暑錄話	489
避暑錄話二卷	529、530、540、541、542
避亂錄	492
隱窟雜志	488

十七畫

環谷杏山二先生詩稿六卷	460
環溪詩話	498
環溪雜集□□卷	358
趨朝事類	494
戴中丞遺集八卷	355
戴兵部奏疏一卷	80
戴剡源文集三十卷	334
聰聖志四卷	87
聯句詩紀一卷	540
聯新事備詩學大成三十卷	276
艱征集一卷	353
鞞婆沙論十四卷	286
鞠小正臆述一卷青村吟一卷白龍吟一卷	378
藏海居士集二卷	325
藏書六十八卷	49
薑經	512
舊編南九宮譜十卷附十三調南曲音節譜	481
舊雜譬喻經二卷雜譬喻經二卷	286
韓子二十卷	210、212
韓子二十卷附錄一卷	211、212
韓子迂評二十卷	212
韓五泉詩集四卷附錄二卷	353

韓文四十卷外集十卷遺集一卷	416、417	邇言志見	489
韓文杜律二卷	417	邇語一卷	547
韓文類譜七卷	92	霜林瘖歌五卷	372
韓仙傳	503	霜紅龕集十二卷附錄一卷	379
韓非子二十卷	210、211	霜臯集一卷	458
韓非子二卷	211	霜鏡集十七卷辟塵集四卷小物二卷明山遊籍一卷再來草一卷四課四卷補陀遊記一卷三全韻三卷	375
韓門綴學五卷續編一卷	557		
韓忠獻公別錄三卷	88		
韓忠獻公遺事一卷	483、484		
韓忠獻遺事一卷	525	霞外雜俎	510
韓柳文一百卷	416、417	霞箋記二卷	476
韓柳全集一百四卷	417	霞漪閣校訂史綱評要三十六卷	195
韓集點勘四卷	311	擬古詩一卷	363
韓詩外傳十卷	14、532	擬古樂府二卷	362
韓詩遺說二卷	14	擬明史樂府一卷	556
隸楷七卷碑目一卷古今隸字書目一卷雜說一卷隸分筆法一卷附字一卷隸分書名家一卷	35	戲瑕	508
		戲瑕一卷	514
		嬰童百問十卷	227
隸韻十卷	33	賺蒯通一卷	475
隸韻十卷碑目一卷考證一卷	33	嶺表記年四卷	76
檀弓一卷	5	嶺表錄異記	497
檀弓二卷考工記二卷	14	嶽遊漫稿一卷	359
檀弓批點二卷	14	魏王花木志	502
檀弓記二卷	14	魏夫人傳	503
檀弓輯註二卷考工記輯註二卷	14	魏公題跋一卷	541、542、543、545
檀園集十二卷	455	魏叔子文鈔十二卷	421
臨川王先生荊公文集一百卷	319	魏春秋	495
臨川先生文集一百卷目錄二卷	319	魏晉世語	495
[隆慶]臨江府志十四卷	161	魏特進集三卷	406
[嘉靖]臨江府志九卷	161	魏書一百十四卷	41、54
臨江驛瀟湘秋夜雨雜劇一卷	472	魏臺訪議	495
[嘉靖]臨朐縣志四卷	149	輿地畧一卷	137
臨海水土記	496	儲光羲集五卷	409
臨海異物志	496	儲華谷袪疑說纂一卷	529
臨漢隱居詩話	499	龜山先生集四十二卷	325
[正德]臨漳縣誌十卷	151	龜經	503
		[弘治]徽州府志十二卷	145

鍼灸四書九卷	228	謝惠連集一卷	406、407、408
鍼灸節要三卷	229	謝疊山先生文集六卷	333
鍼灸聚英五卷	229	[嘉靖]襄城縣志八卷	153
鍾嶸詩品三卷	463	襄陵詩草不分卷	399
谿山餘話	508	襄陵詩詞稿不分卷	399
谿山餘話一卷	351、513	襄陽外編一卷拾遺一卷	304
谿山聯句不分卷	450	襄陽耆舊傳	494
臆乘	488	襄陽耆舊傳一卷	87
甑甄洞藁五十四卷目錄二卷	364	[嘉靖]應山縣志三卷	163
鮚埼亭外集五十卷雜錄一卷	391	應天府為丈田覈清浮糧章程不分卷	186
鮚埼亭集二十二卷	391	應諧錄	512
鮚埼亭集三十八卷年譜一卷全謝山先生經史問答十卷	391	癰瘍機要三卷	212
鮚埼亭集三十八卷首一卷	391	齋居紀事一卷	551
鮚埼亭集三十八卷首一卷外編五十卷全謝山先生經史問答十卷	391	甕牖閒評八卷	548
鮚埼亭集四十九卷	390	鴻苞集四十八卷	253、254
鮚埼亭集外編不分卷	391	鴻猷錄十六卷	524
鮚埼亭詩集十卷	392	鴻臚寺少卿采石何公暨妻徐氏墓誌銘一卷	91
鮚埼亭詩集五卷	392	鴻寶應本十七卷	375
鮚埼亭詩集不分卷	392	[嘉靖]濮州志十卷	149
鮚埼亭詩集四卷	392	濠梁萬氏宗譜內集十四卷	94
鮚埼亭題跋十卷目錄一卷	392	濟北先生文粹二十一卷	418
鮫綃記二卷	475	濟北晁先生雞肋集七十卷	324
謝山雜著不分卷	392	濟生要格□□卷	229
謝小娥傳	503	濟南先生師友談記一卷	483、484
謝氏硯攷四卷首一卷	245	濯絳宧詞話一卷	472
謝氏詩源	498	濯纓亭筆記	506
謝幼槃文集十卷	324	蹇忠定年譜一卷	92
謝金吾一卷	475	謇齋瑣綴錄一卷	522、526
謝金蓮詩酒紅梨花雜劇一卷	473	禮斗威儀	487
謝宣城集五卷	407、408	禮白嶽紀	509
謝宣城集五卷首一卷	303	禮記三十卷	16
謝皋羽年譜一卷	92	禮記六卷	1
謝康樂集一卷	407、408	禮記明音二卷	17
謝康樂集二卷	407	禮記省度四卷	18
謝康樂集四卷	303、406		

禮記集注三十卷	17	藜牀瀋餘	508
禮記集傳十卷	5	藩獻記	506
禮記集說一百六十卷	16	藥方類二卷	224
禮記集說十六卷	17	藥火真詮三卷	290
禮記集說八十卷	18	藥錄	502
禮記集說三十卷	17	藥譜	502
禮記集說大全三十卷	17	醫方考六卷脉語二卷	225
禮記註疏六十三卷	3、4	醫先	510
禮記新義三十卷禮記纂註三十卷	18	醫林一致五卷	226
禮記纂言三十六卷	17	醫林類證集要十卷	223
禮記纂類三十六卷	18	醫書□□卷	225
禮部奏議宗藩事宜不分卷	180	醫貫六卷	225
禮書一百五十卷	19	醫經小學六卷	222
禮經會元四卷	15	醫經溯洄集一卷	212
禮稽命徵	487	醫閭先生集九卷附錄一卷	344
禮儀定式一卷	186	醫間漫記	506
[嘉靖]翼城縣志六卷	147	醫間漫記一卷	513、522
翼莊	486	醫說十卷	221
總督兩浙李憲臺澄清集二卷	90	醫學六要十九卷	214
總督採辦疏草三卷	81	醫學指南四卷	225
		醫學統旨六卷	223
		醫學綱目四十一卷	223
		豐干拾得詩一卷	305

十八畫

瓊游速藻不分卷	404	[嘉靖]豐乘十卷	159
[正德]瓊臺志四十四卷	170	豐對樓詩選四十三卷	367
瓊臺會稿十二卷	343	罋采清課	509
聶隱娘傳一卷	517、519	蟬史	502
藝文類聚一百卷	267、268	蟠桃會□卷	480
藝花譜一卷	546	鵑音一卷白社詩草一卷	346
藝苑雌黃	498	鵠灣集□□卷	373
藝林學山八卷	552	簟莊詩草不分卷	399
藝圃折中	487	簟溪自課一卷	378
藝流供奉志	494、504	簟溪集二卷	378
藝菊一卷	546	簪雲樓雜說一卷	546
藝菊志八卷	247	簡平儀一卷	538
藝經	501	簡齋集十六卷	548
繭屋詩草六卷文存二卷	551	簡齋詩集十五卷	325

雙忠錄二卷	86	歸愚詩鈔餘集十卷	392
雙城草一卷	398	歸愚詩餘一卷	392
雙盃記□卷	477	歸震川先生尺牘二卷	421
雙冠誥二十九齣	479	歸震川集不分卷	365
雙冠誥二卷	475	[嘉靖]歸德志八卷	151
雙珠記二卷	475、476	歸錢尺牘五卷	421
雙桐書屋文稿不分卷	404	鎮沅紀畧一卷	370
雙桐齋文稿一卷	404	鎮沅懷德錄一卷	370
雙桐齋排律詩一卷	404	雞肋	490
雙雲堂傳集七種	551	雞肋一卷	484
雙槐歲抄	507	雞肋編	490
雙節詩文初集二卷附一卷	462	雞林志	495
雙溪文集十七卷	328	雞林類事	494
雙溪文集十七卷附錄一卷	328	雞跖集	491
雙溪倡和詩六卷	454	雞鳴偶記	505
雙溪詞一卷	467	觽政	511
雙溪雜記	508	觽政一卷	536、553
雙溪雜記一卷	522	觽政述	500
雙樹幻鈔三卷	552	謙訷一卷	539
邊政考十二卷	173	顏氏家訓	497
邊華泉集八卷	348	顏氏家訓二卷	532
邊華泉集八卷集稿六卷	348	顏延之集一卷	406
邊塾紀行	509	顏濬傳一卷	517、518
歸田集三卷	393	雜序一卷	554
歸田詩話	510	雜症大小合參二十卷首二卷	215
歸田詩話三卷	465	雜書琴事	501
歸田錄	492	雜劇段數	494、504
歸田錄二卷	529、530	離騷節解一卷離騷本韻一卷離騷	
歸有園塵談	510	正音一卷離騷節指一卷	301
歸先生文集三十二卷附錄一卷	365	離騷經一卷附九歌一卷	557
[嘉靖]歸州全志二卷	163	離騷圖經一卷九歌傳一卷	301
[嘉靖]歸州誌五卷	164	離騷辯不分卷	301
歸省偶錄一卷	385	璧水群英待問會元選要八十二卷	272
歸愚文鈔二十卷	392	織錦回文詩一卷	245
歸愚文鈔餘集八卷	392	織錦璇璣圖	498
歸愚詞一卷	468	斷腸詞一卷	410
歸愚詩鈔二十卷	392		

十九畫

騷略三卷	483
壠上記	504
壠上記一卷	547
難解二十四篇一卷	544
難經本義二卷	213、214
蘆川詞一卷	468
［嘉靖］蘄州誌九卷	163
覆古介書前集十五種十八卷後集九種十卷	539
蘇氏易傳九卷	541
蘇氏家語	510
蘇氏族譜	497
蘇氏譜一卷	93
蘇文六卷	322
蘇文忠公全集一百十一卷	320
蘇文忠公策選十二卷	322
蘇材小纂一卷	521
蘇長公小品四卷	323
蘇東坡詩集二十五卷	321、539
蘇東坡詩集注三十二卷	321
蘇東坡題跋雜書六卷	418
蘇門六君子文粹七十卷	418
蘇黃門龍川別志二卷	528、529、530
蘇黃門龍川略志十卷	483、484
蘇黃風流小品十六卷	418
蘇黃題跋十二卷	418
蘇黃題跋尺牘合刻	239
蘇詩續補遺二卷	321
蘇談	507
蘇談一卷	513、522、524、538
蘇學士文集十六卷	315
蘇齋題跋二卷	192
蘇藩政要一卷錢漕欵目一卷	189
櫝著記	486
麓堂詩話	510
麴本草	500
麗句集六卷	282
麗情集	498
願豐堂漫書	508
願豐堂漫書一卷	351
贈書記二卷	477
曝書亭集八十卷	384
關天帝紀四卷	88
關中奏議全集十八卷	80
關中記	495
關氏易傳	486
關氏易傳一卷	516、541、543
關尹子二卷	295
蹴鞠圖譜	501
［萬曆］嚴州府志二十五卷	159
嚴維集二卷	409
嚴維詩集一卷	413
獸經	512
獸經一卷	527
羅山奏疏七卷	80
羅文莊公完名集壽祺錄二卷壽榮錄二卷哀榮錄八卷	89
［嘉靖］羅田縣志八卷	163
羅圭峯先生文選不分卷	347
羅李郎一卷	474
羅李郎大鬧相國寺雜劇一卷	473
羅岕茶記	511
羅鄂州遺文一卷	326
羅浮山誌十四卷	175
羅浮幻質一卷	527
羅鄂州小集五卷	326
羅鄂州小集六卷	326
羅湖野錄	489
羅經秘竅十卷	231
羅鄴詩集一卷	414
籀史二卷	191

簷曝偶談	508	壟起雜事	506
簷曝偶談一卷	513、515、522	韻史	510
牘雋四卷	554	韻母五卷	38
鏡裡花傳奇二卷	479	韻竹軒和韻麗絕不分卷	375
鏡錄八卷	246	韻府羣玉二十卷	275
辭賦標義十八卷	438	韻補五卷	36
鯖豆集四十卷	389	韻補正一卷	555
蟹譜	502	韻語陽秋	498
蟹譜二卷	484、485	韻學考原二卷	39
譚子化書	487	韻鏡一卷	550
譚苑醍醐	498	懷幼書一卷	229
譚苑醍醐九卷	256	懷香記一卷	475
譚輅	508	懷清堂集二十卷	385
譚輅一卷	514	懷遠堂批點燕子箋二卷	478
譙子法訓一卷	547	[嘉靖]懷遠縣志二卷	146
譙周法訓	495	懷麓堂詩藁二十卷文藁三十卷詩後藁十卷文後藁三十卷南行藁一卷北上錄一卷講讀錄一卷東祀錄三卷集句錄一卷集句後錄一卷哭子錄一卷求退錄三卷	344
識小編	507		
識小編一卷	514		
識遺	488		
譜系雜說	499		
譜系雜談二卷	485	類次書肆說鈴二卷	539
譜雙	501	類宮禮樂疏十卷	186
證人社會儀一卷約言一卷	207	類博雜言	505
證山堂集八卷	382	類雋三十卷	279
證治彙補八卷	220	類經三十二卷圖翼十一卷附翼四卷	217
譎觚十事一卷	555		
廬山草堂記草堂三謠	497	類箋唐王右丞詩集十卷	304
廬山後錄	496	類選唐詩助道微機六卷	446
廬山紀事十二卷	175	類選箋釋草堂詩餘六卷	471
廬山錄一卷	496	類編古今名賢彙語二十二種二十二卷	538
廬陵宋丞相信國公文忠烈先生全集十六卷	332		
		類編古賦二十四卷	438
廬陵官下記	488	類編草堂詩餘四卷	471
廬陵曾氏家乘□□卷	94	類編傷寒活人書括指掌圖論九卷	220
廬陵歐陽文忠公年譜一卷	317、318	類編箋釋國朝詩餘五卷	471
廬陵雜說	490	類編箋釋續選草堂詩餘二卷	471
廬陽客記	509	類編標註文公朱先生經濟文衡前	

集二十五卷後集二十五卷續集		黨人碑一卷	475
二十二卷	203	懸笥瑣探	507
瀟湘雨一卷	474	懸笥瑣探一卷	513、515、522
瀟湘錄	491	懸笥瑣探摘鈔一卷	524
瀟湘錄一卷	517、519	鶡冠子一卷	197
瀛奎律髓四十九卷	427	鶡冠子三卷	248
瀛洲社十老小傳一卷	454	蠛蠓集五卷	366
瀛涯勝覽	509	嚶鳴合唱集一卷	421
瀛涯勝覽一卷	524	籌海圖編十三卷	173
瀛涯勝覽集一卷	524	纂異記	504
瀾廬淮潁集一卷江漢集一卷	382	纂集通覽湘山志一卷	175
寶記	501	纂圖互注揚子法言十卷	196
寶應錄一卷	517、519	纂圖互註五子五十卷	196
寶顏堂訂正四夷考八卷	537	纂圖互註荀子二十卷	200
孀真子五卷	529	鐫王鳳洲先生會纂綱鑑歷朝正史	
孀真子錄	492	全編四十六卷	63
孀窟詞一卷	467	鐫國朝名公翰藻超奇十四卷	452
繪妙	511	鐫彙附百名公帷中繁論書經講義	
繪林題識一卷	527	會編十二卷	10
繡襦記二卷	476	鐘鼎字源五卷附錄一卷	35
繡襦記四卷	477	釋名一卷	526
		釋名八卷	30
二十畫		釋迦如來應化事跡四卷	290
		釋常談	488
蘜堂野史	492	釋常談三卷	484
蘭史一卷	378	釋惑歸正金丹大道本末直說一卷	298
蘭易二卷	378	釋滯一卷	547
蘭亭集	498	[康熙]饒州府志四十卷	160
蘭室秘藏三卷	212、214	[正德]饒州府志四卷	160
蘭莊詩話	498	饒南九三府圖說一卷	524
[嘉靖]蘭陽縣志十卷	150	護法論一卷	287
蘭譜一卷	546	譯峨籟彙錄一卷續刻一卷	175
蘭譜奧法一卷	527	議大禮一卷	476
璽菴碎築集四卷	86	魔合羅一卷	474
獻帝春秋	495	[正德]夔州府志十二卷	165
獻醜集一卷	483	灌畦暇語	490
[嘉靖]耀州志二卷	154	灌園史二卷補遺一卷	246

書名	頁碼
灌園記二卷	477
[康熙]灤水志林二十六卷	162
寶刻叢編二十卷	193
寶刻類編八卷	193
寶素軒自訂初稿十五卷	393
寶晉英光集八卷補遺一卷	324
寶章待訪錄	499
寶章待訪錄一卷	485
寶善堂集二卷	385
寶綸堂集十卷拾遺一卷	376
[隆慶]寶慶府志五卷	164
[隆慶]寶應縣志十卷	143
[嘉靖]寶應縣志略四卷	143
寶顏堂井觀瑣言三卷	536
寶顏堂後集武林舊事五卷	537
寶顏堂訂正四夷考八卷	536
寶顏堂訂正吳社編一卷	536
寶顏堂訂正長水日鈔一卷	536
寶顏堂訂正長松茹退二卷	536
寶顏堂訂正金臺紀聞一卷	536
寶顏堂訂正衍極一卷	537
寶顏堂訂正兼明書五卷	536
寶顏堂訂正偶譚一卷	536
寶顏堂訂正鼎錄一卷	536
寶顏堂訂正集異志四卷	536
寶顏堂訂正道德寶章一卷	536
寶顏堂訂正靖康緗素雜記十卷	536
寶顏堂訂正慎言集訓二卷	536
寶顏堂訂正願豐堂漫書一卷	536
寶顏堂訂正羅湖野錄四卷	536
寶顏堂祕笈二百二十八種二百三十五卷	535
寶顏堂秘笈五十種一百卷	537
寶櫝記	508
寶櫝記一卷	513、515
寶氏聯珠集一卷	412
寶玉傳一卷	517、519
寶光鼎文稿不分卷	393
繼世紀聞一卷	526
繼世紀聞六卷	524
繼古藂編	489
繼軒集十二卷	344

二十一畫

書名	頁碼
驃國樂頌	501
驂鸞錄	496
權子	512
權書	487
權德輿集二卷	409
贗識錄一卷	522
[嘉靖]霸州志九卷	138
攝山棲霞寺誌三卷	178
攝生要錄	498
攝生眾妙方十一卷	224
攝生眾妙方十一卷急救良方二卷	224
儷德偕壽錄四卷	450
儼山文集一百卷目錄二卷外集四十卷續集十卷	351、352
儼山纂錄	505
鐵如意齋詩稿一卷	395
鐵拐李一卷	474
鐵拐李度金童玉女雜劇一卷	473
鐵琴銅劍樓藏書目錄	191
鐵圍山叢談	493
鐵圍山叢談一卷	517、519、525
爛柯山一卷	476
顧子新言一卷	547
顧子義訓一卷	547
顧氏明朝四十家小說四十種四十三卷	515
顧氏譜系考一卷	555
顧非熊詩集一卷	414
顧況集二卷	409

顧俠君詩集九卷	387
顧亭林先生年譜一卷附一卷	555
顧亭林先生遺書十種補遺十一種四十二卷	555
鶴山題跋七卷	545
鶴月瑤笙四卷	528
鶴林玉露	489
鶴林玉露十六卷補遺一卷	529
蠹海集一卷	529、530
蠹海錄	489
[嘉靖]蠹縣志五卷	138
續文獻通考二百五十四卷	183
續玉臺新詠五卷	426
續古文會編五卷	434
續本事詩	498
續北山酒經	500
續仙傳一卷	514
續玄怪錄	504
續半山吟一卷	395
續百將傳四卷	210
續竹譜	502
續名馬記二卷	245
續志林	505
續志林一卷	514
續吳中往哲記一卷補遺一卷	86
續吳先賢讚十五卷	86、524
續牡丹亭一卷	476
續宋宰輔編年錄二十六卷	179
續附南豐先生行狀碑誌哀挽一卷	316
續附經驗奇方一卷	224
續甬上耆舊詩一百卷	457
續甬上耆舊詩七十九卷	457
續甬上耆舊詩不分卷	457
續明道雜志	492
續幽明錄	504
續幽怪錄	504
續前定錄	497
續神仙傳	495
續神仙傳一卷	527
續軒渠詩集十卷附錄一卷	335
續晉陽秋	495
續高僧傳三十一卷	286
續娑羅館清言一卷	536
續書品	499
續書譜	499
續書譜一卷	485
續停驂錄三卷	351
續停驂錄摘鈔一卷	524
續清言	510
續博物志十卷	528
續葉子譜	511
[萬曆]續朝邑縣志八卷	155
續揚州賦一卷	319
續骫骳說	490
續補侍兒小名錄一卷	528、530
續畫品一卷	544
續畫品錄	500
續畫品錄一卷	542、544
續傳燈錄三十六卷	287
續詩話一卷	544
續資治通鑑六十四卷	63
續資治通鑑綱目二十七卷	62
續畫謄二卷	242
續聞見近錄	493
續齊諧記	504
續墨客揮犀一卷	517、519
續論語詩一卷	556
續編資治宋元綱目大全二十七卷	62
續翰林志	493
續藏書二十七卷	50
續騷集一卷	458
續釋常談	488
續豔品	512

二十二畫

書名	頁碼
驍騎將軍銘公王府君行實一卷	91
聽雨紀談	507
聽雨紀談一卷	513、522、538、540
聽秋吟館詩集不分卷	400
聽雁詞一卷	470
蘿山雜言	505
蘿山雜言一卷	521
蘿村詞二卷	470
疊山集十六卷	333
巖下放言	489
巖棲幽事	509
體仁彙編六卷	224
籟紀	501
鑑戒錄	490
讀史訂疑	505
讀史備忘八卷	134
讀史管見三十卷目錄二卷	194
讀杜詩愚得十八卷	465
讀易私言	486
讀易紀聞六卷	7
讀易隅通二卷	8
讀易韻考七卷	38
讀素問鈔十二卷	216
讀素問鈔三卷補遺一卷	213
讀書十六觀	510
讀書社約	510
讀書記一卷	547
讀書敏求記四卷	190
讀書隅見	489
讀書筆記	505
讀書筆記一卷	521
讀書質疑二卷	547
讀書燈一卷	378
讀詩私說一卷	13
讀詩偶鈔一卷讀書偶鈔一卷讀易偶鈔一卷讀禮偶鈔一卷	260
讀經偶鈔四卷	30
讀禮疑圖六卷	18
讀離騷一卷	557
讀嚴氏詩緝一卷	13
灑雪堂二卷	476
鷺子一卷	197

二十三畫

書名	頁碼
顯考高蔚臣府君行實一卷	91
癰疽神秘驗方一卷	213
麟洲詩草八卷	403
麟書	502
麟溪集二十二卷別集二卷	458
麟臺故事	488
孋窟詞一卷	468
欒城先生遺言	488
欒城先生遺言一卷	484
欒城集五十卷後集二十四卷三集十卷應詔集十二卷	323

二十四畫

書名	頁碼
觀象玩占五十卷	232
觀微子	505
鹽鐵論十二卷	200
鹽鐵論十卷	200
靈鬼志	503
靈秘丹藥牋二卷	261
靈異小錄	504
靈棋經一卷	236
靈憲注	495
靈應傳一卷	516、518
靈應錄	504

靈寶真靈位業圖一卷	545
靈寶源流一卷	293
[嘉靖]靈寶縣志二卷	153
攬苴微言	507
攬轡錄	496
蠶書	502
蠶書一卷	527
蠶經	502
鬭茶記	500
[弘治]衢州府志十五卷	158
[康熙]衢州府志四十卷首一卷	158
讕言長語	508
[嘉靖]贛州府志十二卷	162
[萬曆]贛榆縣志□□卷	144

二十六畫

[嘉靖]灤志□□卷	138

二十八畫

鸚鵡舍利塔記一卷	547

二十九畫

鬱岡齋筆麈	507

三十畫

鸞鎞記一卷	475

其他

□厓詩鈔一卷	421
□選古今四六會編四卷	439

人名索引字頭拼音檢字

A

ai
藹 ································ 808
艾 ································ 756

an
安 ································ 760

ao
敖 ································ 775

B

bai
白 ································ 757

ban
班 ································ 775

bao
包 ································ 757
抱 ································ 769
鮑 ································ 805

bei
貝 ································ 763

bi
畢 ································ 776

bian
邊 ································ 808
卞 ································ 756

bing
秉 ································ 770

bu
卜 ································ 751

C

cai
蔡 ································ 799

cao
曹 ································ 786

cen
岑 ································ 765

cha
察 ································ 801

chang
長 ································ 768
常 ································ 786

chao
焯 ································ 794

晁 …… 776	
巢 …… 791	dai
	戴 …… 806
che	
車 …… 763	deng
	鄧 …… 801
chen	
陳 …… 781	die
	蜨 …… 799
cheng	
成 …… 758	ding
承 …… 771	丁 …… 751
程 …… 793	
	dong
chong	東 …… 769
崇 …… 786	董 …… 792
chu	dou
褚 …… 798	竇 …… 810
儲 …… 807	
	du
chun	都 …… 776
春 …… 771	獨 …… 806
淳 …… 787	杜 …… 760
cui	duan
崔 …… 786	端 …… 800
	段 …… 773
cun	
存 …… 758	**F**
D	fan
	樊 …… 801
da	范 …… 768
大 …… 751	
	fang
	方 …… 756

房 771	**geng**
fei	耿 776
費 795	**gong**
fen	公 756
芬 760	宮 774
feng	龔 811
封 771	鞏 801
葑 791	貢 775
豐 808	**gou**
馮 794	苟 768
fu	**gu**
伏 759	孤 771
芙 760	谷 766
扶 763	顧 810
浮 780	**guan**
符 786	關 808
傅 793	管 799
富 795	灌 810
G	**gui**
	歸 808
gan	桂 776
干 751	**guo**
甘 756	郭 779
gao	
高 778	**H**
郜 773	**hai**
ge	海 780
戈 755	
葛 792	

han

邯	760
涵	787
韓	806

hao

郝	771

he

何	765
和	769
河	771
賀	795

hong

虹	772
洪	774

hou

侯	773
後	773

hu

胡	771
虎	769

hua

花	760
華	776
滑	795

huan

桓	776
幻	756

huang

皇	773
黃	784

hui

徽	807
惠	792
慧	801

huo

火	756
霍	805

J

ji

嵇	793
季	769
計	773
紀	775
寄	787

jia

迦	771
家	780
賈	797

jian

蹇	807
簡	808

jiang

江	760
姜	774
蔣	799

jiao

焦 793

jin

金 770
靳 796

jing

京 771
景 793
鏡 809

jun

君 768

K

kan

看 773

kang

康 787

ke

柯 772

kong

孔 756

kou

寇 787

kuang

況 766
鄺 806

kui

揆 792
愧 794

L

la

喇 793

lai

來 769
賴 805

lan

蘭 806

lang

郎 771
閬 801

lao

勞 794

lei

雷 797

leng

冷 766

li

黎 801
李 761
利 765
栗 776
笠 786

厲	799		lu	
酈	810	盧		805
lian		魯		802
連	776	陸		780
廉	798	路		798
練	804		**lü**	
liang		呂		758
梁	787		**luo**	
liao		羅		808
廖	800	駱		804

M

ma	
馬	775
man	
漫	801
mao	
毛	755
茅	769
mei	
梅	786
men	
門	769
meng	
孟	771
mi	
米	760

lie
列 ……… 758

lin
林 ……… 769

ling
伶 ……… 765
凌 ……… 780
令 ……… 757

liu
劉 ……… 802
柳 ……… 772

long
龍 ……… 806

lou
婁 ……… 786
樓 ……… 801

miao
繆 807

min
閔 792

ming
明 769

mo
莫 776
墨 801

mou
牟 760

mu
晦 793
木 755
目 757
沐 766
穆 805

N

nai
妳 769

nan
南 772

ni
倪 777

nie
聶 808

ning
寧 801

niu
牛 755

O

ou
區 786
歐 801

P

pan
潘 804

pang
龐 809

pei
裴 799

peng
朋 770
彭 791

pi
皮 757

ping
平 757

pu
蒲 796

浦	780

Q

qi
七	751
戚	786
祁	760
齊	800

qian
潛	804
錢	805

qiang
強	795

qiao
喬	793
譙	809

qin
秦	775

qiu
丘	757
邱	765
仇	755
求	763
裘	797

qu
屈	771
瞿	808

quan
全	760
權	810

R

rao
饒	810

ren
仁	755
任	759

ru
茹	772

ruan
阮	760

ruo
箬	799

S

sa
薩	805

sang
桑	783

seng
僧	800

shan
山	751
單	793

shang
商	787

上	751	**shuai**	
尚	769	帥	773
shao		**shui**	
邵	768	水	756
she		**si**	
佘	766	司	757
shen		**song**	
申	757	宋	767
沈	766	**su**	
慎	798	蘇	808
sheng		**sun**	
盛	786	孫	784
聖	796		
shi		**T**	
施	773	**tai**	
師	777	太	755
石	757	**tan**	
時	776	談	804
史	757	檀	806
世	756	譚	809
適	800	**tang**	
釋	809	湯	795
shou		唐	779
守	760	**tao**	
shu		陶	783
舒	794		
束	763		
漱	801		

teng		
滕	....	802
藤	....	808
tian		
天	....	755
田	....	757
tong		
童	....	794
tu		
屠	....	788
tuo		
脱	....	786

W

wan		
萬	....	792
wang		
汪	....	766
王	....	751
wei		
危	....	760
韋	....	772
味	....	769
衛	....	802
衞	....	805
魏	....	806
wen		
温	....	795
文	....	756
聞	....	799
weng		
翁	....	778
甕	....	807
wu		
烏	....	778
吾	....	763
吳	....	763
無	....	793
伍	....	759
武	....	768
兀	....	751

X

xi		
夕	....	751
西	....	758
奚	....	778
席	....	779
習	....	791
xia		
遐	....	795
夏	....	776
xian		
仙	....	757
鮮	....	807
xiang		
相	....	772
向	....	760

項 ………… 791		
xiao	**Y**	
蕭 ………… 804		
笑 ………… 777	**yan**	
xie	鄢 ………… 795	
解 ………… 798	閻 ………… 806	
謝 ………… 807	顏 ………… 808	
xin	嚴 ………… 808	
辛 ………… 766	晏 ………… 777	
xing	**yang**	
惺 ………… 794	羊 ………… 760	
邢 ………… 758	陽 ………… 791	
xiong	揚 ………… 792	
熊 ………… 801	楊 ………… 796	
xu	煬 ………… 798	
徐 ………… 777	**yao**	
許 ………… 787	姚 ………… 774	
xuan	**ye**	
宣 ………… 774	葉 ………… 791	
玄 ………… 757	**yi**	
xue	伊 ………… 760	
薛 ………… 804	易 ………… 769	
xun	**yin**	
荀 ………… 771	殷 ………… 778	
	陰 ………… 783	
	蔭 ………… 796	
	鄞 ………… 796	
	尹 ………… 756	
	ying	
	應 ………… 807	

yong		Z	
擁 ………… 804			
永 ………… 757		zang	
		臧 ………… 799	
you		zeng	
尤 ………… 755		曾 ………… 794	
游 ………… 795		zha	
yu		查 ………… 772	
于 ………… 751		zhai	
余 ………… 765		翟 ………… 801	
俞 ………… 773		zhan	
魚 ………… 786		詹 ………… 798	
虞 ………… 797		盞 ………… 797	
漁 ………… 801		湛 ………… 795	
宇 ………… 760		zhang	
庾 ………… 787		章 ………… 787	
玉 ………… 756		張 ………… 788	
郁 ………… 769		鄣 ………… 798	
尉 ………… 787		zhao	
喻 ………… 793		趙 ………… 798	
寓 ………… 795		zhen	
鬻 ………… 811		真 ………… 776	
yuan		甄 ………… 797	
元 ………… 755		zheng	
袁 ………… 775		鄭 ………… 800	
yue		zhi	
岳 ………… 770		支 ………… 755	
樂 ………… 804			
yun			
雲 ………… 792			
允 ………… 756			

摯	801	**zi**	
zhong		紫	792
中	755	**zong**	
鍾	807	宗	771
仲	759	**zou**	
zhou		鄒	794
周	770	**zu**	
zhu		祖	774
朱	758	**zuo**	
諸	804	左	756
竹	759		
祝	774	**其他**	
zhuang		□	811
莊	776		
zhuo			
卓	769		

人名索引字頭筆畫檢字

二畫

丁	751
七	751
卜	751

三畫

干	751
于	751
大	751
兀	751
上	751
山	751
夕	751

四畫

王	751
天	755
元	755
木	755
支	755
太	755
尤	755
戈	755
中	755
牛	755
毛	755
仁	755

仇	755
公	756
卞	756
文	756
方	756
火	756
尹	756
允	756
孔	756
水	756
幻	756

五畫

玉	756
甘	756
世	756
艾	756
左	756
石	757
平	757
目	757
申	757
田	757
史	757
丘	757
仙	757
白	757
令	757
包	757
玄	757

永	757
司	757
皮	757

六畫

邢	758
西	758
存	758
列	758
成	758
吕	758
朱	759
竹	759
伍	759
伏	759
仲	759
任	759
伊	760
向	760
全	760
危	760
羊	760
米	760
江	760
宇	760
守	760
安	760
祁	760
阮	760
牟	760

七畫

芙	760
邯	760
花	760
芬	760
杜	760
李	761
車	763
束	763
吾	763
扶	763
求	763
貝	763
吴	763
岑	765
利	765
邱	765
何	765
伶	765
余	765
佘	766
谷	766
辛	766
況	766
冷	766
汪	766
沐	766
沈	766
宋	767
君	768
邵	768

八畫

武	768
長	768
苟	768
范	768
茅	769
林	769
來	769

人名索引字頭筆畫檢字

東	769
廼	769
郁	769
抱	769
卓	769
虎	769
尚	769
味	769
門	769
明	769
易	769
和	769
季	769
秉	770
岳	770
金	770
朋	770
周	770
京	771
河	771
宗	771
郎	771
房	771
屈	771
迦	771
承	771
孟	771
孤	771

九畫

春	771
封	771
郝	771
荀	771
胡	771
茹	772
南	772
柯	772
查	772
相	772
柳	772
虹	772
韋	772
看	773
郜	773
段	773
皇	773
侯	773
帥	773
後	773
俞	773
計	773
施	773
姜	774
洪	774
宣	774
宮	774
祖	774
祝	774
姚	774
紀	775

十畫

秦	775
敖	775
班	775
馬	775
貢	775
袁	775
都	776
耿	776
華	776

莫	776		**十一畫**	
莊	776			
真	776		黃	784
桂	776		梅	786
桓	776		曹	786
連	776		區	786
栗	776		戚	786
夏	776		盛	786
時	776		常	786
畢	776		婁	786
晁	776		崔	786
晏	777		崇	786
笑	777		符	786
倪	777		笠	786
師	777		脫	786
徐	777		魚	786
殷	778		許	787
奚	778		庚	787
翁	778		康	787
烏	778		章	787
高	778		商	787
郭	779		淳	787
席	779		梁	787
唐	779		涵	787
凌	780		寇	787
浦	780		寄	787
海	780		尉	787
浮	780		屠	788
家	780		張	788
陸	780		陽	791
陳	781		習	791
陰	783		巢	791
陶	783			
桑	783		**十二畫**	
孫	784		項	791

彭 …… 791	富 …… 795
萮 …… 791	寓 …… 795
葉 …… 791	遐 …… 795
萬 …… 792	強 …… 795
葛 …… 792	費 …… 795
董 …… 792	賀 …… 795
惠 …… 792	
雲 …… 792	**十三畫**
揚 …… 792	
揆 …… 792	鄒 …… 795
紫 …… 792	聖 …… 796
閔 …… 792	鄞 …… 796
喇 …… 793	靳 …… 796
景 …… 793	蒲 …… 796
晦 …… 793	蔭 …… 796
單 …… 793	楊 …… 796
喻 …… 793	甄 …… 797
無 …… 793	賈 …… 797
嵇 …… 793	雷 …… 797
程 …… 793	盞 …… 797
喬 …… 793	裘 …… 797
傅 …… 793	虞 …… 797
焦 …… 793	路 …… 798
舒 …… 794	詹 …… 798
鄒 …… 794	解 …… 798
童 …… 794	廉 …… 798
惺 …… 794	鄠 …… 798
愧 …… 794	慎 …… 798
曾 …… 794	煬 …… 798
焯 …… 794	褚 …… 798
勞 …… 794	
馮 …… 794	**十四畫**
湛 …… 795	
湯 …… 795	趙 …… 798
溫 …… 795	蔣 …… 799
滑 …… 795	蔡 …… 799
游 …… 795	厲 …… 799

臧 …… 799	談 …… 804
裴 …… 799	潛 …… 804
聞 …… 799	潘 …… 804
蜨 …… 799	樂 …… 804
箬 …… 799	練 …… 804
管 …… 799	
僧 …… 800	**十六畫**
廖 …… 800	
端 …… 800	駱 …… 804
適 …… 800	擁 …… 804
齊 …… 800	薛 …… 804
鄭 …… 800	蕭 …… 804
漱 …… 801	薩 …… 805
漫 …… 801	賴 …… 805
漁 …… 801	霍 …… 805
察 …… 801	盧 …… 805
寧 …… 801	穆 …… 805
熊 …… 801	衛 …… 805
鄧 …… 801	錢 …… 805
翟 …… 801	鮑 …… 805
	獨 …… 806
十五畫	鄺 …… 806
	龍 …… 806
慧 …… 801	閻 …… 806
翬 …… 801	
摯 …… 801	**十七畫**
樓 …… 801	
樊 …… 801	戴 …… 806
歐 …… 801	韓 …… 806
閻 …… 801	檀 …… 806
墨 …… 801	闌 …… 806
黎 …… 801	魏 …… 806
衛 …… 802	儲 …… 807
滕 …… 802	徽 …… 807
魯 …… 802	鍾 …… 807
劉 …… 802	鮮 …… 807
諸 …… 804	謝 …… 807

人名索引字頭筆畫檢字

應	807
甕	807
蹇	807
繆	807

十八畫

聶	808
藤	808
豐	808
瞿	808
簡	808
邊	808
歸	808
顏	808

十九畫

蘇	808
藹	808
關	808
嚴	808
羅	808
鏡	809
譚	809

| 譙 | 809 |
| 龐 | 809 |

二十畫

釋	809
饒	810
灌	810
寶	810

二十一畫

權	810
酈	810
顧	810

二十二畫

| 龔 | 811 |
| 囅 | 811 |

其他

| □ | 811 |

人名筆畫索引

二畫

丁元薦	225
丁允和	420
丁丙	190、313、326
丁用晦	492
丁有光	226
丁有曾	226
丁奇遇	510
丁居晦	493
丁度	36、208
丁授經	18
丁從堯	207
丁敬	397
丁業	178
丁謂	484、488
丁繼嗣	371
丁鶴年	340
丁瓚	216
丁觀堂	143
七十一	173
卜大有	66
卜天應	233
卜世昌	66、354
卜商	486

三畫

干寶	504、528、533、545、547
于成龍	379
于奕正	172、509
于逖	504
于敏中	190
于慎行	178、253
于肇	497
于謙	79、342
大鱺	194
兀欽仄	523、527、544
上官周	243
上官融	490
上陽子	296
山謙之	496
山濤	495
夕畦	380

四畫

王一辰	389
王十朋	321、327、328、447
王九思	347
王九疇	155
王又旦	382
王士性	178、422
王士禎	83、172、255、382、456、469、547、555、556
王千秋	468
王子一	475
王子韶	491
王元善	27
王元楨	507
王仁裕	494、525

王公弼	375	王圻	177、183、279
王文禄	505、506、507、510、512、522	王坊	434
王方慶	502	王志長	15
王心	147	王志堅	281、282、439
王玉如	244	王志遠	508
王玉麟	151	王材	181
王世茂	452	王佐	260、261、262
王世貞	63、64、71、74、240、257、258、293、298、362、363、439、466、472、476、506、507、508、510、511、513、514、524	王伯大	310
		王希文	175
		王孚	496
		王灼	488
		王宏	503
王世懋	257、258、364、505、508、509、510、511、513、524	王良樞	511、527
		王君玉	484、492、518、520、525
王用章	465	王君榮	233
王永熙	550	王劭	547
王幼學	61、62	王孜	352
王式三	39	王玠	298
王芝田	223	王若虛	10、334
王芑孫	244	王直淵	459
王廷	87	王叔和	219、502
王廷相	181、254、551、552	王叔齋	501
王廷陳	355	王肯堂	213、214、219、225、507
王廷幹	145	王尚用	171
王廷稷	165	王昌齡	414
王延德	494	王明清	259、488、490、491、492、525、536
王仲文	475		
王仲暉	490	王易	494
王行	339、466	王迪中	405
王充	249、531、532、533	王岩叟	88
王江	154	王和之	405
王宇	248、436	王周	502
王守	455	王炎	328
王守仁	206、348、349、506	王治	143
王安中	468	王治皥	382
王安石	319、410、411	王宗沐	63、159
王冰	215、216	王宗炎	190、193
王好古	214、221		

王宗傳	6	王問	366
王宗稷	320、321	王崇	145
王宗燿	401	王崇德	235
王定保	491、528、530	王崇慶	139、352、505
王定祥	301、386、387、402	王崇簡	260、547
王建	410	王符	532
王杰	484、492、525	王象晋	247、261、264、469
王勃	408、413	王象乾	424
王厚之	501	王逸	299、300
王思任	242、303、420、511、537、545、546、554	王庸	444
王思義	279	王惟一	228
王俅	192	王焕如	141
王禹偁	72、313	王淮	353
王禹聲	346	王組	139
王度	503	王紳	195、507
王庭	207	王琳	150
王洙	237、250、503	王琰	504
王宮	216	王琮	148
王昶	15	王琛	148
王約	13	王琚	501
王珪	229	王堯臣	190
王素	483、484、525	王達	506、509、515、536
王蒔蘭	246	王朝	223、397
王臬	243	王朝雍	437
王師楷	18	王硯農	400
王逢	28、134	王雄	154
王家士	149、153	王雱	499、538
王陶	491、525	王貽樂	349
王通	202、533	王鼎	503、536、545
王純夫	94	王景曾	400
王納諫	323	王貴學	502、545、546
王逵	489、529、530	王晦	395
王堉	252	王復禮	175
王棻	331	王欽臣	489
王梓材	176	王欽若	269、270
王常	193	王欽典	266
		王欽彝	266

王詠霓	236	王端履	201、307
王惲	504、517、519	王齊	138
王道	13、27、155	王演疇	207
王道焜	21	王賓	174
王曾	484、488、525	王禔	513
王渥	399	王維	304、409、412、498、500
王弼	4、5、486、515、532、541、543、549	王綸	213、218、223
王勛	439	王鞏	493
王蒼	243	王震亨	295
王蒔蘭	400	王儀	494
王蕢	83、161	王質	491
王楙	490、529、535、536、537	王德信	473
王概	243	王德純	288
王軾	523	王磐	502
王粲	494	王褒	408
王當	82	王澍	241
王暐	493	王履	212
王嗣奭	373、545	王履道	238
王微	174	王畿	7、356、360
王慎中	351、357	王霖	394
王慈	403	王霓	331
王準	413	王叡	489
王禎	212	王穆之	402
王禕	339、505、506、514	王篯	469
王肅	495	王學謨	155
王嘉	496、528、530、532、533	王衡	303、372
王墅	476	王錡	508、513、521、524、538
王蜕	39	王錫	163
王鳴鶴	209	王錫袞	409
王僖	140	王鍵	488
王僧虔	499	王龍光	176
王銍	64、65、484、493、498、517、519、525、528、530	王羲之	498、499、501
		王澧	448
王銑	94	王嬰	547
王鳳翔	91	王穉登	178、440、509、510、511、512、536、552
王廣謀	204		
王韶之	495、496	王襄	491

王應電	15、34、499	太祖朱元璋	188、512、514、521、523
王應鵬	180、353	尤侗	556、557
王應麟	13、59、274、459、541、543、545	尤珍	556
王鴻緒	384	尤袤	464、488、544
王鴻儒	505、506	尤麒	150
王瓊	176、508、521、522	戈汕	546
王鏊	141、345、346、440、441、507、508、513、521、522、526、550	戈直	72
		戈豐年	237
王燾	403	中恬	448
王鎣	69	牛斗星	28
王蘅	470	牛若麟	141
王璽	223	牛衷	31
王黼	192、193	牛肅	516、518
王韜	400	牛僧孺	503、504
王麒	154	毛一鷺	92、315、460
王寵	455	毛元仁	507、513
王寵懷	163	毛开	468
王繹	150	毛亨	2
王闓之	492、529、530	毛奇齡	39、458
王覺	17	毛居正	29、36
王鐘毅	18	毛晉	1、40、331、409、410、412、413、418、419、450、467、468、469、476、477、540、541、542、543、545、546
王亹	304		
王瓚	159		
王觀	319、484、502、546	毛晃	36
王驥德	482	毛勝	498
王讜	493、525	毛滂	467
天和子	491	毛際可	382
天都山臣	537	毛聚奎	379
元好問	419、448	毛鳳韶	158
元革	523、527、542、544	毛德遴	389
元帝蕭繹	408、489	毛嶽生	84
元積	504	毛鵑	152
元懷	491、518、519、520	仁宗朱高熾	232
元燨	390	仁宗顒琰	397
木庵	303	仇天民	139
支允堅	254	仇俊卿	505
太宗李世民	408、409	仇遠	489

公孫弘	502、544	方瀾	335
卞永譽	240	火西月	437
卞彬	502	火源潔	35
文天祥	332、333	尹守衡	57
文同	316	尹直	84、506、522、526
文安禮	92	尹耕	173
文谷	491	尹起莘	61
文林	508、513、522、526、540	尹壇	328
文章	169	允祉	230
文惟簡	494	允禄	230
文翔鳳	420、507、511、514	孔元舒	495
文震亨	261、509	孔平仲	488、492、517、519
文震孟	291	孔安國	4、9
文徵明	356	孔尚任	479
方一元	446	孔貞瑄	546
方干	414	孔衍	487
方于魯	246	孔晁	526、532
方大鎮	507、513、537	孔傳	268
方千里	468	孔曄	496
方勺	490、492、518、520、529、530	孔廣森	18、39
方天眷	428	孔鮒	197、199、200、486、487、521、532
方中德	253、283	孔穎達	2、3、4、5、9、29
方升	496	孔邇	508
方以智	253	水之文	164
方成培	476	幻真先生	526、542、544
方回	255、427、491、510、518、520		
方孝孺	341、505	**五畫**	
方芳佩	396		
方若珽	183	玉庭	262
方啓	186	甘氏	232
方虛名	294	甘爲霖	450
方景濂	158	甘霖	231、237
方鳳	494、496、504	甘澤	163
方廣	222	世宗胤禛	77
方賢	223	艾南英	375
方嶽	332、489	左圭	483、484、485、486
方鵬	141	左光先	325

左克明	426、427	丘江山	535
石子章	475	丘克承	384
石申	502	丘昶	492
石孝友	468	丘聞之	82
石君寶	474	丘濬	20、63、204、238、343、419、506、513、522
石茂良	492、515、525、540		
石承進	493	丘璿	484、502、546
石琰	476	仙客	236
平遇	158	白玉蟾	536
目講禪師	235	白行簡	503
申用嘉	441	白居易	268、312、417、487、497、498、528
申時行	10、184、365		
申培	486、532、541、543、546	白樸	469、473
申嘉瑞	143	令狐德棻	40、41、42、54
田本沛	147	令狐澄	493
田汝成	68、177、357、508、510、512、514、524、526	包大爟	148
		包啓楨	380
田况	492、529	包渭	493
田秋	171	包節	428
田琯	157	玄宗李隆基	292、409、549
田頊	167	永亨	529、530、531
田錫	500	司空圖	498、544
田藝蘅	500、510、511、524	司空曙	409、414
史大成	90	司馬光	19、58、59、196、197、202、231、315、463、485、486、487、490、493、497、498、499、501、516、544
史正志	484、486、502		
史仲彬	506		
史季溫	323、548	司馬承禎	297、497
史承豫	310	司馬相如	406
史浩	326、488	司馬貞	40、41、42、43、44、45、46、47
史容	323、548	司馬彪	40、42、44、51、52、494、495
史達祖	467	司馬遷	40、41、42、43、44、45、46、47、299、301
史游	543、545、550		
史榮	13、310、394	司膳內人	500
史繩祖	484、488、529	司靈鳳	174
丘公明	550	皮日休	197、418、443、487、490、493
丘光庭	487、536		
丘兆麟	373		

六畫

邢址	167
邢邵	406
邢侗	369
邢昺	2、3、4、29
邢雲路	505
邢凱	490
邢璹	515、532、541、543
邢讓	180
西陵紳士	459
西湖散人	283
存春廬主人	258
列子	295
成玄英	549
成祖朱棣	262
呂大防	92
呂大忠	497
呂大臨	192
呂元調	458
呂本中	463、483、484、485、488、491、497、499、544
呂用晦	215
呂邦耀	179
呂夷簡	179
呂光洵	157
呂延濟	422、423
呂向	422、423
呂希哲	487、489
呂忱	499
呂兌	374
呂坤	207、209、253、295、553
呂岩	290、536
呂柟	5、152、203、206
呂胤基	369
呂祖謙	12、21、133、135、194、321、447、448、493、496、497、549
呂原明	497
呂留良	29、207
呂陶	548
呂景蒙	146
呂傑	161
呂種玉	546
呂榮義	493
呂維祺	38
呂濱老	468
朱一是	312
朱士楷	295
朱之蕃	322
朱木	149
朱公節	360
朱文治	436
朱申	15
朱召	168
朱弁	492
朱有燉	473、474、475
朱存孝	437
朱存理	240
朱仲	501
朱衣	162
朱衣點	149
朱佐	507、514
朱長文	141、240、244
朱長春	211、371
朱東光	197、198
朱昆田	136、172、384
朱昂	490
朱肱	214、500
朱河	92
朱承爵	510、540
朱彧	483、484、491
朱厚煜	521
朱拱梴	365

朱昱	142	朱奠培	465
朱洪	387	朱當㴉	74、518、526
朱既白	365	朱睦㮮	86、450、505
朱泰游	148	朱暉	489
朱泰禎	25	朱輔	497、516、518、526、535
朱珪	193	朱震亨	212、213、221、526
朱素臣	475	朱德潤	501
朱健	184	朱劍芝	20
朱記榮	555	朱慶餘	503
朱衮	505	朱養純	18
朱凌	167	朱熹	6、9、12、13、19、26、27、60、61、
朱國禎	74、259		62、83、202、203、300、310、311、
朱崇正	221		327、464、497、541、542、543、545、
朱得之	291、294、505		549、556
朱從延	321	朱冀	301
朱象賢	240、244、427	朱衡	180
朱淑真	410	朱錫旂	12
朱翌	490	朱錦	439
朱棟	34	朱謀㙔	176、506
朱雲	34	朱彝叙	91
朱揆	498	朱彝尊	172、177、384、450
朱鼎煦	12、14、16、22、32、34、46、52、	朱彝爵	91
	57、69、72、73、76、78、84、86、93、	朱懷幹	143
	94、133、134、140、144、148、157、	朱權	194、465、475、499、511
	164、173、179、189、190、191、201、	朱鶴齡	312
	211、225、226、227、232、248、251、	朱鷺	506、513
	252、255、267、281、282、295、302、	朱讓栩	340
	306、312、313、315、323、325、327、	竹坡	466
	331、335、336、344、347、350、353、	伍袁萃	75
	358、361、362、363、365、366、370、	伍餘福	507、521、538
	371、373、376、378、381、382、383、	伏琛	496
	384、385、388、389、393、394、395、	仲耀政	396
	396、400、401、412、416、434、437、	任之鼎	156
	453、455、459、463、465、470、478、	任中宜	171
	482、533、534	任弘烈	149
朱凱	535	任自垣	175
朱勝非	492	任昉	406、407、496、526、528、533

任淵	324、548	江贄	60
任廣	270	江鎏	94
任蕃	503、516、518	宇文士及	498
任豫	496	宇文懋昭	494、516、525
伊世珍	491、542、544	守堂	193
向子諲	468	安世高	286
向孟	503、527	安世鳳	207
全元起	215	安都	151
全祖望	10、51、84、95、175、176、390、391、392、457	祁承爜	190
		阮大鋮	374、478
全愚山	459	阮元	31、36、58
危大有	293	阮述	372、460
危素	339	阮逸	196、197、202、531、532
羊士諤	409	阮閱	463、464、467
米芾	88、324、485、499、500、540、541、542、544、545、546	阮籍	406、407、408
		牟汝忠	158
江山	174	牟巘	333

七畫

江之棟	231
江少虞	275、492
江日昇	267
江永	29
江休復	490、529、537
江旭奇	66
江汝璧	160
江東之	369
江明	557
江南小臣	469
江重倫	413
江洄	492
江盈科	507、511、512、514
江浩然	389
江淹	406、407、408
江紹華	405
江萬里	493、517、519、525
江湛然	552
江暉	355
江微	496

芙蓉山樵	476
邯鄲淳	501
邯鄲綽	487
花汀主人	471
花庭閑客(陳宸書)	550
花蕊夫人	410
芬綠軒主人	471
杜大珪	84
杜氏(杜預)	4
杜允陞	91
杜本	409、410
杜光庭	485、496、504、545
杜安世	468
杜甫	306、307、308、415、417、539
杜佑	182
杜牧	208、312
杜荀鶴	412、493

杜思	148	李孔明	169
杜栓	229	李世澤	510
杜涇	280	李石	489、528
杜森	164	李白	305、306、415、528
杜詔	387	李用粹	220
杜巽才	510	李幼武	83
杜預	1、2、3、20、21、549	李匡乂	488
杜臺卿	497、549	李邦彦	503
杜綰	500、546	李吉甫	137、495
杜審言	409、413	李百藥	41、42、54
杜寶	495、503、525	李有	493、518、519、525
李士元	146	李光地	8、20、557
李士允	345	李光先	149
李之彦	484、497、500	李先芳	363
李之楨	304	李廷忠	329、330
李之儀	468、542、545	李廷基	251
李之藻	186、539	李廷機	85、436、453
李子願	92	李廷寶	138、147、177
李元陽	47、509	李延壽	40、41、42、44、48、49
李元綱	484、487、497、525、529	李自榮	452
李日華	93、242、509、510、513、527	李似	270
李日普	224	李行道	474
李曰巽	169	李江	516、541、543
李中	413	李汛	160
李中梓	225	李如一	508、513
李仁	175	李好文	154
李公佐	503	李好古	467、473、474
李文	143	李材	491
李文田	73	李呈芬	511
李文仲	30	李吴滋	454
李文明	164	李佑	253
李文胤	135、458	李伯敔	421
李文兗	167	李伯瑛	433
李文蔚	472、475	李希程	150
李文燭	537	李玫	504
李亢	504	李長祥	86
李冗	529	李直夫	475

李東甲	154	李敏	167、366
李東陽	344、510	李翊	509
李叔元	462	李商隱	312、490、518、520
李杲	212、214	李清照	409、410、501、527
李昌符	414	李淖	497
李昌齡	297、497、529、530	李淳風	231、232、543
李昕	495	李涪	484、488
李昉	265、268、269、425	李涵	384
李知先	220	李寅	343
李佩金	399	李陽冰	499
李周翰	422、423	李隆基	4
李京	496	李彭年	165
李宗元	151	李斯佺	171
李宗諤	489	李朝威	503
李承勛	245、511	李鼎	510、536
李春芳	356	李鼎祚	543
李春熙	325	李開先	358、359
李軌	196、197	李遇春	154
李厚建	69、380、384	李景亮	516、517、518、519
李奎	546	李貴	159
李昂英	468	李復言	504
李畋	492	李復初	138
李保	500	李循義	80、357
李衎	500	李善	422、423
李約	292	李道純	537
李紀	134	李道勛	287
李晉華	57	李寒溪	386
李栻	524	李賀	309
李格非	497、533	李登	34
李原名	186	李夢陽	347、505、506、521
李致遠	475	李當之	502
李時珍	218、219	李嗣真	499、500、542、544
李時漸	462	李嵩	151
李唐賓	473、475	李頎	409、414
李益	409	李翱	508
李流芳	455	李鷹	483、484、488、500
李國祥	440	李慈銘	76、93、257

李群玉	414	李鍇	388
李際期	486、505、512	李鴻	438
李遜	145	李濬	494、525
李嘉祐	413	李濟翁	535
李壽卿	474、475	李贄	49、50、92、195、248、258、262、
李袞	254		322、349、354、361、409
李誠	502	李燾	32
李端	409	李翱	544
李榮	292	李謹	471
李漢	416、417	李蘅	539
李漁	479	李蘇	247
李賓	410	李攀龍	278、362
李實	506	李犖	409
李肇	484、493、525、545、546	李鷟	503、517、519、525
李綽	492	李獻民	490
李綱	79、325	李獻陽	164
李維禎	368、420、537	李籍	543
李維鏞	404	車若水	508、513
李樓	535	車璽	176
李賢	40、42、44、51、52、506、507、	束皙	495
	513、526	束戴	165
李鄴嗣	69、83、380、457	吾丘衍	191、501、527、536、546
李德裕	489、492、493、494、497、525	吾帋	158
李劉	331	扶安	62
李豫亨	508、513	求那毗地	286
李翰	512	貝瓊	339、421
李頻	414	吳三錫	384
李暾	388、458	吳士權	509
李嶼	545、546	吳之振	385
李默	87、92、145、179、356、446、506	吳仁傑	92
李翱	312、412、516、523、525、527、542	吳公遂	231
李衡	6	吳氏	489
李錦	152	吳文英	468
李濂	86、95、116、150、177、356、469	吳允裕	187
李壁	319	吳允嘉	460
李隱	491、517、519	吳正子	309
李翺	493、496、501、502	吳世良	365

吳可	325	吳純	178
吳必學	166	吳萊	336、493、496、518、519
吳弘基	538	吳萃	491
吳朴	65	吳處厚	489、529、530
吳有性	226	吳國光	389
吳廷舉	162	吳國倫	364
吳兆	456	吳國縉	381
吳均	33、495、504	吳崐	225
吳伯朋	81	吳偉業	379、478
吳伯通	344	吳從先	266
吳近山	224	吳訥	203、327、342、433
吳沆	498	吳焖	489
吳宏	491	吳清瑞	401
吳枋	488、534	吳淑	268、491、495
吳協	501	吳琯	213、533、534
吳昌齡	472、473、475	吳賁	211
吳昂駒	387	吳棫	36
吳旻	224	吳雲	194
吳忠	134	吳景鸞	233
吳宗元	144	吳傑	138
吳宗器	148	吳曾	251、488
吳宜濟	158	吳焯	136
吳承恩	102	吳渭	409、410、499
吳承漸	294	吳統持	378
吳孟思	501	吳瑞登	66
吳拭	509	吳載鰲	512
吳映奎	555	吳照	33
吳昭明	278	吳筠	306
吳勉學	197	吳與弼	344
吳亮	83	吳嘉言	224
吳美	169	吳嘉謨	199
吳炳	476、478	吳兢	72、501、541
吳琉	276	吳寬	74、75、521、522
吳莊	460	吳熊光	260
吳秘	196、197	吳綺	546
吳師道	70	吳綬	220
吳恕	220	吳震方	546、547

吳儀一	478	何法盛	495
吳德旋	397	何承天	236
吳德器	165	何孟春	199、252、302、507
吳潛	165	何孟倫	168
吳澄	17、18、486	何秋濤	73
吳融	412	何洪	148
吳默	136	何耕	418
吳衡照	400	何晏	3、4、29、496、549
吳穎芳	39、178	何剡	500
吳澤	36、57、173、324	何偉然	422
吳縝	488	何超	40、43、53
吳璵	312	何雲	168
吳謙	215	何景明	350、505、511、521
吳翼心	309	何無適	427
吳闡思	546	何喬遠	451
吳鐘巒	376	何喬新	15、210、344
吳夔	158	何焯	48、309
吳騫	33、252	何煌	309
岑安卿	336	何遜	303、408
岑象求	504	何經才	226
岑參	409、413、414	何儀	143
岑傅	189	何蓮	492、501、541、542
岑應麐	189	何應彪	257
利瑪竇	510、539	何鏜	173
邱園	475	何麟	153
何一舜	224	伶玄	503
何三畏	280	余子俊	80、189
何士祁	6	余仁仲	550
何允中	533	余有丁	353
何世守	90	余聿文	476
何世學	142	余知古	488
何光遠	490	余承勛	165
何先	492	余祐	233
何休	2、3、4	余剛	458
何良俊	258、259、524	余派	458
何坦	483、484、487	余寅	280、370
何若愚	228、229	余穀	400

余震啓	435	汪廣洋	338
余鎬	146	汪輝祖	462
佘文植	400	汪德元	436
谷子敬	475	汪慶舟	171
谷際岐	395	汪機	212、213、226
辛棄疾	467、469	汪璪	342、343
辛鈃	197	汪懋孝	369
况叔祺	278	汪鏜	366
冷謙	293	汪顯節	527
汪士賢	406、407	汪灝	247
汪士驥	240	沐磷	344
汪元量	333	沈一中	11
汪文	146	沈一貫	291、293、368
汪心	150	沈九疇	367、368
汪以成	35	沈士俿	450
汪旦	296	沈士穎	458
汪立名	35、312、412	沈士龍	534
汪廷訥	475、476、477	沈士謙	506
汪汝謙	510	沈天璣	390
汪克寬	61	沈元魁	480
汪佃	167	沈文	506
汪伯機	353	沈文菁	71
汪沆	397	沈仕	498、510、511、546
汪坦	366	沈名蓀	136
汪若海	502	沈冰壺	13
汪宗元	180	沈何山	370
汪師韓	557	沈作喆	488
汪琬	56、381、421	沈作賓	156
汪敬	342、343	沈汾	495、514、527
汪森	451	沈初	190
汪雲程	501	沈亞之	312、494
汪舜民	145	沈杰	158
汪道昆	278、363、410、506、511	沈昌世	280
汪瑀	166	沈明臣	144、367、368
汪夢斗	460	沈佳胤	440
汪楫	75	沈岱瞻	382、555
汪禔	527	沈佺期	409、413

沈受先	476	沈默	399
沈受宏	476	沈鍊	361
沈周	347、507、522、538	沈鍾	164
沈孟化	140	沈應魁	85
沈括	250、460、497、500、529、530、537、542	沈鎣	10
		沈鎔經	264
沈俊堯	260	沈鯨	475、476
沈炯	406	沈懷遠	496
沈津	263、514	沈寵綏	482
沈約	40、53、303、408、488、501、515、516、534	沈齡	475
		沈繼孫	548
沈俶	491、517、519、520	沈顥	511
沈菫	368	沈爌	464
沈梅	146	沈麟趾	157
沈曼卿	380	宋之問	413
沈國元	66	宋子安	483、485、500
沈淮	272	宋存標	71
沈啓	303	宋至	321
沈紹慶	153	宋祁	41、43、44、55、304、310、484、488、497、544、548
沈堡	394		
沈復燦	193、241、257、312、315、324、342	宋佐	143
		宋伯仁	500
沈遘	460	宋玫	29
沈節甫	523、524	宋若昭	497
沈愷	358	宋秉中	148
沈義父	471	宋居白	494
沈際飛	471、478	宋珏	512
沈端節	468	宋咸	196、197
沈寬	163	宋庠	548
沈樞	135	宋敏求	154、483、484、492、495、525
沈遼	460	宋無	419、492
沈閶昆	385	宋端儀	84
沈德壽	11、135	宋犖	242、383、421、455
沈德潛	392、437、451	宋賓王	436
沈瑩	496	宋緒	449
沈練川	475	宋震	235
沈璟	475		

宋濂	37、41、42、57、75、336、337、505、507、521	范上林	94
宋□□	235	范子安	474
君詁	226	范友仲	94
邵子存	89	范公稱	488、530
邵天和	445	范文榮	386
邵以正	535	范玉森	98、244
邵有道	168	范正敏	489
邵伯溫	542	范正輅	156、168、463
邵希曾	40	范禾安	74
邵長蘅	39、321、383	范永澄	551
邵若愚	292	范弘嗣	87
邵建章	266	范邦瑗	94
邵思	489、550	范成大	329、409、484、485、486、496、501、502、516、533、546
邵時敏	147	范光文	381、421、437、446、450
邵菫	22	范光爕	94、420、421、437、454、463
邵博	542	范廷諤	551
邵雍	316、484、487	范仲淹	79、314、315、460、461、497
邵鳴岐	154	范汝梓	373
邵諤	502	范汝植	377
邵璨	475、476	范其鑄	157
邵闇生	539	范明泰	88
邵寶	153、346	范季隨	490
邵鐸	397	范祖禹	194、316
邵懿辰	190	范致明	496、533
		范浚	326
八畫		范家相	39、393
		范純仁	314、315、460、461
武元衡	409、414	范純粹	314、315
武平一	493	范理	134
武帝蕭衍	408、499	范椁	307、308、418
武珪	493	范從岱妻	94
武陵逸史	467	范從律	551
長谷真逸	508、513	范從徹	390
長湖外史	471	范逸	462
苟汝安	153	范超	462
范大冲	195	范彭壽	244

范欽	81、102、190、360、426、440、515、516	林策	157
范溫	498	林楨	276
范甯	2、3、4、549、550	林魁	166、345
范資	493	林馴	273、274
范曄	40、42、44、51、52	林億	215、216、219
范端臣	326	林養心	374
范端杲	326	林穎	144
范震薇	551	林應龍	245
范攄	489、528、529	林鶚	343
范鎬	145	林鶯	153
范蠡	502	來三聘	373
范□	551	來日升	460
茅一相	511、514	來知德	7
茅元儀	209、508、512	來斯行	505
茅坤	136、249、319、322、361、410、411	來集之	1、8、460、474
茅瓚	361	來欽之	301
林大有	180	來燕雯	460
林大春	170	東方朔	406、496、527、533
林子中	492	東軒主人	547
林世遠	141	東時泰	150
林古度	378	迺賢	336
林有年	162、166	郁之章	454
林有麟	422	郁采	359
林光朝	327	抱甕老人	267
林芳	489	卓明卿	280
林希元	170、180、438	卓爾康	538
林希恩	510	卓爾堪	450
林希逸	290、291、293	虎眼禪師	295
林坤	542、544	尚仲賢	473、474
林昂	207	味蔗居士	252
林洪	497、500、501、502、514、527	門無子	212
林逋	313、314、497	明帝宇文毓	408
林時對	86	易可久	166
林處	76	易時中	150
林堯叟	1、21、23	易鶯	147
林雲程	144	和菟	502
		季子允	454

季本	18、20、25、186	周子愚	538
季勛	148	周子義	197
季龍老人	48	周元懋	378
秉衡	466	周文玘	266、491
岳元聲	505	周文龍	139
岳正	505、521	周世緒	399
岳伯川	474	周必大	246、327、468、483、484、493、
岳岱	515		496、499、525、541、542、544、545
岳珂	88、259、331、490、494、525、	周邦彥	467
	529、531、544	周邦傑	142
岳飛	326	周在延	29
金士芳	470	周廷用	354
金之俊	248	周汝登	446
金古良	243	周守中	535
金幼孜	506、516、520、523、524、526	周羽翀	494、516、518、525
金和	404	周伯琦	33
金俊明	309	周孚先	351
金埴	255、388	周季鳳	171
金貴亨	86	周秉中	29
金農	242、246、393	周泗	152
金熙泰	421	周宗臣	170
金榮	382	周柯云	380
金履祥	59、447	周是修	341
金學海	270	周星詒	190
金檀	340、421	周思得	297
金嫌	63	周叙	465
金蟠	47	周亮工	254、379、546
金鎮	153	周泰	470
金璧	390	周致中	526
金鑾	178、345	周師厚	502
朋九萬	499	周容	379、380、557
周一鵬	393	周書	479
周士佐	144	周處	495
周士德	194	周崇仁	458
周大業	395	周密	172、487、489、490、492、494、
周大輔	67、313、325、334、376		495、496、497、499、504、525、530、
周子冶	340		535、536、537、541、542

周視	238	宗澤	325
周瑛	166	郎士元	413
周達觀	490、496、516、518、526、533	郎兆玉	248
周斯盛	382	郎奎金	30
周揚俊	226	郎瑛	507、513、538
周斐	494	郎遂	145
周紫芝	463、468、483、499、544	郎曄	79
周鼎	343	房千里	489、501
周勛常	260	房玄齡	40、43、44、53、198、210、211
周勛懋	257	房祺	409、410
周道遵	11、13、25、30	屈原	299
周弼	444	迦旃延子	286
周夢暘	15	承天貴	154
周飴	76	孟元老	497、545
周煇	489、494、516、525、529、530、531	孟珙	494、516、525
		孟浩然	304、409
周準	451	孟絨	79、279
周廣業	27、31、179、257、260、395	孟榮	498、542、544
周賓所	507、514	孟熙	508
周維械	394	孟漢卿	474
周綸	327	孟繼孔	535
周餘民	389	孤山放鶴人	477
周遵祖	399		
周遵道	489	**九畫**	
周履靖	526、527、528		
周學濂	400	春嵎	390
周憲	251	封演	493
周應麐	553	郝郊	509
周箎莊	399	郝敬	553
周藹聯	179	郝經	334
京房	486、487、515、516、532、541、543	荀氏	503
		荀悅	64、65、197、201、532
河上公	197、198、291	胡一中	11
河泛槎客	477	胡一桂	7
宗臣	363、506	胡三省	58、59
宗曉峰	194	胡大慎	90
宗懍	497	胡天游	312

胡太初	484、497	胡嶠	494
胡文煥	534、535	胡瑩	437
胡文學	457	胡學峰	179
胡正言	446	胡錡	485、498、529
胡世安	175	胡憲仲	505
胡世寧	80	胡應麟	506、507、513、536、552
胡仔	464、499	胡濙	222、223
胡永成	170、176	胡繼宗	274
胡江	508	胡儼	507
胡汝礪	155	胡纘宗	144、434
胡安國	1、23	茹昂	174
胡宏	203	南卓	501
胡松	438	南宮靖一	194
胡宗憲	155、173	南軒	62、394
胡居仁	206	南逢吉	328
胡居安	169	柯珮	235
胡南藩	161	柯琴	226
胡柯	316、317、318	柯超	76
胡貞開	372	柯維騏	56、57
胡貞樾	542	查志隆	174
胡時化	435	查克弘	446
胡袞	147	查彬	247
胡容	139	查慎行	321
胡珵	490	查鐸	349
胡執禮	439	相斗南	170
胡國楷	388	相國道	499
胡寅	194、203	柳公權	492
胡啓龍	7	柳永	467
胡楷	158	柳英	146
胡經	7	柳東	395
胡銓	467	柳宗元	196、197、311、410、411、416、417、484、488、489、490、493、525、529
胡廣	7、10、12、13、17、25、28、67、205	柳珵	493
胡粹中	65	柳貫	336、502
胡漢	165	柳樊丘	228
胡維新	523	虹橋居士	20
胡維霖	507	韋巨源	500
胡震亨	183、446、534		

韋行規	498	侯延慶	488、492、525
韋述	495	侯甸	507、513
韋居安	498	侯寘	467、468
韋孟	500	侯寧極	502
韋昭	69	侯鶴齡	205
韋莊	496	帥機	370
韋皋	547	後主陳叔寶	408
韋絢	492、493	俞王言	438
韋端符	501	俞文豹	489、490、492、525
韋縠	413、443	俞允諧	86
韋應物	306、409、412	俞成	483、484、488、529、531
韋瓘	514	俞安期	281
韋續	499	俞忠孫	264
看雲主人	476	俞宗本	502
邰相	139	俞思冲	433
段公路	496、516、535	俞庭椿	15
段玉裁	36	俞琰	296、297、489
段成式	265、414、488、494、496、498、501、502、504、529、540、542、544	俞琬綸	374
		俞焯	499
段安節	501、518、520	俞概	141
段國	496	俞誨	503
段龜龍	496	俞肇光	440
皇甫氏	489	俞憲	95、96、419
皇甫冉	416	俞顯卿	430
皇甫冲	208	俞顯謨	34
皇甫汸	141、359、363	計有功	464
皇甫枚	491、503、517、519	施元之	321
皇甫松	500	施兆麟	462
皇甫涍	527	施青臣	489
皇甫曾	416	施念曾	456
皇甫湜	412	施於民	389
皇甫録	508、526、538	施國鑑	462
皇甫謐	494、495、534	施崇	421
皇都風月主人	266	施宿	156
侯一元	361	施惠	475、477
侯方域	421	施雯	215
侯白	489、504	施閏章	381、456

施澐	399	祖台之	504
施鍠	462	祖詠	409
施禮潼	389	祝文	149
施顯卿	524	祝文彥	165
姜仲邕	387	祝允明	350、505、506、507、512、513、514、521、522、524、526、538
姜任修	387		
姜尚	238	祝泌	231
姜南	466、508、510	祝珝	163
姜信摘	546	祝堯	431
姜特立	330	祝肇	509、515
姜宸英	386、387	祝穆	271
姜紹書	242	姚子秋	402
姜蛻	498	姚文蔚	263
姜蔣氏	374	姚文燁	147
姜夔	331、468、485、499	姚文燮	309
洪文科	507、513	姚光祚	280
洪希文	335	姚廷謙	394
洪垣	351	姚良弼	169
洪适	191、328、500	姚茂良	475、476
洪咨夔	468	姚述堯	470
洪芻	483、485、501	姚宗文	375
洪景修	276	姚昺	164
洪皓	494、525	姚思廉	40、41、42、54
洪遂	498	姚桐壽	488、536
洪焱祖	31	姚卿	154
洪巽	490	姚培謙	394
洪煒	215	姚朝翩	403
洪璨	468	姚最	500、544
洪邁	251、443、497、500、504、541、542、545	姚景夔	264、400
		姚循德	26
洪遵	501、544	姚舜牧	5
洪興祖	300	姚鉉	442
宣宗朱瞻基	205、206、512、514	姚福	508、513、515、521、522、526
宣帝蕭詧	408	姚鳴鸞	159
宣靖	504	姚寬	491、529、540、544
宦大用	473、474	姚瑩俊	157、226、242
祖士衡	490	姚履旋	341

姚筐	374	馬永易	487
姚燧	488	馬永卿	492、529
姚瑩	11、18、190、246、247、398、399、400、470、474、480、481	馬汝驥	74
		馬宏衜	546
姚鵠	414	馬奇	149
姚鏡西	84	馬性魯	167
姚夔	399、474	馬朗	500
紀君祥	474	馬純	492
紀昀	190、443	馬國翰	547
		馬第伯	494
		馬偉	143
		馬隆	502

十畫

秦士奇	471	馬斯臧	375
秦再思	493	馬森	252
秦松齡	13	馬廉	95、453、481
秦金	75	馬槃什	39
秦恩復	248	馬端臨	182、183
秦梁	142	馬馴	39
秦醇	503	馬融	497、532、544
秦簡夫	472、473、474	馬縞	484、488
秦鎰	161	馬龠	163
秦覺	165	馬總	492、493
秦鏷	1	馬獻明	340
秦觀	79、324、467、469、502、527、545	馬歡	179、509、524
敖英	508、513、514、522、536、538	貢汝成	19
		袁一清	394
敖陶孫	498	袁九齡	511
敖繼公	16	袁山松	495
班固	40、42、43、50、249、406、503、518、520、525、532、550	袁中道	374、420、510、512
		袁文	548
班昭	497	袁去華	467
馬一龍	505、510	袁申儒	493
馬元調	417	袁孝政	532
馬曰璐	92	袁宏	64、65
馬中錫	505	袁宏道	266、306、350、366、367、420、474、505、511、512、536、546、553
馬文升	506、507、521、522、523、524、526		
		袁枚	390
馬生龍	508		

袁昂	485、499	莫尚簡	166
袁忠徹	343	莫是龍	511
袁采	497、536	莫棠	257
袁郊	495、503、542、544	莊綽	228、229、490
袁珙	342	莊綬光	225
袁培俊	342	莊臻鳳	245
袁黃	66、280	莊學魯	373
袁彬	506、521	真德秀	204、330、431、432、433、497、545
袁桷	335、449、489		
袁國梓	155	桂海洲	396
袁康	71、72、534	桂馥	33
袁凱	341	桓寬	200
袁煒	360、361	桓譚	495
袁準	547	桓驎	503
袁福徵	511、527	連鑛	147
袁樞	67、68	栗永祿	146
袁褧	490、521、529	夏文彥	242、544
袁頤	490、529	夏旦	511
袁應祺	158	夏言	355
袁燮	328、548	夏良勝	160、164、353
袁儼	280	夏侯湛	547
都印	507、513、535、538	夏庭芝	498、518、520、521
都穆	259、507、509、510、513、522、538、539、540	夏原吉	506
		夏崇文	88
耿定向	509、512、513	夏寅	194
耿湋	409	夏啟芬	250
華文緯	22	夏竦	314
華守方	461	夏鳳翔	470
華希閔	268	夏綸	476
華夏	378	夏樹芳	280
華愛	366	夏□□	189
華燧	38	時雍	292
華鵝洲	189	畢弘述	35
華譚	547	畢仲游	548
華鑰	509	畢仲詢	492
莫旦	345	晁迥	290、488、490、492
莫休符	173	晁貫之	501、523、526、542、544

晁補之	324、418、468、545	徐充	508
晁説之	484	徐汝諧	397
晁邁	488	徐甫宰	168
晏宏	62	徐沁	92
晏彥文	194	徐明善	494
晏殊	467	徐岳	503、542、543
晏幾道	467	徐岱	151
晏嬰	197	徐炬	280
笑花主人	267	徐泓	501
倪士毅	27	徐宗夔	452
倪元璐	375	徐官	34、511
倪希程	427	徐居仁	306
倪思	51、251、497	徐咸	84、85
倪象占	260、395	徐貞明	177
倪維德	213	徐昭文	61
倪璣	140	徐度	491、542、544
倪謙	507、513、524	徐彥	2、4
師虞	8	徐彥純	222
師曠	485	徐炳煃	470
徐一夔	185	徐炯	312
徐天祐	71	徐炫	494、504
徐天麟	183	徐陟	225
徐元	476	徐泰	165、449、511
徐元第	454	徐珪	138
徐中行	364	徐栻	81
徐升	237	徐時琪	527
徐仁毓	199	徐時棟	5、11、17、26、38、74、84、
徐文若	396		190、193、328、333、342、355、377、
徐方增	470		383、394、398、401、419、454、459、
徐本	188		469、533
徐令信	501	徐時櫟	402
徐用誠	218	徐倬	446、454
徐永祐	291	徐師曾	17、435
徐邦佐	174	徐陵	406、426
徐光祚	67	徐乾學	264、438
徐光啟	538	徐堅	268
徐自明	179	徐常吉	280

徐昈	476、477、510、512	徐獻忠	172、511
徐象梅	87	徐顗	161
徐景休	256	徐顯	515、526、540
徐無黨	41、42、49	徐麟	159
徐復祚	476	殷西園	5
徐善述	235	殷芸	493
徐善繼	235	殷基	547
徐渭	256、263、309、366、367、420、474、511	殷敬順	295
		奚岡	396
徐發	230	翁方綱	33、192
徐夢莘	65	翁相	139
徐幹	201、532、533	翁嵩年	71
徐楚	159	烏斯道	340
徐嵩高	390	高一福	174
徐與喬	438	高士奇	178、240
徐鉉	501、504、545	高文秀	473、474、475
徐愷	491	高文虎	492、518、520、521
徐燉	88、256、324	高斗魁	215、458
徐養正	203	高斗權	458
徐溥	184	高允	406
徐禎卿	352、507、509、510、512、513、514、515、524、526	高世異	412
		高廷愉	172
徐兢	494	高似孫	483、485、489、494、501、550
徐霆	73	高兆	324
徐鳳	228	高汝行	147
徐鳳垣	458	高宇泰	156
徐廣	494、501	高孝本	393
徐熊飛	401	高武	228、229
徐儀世	506	高叔嗣	412
徐徵君（徐靈府）	550	高明	475、476
徐樹穀	312	高岱	524
徐整	495	高宗趙構	485、499
徐霖	476	高祉	93
徐霓	153	高承	270
徐學謨	363、364、510、536	高彥休	493
徐謙	228	高凌雲	149
徐鯤	15	高啓	340

高棅	444、445	郭湜	503
高登先	157	郭登	461
高鳴鳳	521、522	郭載騋	237
高銘	225	郭楠	171
高誘	198、248、249	郭傳璞	39、246、404
高適	409、413	郭鈺	461
高凳	516	郭頒	495
高德基	507	郭義恭	496
高澤	139	郭經	141
高憚	489	郭熙	500
高濂	261、476、511、512、546	郭毓	458
高澘	138	郭毓秀	142
高攀桂	91	郭實	155
高攀龍	25、371、553	郭霄鳳	266
高攀鱗	91	郭璞	2、3、4、30、265、487、516、532、
高觀國	468		533、549
高□	282	郭憲	496、503、533
郭大綸	143	郭應響	209
郭子晟	239	郭鑾	181
郭子章	64、245、435、466	席佩蘭	398
郭元釪	448	席威	555
郭文煥	8	席啓寓	414
郭允蹈	68	唐交	138、151
郭孔太	505	唐庚	325、498、500、526
郭正域	15、417、425、438	唐冑	170
郭若虛	241、500、544	唐時熙	144
郭茂倩	426	唐晅	517、519
郭忠	159	唐球	414
郭忠恕	32、33、499	唐寅	242、350
郭京	486、515、516、543	唐順之	28、60、77、134、135、208、277、
郭宗泰	397		278、358、433、434、435
郭象	504、517、519、529	唐慎微	217、218
郭起元	557	唐樞	537
郭偉	136	唐稷	490
郭彖	198、293、486、549	唐積	483、485
郭雲鵬	318、319	唐錦	139、141、508
郭勛	481	唐龍	89

唐臨	497	陸容	507、522、524
唐覲	508	陸梳山	509
唐鏡沅	404	陸符	377
凌秀	501	陸進之	475
凌迪知	85、279、523	陸鈌	147、148、355、505、508、513、522、524、526
凌紹乾	446	陸深	351、352、505、506、507、508、509、511、513、521、522、524、536
凌紹雯	35		
凌雲翼	435		
凌登名	508、509	陸森	237
凌登嘉	211	陸雲	406、407、408
凌稚隆	22、48、51、135、249、283	陸雲龍	420、452
凌準	491	陸景	547
凌濛初	425	陸勛	504、536
凌瀚	277	陸舜臣	170
浦南金	278	陸游	55、249、251、329、467、492、493、496、497、502、518、520、525、529、530、541、545、551
海瑞	364、419		
浮丘公	502		
家鉉翁	24	陸統	160
家誠之	316	陸楫	508、514、516、518、520、524
陸九淵	328	陸賈	197、516、532
陸友	489	陸粲	357、507、512、514、538
陸以湉	264	陸墅	297
陸西星	294	陸廣微	496、533
陸廷燦	247	陸儀	194
陸行直	499	陸德明	2、3、4、9、20、21、198、541、543、549
陸次雲	546		
陸羽	483、485、500	陸璣	486、540
陸里	148	陸樹聲	505、511、513、527、536
陸佃	31、197、248	陸機	406、407、408、495
陸灼	512	陸龜蒙	313、418、443、493、498、502、503、523、527、529、530、544
陸長源	489		
陸采	259、366、475、506	陸應陽	137
陸泳	497	陸燦	513、522
陸柬	164	陸濬原	508
陸祚蕃	546	陸績	515、532、541、543
陸時化	240	陸贄	79、309
陸時雍	301	陸燿	453

陸攀	93	陳民俊	375
陸翽	495	陳邦彥	431
陸穩	81	陳邦瞻	68
陸寶	375	陳至言	394
陳二白	475、479	陳光前	165
陳九德	78	陳同	478
陳于廷	372	陳自明	212、213、226
陳于陛	507、513	陳汝元	475、478
陳士元	7、138、508	陳聿昌	261、281
陳士鐸	219	陳芬	491
陳小弼	397	陳束	358
陳子壯	452	陳希廉	373
陳子昂	304、409、413	陳言	221
陳子兼	490	陳沂	140、505、507、509、538
陳子龍	450	陳宏已	376
陳元靚	136	陳良謨	376、509、513、524、537、539
陳友仁	15	陳玩直	274
陳少春	470	陳長方	490
陳仁	424	陳直	229、490
陳仁子	425	陳枚	102
陳仁玉	483、485、502	陳郁	491、517、519
陳仁錫	8、28、50、52、53、58、59、62、63、64、71、204、263、282、293、375、420、452、471	陳尚古	546
		陳岩肖	483、499
		陳侃	507、513
陳月峰	11	陳所聞	480
陳文中	213	陳京	491
陳文治	227	陳法乾	458
陳文燭	142	陳泗	158
陳允平	467、469	陳治安	294
陳玉瑾	142	陳建	66
陳正	150	陳函輝	376
陳甘雨	149	陳春	146
陳世崇	492、494、501、529	陳威	141
陳世熙	547	陳思	193、241、484、485、486、502
陳世鎔	311	陳禹謨	28
陳世寶	505	陳亮	318、319、330、467、468、469
陳古銘	388	陳洪綬	301、376

陳洪範	319	陳彭年	30、32、516、525、549
陳洪謨	164、526	陳達叟	483、485、502、504
陳祖望	8、264	陳敬則	506
陳祖銘	91	陳朝輔	459
陳祖錫	91	陳植	334
陳祖鎔	91	陳棟	398
陳祚	203	陳棣	328
陳祚明	71	陳棐	139、360
陳紀	140	陳鼎	546
陳起	418	陳開虞	140
陳耆卿	331	陳晹	501
陳桂芳	168	陳景元	505
陳振孫	312	陳景雲	311
陳致虛	297	陳策	160
陳致煐	35	陳傅良	327、331、541、542、543、545
陳師凱	236	陳鈞	340
陳師道	324、463、468、485、489、499、503、529、531、544	陳善	489、544
		陳道	165、166
陳殷	133、134	陳焯	459
陳訓慈	257	陳裕	209
陳效	166	陳瑋	151
陳宸	550	陳瑞	435
陳祥道	19	陳塏	435
陳陶	414	陳夢弼	397
陳能	166	陳夢雷	283、284、285、286
陳著	333	陳軾	476
陳萊孝	395	陳筠湘	399
陳桱	59	陳與郊	14、424、473
陳晦	490	陳與義	325、468、499、548
陳偉	264	陳僅	286
陳魚門	18	陳魁士	303
陳許廷	136	陳詩教	246
陳深	134、300、334、455	陳準	494
陳梁	510	陳經	192、459
陳琛	505	陳耆	502
陳楷	137	陳壽	40、52、494
陳喆	25	陳勘	264、368、401

陳輔	498
陳霆	252、350
陳曄	315
陳銘	176
陳賓	490
陳寥士	57
陳鼎	508、513、524、538
陳維崧	384
陳歐勛	216
陳撰	240
陳德文	161、253
陳澔	5、17
陳選	203
陳樹滋	400
陳霖	160
陳錄	483、484、497
陳諫	455
陳龍正	371
陳藎謨	231
陳懋仁	509、554
陳鍾麟	476
陳講	187
陳襄	315、493
陳應行	464
陳應祥	472
陳應賓	168
陳燮	143
陳鴻	503、517、519
陳濬	550
陳濟	61、62
陳聶恒	470
陳鎬	177
陳鷟	252、498
陳櫟	502
陳鏦	29
陳繹曾	498
陳獻章	343
陳耀文	153、256、279、471
陳繼儒	22、83、322、374、420、509、510、511、512、514、527、535、536、537、538
陳繼聰	404
陳權	394、397
陳露	150
陳鑑	441
陳顯微	295
陳鱣	29、252、397
陳讓	167、168
陳鑾	459
陰中夫	275
陰時夫	275
陰鏗	408
陶元藻	466
陶弘景	248、290、406、407、485、494、500、503、534、545
陶安	338
陶岳	72、490
陶治	450
陶宗儀	472、473、486、487、501、503、504、525、542、544
陶承學	38
陶珽	195、486、505、512
陶華	213
陶振	341
陶望齡	371、509、510
陶輔	508、521
陶鉁	461
陶穀	261、262、504、536
陶奭齡	254
陶潛	302、303、409、494、504、527、534、545
桑世昌	427、437
桑貞白	528
桑悦	505

桑喬	175	孫能傳	254
桑欽	502	孫盛	495
桑調元	390	孫過庭	485、499
孫一奎	225	孫紹	139
孫大猷	375	孫堪	89
孫之騄	557	孫雲翼	329、330、331
孫巨鯨	139	孫復	23
孫升	484、488、525、531	孫榮	498、518、520、521
孫仁	142	孫强	32
孫仁孺	477	孫蓀意	247
孫世儀	395	孫傳遠	218
孫丕顯	281	孫際可	88
孫弘喆	421	孫毅	376
孫存	163	孫毓	547
孫存吾	449	孫廣	501
孫光祖	244	孫緒	508
孫光憲	493、525、529、530	孫奭	3、4、29、230
孫仲章	475	孫德祖	404
孫兆	215、216	孫樵	313、412
孫旬	78	孫默	469
孫如金	479	孫穆	494
孫作	340	孫錦	139
孫奇逢	456	孫燧	80
孫岳頒	242	孫聯泉	186
孫宗鑑	492	孫應奎	217
孫宜	360	孫鎬	234
孫柚	476	孫鐸	154
孫星衍	36	孫鑛	21、22、26、47、50、156、157
孫思邈	220、221、503	孫麟趾	470
孫奕	255		
孫柔之	495	**十一畫**	
孫峴	404		
孫逖	414	黃一龍	170
孫家淦	47、64、72、177、192、200、250、251、261、295、304、316、324、330、339、386、425、445、478、526	黃子發	502
		黃元治	171
		黃公度	326、467、468
孫家穀	399	黃文焕	29

黃文鷟	160	黃國奎	171
黃以周	19	黃庶	323
黃允交	498、512、514	黃淮	77
黃孔昭	78、459	黃習遠	443
黃世重	163	黃貫曾	414
黃丕烈	313	黃紹文	140
黃石公	487、532	黃敬修	340
黃式三	9	黃朝英	489、536
黃光昇	66	黃鼎	230
黃休復	492、500、541、542、546	黃景仁	396
黃仲昭	165、166	黃景昉	74
黃汝亨	372、420、510、537	黃鈞	151
黃汝良	60	黃尊素	29
黃如金	434	黃道周	282
黃志述	396	黃運泰	458
黃克纘	370	黃瑜	507
黃佐	169、180、181、356、506	黃幹	19
黃伯思	485、499、501、540、544	黃槐開	303
黃虎臣	151	黃慎	236
黃尚文	82	黃義仲	495
黃昇	467、468、471	黃溍	488
黃金	167	黃溥	508、513、538
黃宗炎	295	黃福	524
黃宗智	461	黃嘉惠	418、486
黃宗羲	76、84、379、453、466	黃裳	324
黃省曾	463、502、509、512、513、514、527、532、546	黃漢憲	206
		黃漳	161
黃庭堅	239、323、324、418、467、488、498、500、545、548	黃維岳	399
		黃標	506、516、522、523、526
黃桐孫	397、399	黃震	204
黃振	479	黃徹	498
黃衷	537	黃魯曾	86、455、514
黃浚	148	黃養蒙	179
黃家遴	160	黃瑩	323
黃姬水	509、536	黃潤玉	293、505
黃基	225	黃履翁	273、274
黃堅	433	黃璞	494

黃機	468	曹學佺	172、420、429、510
黃學圮	244	區懷年	378
黃儒	500、527	戚元佐	89、180
黃塵	298	戚光	55、551
黃憲	250	戚輔之	490、496
黃濟之	223	盛弘之	496
黃騏	461	盛崑亭	245
黃璿	167	盛登	245
黃韻珊	476	盛儀	143
黃繼周	10	盛繼	171
黃鶴	306、307、550	常建	409、413
梅士享	211	常璩	72、494
梅氏	547	常懋	500
梅孝已	476	婁一均	148
梅建	39	婁元禮	510
梅純	518、520、522、526	婁機	33
梅堯臣	208、316、492	崔子方	23
梅鼎祚	266、429、442、456	崔令欽	498、518、520、521
梅膺祚	35	崔峒	414
曹士冕	483、485、499	崔華	7
曹大章	512	崔桐	144
曹廷棟	83	崔豹	514、533
曹自守	141	崔寔	497
曹安	87、508、537	崔銑	151、206、350、434、505、506、
曹伯啓	335		507、509、513、521
曹昭	260、261、526	崔學履	138
曹毗	503	崔曙	409
曹冠	467	崔鴻	72
曹寅	83、443	崔顥	409
曹紹	485、500	崇恩	401
曹植	302、408	符葆森	401
曹道振	325	符棣棠	401
曹溶	455	符驗	180
曹蕃	512	符觀	447
曹鄴	503	笠閣漁翁	478
曹璘	163	脫脫	41、42、43、44、55、56、57
曹操	208	魚豢	495

許之吉	282	章大吉	22
許玉瑑	470	章大來	389、458
許有壬	336	章木	11
許有穀	85	章正宸	90
許自昌	413、415、418、477	章弘	148
許次紓	511	章希賢	298
許汝霖	421	章俊卿	272
許周	164	章律	138
許宗魯	355、425	章炳文	488
許相卿	75	章望之	491
許洞	208、516	章斐然	282
許胥臣	11	章淵	489
許浩	526	章鋆	402
許進	524	章樵	425
許敬宗	408、409、549、550	章學誠	257
許棐	483	章懋	206
許景迂	491	章藻功	387
許慎	31、32	章黼	37
許楣	437	商汝頤	89
許誥	62	商輅	62
許憩	384	商濬	528、530、531
許衡	486	淳于叔通	540、543
許顗	336	梁少自	480
許顓	463、483、499、529、531、544	梁延年	264
許觀	490	梁份	178
許纘曾	546	梁辰魚	475、476
許讚	207	梁章鉅	36、286
庾肩吾	499、536	梁清標	91
庾信	406、407、408	梁寅	133、134、185
庾翼	495	梁維樞	259
康河	162	梁億	505、522
康泰	495	梁潛	341
康進之	473、475	涵蟾子	296
康紹第	152	寇平	227
康僧會	286	寇宗奭	217、218
康騈	542、544	寄傲生	378
康譽之	491、517、519、520	尉遲偓	493、525

尉遲樞	493	張文薦	161
屠本畯	83、239、263、457、510、511、512、514、545、546	張方	494
屠可播	241	張丑	511
屠用錫	190	張以寧	339
屠倬	398	張玉書	35
屠隆	253、254、369、420、475、476、477、509、510、511、512、536、546	張世南	490、529、531
		張世賢	217、219
		張世寶	237
屠粹忠	283、382	張可大	373
屠幽叟	511	張可久	481
屠應埈	357	張可述	165
屠繼序	458、462	張玄光	293
張丁	333、334、339	張弘道	95
張九成	326	張耒	251、418、486、492、545
張九鉞	476	張邦奇	352
張九齡	412	張邦基	489、497、502、529、530、531
張九鐔	397	張邦幾	498、528、529、530
張又新	483、485、500	張吉	206、346
張三丰	293	張有	33
張三異	480	張成招	21
張三錫	214	張成渠	39
張士佩	34	張光	501
張士俊	30	張光啓	62
張士鎬	160	張廷玉	57、387
張大復	507	張廷榜	145
張才	138	張廷綱	138
張之紀	152	張仲文	492、525
張之象	200、359、430、446、523	張仲璜	480
張子微	235	張自烈	303、378
張天真	152	張行成	486、516、543
張天復	137	張汝霖	456
張元汴	156、157	張宇初	290、340
張元幹	468	張守	548
張介賓	214、217	張守節	40、41、42、43、45、46、47
張文炎	451	張戒	499
張文柱	258	張孝祥	468
張文海	169	張志和	297、501

張芹	506、518、520、526	張美翊	271、377、379、394
張伯淳	287	張洪	75
張伯端	297	張洞玄	233、234
張位	38、510	張洎	492
張希堯	235	張宣猷	20
張孚敬	80、159	張泰階	374
張含	306、353、415、445	張華	201、485、496、502、527
張良	486	張栻	27、202
張良知	153	張時	163
張君房	297、498、503、504	張時徹	224、355、356、451
張劭	421	張峰	144
張表臣	463、483、499	張師正	491、504
張雨	173、419	張袞	142
張叔未	400	張唐英	494、525
張尚瑗	162	張能臣	500
張果	298	張能麟	207
張杲	221	張翀	538
張昇	345、524	張紞	521、524
張固	494、525	張逖	80
張秉銓	460	張培基	384
張岳	166	張著	495
張岱	254、367、375	張萊	174
張采	442	張梯	154
張庚	241	張掄	541
張炎	511	張國賓	472、474
張炎道	169	張國寶	473
張泌	498	張從正	214
張治	164	張翊	502
張宗祥	57、453、469	張翊儁	402、403、440
張定	506	張商英	208、287、532
張居正	10、82、186、362	張淏	490、497、518、520、525
張弧	297、516	張寅	144
張勃	495	張紳	526
張庭學	402	張超宗	135
張彥遠	500、542、544	張雲路	435
張恂	444	張斐然	456
張美和	136	張敔	495

張鼎思	506	張輔臣	228
張景	221	張鳴鳳	235
張景岳	226	張毓翰	155
張喬	414	張僧鋻	496
張傑夫	166	張銑	422、423
張鈇	359	張鳳翼	423、424、475、476、477、508、514
張欽	147		
張舜民	324、488、529、530	張説	412、503
張敦頤	311、497	張端義	252、492、525、540、542
張道	171	張賓鶴	389
張道宗	173	張寧	508、537、538
張遂辰	546	張鼐	22、420
張湛	196、295	張綸	262、508、521、522
張禄	481	張敷華	80
張登雲	198	張震	436
張綖	308、467、469	張德夫	141
張載	6、202、244	張德純	301
張遠	308、383、389	張德堪	91
張夢柏	140	張德筠	91
張甄	91	張德新	245
張園真	156	張德輝	509
張楘	468	張魯珍	254
張雍敬	479	張誼	507
張愷	142	張養浩	181
張愷勛	476	張瑩	496
張煌言	377	張潮	450、480
張溥	68、77、376、407	張履祥	207、554
張預	209、210	張燕昌	192、295
張遜業	413	張衡	495
張璉	154	張穎	38、152
張瑤芝	385	張凝道	95
張埔	135	張燧	195
張壽卿	473、475	張澹烟	175
張蔚然	510	張隱	494
張榜	210、211	張聯元	158
張榕	326	張懋辰	258
張輔	67、75	張擬	501

張鎰	496、502、527	彭乘	488
張應辰	154	彭時	507、512、513、522、526、538
張應武	144	彭乗	517、519、529、530、531
張燭	157	彭孫遹	299
張燴	394	彭頤	18
張燮	406	彭劍南	476、479
張鴻磐	509、514	彭澤	145
張禮	496	彭簪	175
張騰	171	菂湖對齋	135
張懷瑾	485、499	葉士表	297
張瀚	78	葉大慶	547
張獻翼	7、38、507	葉小鸞	461
張蠙	313	葉子奇	199、252、505
張籍	415	葉元垚	400
張鑑	510	葉元堦	400
張讀	265、491、529	葉文齡	223
張鷟	268、489、491、493、518、519、525	葉廷珪	501
張瓚	522	葉向高	370、453、536、537
陽瑪諾	538	葉良佩	158
習鑿齒	494	葉秉敬	505、507、510、513、514、539
巢元方	220	葉金壽	246
巢玉庵	511	葉紈紈	461
		葉泰	234
十二畫		葉時	15
		葉棻	448
項世芳	527	葉盛	259、506、521、524
項斯	414	葉清臣	500
項道暉	303	葉隆禮	72、494、516、525
項煜	29	葉紹袁	461
項篤壽	85	葉紹翁	493
彭大雅	73	葉夢得	251、468、483、485、489、490、497、499、529、530、540、541、542、544
彭大翼	281		
彭用光	224		
彭年	509	葉適	329、541、545
彭汝實	521	葉蕡	272
彭汝讓	510	葉燕	13、397
彭定求	443	葉樾	500

葉錦	244	董仲舒	26、406、487、532、533
葉憲祖	475	董沛	14、457
葉聯芬	167、246	董其昌	240、261、420、505、511
葉應驄	89	董秉純	13、390、391、396
葉□	488	董弦	152
萬士和	362	董莽	492、525
萬世標	241	董迨	501、544
萬邦孚	224、228	董越	179
萬廷言	82	董景沛	400
萬全	228	董復表	74
萬兆龍	151	董遐周	546
萬言	384	董傳策	509
萬表	94、224、262、446、451	董隨齋	30
萬承勛	388、458	董穀	505、507、513、537
萬炯	154	董德彰	234
萬紅友	476	董衝	41、43、44、55
萬泰	458	董劍鍔	381
萬羲	153	董慶酉	457
萬釕	462	董廢翁	215
萬斯大	94	董遵	206、459
萬斯同	29、57、82、241、383、384	董錫	147
葛立方	468、498	董濂	457
葛臣	154	董懋策	309
葛長庚	292、330、331	董瀾	400
葛洪	194、290、296、297、487、495、	惠隆	345
	496、497、503、525、527、528、530、	惠棟	298
	532、545	雲帆	8
葛剛正	549	揚雄	196、231、300、406、488、532
葛鼎	47	揆叙	137
葛勝仲	468	紫珍道長	479
葛暘	57、264	紫虹道人	476
董天錫	162	閔元衢	539
董元成	389	閔文振	168、498、507、509、513、514、
董元宿	35		524、538
董以寧	469	閔昭明	436
董正國	462	閔師孔	439
董光宏	372	閔無頗	436

閔齊伋	35、70、71	程羽文	510、511
喇沙里	137	程枚	476
景芳	151	程迥	486、501、515、516
景焕	488、490	程珌	330、468
景融	157	程垓	468
晦香主人	398	程哲	254
單本	475	程俱	488
單丕	36	程敏政	204、344、451、456
單宇	508	程復心	27、28
單國驥	157	程鉅夫	335
單隆周	381	程道生	238
單復	465	程榮	489
喻文偉	143	程遠	193
喻正己	499	程楷	156
喻冕	235	程會	344
無我相居士	474	程嘉燧	456
無垢子	295	程端學	24
嵇永仁	383、479	程榮	531、532
嵇含	485、486、502	程遵	140
嵇康	406、407、408	程頤	6、202、203、493、549
程一極	374	程鴻烈	505
程一楨	102	程顥	202、203
程大昌	177、255、467、488、494、497、501、504、516、525、533、534	喬世寧	359
		喬吉	473
程大約	245	傅山	379
程文	140	傅以禮	82、191
程文德	358	傅汝舟	165、375
程文憲	507、538	傅若川	465
程以寧	292	傅若金	336
程玉潤	8	傅肱	484、485、502
程正敏	490	傅亮	504
程世京	335	傅崧卿	18
程本	197	傅節子	76
程本立	341、421	傅鉽	262、278
程旦	449	傅遜	21
程弘賓	331	傅德輝	93
程冲斗	210	焦延壽	236、543

焦希程	149	曾先之	133、134
焦秉貞	243	曾汝檀	168
焦映漢	419	曾忬	504
焦竑	4、28、85、191、250、254、292、354、537	曾季貍	498
		曾省吾	81
舒芬	354、355、428	曾益	313
舒敏	260、261	曾紆	493
舒琛	428	曾基之	82
舒璘	84	曾瑞卿	474
鄒一桂	390	曾慥	495、518、519、520、525
鄒之麟	509、513	曾嘉誥	150
鄒文郁	149	曾肇	316
鄒方鍔	395	曾鞏	316、410、411、541、545
鄒守愚	150、446	曾儲	163
鄒迪光	506	曾覿	468
鄒季友	9	曾顯	146
鄒治	440	焯翁	243
鄒思明	424	勞堪	175、184
鄒祗謨	469	勞權	334
鄒閔甫	494	馮一梅	405
鄒鉉	229	馮小青	373
鄒漪	76	馮元	161
鄒德中	535	馮元仲	376、511
鄒黼	397	馮元颺	377
童庚釗	392	馮世雍	521
童宗說	311	馮可賓	546
童承叙	163、356、521、523	馮可鏞	404
童華	255	馮开	303、396、402、403、405
童槐	255、397	馮有翼	436
童鈺	458	馮兆張	214、215
童會	358	馮汝弼	508
惺惺叟	234	馮取洽	467
愧齋	301	馮京第	378
曾三異	489	馮貞群	9、47、50、56、62、73、81、87、102、156、165、169、175、180、195、215、232、257、269、271、282、288、295、302、322、330、334、343、355、
曾才漢	158		
曾公亮	208		
曾孔化	94		

	361、365、376、377、378、379、380、	湯滏	390、462
	386、387、388、391、392、394、396、	湯漢	302、303、433
	397、398、399、402、403、404、408、	湯賓尹	136、362、371
	442、467、477、532、543、555、557	湯鐸	19
馮保清	386	湯顯祖	370、420、471、475、476、477、
馮衍	406		478、510
馮彥珽	396、405	溫大雅	492、541、545、546
馮班	554	溫子昇	406
馮時可	8、508、509、510、511、513	溫曰鑑	459
馮從吾	371	溫革	488、492
馮翊	490	溫庭筠	313、489、498、500
馮惟訥	148、427、428	溫璜	377
馮琦	68、279、280	溫豫	498、528、530
馮甦	69	滑惟善	508、513
馮景	321	滑壽	213、214、216
馮智舒	61、62	游居敬	416、417
馮舒	308	游璉	177
馮曾	160	富大用	271
馮焆	230	寓園居士	478
馮登府	255、392	遐周氏	539
馮夢禎	198、199、507、514	強至	483、484、525
馮夢龍	25、452、476、477、511	強兆統	170
馮毓孳	404	費元祿	509、513
馮應京	203	費宏	67、346
馮鴻墀	403	費信	516、526
馮贄	496、504、509	費袞	488
馮繼科	167	費寀	160
馮鑑	489	費著	497、501
馮驥聲	405	費樞	490
湛若水	343、351	賀光烈	421
湯一賢	143	賀泰	447
湯元苣	462	賀欽	344、506、513、522
湯右曾	385	賀裳	466
湯沐	507		
湯垕	500、545、546	**十三畫**	
湯道衡	18		
湯傳楹	556	鄢桂枝	147

聖祖玄燁	76、431	楊東明	370
鄞六十八叟南埜	251	楊侃	135
靳學顏	360	楊炎	468
蒲處貫	497	楊承鯤	368
蒲積中	437	楊春芳	505
蔭遲	542	楊昱	181
楊一清	80、345、506、523、524	楊泉	547
楊二和	89	楊恂	89
楊于宸	170	楊炳	246
楊士弘	444	楊烱	408、409、413
楊士奇	64、67、77、342	楊柔勝	476
楊士勛	2、3、4	楊泰亨	75、214、226、308、357、361、
楊士瀛	221		383、386、403、424、430、442
楊大雍	147	楊珮	164
楊上善	215	楊茞	456
楊天惠	502	楊桓	37
楊巨源	516、518	楊時	202、203、325
楊介	145	楊時偉	408
楊文奎	474	楊乘六	215
楊文瑩	39	楊倞	196、197、200、549
楊以增	549	楊逢春	141
楊世思	328	楊家駿	442
楊可學	75	楊培之	164
楊旦	89	楊國鼎	470
楊甲	418	楊國楨	22
楊用霖	379	楊偉鴻	216
楊邦梁	153	楊衒之	496、533、544
楊成	463、465	楊惟德	239
楊廷望	159	楊淙	237、428
楊汝江	147	楊萬里	329、483、484、525
楊守仁	159	楊朝英	480
楊守阯	346	楊景賢	475
楊守敬	549	楊無咎	468
楊伯岩	484、487、488	楊傑	252
楊希閔	191	楊復	16、19
楊夑	490、497	楊循吉	72、73、86、141、148、507、
楊長年	403		508、509、513、514、515、522、524、

	538、540	楊識西	539
楊鈞	146、161	楊鑾	153
楊道賓	60	楊鸞	163、165
楊淵	161	甄鸞	503、542、543
楊瑞	199	賈公彥	2、3、4、16
楊瑀	493	賈仲名	473、475
楊瑄	506、521、526	賈似道	247、489、527
楊載鳴	169	賈言	154
楊夢符	396	賈昌朝	31
楊暄	518、520	賈宗魯	141
楊嗣昌	510	賈思勰	498、534、543
楊與立	203	賈島	414
楊廉	84、506	賈棠	419
楊慎	5、14、47、191、199、255、256、306、353、354、356、360、415、428、439、440、445、449、459、465、467、469、472、480、498、507、508、509、510、511、516、519、524、526、537	賈善翊	495
		賈誼	197、523、532
		雷葆廉	470
		雷鋐	30
		雷禮	89、133、180
楊輔	143	盞盞居士	373
楊爾曾	173	裘玉	506
楊銘	522	裘璉	387
楊齊賢	305、306、415	裘黼	376
楊榮	345、506、516、520、526	虞二球	91
楊維楨	336、456、457、501、512	虞九章	295
楊維新	157	虞世南	408、409、499
楊僎卿	156	虞廷寀	399
楊億	488	虞兆湰	546
楊儀	506、508、513	虞汝明	501
楊德周	407、457	虞荔	501、536、545
楊穆	506、538	虞祖南	448
楊爵	359	虞悰	500
楊鵠	148	虞淳熙	420、510
楊簡	204、328	虞喜	495、547
楊巍	363	虞集	308、335、418、419、449
楊繼盛	456	虞裕	492
楊鶴	418	虞載	272、273
楊顯之	472、474	虞預	495

虞虁	448	趙志皋	372
路進	59	趙志堅	293
詹玠	490	趙抃	315、316
詹景鳳	240	趙岐	3、4、27、29、495
詹應鵬	442	趙希鵠	500
解楨	535	趙汸	24、308
解縉	341、507	趙長卿	468
廉布	491、517、519	趙秉文	334
廉鍔	11	趙秉忠	524
鄒樵叟	511	趙孟頫	335、449
慎蒙	173、509	趙彥端	468
煬帝楊廣	408	趙彥衛	252、488、492、529、530
褚少孫	44	趙祐	236
褚伯秀	294	趙珣	500
褚宦	150	趙連城	251
褚遂良	547	趙時庚	501
褚澄	502、535	趙師秀	409
		趙師俠	468
十四畫		趙宧光	32、443
		趙爽	543
趙之琛	396	趙崇祚	467、471
趙之謙	14、93	趙崇絢	484、490
趙之蘭	402	趙峋	193
趙子櫟	415、550	趙惟勤	139
趙友欽	296	趙葵	493、518、520、525
趙文	167	趙勛	162
趙文華	136	趙善璙	525
趙世杰	426	趙湘	547
趙令畤	250、488、529	趙瑜	509
趙用賢	184、210、211、368	趙載	231
趙式	67	趙與時	488、500、503、517
趙朴	496	趙與虤	499、510
趙光裕	210	趙滔	493、518、520
趙廷瑞	456	趙輔	506、522、523
趙汝愚	77	趙曄	71
趙汝礪	500	趙榮光	399
趙如源	21、231	趙寬	346

人名筆畫索引　　　　　　　　　　　　　　　　　　　799

趙巏	516、541、543	蔡羽	455、517、520、521
趙蕃	443	蔡芳	159
趙標	526	蔡伸	468
趙璘	489、529、530	蔡沈	9
趙錦	142	蔡京	503
趙磻老	467	蔡洪	547
趙應式	153	蔡邕	301、302、406、484、487、488、
趙燿	435		532、533
趙懷玉	396	蔡偉	503
趙獻可	225	蔡清	28
趙鱐	241	蔡絛	493、498、517、519、525
趙□	518	蔡發	233
蔣一彪	540、541、543	蔡蓁春	456
蔣一葵	507	蔡夢弼	550
蔣之翹	300、311、417	蔡質	494
蔣子正	492、517、519、530	蔡篆	404
蔣平階	470	蔡戀昭	140
蔣廷錫	283、284、285、286	蔡襄	483、485、486、500、502
蔣廷璧	181	厲志	400
蔣防	503	厲鶚	388、466
蔣孝	414、481	臧庸	14
蔣信	360	臧懋循	68、429、472、473、478
蔣津	489	裴休	289
蔣捷	468	裴孝源	500
蔣敦復	399	裴松之	40、52、53
蔣德璟	512	裴迪	498
蔣學鏞	30、260、391、396	裴庭裕	492、529、530
蔣穎叔	490	裴啓	495
蔣蘇盦	382	裴駰	40、41、42、43、44、45、46、47
蔣鑽	505	聞人規	227、228
蔡之銘	399	聞人詮	140、143
蔡元定	233、234	聞性道	383
蔡方炳	137	聞啓祥	511
蔡正孫	464、465	聞龍	511
蔡成禹	235	蜾蓏氏	255
蔡名衡	398	箬陂	524
蔡汝楠	137、360	管大勛	81、161

管廷芬	354	鄭相	151
管律	155、253	鄭厚	487
管時敏	340	鄭恢	138
管景	162	鄭真	459
管道昇	500	鄭常	491
僧肇	288	鄭崇敬	405
廖用賢	283	鄭望之	500
廖芝	167	鄭清之	484
廖道南	69	鄭梁	385、458
廖瑩中	310、311、493、518、520、525	鄭琰	527
端木賜	486、541、543	鄭達	76
適安	195	鄭景璧	518、519
齊召南	30	鄭勳	246、392、398、459
鄭元祐	493、518、519、520、525、528、529	鄭嵎	414
		鄭喬	164
鄭元勳	452	鄭喬遷	392、399
鄭元慶	18、177	鄭復亨	144
鄭太和	458、497	鄭復初	236
鄭氏	497	鄭善夫	352、505
鄭文焯	274	鄭湛	9
鄭文寶	492、501、517、519	鄭榮	484、494、525
鄭玉	336	鄭瑗	508、521、536
鄭玄	2、3、4、16、29、515、532、544	鄭瑄	263
鄭玄撫	426、435	鄭楷	94
鄭光弼	328	鄭鄖	333
鄭先慶	20	鄭溱	384
鄭廷玉	473、474	鄭爾毅	403
鄭廷誨	492	鄭熊	496
鄭汝璧	181	鄭維新	169
鄭克	489	鄭震	489
鄭含成	476	鄭慶雲	166
鄭若庸	279	鄭緝之	496
鄭构	499、537	鄭樵	29、48、541、543
鄭竺	395、396	鄭曉	73、74、253、505、507、512、513、524
鄭岳	87		
鄭性	458	鄭還古	504、517、518、547
鄭居中	185	鄭獬	500

鄭禧	504	鄧慶寀	512
鄭燮	393	翟耆年	191
鄭濤	94		
鄭禮	151	**十五畫**	
鄭璽	458		
鄭瀛	148	慧修	306
鄭耀潢	399	鞏豐	489
漱玉	29	摯虞	495
漫游野史	75	樓英	223
漁陽公	500	樓昉	76、431
察罕	521	樓璹	491
寧一玉	510	樓鑰	92、314、315、548
寧源	535	樊廷緒	398
熊三拔	538	樊兆程	144
熊伯龍	340	樊深	139
熊卓	347	歐陽友山	535
熊明遇	511	歐陽玄	504
熊忠	36	歐陽忠	535
熊宗立	220	歐陽修	41、42、43、44、49、55、185、
熊相	138、161		316、317、318、319、410、411、412、
熊剛大	204		463、467、483、484、485、490、492、
熊遠寄	151		496、499、501、502、529、530、541、
熊節	204		544、545
熊蕃	500	歐陽雲	349
熊賜履	83、547	歐陽詢	267、268、499
鄧元燧	398	歐陽德	356
鄧元錫	5、18、19、49、57	閬苑仙吏	451
鄧文原	334	墨翟	197
鄧希賢	526	黎士弘	382
鄧柟	298	黎久	505、521
鄧淮	159	黎日昇	170
鄧深	326	黎晨	145
鄧渼	255	黎庶昌	403、549、550
鄧椿	540、544	黎堯卿	262
鄧肅	325	黎遂球	511
鄧戩	149	黎溫	29
鄧德明	496	黎澄	507、513

衛元嵩	486、516、541、543	劉永之	337
衛湜	16	劉存	489
衛鑠	499	劉成德	416、427
滕珙	203	劉光斗	249
滕康	490	劉因	335、456、486
魯可藻	76	劉廷璣	255
魯至剛	535	劉延世	484、488、525、531
魯伯嗣	227	劉仲甫	501
魯明善	527	劉仲達	282
魯訔	550	劉仲璟	507、512
魯學孟	30	劉向	201、300、487、495、514、527、
魯應龍	504、528、529、530		532、534
魯瀛南	30	劉次莊	485
魯鐸	350	劉宇	229
劉一止	325	劉守泰	21
劉一中	298	劉安	198、249
劉一清	493	劉孝威	408
劉三吾	339	劉孝孫	488、504
劉士鏻	436	劉孝綽	407、408
劉大彬	174	劉孝標	257、258、507
劉子實	275	劉芳	140
劉子寰	467	劉克莊	464、468、498、541、543、545
劉天民	348	劉辰	74、521
劉天和	521	劉辰翁	18、51、72、257、258、293、304、
劉天授	166		306、307、309、321、333、412、539
劉元卿	512	劉佃	149
劉元慧	382	劉作樑	158
劉友益	61	劉伯躍	81
劉曰寧	77	劉完素	216
劉尹蕭	456	劉良	422、423
劉允	163	劉君錫	475
劉允中	233、234	劉邵	532
劉玉	508	劉劭	495
劉正誼	388	劉長卿	304、409、414
劉世儒	242	劉坦	138
劉仕義	507、513、524	劉若愚	75
劉用章	28	劉松	161

人名筆畫索引　　　803

劉郁	494、516、525	劉達可	272
劉昌	457、507、513、515、522、524	劉敬叔	503、504、545
劉旻	495	劉敞	547
劉秉忠	234	劉溫舒	215
劉侗	172、509、512	劉夢華	476
劉欣期	496	劉夢興	382
劉斧	265、490、498	劉蒙	484、485、486、502
劉攽	270、463、485、499、544	劉蛻	410、487
劉炎	489	劉節	82、146、162、426、441
劉宗周	95、207、506	劉會	157
劉定之	343、507、512、513、522、526	劉鳶	342
劉彧	494	劉義	413
劉昞	495、532	劉義慶	257、258、504、525
劉昭	40、42、44、51、52	劉源	243
劉昭文	162	劉肅	259、493、529、530
劉禹錫	311、312、414、484、489	劉熙	30、526
劉恂	497	劉鳴玉	458
劉美之	502	劉毓盤	472
劉宣	159	劉鳳	86、300、524、527
劉真人	229	劉鳳章	11
劉真仙	298	劉維謙	39
劉訒	150	劉質	504
劉恕	59	劉餗	491、492、514、525
劉純	220、222	劉魯生	147
劉球	33	劉澄之	495、496
劉基	232、234、236、238、260、337、338、505、506	劉履	424
劉堅	240	劉緦	463
劉跂	227、490	劉璣	164
劉崧	339	劉錫	227
劉崇遠	493	劉諫	145
劉過	468	劉羲仲	543
劉敏寬	155	劉儲	160
劉訥言	491	劉應李	275、276
劉啓東	141	劉績	21、198、211、249、518、519、520
劉晝	197、250、532	劉燾	491
劉堪	140	劉斅	430
		劉繼先	149

劉繼善	167
劉爌	418
諸葛亮	302、487
談則	478
潛王齋	320
潘大復	176
潘之恒	509、510、511、512
潘之淙	242
潘子真	498
潘文淵	439
潘可選	90
潘耒	555
潘自牧	271、272
潘志萬	257
潘若同	488
潘昂霄	466、496
潘季馴	176
潘岳	406、495
潘府	505、521
潘承弼	386
潘庭楠	152
潘恩	38
潘高	381
潘基慶	291、436
潘游龍	512、514
潘塤	80、87、488
潘遠	490
潘槐	159
潘榮	194
潘緯	311
潘鍾瑞	470
潘膺祉	255
樂史	137、495、501、503、550
樂韶鳳	37
練廷璜	84

十六畫

駱登高	226
駱賓王	303、409、413
擁書主人	476
薛三省	373
薛己	212、213、223、226
薛甲	435
薛用弱	504、525
薛仲邕	305、415
薛收	531、532
薛近兗	477
薛尚功	193
薛岡	374
薛季宣	329
薛俊	507
薛致玄	292
薛能	313、413
薛崗	508、514
薛道光	297
薛瑄	181、205、342、505、521
薛熙	453
薛鳳翔	511、512
薛綱	162
薛蕙	253、293、505
薛調	503
薛瑩	516、517、518、520
薛應旂	28、62、63、64、66、84、155、439、452、505
薛鎧	213
蕭士珂	554
蕭士瑋	422、554
蕭士贇	305、306、415
蕭大亨	507
蕭子顯	40、42、54
蕭甲登	8

蕭廷宣	166	錢允治	471
蕭良幹	156、157	錢功	490
蕭逸	421	錢世垚	302
蕭參	487	錢竹初	476
蕭雲從	301	錢希言	508、509、513、514
蕭統	422、423、424、425、438、487、498、542	錢罕	22、52
		錢易	490、492
蕭嵩	185	錢岱	136
蕭德祥	472	錢受益	28
薩都剌	336、419	錢泳	462
賴文俊	235	錢宜	478
賴布衣	235	錢保奭	301
賴從謙	234	錢起	409、414
霍冀	186	錢康功	490
霍韜	80	錢惟演	492、493
盧之頤	219	錢恂	493、518、519、520、525
盧文弨	315	錢普	136
盧見曾	455、466、476、548	錢曾	190
盧希哲	163	錢肅樂	376、377
盧言	493	錢經藩	294、462
盧和	221	錢椵	393
盧岳	544	錢鳳來	93
盧栴	366	錢維喬	206、396
盧炳	468	錢穀	462
盧祖皋	468	錢德洪	92
盧純學	450	錢璠	434
盧登焯	244	錢謙益	308、378
盧照鄰	408、409	錢應奎	21
盧漸	81	錢孺穀	454
盧綝	495	錢瓚	350
盧綸	409	鮑上觀	401
盧襄	515、540	鮑廷博	252、334
盧鴻	497	鮑松	415
盧懷	489	鮑泰	230
穆修	314	鮑堅	496
衛恒	499	鮑彪	70
錢乙	227	鮑雲龍	231

鮑照	407、408	韓若雲	503、537
鮑寧	231	韓非	210
獨孤及	414	韓昂	544
鄺璠	161	韓昱	492
鄺露	377	韓思	494
龍袞	494	韓奕	527
龍輔	410、512	韓彥直	485、486、502
閻圻	389	韓浚	144
閻孝忠	227	韓鄂	136、497、544、546
閻秀卿	524、540	韓偓	412、493、518、520
閻明廣	229	韓康伯	4
		韓淲	252、443、490
		韓琬	493
		韓敬	453
		韓愈	29、310、311、410、411、416、
戴元禮	214、226		417、486、490、516
戴文明	157	韓雍	75
戴孚	504	韓錫胙	479
戴表元	334	韓嬰	14、532、541、543
戴金	80	韓騏	393
戴冠	506	韓鏐	170
戴祚	504、513	檀道鸞	495
戴埴	483、484、488、546	闌莊	507、538
戴笠	67	魏了翁	7、255、330、487、488、545
戴望	382	魏收	41、54、406
戴凱之	484、485、486、502	魏伯陽	487、540、541、543
戴復古	329、468	魏津	152
戴善夫	474	魏耕	378
戴銑	88、140、344	魏泰	492、499、529、530
戴綏曾	470	魏校	33、352
戴德	18、486、531、532	魏堂	157
戴澳	373	魏象樞	381、547
戴儒	148	魏啟萬	402
戴黳	355	魏裔介	381
韓元吉	425、493、518、519、520、525	魏齊賢	448
韓玉	150、468	魏徵	41、55
韓邦奇	20、237	魏禧	421
韓邦靖	155、353		

十七畫

魏鐘	402	謝逸	324、468
儲光羲	409	謝紹祖	144
儲欣	15、386	謝朝宣	433
儲泳	484、497、529	謝惠連	406、407、408、461
儲珊	152	謝爲雯	383
徽宗趙佶	292、500	謝爲質	91
鍾人傑	50、52、53、546	謝爲贊	91
鍾汪	144	謝慎修	245
鍾祖述	454	謝赫	499、542、544
鍾崇文	164	謝薖	324、325
鍾添	171	謝榛	365、510
鍾啓	378	謝察微	502
鍾惺	47、71、195、322、323、338、420、430、452	謝肇淛	508、509、510
		謝緒章	458
鍾輅	484、497	謝綽	495
鍾嶸	463、498、526、544	謝維新	272、273
鮮于樞	493、511	謝學崇	82
謝三賓	455	謝翱	333、334
謝元淮	472	謝諷	500
謝邦信	167	謝瀍	150
謝廷柱	234	謝翶	496、502、503
謝廷瓚	509	謝應芳	497
謝廷讚	507	謝鐸	78、181、344、459
謝伋	484	謝顧	160
謝良	517、519	謝靈運	303、406、407、408、461
謝枋得	5、14、333、443、488、518、519	謝讜	476、477
謝東山	171、449、450	應文炳	76
謝和卿	234	應劭	250、495、531、532、533、535
謝秉秀	82	應紀奉	25
謝宗可	421	應撝謙	20、207
謝承	494	甕秉忠	145
謝庭桂	140	褰英	92
謝陞	53	褰義	180
謝泰宗	377	繆希雍	225、236、544
謝莊	501	繆昌期	8、373
謝朓	303、407、408、461	繆荃孫	73
謝彬	185	繆襲	501

十八畫

聶田	504
聶良杞	328
聶奉先	498
藤原佐世	550
豐坊	13、25、347
豐熙	13
豐稷	13
瞿佑	421、465、510、511
瞿瑛	325
瞿鏞	191
簡文帝蕭綱	408
邊貢	348
歸有光	199、291、365、421、506
顏之推	497、504、532
顏元孫	499、526
顏木	163
顏幼明	236
顏延之	406
顏真卿	177、499
顏師古	40、42、43、50、484、503、525、543、545、549、550
顏愍楚	499

十九畫

蘇士潛	510
蘇天爵	449
蘇林	494
蘇易簡	270、493、500
蘇洞	331
蘇洵	93、319、322、411、461、462、487、497
蘇祐	141、506、508、513、524
蘇耆	491
蘇特	490
蘇乾	140
蘇舜欽	315、493、517、519、525
蘇軾	4、29、239、250、303、320、321、322、323、410、411、418、461、462、467、483、484、489、490、491、498、500、501、505、515、516、518、520、529、530、539、541、545
蘇頌	541、542、543、545
蘇源明	516、541、543
蘇廣	500
蘇蕙	245、498
蘇頲	504、547
蘇濬	505
蘇轍	4、5、48、322、323、410、411、461、462、483、484、486、489、498、528、529、530
蘇籀	484、488
蘇鶚	493、503、517、519、525、529、530
藹如	322
關朗	486、516、541、543
關榕祚	233
關漢卿	472、473
嚴元照	251
嚴有翼	498
嚴羽	499、544
嚴助	503
嚴從簡	179
嚴粲	12
嚴虞惇	183
嚴嵩	161、350、351
嚴維	409、413
嚴毅	276
嚴遵	543
嚴潔	215
羅大經	489、529
羅以智	33

羅有高	33、395
羅先登	501
羅玘	346、347
羅志仁	490
羅更翁	192
羅虬	499、502
羅含	496
羅坤	470
羅泌	68、69、525
羅美	226
羅洪先	358、509
羅倫	344
羅從彥	325
羅欽順	206
羅欽德	89
羅淼	390
羅頎	276
羅頌	326
羅誘	492
羅鄴	414、517、519
羅遐春	393
羅廩	353、511
羅隱	487、516
羅點	491
羅璧	488
羅願	31、326
鏡西居士	173
譚大初	170
譚元春	320、373、430
譚峭	250、487、535
譚紹烈	425
譙周	495、547
龐元英	491、517、518、519
龐尚鵬	187
龐籍	179
龐覺	503

二十畫

釋子璿	289
釋支婁迦讖	286
釋仁顯	500
釋六舟	240
釋文瑩	493、495、542
釋本嵩	289
釋玄奘	286
釋永珊	290
釋仲仁	500
釋守遂	543
釋佛陀多羅	286、287、288
釋明本	527
釋竺法蘭	543
釋竺法護	287
釋念常	289
釋淨源	289
釋法矩	287
釋法琳	287
釋法藏	288、289
釋法應	286
釋法護	286
釋法顯	286、496、503、534、545
釋宗密	289
釋居月	501
釋居頂	341
釋居簡	332
釋迦葉摩騰	543
釋迦跋澄等	286
釋拾得	305
釋施護	286
釋彥悰	542、544
釋真可	536
釋般剌密帝	286、288
釋皎然	308、498

釋惟則	289
釋紹德	286
釋惠洪	489、529、530、544
釋智達	481
釋智凱	286
釋智輪	286
釋智顗	287
釋復禮	287
釋善住	335
釋善遇	289
釋普荷	246
釋普瑞	288、289
釋普會	286
釋普聞	498
釋普濟	289
釋道宣	286、287
釋道原	287
釋湛然	287
釋寒山	305
釋聖堅	287
釋蓮儒	511、538
釋圓至	444
釋傳燈	174、288
釋鳩摩羅什	286、287、288
釋廓庵	383
釋靖邁	287
釋適之	499、538
釋齊己	412、498
釋慧日	498
釋德日	481
釋德行	527
釋德洪	542、545
釋德清	288
釋曉瑩	489、536
釋闍那崛多	286
釋彌伽釋迦	288
釋豐干	305
釋贊寧	286、483、485、491、502、503
釋灌頂	287
釋續法	289
釋觀我	395
饒文璧	161
饒與齡	371
灌園耐得翁	491、497
寶光鼐	393
寶苹	483、485、500
寶杰	228、229
寶桂芳	228、229
寶常	412
寶息	499

二十一畫

權奇	321
權德輿	409
酈松	32
酈琥	437
酈道元	175、176
顧二陸	397
顧乃德	233
顧大典	368、475、476
顧元慶	508、510、511、513、514、515、522、540
顧文薦	490、507
顧予咸	313
顧存仁	357
顧夷	547
顧竹賢	382
顧充	195、279
顧岕	509
顧況	409
顧其志	507
顧苓	76
顧非熊	414

人名	頁碼
顧炎武	38、257、382、546、555
顧春	196、197
顧貞觀	470
顧重光	22
顧修	421
顧起元	281、422、509、512
顧起經	304、359、523
顧起綸	366
顧逢伯	219
顧野王	32、495、549
顧從敬	471
顧清	141
顧淑慎	389
顧瑛	419、455
顧棟高	22
顧械	421
顧棡	47、261、281、349、359、396、397、398
顧鼎臣	102
顧景星	380
顧詒祿	394
顧道洪	304
顧嗣立	313、321、387、449
顧微	496
顧厲璠	389
顧廣圻	16
顧慤	343
顧磐	144
顧夐	517、520
顧璘	348、412、434、444、509、514、521
顧憲成	195
顧禧	321
顧應祥	64、230
顧譚	547

二十二畫

人名	頁碼
龔廷賢	225
龔明之	489
龔信	225
龔雷	307
龔經	244
龔暹	160
龔頤正	488、535、541、544
鷟熊	197

其他

人名	頁碼
□文山農	474
□肇	501

後 記

　　本書目是在天一閣博物館古籍普查的基礎上編纂而成，也是天一閣所承擔國家社科基金重大項目"天一閣所藏文獻分類整理與研究"成果之一。

　　本書目的編纂體例主要參照《中國古籍善本書目》而略有變通。書目的主要内容包括索書號、書名卷數、著者、版本、批校題跋、行款、裝幀、册數、存缺卷等項。其中行款和裝幀的著録是此書目比較獨特的地方。

　　在編目的過程中，爲了更客觀地反映古籍的情况，我們對現有古籍的分合做了一些處理，將有些不屬于相同版本的做了一些離析，有些原本屬于同樣一部書而獨立放置的又做了一些拼合。至于拼合的古籍，我們是本着這樣的原則：通過開本、裝幀或印章、書根確實能够判定爲同一版本的作合并處理，其他則不予處理。這一思想也體現在我們對複本的理解和處理上。對于一些明顯是複本，且没有任何外在形態相異的書，特别是范家刊刻的一些古籍，我們作爲複本看待；對于大量的雖然題名、版本相同，可是有不同的收藏來源、不同的鈐印或者裝幀形式的書，或者看似一樣，其實刻印略有差異的科擧録等古籍，我們則單獨著録，不作複本處理。

　　爲了預防因編纂者識見不足所造成的失誤，我們把一些無法判定的批校題跋等以佚名的形式反映出來，這樣至少可以引起使用者的注意，也許術業有專攻的讀者能够慧眼識荆，可以查證出批校題跋者的真正主人。

　　在本書目編纂的過程中，對于著者的著録我們基本選取了主要責任者，一般不著録校閲者，但是在著録抄本的著者時，爲了便于讀者判斷其底本，我們往往保留了校對者的名字，以提供給讀者更多有價值的信息。

　　天一閣所藏古籍的首次提善是在上世紀 70 年代末 80 年代初編纂《中國古籍善本書目》之時，所以外界對天一閣所藏古籍善本的瞭解基本是通過查閲《中國古籍善本書目》一書。可是若對此書編纂條例、細節、歷史缺乏瞭解的話，查閲此書可能會產生稍許誤解，本書目的出版便可以澄清一些錯誤。有心的讀者可以發現此書目和《中國古籍善本書目》所收天一閣善本有着不小的出入。首先就是有目无書的情况，"文化大革命"後，有些原來查抄的古籍陸續物歸原主，于是造成了《中國古籍善本書目》有而閣内無書的情況。以前經常有讀者根據《中國古籍善本書目》的著録要求我們查找某書，但架上却没有，于是遍查檔案尋找去蹤的情況。本書目一出，或者可以解決這一問題。第二種就是有書無目的情況，由于《中國古籍善本書目》是全國性的書目，爲了控制容量，除非文獻價值極高，或僅此一家有藏的情況，對于一些殘本就没有收録，因此《中國古籍善本書目》所收的天一閣善本總量并不多。有些明代刻本，因爲是殘本，故《中國古籍善本書目》未收，這對于一些比較常見的版本倒也關係不大，可也有一些是天一閣所藏比較獨特的本子而没有被收録的情況，通過本書目則能瞭解完整的天一閣的善本館藏。另外，由于《中國古籍善本書目》于清代刻本的古籍收録非常審慎，所以天一閣重要的清代版刻文獻就不能體現出來，使公衆無縁得知。本書目的出版可稍補此遺憾。當然也有一種情況就是《中國古籍善本書目》和此目皆收而又有所差異，這種差異也正是我們這次古籍普查和編目中新發現的問題，我們做了一些更正。

  本書目也有比較遺憾的地方，就是在著録古籍版式的時候没有體現魚尾，鈐印亦未著録。由于時間倉促、學識有限，疏漏之處在所難免，敬請各位方家指正。

本書編委會
2016 年 11 月